北京师范大学数学科学学院史料丛书



# 北京师范大学数学学科创建百年纪念文集

李仲来　主　编

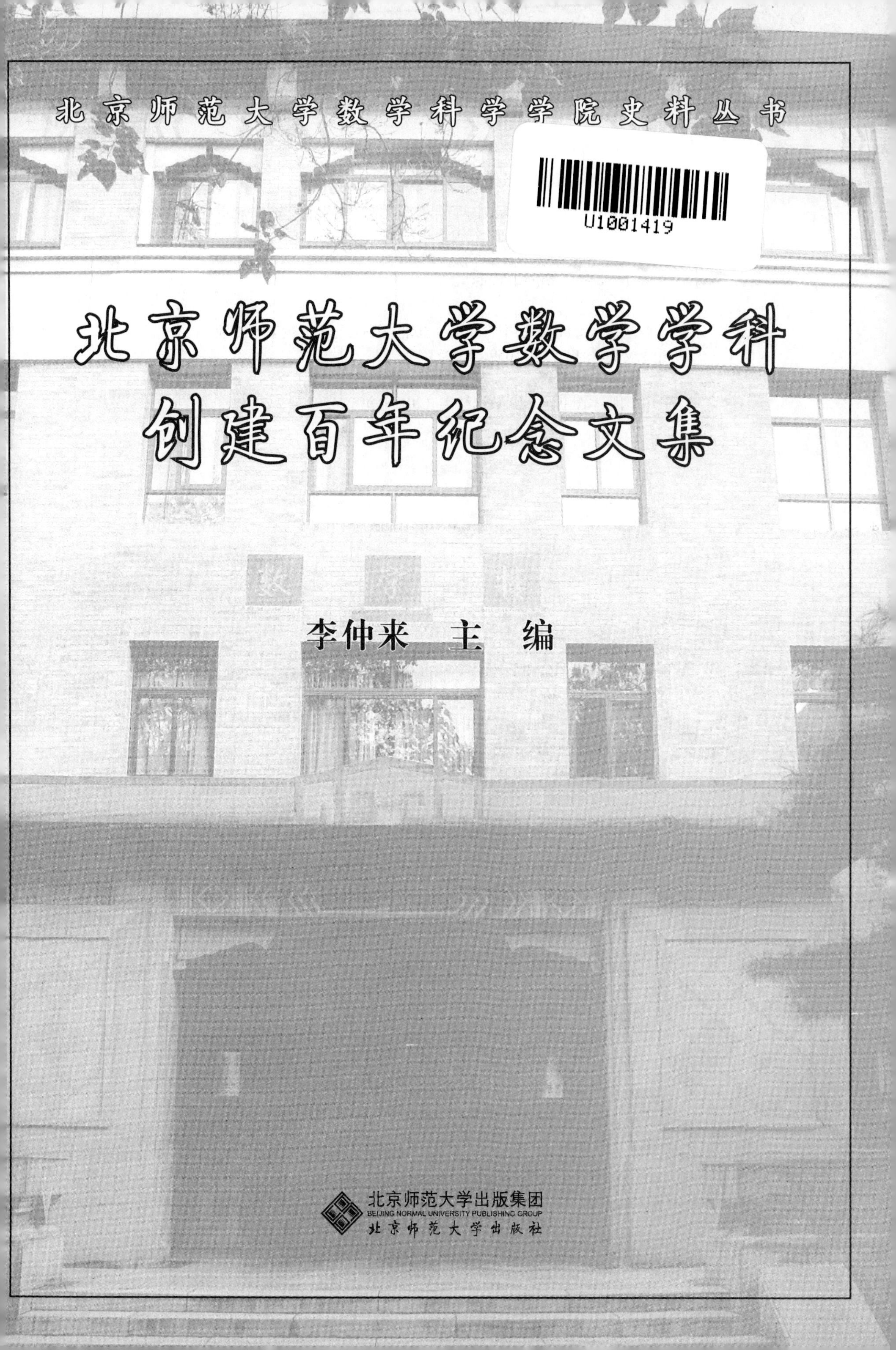

北京师范大学出版集团
BEIJING NORMAL UNIVERSITY PUBLISHING GROUP
北京师范大学出版社

**图书在版编目(CIP)数据**

北京师范大学数学学科创建百年纪念文集/李仲来主编.—北京：北京师范大学出版社，2015.10
(北京师范大学数学科学学院史料丛书)
ISBN 978-7-303-19496-4

Ⅰ. ①北… Ⅱ. ①李… Ⅲ. ①北京师范大学-数学-专业-纪念文集 Ⅳ. ①G659.281-53

中国版本图书馆CIP数据核字（2015）第224287号

营 销 中 心 电 话 010-58805072 58807651
北师大出版社学术著作与大众读物分社 http://xueda.bnup.com

出版发行：北京师范大学出版社 www.bnup.com
北京市海淀区新街口外大街19号
邮政编码：100875
印 刷：北京联兴盛业印刷股份有限公司
经 销：全国新华书店
开 本：787mm×1092mm 1/16
印 张：25.5
字 数：635千字
版 次：2015年10月第1版
印 次：2015年10月第1次印刷
定 价：50.00元

策划编辑：岳昌庆 责任编辑：岳昌庆
美术编辑：袁 麟 装帧设计：袁 麟
责任校对：陈 民 责任印制：马 洁

# 前　言

北京师范大学数学学科创建100年，很多东西值得总结、纪念和留下记录。本书试图从3个部分加以记述部分内容，目的是让我们留下一些史料，这些史料还要经得起时间的检验。

第1部分为北京师范大学数学学科创建100年的主要亮点、特色与重大事件，不一定全面，其中早期育人参考了张友余在本文集的“北京高师数理部培养数学人才的启示”一文，不足是没有涉及数学学科发展的失误，这方面已经作了一些总结。

第2部分是搞征文活动，此活动得到陈木法院士和校友们的大力支持。看一所学院，尤其对于名牌大学来说，非常重要的一点就是要有历史感。要看出我们学院是一所活生生的、有文化底蕴的学院，征文所反映出的是一种层面的学院文化，可能比学院史或学院大事记，更能反映出那种让人感动并且已经升华了的学院文化。征文内容是：我与北京师范大学数学系（科学学院）；有关百年数学系（科学学院）的历史事件、重大活动和重要人物的回忆；有关数学系（科学学院）发展、个人成长体会与感悟；在数学楼（得朋楼）等学习的趣事和师生情谊、同事情谊。让学院的校友们写点东西，这是说起来容易做起来难，可能比他们写数学论文更难的事情。在主编傅种孙教授诞辰110周年的纪念文集，赵慈庚教授、张禾瑞教授、蒋硕民教授诞辰100周年的纪念文集搞征文活动时，已有切身体会。但我还是决定要做数学学科创建100年征文活动，并在《数学通报》杂志，学校、校友会和学院网页发布征文消息。本活动最初的想法是至少征文50篇，最好超过100篇，可惜没有达到100篇。录用的66篇征文，按照作者到数学系（科学学院）学习或工作的年限，先后顺序排列。同年入学的，以姓名的汉语拼音为序。同年排在最前面的以本科生入学时间为准，其次排硕士生、博士生等。其他如职务、学位、知名度等，未予考虑。征稿及由此产生的若干事情：来往邮件和信件由我处理；稿件审读和修改由我负责；对征文内容中涉及的姓名、据说或听说的事情等，能核实的，尽量予以核实，为此花费很多精力。征文时与作者往来的有保存意义的邮件经整理有两万余字。征文内容对修改北京师范大学数学科学学院史有一些帮助。

第3部分为访谈录。对数学家的访谈，国际上最早见于1984年的数学杂志；出版数学家访谈录的书籍最早见于1986年。访谈录是一种口头遗产，是一种活态文化。论文是作者经过多次认真修改，最后才发表出来，有些发表的论文，与作者最初写的可能大不一样。与发表论文不同，访谈录的形式生动逼真，真实地再现了被访问对象的一些最真实的思想，工作及其经历，尤其是一生中关于某些事物、问题方面的看法，具有较强的可读性。有些事情，如果不访谈，被访者可能一辈子都不会讲出来。访谈不追求全面系统地谈论被访问者一生的经验和教训，只追求在某一方面的过程。有些问题，被访问者不想说，或不想录音，或不想让别人知道，均尊重他们的意愿。当然，访谈的结果需要核实。在做访谈的过程中，感到这是一次受教育的过程。另外，访谈还有利于院史的修改。就做访谈来讲，需要在做访谈的过程中，逐渐积累经验。访谈也是一门学问，谈话的技巧，设问的方式，均会影响访谈的效果。好在这些老先生都是我的老师，我又与他们在一个单位工作多年，访谈进行得很顺利。对数学科学学院而言，访谈仅仅是开始，还应该继续做下去。我在2003～2004年做的9位老师访谈，依照年龄大小顺序排列：钟善基、袁兆鼎、王树人、王世强、王振稼、丁尔陞、孙永生、严士健、王梓坤。其中，王梓坤访谈录增加了由袁向东、范先信、郑玉颖发表在《数学的实践与认识》1990年第4期第79～89页的王梓坤访问记。钟善基和丁尔陞的访谈录全文发表在《钟善基数学教育文选》（人民教育出版社，2005：352～374）和《丁尔陞数学教育文选》（人民教育出版社，2005：420～436）；孙永生、王梓坤、王世强、严士健的访谈录经改编发表在《北京师范大学校报》（孙永生教授访谈录（节选），发表时间：2006年4月10日；王梓坤先生回忆录，发表时间：2006年6月20，30日，7月10日，9月5，12，29日，10月12，20日；王世强先生自述，发表时间：2011年10月20，30日，11月10，20，30日；严士健先生口述史，发表时间：2014年9月15日，10月15，25日，11月10，30日）。王梓坤和王世强的访谈录经改编发表在《北京师范大学校报》的内容后被收录到刘川生主编：讲述——北京师范大学大师名家口述史。光明日报出版社，2012：365～390，483～500。除王梓坤教授访谈录（一）外，访谈、录音以及整理均由我完成，并由访谈者修改。

为叙事简洁，在不引起歧义的情况下，本书使用了一些约定俗成的简称，请读者谅解。

本书的出版得到了北京师范大学出版社的大力支持，尤其是家人所提供的帮助，在此表示衷心的感谢。对没有录用的征文的作者，顺致谢意。

李仲来

2015-07-06

# 目录

CONTENTS

# 北京师范大学数学科学学院发展的亮点特色与重大事件

李仲来　严士健

自 1915 年北京高等师范学校成立数理部、1922 年成立数学系、2004 年北京师范大学成立数学科学学院以来，经过几代人坚韧不拔的努力，今天的数学科学学院已经步入国内最优秀的数学院系的行列。近年来，学院始终坚持科学发展，走以内涵发展为主的道路，不断深化教学改革，人才培养质量稳步提高，科学研究发展势头强劲。数学学科的定位是：国内一流的人才培养基地；国际上有重要影响的科学研究基地；有良好声誉的社会服务基地。

数学科学学院的教学与科学研究至今已有一支具有相当学术素养的队伍；有一批确定的研究方向，形成了自己的风格和传统；获得了丰富而系统的达到世界学科前沿的科研成果，其中有一些已经达到世界先进水平；在国内具有一定的学术地位，在国际上有一定的知名度；对国家的数学发展做出了一定的贡献。之所以能取得这样的成绩，是经过几代人的探索和努力，遭受了诸多的困苦和磨难。在数学学科创建百年之际，回顾学院数学教学和科研的历程。我们不应该忘记那些为学院的学术发展做出贡献的前辈们，珍惜来之不易的好局面，总结经验，更加努力地激励我们自己和来者，使我们的工作更上一层楼。

1923 年，北京高等师范学校改称北京师范大学。改称以后的办学宗旨是“造就师范与中等学校教师及教育行政人员，并研究专门学术”，明确规定了师范大学有“研究专门学术”的任务。在以后几十年的各个年代，为了培养高水平的中学教师和提高国家的普通教育水平，在北京师范大学数学科学学院都有一大批老师以不同方式坚持了“研究专门学术”的方向。

20 世纪 20 年代的北京师范大学数学系的科学研究处在一种初创时代，对于原来毫无数学专题研究的系，为了建立数学研究的环境，当时的师生们做了很多基础性工作，例如建立学术组织，出版学术性杂志。1916 年成立北京高等师范学校数理学会，“以研究数学物理，增进学识，联络感情为宗旨”，并且创办《数理杂志》。该会是由当时的数理部首任主任刘资厚发起，数学教授冯祖荀、王仁辅、秦汾等作为数学会名誉干事参与指导。至于数理学会的职员全部由学生担任，如当时的在校学生傅种孙、陈荩民先后担任过正、副会长，杨武之、汤璪真、靳荣禄等任《数理杂志》编辑。1918 年已经成立了数理学会的一些高校开始考虑进行一些联合活动。当时曾联合议决各学会之间进行交换杂志和稿件，难解问题可互相质疑，并且进行统一名词等工作，还考虑了发起成立全国数理学会的事宜。可是 20 世纪 20 年代初期成立的这些数理学会和所举办的杂志，不仅没有发展，反而纷纷于 20 世纪 20 年代中后期停顿。究其原因，存在着很多困难，例如军阀混战，政府克扣甚至停发学校经费，拖欠教师工资，既无办刊经费，又因百业凋零，书店不愿经销，杂志没有销路。后来当局禁止集会，数理学会被无辜封闭。对于我们今天的人来说，这些困难可以说是难以想象的。在这种困难情况下，我校主办《数理杂志》最早，办刊时间达 10 年之久，为那个时代全国各校主办最久的杂志。

经过一些变动以后，1930 年前后，我国前几批培养的出国留学的大学毕业生以及直接出国留学的高中生先后学成回国，其中有一些到我校任教。较早的有陈荩民、范会国、赵进义和杨武之，到 20 世纪 30 年代中后期有刘书琴和张德馨等。他们在攻读学位期间，一般都开展了创新性的数学研究工作。如赵进义、范会国和刘书琴在复变函数论方面进行了研究，而杨武之和张德馨则在数论方面进行了研究。他们回国后，虽然条件受到很多限制，但仍然尽可能进行学术活动。例如，积极地参加筹组中国数学会的工作和数学会的学术活动，报告学术论文；积极开设新课和著述，向学生和社会介绍现代数学的进展，为青年进入现代数学提供了条件。抗日战争时期，学校西迁校址和校名都不稳定，1939 年西北联合大学分为西北师范学院等 5 所院校，后来一般认为西北师范学院便是抗日战争时期的北平师范大学。当时也有一些知名学者留学回国，如在德国 Leipzig 大学获得博士学位的代数几何学家李恩波就是这时回国的。

## 一、学院发展的亮点

北京师范大学数学科学学院系统地开展现代数学的科学研究进程是从傅种孙 1947 年国外考察回国担任系主任开始的。他是北京师范大学最早毕业而没有留学的本科生之一，他天资聪慧，成绩优秀，从 20 世纪 20 年代做本科生起，就热心服务。不论是学会的筹组和杂志的创办，还是学术活动，他都是骨干。除了他首创用现代数学语言研究中国古代数学史，首先引进现代几何基础外，英国的罗素（B. Russell）在 20 世纪 20 年代访问中国时，他向国人介绍数理逻辑，翻译《罗素算理哲学》（Introduction to Mathematical Philosophy）。由于这些突出的事迹和表现，1928 年，30 岁的傅种孙被北京师范大学聘为教授，这在当时是突出的。可能正是由于他和北京师范大学数学系有如此之深的渊源，从受聘担任数学系主任起，他就系统地筹划数学系的建设，全力推进提高数学系的学术水平和科学研究工作，聘请北京各校的著名学者，如江泽涵、段学复、闵嗣鹤、胡世华、王湘浩和徐利治等来校兼课；在举办速成中学师资培训班时，几乎遍请北京各高校的著名学者，来京开会的数学家以及后起之秀做学术报告，这些对于学生和青年教师开阔眼界是大有益处的。他大力进行师资队伍的建设，先后延请赵慈庚、汤璪真、秦元勋、张禾瑞、范会国、蒋硕民来系任教。汤璪真是研究绝对微分、微分几何和数理逻辑的专家；蒋硕民是著名数学家 R. Courant 的学生，是中国偏微分方程研究的开拓者；张禾瑞的关于特征 p 的李代数的论文是这一领域的开创性论文之一，直到 20 世纪 80 年代人们在研究 Kac-Moody 代数时还引证它；范会国早在 20 世纪 20 年代就在复变函数论方面开展研究，是我国在这一方向的开拓者；赵慈庚对初等数学有很深理解，对数学分析的教学有独到之处。在 20 世纪 50 年代前期，数学系有傅（种孙），范（会国），张（禾瑞），蒋（硕民）“四大金刚”之说。

**1. 早期育人**

在 1922 年之前存在的北京高等师范学校数理部 7 年中，招收了 5 届数理部本科生（大专程度），毕业 124 名学生；招收了一届数学“研究科”学生，毕业时授予 5 名“研究科”学生理学士学位，相当于现今的本科生。这 129 名毕业生中，数学人才最多，有一定知名度的数学家、数学教育家至少有：陈荩民、程廷熙、傅种孙、韩清波、靳荣禄、匡互生、李恩波、刘景芳、刘熏宇、汤璪真、魏庚人、杨明轩、杨武之、张鸿图、张世勋等。

根据学校的培养目标，这 129 名毕业生中的多数分散在现代中等学校数学教育中的第一线，为培养现代数学人才奋斗终生。这 7 年，无论从培养人才的数量或质量，在当时这一时间段中，都居全国各公、私立高等学校的首位，也是北师大数学学科创建百年历程中，培养人才最丰硕的阶段之一。

**2. 留学苏联**

20 世纪 50 年代国家面临大规模经济建设，需要培养大批人才。重要措施之一就是选派青年教师留学苏联。傅种孙积极响应，1953 年他让系里所有符合年龄条件的青年教师都去检查身体，由此可见他盼望青年教师成长的心情之殷。他的这一举措，使得数学系派到苏联攻读副博士学位的教师数量在全国高校数学院系列第一位。从现在看，是一个非常有远见的做法，是改变数学系的师资结构，提高年轻教师学术水平的一个重要举措。数学系陆续派出教师刘绍学（1953-09～1956-07，是我国派到苏联留学生中学数学专业的第一个副博士学位获得者）、孙永生（1954-09～1958-02）、袁兆鼎（1954-09～1958-06，他是数学系派到苏联攻读计算数学研究生，是国内数学界到苏联学习计算数学的第一人）、丁尔陞（1956-11～1958-12，是国内数学界到苏联学习数学教学法唯一的研究生）、赵桢（1956-11～1960-05）等人到苏联学习。由于其他条件不够而未能派出者，如严士健，他还安排闵嗣鹤指导，后来又请华罗庚关照。这些青年教师回校后，很快成为数学系教学和科研的重要骨干力量。他规定所有年轻教师要进修近世代数、实变数函数论、几何基础，以提高专业水平。这一系列措施和教诲对于北京师范大学数学系，乃至一部分师范大学及师范学院的学术水平的提高都有积极作用，为日后开展研究也有一定的影响。

**3. 破格进人**

王世强原在西北师院读书，1946 年来北平师院，1948 年本科毕业于数学系，当时傅种孙是系主任，他发现王世强有培养前途，立即提拔王世强为实习讲师，越级用人。30 年后，王世强在数理逻辑上的成就，说明傅种孙有知人之明且果毅过人。

广西百色小学教师梁绍鸿，初中毕业后自学并研究几何多年，很有成就。1949 年，梁绍鸿把自己写的《朋力点》寄给武汉大学刘正经先生，刘正经让梁绍鸿也把《朋力点》寄给傅种孙一份。傅种孙看了，毫不迟疑地电请梁绍鸿北来北京师范大学数学系任教，同时学习高等数学，对他进行培养。1958 年 11 月，梁绍鸿著《初等数学复习及研究（平面几何）》由人民教育出版社出版。该书是国内初等几何方面的一部经典名著，曾作为高等师范院校平面几何课程的通用教材，培育了一大批基础扎实的中学数学教师。该书在 1977 年之后曾多次重印，印数达 100 多万，是学院教师中出版教材印数最多的书籍。

**4. 科研发端**

首先是王世强在 20 世纪 50 年代初开始进行数理逻辑的研究工作，发表了一批论文，其中关于命题演算的论文，得到汤璪真的帮助。20 世纪 50 年代中期，严士健在华罗庚的指导下，进行了环上的线性群、辛群的自同构的研究，首次得到了它们的完整形式，还用自己提出的方法得到了 $n$ 阶模群的定义关系。刘绍学于 1956 年在莫斯科大学获得了副博士学位，他对结合环、李环、若当环和交错环做了统一的处理，获得完整的结果。回国以后，在国内带动了环论的研究。1958 年 3 月，孙永生在莫斯科大学完成了他的副博士学位论文《关于乘子变换下的函数类利用三角多项式的最佳逼近》，结果深刻，当时受到数学界前辈陈建功的称赞。同年赵桢在奇异积分方程与广义解析函数方面完成了学位论文，获得副博士学位回国。接着丁尔陞由于数学系认为教育改革工作需要而奉调回国。

**5. 10届研究班**

全国院系调整以后，我国许多师范院校缺乏代数、几何方面的教师。基于这种情况，从1953～1962学年，数学系举办了10届研究班。首先，张禾瑞指导主办的代数研究班，共办了4届，每届学制两年。为了办好这几届代数研究班，他真可谓是呕心沥血。从教学计划的制订到课程的设置，从教材的编写到课堂实际教学，一切都要由他负责。几年中，他为研究班学员开设了近世代数基础、线性代数（相当于模论）、体论、结合代数、李代数等课程。除近世代数基础已有他编写的书外，其他课程都编写了讲义。举办的研究班还有傅种孙主办的几何基础研究班，蒋硕民指导的数学分析研究班。研究班学员来自全国各地，有大学讲师、助教及应届毕业生，中学教师等。目标是培养师范院校高等代数、几何基础和数学分析方面的教师。研究班很注重学员独立工作能力的培养。这些学员毕业后分配到全国各地，在各自的岗位上都做出了可喜的成就，在教学和科研中起到了骨干作用，多人成为校系领导。时至今日，已培养出几代人。可以说，数学系在新中国成立初期，在我国高等师范院校数学系的教学和人才培养方面，做出了非常重要的贡献。

**6. 系统选课**

由于1958年，1960年“大跃进”的影响，数学系在科研和教育改革等工作上，没有从实际出发，对理论联系实际理解简单化，追求解决实际问题和获得高、精、尖成果；对教育改革的困难估计不足，工作粗糙。致使这些回校工作的有一定学术造诣的青年教师一直没有充分发挥作用，直到1961年夏季，全系科研工作基本没有进展。在当时全国“调整、巩固、充实、提高”的形势下，系党总支召集业务骨干，总结经验。认为数学系应该提高学术水平，开展科学研究，赶上世界先进水平。提出以业务骨干为核心，举办一批讨论班以培养青年教师；同时开设一些系统选课（类似于综合大学的“专门化”课，当时不允许北京师范大学开设“专门化”课）提高本科课程的水平，帮助高年级学生打好基础，开始进入科研。这样也可以促使业务骨干保持前进的势头，逐步培养助手，形成以他们为核心的学术集体等一系列措施。这些设想的提出和付诸实行，标志着数学系的科学研究进入了新的历史阶段。

根据系党总支的建议，1961年暑假后由王世强、刘绍学、孙永生、严士健、赵桢分别陆续开出了数理逻辑、环论、函数逼近论、概率论与随机过程、广义解析函数与奇异积分方程几个方向的系统选课，并分头先后组织了以王世强、刘绍学、孙永生、严士健、赵桢为首的讨论班。这些工作进行到有关人员下乡参加“四清”运动或学校开始“四清”运动为止。在这段时间内，原来的骨干在科学研究上取得进展，获得新的成果；在他们的指导或帮助下，一批青年教师也进入科学研究领域，开始成长起来；在1962～1965年招收了研究生。这些成果多数是脱离了原来的留学或进修环境在北京师范大学数学系的环境下独立获得的，说明我们完全可以独立地开展数学研究，培养青年走上科学研究的道路。这一切标志着北京师范大学独立地开展数学研究的开始，确立了自己的第一批科学研究方向，开始形成了函数逼近论、代数环论、数理逻辑、偏微分方程中的复函数论、概率论与数理统计等若干个研究集体。这是数学系走进现代数学研究最实质的一步，也是能够设立第一批博士点，批准4个首批博士生导师的基础。其背景是，我国在1949年后受苏联影响，可能一直到现在仍有影响，认为师范院校主要是培养中学教师，因此学校主要工作是教学研究，对各学科专业的学术研究并不重视，甚至认为是不务正业。据萧树铁教授讲，苏联对工科院校的基础理论研究也是这个态度。所以在20世纪50年代前期，综合大学办“专门化”，促进教师、学生进行本专业的专题学术研究，而师范院校是不允许的，直到20世纪 60 年代还是这样。当时我们趁调整、巩固、充实、提高的阶段，在系党总支的主要负责人和党员骨干教师的会上，提出了开设系统选课这一措施，以别于综合大学，容易得到同意。

由于“文化大革命”，数学系科研在 1966～1977 年间中断了 12 年。

**7. 科研春天**

1978 年，当科学的春天降临时，数学系开始招收研究生，迅速恢复各类讨论班，逐渐形成了若干个研究方向。除“文化大革命”前已开始的研究方向外，代数环论转到代数表示论方向、数理逻辑转到模型论方向、概率论转到无穷粒子系统（亦称交互作用粒子系统）方向；新形成了调和分析、多重线性代数和矩阵分析、几何拓扑、测度值马氏过程、模糊数学、生物数学、常微分方程定性理论、偏微分方程现代方法、数学学科教学论等研究方向；函数论不仅开展调和分析方向的研究，还对逼近论方向进行了拓展；偏微分方程复函数论边值方向也向多变量做了努力。概率论与数理统计博士点考虑到数理统计方向研究比较薄弱，还请中国科学院系统科学研究所的成平研究员代为培养博士生，建立了近代数理统计方向。这是我们进入当代数学前沿的又一关键点。同时各个学科还积极派出教师出国访问进修，如周美珂（罗马尼亚，1979-06～1981-02）、王伯英（美国，1979-09～1981-09）、陆善镇（美国，1980-07～1982-06）、朱汝金（美国，1980-08～1982-08）、陈公宁（美国，1980-09～1982-09）、李占柄（美国，1980-10～1982-01）、张阳春（美国，1980-10～1982-09），刘绍学到美国考察（1980-10～1981-04）等。

1980 年数学系派遣陆善镇赴美国进修。程民德教授把他推荐到美国华盛顿大学圣路易分校数学系，在著名的调和分析学家 G. Weiss 教授指导下做研究工作。他于 1982 年 7 月回国，在华盛顿大学圣路易分校数学系工作了两年。期间，他深入学习了调和分析新近发展的理论，为回国以后开展 Hardy 空间的实变理论以及 Zygmund-Calderon 理论的研究打好基础；和 G. Weiss 教授，M. Taibleson 教授合作，证明了 Fefferman 在 1978 年提出的关于熵与 Fourier 级数的几乎处处收敛性的相互联系的猜想的高维情形。回国后，我校于 1983 年将陆善镇越级晋升为教授，1984 年 1 月，国务院学位委员会批准陆善镇为博士生导师。这在当时是北京师范大学博士生导师中最年轻的一位。

20 世纪 80 年代初刘绍学感觉到环的结构理论作为研究生的培养方向不够宽泛，于是决心寻找一个具有世界先进水平的新方向。经过四五年的反复调查，学习和比较，最后选定了代数表示理论。目前，由北京师范大学培养出来的代数表示论研究人员在国内代数界享有很高的声誉，在国际代数表示论界具有很大的影响，是国际上这一领域的一支重要力量。中国科学院系统科学研究所万哲先院士给刘绍学的信中说：“桂林（1992 年中日环论）会议给我印象很深的是你们代数表示论搞得很有成绩，可以说这一分支已经在我国生根了，这是你的一大贡献。”国际著名代数表示论专家德国的 Paderborn 大学的 Lenzing 教授说：“代数表示论最近出了几个新人，几乎都是中国人。”二十几年来，北京师范大学代数组在代数表示论科研方向上培养了一大批优秀的硕士生、博士生和博士后，其中 20 多人已成为教授、博士生导师。他们目前为国内一些重点院校的学术带头人。由于出色的科研工作，该科研集体已获得多种奖励及科研基金。如 1998 年（惠昌常和邓邦明）、（彭联刚和肖杰）分别获两项教育部科技进步奖 2 等奖，2007 年肖杰、彭联刚、邓邦明和林亚南获教育部高等学校科学技术奖自然科学奖 1 等奖。惠昌常和肖杰分别于 1993 年和 1991 年获霍英东研究基金；郭晋云、彭联刚、章璞、邓邦明获德国洪堡基金；肖杰、彭联刚和章璞获国家杰出青年科学基金；惠昌常、肖杰和彭联刚入选教育部跨世纪人才培养计划，邓邦明获教育部第 3 届高校青年教师奖，肖杰和彭联刚进入国家 973 项目。惠昌常于 2006

年获得德国洪堡基金会颁发的 Bessel 奖（Friedrich Wilhelm Bessel-Forschungspreis）。刘玉明于 2006 年和 2007 年分别获得德国洪堡基金和 Marie Curie 奖（Marie Curie International Incoming Fellowship）。

1999 年北京师范大学成功举办第 7 届全国代数会，2000 年成功举办第 9 届国际代数表示论会议，并由刘绍学和张英伯分别担任大会的执行主席和组委会主席。2005 年成功举办国际会议 International Asia-Link Conference on Algebras and Representations。

**8. 首批博导**

1981 年 11 月，基础数学和概率论与数理统计两个数学二级学科被批准为博士点，应用数学、学科教学论（数学）和自然科学史（数学）被批准为硕士点。1981 年 11 月，王世强、孙永生、刘绍学和严士健被批准为首批博士生导师（理科还有黄祖洽（还未调来）、刘若庄、陈光旭、汪堃仁和周廷儒）。当时全国批准的基础数学的首批博士点共 15 个，博士生导师共 51 人；就一个单位的导师数排名我系与吉林大学、南开大学并列第 5 名；概率论与数理统计的首批博士点共 7 个，博士生导师共 9 人。1984 年 5 月，王梓坤被任命为北师大校长，使得数学系的第 1 批博士生导师数量变为 5 人。一般说来，数学系在学校的多种指标中一般占 1/10 或更低，此次批准数学系的博士生导师数量，提高了数学系在北京师范大学中的地位，且此举对数学系在全国数学界的地位奠定了重要基础，开创了近 30 多年来的良好局面。

**9. 国家重点学科**

1988 年 7 月 22 日，数学系基础数学和概率论与数理统计二级学科被批准为国家重点学科，占北京师范大学重点学科比例的 2/7，这大大地提高和加强了数学系在学校中的地位，是北京师范大学数学系发展阶段的一个重要转折点。2007 年 8 月，数学被认定为一级学科国家重点学科，这是近年来数学学科建设取得的又一亮点。

**10. 概率论创新群体**

1977 年，很多人都在考虑恢复已停顿了 12 年之久的科学研究问题。严士健等对非平衡统计物理的一些概率模型进行了分析。从钟开莱回国所做的报告中听到 Dobrushin 关于 Gibbs 随机场理论和平衡态统计物理中相变问题的概率论研究，严士健觉得有必要重新考虑恢复学术活动后的科研方向，同时也萌发了一种想法：在相变的概率论研究与非平衡相变研究之间能否有某种联系与沟通，由于这两方面在物理中都是很重要的研究对象，因此数学上的这种处理就可能是很有意义的。随后在 1978 年组织讨论班开始学习关于 Gibbs 随机场的理论，1979 年看到 Liggett 在法国暑假概率论学校所做的关于无穷粒子马氏过程的综合报告，将相变模型动态化，也包括了极简单的非可逆的模型：接触过程，感觉这些内容也许与上述想法更加接近。经过 30 余年的努力，严士健所领导的研究集体在粒子系统的可逆性和相变现象等方面获得大量国际领先的深刻成果，培养了大批优秀人才，被国际同行誉为“中国学派”。

2001 年，以陈木法为学术带头人的概率论研究群体获国家自然科学基金委员会的创新研究群体科学基金（全国所有学科第一批共 19 个创新群体），这是国内数学界第一个获此资助的数学研究群体。该群体的主要研究方向为粒子系统、马氏过程与谱理论。2004 年 11 月，该群体通过评审（全国 17 个），再次获得 3 年资助。2007 年 11 月获得第 3 期资助（2004 年全国获第 2 期资助的 17 个创新群体中有 16 个申请第 3 期资助，只有 4 个获得第 3 期资助）。2006 年 4 月底，概率论创新群体获全国五一劳动奖状（集体奖）。

2002 年 8 月，概率论创新群体学术带头人陈木法在第 24 届国际数学家大会上做 45 分钟报告。2003 年 11 月，陈木法当选为中国科学院院士，他是第一位本科、硕士和博士均在数学系毕业后当选的院士。2009 年 10 月，陈木法当选为学校第一位发展中国家科学院院士（第三世界科学院院士）。

**11. 4 级倒立摆**

模糊信息处理与模糊推理机国家专业实验室建立于 1989 年，是在国家计划委员会“重点学科发展项目”计划中，利用世界银行贷款（50 万美元）和配套资金（600 万元人民币）筹建的。它是数学系模糊数学方向开创性研究工作的成果。突出特点之一是将理论研究用于模糊推理机与模糊控制器的设计之中，1988 年，汪培庄教授的博士生张洪敏等研制成功我国首台模糊推理机并成功地进行倒立摆仿真试验，并将其应用于地膜生产线。1988 年汪培庄教授主持国家自然科学基金重大项目《模糊信息处理，思维决策与机器智能》（135 万元人民币），已于 1992 年通过验收。1995 年后又研制成功总线级多功能模糊控制推理卡，电气化铁路输电线路几何参数模糊识别系统，并开发出模糊空调器样机等。1992 年 9 月 9 日，江泽民总书记来我校视察工作时，到数学楼模糊信息处理与模糊推理机国家专业实验室，观看了模糊控制技术的演示。

2002 年 8 月 11 日，世界首例 4 级直线倒立摆实物控制系统控制在数学系实验成功，并具有很好的稳定性和即定位功能。教育部于 8 月 28 日上午，在学校组织成果鉴定会，认为是一项原创性的具有国际领先水平的重大科技成果。《变论域自适应模糊控制理论及其在 4 级倒立摆控制中的应用》获 2002 年教育部自然科学奖 1 等奖。2003 年 10 月 27 日，李洪兴领导的科研团体，采用高维变论域自适应控制理论，在世界上第一个成功地实现了平面运动 3 级倒立摆实物系统控制。该项成果已达到国际领先水平。2005 年 7 月 15 日，召开成果鉴定会。

**12. 进入 ESI 前 100 名**

《基本科学指标》数据库（Essential Science Indicators，简称 ESI）是当今普遍用以评价大学和科研机构国际学术水平及影响的重要指标。ESI 根据学科发展的特点设置了 22 个学科，大致以 10 年为 1 个周期对全球所有大学及科研机构的 SCI、SSCI 论文及其引用情况等进行统计和比较，按论文总被引次数排列在前 1%的学科方可进入 ESI 学科排行，给出排名进入全球前 1%的大学及科研机构的排序，每 2 个月公布一次。2012 年 6 月底，北京师范大学数学学科在世界上进入前 1%的 218 个数学院所中 ESI 排名第 99 名，进入前 100 名，2013 年 10 月排第 88 名为目前最靠前的名次。

## 二、学院发展的特色

**1. 数学教育**

有人说，如果中国的数学学术研究水平不高，不一定会认为与北京师范大学数学科学学院有关，但是如果中国的中小学数学教育发展得不好，北京师范大学数学科学学院恐怕要承担重要责任，因为这是影响全国数以亿计的中小学生数学学习的大事。

北京师范大学数学系是我国开展数学教育研究最早的院系。早在 1918 级数学物理部第 3 届学生中就开设了《初等数学研究》课程。傅先生非常热心于中学数学教育。他倡议并组织翻译和编写了一套初等数学和教学法的教材，解决了全国高师联系中学课程的教材问题。1933 年起，每年暑假北平师范大学举办中学数学教员暑期讲习会。抗日战争期间，陕西省和西北师范学院继续举办，傅种孙一直是主要授课人。他历年讲述，极少重复。到

1945 年积累的讲题有 32 个，油印的 15 篇讲稿，《傅种孙数学教育文选》均已收录，内容是一般教员容易忽略，甚至错了还不自知的问题，又都是他自己的读书心得，不是一般书籍里所能见到的，所以十分珍贵。

傅先生对中学数学的研究，堪为楷模。他本人经常研究中学数学的问题。许多初等数学的问题，虽然初等，但是解决起来却不那么容易；只用初等的方法，往往解决不了。傅先生博览群书，涉猎各个方面。他自己很注意用高等数学之工具，去研究初等数学的问题。在 20 世纪 50 年代前期，北京市编写了一套中学数学教学参考资料，请北师大修改，傅先生热情地接受了这一工作，亲自组织教师仔细修改，为当时提高中学教学质量起了良好作用。1952 年院系调整以后，北师大数学系成立了初等数学及教学法教研室。傅先生对政府向苏联学习的方针积极拥护，组织人力翻译了许多苏联数学书，如中学数学的习题集，初等代数专门教程，数与多项式，算术，初等几何，数学教学法等教材，在数学系开出了数的概念、初等代数、初等函数、平面几何、立体几何等课程；并积极选送青年教师去苏联学习。特别是派出了数学教学法的研究生。傅先生经常为北京市的中学数学教师组织讲座，讲授与中学教学有关的数学问题，由他自己和系里其他教师主讲。这些讲座促进了中学教师的业务提高，反映很好。

在 20 世纪 50 年代，数学教育专业学习苏联在系里开设了教学法课程，最早讲授这门课的是魏庚人和钟善基等，接下去主要由钟善基和曹才翰讲授。这门课除通论外，还有算术教学法、三角教学法、代数教学法、几何教学法共分 5 个部分，主要讲中学数学各科的教学方法，对教材的研究相对弱些。后来加强了教材研究，在 1960 年发展成为中学数学教材教法。当时系里在傅种孙的积极倡导下还开设了初等数学研究课，由傅种孙、赵慈庚、钟善基、梁绍鸿等任教。在初等数学研究方面涌现了大量的译著和专著。1981 年，在钟善基的积极组织下成立了中学数学教育研究室，并任首届研究室主任，积极开展中学数学教材教法的教学与研究工作，他将中学数学教材教法这门学科定位为实践性很强的理论学科。在 1980～1981 年，13 所院校组织编写了《中学数学教材教法》，曹才翰直接参加了策划、设计和编写工作。之后钟善基、丁尔陞和曹才翰 1982 年出版《中学数学教材教法》，该书由北京师范大学出版社出版，这本书是当时学科建设成果的代表著作，是国内数学教育研究的奠基性著作，它长时间地被高师院校用作本科的教材，受到了同行的一致好评。

20 世纪 80 年代，随着数学教育学研究生的招生，客观上提出了进一步建设数学教育学科的要求。在 1982 年 4 月召开的中国教育学会中小学数学教学研究会第 1 届年会上，丁尔陞提出了建设数学教育学的构想。当时构想数学教育学为三角形结构，即由数学教学论、数学课程论、数学学习论构成，数学教育学是数学、教育学、心理学和辩证唯物主义哲学的边缘学科。之后曹才翰在 1985 年高师数学教育研究会的年会上进一步阐述了数学教育学的内容与结构，并提出了 20 个研究课题，这被认为是建设数学教育学的一个较完整的蓝图。作为国家教育委员会高校教学指导委员会数学学科教学论教材建设组组长的丁尔陞组织了数学教育学的编写工作。曹才翰和孙瑞清均参加了编写组，在他们的努力下，《数学教育学导论》于 1992 年出版。同时代的著作还有：曹才翰与蔡金法 1989 年出版《数学教育学概论》，该书获国家教育委员会教育科学优秀成果 1 等奖和全国教育理论著作优秀奖。随后全国出版了多部《数学教育学》，但其开拓性的工作却是我们学校完成的。

数学教育学科建设不只是写一部《数学教育学》，而是要建设成以数学教育学为中心的学科体系，除数学教学论、数学课程论、数学学习论以外，还包括数学教育评价、数学教育心理学、数学思想史、数学方法论、数学教育哲学等。当时的分工是钟善基侧重于数学教学论，丁尔陞侧重于数学课程论，曹才翰侧重于数学学习论，孙瑞清侧重于数学教育评价。在数学教学论方面，钟善基做了许多工作，发表了许多开拓性的论文，如《数学教学启发式》《数学教学中学生能力的培养》《中学数学教学中如何介绍古代数学成就》《数学教学八原则初议》等。在数学课程论方面，丁尔陞做了大量的工作。早在1987年，他发表了《浅谈数学课程的设计》，在1991年，又发表了《再谈面向新世纪的数学课程》。他在数学课程论方面还主编《中学数学课程导论》（1994）和《现代数学课程论》（1997），其中《现代数学课程论》是全国教育科学“八五”规划国家教育委员会重点课题的研究成果，该成果被专家鉴定为：视野广阔，思路清晰，内容翔实，材料丰富，理论结合实际，对我国的数学课程改革与建设提出了许多有益的启示，具有开创性、创新性和现实意义等。在数学教育心理学方面，曹才翰在1999年出版他多年的研究成果《数学教育心理学》，该书被认为是开创了国内数学教育心理学研究的先河。在数学教育评价方面，孙瑞清在多年研究生教学和研究的基础上在1988年出版《数学教育实验与教育评价概论》，该书是国内当时同类书籍的优秀代表，至今仍有一定的参考价值。在数学思想方法的研究方面，钱珮玲等编著《数学思想方法与中学数学》，该书把数学思想方法与中学数学有机地结合起来，对从事基础数学教学和研究的专家、学者与教师都有一定的参考价值。此外，在高师院校本科数学教育课教材建设方面也做了大量的工作，曹才翰在多年讲义的基础上在1990年出版《中学数学教学概论》，该书获得中国教育学会优秀专著奖，被许多兄弟院校选为教材；丁尔陞在1990年为高等师范专科学校教学编写的教材《中学数学教材教法总论》，孙瑞清、朱文芳在1990年主编《现代中学数学教育原理》，也都有着相当大的影响。曹一鸣出版《中国数学课堂教学模式及其发展研究》《数学课堂教学系列实证研究》等著作，曹一鸣、马波主编教材《数学教学论》。朱文芳出版《中学生数学学习心理学》《中学数学教学心理学》《新课程远程研修丛书·初中数学》等著作或教材。钱珮玲、马波、郭玉峰等编写《高中数学新课程教学法》。

我校是最早招收数学教育研究生的学校。早在1963年，就招收了3名学生，但由于“文化大革命”的原因论文未能答辩。“文化大革命”后的1981年（这也是最早的），数学系恢复了数学教育硕士生的招收工作。数学系最早设计了研究生的培养计划，制定了基础课，专业基础课和专业课的框架，这些研究成果得到了东北师范大学、华东师范大学、南京师范大学等师范院校的赞同与采纳。

对于基础教育，数学系一贯是积极投入的，而且做了大量的工作，可以说功不可没。早在1949年，钟善基就参加了教育部《中学数学课程标准》和《工农速成中学数学教学大纲》的制定与编写工作，并作为特邀代表参加了1951年教育部召开的第1次全国中等教育会议。1958年，中共中央提出了教育为无产阶级政治服务、教育与生产劳动相结合的教育方针和教育要革命的口号，破除迷信，解放思想，在全国掀起了群众性的教育革命的热潮，数学系师生也积极投入，对中学数学教育的目的、任务、大纲、数学课程现代化进行了热烈的讨论，提出了改革方案，并编写了四年制教材。1959年，在4个适当（适当提高程度、适当缩短年限、适当加快进度、适当增加劳动）的精神下，研制了数学课程现代化的方案并编写了教材。1960年2月，丁尔陞在中国数学会第2次代表大会上发表了《对于中小学数学教材内容现代化的建议》，并组织人员编写了《九年一贯制学校数学教材》，在实验的基础上经过修改发展成为十年制数学教材。九年制教材受西方新数运动的影响内容过深，删掉了欧氏几何是不恰当的，但强调函数，增加解析几何，把方程和函数及其图像联系起来却是好的经验和尝试，这些都在后来的通用数学教材（也是我系主编的）中被采纳。1963年，丁尔陞与孙瑞清在北京景山学校开始实验日本、德国、法国和苏联的中学数学教材，在此基础上于1966年初制订了我国的改革方案，但未及实验就开始了“文化大革命”。

“文化大革命”后的1978年8月，美籍华人项武义提出了一个《关于中学实验数学教材的设想》，着眼于未来的需要，根本改革中学数学教学内容。教育部召集北京师范大学、中国科学院数学研究所、人民教育出版社、北京师范学院（现首都师范大学）、北京景山学校等单位研究确定，由北京师范大学牵头组成中学数学实验教材编写组来承担这个项目，丁尔陞任组长，钟善基、孙瑞清等均参加过这个组，这项改革实验研究历时20多年，《中学数学实验教材》在全国23个省市近100所学校经多轮实验，做过5次大的修改，提高本和普及本均通过了国家教育委员会中学数学学科审查委员会的审查，推荐试用并得到了很高的评价，该套教材获得国家教育委员会《中学数学实验教材》基金会1988年度编写、实验的特等奖。后来，该套初中数学教材由语文出版社出版，高中数学教材由北京师范大学出版社出版。

九年制义务教育数学教学大纲的制定我们也积极参与，曾提出一个方案（全国4个方案之一），曹才翰直接参加了4个方案的统一工作，并起草了教学大纲的教学目的部分，较以往的教学目的有了较大的创新和明确化，如明确提出了数学思想和数学方法及各能力的内涵。后来严士健建议增加培养学生应用数学的能力与形成应用意识的要求，并建议在高考中增加实际应用性的考题，这对中学数学教学中克服忽视实际应用的弊端起到了很大的作用。钟善基主编了义务教育五四制初中数学教材，该套教材通过了国家教育委员会中学数学学科审查委员会的审查，并给予很高的评价，推荐试用。

面向21世纪的数学教学改革也备受我们的重视。严士健作为中国数学会副理事长兼数学教育委员会主任对基础教育改革做了大量的工作，近几年来，他发表了数篇文章论述面向新世纪的数学教育改革问题，如《中国数学教育要面向21世纪》《数学教育的若干问题》《数学思维与数学意识，创新意识，应用意识》等。在2001年6月由教育部发展中心组织召开的中美数学研讨会上，严士健还发表了题为“让数学成为每一个人的生活组成部分”的演讲，同时他还组织数学家座谈数学的发展及其对中小学数学课程的影响，并对数学课程标准的研制提出了许多重要的建议和意见，他作为组长直接参与了新世纪中学数学课程标准的研制工作。丁尔陞在1991年的数学教学研究会年会上发表《面向新世纪的数学教育：数学教育的前景与趋势》，1993年又发表《再谈面向新世纪的数学课程》论述新世纪的数学课程。1995年，丁尔陞参与国家教育委员会新的高中数学大纲的研制工作，按大纲编写的数学教材在江西、山西和天津市实验，与此同时，他为北京市主编的重点高中数学实验教材在十几所重点中学实验已达5年，教材已全部出版。1998年丁尔陞参与制定了北京市21世纪基础教育《数学课程标准》，并根据该标准主编《北京市21世纪中小学数学教材》。

国家教育委员会于1997年面向一线教师，新设置了教育硕士专业学位并开始招生，招生之前，钱珮玲代表北京师范大学参加了该研究生课程设置和课程内容的研制和修订。1998～2001年，钱珮玲主持高等师范教育面向21世纪教学内容和课程体系改革计划的“中学数学教学课程的改革与实践”项目。2000～2002年，严士健主持了高中数学课程标准的研制。由刘绍学主编的《普通高中课本标准实验教科书，数学必修1～5》（人民教育出版社，2004）、严士健和王尚志主编的《普通高中课本标准实验教科书，数学必修1～5》（北京师范大学出版社，2004）在2004年9月1日开始在中学试用。学院十余位教师参加了新教材的编写工作。

数学系在数学教育研究会的组织和开展活动方面做了开创性的工作。1978 年，在北京景山学校召开了几次数学教育现代化研讨会，并有外地同行参加。1979 年酝酿成立了中小学数学教育现代化研究会，丁尔陞任理事长。研究会举办学术交流讨论会，上海、广东、东北、河北的同行参加，会上酝酿主张各地开展活动建立研究会，然后联合成立全国研究会。1979 年 11 月，东北地区中学数学教育研究会成立，当即和中小学数学教育现代化研究会协议，于 1980 年在沈阳联合召开了学术讨论会，邀请各地代表参加并酝酿筹建全国研究会。1982 年成立了中国教育学会数学教学研究会，当时邀请了华罗庚、苏步青、江泽涵做研究会的名誉会长，魏庚人任理事长，丁尔陞任常务副理事长，钟善基任秘书长。这个研究会主要是以教研员、中小学数学教师和师范院校数学教材教法教师为会员，从事数学教育的实践和理论研究。现在这个研究会更名为中国教育学会中学数学教学专业委员会。曹才翰与高师院校同行酝酿成立了高师院校数学教育研究会，他任第 1 届副理事长、第 2 届理事长；曹一鸣任第 7 届理事长。这个研究会的会员主要是高师院校数学系从事教材教法研究的教师，主要从事数学教育学科建设的研究。

在国际交流方面，在改革开放以来的 30 余年也做了大量的工作。特别是钟善基组织和日本的交流，从 1979 年开始直到现在每年轮流在中国和日本召开研讨交流会，后发展成为 5 国（中国、日本、美国、德国与法国）交流会。1991 年，数学系成功地举办了国际数学教育北京会议，严士健任主席，钟善基任秘书长，参加会议的中外代表有 300 多人。1998 年，成功举办了 5 国数学教育交流会。2008 年 7 月，张英伯当选为国际数学教育委员会执行委员（9 位执行委员之一）。2009 年 12 月 17～21 日，学院主办的以“数学的发现之旅”为主题的第 14 届亚洲数学技术年会在我校召开。来自美国、澳大利亚、俄罗斯、日本、新加坡、韩国、马来西亚等 28 个国家和地区 130 多位国外代表，以及 270 多位国内代表出席了会议。2011 年 2 月 21～24 日，国际数学教育委员会执委会（ICMI）2011 年例会在北京师范大学召开。全部 9 位执委出席了会议。代表们就如何开展国际数学教育的各项工作和即将举行的会议日程进行了深入沟通和讨论。这些国际交流促进了我国数学教育研究与世界的交流。

**2. 创办数学杂志**

1918 年 4 月，北京高等师范学校主办的《数理杂志》创刊。至 1925 年 12 月，共出刊 4 卷 15 期。《数理杂志》是中国数理出版物中最早的杂志，也是 1949 年以前出刊时间最长的数理杂志。该杂志刊登了一些优秀的作品。傅种孙发表在该杂志上的大衍（求一术）是国内用现代数学观点研究中国古算的首例；1921～1922 年的几期上，连载了傅种孙的几何学的基础，这是我国最早详细而且严格地介绍现代几何基础的文章。

1930 年 1 月，《数学季刊》创刊，它是我国高校最早的专门数学期刊。从创刊至 1934 年 7 月，共出刊 2 卷 5 期。

1936 年 8 月，中国数学会主办的《数学杂志》创刊。从创刊至 1939 年 11 月，共出刊 5 期，是《数学通报》的前身。1951 年 10 月 23 日，毛泽东主席为《中国数学杂志》题写刊名，这是毛主席为我国数学界杂志题写的唯一刊名。该刊是 1936 年中国数学会创办的《数学杂志》的继续。从 1951 年 11 月至 1952 年 12 月，共出刊 5 期。前两期的总编辑是华罗庚和傅种孙，以后总编辑为傅种孙。1953 年起，《中国数学杂志》改为《数学通报》，郭沫若题写刊名。编辑部设在北京师范大学数学系。从 1953 年 3～4 号改为月刊。在 1951～1966 年间共出刊 158 期，后停办。1979 年 7 月复刊至今。

**3. 特色教材**

1952 年，张禾瑞教授编著的《近世代数基础》出版，这是我国第一部自编的近世代数教材。由于这部教材选材适当，推理严谨，条理清晰，文字流畅，50 多年来不断再版。1978 年进行了一次修订。据不完全统计，截至 2015 年，该书已印刷 40 多次，总印数已超过 90 万册。1988 年 1 月，该书获全国高等学校优秀教材奖。作为数学系本科生的一门基础课，该书把着眼点放在使初学者对理论易于了解，对方法易于掌握上，以便使他们能在最短时间内获得阅读近世代数方面较深的书籍及文献的能力。注意到 20 世纪 40 年代国内名牌大学的数学教育实际情况，遵循近世代数学科固有的体系和科学性原则，在大量参考各国近世代数书籍的基础上，对题材的选择，编排和处理作了周密的考虑。力图做到抽象概念具体化，深奥理论浅显化，使得从没有接触过近世代数的读者能较快地理解，从中受益。顺便指出，在 20 世纪 40 年代之前，我国的数学书籍，不论是自编的还是翻译的，多半使用文言文，该书首次完全使用了白话文，甚至口语化，这在当时应该说是开了这方面的先河，更方便读者学习。

1957 年，张禾瑞和郝钢新编写的教材《高等代数》出版。这是我国编写的第 1 部高等代数教材，是一部结构清楚，论证严密，既有高观点又深入浅出的教材。自问世以来，一直被国内众多院校指定为数学系的教材。20 世纪 70 年代后期，“文化大革命”结束，对《高等代数》重新改写，1979 年出版了第 2 版。1983 年，进行了第 3 次修订。每次修订都赋予该书以新的内容，应用范围更广。1988 年 1 月，《高等代数》第 3 版获国家教育委员会高等学校优秀教材 1 等奖。1999 年出版了第 4 版。2007 年出版了第 5 版，并被列为普通高等教育“十一五”国家级规划教材。该书累计印数不少于 75 万册。

1958 年 11 月，梁绍鸿编《初等数学复习及研究（平面几何）》由人民教育出版社出版。该书是国内初等几何方面的一部经典名著。在 1978 年之后曾多次重印，印数达 100 多万册。2008 年 9 月由哈尔滨工业大学出版社再版，增补了一部梁先生生前未曾公开面世的珍贵文稿《朋力点》，还附印了梁先生发表在 20 世纪 50 年代《数学通报》上的 3 篇几何文献。

1957 年，闵嗣鹤和严士健合编的《初等数论》出版，1982 年出版第 2 版，2003 年出版第 3 版，累计印数约达 40 万册，至今每年还印 1～2 万册，为国内高校广泛采用，特别是作为师范院校数学院系的初等数论教科书。

**4. 特级教师**

1956 年 4～5 月，针对当时社会中出现的小学教师“三低”及普遍受歧视的情况，教育部接受毛泽东主席和周恩来总理的指示，研究并起草了《关于提高中小学教师待遇和社会地位的报告》，提出对有特殊贡献的优秀教师，给以特级待遇。1956 年，首先在北京评选了特级教师，数学系 1934 届本科毕业生王明夏和张玉寿，1943 届本科毕业生霍懋征等被评为我国的首批特级教师。上海在 1963 年评出了第 2 批特级教师。“文化大革命”期间，评选活动停止。1978 年，邓小平同志在全国教育工作会议上指示：“要研究教师首先是中小学教师的工资制度。要采取适当的措施，鼓励人们终身从事教育事业。特别优秀的教师，可以定为特级教师。”1978 年 10 月，国家教育部和国家计划委员会制定颁发《关于评选特级教师的暂行规定》，在全国开始评选特级教师工作。到现在为止，据不完全统计，学院至少有 150 多名校友被评为特级教师。

## 三、学院发展中的重大事件

**1. 五四运动**

1919 年 5 月 4 日，即在五四运动中，尤其是在开始阶段，我系的学生是先锋和主力，匡互生（1891-11-01～1933-04-22，1919 届数学物理部毕业生）被誉为五四运动的第一勇士。杨明轩（1891-06-13～1967-08-22，原名杨荃骏，1919 届数学物理部毕业生。历任全国人民代表大会第 1～3 届代表和常委，第 3 届全国人民代表大会常务委员会副委员长，中国民主同盟中央副主席，民盟中央主席，中国人民政治协商会议第 3 届委员会委员、第 4 届委员会常委，《光明日报》社社长等职）和陈荩民（1897-07-05～1981-03-07，1920 届数学物理部毕业生，原名陈宏勋，曾任国立北洋工学院（泰顺北洋工学院）院长，1949 年 1 月至 1950 年暑假，任北洋大学校务临时委员会主席（即校长））是五四运动“八勇士”之中的二勇士。数理部在五四运动中起了极其重要的作用，使北京高师成为五四运动策源地之一。

**2. 四九血案**

1948 年 4 月 9 日凌晨，在北平师范大学发生了著名的，即称之为“四九血案”的流血事件，是国民党特务深夜闯入北平师范大学，逮捕了几个进步学生。这件事发生后，北平师范大学教授会发表了支持学生运动的宣言，在会上有的教师反对支持学生罢课，但教授会主席傅种孙在会上仗义执言，并亲自起草了教授会罢教的 4 篇著名的宣言（得到了毛泽东主席的赞赏），得到了北平师范大学教授会和讲师助教会的拥护，发扬了正气。同时推动了北平大学生的团结，向国民党进行了勇猛的冲击。这件事在北平师范大学的校史中，以及在北平的学生运动中占有重要的地位。

**3. 倡议设立教师节**

1984 年 12 月 9 日，王梓坤教授任校长期间，倡议在全国开展尊师重教，设立教师节，促使全国人民代表大会常务委员会在 1985 年 1 月 21 日的第 9 次会议上做出决定，将每年的 9 月 10 号定为教师节。

**4. 首次取得数学奥林匹克团体总分第 1 名**

1987 年，受国家教育委员会和科学技术委员会的委托，数学系和北京师范大学附属实验中学联合招收高中理科（数学）实验班 22 人。1988 年，10 人进入当年数学冬令营，9 人入选由 20 人组成的国家队，其中 4 人成为由 6 人组成的国家代表队选手，参加在联邦德国举行的第 30 届数学奥林匹克竞赛，获得 3 枚金牌和 1 枚银牌。此次比赛中国队共获得 4 金和 2 银，首次取得团体总分第 1 名。（数学）实验班 22 人全部考入全国重点大学。主教练之一的数学系孙瑞清老师为我国获得国际数学奥林匹克团体冠军做出了突出贡献。

## 四、结语

2015 年，北京师范大学将迎来数学学科成立 100 周年。2013 年 1 月，北京师范大学数学学科在全国数学一级学科评估中排第 5 名。

数学学科是很多问题的试金石，是反映问题最明显的学科。北京师范大学的数学学科要科学发展，就要稳步前进，小步快走。要以史为鉴，总结和吸取学科发展中的经验教训，在继承中求发展。学院要以数学学科现有的学科带头人为骨干，造就一支高水平的、年龄和学历结构合理、学缘协调、勇于创新的学术梯队，以适应学科的发展，特别要重视培养和引进有潜力的学科带头人。争取在未来的 100 年，取得更多的亮点与特色。

# 北师大数学系培育下我的幸福数学生活

刘绍学（1946级本科生）

## 一、前言

退休了，老了，自由了，孤寂了。
生活变得常是：怀旧，念故，空想，遐思，散步。
2015数学系百年，
侥幸，幸运，运气，
我在这棵大树下已生活了69年，
受益多多，受恩重重。
在她百年喜庆时，
让我再一次回忆她给我的
幸福数学生活。

## 二、留校留苏

1929辽宁生人，1946恰可高考。
师大归京招生，幸运登堂入校。
四年好好学习，班中成绩最好。
傅师点名留校，工作高师真好。
1949新中国立，一边倒向苏联。
师大送我留苏，穷小一步登天。
傅师教我代数，张师带我学环。
Kurosh专长群论，顺势导我研环。
莫大精英处处，数学气势雄雄。
白丁到此一转，心气也会高升。
身染莫大灵气，数学界内顺行。
一生数学幸福，莫大留学铸成。
师大送我留苏，幸福数学一生。

我本无能男，数学有点缘。
上天勉好人，给我好生辰。
世事有巨变，幸运巧妙串。

师大与留苏，两步登上天。
感谢新中国，感谢咱师大，
感谢数系恩，感谢父母情。

## 三、访美访欧

改革开放来到，大学重启教研。
重新走上课堂，精神振奋欢畅。
我已年近半百，学业荒废十年。
数学发展飞快，心中羞涩荒寒。
国家了解此情，派人出国学研。

新中国的第四年，师大送我去留苏。
改革开放第三年，数系送我去访美。
苏联美国相对立，莫大芝大灵气通。
咨询 Kaplansky 方向事，继续搞环他建议。
访问结束心矛盾，眼界开阔路难寻。

戴上博导帽子，一心只想追赶，
培养精英学子，道路需要广宽。
选路确是难定，拼碰打赌冒险。
放弃结构环论，选定代数表示。

曹老经验好，集体攻坚妙，
基础自己打，外援要找好。
机会忽然来到了，欧洲招手将我邀。
比国 Fred 邀访向，奥国 Mlitz 邀参会，
见面交流谈合作，只欠东风一机票。
主任为我作申请，校长特款助西行。
1986 飞身去欧洲，梦想合作联系桥。
赴德专访 Bielefeld，Ringel 热情接待我。
报告交流谈话后，我俩一见钟情了。
Fred 引我环论圈，Mlitz 助我进根会。
独有 Ringel 能量大，代数表示国内立，
他的功劳最最大。

来华助讲学，邀咱去访德。
弟子齐努力，个个奔精英。
三人得德博，四人获洪堡，
肖彭领头羊，发文在 Invention。

此次访问收获大，代数表示终成功。
感谢师大数学系，感谢 Ringel 与学生。

## 四、编写中学数学教科书

在我心目中，中学教科书是神圣的。年少时学习的教科书《三 S 平面几何》《范氏大代数》启我心智，给我留下终生难忘的印象。为中学教科书做点事情是数学人的美好心愿。我 73 岁时参加了《普通高中课程标准实验教科书，数学（A 版）》的编写工作，我是幸福的。听到人们说这套书可用，认同“数学是自然的”“看过问题三百个，不会解题也会问”这样的说法时，我的心是甜的。假若我不是北师大数学人，人民教育出版社是不会请我做主编的。感谢北师大数学系和人民教育出版社给我这个幸福经历。

## 五、我的幸福数学生活

数学数学好学科，神思妙算启心智。
曲折幽深练功力，单纯清楚宜深思。
数学全靠思读多，数学全靠交流好。
数学生活幸福事，静读交谈深深思。
仰慕名师会见日，破题得解论述时。
科研交友访名校，教书写书育学生。
访问名师数十位，培养教授十数名。
最喜后浪超前浪，青胜于蓝有多多。

知名帽子科协赠，戴在头上我心虚。
数学界中多鼓励，数系宣传抬人气。
教龄五十高调庆，文集首发开大会。
人性浅薄真堪怜，好言一句心喜欢。
知名虚名非功利，幸福之水滴心里。

## 六、数学系乒乓屋

休前论道教研室　休后嬉戏乒乓屋
乒屋喜乐热气高　你打我喊尽欢笑
八二八三我独老　优惠规则定下了
正手抽杀算二分　反手赢球给四分
正手反手齐上阵　舍加用乘论八分
一次双方精合作　二五六分我方得
胜者挥拍哇哇叫　负方鼓掌哈哈笑
打球只为欢与乐　谁对胜负瞎计较

## 七、感恩

退休了，老了，回顾一生，我常问自己：如果我不在北师大数学系读书，我能留在高校吗？我能留苏吗？能访美、访欧和学生一起走向代数表示论吗？能打乒乓球一次得 256 分吗？没有人能回答。但从我的天性我知道，这一切都是不会发生的。我侥幸，我幸运，我运气，我幸福。衷心感谢北师大数学系：

数系百年　我年八六
相伴六九　今后依旧
数系数系　我的恩系
数系为我　我为数系
数系长存　我将离去
生存离去　在你大树的树荫里

刘绍学，北京师范大学数学科学学院教授

# 祝贺北师大数学科学学院百年华诞

王树人（1946 级本科生）

我是 1946 年日本投降后考入北京师范大学的。从小没上过小学，是因为爷爷不让我到外面读书，怕我到外面学坏了。因为家里有书房，有大量的图书，请了一位先生到家里教我们。当时我和堂弟同时跟老师学习。从《三字经》《百家姓》一直到《大学》《中庸》《论语》《孟子》《诗经》《书经》等。整天从“人之初”开始背书，一直到诗经的第一部分。爷爷规定老师不许打骂。每天老师给我们指定了背书的内容后，就出去散步了。老师走了以后，我和堂弟就在书架中乱翻其他的书看。有一次，我翻到了一本手抄的数学题书，其中有“猴爬杆”“鸡兔同笼”等，我感觉挺好玩的，就把其中的题一一算出。有一次两位在外面上中学的堂兄寒暑假回乡带来一些假期作业，两人争论解法时，我在旁边竟然给算出来了，他们觉得我应该到外面上学去。于是把我介绍到黄村农业职业学校，让我考一下试试，拿来考题，其他科目不行，数学都算出来了。老师认为我还可以。就这样我上了农业职业学校。第 1 年考了第 7 名，总算跟上班了。第 2 年考了第 4 名，第 3 年考了第 2 名。在黄村农业职业学校毕业以后到北京考上了大中中学高中，第 1 年数学期终考试得了 100 分，其他科目免试通过了。后转入了大同中学。最后是在大同中学高中毕业。这时日本投降了。当时各大学是单独招生。原想考北大，怕考不上，就报考了保定师范，考上了。后又报了北京师范大学，结果也考上了，我就上了北师大。因为数学成绩好，就上了数学系，其实我对数学并不是很喜欢，到了二年级我感觉自己没有数学天分，想转系，我当时想转化学系，找到化学系主任鲁宝重先生，但他不同意接收我，只能作罢。此时学校活动也多了，我当时是不左不右，被选为系数学学会常务主席，我是全票通过的。此后我更多的参加了一些社会活动，直到 1950 年毕业。

毕业后我和刘绍学两人留校工作。我是以数学系助教的名义留下的，但是工作由组织上安排（经系主任傅种孙先生同意）。当时刘少奇同志介绍刘仁静到北师大教政治经济学，组织上想培养我搞资本论，正好北大请苏联专家办资本论学习班，就派我去参加学习。一个月后，刘仁静又被调走了，我也就回校了。当时正在搞“三反五反”运动，组织教师学习。傅种孙先生是组长，我是副组长，傅先生搞业务多，就让我组织学习。另外，校长办公室主任苏士文组织教师党支部，我是组委。而学校当时没有管人事的组织，就成立了学校人事室，名义上是苏士文负责，实际上他无力顾及，就抽掉我和马应贤两人负责管理人事室。另外，傅种孙先生任教务长，傅先生又让我和物理系一位教师帮助其工作。后学校又成立了课业科，课业科科长是外语系一位教师，我是科员，我帮助傅先生工作。这一段几个头的工作。后来又搞教学大纲，数学系报上计划被批下来了，教育部不懂拓扑，认为拓扑是祝福，数学系搞什么祝福。傅先生看后把拓扑学改成形式几何，又报上去才被批准。这事在当时成为一个笑话。

后来我生病休养了，正是1952年院系调整时期。学校调来李传信任党总支副书记（当时党总支书记是丁浩川同志）。李传信同志决定搞行政的理科教师一律回系搞业务。我毕业后这段时间一直搞行政工作，没有搞业务。我虽然没在数学系工作，但一直与傅种孙联系。傅先生是北师大自己培养出来的第1位数学教授。他是1947年年底从英国考察回来，任北师大数学系主任。他对北师大数学系有深厚的感情，回国前把出国余下的经费都买了数学书捐赠给数学系。1949年后，也就是我毕业时，傅先生任北师大教务长，我在行政工作就与傅先生脱不了关系，也就与数学系有了联系。

我回系后，严士健把系秘书工作交给了我，同时我又担任数学系党小组长。当时数学系副主任是董延闿老师，他要求入党，与我联系较多，我们合作得很愉快。董先生院系调整前是辅仁大学的教师，对系主任傅种孙先生很尊重。傅种孙来北师大数学系时，专任教授只有王仁辅先生一人，其余是兼任教授。傅先生想办法先后聘请了汤璪真、范会国、蒋硕民等教授来校任职。1952年院校调整后又请来了张禾瑞教授，但这些老先生都没有继续搞科研，必须积极培养青年教师。同时，院系调整后来自原北师大和原辅仁大学两校教师间的团结问题，对开展数学系工作很重要。作为副主任的董延闿老师对傅种孙、张禾瑞两位教授都很尊重。当两位教授发生一些矛盾问题时，他对两位教授分别做工作，由于董先生积极做协调工作，使北师大和辅仁大学双方的教师能融合在一起，没有发生什么矛盾，加强团结，促进和谐，在老先生方面起了重要作用。在数学系建设方面，傅先生、董先生我们有一致意愿，是从提高教师业务水平抓起。傅先生提出青年教师（助教）要补学三门基础课——几何基础、近世代数、实变函数。我回系后，由于业务生疏了，就积极拥护，以身作则，亲自参加学习。实际上因工作关系，很少能正常听课，都是自学的，最后都参加了考试，也取得了良好成绩。除此之外，系里还采取了送出去学习的措施，支持严士健与华罗庚学习，还积极派遣有条件的教师出国学习，如刘绍学、袁兆鼎、丁尔陞、孙永生等留苏学习，同时向国内高校派遣青年教师进修。在系内，各教研室开办多种学习讨论班，总之，采取一系列措施，提高教师业务水平。

我到数学系工作30年，没做出什么贡献，可却受到了较高的肯定。比如1953年，我才来系不久，傅种孙先生就给了我一个讲师职称（在当时是高级教师职称）。他背后说过："王树人这个人很厚道。"当时我被调离数学系到校人事处工作时，系里张禾瑞、董延闿、孙永生、李英民等先后都到校党委要求留下我。这些同志对我的感情我很感动。

我离开数学系后，1980年国家开始在高校评定高校教师职称，在第1次评选中，我系教师王世强、刘绍学、严士健、孙永生四人同时被评定为教授职称，我得知这一可喜消息后，激动得流了眼泪，从此数学系真正站起来了。

我在数学系30年里，深深感到这是一个相互尊重、相互支持、一心向上、没有内耗的和谐大家庭。

今天的数学系（现已为数学科学学院）已走过了100年，它与20世纪50年代的数学系不可同日而语了。从此将进入新的征程。

衷心祝贺数学科学学院百年大喜！

王树人，曾任北京师范大学数学系党总支书记，校党委常委兼人事处处长

# 欢庆北京师范大学数学学科创建100周年

丁尔陞（1947级本科生）

2015年是北京师范大学数学学科创建100周年，我由衷欢庆！

我是1947年由国立东北中山中学保送来北平师范大学数学系的。这时正值傅种孙先生从英国访学回来担任数学系主任。傅先生1916年考入北京高等师范学校（北师大前身），1920年留校任教，抗日战争时随校迁西北，抗日战争胜利后回京，即去英国访学，回来后即作系主任，是数学系的元老。他对数学系的建设、发展倾注了毕生精力。他对学生严格要求，为他们配备高水平的教师，聘请当时在北京的知名教授来讲课．借数学会活动之机请外地数学家来系做学术报告。段学复、王湘浩、赵访熊、秦元勋等先生都给我们上过课，苏步青先生来系做过学术报告。我就是在这个环境下学习了4年。傅先生很重视数学系的学术领域的扩充和水平的提高，他先后送出刘绍学、袁兆鼎、孙永生、赵桢和我到苏联留学，严士健去作华罗庚先生的研究生。他们回来后都积极组建各自领域的研究组，开展各领域的研究与开发。严士健根据当时数学的发展与我们的欠缺，毅然决定从原来的数论转到概率论与数理统计方向，经过长期的研究与开发，形成了强力的队伍，培养出了陈木法和唐守正这样的院士。

数学系还有一个传统就是重视数学教育。傅种孙先生是我国现代数学教育的先驱，他先后参与了教材的编写、课程标准的制定，他编纂的《初级混合数学》《高等平面几何》等教材被教育部作为蓝本并在全国推行；他还受教育部委托，组织人力拟订数学教材精简方案全国推行。他致力于教育，对课程剖析精深．当时只要国外有好的教材出版，他筹建的算学丛刻社即可在3个月内引进，并用于北师大附中的课堂教学。他一直通过数学研究、译述名著、撰写教材、课堂讲授、指导科研、培训教师、主办杂志以及主持北师大系务校务、参加中国数学会的领导工作等投身教育事业。1952年秋季，北京师范大学数学系在全国率先成立了初等数学及数学教学法教研室。室主任是傅种孙（1952～1955）和魏庚人（1955～1958），主要成员有程廷熙、傅种孙、钟善基、白尚恕、王树人、蒋铎、曹才翰等。主要开设的课程为：初等数学复习及研究（这门课的前身是北京师范大学数学系首先创立于1918年的“初等数学研究”，它分为5科：平面几何复习与研究、立体几何复习与研究、代数复习与研究、初等函数复习与研究、数的概念），中学数学教学法（包含算术、代数、几何、三角）及教育实习。1954年为了加强数学教学法专业的建设，傅先生推荐我去苏联留学，学习数学教学法专业。1958年底正值“大跃进”、教育大革命，解散了初等数学及数学教学法教研室，继续学习数学教学法专业已无必要。未及论文答辩我即被数学系召回。回系后即投入教育大革命。

我们投入的是中小学数学教育大改革．当时，数学系全系总动员，师生下乡、下厂调查研究，对数学教育的目的、任务、大纲和教材、数学课程现代化等问题展开了热烈讨论，提出了改革方案，编写了四年制教材。1959年底在“四个适当”（适当提高程度、适当缩短年限、适当加快进度、适当增加劳动）的精神指导下，广泛调查了解各行业、学校、科研单位的实际需要，查阅国外有关资料，深入分析数学教育的现状，于1960年2月提出了“对于中小学数学教材内容现代化的建议”，并在3月初召开的中国数学会第2次全国代表大会上进行了讨论。研究小组按建议的方案编写了《九年一贯制学校数学教材》，在北京景山学校及其他省市的一些学校进行了实验，在实验的基础上修改成了十年制数学教材。《九年一贯制学校数学教材》程度提得过高，九年学到微分方程是学生力不能及的，把欧几里得几何作为陈旧落后的典型，加以删减，对几何体系否定，予以废除，也是不对的。十年制教材延长了学制，减少了内容，这项改革实验，一直坚持到1962年。这时在“调整、巩固、充实、提高”八字方针指导下编写出了通用数学教材，这项实验终止。但是改革中的一些成功的经验与成果，如强调函数，在中学数学课中增加解析几何的内容，把方程与函数和图像紧密联系等都被通用教材吸收。1963年我和孙瑞清、林方域在北京景山学校开始实验日本、德国、法国和苏联中学数学教材，在此基础上，1966年初制订了我们的改革方案，但未及实验，“文化大革命”就开始了，北京景山学校被打成“修正主义试验田”。《九年一贯制学校数学教材》在北京景山学校的实验，始终受到关肇直先生（当时是中国数学会的秘书长）的关心、支持和帮助。为了培养数学教育改革的后继人，他帮我们培养了3名数学教育研究生（杨天民、杨明朋、傅学顺），这是数学系最早招的一届研究生，由于“文化大革命”论文未及答辩。

粉碎“四人帮”后，1978年，教育部组织编写中小学数学教材，美籍华人项武义教授提出了关于中学实验数学教材的设想，着眼于未来的需要，根本改革数学教学内容。教育部召集北师大、中科院数学所、人教社、北京师院、北京景山学校等单位研究确定，由北师大牵头，由这五个单位派人组成中学数学实验教材编写组来承担这个项目。北师大派钟善基先生、孙瑞清、童直人、高存明和我参加了这个编写组（后改为实验研究组），我任组长。这项实验研究一直坚持至今。编出的《中学数学实验教材》在全国23个省（市）自治区100多所学校经多轮实验，做过五次大的修改。提高本和普及本均通过国家教委中学数学学科审查委员会审查，推荐使用。

1988年国家教委制定了《九年制义务教育全日制中学数学教学大纲》。组织编写了适应不同地区（沿海、内地），不同学制（六三制、五四制）等五套数学教材。我们积极参与了全过程。曾提出了一个数学教学大纲的方案（全国四个方案之一），曹才翰直接参加了四个方案的统一工作，起草了教学大纲教学目的部分，明确提出基础知识含其反映的数学思想和方法，并具体阐明了基本技能与能力的内涵。钟善基先生主编的《义务教育五四制初中数学教材》，通过了中学数学学科审查委员会的审查，推荐使用。我对这个大纲的实施作了一些宣讲工作。后来我又为北京市主编了一套中学数学教材。

面向21世纪的数学教学改革也备受我们的重视。严士健先生一直关心数学教育。制定义务教育数学教学大纲时，他建议增加培养学生应用数学的能力形成应用意识的要求，并建议在高考中增加实际应用性的考题，这对数学教学中克服忽视实际应用的毛病起了作用。他曾发表过几篇论述面向新世纪的数学教学改革的文章，组织数学家座谈数学的发展及其对中小学数学课程的影响，并直接参与了数学课程标准的研制。我对面向新世纪的数学教学改革也发表了一些意见，1991年在数学教学研究会年会上发表了《面向新世纪数学教育：数学教育的前景与取向》，1993年又发表了《再谈面向新世纪的数学课程》一文。新的数学课程标准制定后，严先生按《标准》主编了一套中学数学教材，在北京师范大学出版社出版（简称“北师大版”）。刘绍学先生主编了一套中学数学教材在人民教育出版社出版，高存明也主编了一套中学数学教材在人民教育出版社出版，张英伯、钱珮玲等老师参编了前一套，我和孙瑞清等参编了后一套，我是顾问，这两套教材简称“人教社 A 版”“人教社 B 版”，都是我们学院的老师为主编而成的。

数学教育这个学科，20 世纪 50 年代学习苏联在高师开设数学教学法课，用伯拉基思的《中学数学教学法》作教材，后来数学系还组织教师翻译了李亚平的《数学教学法》。这门课主要讲中学数学各科的教学方法，对教材的研究较弱。后来加强了教材研究，在 1960 年发展成为中学数学教材教法。特别是“文化大革命”后，13 院校组织编写《中学数学教材教法》(总论于 1980 年出版，分论于 1981 年出版)。后来钟善基先生、曹才翰和我又编写了《中学数学教材教法》。这可以看作是学科建设的阶段性成果。钟善基先生把中学数学教材教法这个学科定位为实践性很强的理论学科。通论部分使用教育学、心理学、辩证唯物主义哲学等理论对中学数学的教与学作了规律性的探究，阐明了中学数学教学目的与任务、教学原则、教学方法、教学工作等，较原来的教学法有更高的理论水平；分论部分则加强了教材研究。

20 世纪 80 年代随着数学教育硕士研究生的招生，客观上提出了进一步建设数学教育学科的要求。1982 年 4 月，我在中国教育学会数学教学研究会第 1 届年会上提出了建立数学教育学的构想。当时构想数学教育学为三角型结构，即由数学课程论、数学教学论和数学学习论构成。数学教育学是数学、教育学、心理学和辩证唯物主义哲学的边缘学科。之后，曹才翰在高师数学教育研究会的年会（1985）上进一步阐述了数学教育学的内容和结构，并提出了 20 个研究课题，这被认为是建设数学教育学的一个较完整的蓝图。这时我作为国家教委高校教学指导委员会数学学科教学论教材建设组组长组织编写了《数学教育学导论》，曹才翰和蔡金法合著了《数学教育学概论》，随后全国出版了多本《数学教育学》。

随着研究的深入，我们认识到学科建设不只是写一本数学教育学，而是要建设起以数学教育学为中心的学科体系，除数学课程论、数学教学论、数学学习论之外，还包括数学教育评价、现代化数学教育手段、数学教育心理学、数学思想史、数学方法论、数学教育哲学等。当时我们的分工是：钟善基先生侧重于数学教学论、我侧重于数学课程论、曹才翰侧重于数学学习论、孙瑞清侧重于数学教育评价的研究。我申请并获准了全国教育科学“八五”规划国家教委重点课题“现代数学课程理论研究”。在 5 年内对这个课题进行了专题研究和综合研究，发表了《美国中小学数学评价标准简介》《坚持理论联系实际》《浅谈数学课程设计》等文章，合著《中学数学课程导论》，完成了最终成果——一本数学课程论专著：《现代数学课程论》。

以上简述了我经历的数学系重视数学教育、积极参与数学教学改革和数学教育学科建设的过程。在这些过程中，我做过一些努力，如果说有些成果的话，也是我和我的合作者们共同努力的结果。我要感谢多年来和我共同战斗的合作者们。感谢数学系领导多年来的支持和帮助。

丁尔陞，北京师范大学数学科学学院教授

# 一个学生对学院的深情庆贺与祈愿

严士健（1948 级本科生）

我 1948 年秋进入北京师范大学（当时称北平师范学院）数学系（即现在的数学科学学院），有幸度过了北师大数学科学学院的百年历程的三分之二。她的活跃而曲折的发展历程、个人与她共顺利和困难的经历，一件件都历历在目，如同昨日发生。我首先衷心庆贺在党的领导下，她获得了巨大、令人瞩目的进展；其次想写点纪念或者祈愿的文字，几易其稿，不知从何处着手。最后，出于深深感谢学院对我成长的关怀和培养，还是想谈一点对学院学术未来发展的看法和建议，供今后的师弟、师妹、学院负责人及有关领导参考。我深知这些看法可能流于迂腐、过于空洞……但我是真心的，也愿意进一步探讨，如果有所裨益，实属所愿。

学院的百年发展，反映了我国学习现代数学的发展历程和规律。

对于我入学前的数学系的发展状况，只是从老师、师兄以及有关方面那里零星地听到的一些口述和谈论中粗略地有所了解，并没有详细考察。我认为当时大致是：有一些国内的著名数学家执过教，他们开展过（多数是在留学期间）一些专题研究，发表过论文。由于当时国内对现代数学还处于初创阶段，没有学术环境和传统，特别是社会动荡，大都不能坚持，因而他们的执教并没有在数学系形成以他们为核心的学术研究氛围，更没有梯队。课程也比较陈旧、落后。

1948 年傅种孙先生从英国考察归来，就任数学系主任。由于他从学习数学（建系以前）开始，留校工作，一直都在数学系，和学院有很深的情结。他怀着建设北师大数学系的宏愿，用他国外考察的经费为数学系在国外采购回一大批新的数学教科书和专著；延请北大、清华等校新近回国的优秀数学家来校兼课。接着，在党的领导下，趁着新中国成立的新风，以及后来院系调整的良机，除继续延请优秀数学家来校兼课外，延揽国内数学教研的资深名教授和数学教育（当时称教学法）的人才来北师大工作；发现、培养和提携青年，尽量保送青年教师去苏联留学，当时没有出国条件的也尽力鼓励、支持和设法培养。

经过几十年数学系全体教师的努力，教学内容和教材从数学学术和数学教育两方面都得到了更新、系统化和比较现代化，形成了严谨的学风。我觉得最有意义的是：经过半个多世纪、几代人的努力，我们学院在几个方向上，形成了团结、有力的数学学术研究（包括数学教育）梯队；获得了几批在国内一流、在世界上获得肯定的数学成果，从而使我们学院在国内、外数学界也获得相当的知名度。这的确是值得在系史中大书特书，值得我们学院百年寿诞时庆贺的大喜事。我能够亲身参与其事，感到十分欣慰和自豪。

而今每年都有大批优秀的青年参加到我们学院的行列，每年也有大批学成毕业的新数学工作者，其中有很多是数学爱好者，我相信其中有的对数学并没有特别兴趣。作为一个参与其事、而今已耄耋的老兵，满心喜悦地欢迎你们参加到数学工作者的行列中来。同时，我以亲身的感受和体验告诉你们，只要能耐心学习和体会，坚持不断地深入钻研，关注和探讨她在建设和培养人才等各方面的巨大作用，就会发现数学是一门既对国家现代化和民族复兴有根本作用，又能吸引我们孜孜不倦、兴趣盎然地研习的学问。衷心希望你们能在发展数学、培养人才、建设国家的征程中发挥作用。

值此学院百年大庆之际，我还不揣冒昧地衷心祝愿学院在未来的长征中，经过长期的努力，能够再大踏步地跃上几个台阶。首先，我祝愿作为中国的第 1 所高等师范大学的数学科学学院拥有一批世界一流的知名数学家和数学教育家；他们能在国内、外数学和数学教育界引领风骚；在数学学术和数学教育上向国家和世界奉献出一流，甚至是引领潮流和社会前进的成果和思想；不断培养出大批能够为国家和社会倾情奉献和做出贡献的优秀、杰出人才。

对于数学教育，我想多说几句。虽然我只是在最近十几年从数学角度结合数学的发展对我国的情况作了一些考察和思考，但是我觉得就我国国情和我校的任务来看，有一些问题特别值得重视。数学对于我国的现代化和民族复兴是一门不可或缺的重要基础学科，必须达到国际一流水平。其次是数学的应用，直接关系到综合国力，必须大力发展。作为师范大学，我们的数学教育必须帮助学生深刻认识，有志于从事这项事业，并且具备相应的能力。这些问题已经而且正在热烈、深刻地讨论，在相当范围内得到共识，我不再赘述。我想在这里着重谈谈通过数学广泛而深入地培养年青一代的理性思维方式，逐步让数学融入我国文化传统的问题。

我这里提到的理性思维方式就是指归纳、抽象与演绎相结合的思维方式。从文艺复兴以来，欧洲由于对数学的重视和近代数学的发展，理性思维方式系统形成，深刻地影响现代文明社会诸多方面，成为现代文明社会的文化传统的组成部分。这种思维方式是现代文化传统的核心之一。她渗透到一切近代科学（不论是自然科学还是社会科学）的正确发展进程；她是理性思维的核心；她是正确处理一切事物的锁钥和向导。当然，应该强调：作为一种思维方式，她所得出的结果与她所依据的前提有关，要得到正确的结果有赖于正确的前提。我强调要普遍培养年轻一代的理性思维能力，是因为她在我国并没有像欧洲那样系统形成，因此影响薄弱。这是一种一般的思维方式，为什么要强调由数学及数学教育培养？因为她在数学中表现准确、需要和易懂。人们在青少年时代学习数学的时间又最多、时段最长，所以她长年累月、耳濡目染地影响学生，使学生不断地、经常自觉不自觉地受到她的熏陶。因此，数学和数学教育只需适当地在教学中加以启发、联系、引导或延伸，就能帮助广大学生将她运用到其他事物中去；甚至只要在教学中不是让学生死记硬背、形式理解，而是关注理解、掌握数学本质，就能耳濡目染地帮助学生培养运用她的能力。一旦在中国社会中系统形成理性思维方式，在广大群众中形成运用她的风气，数学就能融入我国文化传统。我认为这是我们中华民族现代化的一项根本任务；恕我冒昧，现在我国数学虽然取得巨大的成就，但是从文化上并没有真正融入我国传统，而基本上停留在将数学作为一种技术学科为国家建设服务的阶段。

要达到上述境界，我更不揣冒昧地向来者奉献个人几十年来的体会、认识和感悟，供参考。数学作为一门基础学科，她对国家和民族的发展作用虽然巨大，但是并不像技术学科，如 IT、航天、高铁等有明显的表现，常常是在幕后对科学、技术起着引领、启发甚至是后盾的作用，例如数学对电脑的发明、对远程控制、抗干扰以至广义相对论的完成。甚至还有那些并无实际应用而只是数学学科发展的里程碑式的进展，如费马大定理的证明、哥德尔不完全定理、伽罗瓦理论、公理化方法等一大批成果。所以在数学上要想有显著的成就，要有那种淡泊名利、甘于奉献、耐得住寂寞、敢啃硬骨头的精神。要培养兴趣、要能坚持，百折不挠。要善于选择生长点。说来似乎很苦、很难，但是只要一心向往，终会进入佳境。

衷心希望学院的成员满怀信心迎接学院光辉的未来!!!

严士健，北京师范大学数学科学学院教授

# 汤璪真先生活在学生们的心中

王树茗（1949级本科生）

在母校百年华诞之前，我曾写了四首七律《校庆近致同窗老友》，其中第3首是对数学系老师的回忆，前四句说：

得朋名重学坛中，执教诸家一代宗。
数哲纵横推傅老，射空驰骋誉汤公。

“汤公”即指汤璪真先生。汤先生当年以其卓越的观点、渊深的学识、精湛的推理艺术，带领我班同学在射影空间翱翔驰骋的情景，使我至今依然神往。

汤先生当时担任的课是近世几何。第1次上课就使我们感受不凡。记得他几句话之后，就回头在黑板上画了一张表，最上面一行写着欧氏平面、射影平面、反形平面等一系列平面名称，以下各行则依次写出这些平面在诸多方面之异同，例如有没有无穷远点，如有，有多少，又如是否过两个不同点必有且只有一条直线。先生的这张表和有关讲解，展示出了一个辽阔而多姿多彩的几何世界，把我们深深地吸引住了。可是，后来的课上得并不很顺利，问题出在课本。当时所使用的算学丛刻社出版的《初等近世几何》，按照现下某些人的评价标准，应该是很不错的，因为它把所谓的数形结合贯彻始终。但是，汤先生不欣赏它，总是一边讲课，一边带领我们改书；后来索性用自己挤时间译出的J. W. Young的一篇论文《射影几何学》取代了它。Young是个几何大家。他这篇文章观点极高，不仅对椭圆、抛物线、双曲线三种曲线一视同仁，而且把欧氏、罗氏、黎氏三种几何作统一处理。特别是其中从始至终是纯几何手法，简洁、明快，使人叹为观止。然而，作为一篇论文，把所有细节都讲清楚是不可能的，而Young所略去的有时还不仅是细节。汤先生就为此而对这篇文章作了许多补充和注解，所有这些也都坚持采用纯几何手法，都继续保持着简洁、明快的风格，这在一定意义上是丰富了原著。看来，这也只有同样是几何大家的汤先生才能做到。我们共同感觉：由于汤先生的引导而使自己真正窥见了数学的殿堂，初步见识了它的高大、神奇和美妙。

先生在学识和教学上是如此超凡出众，在为人处世上却十分谦和、平易。尤其是言语不多，衣着简朴。因此，我班同学阎士文有这样的评论：“瞧汤先生，不知道的人一定以为他是咱们系的高年级学生，想不到他是个大学者。”先生之所以得到我们普遍的尊敬和爱戴，这也是一个重要因素。

先生的猝然患病和去世对于我们犹如晴天霹雳。我们无法接受这样残酷的事实。当时一连好几天，我班都陷在极度的悲哀中，不仅没有笑容，就是说话也比往常少了许多。大家一致痛惜：我国失去了一位杰出的数学家，我班、我系失去了一位极可敬爱的师长。

作为先生的一名学生，我现在已经高龄。内心十分惭愧于自己的学业平庸，事业无成，辜负了先生的辛勤培育。但是，即便对于我这样不争气的学生，先生的影响也是明显的。在40年的讲坛生涯中，我坚持抓基本知识、基本能力、基本思维方法的教学，不为实用主义之风和种种一偏之言所动，这一点收到了实效。我教过的学生，现在岗位繁多，分布很广，其中包括科研人员、公务人员、教师、医生、企业家；医生中包括中医、西医；企业家中既包括大公司经理，也包括酒吧老板。每次相聚，只要忆及当年我的教学，他们总是一致肯定。有的甚至说："两年几何，终身受益。"听到这样的话，我在欣慰之余，深深怀念和感谢汤先生和其他教导过自己的各位先生，是他们为我的学习与教学，为我的成长，指出了正路。也正由于这样，我常常感觉，汤先生虽然过早地去世，但是他的思想、精神、作风却一直在伴随着、指导着他的学生，并且在多方面产生着实际影响。从这个意义上说，汤先生仍然活着。

敬爱的汤先生，您的学生永远怀念您。您没有离开我们。您是永生的！

王树茗，北京101中学，特级教师

# 回顾在北师大数学系的学习、工作和成长

## ——祝贺北师大数学系百年系庆

赵 桢（1949 级本科生）

2015 年是北京师范大学数学系成立 100 周年，是值得我们庆贺的一件大事。

我从小一直就喜欢数学，于 1949 年暑假通过初试和复试两次考试，在 1949 年 8 月被北师大数学系录取，这当然是我最高兴的事。从做学生到毕业留校做助教，再被数学系选送留苏，待学成回国后又回到北师大数学系工作，以后就一直没有再离开过北师大数学系，算起来已经近 65 年，这当然不是空前的，但必定是绝后的。赵慈庚先生是和我接触最早的老师之一，也是和我接触最多的老师，又是教我学习高等数学的启蒙老师，赵老师教过我初等微积分、高等微积分、复变函数等课，赵先生讲课语言生动，对学生多有启发，例如在讲导数的一次课堂开始时，他在黑板上写了一个 sin 30 问我们等于什么？有同学站起来回答$\frac{1}{2}$，赵先生说：不对。又有同学站起来回答$\frac{\sqrt{3}}{2}$赵先生又说不对。我们都在想这是怎么回事？又有一个同学站起来说：不知道等于几，赵先生说：对啦，又问这个同学你为什么说我不知道等于几？他回答：30 个弧度等于几？sin 30 个弧度等于几？都得计算或查表才能知道。这一点使我深刻地记住三角函数的导数公式中的自变数一定是以弧度为单位的。又一次讲两点间直线距离最短的公理时说：这是人类都能自然接受的，其实这点连狗都知道，不信你扔一个包子给狗吃，它一定直着跑过去吃，决不会绕个弯跑过去吃的。毕业留校后又分配我做赵慈庚先生的助教，通过集体备课他又教我如何辅导学生，改作业的要求，如何写辅导课的讲稿等，通过听他讲课又使我更深入地理解了当时用的苏联数学教材。

再有就是指导我的苏联导师依·涅·维库阿院士，他帮助我学习了很多近代数学知识，还指导我初步学会了如何做科学研究工作的能力；这使我能顺利地完成留学任务。

1953 年 9 月至 1955 年 6 月为 1953 级 1 班辅导数学分析课并担任该班班主任；

1954 年初还兼任数学系系秘书帮助王树人管理学生工作和暑假期间往新校搬迁工作；

1960 年 6 月回北京师范大学数学系 4 室领导科研工作；

1960 年 10 月开始为 1957 级讲复变函数方法课一学期；

1961 年 2 月开始为 1957 级讲奇异积分方程课一学期；

1961 年 9 月至 1962 年 6 月开始为 1957 级讲一阶椭圆型偏微分方程课两个学期；

1962 年 9 月至 1963 年 2 月为 1959 级讲椭圆型偏微分方程课（这是接续董延闿老师讲了一半儿的偏微分方程课）一学期；

1963 年 2 月至 1964 年 6 月开始为 1959 级办偏微分方程“专门化”，主讲奇异积分方程、边值问题、论文选读、并与其他老师一起为本科生“专门化”所有学生带毕业论文工作，这是我系第 1 次办本科生“专门化”（我系同时还办了代数和概率两个“专门化”）。

1964 年 9 月至 1965 年 2 月为 1963 级讲复变函数课；

1964 年 2 月至 1966 年 5 月为 1963 级讲常微分方程课；

1966 年 6 月开始了“文化大革命”(停课)；

1973 年 9 月第 1 批工农兵学员入校（共 3 个班），我负责安排 1 班的教学工作并讲微积分课，多次下乡和下工厂开门办学；

1976 年 2 月系里又派我和刘秀芳、谢铁顿、杨文礼 3 位老师去地质部 150 工程参加科研工作（搞物探数据处理工作，使用 108 计算机）。

1979 年 9 月开始招研究生班（代数、概率和偏微 3 个班）。我负责偏微班共 10 个研究生，为他们讲了复变函数、积分方程、变分法、偏微分方程、奇异积分方程、边值问题、带位移的奇异积分方程等课程；此班于 1981 年 7 月毕业（刚好是我国开始搞硕士、博士学位制，我又获准做硕士导师的资格）。根据这批研究生实际学习情况，决定给他们硕士学位论文题目。在几位相关老师帮助下，他们都做出了合格的硕士论文，并通过了论文答辩，最后这 10 名研究生都获得硕士学位（其他两个研究班的研究生同时也都获得了硕士学位）。

从 1982 年 9 月开始招收的正式硕士研究生我们又培养了 14 名；

1979～1995 年招收培养了进修教师 13 名；

1987～1996 年招收培养了访问学者 6 名；

1993～1995 年招收培养了墨西哥留学生胡安；

1988 年 9 月我和陆善镇教授招收了博士生黄海洋，她于 1993 年暑假前通过论文答辩并被授予博士学位。

为了帮助研究生（包括已毕业的研究生）提高业务水平每年暑假我还组织了读书班，选读部分专著或长篇论文（轮流讲读两周左右），每次 20 多人参加，共举办过 10 次。

另外和国内同行（北大、复旦、武汉大学、中山大学、北京科大、四川大学、郑州大学和北师大等）共同组织全国性学术会议（共举办过 14 次，其中两次是国际学术会议，有不少国外同行参加，这两次会议的论文集都在新加坡科技出版社出版，另外至少有 9 次国内会议也都出版了论文集，很受与会的年轻学者们欢迎）。

除了教学工作以外还担任过行政工作：班主任、系秘书、教研室副主任、教研室主任、副系主任、系主任、北师大教学工作督导团成员、北京数学会副理事长、北京数学奥林匹克学校校长等职。

经过数学系培养和审查，于 1955 年 2 月 15 日王树人和严士健介绍我参加了中国共产党。

回顾我的大半生感受到：无论学习还是工作都是数学系老师培养、系领导创造条件和同事们帮助下才使我成长起来的，在政治上参加了中国共产党，也是数学系党组织培养教育的结果。在北师大数学系成立百周年系庆之际，我向数学系、系党组织、教过我的老师们和与我合作过的同事们表示深深的感谢。

赵桢，北京师范大学数学科学学院教授

# 落花无言　人淡如菊

陈慕容（1952 级本科生）

王世强先生是北师大数学系“四大金刚”之一，他的学术成就已有很多记载。2005年出版的《王世强文集》，选有他的论文和著作目录，可更系统地看到他的科研成果。他是数学界的知名人士。

我要写的是王先生另一个侧面，他的趣闻逸事、生活点滴。在这里，我们看到的不再是一个高不可及的名人，而是身边一个有趣的普通人。从一些小事折射出他的人格魅力和独特思维。

## 一、王先生与 1952 级：亦师亦友

上月和在美国的刘钟灵通电话，谈到王先生与我班的关系，我说“亦师亦友”，她补充说：“还是好朋友。”王先生在我班上课时间最长，对同学关心帮助最多。而我们给他惹的麻烦却最大。

我班二年级才上“高等代数”，王先生肺病初愈，刚恢复工作，我们有幸成为他第 1 届学生。还没上课，任课老师的信息已经传来，听说王先生毕业时清华大学要他，傅种孙先生不放，说：“若你留在北师大，我立刻给你讲师职称。”清华大学是名校，条件比北师大好，对年轻人确有诱惑力。而王先生的回答却是：“北师大是我的母校，即使不当讲师，我也应为她服务。”听到这番壮语，对王先生充满好奇。

我刚入校时不懂事，贪玩淘气，学习一般，却戏剧性地当了“高等代数”课代表。我觉得应在上课前与王先生联系，也想先见这位传奇老师。但去了几次办公室，都没人，后来得知他不大去办公室，这时已是上课前一晚了。所以我和大家一样，上课才见到先生。

1954 年元旦，班里开联欢会，王先生在北京没有亲属，班长韩丽娟让我请他参加。他很高兴，买了一包糖。当时学生穷，会上连水都没有，这包糖给联欢会增添了不少亮色。因为只有一位老师参加，自然成了目标，同学让他表演节目，他毫不犹豫地唱了一首《黄河颂》。浑厚的音色，像受过专门训练，唱得很有水平。以后他常参加我班活动。1955 年元旦，在男生宿舍走廊里，王先生带来苹果，也唱了歌。

王先生给我班上过“高等代数”“伽罗华理论”“近世代数”。“近世代数”是选修课，他讲得很特别，用一节课将课本内容讲完，另一节课讲前节的拓展。如讲集合，后一节就讲各种悖论，讲数学危机。以前只知道有经济危机，哪知数学也发生过三次危机，我们大开眼界。这后一节课我们最爱听，内容有他的研究成果，有可以思考的问题，丰富多彩，大大地拓宽了我们的思路。

1952 级是院系调整后招的第 1 届，进校时就有 3 多：第 1 志愿生多，学习好的多，年

龄小的多。那年动员高中毕业生报考师范和地质。本来我第1志愿是清华建筑。听了动员，不加考虑就把第1和第2两个志愿对调了。我班同学大多属鸡、狗，属猪就是少数。我和罗里波属鼠，王继平属牛，进校时15岁。已经上课，罗里波才报到，坐在门口，穿了一件咖啡色胸前带细格的外衣，还没变声，心理学辅导老师悄悄问："这个同学是男生还是女生?"

我班进校时72人，毕业时剩63人。这时又添了3多：有19人留校，在数学系历史上是空前的。14人考取研究生（本校10人）。还有一多便是划的"右派"多。数学系5个教师"右派"中我班占4人，本校考取的10个研究生中划了7个"右派"。我班还有个特殊人：罗里波，他在三年级就和王先生在《数学通报》上发表了论文《用牛顿法求实根上下界的精确性》。特殊的班遇到特殊的老师，自然会发生许多故事。

"向科学进军"口号提出后，胡耀邦（当时是团中央书记）来我校做报告，大会批评了我班不发展学习好的同学入团。会后还来到我班，与部分同学照了相。新中国成立时，我们初中毕业，同学们在新中国成长，受党的教育，拥护社会主义。胡耀邦就是阐明此观点，认为这些同学申请入团，是要求进步，应当肯定。以后王继平很快入了团。

那是知识分子的春天，我班课外读书小组也在这形势下成立。王先生发起，系党支部很支持，派党员严士健先生参与指导，我任组长，14名同学参加，读些小论文，思考些小专题。王先生出了些小题目让我们做，给我和王家銮的题目是"关于复数的定义"，王先生列好提纲。但我们做了一半，没做下去，王先生代庖了。他用了反同构，我们没接触过，不可能想到，也说明我们并无数学才华。即使这样，先生也认为是新事物。1956年初夏，数学系组织了第1次学生科学报告会，材料是油印的，封面还用了红色油墨，标题是：关于代数教材的几点注记，王先生写了前言。会上，王继平报告了"对普通运算律的讨论"。王家銮和我报告了"关于复数的定义"。罗里波的论文《有限结合系和有限群》也在材料中，因已经正式发表，没报告。1958届程应矩，报告了"行列式的定义"。会议结束，王先生很高兴，带我们去学联社吃饭。那时王继平已长成一个高大帅小伙，一行人浩浩荡荡，走在街上很显眼。遇到一位同学，调侃地说了一句："去庆功吗?"虽然我和王家銮做的工作不多，但王先生为了培养我们，付出的巨大心血，我们永远铭记。老师的神圣在于无私。

暑假等待分配，指导教师和小组成员同游颐和园。要划船了，王家銮组织能力强，他主动安排，让王、严两位先生和我坐第1条船，这条船自然需重点保护，他扫视了一下大家，派了朱嘉城，朱曾是舢板队员。小船离岸，王先生和朱划船，严先生掌舵，我在船上摄下他俩划船的镜头。这是大学阶段最后一次活动。

读书小组在代数研究班延续，读了英语论文"约当代数"，人员少了许多。刘绍学先生也参与指导。

那段日子是难忘的，在老师们的教导下，我们打下了坚实的业务基础。那段日子也是无忧无虑的，教室、食堂、宿舍三点一线，欢快愉悦，少年不知愁滋味。谁能想到以后竟会发生那么多事。也许，"乐极生悲"是客观规律。

当时理科在北校，是辅仁大学原址，著名的恭王府是其一部分，女生宿舍在恭王府内，称"北院"，进门一直往里走，拐弯还有门，进门后两边各有一个琴房，不锁门，谁都可进去弹。估计这两间房以前是下人住的。再往里走到尽头，有座院落，女生和单身女教师住在那里，那真是深宅大院，门口一老头看守，男生不能进，有事打电话，女生出去见。所以当时常能听到“×××内线”的喊声，大家心照不宣，知道有男生找，也可算当时的一道风景。

进门左拐是肺病疗养院，环境幽雅，竹影婆娑。传说恭王府是《红楼梦》中大观园的一处原型，想这里该是潇湘馆，就这么称它了。王先生和罗里波都住潇湘馆，早就认识。上课后，王先生又发现罗里波有数学才华。老师爱才，天经地义。没毕业，俩人就合写过3篇论文，第3篇论文《有限结合系和有限群（Ⅰ）》发表在《数学进展》上，是半群的雏形。20世纪80年代末，兰州大学半群专家郭聿琦对我说：“当时，我上一年级，看到这篇文章，很感兴趣，正翘首以待，却没了下文，后来才知罗里波被划为‘右派’。”言谈中不无惋惜。郭聿琦也对王先生说过：“日本有些数学家已在此基础上作了很多发展。”可见此文在国内外的影响。设想，若不是“反右”，罗里波可能成为半群的创始人，那么，数学系会不会多一个金刚?

1953年，匈牙利数学家P. Turan来我国讲学，王先生在由华罗庚主持的报告会上用英语宣读了论文“关于合同关系的可换性”，那时，能用英语报告论文的人不多，因而引起轰动。消息很快在班上传开，我们对先生更充满敬佩。临近元旦，班长让我给王先生写一封慰问信，我写了，信中表达了对先生的感激和赞扬。我政治观念薄弱，信中没突出政治，班里好像不满意。此信是否用了，或有人改写，我没问。是否还给其他老师写?我也不知。但那年元旦只请王先生一人，可以看出他在我班同学心中的位置。

数学系1954年搬到新校时，条件很差，只有一座物理楼供教学用。学生宿舍盖了西斋南楼。单身教师宿舍在教学楼与学生宿舍楼之间，是东、南、西、北四座三层楼房，我们称它四合院，王先生住东楼。四合院中有个大院子，地面还没铺好，雨后一片泥泞。那晚我有个问题急于找先生，天色已晚，没有路灯，只有星点稀疏灯光从窗中射出，地上一团漆黑，我脚下一滑，仰面朝天，跌入泥潭，只好懊丧地回宿舍。

我因课代表身份，和王先生接触多些。先生对我的定位是“不可能成数学家，但通过努力，可做一个较有水平的教授”。我本胸无大志，也有自知之明，这个定位已经很高。他对我的鼓励，使我用功了。

那时，许多同学爱去王先生家。罗里波与先生关系最密切。刘钟灵也常去。二年级时，王继平学英语，看书时生词太多，查字典费时，便把生词写到本上，请王先生帮忙。按说这是学生对先生的非分要求，可先生耐心地作了中文注解，王继平再看书就很顺利了。这个本子有好几十页，那密密麻麻写满英文单词的厚本，渗透着先生浓浓的情谊。王继平后来当资料员时，除英语、俄语外，还学了些法语、德语。他说：“当年王先生给我作注解的那个小本，一直伴随着我。我被划‘右派’后，用业余时间学外语，这点毅力也是拜先生之所赐，这个本子我会永远留存。”

先生已从老师变成大家的朋友，有事求他，无不应允。直至现在，我班若有同学去北京，集合地点就在他家。看望王先生、照相、去实习餐厅吃饭，是我班同学的聚会三部曲。

朱光琼有一时期在先生家学小提琴。王先生有一把小提琴，一天，我、罗里波、王隽骧都在，他拿出提琴，王隽骧拉了罗马尼亚的《云雀》。我们让王先生拉，他推托，说自己拉得不好。我们起哄，他拉了《白毛女》，音很准，因他也是初学，技术还欠缺。他自嘲说拉得像杀鸡，还说：“我这把提琴太差了，提琴家的琴肯定是特制的，所以拉得那么好听。”当时我还不以为然。以后知道提琴家的琴的确是特制的。但我想，这样的琴在我们手里，拉出的声音还是杀鸡。

我没拿到毕业证，分配到青海。临行，我没勇气去向先生告别。他还有许多书在我那里，我用旅行包装上去他办公室，四顾无人，把包往他办公桌上一倒，书堆成一座小山，顾不上整理，急忙离开。

1958 年 8 月 22 日，我和黄涵登上西去的列车，离开北京。北师大 6 年，在涩涩的酸楚中结束。

## 二、金刚是这样炼成的

1927 年 3 月 30 日，王先生诞生在石家庄。那时他父亲 27 岁，母亲 29 岁，在 20 世纪 20 年代绝对算晚育了。先生是独生子。现在说起独生子，会联想到“娇生惯养、骄纵任性”等词汇，但王先生不同，他的家教甚严。

先生的童年在战乱中度过，加上父亲工作调动频繁，无法正常上学，启蒙老师是父母。先生四岁开始识字，并给祖父、祖母写信。父亲每天下班后，给他讲《三国演义》《水浒传》《西游记》和《聊斋》里的故事，还订了《小朋友》周刊。7 岁读《平民识字课本》和《故事画册》。

1935 年，到了石家庄东的辛集镇，才去正规学校插班读四年级。王先生的小学生涯从四年级开始，那年先生 9 岁。五年级读完，又逢七七事变。全家逃难到郑州、汉口。后父亲又奉命去天津，路途需经郑州、济南、青岛，再坐海轮去天津法租界，到天津后，生活暂时安定。因为没学英语，在天津广东小学重上五年级。1939 年暑假，先生小学毕业，考取“新学中学”。本来该读六年的小学，先生只读了 4 年，乃一奇也。

那年夏天，天津发大水，一个多月水不退，水深一米以上，黑臭无比，生活不便，学校也无法开学。先生的父亲在春天被派到甘肃武威，母亲就决定去武威。那时从天津到武威可不容易，他们从海河先到塘沽的海边，再登上一艘英国海轮去上海。登上海轮不久，先生就病了，昏睡不醒。船长知道后，让先生母子在烟台下船治疗（本来此船在烟台不停），还在他们的船票上签了：“以后可凭此船票乘本公司的任何船去上海。”在战乱时遇到这样一位好心的船长，也是先生的福气。

先生在烟台下船，住院五六天后才清醒，他母亲未合过眼，脸瘦了一圈。医生让她住院，她坚决不肯，尽快去了上海。因有的城市已经沦陷，必须绕道而行，从上海到甘肃的路线是上海—香港—越南海防—昆明—贵阳—重庆—成都—西安—兰州—武威，到达武威已是 1940 年初了，真可谓长途跋涉。先生见了世面，算意外收获，辛苦的是他母亲。

童年的颠沛流离，先生小小年纪便认识到国家兴旺与个人前途的关系，也培养了坚韧的性格和刻苦顽强的自学能力。先生到武威，插班入甘肃省武威中学读初一下。他初二自学了初三课程“平面几何”，初三自学完高中课程“三角”和“解析几何”。初中毕业，考取甘肃酒泉河西中学高中部，这是一所用“庚子赔款”办的学校，质量很高。在河西中学，先生常考第 2 名，第 1 名。戈革与先生是好友。1944 年，先生高二读完，以同等学力考取兰州西北师范学院（抗日战争胜利后迁回北平，恢复原名），中学读了四年半，就考取大学，又一奇也。

我去先生那里，未见桌上放过书，总以为他是天才，读书一目十行，过目不忘。20 世纪 80 年代，遇到先生的一位大学同学，他说：“王世强是书呆子，用功得了肺病。”“书呆子”称号我不苟同，但知道先生的成功是天分加勤奋。

大学一年级，先生学会了围棋，每晚赶快做完作业就找同学下棋，达到痴迷程度。到了熄灯没下完，半途而废就十分懊丧。因太影响学习，先生痛下决心戒掉。戒棋犹如戒烟戒赌，并不容易。特别在入迷之后，看到别人在下，会不由自主过去看、支招。而先生可以“忘掉它到不会下”的程度，毅力惊人。如果先生继续痴迷，潜心研究围棋，依他的智商，会不会取代陈祖德，成为全国冠军？那么先生的名声会比现在更响。

以后他专心致志学习。课余自学吴在渊著的《数论初步》，日本圆正造著、萧君绛译的《群论》上册，金岳霖著的《逻辑》。二年级上“理论力学”，课本是影印的英文书，在兰州买不到，先生托了在昆明的同学戈革。买到后，陆地邮寄太慢，赶不上用，航空不能寄书，只好把书拆成几十份，用航空寄给先生。这种寄书方式，的确奇特。

日本投降后，1946年秋，先生回到北平，入北平师范大学读三年级。那时数学系在得朋楼，先生办了个墙报“得朋文汇”，写了3篇短文，被段学复先生发现。段学复先生是清华大学教授，被傅种孙先生请来兼课，教“近世代数”。先生毕业时，段先生想让他去清华大学任教。这样的人才，傅先生当然不愿放，王先生也觉得应为母校服务，这样，先生就在母校工作了一辈子。

读大学时，先生充分展示了自学能力，他去北大听胡世华讲“数理逻辑”，听江泽涵讲“拓扑学”，只听开头几次，知道了用什么教材，便回来自学。四年级自学了A. Church著的《Introduction to Mathematical Logic》学会了“形式化”方法。这种把普通数学论证变成像下棋一样的形式推演技巧，使先生不但在知识上，而且在数学思想上提高了一个层次，也感觉到这种思想可能会对数学的深入研究有帮助。果然，1961年后，国外有些数学家用数理逻辑方法解决了其他分支的很多难题。不久，先生又看了A. Tarski著的《A Dicision Method for Elementary Algebra》，此书是机器证明思想在书本上的实现，对数学的应用更具体。它超过了前人提出的递归论、理论性的Turing机、算法论。先生觉得数理逻辑方法比近世代数、几何基础中的公理化方法先进得多，因此在思想感情上对数理逻辑的认识有了飞跃。

一次，他对张禾瑞先生说：“我和你这样下围棋：你走一步，我在对称位子走一步，那么，我俩永远是和棋。”想当时张先生肯定答以“收敛的大笑”（张先生的笑很特别，我班同学称他的笑是“收敛的”）。实际操作当然不行，对方叫吃，你再叫，对方已把你的子吃掉了。而且围棋盘361个交叉点，和棋极少。对方若占了中心位置，对称点在哪儿？但若规定：不许提子，不能占中心位置，那么和棋便可实现。原以为王先生不会下围棋，后来知道他会下，那么这只是玩笑，但说明先生的独特思维。

先生的思维的确独特，他说：“在若干亿年后，有两个同样的人，在同样的地方，说着同样的话。”开始听到这些话觉得是天方夜谭，简直不可思议。但先生说话有根据，他在《一些事物的有限性》论文中证明了这点。

按《王世强文集》论文和著作统计，先生共有论文74篇，著作4部，还不包括2006年发表的论文“一些事物的有限性”，可谓多产，且质量高。有些论文和著作还是他退休后完成的。先生还培养了13名博士研究生，22名硕士研究生。这些成就对一个精力充沛的健康人来说都是骄人的，而先生恰恰不健康。

先生参加工作不久就得了肺结核，那是1948年底，医生让他停止工作休息，他不得不住进中国红十字会防痨协会疗养院，那时的休养方式不科学。整天躺在床上，吃饭都不让坐起，不久先生就开始失眠。1950年先生的父亲让他练气功“意守丹田”，开始效果特好，连护士都觉吃惊。半个月后就出了问题，忽然大口喘气，只得停止意守。1964 年开始长白癜风，1982 年冬的一个夜里，突然脊背发抖，以后便只能吃流食了。先生一直不知道为何出现这种问题，1983 年，遇到一位懂气功的中医岳大夫，才知当初练气功没有收功，长时间意守丹田，后果比刀砍斧剁还要可怕。岳大夫给先生开了秘方自制的汤药，吃了 3 个月，胃口就好了，但大夫说不能根治。到 1998 年旧病复发，找不到岳大夫，这样先生至今只能吃流食。而且失眠一直伴随着他，睡眠依赖安眠药。

在疗养院不让看书看报，先生利用这个时间考虑一个问题。一天夜里，已经躺下，忽然想出了解决办法。赶快起来打开电灯，写下证明。还很得意地写了一首小诗："我解决了一个问题！这个问题属于逻辑。是问几个命题，彼此是否独立。我苦思冥想，得不到解决的踪迹。今天夜里，忽然一道灵光，闪过脑际！我急忙坐起，记录下思索的痕迹。从今以后，它不再是个问题！"这篇论文《命题演算的一系公理》1952 年刊登在《数学学报》上，是先生的第 1 篇论文。医生不让先生看书看报，他却写了 1 篇论文。医生不知道，否则会怎样处置？

1953 年先生的第 2 篇论文《关于合同关系的可换性》又在《数学学报》上发表。该文解决了 G. Birkhoff 在其《Lattice Theory》一书中的一个问题，在数学界影响很大。曾被两本讲《Uiversal Algebra》的书列为参考文献。在欢迎匈牙利数学家的报告会上用英语报告此文后，华罗庚想调先生去中科院数学所，被傅种孙先生拒绝。1956 年苏联数学家 A. I. Malcev 访问中国，来到北师大数学系讲演，也因看到这篇论文而提到王先生。可见此文在国际上的影响。

先生科研成果卓著，到"文化大革命"前已发表了 20 篇论文。先生的数理逻辑方向基本确定，他对国外初起的模型论大感兴趣，这是数理逻辑的一个抽象分支。20 世纪 60 年代初，他在系里开设了数理逻辑选修课，从事格值逻辑研究，并培养研究生。

"大跃进"开始了，学校开展教育革命，批判资产阶级教学思想，那时我还没离校，学生上台发言批判旧教材，说几何公理法是形而上学的烦琐哲学，说现有教材脱离实际。1958 级一个女生上台发言说："……为什么学生不能编教材，我们就是要编……"接着，王先生就给学生编教材当助手。学生编教材，老师当助手，这个"助手"，先生会当得很好。

1974 年先生在无资料的情况下破译了长城 203 台式计算机的全部微机程序，改进了这台计算机。并到北京分析仪器厂装在他们造的环境污染监测车上进行数据计算，还开到西单等处监测空气污染情况。作为新生事物，此车得到全国科学大会奖。

由于先生在计算机方面的成绩，1978 年，在中科院主持的一次数学规划会上，王湘浩先生邀请先生参加计算机方向。因无法兼顾，先生只能忍痛割爱。先生原来的数理逻辑研究已有国际影响，十年"文化大革命"，国外数理逻辑有了飞速发展。先生认为：数理逻辑对计算机科学和数学都有重要作用，我们必须努力追赶国际先进水平。确定了数理逻辑科研方向，先生潜心投入，出版了专著《模型论基础》，用模型论解决了许多经典数学中的难题。他多次接受邀请去德国访问，与国外一些著名大学建立联系，互派学生和访问学者，有的还建立了长期合作关系。他为我国引进了数理逻辑模型论方向的研究，是我国模型论方向的带头人。

同时，先生和德国 Heidelberg 大学的 G. H. Mueller 教授建立了友谊。他们经常通信，教授还给先生寄他夫妇去欧洲各地旅游的画片。先生的失眠严重，国内的安眠药对他已无济于事，Mueller 教授给先生买安眠药。教授的儿子到北京，就给先生带过安眠药。Mueller 教授 2006 年逝世后，今年，他夫人还给先生写信祝贺春节，他们的友谊还在继续。

1998 年，先生退休。他的博士、硕士研究生沿着这个方向还在努力，先生的事业还在延续。

先生只能吃流食了，身体也越来越弱。为了纪念傅种孙先生，为了全面地反映傅先生在基础数学、公理化及数学教育方面所做的突出贡献，先生在退休后完成了专著《傅种孙与现代数学》，这是他献给老师的一份礼物，慰藉傅种孙先生在天之灵。

朱光琼问我："下围棋和研究数学不矛盾，为什么要戒?"正因为先生对数学的痴迷，所以执着、专注。先生说过："我早和数学结婚了。"那么岂能容第三者插足。

先生戒了围棋，没能取代陈祖德，但他和陈祖德一样，超越了自我。他以坚强的意志、惊人的毅力，在长期失眠的痛苦中，用衰弱的身体把自己锤炼成金刚。

## 三、人淡如菊

人生如同一首交响曲，每个乐章要自己用心去谱写。要谱写好这首乐曲并不容易，太多的不确定因素，让你不知所措。但好的心情就能谱出动人的乐曲，它能使干扰的音符不再刺耳，能使杂乱的断奏变成连续，并逐渐缓和。而好心情正是一生中唯一不能被剥夺的财富。王先生不健康，却长寿。因其乐观、坦然、淡定、从容。

在我班同学心中，他是个"好好先生"，见人总含笑，未见过他发火。我问他："您生过气吗？发过火吗?""我会生闷气，但不发火。"人生在世，会有许多不如意，怎么对待却是艺术。

20 世纪 70 年代初，华罗庚教授在我国推广优选法，并成立优选法推广小组，后来不知何因，华与小组分道扬镳。1972 年王先生与同系徐承彝被派去小组工作，他们到时，看到《北京日报》上有关报道说："在北京大学数学系和北京师范大学数学系以及华罗庚先生帮助下……"当时组内已无北大成员，除北师大成员外，其余便是工人，组长也是工人。先生提出应把华罗庚放前面，组长说："你们是组织，他是个人。"没有同意。但华不知道情况，以为这篇报道是王先生写的，对他有了看法。以后小组出书（别人写的），写得不严谨，王先生提出意见，组长也不采纳。

王先生在生活上的散淡与对专业的执着形成强烈的对比，他的居室不大，陈设更谈不上，有榻可眠，有案供书，一台电脑，其愿已足。他衣着随便，生活简朴，淡泊名利，乐善好施。

1955 年实习时，韩丽娟家发生变故，她家希望韩退学工作，同学得知消息都很同情，又无可奈何。韩毕业于上海格致中学（该校全国有名），在我班，她入学考试成绩最高，入学不久就当选为班长。她学习好，工作踏实，为人正直稳重，在班里威信高。而且三年级已快读完，觉得退学实在可惜。当天在王先生家，我说了此事，没想到他马上说："太可惜了，我可帮她，你让她来找我。""她会不好意思。"我知道韩的个性，怕她不肯接受。"算我借给她，毕业后还我。"我很高兴地把先生的话向她转达了，韩含笑不语。以后见她没有辍学，就放下心来，不再过问，我和王先生之间也没再提起过此事，所以我不知是否实施了，直到今年听马京然说起才明白王先生的确帮了。但如何操作我仍不知，也不必知道，先生帮助人从不声张。最近又得知，严士健先生也帮过韩丽娟。

王继平从西郊农场回来，曾在数学系当过四年资料员，1964 年"四清"开始，下放到湖北恩施巴东县教书。当教师需块手表，无钱购买，向王先生借。先生说："若是少量，马上可给，若多则要去银行取。"那是个特殊的年代，阶级斗争的弦绷得很紧，有人提出数学系把王家銮、王继平等"右派"放在资料室是右倾。以后他们被下放，王家銮去了教学仪器厂。王继平经过多年改造，反而越想越觉自己没有反党，明显的"翻案"思想带给他的后果是：去了一个十分艰苦的地方。而先生却不顾王继平的身份，也未考虑钱数多少，痛快地答应。王继平只要30元，先生把夹在书里的钱拿了30元给他，他买了块上海牌旧表，当时一块新表的价格是120元。

那时一般人见我们会像瘟疫一样躲避。1965年我们到过北京，一天，去首都剧场看话剧《赤道战鼓》，正巧北师大组织教师观看，我高兴地寻找，见到一位老师，前去招呼，他一脸茫然地问："你是谁?"我报了名字，他噢了一声，再没吭气。见一个同学，我不知趣地又去招呼，仍是遭遇冷淡，我识趣地离开。那还是"四清"以后一年的事。而先生在当时就能借钱给王继平，钦佩的同时，思绪又回到1958年。

"右派"处理完毕，又有一个高潮掀起："双反"和向党交心。那是处理人民内部矛盾，我无权参加，我们的任务是看大字报，写交代。数学楼里、楼梯上挂满了大字报。系办公室前被大字报筑起一道围墙。内容五花八门：尖酸刻薄的、言辞激烈的、敷衍了事的。批判王先生的大字报不少，当然涉及罗里波、我以及我们班的课外读书小组。

在阶级斗争的风浪里，若周围的人（包括亲人）出了问题，有些人划清界限，或积极地对他揭发批判，也很自然。但先生不同，他没给别人写大字报，只检查自己，他的大字报没挂在正厅，挂在楼梯转角处，只有一张。那天，我站在他的大字报前待了很久很久。后来又有了先生在路上叫住我的事。

如果说人的心里确是天使、魔鬼并存，那么先生的心中有魔鬼吗？我认为没有，或者说先生从小的教育，使他有足够的智慧让心中的魔鬼安然入睡。因此在纷繁复杂的政治运动中，他能波澜不惊，以他独特的分析判断能力坦然地对待周围的人，做着别人不敢做的事。

马京然写过："王先生视金钱为粪土，把钱夹在书里，想象先生在台上讲课，从书本里飞出票子该多么有趣，可惜我不是他的学生。"王继平证明先生的钱确实夹在书里，不过，我当了他那么多年学生，课堂上未见过书里飞出票子的趣事。先生对金钱淡泊也是事实，不管是谁，只要向先生开口借钱，从不拒绝，即使有人借了不还，他也不在意。

还听说很多人给王先生介绍对象，他烦了，在门口贴一条：给我介绍对象者免进。经核对，也不实，却也有来由。王先生单身，自然有人给他介绍对象。在临汾"干校"，有次访贫问苦，老贫农讲家史，讲到一半，突然冒出一句："你们老王不好，他不结婚。咱村有好几个寡妇，给他介绍一个。"大家愣住，也不敢笑，幸好有人反应快，说："我们回北京给他解决，您继续讲吧。"才解围。门上贴条者是中文系一位教授，因求墨宝者众，难以应付。门上贴条曰：大熊猫病了。不知为何安到王先生头上。真是名人趣闻多。

在临汾"干校"，王先生的任务是放羊，每天带一群羊去吕梁山边或山上，看着羊吃草，他可以看书，可以唱歌，想象先生在山上唱《黄水谣》，一定很舒畅，只是望不到黄河滚滚。我不知吕梁山风景如何，但在弥漫阶级斗争硝烟的"文化大革命"期间，远离尘嚣的环境确是世外桃源。与羊为友，以书为伴，读书间隙，高歌一曲，不是神仙，却似神仙。先生在"干校"两年后，按理可以回去，却自愿多干一年。他说，若不是林彪事件后"干校"撤销，就不想回京了，这也是一种境界。

在“干校”，王先生曾与死神擦肩而过。一个星期日，他和严士健先生去山中玩，回来时看到路边有个用布缝的小白球，上面粘着一小片干肉，他俩认为是引狼用的，里面装有毒药。先生拾起带回，想在晚上当众剪开，供大家观赏。正在此时，一位复员军人匆匆赶来，大声说：“这是炸弹。”并把小球用力投到空地里，小球轰的一声爆炸了。幸亏有人及时处理，否则，啊！啊！“四大金刚”报销两个，怎么得了。大难不死，必有后福，倒是事实。王先生还说他不淘气，他 7 岁时，用剃刀在理发师脖子上划一刀。那次还想剪炸弹。他是：不淘则已，一淘惊人。

王先生对身外之物看得很淡。生活困难时，他有“特供”，每月一条烟，二斤[①]肉，一斤鸡蛋，还有白糖。他的特供，烟归曹才翰，其余物品与邻居分享。刚改革开放时，一般家庭，若有海外关系或出国，家用电器便一应齐全，王先生多次出国，可买的电器大都放弃。1982 年先生去美国 Cornell 大学参加数理逻辑讨论会，会上宣读了一篇论文，受到好评，登入论文集，发给他 800 美元奖金。那时在国内上课已有报酬，800 美元是先生劳动所得，但他却上交了，且没要收条。那次先生可买一大一小两件电器，国内彩电还很少见，他没买，只在美国买了一个能编程序的小计算器，算是小件。这就是典型的知识分子特质：单纯、清高。

我们 1958 年离开北师大后，近 20 年没进过北师大校门。虽然那里有着影响我们一生的痛苦经历，但也留有许多美好的记忆。我们坚实的业务基础在那里获得。也因此，我虽头上有“帽”，仍受学生尊敬。那些辛勤培育我们的老师怎样了？过去朝夕相处的同学怎样了？都很惦念。1965 年我们在北京待的时间较长，本想去北师大看看。发生了首都剧场的事后，再没动过去北师大的念头。

1977 年，学校要我们招研究生，我跟着赵得春踏进北师大，若没有赵得春，我不会去，那时我“右派”身份没改正。20 年过去，恍如隔世，物是人非，数学楼依旧，王先生还住在四合院，见赵得春和我去看他，很高兴。

“王先生要结婚了”，赵得春不知从哪里听来的消息。这个爆炸性新闻让我们兴奋。问先生，方知又是误传。我们问他的生活状况，“我早和数学结婚了。”他诙谐地说：“我一个人生活得很好，后事也已安排，治丧委员会主任是汪培庄。”想起北宋处士林和靖隐居杭州孤山，不娶无子，植梅放鹤，有“梅妻鹤子”的千古佳话。王先生遨游在数学王国，以数学为伴，众多科研成果便是他的儿子，也是一段传奇。

先生仍一如既往地关心我们，青海缺乏资料，他帮忙寻找。有了成果，大加鼓励。我们的一篇论文寄给先生，他看后说可以投《科学通报》，并提出修改意见。一般论文下面都有收到稿件和收到修改稿两个日期，发表需要 1 年多到 2 年，而这篇文章从投稿到发表，仅花了 8 个月，只有一个投稿日期，因为先生把修改步骤让我们事先做了。

1954 年刚搬到新校，一次上课，先生讲伽罗瓦理论中一个定理，分很多种情况讨论，先生列了一张表。晚自习，突然发现上课讲的分类中有个小类与事实不符，我举了反例，不知是否正确，想找先生问清楚。去四合院，先生没找到，却摔一跤。第 2 天，在教室门口，我说了此事，先生很重视，后来上课，详细讲了这类情况，还说：“老师也有疏漏，如果同学发现，一定要指出，这样对我也是帮助。”先生的谦逊让大家十分感动。本来只是个小问题，不必大张旗鼓。先生却一丝不苟，他为我们做出良好榜样。先生还讲了王湘

① 斤，旧制，1 斤＝500 g。

浩与特征 2 的故事，教育我们对待科学必须十分严谨，来不得半点马虎。在老师们的教导下，我班同学形成了良好的学习风气。

王先生并非无原则的“好好先生”。他对目前学术上急功近利、压制他人、抄袭剽窃、弄虚作假等不良作风大加批评。先生认为：做学问应十分严肃。他提出：在科学、学术等领域应注意开展“讲正气”教育。他坚信：在任何学科中，如果没有健康严肃的优良学风，那么这一学科难以真正立足于世界。

小时候看父亲作画，他画竹，爱题“虚心直节亦傲霜”；画菊，爱题“落花无言，人淡如菊”。这两句话送给王先生都贴切。

“落花无言，人淡如菊”出自司空图《二十四诗品》中关于“典雅”的一段：“玉壶买春，赏雨茅屋。坐中佳士，左右修竹。白云初晴，幽鸟相逐。眠琴绿荫，上有飞瀑。落花无言，人淡如菊。书之岁华，其曰可读。”先生不会玉壶买春，不可能眠琴绿荫，北京和临汾都看不到飞瀑。此情此景只能在山水画中见到。而这是一种意境，一种超凡脱俗的意境。

人淡如菊，不是平庸无奇，而是朴实和内敛。不是没有性格和特点，而是坚韧和独立。在先生的身上，严肃与随意并存，执着与淡泊并存。有权威无霸气，有才华不张扬。如菊花，散发淡淡清香，悠远，绵长。

## 四、暮年中娱

叶圣陶、俞平伯的书信集称《暮年上娱》，指他们间的上等娱乐。我本想用此题目，先生认为与这两位前辈并论不自量力，故改用《暮年中娱》，可解释成“暮年中之娱乐”，也可解释为“暮年之中等娱乐”。

先生因吃流食，体力下降，目前只能在方圆 100 米内活动。但他精力依然充沛，思维仍旧活跃。

先生开始写回忆录，写了：《今生简忆：童年》《简忆旧天津》《简忆旧武威》《简忆旧酒泉》《简忆旧兰州》《简忆新旧北京》，这是先生一生的大事记，其中有些事件用专题写出。写了“文化大革命”中的经历：《补行“大串联”》《晋东南见闻》《山村的鼓声》《山中拾炸弹》。还写了在国外的见闻：《美国印象》《西班牙印象》《德国印象》。先生还把这些文章录入电脑，这对一位八旬老人来说，也不是件容易的事。马京然把它装订成册，标题是：王世强回忆录汇编，并加了按语。先生以惊人的记忆力又为我们留下了一批宝贵财富。

回忆录写完了，再做什么呢？先生的独特思维又发挥了作用，他有自己的娱乐方式。

先生把唐诗、宋词作了新的解释，用笔名“王打水”写了《陪洋人听唐诗》《陪洋人听李煜词》《陪洋人听东坡词》等。对《四季歌》《天涯歌女》、京剧《苏三起解》、小说《红楼梦》《水浒传》也有新解。还不断给我出题，开始我还回答，但先生反应太快，实在招架不住，便用打油诗“打水先生太新潮，学生后面跟着跑，紧赶慢赶追不上，一不小心摔了跤”搪塞，当然没能蒙混过关，最后写了一篇《金猪年趣谈》交差。

先生又创建“B 派诗坛”，以爸爸给小学生儿子讲解唐诗、宋词、元曲形式写了大量作品。

也许是先生小时候不淘气，因此淘气因子在体内逐渐聚集，在晚年迸发。每天打开电脑，就会有新发现。先生寄来《苏三起解》，我寄去《三堂会审》。其中“沈官人”我解释成叫“沈官”的人，先生改为“升官的人”，又补充为“升高官的人”。我说：“升高官不如要高寿，再要 20 年够不够。”“不够不够，起码 300 年，若阎王不同意，讨价还价后，要 200 年也行。”“阎王将请您去阴国讲学，您自己要去吧!”这就是《金猪年趣谈》中“忘了要高寿”的由来。

我们就这样你来我往地开心着，像打乒乓球，他发我接，我发他接。有时朱光琼也会加入，她解释了《天涯歌女》和李白的《静夜思》。我们俩人给先生写了一首《宝塔打油诗》：

王
世强
有名望
黄河颂唱
成就不寻常
破格把讲师当
模型论独霸一方
数学系公认的金刚
退而不休思维更盛旺
唐诗宋词 B 派诗坛新创
忘了黄昏老夫聊发少年狂

一次谈到刘钟灵，先生想与她联系，发去电邮却没回音，我告诉先生：“刘钟灵在美国有两个女儿，一个在中部，一个在加州，自己住纽约，她要走三个地方，不好找。”先生便写了一首打油诗：

灵走走何在

未知何在灵走走，走遍天涯无尽头。
另有行星八大座，可曾登箭去走走。

我回一首：

天涯海角到处走，不知何时是尽头。
若是来日有音信，让她给您送问候。

先生又写：

是否去到外星球，那里美景不胜收。
流连忘返有可能，就怕氧气不大够。

我又回：

氧气不够不要紧，马上把水去打进。

实在无法坚持住，快向地球来靠近。

先生又写：

外星并无化学家，把水打进也白搭。
水里分解不出氧，地球虽在难回家。

我没词了，宣布投降。先生思维太敏捷了，所以总是我投降，有时还会被罚。

一天收到先生一首同韵小诗《嗡蜂轰》：

嗡嗡嗡，蜂蜂蜂；轰！轰！轰！（鼾声），翁（姓翁的老翁）梦中；蜂叮翁，翁梦醒。翁梦醒，送命令："丁疯凤（保姆）：轰（驱赶也）轰蜂"；蜂蜂轰，烹生葱；生葱烹，蒸饼饼；饼饼蒸，烹鹰丁（此翁喜食鹰）；鹰丁烹，听听钟；丁疯凤："中！中！中！"（豫语，即"好！好！好！"也）蜂蜂轰，生葱烹，饼饼蒸，鹰丁烹，钟声听（已入夜）；疯（叫）醒翁。翁（吃）饼饼，翁（吃）生葱，翁（吃）鹰丁；翁轰！轰！（吃毕又入睡起鼾声！）嗡嗡嗡，蜂蜂蜂！（次日，蜂又至矣！）

先生让我按此韵和一首，我不会拼音，只好交白卷，因为态度好，先生对我"免予处分"。

先生为我班一些同学写了些藏头（身）诗：

罗承忠（藏头诗）
罗家有男名大姐，承继汪氏模糊业。
虽有微痒毫不怕，忠心耿耿数学界。
罗里波（藏身诗）
里波才华实罕见，岂不划右二十年。
人大代表共候寝，群论判定大发展。
蒋滋梅（藏身诗）
蒋家有女名滋梅，颇赏科研美滋味。
虽曾划右如冬梅，英雄早去令人哀。

他还写了自己的藏头诗：

王家也有糊涂蛋，世世代代确皆然。
强扭西瓜并不甜，不信你就试试看。

发现有机可乘，我续了两句，改了些字，变成

藏头诗

王家也有糊涂蛋（大智若愚），
世世代代确皆然。
强扭西瓜也会甜，
不信你就试试看。
简朴生活是祖传，
单是打水不一般。

最近，先生还写了幽默小品《记郝锕新教授》：

郝锕新教授乃代数专家，彼与张禾瑞教授合著之《高等代数》（高等教育出版社，1954）讲解清晰，风行全国，将当时之中译奥库涅夫《高等代数》（杨从仁，译，高等教育出版社，1952，1953）及马力茨夫《线性代数基础》（柯召，译，高等教育出版社，1953）挤得纷纷落马。

彼文才极佳！曾在北师大数学系全体教师会上朗诵“说嫂嫂”及自编之“艾森豪威尔”，引得大家笑声不止。

郝君头秃，仅耳上一圈细发，头皮极亮！若涂油然。某年下午，王在一教室作课外讲演。天将夜，王乃请坐于电门旁之郝君开灯。郝君开灯之同时，摘去其灰帽，顿时室内大亮！若白昼然！引得哄堂大笑！王乃在课后赋一打油歪诗曰：“郝大官人灯泡亮！全校师生皆沾光！重要报告速请来，省下电费作报偿。”今年某日，王对杜文静君谈及此事此诗。杜君哈哈大笑！并和诗一首：“官人灯泡果不差！气死爱迪发明家！［注：爱迪生发明电灯］可惜天下独一份，否则奇异（灯泡公司）破产啦！”［注：奇异乃美国通用电气公司之音译］

郝君善诗词。仅举二例如下：

［1］浣溪沙：（写“文化大革命”中在北师大“干校”做炊事员）灶火虽小温度高，思想改造路遥遥，披星戴月乐陶陶。“完全”“彻底”常作鉴，斗私批修志愈豪，熟谓众口不能调。

［2］1971年国庆节重返南芦（“干校”附近一村庄）有感：“……去年国庆后，来此四十天。接受再教育，胜过二十年。黎明荷铣出，战地又斗天。社员迎我笑，热情暖心田。教我识麦菽，教我握锄镰。同饮一缸水，同进一席餐。同歌跃进曲，同谱斗私篇……”此乃记述“文化大革命”中在山西临汾“干校”劳动之愉快心情也。

看了此文，谁都会大笑不止。也会钦佩先生的文才。

先生又与杜文静、王薇合写了相声《考证百家姓》，与杜文静合写了《我们的好友物理史名家戈革教授》《记代数名家刘绍学教授》、中英对照新水浒《武松打虎》，其中《武松打虎》已被复旦大学办的《大学英语》录用。

有人说：高官不如高薪，高薪不如高寿，高寿不如高兴。先生没当过高官，现在工资肯定没有他的学生高。但先生高寿，而且高高兴兴地过着每一天。“开心是福”。在晚年，先生用智慧给自己生产快乐，也给别人带来快乐，他正在优雅地慢慢变老。

陈慕容，青海师范大学教授

# 我一生中坚守的理想

郭琼辉（1953 级本科生）

我是北京师范大学数学系 1957 届毕业生，在北师大数学系建系 100 年之际，以“我一生中坚守的理想”为礼物，奉献给数学系一百年诞辰，与大家分享。

我的坚守经历了“有理想、靠塑造、重实践”三个过程。

第一，具有崇高理想是人一生中做事的前提，且个人的理想要与国家发展和事业的需求紧密结合。

在旧中国我度过了 12 个春秋，国积贫积弱，民不聊生，我印象深刻。1949 年四川解放，清新明朗的政治空气，人民翻身作主人的精神状态，使我感觉到新中国好、共产党好。我想做一名有追求的青年，积极参加到“土改”“三反五反”等运动和社会活动中去，从中受到教育，逐步提高了政治觉悟。加之，品学兼优，先后加入少先队和共青团组织，担任过少先队辅导员、中学学生会主席和西南学生联合会副主席，经历了社会工作锻炼。高中毕业进大学是人生选择的关键一步。20 世纪 50 年代初期，百废待兴，建设国家，人才匮乏，百年大计，教育为本，为国家培养师资是建设社会主义当务之急。50 年代初，在苏联电影《乡村女教师》的感召下，我萌发了要像影片主人翁瓦尔瓦拉那样，当一名女教师的愿望，找到了做有志青年的途径。

第二，理想变成现实，学校特别是名校的塑造和社会实践是基础。1953 年高中毕业后我报考了北京师范大学数学系。在数学系四年的学习生活中，感受最深的：

（1）北师大师资雄厚强大，教学理念超前，教学风格严谨规范，办学质量一流，是培养优秀教师的摇篮。在这样的氛围中，不仅能听到钟善基、郝锇新、赵慈庚等教授的精彩教学，传授有关学术知识，还学到了他们从多角度提出问题、思考问题的学习方法和门径。

（2）突出人生观教育。比如“人类灵魂工程师教育”，推荐阅读《钢铁是怎样炼成的》，聆听吴运铎同志的报告，组织观看苏联电影《乡村女教师》等，通过视觉呈现、故事表达，生动鲜活的影响力发挥了良好的教化功能，学生们在潜移默化中享受的是一种生活方式，感受的是艰苦和坚强，增强的是社会的道德力量，为树立正确的人生观，培养学生争做优秀教师奠定了基础。保尔·柯察金名言“当他回首往事的时候不会因虚度年华而悔恨，也不会因碌碌无为而羞愧”成为我一生铭记的座右铭。

（3）学生的业余生活丰富多彩。各种文艺表演、球类比赛、电影放映、举办舞会等，突出审美和文化含量，培养学生多种兴趣，陶冶学生情操，促进全面发展。

（4）感受“家”的情怀。在北师大上学，不仅学杂费全免，国家还给伙食费，每月发零用钱。我刚入学不久，在学校体检中发现肺部有近似钙化点的阴影，学校给了我无尽的关怀，及时给予治疗，安排吃营养餐，彰显了胜过家庭的温暖和母亲般的关爱。

（5）传统精神与时代精神的完美结合。学校长期秉承的传统和精神，它就像一只无形的手，引领和影响着北师大的学子们，这种传统和精神有多种表现形式，比如“要培养合格的学生，首先要成为一名优秀教师”“教学不仅仅是传道授业解惑，更是培养学生学习积极性和探究精神的过程”“教学的目的不仅在使学生成才，而且更重要的是使学生成人”；比如“为人师者要学行并重，行重于知，身教胜于言教，以身作则，率先垂范”；比如，“要给学生一碗水，教师必须具有一桶水，而这桶水的标准，绝不是学历、职称级别所能衡量的，是较高的学问、知识以至技能水平和造诣”等。这些学生们能感受到的传统和精神是北师大特有的文化，它造就了一届又一届北师大人。1997 年，对于北师大具有特殊的含义，为迎接建校 95 周年，经过广泛征集、讨论，最后选定启功先生提出的“学为人师，行为世范”作为北师大校训。八字校训不仅简明扼要地概括了全校师生的期望和要求，也是对北师大传统和精神的表述。还提升为师范生的奋斗目标和学校培养人的指导思想，体现了继承传统与精神和与时俱进的结合，必将对北师大的教学产生深远的影响。当听到北师大校训诞生的消息，已退休多年的我也感到非常欣慰。

（6）1958 年 8 月，我从太原五中奉调筹备太原师范专科学校，并被派送北师大进修。在母校一年进修时间里，又得到了北师大数学系再塑造。我意识到将要肩负的担子，激励自己刻苦学习数学专业知识，与进修的同学相互交流学习体会，在互动中加深对所学知识理解，提升专业水平，为担任师专老师夯实了比较扎实的基础。

（7）社会实践是个大熔炉。1957 年大学毕业后，带着当教师的憧憬，由北京来到山西，分配到太原市重点中学五中。同年 11 月，恰遇党号召干部上山下乡，我把它当作迈向社会锤炼自己的契机，主动申请到农村去，走知识分子与工农相结合道路。经领导批准，我到了当时太原市南郊区晋源镇东街生产队，当了一名下放干部。在农村首先要过生活和劳动关。我出生在四川省资中县城一个大家族家庭，父辈六兄弟生育的子女按出生先后排列，女性中我排第 11，自学龄起除了上学，没有接触过任何劳动，更没有农村生活的感受。在农村我定点在一家农户，把粮油供应证交给农妇，成为她们家的一员，我们一个锅吃饭，南方人吃高粱面和玉米面窝窝头，由很不习惯到逐步习惯；与其他两位下放女干部同住一间简陋的农舍，冬天睡的是生地火的土炕，由不习惯睡到睡得踏实，较顺利的过了生活关。与生产队妇女一起干拾粪积肥和各种农活，由妇女们手把手地教，逐步学会了多种农活技能。当靠自己的劳动获得工分时，就有一种喜悦的心情，也标志着初步过了劳动关。我真诚地和乡亲们打成一片，生活劳作在他们中间，自觉地接受艰苦生活磨炼，他们对我坦诚相待，业余时间我体验乡村女教师风采，在夜校教农民兄弟姐妹文化知识，参与扫除青壮年文盲工作，保障他们的受教育权利，提高文化素质。团员们选举我担任生产大队团支部书记，多次开展丰富多彩的团日活动，团结带领团员青年完成工作生产任务。

1958 年春节，我约一位大学同学到生产队与农民一起过春节，话民俗、品年味、感受年文化。与农村姐妹一块贴对联挂灯笼，共同包饺子吃年夜饭，分享团圆之乐；一起点“旺火”迎财神降吉祥；一起办“社火”扭秧歌活跃农村精神文化生活。一系列的活动深深感染着自 1953 年离开家乡四川就未回家过年的我，品尝山西农村过春节的味道，感受团圆的内涵、家的温馨和幸福这条年俗主线，也分享了降吉祥、有好运、平安是福和与之相关的健康拜年语的祝福。

正是沉到社会底层半年多时间的社会实践，我较广泛地接触了农民，使我了解了不少 20 世纪 50 年代中国的国情、农村的民情，真正感受到了农村和农民的艰苦和不容易，他们是我们真正的衣食父母。在农村我经受了思想锻炼，磨炼了意志，加深了对农村和农民的情感，坚定了人生目标，坚定了对共产党的信念，收获了人生中第一笔接地气的精神财富，这是任何东西都无法替代的。

第三，知识转换为成果，教学实践是关键。我从事教育事业 39 年，其中 26 年在教学一线担负高中和师专教学，13 年做太原师专太钢分校教学管理工作。

回顾我的教学生涯，认识和体会有：

（1）根据党的教育方针，坚持教书育人，以德为先，把促进学生健康成长、全面发展作为教学和教学管理工作的出发点和落脚点，这是贯穿始终的一条主线。

（2）文化知识讲授中，不局限于简单的灌输，更不是单纯地讲概念、定理、定义和做习题，而是注意点燃人心智的火焰，开发启蒙学生内在潜质，唤醒内在动力，变被动“要我学”为积极主动“我要学”。我秉持“你能行”理念，也是心理学在教学中的应用，找到了解决问题的钥匙，开启了一把又一把锁，呈现出柳暗花明又一村的景象。有的学生跟不上进度，失去了学习动力或学习热情减弱，“你能行”是对他的鼓励和希望，激发了自信心，经过勤奋努力赶了上来；有的学生考试成绩多次不够理想，家长不能理解，总爱唠叨，伤害了他的自尊，“你能行”体现的是对他的尊重，启示和帮助他认真总结，针对性采取措施，学习有了长进；有的学生不遵守课堂纪律、不专心听课，“你能行”是对他的信任，激励他改正缺点，养成专心做事的良好习惯，集中精力用于学习，有位同学工作后勤奋敬业，当了小学校长。退休后“你能行”成了我的口头禅，亲朋好友中无论老年人生病，还是年轻人工作生活中遇到波折，我均以“你能行”向他们传递正能量。

（3）正确认识“学思结合”“知行并重”两个关系。其一，学和思是辩证的统一，学是咀嚼，思是消化；学有所得，思有所悟。其二，“知”是认识或理论，“行”是实践，二者不是平行排列，实践是第一的，二者是统一的、良性互动的。这样的观点运用到教学中可以增强学生的辩证思维能力。

（4）要教好学生，前提是对学生的了解。通过家访和家长座谈会等形式，知晓学生的品性、情感、爱好、特长、家境以及弱点不足，加强教学的针对性和实效性，实现学校、教师与家庭教育的良性互动，创造的是活力。学生文化成绩参差不齐，天赋特质各不相同，我优化教材，分层施教，力争所有学生都成为学有所长的人。

（5）注重班风建设，营造好的学习环境。班风是校风乃至社会风气的组成部分，班风往往是一个班级、学校的文化、价值取向。传播知识的同时，传授美德，组织每一次班日活动有健康身心、陶冶情操的内容。要引导学生学习英雄先进人物、美好事物，在学习中养成好的思想品德追求。要注意做好一人一事的思想工作，使有些不良习气的学生走上正确轨道。要求学生做到的教师首先做到。要构建和谐的师生、同学关系，形成团结奋进、积极进取的精神状态，促进学生健康成长。

（6）企业办学有其自身的特点和规律，主旨是围绕和服务企业生产经营建设。20 世纪 70 年代后期，为解决太原钢铁（集团）有限公司企业办学师资短缺，与太原师专合作成立太原师专太钢分校。①设置数学、中文、物理、英语、体育等大专班和专业，随后又开设中师、幼师班级和专业；②随着企业管理工作的加强，增加的班级和专业有财会、劳资、物资大专、中专班；③地处偏远山区的太原钢铁（集团）有限公司矿山，幼儿园没有教师，又与两个矿山联合举办矿山幼师班，招收了一批矿山子弟，培养幼教师资，吸纳他们就业，一定意义上解除了职工后顾之忧，促进了矿山的和谐稳定。

（7）教学管理中，坚持“信任、放手、倾斜”六个字。信任就是用人不疑，让下属大胆工作。放手就是让骨干充分发挥聪明才智，按教学规律办事。倾斜就是“三优先”：评优、评先优先骨干；按政策调整待遇优先骨干；计发奖金优先向骨干倾斜，奖金水平高于校级领导。“三优先”较好调动了教学管理人员积极性。

（8）既然选择了做教师这样的崇高理想，就要始终热爱教育事业。热爱教育事业是一种大爱，爱教师职业、爱教师岗位，遵循教育规律关爱每一个学生。把家国情怀体现在学生身上，学生是家庭的希望，是祖国的未来；把学生当作自己的孩子、祖国的花朵；把当人民教师当成一生的追求，一辈子的坚守，不因诱惑离开教育战线，也不羡慕有些人因嫌教师苦和待遇低离开教学岗位去了他们认为更好的单位。

“有理想、靠塑造、重实践”相互依存，缺一不可，是一个有机整体，构成了我当一名人民教师的坚守。几十年来，我以一名普通教师把工作当事业做，和同事们同舟共济，为教育事业付出了心血，为社会和太原钢铁（集团）有限公司企业发展建设培养人才做了一些贡献，我找到了工作的价值，也找到了自己的价值。现在许多学生成为各方面的骨干，不少人担任了领导职务。每每听到他们的进步成长，看到事业后继有人，就像自己的教学生命在延长，一种成就感和幸福感便油然而生。

郭琼辉，山西太原师范专科学校太原钢铁（集团）有限公司分校教师

# 北京高师数理部培养数学人才的启示

张友余（1953 级本科生）

北京师范大学数学科学学院（简称北师大数学系）2015 年庆祝建系 100 周年。过去的有关史书记载，都将北师大数学系成立的时间记为数学系正式命名的 1922 年。笔者在《中国数学会史料》书的第 22 页也是如此转载，忽略了她在 1922 年之前存在的北京高等师范学校数理部 7 年的历史。这 7 年招收了 5 届高师数理部本科生（大专程度），共毕业 124 名学生；招收了一届数学“研究科”学生，毕业时授予 5 名“研究科”学生学士学位，相当于现今的本科生。这 129 名毕业生中，数学人才最多，有一定知名度的数学家、数学教育家至少有：杨武之、汤璪真、傅种孙、陈荩民、靳荣禄、张世勋、刘景芳、程廷熙、魏庚人、刘熏宇、张鸿图、韩清波、李恩波、杨明轩、“五四英雄”匡互生等。根据北京高师培养目标，这 129 名毕业生中的多数分散在现代中等学校数学教育中的第一线，为培养现代数学人才奋斗终生，如：北师大数学系最年长的学友、中学特级教师韩桂丛，数学家齐民友的父亲胡思齐等，都是这个时期的毕业生。北京高等师范学校数理部存在的 7 年，无论从培养人才的数量或质量，在当时这一时间段中，都居全国各公、私立高等学校的首位，也是北京师大数学系百年进程中，培养人才最丰的阶段之一。本文拟钩沉这段历史，探讨其发展经验。

## 一、设立北京高师的时代背景

1911 年 10 月的辛亥革命，推翻了统治中国 260 多年的清朝，结束了中国两千多年的封建君主专制制度，建立了中国历史上第 1 个民主共和制的国家：1912 年 1 月 1 日成立中华民国。1 月 3 日，中华民国临时政府内阁组成，此前正在德国留学的蔡元培应召回国，出任内阁教育总长。蔡元培在我国教育发展史上最大的贡献就是改革长期统治中国的封建教育制度，他上任后立即颁布一系列新定教育法规。首先在名称上将清政府的学部改称教育部，各级学堂一律改称学校，原学堂的监督、堂长一律通称校长。在内容上，首先废除忠君、尊孔的教育宗旨，取消“科第”奖励办法；要求各科教材必须符合共和民国宗旨，废除小学读经，取消大学经科，正式设立文科等一系列现代改革措施。

蔡元培追求学术救国，他确信学术是一个国家安身立命、赖以强大的根本。他说：“一个民族或国家要在世界上立得住脚，而且要光荣的立住，是要以学术为基础的。[3]8”当时的德国大学就是以研究学术为使命，以追求真理为宗旨。他多次留学德国，研究德国教育的成功经验，结合我国国情，首先从高等教育改革入手。1912 年 5 月 1 日，教育部下令，改清制的国立京师大学堂为国立北京大学校，任命学贯中西文化、具有现代教育思想的严复出任北京大学校长。鉴于在全国实现新型的现代教育，首先急需大量具有现代教育思想和现代科学文化知识的教师。在北京大学改制之后，教育部决定在全国六大地区各设立一所直属教育部管辖的国立高等师范学校（简称高师），停办清制设立于各地的优级师范学堂。六所高师分别是：北京高师、南京高师、广州高师、武昌高师、成都高师和沈阳高师。随即公布《大学令》："规定大学以教授高深学术，养成硕学宏材，应国家需要为宗旨。""高等师范学校以造就中学和师范学校教员为目的。"高师学制为预科一年、本科三年，"研究科"一年或二年，"研究科"毕业授予学士学位。高师本科一般设六部，即：国文部、英语部、史地部、数理部、理化部、博物部。实践中，多数高师将数理部和理化部合设一部，称数理化部。各高师校长均由教育部聘任学贯中西的归国留学生担任，各校校长也尽量争取归国留学生来校担任各部教授。高师学生一律免交学费，还给予一定的生活补助，但对学生要求十分严格，德智体美全面发展。除学好学校规定的课程外，校方倡导学生开展多种课外研究活动。在教师指导下，以学生为主体组织各种专业学会，由学会主办出版专业杂志，教师利用课余辅导学生翻译科学文献，学习做科学研究，练习写研究论文。各专业学会还不定期召开讲演会，请老师、专家讲演，或会员之间交流研究成果、学习心得等，以此加深加宽对课堂学习内容的理解、深化，提高专业知识水平。高师特别重视教育实习，支持学生参加有关的教育实践和有益的社会活动，以此培养学生的社会适应能力，使其毕业后走向社会能够独当一面，支撑实现现代教育的重任，完成国家的现代化建设。

当时设立高等师范学校的一些措施，主要学习日本，间接借鉴德国教育的成功经验，是蔡元培实现改革中国封建教育制度的重要措施之一，不可避免地受到中国传统旧教育势力的阻挠和一些政要的异议。特别是袁世凯篡权后，企图复辟"忠君、尊孔"的旧制，使蔡元培行使教育总长职权十分困难，为国家权力考虑，1912 年 7 月 14 日，他辞掉教育总长职务，8 月 20 日参加了北京高师举行的开学典礼后[1]20，9 月 16 日再次赴德留学，继续研究现代教育。袁世凯企图笼络北京高师，向该校捐款，颁发"教育要旨"，"传见"校长，还给北京高师题了一方"教育本源"的匾额[1]36，企图限制其向现代化发展。但是辛亥革命唤起民众对民主社会的希望，以探索救国救民真理为主旨的新文化运动，高扬民主大旗，向封建势力发起猛烈抨击；1916 年底，蔡元培回国出任北京大学校长，对旧教育制度进行大刀阔斧的改革，成为新文化运动的领袖之一；1917 年俄国十月革命成功，又深刻地影响了我国的新文化运动向社会主义方向发展；越来越多的西方留学生回国，充实到教育改革的队伍中，使北京高师不可阻挡地向现代化方向前进。

## 二、北京高师数理部

1912 年 5 月 15 日，教育部明令原京师优级师范学堂改称北京高等师范学校，是中华民国正式设立的第一所国立高等师范学校。任命陈宝泉为校长。陈宝泉（1874—1937），字筱庄，天津人。清末附生，曾赴日本留学，民国建立后，任教育部司长，兼代教育次长。富具革新思想，他依照教育部颁发的《高等师范学校规程》，自编《校规》，在"要纲"中规定："本校以养成师范学校、女子师范学校，中学校、女子中学校教员为宗旨[1]22。"突出培养女子教员的任务。他拟定北京高师的校训是："诚实，勇敢，勤勉，亲爱[1]32。"重视向学生进行思想教育，学校设有德育部，专门负责学生的思想工作。严聘高水平师资，对学生课业的要求比较严格，除了掌握教材的内容外，还要求阅读一定的参考书，考试才能及格。学校很重视学术研究，注意培养学生的研究能力。民国初年提倡的现代教育，其教育内容主要是尽快地反映西方的科学成果及其先进思想。鉴于高等师范肩负的是培养中等学校师资的任务，该校专门设立了“教育专攻科”，学习三年毕业。当时以学德国教育学说为主，聘请德国教员，教德国教育科目和德语等[1]23。本科各部开设的教育课程也比较多。

由于高师学生免交学费及丰厚的生活补贴，面向全国各省招生，生源很丰，选拔非常严格，录取了一批勤奋好学、毕业后愿意从事教师工作的青年，他们中多数是学界子女，相当一部分来自农村，大都家境比较贫寒，生活简朴，学习刻苦用功。因为将来要当老师，平时比较自觉严格要求自己，注意仪表，遵守校规，尊敬老师。

**1. 数理部的课程设置**

北京高师数理部 1915 年开始招生。第 1 届录取 28 人。课程设置基本上按照教育部颁布的《高等师范学校规程》中规定的科目开设。预科一年，除《规程》规定的论理学未开外，其余课程：伦理学、国文、英语、数学、图画、音乐、体操等全部照开。本科预计的课程有：数学（3 年）、物理（3 年）、化学（2 年）、天文学（1 年）；伦理学（3 年）、心理学和教育学（3 年）；簿记（1 年）、手工（2 年）、体操（3 年）[2]5。伦理学主要是进行德育教育，其内容包括情意的修养、社会与国家之意义、博爱主义、道德与宗教的关系，以及目的论、动机论等资产阶级的伦理学说和道德观念。在本科二、三年级，分别讲授“西方伦理学史”和“中国伦理学史”[1]24。

1916 年夏，数理部招收第 2 届学生，录取 33 人，第 1 届学生进入本科一年级。实践中，对原教学计划略有变动，其中伦理学（2 年）、化学（1 年）、手工（1 年）这 3 门课程各缩短 1 年，其余照旧。

1917 年未招生。

1918 年数理部招收第 3 届学生，录取 28 人。前两届进入本科二、三年级。经过实践，课程变动较大。按预科、本科共四年统一安排，开设课程有：伦理学、论理学、心理学、教育学、教育史、教育行政、教授法、社会学概论、国文、英语会话、英文讲读、英文文法、日文、图画、音乐、手工、体操；代数、三角法、几何学、解析几何、立体几何、近世几何、微积分、方程式论、数论、初等数学研究；物理学、力学、热学、光学、物性学、物理实验；天文学、测量学、气象学，化学、化学实验[2]5。

1919 年，北京高师正式决定：学生修业年限统一为四年，不再分预科、本科。这一年数理部未招生。

1920 年，数理部招收第 4 届学生，录取 27 人，第 1，2 届学生已经毕业。经过了 5 年的全程教育教学实践，学习西方经验总结，决定修业课程实行学分制，可以更大地调动学生学习的积极性，使各年级课程安排更趋合理，同时增加了高等数学内容，和对中学课程及问题的了解、研究。

1921 年第 5 届学生仍按学分制安排执行。

为便于比较、清楚起见，现将四年中各年级的课程安排、所修学分列表如下，表中课程后的小括号数据是指该课程修完的学分。对各年级所修课程门数、总学分和公共课、专业课所修门数、总学分等在表中都作了合计。见表 1。

**表 1　1920 年北京高师数理部四年课程设置**

| | 一年级 | 二年级 | 三年级 | 四年级 | 合计 |
|---|---|---|---|---|---|
| 公共课 | 伦理学（1）<br>心理学（2）<br>英文（5）<br>德文（3）<br>音乐（1）<br>国语（2） | 教育学（2）<br>教育史（2）<br>音乐（1.5） | 伦理学（1）<br>教授法（2）<br>公民教育（2）<br>日文（3）<br>体育（1） | 哲学概论（1）<br>教育行政（1）<br>心理测验（2）<br>变态心理（2）<br>陈述心理（2）<br>社会问题（2）<br>体育（1） | 21（39.5） |
| 数学 | 代数（5）<br>三角法（2）<br>立体几何（1）<br>测量学（2） | 近世几何（2）<br>方程式论（2）<br>平面几何（4）<br>数论（1）<br>初等数学研究（1） | 立体几何（3）<br>微积分（5）<br>微分几何（2）<br>统计学（2） | 微分方程式论（2）<br>函数论（2）<br>微分几何（2）<br>中学课程（2）<br>初级数学问题（2） | 18（42） |
| 物理 | 力学（2） | 力学（2）<br>物性学（1.5） | 热学音学（3）<br>光学（3）<br>相对论（2）<br>物理实验（1） | 电磁学（5）<br>高等力学（2）<br>物理实验（1）<br>理论物理学（2） | 11（24.5） |
| 天文学<br>化学 | 化学（2） | 有机化学（1）<br>化学实验（1）<br>天文学（2）<br>气象学（1） | 化学实验（1） | | 6（8） |
| 合计 | 12（28 学分） | 14（24 学分） | 14（31 学分） | 16（31 学分） | 56（114） |

注①：每门课后的小括号内的数字，是修完该课程的学分。

注②：四年级数学栏内的初级数学问题和中学课程也含物理学内容。

注③：表中所有课程和学分见参考文献［2］第 7～8 页。

1921 年数理部招收第 5 届学生，这一届开始招女生，实行男女同班上课。这一年新开数学“研究科”班。在前四年学习的基础上，再学习两年，毕业授予学士学位，相当于现今的“专升本”。数学研究科班课程仍实行学分制。计有：实数函数论（10）、复数函数论（10）、群论（10）、近世代数（8）、高等微分几何（8）、微分方程式论（4）[2]8，修完共 50 学分。

纵观北京高师数理部 7 年的课程设置有两大特点。

其一反映了时代变化发展的精神，数理部存在的这 7 年正好是五四新文化运动时期，实现教育现代化，是教育救国的重要措施之一，通过 4 年（1915～1919）教育教学实践，变化发展是快速的。这 4 年，一批在西方留学的学者回国，特别是中国科学社和它主办的《科学》月刊迁回国内，大量传播西方现代科学和教育。1920 年、1921 年数理部的课程设置与西方教育已经相当接近，在国内起了率先作用。

其二体现了对师范生全面发展的严格要求。从 1920 年课程设置的门类看：四年共开设 56 门课程，其中公共课有 21 门（表 1），占 37.5%，包括德育、体育和美育的教育内容，并且重视外语教学，在这 21 门公共课中，教育教学类分量最大，共 9 门课。数学专业课程 18 门，少于公共课，但从修业学分上却高于公共课。四年的总学分是 114 学分，

21 门公共课的总学分是 39.5 分，18 门数学课却是 42 学分，高出 2.5 学分。数学专业本身也体现了师范性，不仅学习中学数学内容，还列有数学教材教法的研究课程，同时高等数学教学的分量也很重，反映了对师范生专业数学水平的提高也很重视。另外，四年各年级的课程安排门类是 12，14，14，16 门课；学分分配是 28，24，31，31 学分，渐进提高，比较合理。这种安排也为 1922 年单独设立数学系打下基础。

北京高师数理部 1915～1921 年共招收 5 届学生，总人数为 135 人。第 1 届另有一位插班生，名叫陈庆晖，毕业。五届共毕业 124 人，总共淘汰 11（＋1）人。另外，数理部 1921 年招收首届数学“研究科”班，录取 9 人，他们是：傅种孙、张鸿图、杜作梁、韩桂丛、程廷熙、张哲农、毕荣堂、吴鉴、吴宝谦（其中有在职学习者）。最后读满学分，授予学士学位 5 人，他们是：程廷熙、韩桂丛、张鸿图、吴宝谦、郭善朝[2]303。其中郭善朝是第 3 届毕业生，1922 年毕业后到“研究科”再读一年，读满学分授予学位。表 2 列出数理部各届学生人数变化细目。

**表 2　北京高师数理部各届学生人数和毕业人数统计表**

| 届次 | 在读年限 | 录取人数 | 毕业人数 | 备注 |
|---|---|---|---|---|
| 一 | 1915～1919 | 28（＋1） | 28 | 一位插班生，一位留级生。（＋1）是插班生 |
| 二 | 1916～1920 | 33 | 28 | 留级生未计入录取人数（下同） |
| 三 | 1918～1922 | 28 | 25 | |
| 四 | 1920～1924 | 27 | 25 | |
| 五 | 1921～1925 | 19 | 18 | |
| 研究科 | 1921～1923 | 9（＋1） | 5 | 有一位插班生 |
| 合计 | | 144（＋2） | 129 | （＋2）是插班生总数 |

**2. 数理部的教师及其教育、教学工作**

1915 年数理部成立时，首任部主任是刘资厚，两年后因事卸任。1917 年秋，邓芝园（字萃英）接任，任职一年。邓因赴美留学，1918 年夏秋，由陈子云代理一个学期。1919 年 2 月，蔡毅甫接任仅半年，1919 年夏张少涵（字贻惠）接任数理部主任，任职三年至 1922 年秋，也因赴美留学，文范村接任。数理部主任虽然更换频繁，各任都很负责任，衔接较好，不断推动数理部的教学工作向前发展。邓芝园、张贻惠留美回国后，都继续在数理部任教，以后他俩都升任北京师大的校长。先后在数理部任教的教师还有：胡雪琴、胡文耀，杨据梧、黄恭宪、张辅庭、杜于荃、黄象文等。以兼任教员居多。

北京大学数学系的几位主要教授：冯祖荀，秦汾、王仁辅、胡浚济都先后在北京高师数理部兼课。冯祖荀是北京高师前身京师大学堂师范馆的第 1 期学员，1902 年入学，是北京师大最早的学生之一，应该是北京师大数学系的第 1 位学生，对母校有特殊感情，从数理部成立开始一直在此兼课，1921 年增设数学“研究科”，他负责指导，指导教师还有秦汾、王仁辅等。1922 年，数理部升格为数学系，冯祖荀出任首任系主任至 1926 年。冯在北京高师虽然是兼职，由于该校学生来源及校风严格等因素影响，在同时间段内，他在北京高师培养的数学人才比北京大学多。

北京高师对开设的每门课程，都要求有详细的教学计划，包括：开设学年、授课时数、教材名称、教学内容和教学方法等。各科设教员研究室，类似现今的教研室，由各科主任或专任教员轮流主管。该室起互相交流备课和研究学术的作用。在教学方法上采用“自学辅导主义”，即除理论教学外，兼重学生实践活动，数理学科注重演题和实验。为了发挥学生学习的主动性，每周课时以 30 学时为限。此外，还设有教育参考室，陈列校内外之学术成绩，供相互参考、鼓励。1917 年，教育参考室陈列了当时二年级学生汤璪真发明的画椭圆图仪器，靳荣禄和汤璪真合著的《级积论》等[1]27。《级积论》是我国大学生在国内最早完成且出版最早的一部高等数学著作。为此，北京高师于 1919 年 4 月在《数理杂志》第 1 卷第 3 期上发了一则特别广告，向国人广泛推荐此书。

数理部教育学生最成功之处，恐怕要推几任部主任接力，经多位教师帮助，历时 10 年，指导数届学生连续组织的北京高师数理学会，及由学会主办出版《数理杂志》。通过学会活动和在杂志发表研究成果，充分发挥了学生自由学习研究、独立思考、创造性思维的作用，培养了学习研究的兴趣，涌现出一批数学人才和教育人才。详见本文第四部分：北京高师数理学会和《数理杂志》。

## 三、数理部学生在五四运动前后

北京高师数理部 1915 年招生时，正是五四新文化运动兴起之时。北京高师地处新文化运动的发祥地；处于人生观形成、正在成长的青年大学生，自然是新文化的积极接受者、践行者。新文化运动的闯将之一、语言文字改革学家、北京高师教授钱玄同（1887—1939），在《北京高师周刊》上发表“施行教育不可迎合旧社会”的主张，他认为“教育是教人研求真理的，不是教人做古人奴隶的；教育是教人高尚人格的，不是教人干禄的；教育是改良社会的，不是迎合社会的[1]36。”学生们热情地讨论教育的真谛，有人主张必须扫除对学生之束缚，提倡自动教育；有人认为教育上的干涉主义和绝对放任主义都有弊病，提倡自律辅导主义；有人讨论劳动与教育之间的关系问题，主张“知工合一”，认为劳动是道德之母等。五四运动前，在北京高师学生中的“工读主义”思想、“平民主义”教育思想已经很流行[1]37。

1919 年 2 月，数理部学生匡互生（原名日休，1891—1933）、刘熏宇（原名家镕，1896—1967）和国文部学生周予同发起成立了“工学会”，该会于 4 月创办“平民学校”。工学会是在新文化运动和俄国十月革命成功、社会主义新思潮的影响下产生的青年学生组织，他们对未来抱着美好的理想，他们希望看到一个没有剥削和压迫的平等社会。数理部另一位学生周为群（原名周馨）写的《工学会旨趣书》中说：“我们发起这个工学会，就是要把工和学并立，做工的人一定要读书，读书的人一定要做工。绝对反对做工的人可以‘目不识丁，蠢如鹿豕’，读书的人可以‘高其身价，坐享福禄’，一心想把我国数千年来‘贵学贱工’的一种谬论一扫而空之。”又说：“‘工’这个字，照广义说起来，劳心和劳力的事都可包括，但是本会注意较强的点，还在劳力。”工学会的宗旨之一是“平时则互相研究各种学术，或建设教育事业；国有困难外交，则竭力以谋补救”。也就是要“为国民外交之后援”[1]38。平民学校本是群众业余补习文化的场所，工学会中有进步思想的学生也向他们宣传新的思想观点。北京高师对平民学校很支持，专门设置了一处对外开放的图书、报刊阅览室，平民学校的办公用具、笔墨纸张、印刷讲义等，全由学校供应。平民学校有校歌，由当时任北京大学教授胡适作词、北京高师教授萧友梅谱曲。五四运动前夕，北京高师学生的进步思想、革命宣传活动已经十分活跃。其主要成员，多半是工学会中数理部的学生，如匡互生、刘熏宇、周为群、杨明轩（原名杨荃骏）等。

1918 年 11 月第一次世界大战结束，中国由于参加“协约国”对德宣战取得胜利，理应要求德国交还在中国山东的权利。1919 年 1 月 18 日，美、英、法、日、意等 27 个战胜国在法国巴黎召开“和平会议”（简称巴黎和会）。中国代表团提出将“山东问题”直接交还中国。日本代表借口 1915 年向中国提出的“21 条”中对于日本在山东的权利已有明文规定，段祺瑞北京政府 1918 年又有“欣然同意”的复文，坚持不肯把德国在山东的权益交还给中国。中国代表团据理力争。美国总统威尔逊为调和强国分赃之矛盾，决定牺牲中国，支持日本取得山东。“1919 年 4 月 30 日，美、英、法三国会议在没有中国代表参加的情况下，单方决定把德国在中国山东的全部权益让于日本，并对有关条款列为对德《凡尔赛和约》第 156，157，158 三条。中国代表在得知上述决议后，于当天下午向三国会议提出抗议，谴责这种损害中国主权以暴易暴的野蛮行径。三国会议对中国代表的抗议置之不理[14]251。”国内的北洋军阀政府，置民族危亡于不顾，密电中国代表在《凡尔赛和约》上签字。

1919 年 5 月 1，2 日，国内报纸披露了中国外交在巴黎和会上完全失败的消息。“5 月 2 日，蔡元培在北京大学饭厅召集学生班长和代表一百余人开会，他讲述了巴黎和会帝国主义互相勾结，牺牲中国主权的情况，指出这是国家存亡的关键时刻，号召大家奋起救国[15]100。”当日晚，北京大学的学生骨干邀集北京高师等校的学生代表在北大召开紧急会议，决定 5 月 3 日晚约请北京 13 所中等以上学校代表在北大法科大礼堂召开学生大会。5 月 3 日晚大会当场议决四条办法，其中第（四）条内容是：“5 月 4 日齐集天安门举行北京学界大示威，同时派代表到各国驻华公使馆，陈述对于青岛的民意及其决心[14]251。”5 月 3 日晚上和 4 日凌晨，北京高师工学会以匡互生为主联络北京高工、北京大学的共学会等各校志同道合的学生 20 人左右，大家相约暴动，准备牺牲。匡互生、周予同都写了遗书[1]43。5 月 4 日，北京高师学生高举校旗首先到达天安门，下午 1 时，13 所学校及留法勤工俭学预备班的学生共三千余人，从四面八方汇集天安门，学生们手持各色小旗、高举“还我青岛”“取消 21 条”“外争国权，内惩国贼”等标语、散发传单，集会 1 小时后，学生们开始游行示威，轰轰烈烈的五四爱国运动由此爆发。

游行大队由天安门出中华门直奔东交民巷使馆区，遭到巡警阻拦未能通过。学生们悲愤至极，决定找签订 21 条的代表之一、卖国贼曹汝霖算账，他与章宗祥、陆宗舆同是段祺瑞政府对日本借款和签订军事协定的经手人。游行队伍下午四点半到达赵家楼曹宅门前。曹宅大门紧闭，军警戒备森严，阻拦学生打门；有人想爬墙，但围墙相当高，爬不进去。此时，“匡互生奋不顾身从西院墙外纵身跳入曹宅大门右侧一个小窗户台上，戳破铁丝网，扭弯几根铁条，一拳打碎玻璃，冲开窗户，从这仅能通过人身的小窗口，很困难也很危险地爬进曹宅，接着又有四五个准备牺牲的同学爬了进去[1]44”。他们打开曹宅笨重的大门，群众蜂拥而入。学生们进入之后，到处搜寻，未见人影。匡互生在愤怒之下，到曹宅卧室便放起大火。一会儿，警察赶到，包围曹宅，开始动手捕人。共 32 位学生被捕，其中北京高师陈宏勋、杨荃骏、初铭音等 8 位同学被捕。

5 月 4 日当晚，各校学生都召集全体大会，商讨对策。通过了“全体一致罢课营救同学”的议案，决定组织“北京学生联合会”。后来经过多方抗争，交涉，营救，5 月 7 日，北京高师校长陈宝泉出面作保，全体被捕学生终于获得释放。“当高师被捕的 8 位学生回到学校时，同学们在校门口列队欢迎，校长陈宝泉也到门口参加了欢迎的队伍。他们一下汽车就被大家高举在肩头，簇拥着抬进学校大门，在风雨操场开了一个盛大的欢迎会。被捕同学返校后，校长陈宝泉考虑到他们的安全，防止再次被捕，也免于将来到社会上工作时遇到风险，亲自为他们改名。自那以后，陈宏勋改名为陈荩民，杨荃骏改名为杨明轩，初铭音改名为初大告……[1]47”陈荩民、杨明轩是数理部学生。

北京学生开始的爱国运动，很快遍及全国各界人士及海外留学生华侨，形成了中国历史上空前规模的革命洪流。在“和约”签字前的6月27日晚上，几百名留法学生和华侨商人包围了北京政府驻巴黎专使总代表陆征祥的住所，强烈要求不得签字。“6月28日是预定签字的日子，届时中国专使没有到会，‘于是不签字之局，遂以实现’。这是自鸦片战争以来近百年中国人民在外交上所取得一次前所未有的重大胜利，是五四运动结下的丰硕成果[15]125。”

五四运动成功后，在校领导的引导下，很快恢复了正常教学学习，数理部学生组织的数理学会继续活动，出版《数理杂志》。匡互生等1915级的学生毕业，大多到社会从事中学数学教育改革工作。匡先后到长沙楚怡小学、湖南第一师范、浙江春晖中学、上海中国公学担任数学教员，编写教材，任教务主任等职，力图试行教育改革都难以如愿。1925年2月，匡互生与志同道合的刘熏宇、朱光潜、丰子恺、陶载良在上海创办立达学园，力图实现他们新型的教育理想，明确提出办学的宗旨是要造就真正的人。“互助友爱而发生人格感化；倡导诚实，免除一切虚伪；培养牺牲精神，养成刻苦耐劳的习惯；对课本自由研究，独立思索”。“在这里，无论教师和学生，思想是自由的，个性是解放的[13]121”。

匡的大学同班好友、工学会成员刘熏宇曾任立达学园行政委员会主席，周为群任教务主任，是他的得力帮手。刘熏宇、周为群和章克标、仲光然合作编写了适用最新课程标准的算术、代数、几何、三角中学教材，致力于中学数学教学改革，1929年由开明书店出版发行，几经再版，中学使用经久不衰，还被列为解放区用教材[16]。匡互生创建立达学园达八年之久，历尽艰辛，培养了一批优秀学生，终因长年劳累过度，赍志而殁，1933年病逝时年仅42岁。巴金在早年写的一篇“怀念一位教育家”文中说：“我有不少朋友是他（注：匡互生）的学生或崇拜者，他们常用敬爱的语气谈起匡先生的一些事情。我最初只知道他是五四运动中‘火烧赵家楼’的英雄，后来才了解他是一位把毕生精力贡献给青年教育的好教师，一位有理想、有干劲、为国为民的教育家[13]204。”1993年，北师大出版社出版了《匡互生与立达学园》一书，纪念这位五四英雄、教改先驱、北师大校友匡互生逝世60周年。书中收录了他的同伴朱光潜、叶圣陶、朱自清、周予同等人写的纪念文章。

五四运动中数理部的勇士杨明轩（1891—1967），陕西户县人。1919年数理部毕业后，回家乡户县创办“明轩小学”，1929年前后来到上海，在他的同班好友匡互生等人创办的立达学园任教，后来回西安女子师范学校、中山中学任数理教员，同时参加革命活动。1937年赴欧洲考察教育，并代表中国学生界出席在巴黎召开的世界学生联合会大会。1942年参加筹建中国民盟西北地区组织，后相继担任民盟西北总支部委员兼组织部部长、民盟西北临时工作委员会主任委员。1946年到陕甘宁边区，1948年当选为陕甘宁边区政府副主席。新中国成立后，历任西北军政委员会文教委员会主任、西北行政委员会副主席、光明日报社社长、中央社会主义学院副院长、民盟第3届中央副主席、主席、第3届全国人大常委会副委员长等职[17]694。

陈荩民（1895—1981），浙江天台人。五四运动中被捕，后任北京学生联合会副主席，1920年北京高师数理部毕业后，在高师附中任数学教员。1921年考取公费赴法留学生，在法国南部的底雄大学理学院学习，1925年获得硕士学位回国，到母校（已改名）北京师大数学系任教，兼北京大学数学系教授[18]50。1927年去上海，先后在暨南大学、大夏大学、劳动大学、复旦大学、商船专科学校（现大连海运学院前身）任数学教授、兼任系主任，或兼任教授。其间1923年到广西大学讲学一年，又回上海任教。抗日战争时期回故乡，拿出夫妇教学多年积蓄，在各界人士帮助下，将沦陷区上海的育青中学迁至天台县自办复校，夫人阎振玉继任校长，招收沦陷区和故乡的青年学生。1939年底陈到浙江英士大学任数学教授兼教务长、工学院院长等职。1942年，北洋大学的工学院在浙江复校，称北洋工学院，陈荩民任院长。抗日战争胜利后，北洋大学迁回天津，陈任该校理学院院长、北平部主任等职。1950年以后，陈到北京工业学院任数学教授至终。陈荩民一生潜心于数学教学与研究，著作颇丰，包括多部专著、译著，编写中学数学教科书等，其中针对工科院校的数学教学，于20世纪50年代编写的教材《高等数学教程》共3卷4册，在全国流传甚广，各工科院校采用经久不衰。

## 四、北京高师数理学会和《数理杂志》

北京高师数理部1915年开始招生的第2年，首任数理部主任刘资厚在学生中发起组织课外研究机构，开展课外研究活动，互相质疑问难，请教师作专题演讲等活动，定名为北京高等师范学校数理学会。1917年邓芝园接任部主任后，对该会形式略加改动，制定《北京高师数理学会简章》，倡议并引导数理学会创办杂志，定名《数理杂志》。

1916年10月27日召开了北京高师数理学会成立大会，1917年制定的学会简章，其要点如下[5]：

本会以研究数学物理增进学识联络感情为宗旨。

会员由数理部本科及预科全体学生、数理部毕业生组成。

研究方法包括：自由研究、指定研究、教学方法研究、问题征解、介绍杂志等。研究成果以讲演、实验、刊登杂志等形式发表。

本会干事会全部由会员（学生）选举产生，为使更多会员有锻炼机会，干事会原则上每半年改选一次，各职务连任最多一次。

本会公推本校校长为名誉会长，推与本会有关系的教职员为名誉干事。名誉干事的主要任务有三：①指定研究之题目及人员；②审定研究之内容；③审阅杂志之稿件。

本会经费主要来源于学校资助，部分由名誉干事和会员捐款。

北京高师数理学会主办的《数理杂志》于1918年4月27日创办。杂志简章要点如下：[5]

本杂志以阐发数学物理上之知识为宗旨。凡有关于数学物理上之论文、翻译、难题、实验、记录、游戏、趣谈及教授法等均可刊登。

编辑部设编辑4人。由在校会员担任，负责征收稿件交名誉编辑审阅后，排列刊登次序。设名誉编辑若干人由名誉干事担任，主要负责审阅稿件。

凡经本杂志刊登者，均赠本杂志，以酬雅意。杂志每期均分送会员一册，若多要每册收印刷费大洋二角五分。

数理学会最早的一批名誉干事（教师）有：邓萃英、张贻惠、冯祖荀、胡文耀、陈英才、黄恭宪、杨立奎、蔡钟瀛、张家栋、吴清林、曾沛霖、刘以钟。名誉会长：陈宝泉[5]。

数理学会干事会前六届（1916-11-13～1920-10-03）由正会长、副会长、记录、编辑、庶务、会计组成。这6届横跨4年，在这4年内，先后请王瑞孙、胡雪琴、秦汾、高鲁等先生作过专题讲演，同学中俞鹏、饶铎鸣、张鸿图、傅种孙、靳荣禄、杜作梁、彭清杰、顾元、汤璪真等作过专题研究报告，出版《数理杂志》6 期。1918 年 12 月 31 日主持召开北京大学数理学会、武昌高师数理学会和本会三会联席会议（后面专题介绍）。表 3 列出这 6 届职员及其分工名单。

**表 3　北京高师数理学会干事会前 6 届职员分工名单**

| 届次 | 当选日期 | 正会长 | 副会长 | 记录 | 编辑 | 庶务 | 会计 |
|---|---|---|---|---|---|---|---|
| 1 | 1916-11-13 | 汪如川 | 孙秀林 | 宋家琛<br>韩桂丛等 | （无） | 曲培礼 | 韩清波 |
| 2 | 1917-10-15 | 彭清杰 | 傅种孙 | 张鸿图<br>刘　瑛 | 杜作梁　张　缉<br>刘承祖　杨克纯 | 曲培礼<br>石松年 | 罗发勤<br>李　榛 |
| 3 | 1918-04-27 | 傅种孙 | 刘承祖 | 刘　瑛<br>张　缉 | 杜作梁　张鸿图<br>靳荣禄　汤璪真 | 石松年<br>曲培礼 | 罗发勤<br>李　榛 |
| 4 | 1919-01-09 | 傅种孙 | 张鸿图 | 李　榛<br>宋国模 | 陈廷炳　汤璪真<br>徐灿云　靳荣禄 | （无） | 韩清波<br>杨际镐 |
| 5 | 1919-09-08 | 刘承祖 | 陈宏勋 | 宋国模<br>刘　瑛 | 傅种孙　徐灿云<br>魏怀谦　陈廷炳 | 毕荣棠<br>傅维熙 | 韩清波<br>杨际镐 |
| 6 | 1920-02-17～<br>1920-10-03 | 林耀山 | 傅种孙 | 郦禄琦<br>李耀春 | 靳荣禄　赵桂芳<br>倪德基　傅求学<br>姚汝琪　张鸿图 | 阎宝海<br>宋国模 | 魏怀谦<br>丁文渊 |

注：表中杨克纯（字武之），陈宏勋（五四运动后改名荩民）。

表 3 中第 1 届的记录是 4 人，即宋家琛、彭清杰、张增、韩桂丛。6 届干事会的干事共有 68 人次，主要是 1915 级和 1916 级的学生，他们多数参与了数理学会的工作，得到锻炼，其中任职员 3 届以上的有傅种孙、张鸿图、韩清波、靳荣禄、刘承祖、曲培礼等，他们积累了经验，使学会和杂志工作开展比较顺利。

这 4 年，数理部主任虽然换了五任，先后是：刘资厚、邓芝园、陈子云、蔡毅甫、张贻惠，个个对工作认真负责、接力衔接较好。邓芝园接力刘资厚倡导的数理学会，略加改变再促成《数理杂志》创刊、制定学会和杂志简章，离开前还募集了充足捐款，给后续工作方便。陈子云继邓芝园后，仅代理半年部主任，他提倡学会多组织讲演，改良杂志内容，帮助会员梳理数理学会的沿革，各次讲演时间、人名、讲题，全部会员和名誉干事名单，各届干事会职员分工名单，捐款细目等，在 1918 年 12 月出版的《数理杂志》中，用 10 页篇幅的附录作了详细记载，为杂志刊登这方面的内容开了好头。多年后，这些原始记载，成了研究这个时代教育活动的珍贵史料。

钩沉数理学会和《数理杂志》的历史，为其花费精力最多、奉献最大的是张贻惠。一方面他任数理部主任的时间最长（1919～1922），部改系后，又任四年制专科的数理系主任（冯祖荀是早期六年制的数学系主任）。另一方面他经历了时局变化和学生变动的几个关键时刻，由于他的得力指导，继续维持了数理学会的活动和《数理杂志》的出版，长达 10 年（1916～1925）之久。成为他那个时代数理学界的代表典型。归纳张贻惠在这方面的贡献主要有以下四点：(1) 协同陈宝泉、冯祖荀一道，帮助并促成了北京高师数理学会主持召开北京、武汉三个数理学会联席会议；(2) 五四运动后他刚接任数理部主任，积极引导学生由“运动”转入正常学习，开展学术研究，于1920年2月、5月、9月连续出版了三期《数理杂志》；（3）1920年1916级的学生毕业，仅剩下1918级的学生（1917年、1919年未招生），力量单薄，面临学会和杂志工作的继承问题，他早在“干事会”中为低年级作了干事储备；修改会章，使其顺利过渡；（4）1923年后，由于军阀混战，教育经费被军费占用，《数理杂志》无钱出版，张贻惠由幕后走到幕前“救火”，自任编辑部主任出版了最后一期《数理杂志》。

1920年3月8日，召开第6届干事会，名誉干事张贻惠、胡雪琴、杨据梧、黄恭宪、张辅庭诸先生出席。会长、1918级学生林耀山提请由名誉干事（教师）出任《数理杂志》总编辑，名誉干事未能同意，提出加强教师审稿，增选会员编辑至6人，其中靳荣禄和张鸿图是1915级已经毕业在北京工作的毕业生。

1920年11月3日通过修改《北京高师数理学会简章》，经修改后的《简章》，主要变化在数理学会干事会的组织方面，新组成的干事会分总务部、编辑部、出版社共三部，原设的记录、会计、庶务部都合并入总务部，总务部主任兼会长，负责召集全体大会和干事会，大大加强了编辑和出版发行的力量，取消了编辑只能是在校学生的限制。1921年，数理部增设数学“研究科”，“研究科”学生参与干事会工作，使其水平有所提高。此时的名誉干事（教师）有：何育杰、罗东里、王星拱、王仁辅、王应伟、许光福、马名海、秦汾、吴承洛，力量也有所加强。

表4列出数理学会从1920年10月至1925年12月，修改学会简章后7届干事会职员分工名单。这7届干事共有108人次，其中最后1届编辑部成员中有4人是教师，他们4人都先后任过数理部（系）主任，学生干事104人次，通过干事工作受到锻炼。

**表4　北京高师数理学会干事会后七届职员分工名单**

| 当选日期 | 总务部 | | | | 编辑部 | | | 出版部 | |
|---|---|---|---|---|---|---|---|---|---|
| | 主任 | 文牍 | 会计 | 庶务 | 主任 | 干事 | | 主任 | 干事 |
| 1920-10-03 | 林耀山 | 宋国模 | 彭丙卯 | 胡思齐 | 傅求学 | 倪德基 | 魏怀谦 | 杨际镐 | 查宗滉 |
| | | 李耀春 | 丁文渊 | | | 傅种孙 | 姚汝淇 | | 刘叙宾 |
| | | | | | | 赵曾佑 | | | 陈家荣 |
| 1921-02-04 | 倪德基 | 宋国模 | 彭丙卯 | 胡思齐 | 林耀山 | 郭善潮 | 魏怀谦 | 查宗滉 | 陈家荣 |
| | | 郦禄琦 | 李耀春 | | | 傅种孙 | 闫宝海 | | 李宪章 |
| | | | | | | 丁景堪 | | | 傅求学 |
| 1921-09-17 | 倪德基 | 郦禄琦 | 胡思齐 | 陈家荣 | 魏怀谦 | 傅求学 | 丁景堪 | 宋国模 | 萧　彬 |
| | | 葛之干 | 丁文渊 | | | 郭善潮 | 查宗滉 | | 李宪章 |
| | | | | | | 姚汝淇 | | | 彭丙卯 |
| 1922-01-03 | 杨世英 | 孙廷萤 | 雷止京 | 杨学富 | 傅种孙 | 裘友石 | 卢唐选 | 马　介 | 贾利仁 |
| | | 萧　彬 | 阮淑贞 | | | 张鸿图 | 吴宝谦 | | 曹维梁 |
| | | | | | | 周　沛 | | | 张永荣 |
| 1922-10-17 | 裘友石 | 孙廷萤 | 胡思齐 | 杨学富 | 傅种孙 | 阮淑贞 | 张鸿图 | 马　介 | 曹维梁 |
| | | 姜廷佑 | | | | 杨世英 | 丁景堪 | | 刘泗滨 |
| | | | | | | 周　沛 | 魏元雄 | | |

续表 4

| 当选日期 | 总务部 | | | | 编辑部 | | | 出版部 | |
|---|---|---|---|---|---|---|---|---|---|
| | 主任 | 文牍 | 会计 | 庶务 | 主任 | 干事 | | 主任 | 干事 |
| 1923-05-08 | 马　介 | 李永泰 | 阮淑贞 | 曹维梁 | 杨世英 | 卢兴阶 | 周　沛 | 雷清海 | 魏峥程 |
| | | 雷止京 | | | | 魏元雄 | 吴吉栅 | | 王景福 |
| | | | | | | 陈祖虞 | 孙林翰 | | |
| 1925-03-04 至 1925-12 | 陈祖虞 | 周陞恩 | 陶永暄 | 李华炎 | 张贻惠 | 冯祖荀 | 蔡毅甫 | | 罗锦章 |
| | 彭光泽（副） | 李永泰 | | | | 文范村 | 李茂林 | | 周名洗 |
| | | | | | | | | | 吴以庆 |

注：表中魏元雄（字庚人），刘泗滨（字景芳）

这期间数理学会请专家讲演主要有 3 次，第 1 次是 1920 年 11 月 3 日，请北京大学教授王士枢（仁辅）讲“近世几何学之基础及其主要元素”。第 2 次是 1921 年 3 月，与北京大学数理学会、北京高师理化学会联合，公请英国著名数理逻辑学家罗素讲：“算学的论理学[9]”第 3 次是 1925 年 11 月 23 日请武昌师大数理系主任黄际遇讲：“今后算学在教育上的地位[12]。”计划中还拟请吴稚辉、胡敦复、秦汾讲演，后因本会停止活动未遂。

本会停止活动、杂志停刊，有如下原始记载：“尤有告者，即本会经费系由师大按年供给，而师大因连年战祸横生，政府将教育经费提作军阀兵费，致经费亦非常困难不能帮助本会，故本会杂志亦无形间接受影响而停刊也。特以真相明告，希求原宥[12]！”

《数理杂志》1923 年 7 月出了第 4 卷第 2 期后，已无钱再出，而社会各方面来信订购者络绎不绝，干事会请示数理系主任张贻惠后决定：无论如何困难也要再出一期以应社会之期。于是张贻惠自任编辑部主任，数学系主任冯祖荀、原数理部主任蔡毅甫、文范村加盟和学生李茂林共 5 人组成编辑部，经费全部由教师捐助，于 1925 年 12 月出版了第 4 卷第 3 期后停刊。教师们的这一举动，原刊也有记载：“启者，本志因经费无着以致停顿两载，对于读者甚是抱歉。本期蒙本校数理系教授热心捐款始得出刊。本会感激非常，特将捐款数目刊诸卷首，略表谢意[12]。”12 位教师共捐款 105 圆，其中张贻惠捐 30 圆、文范村捐 20 圆。由此看出那个时代，教师对学生的爱护，扶持可见一斑。《数理杂志》停刊之时，正巧是数理部最后一年招生 1921 级学生即将毕业之际。由五届学生和数学“研究科”学生共同接力，在教师指导下创办、历时 8 年的《数理杂志》，总共出版 4 卷 15 期，表 5 列出这 15 期的主要数据。

**表 5　《数理杂志》4 卷 15 期数据统计表**

| 出版日期 | 卷（期） | 总篇数 | 数学（篇） | 页数 |
|---|---|---|---|---|
| 1918-04-27 | 1（1） | 24 | 19 | 115 |
| 1918-12 | 1（2） | 22 | 14 | 87 |
| 1919-04 | 1（3） | 16 | 12 | 119 |
| 1920-02 | 1（4） | 16 | 14 | 119 |
| 1920-05 | 2（1） | 14 | 11 | 77 |

续表 5

| 出版日期 | 卷（期） | 总篇数 | 数学（篇） | 页数 |
|---|---|---|---|---|
| 1920-09 | 2（2） | 8 | 8 | 89 |
| 1921-03 | 2（3－4） | 21 | 17 | 191 |
| 1921-09 | 3（1） | 8 | 6 | 86 |
| 1922-02 | 3（2） | 11 | 7 | 123 |
| 1922-04 | 3（3） | 12 | 10 | 103 |
| 1922-05 | 3（4） | 13 | 12 | 121 |
| 1922-08 | 4（1） | 9 | 9 | 110 |
| 1923-07 | 4（2） | 10 | 9 | 123 |
| 1925-12 | 4（3） | 14 | 13 | 116 |
| 合计 | 4 卷共 15 期 | 198 | 161 | 1 579 |

这是我国完全采用现代数学符号、横排，用现代数学语言研究现代数学的第 1 份数学杂志。北京高师校长、数理学会名誉会长陈宝泉为其创刊号写的弁言中说："今数理学会诸君杂志之作，其斯为自由研究之先导乎。诸君日劳劳于闻铃上课之余，然不以谱先生之言为已足，博稽详考各出其所心得者，以促社会数学之进步，虽未敢遽云创造，然其志向之广远，固有以开风气之先矣，予嘉其用意之善，故推论之，以辨志学之门径，学会诸君苟能扩而充之，或有达创造目的之一日也。"表明了学校领导对学生倡导自主学习、自由研究、鼓励创新的态度。数理部主任、名誉干事邓萃英（芝园）在发刊辞中介绍："本会爰本斯旨，为物理研究之先驱，略侧重数学。"创刊号上发表的傅种孙著：大衍（求一术），是用现代数学观点研究我国传统数学名著的先导，当时就引起社会有关人士的重视。

纵观《数理杂志》存在的 8 年（1918～1925）间出版的 15 期杂志，从数字上统计：共占用 1 579 页篇幅，刊登各类文章共 198 篇，其中属数学内容的有 161 篇，占总篇数的 81.3%。撰文作者主要是数理部各届各年级的学生，其中以数理学会干事会中职员的文章居多。

《数理杂志》刊登文章的内容，大体可分为以下几类：

第 1 类是对中学数学教材的专题研究、难点探讨、教法建议，其数量约占数学文章的一半以上。试举数例，如：杜作梁：几何学上问题解法，1（1）；方程式根之研究，1（3）。刘家镕：验算法之考究，1（1）。杨武之：约数与倍数，1（3）。徐灿云译：几何学上三大问题之归宿，1（3），1（4），2（1）连载。张哲农：代数的五次方程式之不能解，1（4）。陈廷柄：初等数学今后宜扩充之直观教材，1（4），2（1），2（2）连载。查宗泿：三角公式之几何证法，3（3）。裘友石：改良中学校数学考试的商榷，4（2）。张世勋：Tschirnhausen 变形法对于解方程之应用，4（3）。

关于中学数学教学方法也有数篇文章，对我国传统的书院式教学法有很大的革新，例如：陈廷柄的"余之中等学校数学教授谈"，1（2）一文中，对中学教学方法提出六点建议：①宜积极陶冶学生之比较、总括、发表诸心力；②教授时不可用究极的、必然的、固定的、普通的诸种之断语；③宜按生徒个性为相当之补救；④宜体察生徒特异之感觉而利用之；⑤宜令生徒组织问难会；⑥宜令生徒自由之研究。

第 2 类是对现代高等数学简介、翻译、研究的文章。例如：孟广照：近世几何之特色，1（1）。傅种孙译：数论：一、数之性质及其意义，1（4），2（1），2（2）连载。傅种孙：罗素算理哲学入门书提要，2（3，4）。傅求学译：数论，2（3，4），3（1），3（2）连载。杜作梁：局部解析函数，3（4）。傅种孙：几何学之基础，3（4），4（1）。杨世英：非欧几里得几何，4（2）。汤璪真：自然几何，4（3）等。傅种孙在这方面的文章最多，有所创造。此外，冯祖荀教授在《数理杂志》上首次发表他的专著《微分方程式》，从1920年第2卷第1期始载至1923年第4卷第2期，连载8期跨时3年，总载量85页。这是我国学者编写最早的一部微分方程著作。

第3类是数学史专题、数学家简介、数学趣谈方面的文章。例如：左礼振：高斯（Gauss）略史，1（1）。彭清杰译：圆锥曲线史，1（1）。杨荃骏：π之略史，1（1）。倪德基：数字游戏，2（3，4）。裘友石：代数记号之变迁，3（3）。韩桂丛：数学梦，4（1）。这类文章不多。

第4类是其他，包括题解、通讯、会议纪要、附录等。这些未入杂志正题的记载，从另一个侧面留下了一些鲜为人知的史料，为后人研究有关历史，提供了得力的补充证据。

杂志内容丰富多彩，而且目标明确、重点突出。即围绕高师数理部培养“传播现代数理知识的新型教育工作者”的目标，首先由教师通过课堂教学给予学生基础知识，学校适时地倡导并资助，在教师指导下，以学生为主体开展课外学术研究活动：成立数理学会、出版《数理杂志》，提倡自主学习、自由研究，学习与研究并举。充分调动青年大学生思维活跃、独立思考的积极性和创新精神，引导他们向将来从事职业的目标深钻业务，提高知识水平。五届学生接力、十年学术活动，近200篇文章跃然纸上，是北京高师数理部100多位学生快速成长的见证。20世纪前半叶，每届有学生20多位，至少18位数理专业大学生的数理系并不多。这些数字说明了北京高师数理部培养人才的成就。其中大多数是数学人才、数学教育人才。

下面列出北京高师数理部1915～1921年招入至毕业时的学生名单。

1915年入学至1919年毕业学生共28人：陈庆晖、崔明扬、杜作梁、高步瀛、谷毓琦、靳荣禄（字宗岳）、匡日休（字互生）、李世昌、林利仁、刘家镕（字熏宇）、罗发勤、孟广照、彭清杰、曲培礼、石超、时振寰、宋家琛、孙秀林、汤璪真（字孟林）、汪如川、俞鹏、杨荃骏（字明轩）、杨克纯（字武之）、张鸿图、张缉、赵廷兴、周馨（字为群）、左礼振。

1916年入学至1920年毕业学生共28人：毕荣堂、陈宏勋（字荩民）、陈廷柄、段宗犀、傅种孙（字仲嘉）、韩桂丛（字满庐）、韩清波（字问渠）、李玉囊、李榛、刘承祖、刘瑛、彭究德、乔荣景、饶铎鸣、石松年、孙世琨、王庆魁、王云骧、王增坤、吴宝谦、吴士檀、徐灿云、张汉楫、张鸿钧、张哲农、张震云、赵桂芳、郑德平。

1918年入学至1922年毕业学生共25人：常造、陈汉堃、陈世恩、戴镐东、丁文渊、董振麟、傅求学、傅维熙、葛之干、郭善朝、李耀春、李元宝、郦禄琦、林耀山、刘叙宾、倪德基、宋国模、魏怀谦、闫宝海、杨际镐、姚鼎勋、姚汝淇、查宗滉、张仅、赵曾佑。

1920年入学至1924年毕业学生共25人：曹振山、陈家荣、邓豁轩、丁景堪、杜继曾、胡思齐、贾武、姜廷佐、李恩波（字宇涵）、卢崛、彭丙卯、裘友石、孙廷萤、王殿环、郗福和、萧彬、徐竣、徐心荃、许正芳、杨世英、杨学富、张德毅、张永荣、赵金玺、周沛。

1921年入学至1925年毕业学生18人：艾锦江、曹维梁、陈守铵、贾利仁、雷止京、李又聃、刘鸿勋、刘泗滨（字景芳）、刘育恩、马介、阮淑贞、孙凤鸣、孙林翰、佟惠俊、魏元雄（字庚人）、闫镇、张汉杰、张世勋。

1921年招收数学“研究科”1923年毕业学生共5人：程廷熙、郭善朝、韩桂丛、吴宝谦、张鸿图。

以上名单参照原刊记载，见文献［2］，一律用在校原名，用括号附上笔者知道的部分别名（字），期望从读者中获得更多信息，钩沉这100多位北京高师数理部毕业生离校后对社会的贡献。据百年前的记载，数理部学生不仅在五四运动中联络他校共同开展革命斗争，在数理学会和《数理杂志》出版方面也主动联系开展校际之间的交流活动，共同促进我国数理科学的发展。

## 五、校际之间的数理学会联席会议

北京高师数理学会成立的早一个月，即1916年9月26日武昌高师数理学会成立。该会主办刊物《数理学会杂志》，比北京高师的《数理杂志》晚一个月创刊。两年后，北京大学数理学会于1918年10月27日成立，该会是在北大校长蔡元培的倡导和支持下成立的。蔡在该会成立大会上说：“数理之学，发达最早，应用亦最宏，有以数学讲音乐者，有以物理讲社会学者，故谓数学物理为诸学科之基本，诚非瞀言。现在集会研究实为必要之举，将来联合他校，以及敦请名人演讲等事，校中必竭力协助[19]。”北大数理学会成立后，北京高师数理学会倡议召开三校数理学会联席会议，加强互相联系，扩大交流范围。此举得到校长陈宝泉的支持和大力帮助。

1918年12月31日，在北京高师礼堂召开三校数理学会联席会议。武昌高师数理学会代表夏隆基、北京大学数理学会代表张桑云、吴维清出席，北京高师数理学会名誉会长、校长陈宝泉，名誉干事、数学教授冯祖荀，名誉干事、物理教授张贻惠皆出席，北京高师数理学会干事会全体干事都到会。该会会长傅种孙主持联席会。傅首先阐明召开这次会议的目的和拟提请大家商讨的问题。随后三校数理学会代表分别介绍了各自学会的沿革和现状后，便逐条讨论相关问题。经商讨结果，得出如下几条决议[6]：

1. 交换杂志：哪个学会的杂志出版后，就分送若干册给其他两个学会，所送册数可临时斟酌。

2. 交换稿件：三会会员，可彼此相互投稿。

3. 难解的问题，可互相质疑。

4. 统一名词：数学物理上的名词，我国最不一致，因而议决由北大数理学会首先规定，把规定的结果印交本会（北京高师数理学会），再转武昌高师数理学会，经我们这两个学会审定取得同意的，就于三会的杂志里面同时发表，以征求海内数理学家的同意。将来全国的数理名词，庶几可使统一。

5. 发启全国数理学会：这件事虽属重要，但一时不易着手，拟从缓进行。

北京高师数理学会在《数理杂志》上刊登的“本会这一年的大事件”中写道：这次会议“最后，名誉会长陈先生、名誉干事冯先生都相继演说。陈先生表示，对于我们这种集会非常满意，这种研究科学的精神，乃有最大的价值。冯先生极赞成我们统一名词的议案，又谓我们的杂志在灌输关于数理的新知识，翻译越多越好，不必拘于创造发明[6]。”

这次联席会后，冯祖荀回到北大数学研究所，就着手开展数学名词的拟定；北京大学数理学会主办的杂志，刊名为《北京大学数理杂志》很快（1919年1月）出版了创刊号。傅种孙将这次联席会议的情况和五项决议，及时转告给正在酝酿成立南京高师数理化研究会的有关成员。促进了该会于1919年3月正式成立。因五四运动，该会主办的《数理化杂志》延迟至1919年9月才创刊。

以上四所大学的学会各自主办的刊物名称有点雷同，加之武昌高师数理学会后来扩大为数理化学会，杂志也改名《数理化杂志》。南京高师的数理化研究会，由于1920年至1923年南京高师与东南大学并存，数理化研究会的归属学校也有变化，杂志随之改名。为避免混淆，特列表6，清楚分辨各自成立、创刊、改名、停刊等时间。

**表6 四个学会、四种杂志基本数字列表**

| 学会名称 | 成立时间 | 杂志名称 | 创、停刊时间 | 卷总期 | 发文总篇次 | 数学篇次 | 数学篇（%） |
|---|---|---|---|---|---|---|---|
| 北京大学数理学会 | 1918-10-27 | 北京大学数理杂志 | 1919-01～1921-03 | 3卷共5期 | 41 | 19 | 46.3 |
| 北京高师数理学会 | 1916-10-27 | 数理杂志 | 1918-04～1925-12 | 4卷共15期 | 198 | 161 | 81.3 |
| 武昌高师数理学会（数理化学会） | 1916-09-26 | 数理学会杂志（1918-05～1921）数理化杂志（1922～1923-05） | 1918-05～1923-05 | 共11期 | 93 | 53 | 57.0 |
| 南京高师（东南大学）数理化研究会 | 1919-03-21 | 数理化杂志（1919-09～1920）数理化（1923-01～1924-06） | 1919-09～1924-06 | 3卷共5期 | 82 | 28 | 34.1 |

表6中的北京大学数理学会、北京高师数理学会、武昌高师数理学会、南京高师数理化研究会有以下四个共同特点：

1. 时代背景：四个学会共存于中华民国建国初期，现代高等教育实施之初，五四新文化运动开展期间，向西方学习现代科学知识，在革新思想比较浓厚的社会时代背景下，分设在四所新型的国立现代高等学校之内。总跨时间十年（1916～1925），共存于五四运动后的三年（1919～1921）。四个学会都创办有自己的杂志，利用杂志平台，让会员学习研究、交流、传播现代数理化科学知识。

2. 倡议人与指导者：四个学会都是在各自学校的校长蔡元培、陈宝泉、张渲、郭秉文的倡议、支持和学校资助下，由数理部（系）的主任或教师指导成立的。当时的指导教师主要有：冯祖荀、张贻惠、秦汾、王仁辅、黄际遇、何鲁、熊庆来、胡刚复等。他们都是清末出国留学，民国初年回国的留学生。他们学贯中西，不仅具有现代科学和教育知识，而且具有强烈的振兴中华、改革教育的思想，和对学生负责的高度责任感。武昌高师数理部主任黄际遇教授反复强调：高等学校教育的目的是：使学生养成研究及创造精神。他亲自出任武昌高师数理学会会长直接指导学生。

3. 杂志格式和内容的革新：继1915年中国科学社出版的《科学》月刊之后，这四种杂志也一律采用自左至右横排、16开本，数理符号、公式等一律采用西方惯用的符号、公式，用白话文直接叙述。不再像过去的同类刊物那样或竖排，或用甲乙丙丁，天地人代替ABCD，xyz，或用文言文等。给阅读者带来很大方便，不仅在形式上有所革新，在内容上也由中小学程度上升到对高深数理科学的研究。

4. 实践者都是大学生：他们是我国实行现代高等教育改革的第一代大学生，当初学校领导和教授们倡导组织课外学术研究学会的初衷，就是通过这一组织形式，放手让大学生们去闯去干，以此培养学生自主学习、自由研究、独立思考和创新能力。学生们在课堂听讲的基础上，从学习研究、写作或翻译借鉴他人成果，到具有创见性的研究，进步很快，培养了一大批人才，日后比较知名的有：傅种孙、汤璪真、陈荩民、杨武之、靳荣禄、曾昭安、王福春、曾炯、孙光远、竺可桢、严济慈、吴有训、赵忠尧等。

回头看1918年12月31日在北京高师召开的三所学校的数理学会联席会议，虽然参会者的主体是大学生，人数不多，且研究问题具体，但却心系全国。会后带动了当时刚兴起的几所主要大学数理学界，师生共同研究数理科学的热潮。那时培养成长的一大批学生，若干年后，师生联手成了中国数理学会、中国物理学会、中国数学会成立的发起人、核心和骨干人员，推动了我国整个数理科学的发展。因此，这次会议应该算是星星火种，日后燎原，意义深远。

**参考文献**

[1] 北京师范大学校史编写组编. 北京师范大学校史（1902～1982）. 北京：北京师范大学出版社，1982.
[2] 李仲来主编. 北京师范大学数学科学学院史（1915～2009），第2版，北京：北京师范大学出版社，2009，2013.
[3] 高伟强，等. 民国著名大学校长（1912～1949）. 武汉：湖北人民出版社，2007.
[4] 附录. 数理杂志，1918，1（1）：112～115.
[5] 附录. 数理杂志，1918，1（2）：178～87.
[6] 本会这一年的大事记. 数理杂志，1920，1（4）：封3.
[7] 本会这半年的会务纪要. 数理杂志，1920，2（2）：116～119.
[8] 北京高等师范学校数理学会简章（1920. 11. 3大会修改）. 数理杂志，1920，2（3～4）：179～181.
[9] 本会一年来会务纪要. 数理杂志，1922，3（2）：1～3.
[10] 本会记事. 数理杂志，1922，3（4）：1～3.
[11] 本会记事. 数理杂志，1923，4（2）：121～123.
[12] 本期数理学会会务纪要. 数理杂志，1925，4（3）：112～116.
[13] 赵海州、赵文健. 匡互生传. 上海：上海书店出版社，2001.
[14] 王文泉、刘天路，主编. 中国近代史（1840～1949）. 北京：高等教育出版社，2001，2006.
[15] 萧超然，等. 北京大学校史（1898～1949）. 北京：北京大学出版社，1988.
[16] 魏庚人，主编：中国中学数学教育史，北京：人民教育出版社，1987：255，256，260，343，421.
[17] 本书编辑部编. 中国人名大词典. 当代人物卷. 上海：上海辞书出版社，1992.
[18] 陈以一. 陈荩民传. 见，程民德主编：中国现代数学家传（第1卷）. 南京：江苏教育出版社，1994，48～59.
[19] 数理学会成立会纪要. 北京大学数理杂志，1919，1（1）：82～83.

张友余，陕西师范大学数学与信息科学学院副研究员

# 傅种孙与我国的数学学会和数学杂志

张友余（1953 级本科生）

北京师大数学系百年历程的特点之我见是：道路曲折、传统优秀、成果辉煌。傅种孙亲历了这百年中整个的前半叶（1916～1962），是北师大数学系早期爱国敬业、尊师爱生、团结互助、承前启后的优秀传承人，是使北师大数学系一步一步地走向辉煌坚定而坚强地支撑者。他在北师大坚守我国数学教育的普及与提高，为之奋斗艰难而曲折地走完了他辉煌的人生。

伴随北师大数学系百年历程有一条辅线，就是坚持组织专业学会，创办普及与学术相结合的数学杂志。感谢蔡元培教育总长，在中华民国成立之时，坚持首先创办国立高等师范学校，并倡导在高校学生中组织学会，创办杂志。傅种孙是最早的一批受益者，他在其中学习、锻炼成长、成熟，坚定信念，同时成为学会的组织者、杂志的创办者之一。可惜好景不长，接踵而来的军阀混战，政权频繁更迭，内外战争交混，当局主张取消独立的高师，克扣经费，学校日常开支都无法保障。20 世纪 30 年代，在高师存亡的风雨飘摇动荡中，在老一辈领导和老师张贻惠、冯祖荀等的指导下，学会照常组织，杂志仍然出版，成为全国高校数学系中首创现代数学专业期刊，实属难得。学会和杂志也成为北师大数学系走向社会、服务全国的不可或缺的部分。中华人民共和国成立前夕，傅种孙和他的同伴以北师大数学系为基地，倾注满腔热情，帮助中国数学会恢复活动、筹备全国代表大会，复刊科普杂志，受到数学界人士的首肯赞扬，委以重任。

本文尝试钩沉傅种孙在北师大数学系百年的前半叶，和他的同伴程廷熙、韩桂丛等立足北师大，如何通过学会这个平台，创办杂志的窗口，自己学习成长，培养人才，面向社会，促进全国数学教育质量的提高。

在本文涉猎的这几十年中，北师大数学系最早用名是北京高师数理部，由于北京在 1928 年至 1949 年间改称北平，北师大其间又合合分分，该校曾称北平大学第一师院，北平师大，北平师院等多个名称。阅读者可能有点混乱，特事先说明。其次本文只摘录各阶段中与傅种孙等人相关史料，不是面面俱到，没有写清事件主次，就这样，文字仍然冗长，请读者见谅。

## 一、傅种孙与北京高师数理学会和《数理杂志》

北京高师数理部 1915 年秋开始招生，傅种孙 1916 年入学是数理部的第 2 届学生，两届共招进学生 61 人。在当时学校领导的倡导下，1916 年 10 月首任数理部主任刘资厚在学生中发起组织课外研究机构，定名北京高等师范学校数理学会，“以研究数学物理增进学识、联络感情为宗旨”。数理学会会员全部是学生，干事会各职务全部由会员担任。为了让更多会员在学会中有锻炼机会，干事会每届任期一般在半年不超过一年便改选，干事会中每个职位连任最多只能一届。学会号召、鼓励会员结合课堂学习开展课外研究和相互交流活动，聘请有关教师任名誉干事，其职责是：①指定研究之题目及人员；②审定研究之内容；③审阅杂志之稿件[1]84。自幼勤于思考的傅种孙，刚入大学就遇上这种学习与研究相结合的学习环境，非常满意，颇感兴趣，对学会开展的活动十分积极，入学后的第2学期便完成研究成果“循环小数之方乘及方根”，1917年3月19日在数理学会组织的讲演会上向全体会员讲演。1917年10月15日，干事会改选，傅种孙当选为北京高师数理学会第2届干事会副会长。此期间他用学习的现代数学知识，结合过去学习的中国古代数学名篇进行研究，完成《大衍（求一术）》的研究论文，发表在数理学会主办的刊物《数理杂志》1918年4月27日出版的创刊号上。这是我国最早用现代数学观点研究我国传统数学有创建性的论文之一，引起数理学界的重视。傅的出色成果，使他在1918年4月27日改选中当选为第3届干事会会长。

傅种孙在第3届干事会会长任期内（1918-04-27～1919-01-09）的最大功绩是倡议召开北京大学数理学会、武昌高师数理学会和北京高师数理学会三校联席会议，并于1918年12月31日在北京高师礼堂举行，北京高师校长陈宝泉、数学教授冯祖荀、物理教授张贻惠出席指导，傅种孙主持会议。通过了三校数理学会各自主办的杂志，互相交流，互相交换稿件，互相解疑问难，统一数理科学译名，发启全国数理学会等5项议案。“发启全国数理学会这件事虽属重要，但一时不易着手，拟从缓进行”。[2]118这件事给参加会议的教师和傅种孙提出了将来的重任。会后，傅及时将联席会议情况转告南京高师的有关同学，促成了南京高师数理化研究会的早日成立。此后，这四所高校的四个数理学会（数理化研究会），和他们各自主办的四种杂志共存了3年（1919～1921），在五四新文化运动时期，刚兴起的中国数理学界影响巨大，培养造就了一批人才。由此看来，1918年的三校数理学会联席会议意义深远。

1919年1月9日，北京高师数理学会干事会改选，傅种孙当选连任第4届干事会会长至1919年9月8日。这一届，他领导学会会员积极参加了震惊中外的五四运动。五四运动的目标基本达到后，他又遵循学校领导的指引，恢复学生们的正常学习，数理学会继续开展学术研究活动。

根据数理学会简章规定，第5届干事会，傅种孙离任会长，当选第5届干事会的编辑（1919-09-08～1920-02-17），第6届又被会员推选为副会长（1920-02-17～1920-10-03）。这两届任期跨时13个月，出版了3期《数理杂志》，即第1卷第4期、第2卷第1，2期，是该刊出版最密集时期之一。此时傅种孙已大学毕业，到北京高师附中任教。

傅种孙所在的1916级学生1920年毕业后，因为北京高师数理部1917年和1919年未招生，仅剩下1918年入学的二年级学生20余人。数理学会干事会职员面临危机，数理部领导张贻惠及时指导修改数理学会简章，放宽干事会职员只能是在校学生会员的限制，毕业生会员、教师也可当选干事会职员。调整干事会分工，设总务部、编辑部、出版部，各部设主任1人，主要加强编辑和出版的人员。根据修改后的《简章》，傅种孙连续当选第7，8两届（1920-10-03～1921-09-11）的编辑。1921年傅考取“数学研究科班”在职学习后，再次连续当选干事会第10，11两届（1922-01-03～1922-10-17～1923-05-08）的编辑部主任[3]，这期间又是《数理杂志》出版最密集时期，一年半内出刊5期，由此可见傅种孙之功。

纵观北京高师数理学会干事会，从1916年11月13日选举第1届干事会的干事，至1925年12月结束，共改选13次（届），在横跨的10年中，各届干事总共有176人次任职。傅种孙在其中先后任第2，6届副会长，第3，4届会长，第5，7，8届编辑，第10，11届编辑部主任，共占176人次中的9人次。由于《学会简章》的规定，傅有几届未在干事会中任职，但他自始至终参与数理学会的活动、为杂志的出版努力工作。这10年，他在学校领导和教师们的指导、帮助、培养下，从大学一年级新生，到学习四年后毕业，再进修，至晋升为大学讲师，通过长期与数理学会和《数理杂志》服务性的工作，培养了他认真为群众服务的观点，增强了他的组织工作能力，树立了心系全国、为祖国科学教育的进步努力奋斗的理想。这10年，是傅种孙学习、锻炼、提高成长的10年，为日后他长期热心于数学学会工作，创办数学杂志打下了良好的思想基础和能力储备。

傅种孙不仅在数理学会干事会中任职届次最多，而且在《数理杂志》上发表的文章也最多，从创刊号第1期坚持到停刊前的最后1期，其主要论文、译文等有以下13篇：[4]333

1. 大衍（求一术），数理杂志，1918，1（1）：70～77.
2. 关于数论之定理，数理杂志，1918，1（2）：8～10.
3. 循环小数之方乘及方根，数理杂志，1918，1（2）：19～30；1919，1（3）：39～46.
4. 数论：数之性质及其意义（译文），数理杂志，1920，1（4）：19～32；1920，2（1）：9～17；1920，2（2）：9～19.
5. 三角形与其共轭点，数理杂志，1920，1（4）：67～71.
6. 什么是数学，数理杂志，1920，2（1）：1～4.
7. 关于难题征解之通信，数理杂志，1920，2（1）：67～70.
8. 罗素算理哲学入门书提要，数理杂志，1921，2（3－4）：9～20.
9. 非欧几里得几何（译文），数理杂志，1921，2（3－4）：21～40；1922，3（2）：1～32（该期第2篇）.
10. 书魏怀谦君（正二十面体各二面角相等之证明）后，数理杂志，1921，2（3－4）：101～102.
11. 几何学之基础（编译），数理杂志，1922，3（4）：1～22；1922，4（1）：1～23.
12. 论轨迹，数理杂志，1922，4（1）：1～18（该期第6篇）.
13. 几何学之近世观，数理杂志，1925，4（3）：10～18.

《数理杂志》出版8年，共出4卷15期，按每期目录中凡有标题者统计，15期刊登各类文章总共198篇次，傅种孙以上13篇论文中，第3，4，9，11四篇均有连载共5篇，第7标题是两篇，这13篇文章实际刊登19篇次。另外，傅在第1卷第2期的难题征解未计入，这篇难题征解引来了他与日本学者柳原吉次等的通信前后共4篇，中日学者的通信证实《数理杂志》自创刊就传入日本，引起日本数学工作者的重视。还有傅种孙与他人合著的、用笔名“中声”发表或他任编辑时未署名的短文均未计入。综上所述，傅种孙在《数理杂志》上发表的文章数量至少占总篇次的10%以上，是《数理杂志》发表文章最多的作者。

大学生是流动群体，毕业就走人。以学生为主体自治的北京高师数理学会，能够延续10年，背后的核心指导人是数理部主任张贻惠（少涵），和一直担任数学教授，数学系成立后任首届数学系主任的冯祖荀（汉叔），他们送走了数理部一届又一届毕业生，最后唯一长期留下的只有傅种孙。傅的勤学、才智、独创精神，早引起他们俩的关注，大学学习期间，就适时给予指点、帮助。毕业后，先派他到北京高师附中教书，实践锻炼一年，第2年（1921年）便召回数理部任教。一是当时数理学会缺少得力的办刊人，二是留在大学继续培养，充分发挥傅的创造才能。傅种孙毕业后又相继担任了4届《数理杂志》的编辑或编辑部主任，为提高刊物质量，他继续勤学研究。

1920年前，海外留学归国在北京大学任教，在北京高师兼课的冯祖荀、秦汾、王仁辅，已经引进不少西方现代数学原著和数学期刊原版；比傅种孙早上大学两年、1914年考入北京大学数学门的张崧年（申府），早在图书馆发现罗素的数理逻辑等书，阅读后产生浓厚兴趣，毕业后留校教逻辑学。张的工作对傅种孙有一定的启发影响。1920年数理学会请王仁辅作了一次讲演，他擅长几何，讲题是：近世几何学之基础及其重要原素。这些给傅创造了良好的学习条件。傅种孙的学习研究呈现三大特点：一是勤学。广泛涉猎国内外的数学书刊，积极吸收教师的学术精华，知识广博。二是深钻。在广博知识基础上，精选当代世界数学名著，深入学习，钻研名著的基础理论、基本思想，归纳对比，消化为自己的观点。三是联系实际。他学习了罗素的《数理哲学》和希尔伯特的《几何基础》等几部名著后，发现我国的中学数学教育，无论在教材、教师、教法诸方面都存在许多严重问题，直接影响我国数学向现代化方向发展。亲身经历过五四运动和新文化运动的傅种孙，深感我国因科学、教育落后而积弱，处处遭受列强侵略沦为半殖民地半封建社会，几十年来饱受欺负、凌辱的中国人民已经开始觉醒，只有发展科学教育走向现代化才能自立自强，独立于世界民族之林。从此傅种孙立志从基础改革入手，即用现代数学基础理论改革中国的数学教育，从整体上提高中学数学教育水平。

傅种孙毅然放弃了完全有可能争取公费出国留学深造的机会，一心扑在钻研现代数学基础理论上，先试点性地结合改革我国的中学几何教材。通过《数理杂志》，及时发表了他的有关译著、研究论文及联系改革中学教材的试点等数篇论文。与此同时，以他为主和同事合作翻译了罗素的《数理逻辑》和希尔伯特的《几何基础》，两译本均由商务印书馆于1922年和1924年先后出版。傅种孙从一位大学生到大学讲师这10年（1916～1925），基本完成了现代几何等基础理论研究的主要部分，以后在实践中又不断补充完善，使他成为20世纪我国数学教育革新最早的倡导人和开拓者，我国著名的数学家和数学教育家。

试举傅种孙早期在实践中改革教学的几例：

①数理部1921年入学的魏庚人（原名魏元雄），曾对笔者说起他“处女作”发表的往事。傅种孙教他们班的几何，期末考试出了一道“极大极小问题”，让学生下去自由解答，10天内交卷，这可能是我国最早实行的开卷考试。阅卷中，傅种孙发现魏与刘泗滨（字景芳）的答卷最好，有创意，便让他俩将答卷综合，写成《极大极小问题十五则》，发表在《数理杂志》1923年第4卷第2期上，由此激励他俩以后发表了不少论著和文章。

②1920年代末，傅种孙仍然在北师大附中兼课，他的学生之一钱学森始终忘不了他的中学老师傅种孙，多次提到：“傅老师讲几何课，使我第1次懂得了什么是严谨科学。”[4]2 又说：“傅先生把逻辑推理讲得透彻极了，而且也很现代化。”[6]

③我国哲学和经济学家于光远说：“在北京师大附中，听北师大数学教授傅种孙讲这门课（平面几何），用的是他自己写的讲义，这门课我学得很有兴趣。”[7]

## 二、傅种孙与北平师大数学学会和《数学季刊》

1922 年 11 月，北洋政府颁布《学校系统改革案》，亦称“壬戌学制”。提出高等师范学校升格为师范大学，或与普通大学合并。

同年 12 月，南京高师并入东南大学，1928 年 5 月改称中央大学；

1923 年 9 月武昌高师升格称武昌师范大学，1924 年 11 月改名武昌大学，1928 年 10 月又改名武汉大学；

1924 年 2 月，广州高师与广东法科大学等学校合并，称广东大学，1925 年 10 月又改称中山大学；

1927 年 9 月，成都高师升格为成都师范大学，1931 年 11 月三校合并，统称四川大学；

1928 年，沈阳高师改称东北大学。

至此，民国初设立的六所国立高等师范学校，有五所已经不存在了，均归并至国立的综合大学。高等师范教育遭到削弱，直接影响中等教育水平的提高。

1922 年秋，先于“壬戌学制”的颁布，北京高等师范学校数理部升格为数学系，招收本科学生，冯祖荀任数学系主任，另设数理系，招专科学生，张贻惠任数理系主任。1923 年 7 月 1 日，北京高等师范学校升格为北京师范大学校，从此在中国教育史上出现了第 1 所招收本科学生，毕业授予学士学位的师范大学。北京高师升格北师大后的教育宗旨是：“造就师范与中等学校教师及教育行政人员，并研究专门学术。”学校具有培养中学师资及教育行政人员和研究专门学术双重任务。[9]72 这是改称师范大学提高程度的最重要标志，过去的高师办学宗旨没有研究专门学术的任务。民国初年的教育总长范源廉任北京师大校长，他提倡人格教育，要求师生以身作则，宣扬言教不如身教，强调“师道”对于社会文化继往开来的重要性；主张严格考查学生成绩等，北师大出现了新气象。然而范校长的整顿，不能使北师大摆脱经费困境，“师大一成立，便陷入艰难竭蹶的困境之中。讵料内乱日亟，国是日非，区区学校经费积欠经年，而黩武乱国之资，则日出千百万不穷。范先生痛愤之余，怫然而去”。[9]73 1924 年 9 月范源廉辞职离校。1925 年 10 月数理系主任张贻惠出任校长。1926 年底，奉系军阀首领张作霖进入北京“主政”，变本加厉地镇压北方的革命斗争，几乎无日不逮捕学生。1927 年 8 月，奉系军阀政府命令北京九所国立高等学校合并为国立京师大学校，北京师大改称京师大学师范部，任命张贻惠为师范部学长。1928 年 6 月，奉系军阀被国军战败退回关外。南京国民政府把教育上的大学区制推行到北方，将原北京的九所国立高等学校再合并称北平大学，原北京大学称北平大学北京大学院，原北京师大称北平大学第一师范学院聘张贻惠任北平大学第一师范学院院长[9]78~80。1928 年秋，张贻惠聘傅种孙任第一师范学院教授，冯祖荀聘傅种孙到北京大学院兼课。

大学区制试行之后，教育方面的情况比以前更坏，以北京师大为例：“1928 年师大‘校府如洗，挹注无从，教授无用品，办公无纸笔，任职者无薪，执义者无饷。’竟至依靠抵押校产拖欠借债度日[9]80。”北平原国立之各高等学校一致反对合并，1928 年 11 月末，北京大学首先起来要求学校独立，北京师大随后，同时要求增加经费，恢复师范公费。1929 年 2 月 20 日，北师大学生组织了一次大规模的游行。在教育界坚决反对“大学区制”的声势下，1929 年 6 月，国民党政府宣布大学区制停止试行。教育部通令恢复原来的北京大学，北平大学第一师范学院恢复为北平师范大学[9]81。经过多年复杂迂回的斗争，终于保住了中国唯一的一所独立的师范大学。

北平师大重新独立设置后，傅种孙决定联合数学系师生，重新组建学会，创办杂志。他说："国家之设高等师范，今南京、武昌、广州、成都、沈阳都先后改为普通大学，其余悉皆停办，惟吾校乃以师范大学，独负全国教育之使命焉。"又说："师范大学负促进学术、普及教育之责，苟有利于学术与教育者，虽深与难无所逃避，虽浅与易，亦无可推诿。今当痒序中兴，弦诵复起，同人等自维职责，不敢怠荒，故有复刊数学季刊之议。"[5]17傅文中说的《数学季刊》，实际是指五四时期由北京高师数理学会主办的《数理杂志》。

北平师大数学学会在它的"沿革"中说："我校旧高等师范时代，原有数理学会之设，自该会成立后，积极进行，成绩卓著，而该会刊行之数理杂志，尤响名于国内。迨后负责无人，会务停顿，更因国事纷纭，学校经费奇窘，杂志难如期出版，数理学会名存实亡。迄十六年（1927年）秋，当局禁止集会，数理学会无辜封闭。十七年（1928年）春，时局转变，会员提议恢复数理学会。"[10]112经讨论研究后，决定数学、物理各自分设。

1929年6月3日，数学系召开全系师生大会，议决：脱离原数理学会，另组数学学会，推傅种孙等5人筹备成立数学学会相关事宜，拟订《简章》等。

1929年6月18日，北平师大数学学会正式成立，通过了《简章》，其要点简述如下：[10]115

本会以增进数学智识、养成研究精神为宗旨。

本会基本会员由三部分组成：①本校数学系学生在校肄业同学；②现任校长及本系教职员；③本校数学系毕业同学及退职教职员。

本会设总务及研究两委员会。

（1）总务委员会：设总务委员长一人，由校长充任之。下分六股，即：文书股，会计股，庶务股，交际股，编辑股，出版股。

（2）研究委员会：设研究委员长一人，由本系主任充任之。下分指导和事务两股。指导股由教师会员担任，其职权有：①指定研究题目；②审定研究内容；③审阅杂志稿件。事务股办理一切关于学术研究事务。

本会注重实际研究，其研究方法有：①自由研究；②指定研究；③教授研究；④问题研究；⑤介绍研究；⑥请名人讲演。其研究结果以①讲演，②刊登杂志发表。

本会各委员由本会春秋两季开会员大会选举产生，任期半年，连选得连任。

《北平师大数学学会简章》与原《北京高师数理学会简章》比较，有如下差异：①数学学会把"养成研究精神"提升为"学会宗旨"，而且单独设立"研究委员会"是仅设的两个委员会之一，这是较原数理学会水平提高的显著标志；②本系教职员作为正式会员直接参加数学学会的工作；③取消任职最多只能连任一次的限制。

数学学会未设正、副会长，根据《简章》中两委员会的规定，北平师大时任校长张贻惠，和系主任冯祖荀显然是该会负责人。张忙于校务和物理系主任工作，冯祖荀在北师大数学系是兼职，且身体不好。他俩一直重视对傅种孙的培养和重用，数学学会工作也放手交由傅种孙具体管理。

北平师大数学学会成立后的第2天，即6月19日召开总务委员会，议决：刊发杂志，刊名定为《数学季刊》。由傅种孙写发刊词，他对《数学季刊》的刊登内容作了阐述："本刊内容，驳杂无甚限制，举凡数学一科，攻究之心得，名著之译述，课程之标准，教学之方案，译名之商榷，教本之体例，中西历史，世界潮流以及游戏杂俎调查报告，一切有关数学，可供中小学教员学生资考之稿件，莫不欲兼收而并蓄之。海内同好，愿以宏文巨制见投者，深所欢迎。其肯不吝金玉，赐予评正者，尤所切祷焉也。”[5]17

1929 年 8 月，外地一批数学家来北平开会，傅种孙通过冯祖荀请何鲁、赵进义、孙光远及冯本人，向北师大数学学会会员作学术讲演。由会员数四学生欧阳良柱和数三学生杨尔琮记录，会后将两人记录综合整理，刊登在《数学季刊》的创刊号上。

1930 年 6 月，《数学季刊》创刊号出版，首篇是傅种孙写的发刊词。接着依次刊登的讲演是，冯祖荀：最近数学之趋势；孙光远：高度空间中之一次空间；何鲁：数学方法。随后是两位教师：程廷熙、张世勋；学生王在德、刘书琴、欧阳良柱、王绍颜各一篇。创刊号在傅种孙指导下，由学生刘书琴解答了“十八年（1929 年）各大学招考新生数学试题答案”，陈常玉和刘瑢整理的“最近五年内中文论文及新书目录”；北师大附中算学丛刻社程廷熙等翻译的代数译名共 269 条。该期内容十分丰富，期末还附了 7 页本会记事，让读者了解该刊内情。编读互动。《数学季刊》是我国创办的第 1 份现代数学专业性期刊，也是 1930～1932 年间我国唯一的数学期刊。

20 世纪 90 年代初，刘书琴（1909—1994）见到魏庚人（1901—1991）保存的这套《数学季刊》，很是亲切，立即借去逐页复印，刘老对笔者说：“这份刊物第 1 卷，是在傅种孙先生指导下，具体工作由我（刘书琴）在办，我毕业后，由闵嗣鹤接办。编辑部由师生共同组成，教师主要是指导学生研究和审稿，他们也写了不少文章。”表 1 列出数学学会前 6 届职员的分工名单。

**表 1　北平师大数学学会职员分工名单**

| 被选日期 | 文书 | 交际 | 会计 | 庶务 | 出版 | 编辑 | 事务 |
|---|---|---|---|---|---|---|---|
| 1929-06 | 赵元贵<br>黄　彦 | 杨尔琮<br>刘　瑢 | 王在德<br>卢　鑫 | 陈常玉<br>申廷藩 | 刘书琴<br>杜燮昌 | 秦　汾、傅种孙<br>张世勋、白广田<br>李树棻 | 王甡琯<br>巩宪文<br>祝祖光 |
| 1929-10 | 赵元贵<br>黄　彦 | 杨尔琮<br>朱留夷 | 王在德<br>徐玉华 | 陈常玉<br>陈佩兰 | 王甡琯<br>刘　瑢 | 傅种孙、杨克纯①<br>靳荣禄、韩桂丛<br>刘书琴 | 杜燮昌<br>吴鸿迈<br>许崇德 |
| 1930-04 | 巩宪文<br>黄　彦 | 杨尔琮<br>朱留夷 | 陈常玉<br>徐玉华 | 赵元贵<br>刘　瑢 | 王甡琯<br>刘书琴 | 傅种孙、程廷熙<br>靳荣禄、张世勋<br>王在德 | 杜燮昌<br>祝祖光<br>陈佩兰 |
| 1930-10 | 杜燮昌<br>黄　彦 | 林嵩媛<br>张玉寿 | 徐玉华<br>陈应平 | 卢　鑫<br>陈佩兰 | 王绍颜<br>霍树枬 | 赵希三②、傅种孙<br>程廷熙、葛世勋<br>刘书琴 | 李树棻<br>吴鸿迈<br>王开基 |
| 1931-04 | 杜燮昌<br>黄　彦 | 林嵩媛<br>张玉寿 | 徐玉华<br>陈应平 | 卢　鑫<br>陈佩兰 | 王绍颜<br>霍树枬 | 赵希三、傅种孙<br>程廷熙、葛世勋<br>刘书琴 | 李树棻<br>吴鸿迈<br>王开基 |
| 1931-10～<br>1932-03 | 朗好昌<br>吴德辉 | 刘杏贞<br>张玉寿 | 王在德<br>董树德 | 陈荷生<br>徐玉华 | 王绍颜<br>赵　桢 | 赵希三、范会国<br>傅种孙、程廷熙<br>刘书琴 | 李树棻<br>吴鸿迈<br>王开基 |

注：①杨克纯即杨武之，②赵希三即赵进义。

从表 1 可见，教师只在编辑中任职，其余职务由学生担任，编辑仅第 1 届是教师 3 人、学生 2 人，其余各届均是教师 4 人、学生 1 人，每届均由 5 人组成。教师中，唯有傅种孙是连续各届皆任。学生中仅刘书琴连续任出版或编辑。刘书琴除办刊外，还发表了 6 篇次文章，在空页中穿插了他几道问题解答。刘书琴的译文《残数之理论及其在定积分上之应用》引导他在以后从事复变函数的研究，成为复分析在我国早期的传播者，和几何函数论研究在国内的开拓者之一。刘老说："我的学术研究是从办《数学季刊》开始的。"

刘书琴毕业后，《数学季刊》的具体工作由数一学生闵嗣鹤接任。闵嗣鹤（1913—1973）1929 年考入北平师大理科预科，1931 年升入数学系本科，勤奋好学，肯于钻研学术，对办刊也颇感兴趣，从组稿、排版、校对，乃至封面设计都格外用心由自己独创，而且努力撰稿。1932 年起，北师大经费更加困难，在北平师大这所学校本身面临是否停办的争议混乱中，闵嗣鹤在傅种孙等教师的关注下，于 1934 年 7 月出了《数学季刊》第 2 卷第 1 期。闵在办刊中也得到了提高，第 2 卷第 1 期刊登了他的两篇论文，其中一长篇《函数方程式之解法和应用》占据了 98 页，在此基础上毕业后又写出更高水平的论文。1937 年，傅种孙向时任清华大学系主任的杨武之，推荐已在北师大附中任教的闵嗣鹤调入清华大学深造，以后闵随华罗庚学习研究，成为我国解析数论领域的创始人之一。

北师大数学系教师通过办刊对学生精心培养，还可以从《数学季刊》第 2 卷第 1 期第 97 页闵嗣鹤长文后附的一段"篇末的话"得到验证。文中大意是说傅种孙给他出了一个三角上的研究题，题中包含一个函数方程式，他对该方程式发生兴趣进而研究，闵嗣鹤说："所以首先当感谢傅先生。"随后范会国阅读了两遍他未完成的初稿，范先生将给他介绍的参考书首篇，先亲自向他讲一遍，又告诉他二、三方程式的解法。闵文又说："范先生的热心令作者感谢和钦佩。"该文完成后，范会国应聘到了上海交通大学。系主任赵进义重阅全稿，又请朱兆雪先生改正该篇后部，助教欧阳良柱改正开首的一部分。闵文最后说："诸位先生的热心指教不胜铭感！"此外，教师们在《数学季刊》上发表的多篇文章，加深加宽了学生在课堂学习的知识，计有：赵进义写的《解析函数之特别值》1（2）（注：1（2）表示第 1 卷第 2 期，下同）；《超越奇点之类别》1（3）；《二次微分方程式所限定之整函数》1（4）；《国际数学教育会的工作》2（1）。范会国写的《零类零级整函数之值之一上限》1（4）；和讲演《例外配合》1（4）。王仁辅写的《曲线之焦点》1（4）等。

《数学季刊》是在北京师范大学存亡的争论中，在经费异常困难的情况下，坚持办刊 5 年，出版两卷共 5 期，培养出了优秀的学生，而且是我国现代数学专业期刊的首创，即那个时代的"唯一"，其事迹雄辩地证明师范大学存在的必要性，不仅必要，而且国家应该投入更多财力，加以扶持、完善。

## 三、傅种孙与中国数理学会

1918 年 12 月 31 日，在北京高师召开的北京大学、武昌高师、北京高师三校数理学会联席会议，会议研讨议决的第 5 项是："发启全国数理学会，这件事虽属重要，但一时不易着手，拟从缓进行。"那时我国数学、物理学界的力量还十分薄弱，在高等学校还没有单独设置的数学系、物理系。就数学学科而论，北京大学的数学门据该系百年（1913—2013 年）史料记载也是物理数学门，1918 年刚称数学门，1919 年称数学系。归国在高校服务的数学专业留学生不足 10 人，数学博士仅胡明复 1 人。

10 年以后的 1929 年，虽然高等师范遭到削弱，但综合性的高等学校却有很大的发展。仅归国的数学博士已有：胡明复、姜立夫、曾昭安、魏时珍、朱公谨、孙光远、杨武之、赵进义、范会国、陈建功等 10 人，还有一批完成硕士学位或进修回国的留学生，如：何鲁、熊庆来、段子燮、郭坚白、陈荩民、陈在新、汤璪真、黄际遇等。在高等学校设置数学系的已经有北京大学、北京师大、南开大学、燕京大学、中央大学、武汉大学、厦门大学、四川大学、中山大学、东北大学、清华大学、金陵大学、交通大学、浙江大学、辅仁大学、暨南大学、大夏大学、光华大学、安徽大学等 20 余所，数理学界已是一个比较庞大的群体。

1929 年 8 月，中华教育文化基金董事会在清华大学召开科学教育会议，全国各地有一批数理学家来北平参加这次会议。中华教育文化基金董事会（简称中基会）成立于 1924 年 9 月 18 日，是负责保管、分配和监督使用美国第 2 次退还的庚子赔款的科学文化机构。其宗旨是：使用该款于促进中国教育文化之事业。其事业的范围主要是科学研究、科学应用、科学教育和永久性的文化事业（图书馆）等方面。[11]张贻惠与冯祖荀认为“发启全国数理学会的条件已经具备。这次会议是酝酿成立的极好机会”，于是决定先宴请这一批数理学家，向他们提出成立中国数理学会的设想，于是有了下面的一则报道：

“北平第一师范学院院长张贻惠及该院数学系主任冯祖荀，于 8 月 5 日在中山公园来今雨轩宴会各地来平之数理学家，于席间提议组织中国数理学会，当经全体赞成，积极筹备。”[12]此处写的“北平第一师范”是两个月前教育部刚宣布独立的“北平师范大学”，傅种孙此时已是该校教授，是冯祖荀的得力助手，具体的筹备工作义不容辞由他去做，进展很快，该报道称：“旋于 8 月 19 日在北平中山公园来今雨轩开成立大会，全国大学教授与会者有赵进义、冯祖荀等共 27 人。”兹录其成立宣言于次：

“同人等讲学国内，邂逅北平。兴言集会，素志全同。讨论之余，深知欲促中国科学进步，非从事提倡基本科学不可。故由南北各大学数学物理学界同人发起中国数理学会，一面联络全国数理学家，一面从事于新学说之传播与探讨。兹当本会成立之始，谨述同人意见及本会进行计划，所望海内外明达，予以指导提挈，科学前途，实利赖焉。数学物理关系密切，人人皆知。……吾国科学著述缺乏，同人拟先从事编辑一部有系统之数理全书，此外则随时刊行数理现状集以供学者研究之用。待醵资稍裕时，再刊行杂志。其详俟本会组织完备后再公布。同人等散处国内，晤聚不易，除设总会于北平外，并拟于重要区域，如南京、上海、广州、辽宁、武汉、成都等处，设立分会，以资联络，便利进行，此本会进行之大略也。总之，本会系纯粹学术团体，凡我会员，皆以分别及共同研究为目的，于以促吾国科学之进步。所有已成立之纯粹学术团体，同人皆愿以诚意与之合作，绝其门户之见，并希望各研究院亦设立数学研究所，以与物理研究所相辅而行。至于改进科学教育，则同人等平日之责也，敢不勉旃，谨此宣言。发起人张贻惠等（1929 年）8 月 22 日。”[12]（该报道原载 1929 年 9 月出版的《教育杂志》第 21 卷第 9 期第 142 页）

中国数理学会刚成立，冯祖荀便邀请参加“中基会”清华会议的数学家，向两个月前成立的北平师大数学学会讲演，应邀讲演的有：中央大学何鲁教授、中山大学赵进义教授、清华大学孙光远教授，冯祖荀本人特别注明是以中国数理学会成员的身份向北师大数学学会会员作了两次讲演。何鲁在讲演的开场白中说：“前几天承冯先生约我来讲演，本有点不敢答应；因为冯先生差不多是我国当今数学界的泰斗，我来说话，岂不是班门弄斧吗？况且人总是怕考试的，当学生的怕考试，当先生的也是一样；今天我在此讲演，也如同考试一样，所以很觉得惶恐，说话如不周到处，请大家原谅!"[13]以上几位数学家的讲演，发表在《数学季刊》创刊号上，这是中国数理学会开展的第1项活动。

中国数理学会开展的第2项活动是参股筹资，支持北平师大附中算学丛刻社1929年创业。该会不仅以中国数理学会名义集体入股（代表人胡浚济），而且很多会员个人也入股。据不完全记载，个人入股的会员有：冯祖荀、王仁辅、胡浚济、赵淞、吴有训、杨武之、孙光远、顾澄、林砺儒、赵进义、傅种孙、程廷熙等。约占算学丛刻社全体股东的一半左右。算学丛刻社的发起人是中国数理学会会员傅种孙和程廷熙，他俩是北平师大的教师在北师大附中兼课，其他附中的数学教师都是北师大的优秀毕业生。鉴于民国初十余年来，我国现代数学教育发展很快。本国教材跟不上，不仅大学采用西文原版教材，中学也用西文原版。原版教材价格昂贵，到货很慢，为解决原版书既贵又慢问题，北师大附中教师商议决定集资入股成立算学丛刻社翻版影印，同时组织教师编写本国教材。《社约》第1条："本社以谋算学学科发展为宗旨。"第2条："本社资本定为国币21 000元，分105股，每股200元。"[14]程廷熙任总经理，傅种孙任总编辑。

算学丛刻社最先翻印的是《三S几何》，傅种孙在卷首写了"重刻序"，将《三S平面几何》逐章与其他同类教科书分析比较，阐述其优点，中肯地评价该书，结语说："本书敬慎周详，尚合吾国教学之用。"结尾注明"北平师大附中算学丛刻社，1929年"[16]。翻印装帧精美、质量上乘、价格低廉。影印本《三S几何》平面和立体两部附笺注及译名、硬面精装，售价仅1.4元，相当于原版价的三分之一，大大减轻了学生们的负担。接着相继影印了多部当时中学和大学流行的教科书和参考书《范氏大代数》《葛氏三角》《斯盖二氏解析几何》《奥斯古德高等微积分》等，售价都是原版价的三分之一左右，而且约有盈余。算学丛刻社用盈余之款，资助编写中文教科书，20世纪30年代，基本出全了中学数学全套中文教材，作者都是从事数学教育多年具有丰富教学实践经验的中学教师，如：程廷熙、韩桂丛、韩清波、魏庚人等。傅种孙对每部教材都亲自审订、校勘，他自己编写的《高中平面几何学教科书》很受读者欢迎，先后再版4次。该社还出版了刘亦珩编写的大学用书《初等近世几何学》。[15]以上这些工作者，多是中国数理学会的会员，也可算是中国数理学会对我国数学教育的贡献。

中国数理学会成立后的最初几年，每年召开一次年会，宣读研究论文，1932年8月召开第3次年会，在清华大学与中国物理学会成立大会联合举行。中国物理学会成立后，成立中国数学会的条件尚不成熟，1933年，冯祖荀等先在北平成立北平数学会，冯祖荀任北平数学会理事长，傅种孙任理事长秘书。孙光远在南京也组织了南京数学会。

中国数理学会最大的贡献要算1932年应邀派代表熊庆来出席在瑞士苏黎世举行的第9届国际数学家大会，李达和许国保列席。这是文化历史悠久的东方大国首次有代表出现在国际数学家大会中，受到与会者的重视和欢迎。由于中国数理学会成立比较仓促，组织比较松散，笔者至今发现的文字记载很少。据赵慈庚老师生前提供的程廷熙先生档案记载，程是该会干事，1936年8月，中国数学会主办的《数学杂志》创刊后，中国数理学会结束。

1929年以后，傅种孙立足北平师大，通过学会和办杂志工作，逐步走向社会、服务全国。1933年，他收到武汉的《中等算学月刊》主编刘正经来信问：武汉大学大一学生李森林提出一个"关于圆内接四边形之一定理"是否在哪本书上看到过？几行字的问题，傅种孙经过细思、推导，竟然用了8页纸的篇幅，推导出该定理的一般情况后，指出李森林提出的定理仅是其中的一个特例，足见傅种孙对同事负责、对后生培养爱护的精神。从

20 世纪 30 年代初开始，直到 20 世纪 40 年代，他随学校先后在北京、西安、兰州等地，和同事们一起办过多次中学师资培训班，每次他都是主讲人。此时，他已走向社会，为各地的中学数学教师服务。

## 四、傅种孙与中国数学会和《数学通报》

经过多年反复酝酿，中国数学会于 1935 年 7 月 25～27 日在上海交通大学图书馆召开正式成立大会。参加这次会议的共 33 人，北京大学、北平师大数学系出席会议的有：冯祖荀、王仁辅、胡浚济、程廷熙、刘亦珩、赵进义、傅种孙等。[17]31 交通大学数学系主任胡敦复被推选为成立大会主席。大会通过了《中国数学会章程》，选举产生了中国数学会三会职员共 41 人，确定中国数学会会址设在上海亚尔培路 533 号的中国科学社明复图书馆美权算学图书室内。

《会章》规定“本会以谋数学之进步及其普及为宗旨。”

“本会设董事会，计划发展本会事宜，由大会选举董事 9 人组织之，任期 5 年，连选得连任。”第 1 届当选的董事有：胡敦复、周达、冯祖荀、秦汾、何鲁、黄际遇、郑之蕃、王仁辅、顾澄。他们是最早在我国传播现代数学的一批元老。胡敦复当选为董事会主席。

“本会设理事会，办理及推动会务，由理事 11 人（内含常务理事 2 人）及职员 2 人（秘书、会计各 1 人）组织之。任期 2 年，理事改选一年 5 人，一年 6 人，连选得连任。理事开会时，董事得到会表决。”第 1 届当选的理事有：范会国、朱公谨、熊庆来、陈建功、苏步青、江泽涵、孙光远、曾昭安、段子燮、魏嗣銮、何衍璇。其中范会国、朱公谨为常务理事，另选张镇谦为理事会秘书，汤彦颐为理事会会计。理事会成员全部是留学归国的博士和硕士，他们是当时我国数学界的少壮派。

“本会设评议会，评议本会重要事务，由大会选举 21 人组织之。每年改选三分之一，连选得连任。评议会开会时，董事、理事及职员均得到会列席表决。”第 1 届当选的评议有：钱宝琮、胡浚济、胡坤陞、武崇林、傅种孙、曾远荣、褚一飞、徐治、刘俊贤、陆慎仪、蒋绍基、郭坚白、高扬芝、陈荩民、陈怀书、陈作钧、刘正经、束星北、郑尧拌、单粹民、汤璪真。[17]28～30

中国数学会 1936 年 8 月召开的第 2 次全国会议，职员改选时，北平师大的赵进义、刘亦珩分别当选为理事和评议，傅种孙连任评议。

1935 年 7 月 27 日，中国数学会在会址召开第 1 次“三会”联席会议，决议之一是出版会刊。其中专门学术性刊物称《中国数学会学报》（现名《数学学报》）。刊登内容规定：“非创作不登，备与各国著名杂志相交换，为吾国数学界在国际谋地位。”具有国际性。其较普通者称《数学杂志》（现名《数学通报》），“备国内研究数学者参考，以促我国数学之进步。”“杂志编辑委员会推定何鲁、顾澄、钱宝琮、傅种孙、段子燮、魏嗣銮、汤彦颐、蒋绍基、陈怀书、刘正经、张镇谦、武崇林、褚一飞为编辑委员，并请顾澄为总编辑。”[17]32

《中国数学会学报》和《数学杂志》两刊均于 1936 年 8 月 1 日在上海出版创刊号。《数学杂志》1937 年 5 月出完第 1 卷第 4 期后不久，7 月抗日战争全面爆发，总编辑顾澄投靠日伪政权，当日伪教育部次长。中国数学会罢免了顾澄总编辑职务。董事会主席胡敦复和两位常务理事朱公谨、范会国联络几位当时能联系上的数学家组成新编委会，于 1939 年 11 月，仍在上海出了《数学杂志》第 2 卷第 1 期后停刊。该刊出版两卷共 5 期，发表文章 53 篇次。没有编委傅种孙和北平师大师生的著作。1936 年 8 月中国数学会第 2 次年会的学术论文宣读会上，傅种孙宣读了他的研究论文：《104 Solutions of Malfatti's Problem（马尔法蒂问题之 104 解）》[17]53 是此次宣读的 14 篇论文之一。

1937 年初寒假期内，中国数学会在北京大学二院召开例会，出席的会员有冯祖荀、熊庆来、赵进义、傅种孙等 18 人，“由理事会提出关于中等学校数学课程教学问题。各会员都认为现在中等学校对于数学课程教学，多不重实际，且近年来因敷衍会考，教学上更多偏废，有失数学之效能，亟宜设法纠正。乃决定组织委员会负责讨论研究，注重教材选择及教学方法之研究，并介绍各国数学教学方法及情形。此种委员会由理事会推选 9 人组织之，不久即筹备成立。”1937 年 5 月 1 日“该会理事会在北平师范大学数理学院开会，出席理事赵进义、冯祖荀、熊庆来等，决定由胡浚济、刘亦珩、傅种孙、程廷熙、郑桐荪、齐汝璜、张翼军等 9 人组织‘中等学校数学教学问题讨论委员会’。”[17]55~56

两月后发生七七卢沟桥事变，日本大举进攻中国，大批高校西迁，北平师大、北平大学和北洋工学院合组迁往西安、陕西汉中一带。傅种孙一家辗转来到西北，他先后在西安临时大学、西北联合大学、西北大学任数学教授。此间，中国数学会在西北没有活动。1945 年秋，傅种孙由西北大学赴英国，先后在牛津大学、剑桥大学访问两年，1947 年 11 月回到北平，受聘任北平师院数学系主任，1949 年 3 月任北平师大教务长兼数学系主任（两校均为北京师大曾用名），此时已是中华人民共和国成立前夕。

1949 年 6 月，由中国科学社、中华自然科学社、中国科学工作者协会和东北自然科学研究会 4 个团体发起组织“中华全国自然科学工作者代表会议筹备会，7 月 13～18 日该会正式筹备会议在北平中法大学礼堂举行。”[18]1~3 趁外地数学家来北平参加这次筹备会的机会，傅种孙与有关数学家商议，邀请他们和在北平的数学工作者 7 月 10 日在北平师大数学系图书室召开座谈会。参加会议的有：苏步青、曾昭安、申又枨、段学复、刘景芳、吴文潞、傅种孙等共 20 人，主席苏步青。经座谈会讨论共议决 6 项工作：[17]159

① 中国数学会会务继续进行。

② 进行各地中国数学会会员登记。

③ 推定已解放各地区临时干事。（名单略）

④ 成立平津区干事分会，以傅种孙、申又枨、段学复、徐献瑜、吴文潞、刘景芳、吴大任、李恩波为干事。

⑤ 由平津区干事分会分函其他各区进行会员登记。

⑥ 中国数学会会址，暂由北平师范大学数学系转。

1949 年 7 月 14 日在中法大学召开中国数学会在平干事会第 1 次会议。主席苏步青，记录傅种孙。这次会议主要推选出席中华全国科学会议的代表和研究选举本会理事与各地会员登记。

苏步青回忆 1949 年 7 月会议时说：“这次会议傅种孙先生非常热心，他客气让我做主席。傅先生是冯祖荀先生的学生，非常好。这次恢复数学会的活动主要是他主持。要讲中国数学会的历史，傅种孙先生的功劳不可缺少。”[19] 傅种孙为中国数学会服务的热情很高，他和北师大的同事一起主持或参与了中国数学会恢复活动和重新成立前的全部筹备工作。

1950 年 2 月 11～12 日，在北京中法大学召开全国 12 个自然科学学会的联合年会，到会者从 599 人增至 802 人。大会秘书处将各种自然科学学会章程共同原则的意见草案分送各组，供讨论制定学会章程时参考。中国数学会京津分会共 44 人参加了这次联合年会。

数学会组在北京大学理学院召开。2月11日下午主要讨论学会章程中的各种提法问题，2月12日上午讨论研究的事项较多，共9项。第1项：首先推举吴大任、傅种孙为主席。第2项：王湘浩报告提案整理委员会的整理结果。第3项：关于总会问题。傅种孙报告中国数学会在京津解放后之情形；其余要点有：各区临时干事从速成立分会，提出分会成立之三点原则；第4项：改组京津分会问题，提出应吸收中学数学教员入会等。第5项：中学数学课程问题。第6项：大学入学考试问题。第7项：大学数学系课程问题。第8项：大学课本编译问题。第9项：选举代表出席科学院。[17]162~164

1950年2月14日，在北师大数学系办公室召开中国数学会京津临时干事座谈会，傅种孙等8位干事到会，议决共8事项，其中第8项：京津分会提出下列三项建议案：

① 建议全国专科以上学校依照精简之数学课程标准命“招生数学试题。”

② 建议教育部注意各级师资之培养以应需要。

③ 建议各大学今年暑假后一年级一律用中文课本或讲义。

以上均请北师大数学系办理，又中国数学会章程草案及北京分会章程草案，亦请北师大数学系作文字上的整理。[17]167

1950年8月17～24日，中华全国自然科学工作者代表会议在北京清华大学召开。中国数学会在北京的临时干事邀请来京参会的各地数学家，于8月21日在颐和园开会。大家称这次会议是具有代表全国性的颐和园会议。会议议决加强总会机构，总会地址暂设在北京师大，敦促未成立分会地区迅速成立分会。会上大家公推傅种孙、江泽涵、段学复、徐献瑜、吴文潞、刘景芳、吴大任、李恩波、曾昭安、张德馨、苏步青、姜立夫、何鲁、程其襄、关肇直、孙克定、杨永芳共17人为常务干事，组成临时干事会，推傅种孙为临时干事会主席。会议还讨论了数学人才的培养等问题。

中国数学会从1949年7月开始恢复活动，至1951年7月，两年间做了各种准备工作，各地分会成立或正在筹备成立已达17处，会员登记已有两千余人。1951年7月8日由临时干事会推选12个筹备委员组成“中国数学会第一次全国代表大会筹备委员会”，推定王寿仁、马良、陈杰为正副秘书长，设立秘书处。提名主席团人选，商定大会议程，聘请选举、提案、总结三个委员会召集人等。

1951年8月15日至20日，中国数学会第一次全国代表大会在北京大学举行，实到会代表63人。开幕式推举主席团后，宣布中国数学会（重新）成立。临时干事会主席傅种孙致开幕词。随后的主要议题有：通过《中国数学会会章》，该会的宗旨是“团结数学工作者，交流经验，谋数学之普及与提高，为新民主主义经济文化建设而努力。”在各种报告中，傅种孙作了关于《数学杂志》的报告，通过了多个决议案，如：数学名词审查案，大中学教材教法问题，师资问题，业务学习问题等。8月18日上午选举理事和候补理事。华罗庚、江泽涵、陈建功、曾昭安、何鲁、傅种孙、程廷熙、刘正经等21人当选为理事。韩桂丛、徐献瑜、赵进义等7人当选为候补理事。第一届理事会议推定9人为常务理事，他们是：华罗庚、江泽涵、陈建功、曾昭安、吴大任、傅种孙、关肇直、段学复、王寿仁。华罗庚为理事会主席，江泽涵、陈建功为副主席。

这次大会，对大中学数学课程设置、教材教法、师资培训等比较重视，会上作了深入细致的研究讨论，程廷熙专门报告了中学数学课程改革情况。大会之后，常务理事会决议设立3个委员会，即：研究委员会、编译委员会、教学委员会。

其中教学委员会是统一计划全国数学教育工作的机构，并负责领导与推动各分会来担任有关数学教育的工作。[17]198 该委员会提出4项工作，其中：①讨论课程改革，提高教学质量，传播教学经验；②③（略）。④与有关部门联合举行假期讲习会或业余讲习会。傅种孙带头实行。

早在1950年北京市组织过中学教员暑期学习会，傅种孙负责主持自然科学讲座——数学之部，他在学习会上作了“中学数学教材精简之报告”和“中学数学教材教法讨论总结（附循环排列问题）”长篇报告。[4]334

傅种孙除担任中国数学会第1届理事会常务理事外，同时还当选为北京分会理事会主席。[5]19 1954年，北京分会理事会组织“中等数学星期讲习会”，他致开幕词说：“敦请数学专家们定期报告。报告的对象以中学数学教员和关心中学数学的同志为主；报告的人员是高等数学专家和对中学数学有特别研究的专家；报告内容围绕着中等数学推敲讨论。”[5]19 其中几何内容由傅种孙负专责计划组织。

**傅种孙与《数学通报》。**《数学通报》是中国数学会主办的普及性刊物，1936年初创时刊名称《数学杂志》，编辑部设在上海，傅种孙是该刊13位编辑委员之一。出了两卷共5期后，因抗日战争爆发停刊。1951年11月复刊，刊名改为《中国数学杂志》，编辑部设在北师大。复刊后第1，2两期，总编辑是华罗庚和傅种孙，从第3期至1959年6月改选前，总编辑一直是傅种孙。

1950年8月召开的“颐和园会议”期间，数学家们敦促尽快恢复中国数学会原办的两种刊物，其中较普遍者，委托时任北师大教务长兼数学系主任的傅种孙负责组织临时编委会。《数学学报》已于1951年3月出了复刊后的第1卷第1期，《数学通报》迟迟未能出版，傅种孙在第1次全国代表大会报告中说：“数学杂志与数学学报不同，数学学报完全表现研究情况，而数学杂志之任务与目的则是：①报告各地数学研究的情况、困难与经验、并讨论问题；②以中学教员、大学及高中学生为对象。由于我们的目标和任务，我们的内容是兼容并包的。本杂志所存在的困难很大，首先是无专人负责，稿件审核也较为困难，经费方面科联补助了百分之六十。因此希望总会请专人助理，并希望大家回到各岗位处多多宣传本杂志之精神，多多投稿，努力推销。”[20]43

1951年10月，北师大代校长汤璪真（1898—1951）逝世，汤璪真是毛泽东的同学、同乡、好友，毛泽东派秘书田家英到北师大悼念，教务长傅种孙写信向毛泽东报告治丧情况，同时提出：“又，《中国数学杂志》创刊号出版在即，中国数学会同人欲请主席亲笔题此六字，以光篇幅。事关人民学术，想亦人民领袖所乐为也，敢以为请。”3天后，毛主席写了回信：“傅先生，汤先生追悼会当表示悼唁。遵嘱为数学杂志写了提名，不知可用否？毛泽东1951年10月23日。”[5]42 同年11月，《中国数学杂志》第1卷第1期出版。

傅种孙在发刊词中说：“我们提倡学术，不能只看到提高一方面，更应该针对广大人民，做广泛的普及运动。普及运动做得好，不仅广大人民受益，就是更多的优秀的天才，也会培养成长起来。因此，中国数学会，除刊行国际性的《中国数学学报》以外，又刊行一个以普及为目的的《中国数学杂志》。……因此，我们希望爱好数学的同志们，大家起来，对这个为建设新民主主义国家而努力的《中国数学杂志》踊跃投稿，数十万的读者在热烈地等待着你们！”[5]18 为了与全国科联所领导的同类性质的刊物名称《××通报》取得一致，1953年1月起，该刊改称为《数学通报》，刊名由时任中国科学院院长郭沫若题写。

傅种孙任总编辑时期（1951-11～1959-06），《数学通报》编委会由编辑、特约编辑、分会专推编辑三部分数十人组成，下面列出1954年编委会名单。

**数学通报编辑委员会（记＊者为常务编辑）**

总编辑　傅种孙＊

编　辑　华罗庚＊　江泽涵　曾昭安　段学复　关肇直　苏步青　姜立夫
程廷熙　陈建功　闵嗣鹤＊　赵访熊　孙树本

特约编辑　李　俨　钱宝琮　王寿仁＊　孙梅生＊　钟善基＊　周学朴　严以诚
王湘浩

各分会专推编辑　张禾瑞（北京）　刘乙阁（武汉）　杨宗盘（天津）
马文元（青岛）　柯　召（重庆）　杨善基（江西）
施祥林（南京）　王邦珍（福州）　徐利治（长春）
蔡仲武（贵阳）　何承聪（桂林）　陆润林（兰州）
宋德祥（昆明）　寿望斗（杭州）　刘亦珩（西安）

（其他各分会专推编辑，俟各分会推定后，再陆续发表）

从组织结构和编委人员名单看，该编委会具有两大特点，一是全国性。凡已成立的分会都派有“专推编辑”参与工作，1954 年已有 15 个省市参与其中；二是全面性。编辑委员会集中了我国当时数学各专业、各研究方向的一流专家，真正名副其实的学术与普及相结合。这样强大的编委会阵营，在数学界是空前的，足见傅种孙要办好这份普及刊物的决心和个人魅力。

傅种孙在主编《数学通报》期间，始终坚持“在普及的基础上提高，在提高指导下普及”的办刊宗旨，始终坚持以中等学校数学教师、大学生、中学高年级学生为服务对象，根据服务对象的特点设置内容栏目。那时，虽然受当年特殊时代影响，不得不刊登一些适应政治形势的文章，但主要内容一直坚持办刊宗旨，忠于该刊的服务对象。截至 1959 年，发表了华罗庚、陈建功、苏步青、吴文俊、江泽涵、王湘浩、关肇直、冯康、段学复、周毓麟、王元、万哲先、李俨等十余位中国科学院院士和高等学校众多教授的文章，他们用通俗易懂的语言，向广大中等学校师生介绍现代数学各分支的发展，及与中学教材的密切关系、数学史等高水平的文章；发表了许多战斗在中学数学第一线教师的文章，介绍他们对某些教材的深刻理解、教学经验、教学方法等。20 世纪 50 年代，《数学通报》在全国各地影响很大，几乎每校必订，个人订阅者众多。表 2 列出 1951 年 11 月至 1959 年 6 月《数学通报》出版的基本数据。

**表 2　《数学通报》1951 年 11 月至 1959 年 6 月出版数据统计表**

| 年份 | 年出期数 | 年载文总篇数 | 年载文总页数 | 年出版总册数 |
|---|---|---|---|---|
| 1951 | 1 | 12 | 54 | 8 000 |
| 1952 | 4 | 35 | 244 | 32 800 |
| 1953 | 10 | 104 | 492 | 194 105 |
| 1954 | 12 | 119 | 620 | 359 210 |
| 1955 | 12 | 145 | 574 | 368 080 |
| 1956 | 12 | 166 | 574 | 437 525 |
| 1957 | 12 | 181 | 600 | 503 330 |
| 1958 | 12 | 195 | 558 | 441 265 |
| 1959 | 6 | 80 | 216 | 254 340 |
| 合计 | 81 | 1 037 | 3932 | 2 598 655 |

那时《数学通报》出版的每一期都附有该期印刷总册数，由此可观察它每期的发行量。编辑部的专职负责人是周华桐。由于《数学通报》刊登的文章针对性强，质量较高，对提高中学数学教师教学水平帮助较大，广大读者希望把一些历年专题性强、质量高的文章结集出版，以便于人们学习。为此，编辑部收集了 11 个专题的文章汇编，它们是：①《线性代数、多项式》；②《几何作图、非欧几何、逻辑初步》；③《实数、极限、近似计算》；④《概率论与数理统计》；⑤《关于电子数字计算机的一些问题》；⑥《初等数学史》；⑦《趣味的数学问题》；⑧《中等数学习题解答集》；⑨《中学数学教学的一般问题》；⑩《初中数学教材和教法分析》；⑪《高中数学教材和教法分析》。这 11 本专辑统称为《数学通报丛书》，在 1959～1960 年间，陆续由科学技术出版社出版，成为当时出版界的畅销书。在这之前，应傅种孙之约请，华罗庚和段学复写过两本小册子，即华罗庚著《从杨辉三角谈起》，段学复著《对称》，也称为《数学通报丛书》，早在 1956 年 10 月由科学出版社出版。这两书的读者对象是中学生。华罗庚在《从杨辉三角谈起》"写在前面"中说："这本小册子是为中国数学会创办数学竞赛而作的。"[17]258

1956 年，中国数学会理事会发起在我国举办中学生数学竞赛，先在北京、天津、上海、武汉 4 个城市的高三学生中分别试点。举办数学竞赛的目的是为了激发青年学习数学的兴趣，从中发现一些有特殊数学才能的学生，及早注意加强对他们的教育、培养。华罗庚、傅种孙、段学复等 12 人组成数学竞赛委员会负责指导，《数学通报》是宣传数学竞赛的重要窗口，起到了激发青年学生参加数学竞赛、发现数学人才的作用。

从 1955 年开始，《数学通报》设数学问题及解答栏。问题的提供者和解答者都由读者来做，当期提出"问题若干道，下期公布答案，同时发布答对者名单。"编者、读者互动，特别激起了一批中学生的兴趣，这些解答问题的中学生，许多人以后都走上了学习研究数学的道路。冯克勤在他的一篇回忆文章"我怎样走向学习代数数论之路"中说："我们有一段时期热衷于做《数学通报》上的征解问题，看到通报的解答者名单中有我们自己的名字都兴奋不已。"[21]

《数学通报》无论是帮助数学教师提高数学业务水平、教学方法，或是启发青年学生学习数学的兴趣等方面都产生了积极的效果。这正是傅种孙所期望的。

傅种孙早年考入北京高师时，正是在我国传统教育模式向现代教育转型初期。民国首任教育总长、留德学者蔡元培，借鉴德国成功的教育经验，结合我国发展实际，力排众议，坚持优先在我国六大地区各建一所独立的国立高等师范学校，培养能够担当现代中等教育重任，德智体美全面发展的高师学生。北京高师是根据蔡元培的设想建立的第 1 所高等师范学校，配备的校长陈宝泉、数理部主任张贻惠等、教授冯祖荀等都是具备现代教育思想、留学归国的优秀教育工作者。他们指导学生课余组织学会、创办杂志。傅种孙勤奋好学、意志坚强，接受新事物快，善于在老师指导下创新，很快成为前进时代的佼佼者。1929 年，在老师张贻惠、冯祖荀的指导支持下，和他的同事一起成立北师大数学学会，创办了我国第一份现代数学专业杂志，参加中国数理学会工作，创业算学丛刻社，开始走向社会、服务全国。新中国成立前后，他又和程廷熙、韩桂丛等同事一起，立足北京师大，以此为基地，不遗余力地为中国数学会恢复活动服务，承担培训中学师资的重任，主编普及杂志《数学通报》，面向全国，基本实现了他为提高我国数学教学质量而奋斗的理想，成为实现北京师大数学系培养目标前半个世纪的杰出代表。

**参考文献**


[1] 张缉．数理学会会务纪要．数理杂志，1918，1（2）：78～87．

[2] 刘瑛．本会这一年的大事记．数理杂志，1919，1（4）：116～119．

[3] 本文中第1部分提及的所有日期数字，傅种孙任职届次、时间等，请参见本书《北京高师数理部培养数学人才的启示》一文．

[4] 李仲来，主编，傅种孙，著．傅种孙数学教育文选．北京：人民教育出版社，2005．

[5] 李仲来，主编．中国数学教育的先驱：傅种孙教授诞辰110周年纪念文集．数学通报，2007，增刊2．

[6] 胡士弘，钱学森．北京：中国青年出版社，1997：19．

[7] 上海市大同中学编．上海市大同中学（中国名校丛书）．北京：人民教育出版社，1997：39．

[8] 李仲来，主编．北京师范大学数学科学学院史（1915～2009），第2版．北京：北京师范大学出版社，2013年第2次印刷．

[9] 本书编写组编．北京师范大学校史（1902～1982）．北京：北京师范大学出版社，1982．

[10] 数学学会纪事．数学季刊，1930，1（1）：112～118．

[11] 赵慧芝：中基会和中国近现代科学．中国科技史料，1993，14（3）：68～82．

[12] 中国数理学会之成立．教育杂志，1929，21（9）：142．

[13] 何鲁．数学方法．数学季刊，1930，1（1）：11～13．

[14] 魏庚人．算学丛刻社创业史．中学数学教学参考，1989，（7）：41～46．

[15] 北平厂甸师大附中算学丛刻社民国二十四年六月（1935年6月）第22号目录．

[16] 刘培杰．前言．数学著名平面几何经典著作钩沉．哈尔滨：哈尔滨工业大学出版社，2011，前言：3～5．

[17] 任南衡、张友余．中国数学会史料．南京：江苏教育出版社，1995

[18] 张应吾，主编．中华人民共和国科学技术大事记（1949～1988）．北京：科学技术文献出版社，1989．

[19] 张奠宙，张友余，喻纬．数学老人话沧桑：苏步青教授访谈录．科学，1993，45（5）：51～54．

[20] 中国数学会第1次代表大会总结会报告．中国数学杂志，1951，1（1）：37～53．

[21] 刘培杰，主编．400个中国最佳初等数学征解老问题．哈尔滨：哈尔滨工业大学出版社，2009，序言：2．


张友余，陕西师范大学数学与信息科学学院副研究员

# 感谢数学系

## ——一个温馨而和谐的集体

王敬赓（1954 级本科生）

1997 年我退休，至今已 18 个年头了，每当回忆起往事，数学系总给我留下美好的情景。

我 1954 年秋天考入北京师范大学数学系，从苏北老家，一个水乡小镇，来到首都，学校的汽车把我们从北京站接到学校北校（城内辅仁大学旧址），报到后又把我们送到城外的新校区。当时数学楼周围的脚手架还未拆除，第一年我们在物理楼上课。时光飞快，转眼 4 年过去，1958 年我毕业留校。然而真正专心于教学是从“文化大革命”结束、改革开放后才开始的，此时，我已毕业 20 载，人到中年。赶上了好时候，经历了 20 年我人生中的黄金时期，留下了很多美好的回忆。

数学系的领导没有架子，平易近人。王树人、李英民、刘友渔、胡景浩、史志刚、刘继志、李仲来等党总支、党委领导，不论是前辈、同辈还是晚辈，和他们相处，都让你感觉温馨和舒畅。每当我遇到工作上、生活上、思想上的问题，总愿意和他们交谈，情同知己。

数学系的主任们处处为教师着想、为教师服务、关心教师。有一年系里假期函授报名，包括我报名的课在内，报名人多了，王隽骧主任说，没有函授过的人优先，使我想讲授这门课的愿望终于实现了。系里先后负责函授工作的领导王申怀和张淑梅，对我的关心和照顾，使我感激不尽。由于我对中学解析几何的教学比较感兴趣，做了一些研究，希望给高年级开一门选修课《中学平面解析几何教学研究》，陈方权教学副主任给予全力支持，在他任期内连续开设，不断改进。我和陈绍菱、傅若男两位老师合编的《高等几何》和傅若男老师合编的《空间解析几何》先后向学校出版委员会申请资助出版，分别得到王隽骧主任和刘来福主任的支持，得以通过出版。李仲来任数学与数学教育研究所主管研究生教学的副所长时，我在研究生课程班上开设《中学平面解析几何教学研究》，他建议课程名称改为《中学数学课题研究》，从课程名称上推动了这门课程的建设和发展，我至今对他表示由衷的感谢。我退休后，他又张罗、主编出版了我的《数学教育文选》更是我不敢奢望的事。有这样贴心的领导，处处为你着想，心里能不暖洋洋的吗？

1976 年夏天我患急性肠梗阻在北医三院动手术，同年级组的老师郝钢新先生、吴英辅先生、曾美美、卢景波、葛福星、谢宇等老师轮流到医院病房看护我，李有兰接替我上课，我和我的家人由衷地感谢他们。有一年我晨练时不慎从单杠上摔下受伤，在家卧床休养，王隽骧主任到我家里看望慰问。

郝钢新先生是深受我们学生爱戴的老师之一，对学生非常关心。多少年后，我们 1954 级很多学生的名字他都能说出来。我要特别感谢郝先生，20 世纪 90 年代初，《数学通报》刊登了我的一些文章，一次他跟我说，“你的文章言之有物”。简单的四个字“言之有物”

给了我莫大的鼓励和鞭策，也给了我力量，推动我继续努力往前走。

刘绍学老师一直地关心我和鼓励我，那一年他从一本刊物上看到我的《高观点下的解析几何》在全国初等数学研究年会上获论文一等奖的消息后，对我说，我们北师大数学系就应该有人来研究初等数学，当年傅种孙先生就很重视初等数学的研究，这给了我很大的鼓励，决心为发展中学数学教育多做工作。刘先生本人就很关心和重视初等数学，曾任湖南教育出版社为中学生出版的数学科普丛书《视野》主编，以及人教社高中课标教材主编，我有幸在他领导下参与《视野》丛书和课标教材的编写，受到他很多教诲和帮助。

在我的成长道路上，离不开丁尔陞老师对我的培养和指导，我的研究所得得到了他和《数学通报》编委们的肯定和支持，极大地鼓舞了我进行研究的热情和积极性，先后在该刊物上共发表文章 20 多篇。感谢《数学通报》编辑部的周华桐、苗秀珍和程艺华等编辑老师，他们给了我很多帮助。

我要感谢曹才翰老师，是他给了我第一次指导硕士研究生的机会，并给了我很多指导和鼓励。

我编写的《直观拓扑》讲义受到北大姜伯驹院士的肯定，他希望能在高师院校推广使用。我建议学校出版社出版，遇到了困难，沈复兴老师得知姜伯驹先生对该书的评价后，热情帮助向出版社领导大力推荐，使该书得以出版。2010 年，系里又安排这本书出版第 3 版。

我对解析几何教学的研究受到同教研组刘继志老师的热情肯定，一次他对我说，系里要办特级教师培训班，我看你研究的东西可以在这样的班上讲授。蒋人璧老师也多次表示对我的研究的肯定。这些对我都是很大的鼓励。

在教学中，得到了学生年级主任谢宇的大力支持和配合，那一年我尝试将射影几何的部分内容，放到空间解析几何中，第一次这样做，心中不是太有把握，谢宇主动介绍同学们学习的情况，及时反映他们的意见，她的有力支持使试验顺利进行。后来又有过几次在她任年级主任的班级教课，合作都很愉快。

数学系办公室的张士良先生，渠占福、温永寿、江国宁、郭筑生、孙喜才、王迎迎、孙旻泽等同志，多少年来，我得到了他们每个人的热情周到的照顾。“文化大革命”后期我带着读小学一年级的儿子在北师大上小学（儿子的妈去农场劳动了），有时我外出办事，中午不能按时赶回来，孩子中午在教工食堂吃饭全靠也在食堂吃饭的张士良先生照顾，帮了我的大忙，使我办事没有后顾之忧。由于退休后不常来系里，特别是住在校外者，王迎迎和孙旻泽她们除了本身的工作外，还要照顾我们这群人，有事总是一个不落地通知，他们为老师们办事服务，不辞辛苦，任劳任怨，勤勤恳恳、全心全意，她们对待退休老师就像对待亲人，使数学系办公室成了数学系退休老师们感到温暖、方便、服务周到的教师之家。先后在数学系资料室工作的吴望名、王继平、韩丽娟和赵籍丰等老师，我也曾得到他们很多的帮助。

回顾我的成长过程，离不开数学系的领导、老师和同事，对我的培养、关心、鼓励和帮助。数学系是一个温馨而和谐的集体，我怀念数学系，热爱数学系，喜欢数学系，更感谢数学系。

王敬赓，北京师范大学数学科学学院教授

# 记我在北师大学习时参加过的数学讨论班

张福基（1954 级本科生）

我在 1954 年考入北京师范大学数学系，在大学学习期间，曾经先后参加过几位老师组织的讨论班。我参加的讨论班时间比较长的，是王世强先生在 1956～1957 年期间主持的代数和数理逻辑的讨论班和 1961～1962 年期间严士健先生主持的概率论讨论班。此外，郝钢新先生和董延闿先生也分别组织过常微分方程和线性代数的读书班，这两个读书班存在时间比较短，但我也都参加了。我写出这些记忆来祝贺北京师范大学数学学科创建 100 周年。

由于严士健先生在《概率论与数理统计学科建设的历程与体会》（严士健文集：典型群・随机过程・数学教育. 北京：北京师范大学出版社，2005：361～375）文中，曾经比较详细地回忆了他所组织的讨论班的经过与活动内容，这个讨论班的很多成员也一直在北师大工作，成为北师大概率统计方向在“文化大革命”以前研究工作的中坚力量，这方面我只是谈谈严先生及这个讨论班对我的个人影响。而王先生这个讨论班的成员则多数到了西北和新疆，我自己也在新疆长期工作，我觉得我作为其中的一员有必要回忆这段历史，同时也记述一下北京师范大学这个有悠久历史的学校的在遥远边疆工作的一些学子。

1956 年对于我们的青春岁月来说，是一段阳光灿烂的时光。在那一年，我们国家提出了“向科学进军”的口号，当时有许多的中青年教师都组织起来了讨论班。王先生特别瞩目，他早就带领他教“高等代数”班级的本科生做过一些研究工作，其中最突出的是罗里波。这个讨论班上高年级同学我记得有蒋滋梅，同年级可以跟得上讨论班进度的有钱辫娟、陈绍坚、罗泽民和我。我们班的程应矩同学也独立地做了一些研究工作。王先生在 20 世纪 80 年代还向我问到他，但是他们都并没有参加过这个讨论班。王先生开始是给我们讲 van der Wearden 的《近世代数》，此外，他还给我们介绍一些现代数理逻辑的结果，包括王先生自己在《数学学报》上发表的论文《命题演算的一系公理》，我也由此了解了一个数学系统独立性、兼容性和完备性的概念。给我印象最为深刻的是他对哥德尔定理的介绍，这一介绍使我惊异于数学的神奇，仿佛觉得这种数学是属于天堂的。我记得王先生还介绍过 Post 的函数完全性定理和 Skolem 标准性定理，这些定理也使我印象深刻，尽管我以后没有研究这个方向，但这些结果让我数十年后的今天仍然不忘。王先生在全系组织的报告中谈到了哥德巴赫猜想有可能是个不可判定的问题，这些想法也许是王先生以后研究在某些环内哥德巴赫猜想成立的发端。此外，王先生还给我们介绍过多值逻辑，我们都觉得很有趣，这也许是王先生以后研究格值逻辑的发端吧。有人说许多科学家的工作都源于青年时代的某些思想，在王先生这里就可以看到一个例子。在这个讨论班上，学生们也轮流做报告，内容是 G. Birkhoff 的 Lattice Theorem，我曾经报告过其中一章。在数理逻辑方面，王先生还讲过 A. Tarski 的小册子《初等代数和几何的判定法》，这个结果让我体会到许多经典的数学结果会反复地在各种结构下出现，在这里说的是方程求实根经典的Storm定理，事实上Tarski的算法就具有那样的数学结构。王先生还写过一个Galois理论的讲义并且作为补充教材在我们“近世代数”的选修课中讲过。王先生的眼光是深刻的，事实上Galois理论这个经典结构也曾经在当代数学中就反复出现。他也给我们提到了可换群的判定问题的正面结果，许多年后罗里波在美国密西根大学的博士论文就是对这一问题算法复杂性的改进，尽管那时这个问题是他在美国的导师Y. Gurevich的指导之下进行的。总之，这个讨论班的内容深深地吸引了我们。

在王先生指导讨论班的过程中，我感觉到王先生是一个数学天分很高的人，在讨论班上，经常有一些争论，最后每一次都是王先生是对的，即便其他所有的人持有一种意见，王先生持有另外一种意见，王先生也经常是对的。在需要一个反例的时候，往往是王先生第1个举出反例。经过一段学习，我决定终生从事数理逻辑的研究，虽然我当时经济并不宽裕，还是节省钱买了好多数理逻辑的书。以后由于命运的变化，我的研究方向转向了组合与图论，这些书我就在20世纪80年代分别送给了两位研究数理逻辑的同学罗里波和卢景波。但是王先生讨论班这段训练使我在以后几十年的数学研究中，基本上没有犯过逻辑错误，尽管偶然会有计算错误。在王先生讨论班的后期，刘绍学先生当时刚从苏联取得数学副博士回国也参加了这个讨论班，并报告了他的学位论文，关于Jordan代数的一些结果。我有一次到过王先生家里，谈我在讨论班上做报告的事，我记得看到他的暖气上烤了两个馒头，可以看出王先生在生活上要求很低，王先生一直单身，过着十分朴素的生活。我由于种种原因也一直单身，20世纪80年代初我去看王先生，王先生问我为什么40多岁了还不结婚，我说我的老师还是单身，我当然有理由不结婚了。不过我到新疆大学后很快就结婚了，结婚后我告诉王先生说在坚持单身方面最后我还是没有超过老师。

王先生最早给我们计划的研究题目是一些接近群和半群系统的理论研究，也念过一些这方面的东西，其中印象比较深的是一篇Malcev的把环嵌入域中的文章，罗里波与王先生合作的第1篇文章《有限结合系与有限群》，就是沿着这些思路做的。不过我当时的兴趣完全在数理逻辑，没有往这个方向做，买的书也都是数理逻辑方面的，并且自己念过Church的《Introduction to Mathematic Logic》的第1版，以后这本书扩充成了一本比较厚的书，但扩充版我只念了一半时，便被卷入了那一次反“右派”斗争。以后在王先生的讨论班中，钱铧娟、陈绍坚、罗泽民和我都被分配到了新疆，其中在新疆工学院工作的罗泽民较早调回了内地，陈绍坚曾经担任新疆师大数学系主任，钱铧娟是中学特级教师（我调入新疆大学后，曾经邀请她到新大或新疆师大来工作，但她是那种干一行爱一行的好老师，已经不愿意离开她心爱的中学生了）。此外同班的程应矩同学被分配到兰州教中学，也是特级教师（在20世纪80年代初，我在兰州大学的一个讲习班里讲过一个多月课，在那里时时准备向兰大数学系推荐他，但是和钱铧娟一样，他不愿意离开中学）。以后他设计椭圆仪与多用曲线仪获得过国家发明专利曾经在央视新闻中报道过。当写信把这些事情告诉王先生时，王先生感到非常欣慰，并且写信鼓励了我们。

在这一时期，还有两件事给我印象深刻。当时苏联的莫斯科大学校长彼得罗夫斯基访问中国进行学术交流，中国方面做了两个报告，其中一个是老一辈数学家陈建功教授介绍由他的学生组成的团队关于单叶函数的系数估计的工作（这个工作及与此有关的Bieberbach猜想多年后才被美国数学家de Branges彻底解决）。王先生报告的内容是Birkhoff格论一书中公开问题203的肯定解答。另一件事实是北师大数学系的科学讨论会，当时报告的研究工作是王先生的上述论文及严士健和周伯埙先生合作的“关于 $K$ 进表示法的一个问题”。王先生也在论文报告中讲到了比较实数域的阿基米德性，实向量构成的有序域不具有阿基米德性，而前者是算术中辗转相除法的基础。他这样讲述得到了傅种孙先生的当场表扬，因为傅先生一直强调北师大所进行的近代数学训练和中学教学的联系。

郝锕新先生指导我们读一本 Gelfand 的书的中译本《一次代数》，我做过一次报告。这次报告不算成功，郝先生对我报告的评价是“我知道你看懂了，但是你这样讲别人听不懂”，与此成为对比的是钱铧娟的讲课几乎是完美的，她的学习成绩也在班上拔尖，用现在的语言来说，她是我们班的“学霸”。在王先生的讨论班上也表现突出，许多年后，郝先生和王先生都向我问起她，不过郝先生对我还是特别宽容的。我在学习上有两个很大的毛病，有兴趣的就拼命地去钻，没兴趣的就马马虎虎，而我知道提高数学整体素养还是许多年以后的事。而且我计算也比较马虎大意。记得有一次高等代数的考试，最后是一个计算题，大约是用辗转相除法求两个多项式的最低公因式，由于马虎我把结果算错了，郝先生是自己上习题课，他大概根据我在习题课的表现，还是给了我 5 分。郝先生的高等代数课上得很精彩，他每次上课都是面带笑容的，有一次郝先生穿了件新衣服来上课，同学们笑了，他也笑了，于是我们全班同学不约而同地笑了大概一两分钟才开始上课。郝先生给我的训练，成为我以后研究代数图论的基本功。我还记得许多老师每年和同学们共度除夕，记得大约在 1955 年的除夕，郝先生参加我们的活动，我们一定要郝先生表演一个节目，郝先生当时就比较生硬的模仿我们的一个哈萨克同学阿克木，跳了一个哈萨克舞，引起全班同学大笑，郝先生也大笑，他还说：“我知道你们的目的是让我出洋相给你们看。”那一年，傅种孙先生还从江西老家带来一麻袋橘子分给大家吃，整个数学系充满了家庭般友爱的气氛。

董延闿先生主持的常微分方程讨论班也选用了一本苏联教材，好像是只报告过一两次，我没有做过报告。记得报告的同学有过教学经验，表述很好，但是理解方面还有欠缺，我就此发过一次言，董先生肯定了我的想法。以后我还选修过董先生讲的实变与泛函的课，由于董先生数学分析的课基础部分讲地比较扎实，还给我们推荐了兰道的《分析基础》和苏联教材《微积分学教程》的中译本做参考，这对我起了两方面的作用，第一是我做了第 1 篇数学方面的习作，叫作“洛必达法则的一个简短证明”，大意是用 Stolz 定理证明和中值定理来证，这样计算比较简单，当然这只是一个大学生的练习而已，不过这多少增加了我研究数学的兴趣。董先生让我把这篇文章的稿子交到系里，我不知道放到了什么地方。第二方面，由于数学分析基础部分和实变函数学的比较扎实，当我 20 世纪 90 年代调入厦门大学后，摆脱了行政工作，有时间满足我念书的爱好，在一些老先生的建议和影响下，我和学生开始研究组合纽结理论，在学习拓扑学的过程中，用很短的时间就越过了点集拓扑的最基本部分，比较顺利的掌握了纽结理论所需要的代数拓扑知识。

下面谈谈我参加严士健先生讨论班的经过以及严先生对我成长的影响。1961 年回到北师大学习后，我听了严士健先生和王隽骧先生开的一门概率论选修课，同时参加严先生主持的讨论班。在开始我觉得有些困难，因为我没有学过一门概率论的基础课。但是有一件事增加了我学习概率论的勇气，就是当时给严先生担任辅导老师的是从莫斯科大学毕业刚回来的李占柄老师，在一次晚自习发完作业以后，他叫我和另外一位同学去说我们的作业做得不错。当时我作为“右派”在农场劳动过 3 年，在此期间是不允许学习数学的，所以要学好课程要经过比较大的努力，幸运的是那段时期，“反右”运动以及继之而来的学校教育革命运动已经结束。我们国家的领导已经意识到恢复基础学科的重要性，学校没有政治运动，政治学习大大减少，虽然生活上有些困难，但是对专心念书非常有利。这是我1956～1957年来在学校里感觉最好的时期，那时打下的概率基础以后在研究图上的随机游动时起到了作用。那段时间严先生经常周末和我们交谈数学，有时还带着他可爱的小女儿到同学宿舍来，当时他对数学研究选题的一些看法，对我产生了影响。事实上我中学时代就对物理化学很有兴趣，找一些深一些的物理化学书来看都会遇到数学上的困难，这也是我报考数学系的动机。不过以后被数理逻辑的魅力所吸引，兴趣有所改变。严先生当时正由典型群的研究转向应用比较广泛的概率统计研究，他特别提到要注意研究问题的背景以及它们的应用，也谈论了他当时注意到的一些各门科学中的数学问题。这使我回到以前的想法。尽管如此，在训练学生数学的严谨性方面，严先生一点也不放松，记得有一次讲一个问题，严先生逐个地问大家听懂了没有，大家都说懂了，严先生就指定了一位同学，叫他上来讲讲，看他是否理解清楚。在我的科学研究历程中，开始的方向是排队论，这也源于我在讨论班上的一次报告，对于所报告的排队论的简单模型，我谈过一些粗糙的想法。这些想法引起了我对排队论的兴趣，所以我就读了辛钦的《公用事业理论的数学方法》中译本和当时复旦大学的几位老师选译的一本排队论的论文集，论文集的开始两篇文章完成于苏联数学家辛钦逝世前不久，他研究了无后效随机事件流的构造，后边是一些排队论的经典文献。在排队论的输入流方面，一般研究泊松流，或者具有独立同分布到来时间间隔的输入流，仔细念完这本书以后，我觉得如果辛钦活着，他也许会考虑无后效随机事件流作为输入流的排队过程。当然，作为一个新手，我对这些想法并没有多大把握。幸运的是，严先生请当时在南开大学工作的王梓坤先生来给我们做一些马氏过程及其应用方面的介绍。报告结束后，我问王先生研究成批到来的排队过程是否有意义，王先生给予肯定回答。不过许多年后，我问过王先生这件事，王先生好像已经不记得了，但是这对我十分重要，我真正的科学研究开始于排队论，直到“文化大革命”结束，已经积累了一些研究成果，但是作为一个“摘帽右派”我当时是没有机会发表论文的。“文化大革命”结束以后，我查阅《Math. Reviews》，发现许多结果已经被国外的人做出来，但是也有少数没有做出来，如成批到来 $GI/M/\infty$ 的排队问题，成批到来成批服务 $M/G/1$ 排队系统的嵌入马氏链的周期现象等。这些结果在70～80年代分别发表在《应用数学学报》和《应用数学学报》英文版上。

以后我的研究工作转向组合数学与图论。受到严先生的影响，在选题方面我一直比较注意问题的应用背景，为了交流的方便，这些结果基本上都用英文发表于国外刊物，主要的背景是数学化学（20世纪），21世纪涉及统计物理。当然多数文章还是在数学刊物上发表。我的引用率较高的4篇论文都被SCI刊物引用50次以上，它们可以在Web of Science的核心合集上查到。我虽然比较勤于写论文却懒于写书，只是应国外同行邀请作为合作者或贡献者在Springer-Verlag有过两本书出版。不过在1986～2012年之间国外陆续出版有12本专著引用我的工作（多数以定理形式），它们当中半数是在Springer出版社或Cambridge University Press出版的。在21世纪初，国外学者建立了国际数学化学科学院，我作为一个数学工作者被选为这个科学院的院士，同时当选的中国人有唐敖庆先生、江元生先生和另一位化学工作者。

还应当提到在离开北师大到新疆工作前，严先生给我讲过吴文俊先生抗日战争时期在上海自学数学的故事，告诉我在边疆仍然可以坚持研究工作做出成绩，这给我很大的鼓励。使我在 20 世纪 60 年代繁忙的中学教学工作和频繁的政治学习中挤出时间来念书，阅读“文化大革命”前一直翻译出版的苏联数学评论，并利用探亲期间在四川图书馆抄写新的论文。即使在“文化大革命”这样的环境下，我把阅读和思考坚持了下来，哪怕被打成牛鬼蛇神，在劳动结束后体力可以支持时也是如此。尽管严先生在“反右”运动时不在北师大，和王先生处境不同，使我感到抱歉的是和董先生一样，据刘秀芳同学告诉我，严先生也因为说我学得还不错，在以后的社教运动中受到了批判。

20 世纪 80 年代以后，我先后在新疆大学与厦门大学组织过两个讨论班，目前都由我培养的博士生和他们指导的博士生们继续着，我至今仍然参加后者并与他们讨论问题，这也就是当年北师大数学系的学术传承吧！

使我十分高兴的是在 20 世纪 70 年代末以来，我们的祖国结束了政治运动频繁的岁月，终于迎来了改革开放的新时代，用功念书成为学弟和学妹们的风气，许多学弟、学妹们还有了出国自由交流的机会，北师大数学科学学院的学术水平已经大大超过了“文化大革命”以前。在回首往事的时候，我不禁想起 20 世纪 50 年代我的老师们所做的没有成功的努力以及他们未实现的愿望，不过他们播下的种子飞散到了祖国的边疆，在冰雪融化的季节开出了一些小花朵，在 20 世纪 80 年代装点了科学的春天。在这里我还衷心希望我们的国家在坚持改革开放中繁荣昌盛，不走回头路，在未来的 100 年里，我们的学院面对新的挑战，走向新的辉煌！

张福基，国际数学化学科学院院士，曾任新疆大学副校长，
厦门大学数学科学学院教授

# 贺联

陈方权[①] 马遵路[②] 曾昭著[③]

科教為本

繼往越期頤籌數形育桃李滿天
更有英睿出色

賀北師大數學系——數學科學學院
百年誕慶

二十世紀五十年代數學系學子
陳方權 馬遵路 曾昭著

必現華章雄文
開來歲無窮重教習倡研新攻壘

---

① 1955级本科生，1959级研究班；②1954级本科生；③1953级本科生。

# 党和人民帮我圆了大学梦

周美珂（1956 级本科生）

我们的数学系从 1915 年建系至今已有百年之久，她对祖国教育事业做出了巨大贡献。尤其是中华人民共和国成立，人民成了国家的主人，北京师范大学成了人民的高等学府，数学系已经成为能为祖国的社会主义建设培养优秀数学教育和数学研究人才的一块重要基地。

1956 年我高中毕业后考入北师大数学系，1960 年大学毕业后留校，从那时起，我，一个贫苦农民的儿子，变成了在著名高等学府任教的人民教师。多少人把羡慕的眼光投向我，我也觉得自己非常幸福。我曾把我和我父亲的经历进行比较，使我认识到，我之所以有如此的福气，完全是因为中国共产党领导的中国革命在我的少年时代取得了伟大的、决定性的胜利，这使我能在人生最重要的阶段沐浴到党的温暖阳光，吮吸到人民的乳汁。

在数学系百年华诞的大喜日子，我不由得回想起自己成长过程中那一件件难以忘怀的往事，我非常感谢党和老师们对我的关怀、教育和培养。

我父亲 3 岁丧父，8 岁丧母，12 岁就当泥瓦小工，并租种土地。我母亲家里也很穷，她和我父亲生了 3 个孩子，我的姐姐出生后不久便夭折了。我是 1938 年出生的，两岁多，母亲就病死了。母亲死后，我父亲把我和弟弟寄养在一个远亲家。那家的老太太很恶，经常打我们，还不让吃饱，我弟弟很快就死了。大约在我 4 岁时，我继母从山东博山逃难，流落到我们村。我父亲为了保住他的独苗，与我继母结了婚，把我领回了家。

我父亲没有进过学校，自学认得了一些常用汉字。他很喜欢数学，常借用简单例子去探索算术应用题的解法。我读初中学习代数时，他让我把算术应用题的代数解法讲给他听。他居然能在一个晚上学会了布列方程、加减消元法和代入消元法。他对数学的兴趣对我影响很大。我觉得，他是一个聪明好学的人，可惜没得到机会。

我父亲的瓦工活做得很不错，地也种得很好。但是，直到 1948 年济南解放，我们家一直是“上无一片瓦，下无一垅地”，生活非常困难。父亲认为他之所以一辈子受苦，就是因为他没上过学，没有学到技术。因此，他希望我上点学，然后学徒做“机器木匠”。他说：“机器木匠”有文化、有技术，工作条件也好。他小时候受苦太多，鸡胸、哮喘病，冬天刮西北风时的露天作业常使他感到呼吸困难。他非常担心我也得上哮喘病。

我 6 岁入小学后不久，日本鬼子把我家种的地强占了一大半。我父亲为能找到更多的瓦工活干，就把家搬到济南市区边上，在一个有 11 户人家的大杂院内租了一小间很简陋的房住，我也随着迁到附近的一所小学读书。直到 1948 年济南解放，因交不起学费，我又先后转了 3 次学。我已不记得那时要交多少学费，只记得，每个学期开学时，都是继母带我去学校报到，恳求学校领导，允许我缓交全部或部分学费，并承诺期中或期末全部交齐。实际上，往往到了期末，我还不能交齐全部学费。所以，学校领导就会把我叫去，对我说："你学费没交上，下学期甭来了！"有时还在集会上这样宣布。我的学习总是前几名，所以总有老师可怜我，托熟人帮我转学。

日本投降后，济南的老百姓都盼着日子能好过一点，但是没有几天，国民党大兵就在大街上横冲直撞，嘴里喊着"老子抗日战争 8 年……"打骂百姓、买东西不给钱，甚至打群架，砸商店……物价一天涨好几次，钱越来越像废纸。济南解放的前一年多，我们家困难到了极点。我父亲找不到瓦工活干，而种的地被国民党军强占，抓民夫修了碉堡，挖了深沟，布了雷坑……剩下的零星地块也不准进去种，谁进去，"长官"就用皮带抽你。当时穷孩子即便还在上学，也常常要找零活干，挣点钱。济南车站东有一个铁路桥洞，一些孩子手里拿着一端带个铁钩子的绳子，站在离桥洞很远的地方，看到拉东西的排子车，赶紧跑上去把铁钩子钩住车把后的铁环，一边跟着下坡的车猛跑，一边问拉车人要不要"拉套子"的。一般只有拉车人爬了一小段上坡路后觉得实在拉不上去的时候，才会答应给孩子一点钱让他帮忙把车拉上坡。孩子们挣到一点钱很不容易。这活特别危险，被车轧断腿甚至轧死的事都发生过。我也想过去干这个活，挣点钱，但我父母没有舍得让我这棵独苗去。卖花生、糖果、玩具，扫马粪，打青草卖……我都干过。当时，吃的常常是用发了霉的地瓜干磨成的粉做的饼子，喝的是用这种粉做的粥。我记得，那年家里有一百多斤麦子，我父亲拿去换了二百多斤碎的陈大米。为此，我继母与父亲大吵，我父亲说：贪吃那点面，就得挨饿！

济南解放后，没地的农民分到了土地，我父亲愿要他租种多年但已经被国民党军糟蹋得不像样子的那 3 亩[①]多地。按政府规定，这种地算开荒地，不用交公粮，政府还帮着清理了国民党布的地雷和没炸的炸弹。有了地种，家里的生活有了着落，我父亲不像从前那样提心吊胆的了。

这样，我因济南解放，得以继续读书。1950 年我小学毕业，并以第 3 名的成绩考取了当年录取率为 1/12 的山东名校——济南 3 中。3 年以后我又以第 2 名的成绩考入该校高中。我的成绩让我的父母高兴不已，村干部、乡干部和村里的乡亲们也都对我父母夸赞我"有出息"。后来，有些孩子的家长领着自己的孩子找我父母，让我帮他们补习功课。对此，我们从不拒绝，我从中也真得到了一点讲课的训练，体会到教人以知识的快乐。

济南 3 中在市区南端，我家住在北郊，读初中时我没有住校，从家到学校要走一个多钟头。我每天带着中午吃的干粮，学校里有开水，随便喝，这样比住校吃学生伙食省钱多了，晚上还能帮家里干点活。学校里知道我家庭生活困难，让我去乡政府开了证明，发给我助学金，每月 45 斤小米。我每月能带这么多小米回家，我父母高兴得不得了。初中后期，我家的地都收拾好了，我父亲还能有很多瓦工活做，生活大为好转，我不再要助学金了，父母有时还会给我一点钱，让我中午买锅饼吃，买甜沫粥喝，我父亲甚至想攒钱给我买自行车……可以看出，我的几乎绝望的家庭已经活了，虽然生活还相当困难，但人的精神状态完全变了，有了盼头，有了梦想。

我是 1953～1956 年读的高中，那正是我们国家轰轰烈烈进入大规模经济建设的年代，是英雄辈出的年代。志愿军英雄带着牺牲在朝鲜战场上的战友黄继光、邱少云……的动人故事回来了，工业、农业……各条战线走出了郝建秀、王崇伦、孟泰……一大批劳动英雄，一大批海外赤子带着祖国社会主义建设中最需要的科学、技术回来了。

---

① 旧制。15 亩＝1 公顷。

那是一个全面学习苏联的年代，一大批苏联专家带着支援我国社会主义建设中最重要的156个项目的全部技术、资料来了，他们像当年白求恩来帮助我们打日本鬼子一样来帮助我们建设了。大批苏联电影向我们展示了一个没有剥削、没有压迫、劳动人民共同劳动的幸福生活，我们相信那就是我们国家的未来。苏联小说《钢铁是怎样炼成的》和《普通一兵》中的保尔·柯察金和马特罗索夫成为我们全班同学心中的“偶像”，我们认真阅读小说，写读书笔记，交流学习心得，共同体味英雄成长的过程，并把英雄的精神落实到学习、生活的各个方面。我们班最终得到了马特罗索夫班的荣誉称号。我们在思考：人的一生应该怎样度过。

我从小喜欢数学，数学成绩也很好，特别是在高中还得到了校数学竞赛第1名。我早已想上大学，学数学，将来当个数学家。没想到，我的大学梦在高中的最后一学期，几乎做不下去了。我父亲大病，住进山东省立医院，治了一个多月，总算保住了命，但是，什么时候能下地劳动，谁也不知道。他浑身就一把骨头，尾底骨处因褥疮有像碗口样大的伤口每天还要用油抹，防止干裂疼痛……因为实在交不起住院费，乡政府给开了证明，全部免了。但是，以后怎么生活，全家都没有底。我父亲非常痛苦，无奈地对我说，希望我不要考大学，尽快找个工作挣钱养家。学校的老师、同学多次去我家，安慰我父母。我始终不知道他们做了些什么，只是知道，后来村干部明确表示，可以在农业社中给我父母安排他们力所能及的工作，挣工分维持生活。在报考工作开始前不久，我父亲对我说：如果上大学不需要家里拿钱，就报名去考，考上就去上，家里不用管，他们两人靠工分能生活。

我原来想考北大数学系，当时国家正大力发展教育事业，中学师资很缺乏，就动员当年的高中毕业生报考师范专业，我觉得我是马特罗索夫班的团支部书记，应当带头响应祖国的号召，也觉得读师范吃饭不要钱，经济问题会更容易解决些，我最后决定就考北京师范大学数学系。这样在党和政府、老师和同学的帮助下，我终于闯过了上大学的最后一关，考入北京师范大学数学系。

1956年8月下旬，我手持国家发的火车票，来北京上大学，可以说，从报到之日起，我就永远地成了“北师大人”。

来北师大读书，我每个月领4元助学金，冬天还申请了一件棉袄。吃饭不花钱，星期天要出去玩，还可以向大师傅领些干粮中午吃。当时课本有两类：一类是书，如辛钦的《数学分析》，是以班为单位从图书馆借来分给同学用的，期末再还回去；另一类，如高等代数，解析几何……是油印的讲义，我都是免费领取的。4元钱助学金用来买牙膏、肥皂、练习本等东西，用不完，我还买过维诺格拉道夫写的《数论基础》。我觉得吃、穿、用，一切的一切都很好，学习也很顺利。

但是，期末考试前，有一天，我正在学溜冰，接到了家里的信，说我父亲病危。没有考试我就赶回了济南。父亲被送进山东省立医院，几天后他才苏醒过来。让我非常难过的是，父亲见我比在家时脸色好，也胖了些，说：“你在北京上学挺好，等我好点，你就回去吧！”第2学期开学后我回到学校，补上了第1学期的考试。我给领导谈了家里的情况，表示想退学找工作。后来，团总支的同志劝我不要退学，帮我在二炮军队医院找了个教夜校的工作，每周我去教3个晚上的初中代数，每个月收入24块钱。对于我，这是很大的一笔收入，我往家寄20元，留下4元，不再领助学金。我父母非常高兴，我也没有顾虑地继续读大学了。就这样一直到又一个冬天，我父亲再次住院、病故。在我教夜校时，还有老师去听我上课，课后帮我分析教材处理、板书布局，甚至怎么看表掌握时间……党团组织、老师对我的这些帮助，我同班同学都未必知道，但深深地印刻在我的心里，永远不会淡忘。很奇怪，有一天，我在电视上看到一个主持人领着一个可怜的穷孩子站在台上，一个劲地教不知所措的孩子向捐款人说感谢话，我心里一阵难过，其滋味难以用语言形容。我感到自己实在是太幸运了。

高等学校从1952年到1966年经历了大规模的整顿、改造、改革、发展，为的是使教育能更好地为无产阶级政治服务，与生产劳动相结合，培养出真正的有社会主义觉悟、有文化的劳动者。我读大学的那4年正是苏联的赫鲁晓夫叛变，国际共产主义运动受挫，社会主义阵营发生动乱、遭遇危机的年代。那是毛泽东主席带领中国共产党高举社会主义大旗，抵挡逆流，在中国坚持社会主义革命和建设的年代，那是一段相当复杂和曲折的历史，有许多宝贵的经验，也有许多沉痛的教训，还有许多事情可能至今还没有弄清是非。

由于我的家庭出身和经历，对共产党、解放军有着天然的亲近和感激之情，在我读大学的那段时间，我才逐渐学懂了一些马克思主义的基本理论，认识到社会发展的必然是劳动者自己掌握自己命运的社会主义、共产主义社会，劳动者的彻底解放只能依靠共产党的领导，我加入了中国共产党，决心终身在党的领导下为劳动人民的彻底解放的事业奋斗，成为党和人民需要的又红又专的知识分子。

社会主义觉悟中的一个核心问题是为什么人、做什么人的问题，也就是人生目的和追求的问题。我在中学学习英雄模范的活动中受到了一些教育，但是，直到在大学的学习中才真正体会到为人民服务怎样才算全心全意，那就是必须心甘情愿而不是搞“公私合营”，在这方面，咱们数学系就有许多老师成为我终身的榜样：严士健先生是华罗庚先生的学生，在数论方面已经做出成绩，只是当时普遍认为概率论在生产、国防等方面有更迫切的需要，他就改行研究概率论，并且为数学系的概率论专业的开拓、发展做出重要贡献。孙永生先生力求把他从事的逼近论的研究与国防科学上非常重要的控制理论和计算精度估计的问题联系起来。王世强先生是数理逻辑专家，他一头扎进造台式计算机的工作……这些老师学问深，对业务刻苦认真，精益求精，对国家教育事业的发展责任心特别强，任劳任怨，对年轻同志非常关心。数学系许多老师都很关心我，他们的学术思想、教学艺术、品德风格，对我影响很深。有些老师在“文化大革命”中用各种方法保护了我，他们分担了我心中的痛苦，我得到了宝贵的同志情谊。所有这些都在做什么人的问题上给了我很大的启发。

我们那个年代的学生，因为参加政治运动很多，业务基础很差。工作以后，系里给我提供了很多进修学习的机会，我也拼力弥补自己的“先天不足”。的确，我不是不知道，“先天不足”常常是难以完全弥补的。然而，我坚信，我在大学学习期间选定的人生目标没有错，对于我，它仍然像藏在我心里的一团烈火，催促我，加紧努力，把失去的时间找回来，做一个有社会主义觉悟、有文化的劳动者，做一个真正的党员知识分子，坚守岗位，多做贡献。

周美珂，北京师范大学数学科学学院教授

# 我记忆中北师大数学系的二三事

李金初（1957 级本科生）

时间过去了 50 多年，我从毕业离校时的风华正茂，到今日早已年逾古稀，往事已有许多遗忘，但在数学系的许多经历，还是留下了深刻的记忆，今逢数学系建系百年庆典，特将些许记忆写成文字，以作纪念。

## 一、走进北师大数学系：令人难忘的老师们

1957 年 9 月 8 日，我作为数学系新生从湖南张家界来到北京师范大学求学，但校门口是那样的冷清，传达室师傅告诉我，迎新工作已经结束了，新生可直接到系里报到。师傅得知我是数学系的新生，抬头间，只听大声喊道："赵老师，你们系来新同学了。"只见一位 40 多岁的中年男老师，中等身材，身体略显消瘦，在那有着稍多额头纹的脸上，分明闪烁着智者的神采。他穿一身酱色绸缎长袍，正从校门走过，听到喊声，走过来，看我一眼，微微一笑，轻声说道："跟我来吧！"我一刹那有了到家的感觉。

来到数学系楼门口，赵老师依然轻声说："就是这里。"我谢过老师，走进那宫殿式的数学大楼。

后来，我才知道，这位额头上布满皱纹，一副智慧老成样子的老师，就是赵慈庚教授，在数学界是一位影响很大的专家。20 世纪 50 年代开始协助华罗庚教授一起主持数学竞赛，20 世纪 70 年代全国影响巨大的数学竞赛就是他主持的。大学二年级，赵老师教授我们《数学分析》，并从此与我们结下了不解的情缘。他讲课的思路十分清晰，每一处、每一个章节点的分析都十分到位，语言精练，毫无废话，也没有大的波涛，犹如一湖清水，让我们感到十分舒服，引人入胜，易于理解。

30 年后，我担任了北京十一学校的校长，又是那样的有缘，我居然与赵老师的女婿、女儿成了朋友，他的外孙女还成了我的学生。就因几十年的师生情缘，赵先生还在近 80 高龄时，应我之邀，为北京十一学校的数学老师作了一场精彩的数学教学报告。

还有许多难忘的老师：张禾瑞教授，系主任，（留学）德国博士，著名代数学家，渊博的学问，令人十分敬仰。著名数学家范会国教授，是著名数学家吴文俊教授的老师，既精数学，又通力学，中国第 1 本《理论力学》便是他的著作。蒋硕民教授，微分方程专家，据说年轻时与华罗庚齐名，几乎赢得了所有学生的崇拜。赵慈庚、郝钢新、朱鼎勋、陈绍菱等几位教授的讲课也给我们留下了深刻的印象。还有那些才华横溢、朝气蓬勃的青年数学家：王世强、严士健、刘绍学、孙永生、丁尔陞、赵桢……一代名师，终生难遇，怎么不令人留恋啊！

## 二、激情燃烧的岁月：过犹不及，辩证法不能违反

1958年，全国都在“大跃进”之中。

总路线、“大跃进”、人民公社，“三面红旗”席卷神州大地。

政治领袖似乎具有无限的魔力，很短时间就使全国处在“敢想、敢说、敢干”的热潮之中，天天都在传出令人震惊的“跃进”消息：

在工厂，技术革命令人振奋，“钢铁元帅升帐”，年产量要在1958年翻一番，达到1 070万吨，“超英赶美”，15年要超过老英国。

在农村，公社化使“万亩粮田连成片”，食堂化使农民享受“共产主义的供给”，粮食亩产过“黄河”“跨长江”，实现亩产超万斤，到处都在跑步进入共产主义……

整个国家沸腾了，整个社会沸腾了，人人进入了一种激情燃烧的状态。

学校再也不能关门读书了，教育革命开始席卷校园。

针对传统教育脱离实际的情况，教育界响亮地提出：走出课堂，到实践领域中学习，劳动人民要知识化，知识分子要劳动化。于是大批的知识分子、大学生走出学校到农村、工厂、部队去。

我们很快融入了火热的社会生活。

我们走出校门，去参观河北省徐水人民公社。火热的劳动场面，集体化的食堂生活，供给制的生活保障，还有那丰收的棉花、粮食，真让人信服：不同以往。我来自农村，这种景象也从来不曾见过。

学校请来时任新华社社长吴冷西作形势报告，他告诉我们：新乡七里营人民公社提出1962年进入共产主义。啊！太让人震撼了。我们也得跑步！怎么行动？行动就是融入跃进的行列。

首先是和全国人民一道，为“超英赶美”增添力量：投入大炼钢铁的热潮。

也不知从哪儿学来的“招式”，北师大的校园里一下搞起了许多“冶炼”钢铁的“小炉群”。那是在地下挖出一个炉窑，很小，连通一个人工鼓风箱，就可以炼钢。操作时，有两个关键岗位：一个是风箱，由两人用力快速推拉，往炉膛内充分送风供氧，保证燃烧高温，要1000多摄氏度；一个是炉前“炒钢手”，用一根钢钎不停地“炒钢”，让炉膛内的冶炼物均匀受热。这是两件很累的活。我来自农村，不怕吃苦；我还是劳动委员和生活班长，所以，我不仅带头劳动，还不断去学校的食堂和师傅拉关系、走后门，要一些食物当夜餐，不然，午夜实在难熬。不知把风箱拉了多少千遍，也不知“炒钢手”倒换了多少回，我们终于炼出了一炉“成功的钢”。我们欣喜若狂，赶紧敲着锣鼓，组织向党委“报喜”。

全民都炼钢，哪来的生铁？农村家家户户吃食堂了，可以把农民家的锅砸掉当废铁；学校怎么办？听说是砸了许多暖气片。可冬天怎么办？大概明白太乱来了吧，学校很快停止了钢铁的这种炼法。其实，炼出来的真是钢吗？天才知道。在“大跃进”年代，我们的许多热情都被滥用了。教育与实践、与生产劳动的确需要结合，但不应该这样结合。这样的结合让教育走向了异化。

有一段时期，数学系的学生去北京东郊的华北无线电器材厂劳动。这是国有大型企业，技术含量高，是第1个五年计划时重点建设的项目之一。在工厂的劳动中，我接受了给工人们讲数学课的任务。课堂就在工厂锅炉房的旁边。我认真地备了课，晚间便走上了

这一特殊的课堂。在一间不大的“教室”里，有20多个工人学生，一节代数课便开始了。但锅炉房的响声太大，我只好提高了嗓门。我本来普通话就不好，一大声讲课，更是原形毕露，彻底地湘西口音了。肯定是工人学员提了意见，第二天就罢了我的讲课资格，被一位来自天津的王家训同学替代了，他几乎有很地道的普通话。我很珍惜这次机会，但是由于自己的口音而不得不离开，这件事情对我的刺激很大，从此我发誓要好好练习普通话。

在数学联系实际的过程中，我们又参与了黄河刘家峡水库设计的数据计算。总归是人多，在解放军测绘学院，用手摇计算机彻夜工作，困了，就用凉水浇头洗脸。我们只是被当作会摇计算机的劳动力，真正参与的科研成分并不多。但是，能亲身参与社会主义建设，却很是自豪。

我们还在数学楼后的空地上，种植小麦。

据报道，某地发现一棵小麦长得特别好，研究其根系，有一米多长，可见深翻土地是重要的，于是我们深翻土地，也将近有1米深；“庄稼一枝花，全靠肥当家”“每亩万斤肥”，我们就充足施肥。

肥从哪里来？我们把教学楼后的两个化粪池掏得干干净净，有时手上、身上都沾满了粪水，但我们不怕脏。我们看到菜场有许多被遗弃的废菜叶，特别是大白菜储存季节，更是收集废弃菜叶的好时间。菜场的过冬储存菜都是半夜运进，我们就半夜去收集，一车一车地运回。初冬的夜晚寒气袭人，但我们的那颗心却是火一样的热。

在1958年那个特殊的时代，马车可是农村、甚至是城郊当家的运输工具。在北师大周边的马路上，过路的马车来来往往，实在不少。特别是北京老城墙外是一条铁路线，旁边的便道更是马车过往频繁，西直门马车店离我们不远。这可是一个用不尽的肥源。我们男女学生都放下了大学生的架子，常常是每两人一组，抬着一个筐，拿着一把铁锹，就出校沿路捡马粪去了。那是很有考验意义的实践课。脏，已不算什么。而人们投来的异样的眼光，却让我们这些天之骄子们感觉不舒服。当然，时间长了，也就习惯了。当我们真正感受到劳动的光荣时，我们也就大方地挺起腰杆，走在捡粪的道路上了。

这是一个改变人的年代，重点要培养一种热爱劳动的态度、感情；但却实实在在失去了许多学习科学知识的宝贵时间，过分地劳动，教育与生产劳动的不恰当结合，使1958年的教育改革走到了错误的一面，以至到20世纪60年代时，不得不进行了一定程度的纠偏，学生才陆续回到了课堂。

正反两方面的经验感受，不仅丰富了我的人生，而且使我开始懂得了辩证法：过犹不及。

## 三、教育改革：数学系是一支先锋队

1958年暑假，数学系要编写一套中小学数学教材，我和另外两名同学（记得是陈恒瑾与邓旅成）接受的任务是编写《算术》课本。我1951年读初一时，初中学一年《算术》，到1958年，已经压缩到一学期。这一次，只给了4周的课时。我们都是大学一年级学生，如果不是接受了许多“敢想”“敢干”的教育，我们接不下这个任务。篇幅压缩，就必须精选；结合实际，就必须大量选用新的实例。实例主要来自两大方面：一是“大跃进”中的大量“创新纪录”；二是抗美援朝中的获胜战果。不到一个月，我们就完成了编写。

听说，这本教材很受好评。1958年，志愿军回国后，部队的文化学习，用的就是这本教材。

1957年，苏联成功发射人造卫星，震动世界，美国和西方世界展开了教育改革。在此影响下，1960 年，中宣部要搞一所九年一贯制实验学校（就是后来的景山学校），进行教育改革实验。数学系接受了为景山学校编写九年一贯制数学教材的任务，但首先要制定大纲。这一切计划，都在 1960 年春节前加紧进行着。

1960 年春节，是在那个“革命”的年代难得的休息日。

那天，我和同班的卢景波、刘甸瑞、葛玮珉等数位男女同学相约，去新北京火车站参观。北京火车站是为了庆祝新中国成立 10 周年而兴建的北京十大建筑之一。从北师大到北京新火车站，往返近 16 千米，我们选择步行。一路上，我们说说笑笑，到达目的地时，也并不觉得疲劳，看到英姿勃发的新站，看着两个高耸的钟楼，走在宽阔的站前广场上，心情是那样地兴奋和自豪：这是新中国前进的坐标。进入车站，那滚动电梯，那薄壳形的屋顶，都显现出现代水准：中国正在现代化。

步行回校时，天色已晚，略感疲劳，但我们的心中却充满了喜悦：我们强烈感受到了共和国的进步。

这一天，成了我们在假期的唯一休息日。第 2 天，正月初二，我们就受命投入大纲的编制。

我们已是大学三年级，算是高年级学生了。我们数学系的许多学生被抽调承担了这项光荣的任务，大家都全身心地投入到这次教育改革中来。我们日夜聚集在数学楼的教室里，听形势，论意义，查资料，找根据，寻求旧教材弊端和不足，补充现代内容，强调联系实践，形成基本的改革观点和编写思路。同时，熟悉中学数学的教学纲要、课程结构等，有些弄不明白的问题，大家一起讨论。那时的工作热情之高，现在的人们难以想象。有一次，晚饭后 6 点大家就坐下了，然后就是看书，讨论，写东西，兴致始终高昂，突然领导提醒：该休息了！一问时间，才知道，已经是深夜两点了。

在大纲编写差不多的时候，我和陈文虎同学又接到了一个更加重要的任务：撰写九年一贯制《数学》课程大纲的前言。尽管字数不多，但是，它要求对整个课程改革的思想要有很深的领悟，要体现出新的思想和观点，尤其是要把这次数学教育改革的一个重要理念：把变量和函数引入数学的观点表现出来。

经过艰苦的工作，“前言”终于完成了！

1960 年的 2 月 20 日，在上海举行的中国数学会年会上，《大纲》连同主要由我执笔撰写的前言经专家审查顺利通过。这是我参与课程改革的又一次开始。

1960 年春季开学后，数学系进行专业设置调整，我被分配到运筹学专业。于是，当年的 4 月到 5 月间，我和陈文虎（任组长）、邓旅成 3 人随北京邮电学院工程物理系的毕业生到天津，搞河北省的邮电网规划设计，这是他们的毕业设计，我们主要参与其中的一些数学问题的解决和研究，住天津市中山路邮电局。前后两个月的时间，除了在天津的集中学习、领授任务外，还去张家口邮电局、张北县（隶属张家口市）邮电局作点上查阅资料。由于不懂专业、数学功底又浅薄，没拿出什么结果。

1960 年 6 月，我又被调到力学专业，并且受命和另外两名同学李志恒、曾莲芬一起为数学系本科生编写《弹性力学》教材。这本是针对力学要求很高的工科院校，如清华大学、北京航空学院等高校开设的课程，数学系从来不开。我们没学过，怎么编教材？显然，这是一个全新的挑战！

我借此学习了大量的工程力学方面的书籍，从《材料力学》《结构力学》《建筑力学》到《弹性力学》《塑性力学》《薄壳理论》等数十本书，这种为应用而自主进行的学习，大大扩展了我的知识基础。我们编写了一些讲义，看来至多有讲座水平；但在我领导一个科研小组与北京建筑工程学校（现北京建筑工程大学）合作进行项目研究时，却对各种建筑力学产生了兴趣，于是，又增加了对建筑知识的了解。谁也想不到年轻时播下的这些知识的种子，会在经历漫长的岁月后萌发：在我几十年后任职北京十一学校校长期间，组织完成学校大规模建设时，当年自主学习的这些知识全都派上了用场！连设计院、施工方都感惊异：为什么我对建筑也这么懂行？

实践是最好的课堂，我在这个大课堂里锤炼了思维，开阔了视野，锻炼了能力，了解了社会，这为我日后走向社会奠定了很好的基础。

现在回想起来，这不就是一种独特的研究性学习，不就是一种综合实践活动课吗？

## 四、一次特殊的考试：启发了几十年后北京十一学校的课程改革

1961年5月，我因病休学，1963年6月复学，再回到学校时，已经是我进入大学的第7个年头。跟我同一届的同学已经毕业，我只好插在后两届毕业的学生里面，继续大学五年级的学习。“复变函数论”是一门重要的必修课程，学习时间一年，每周4课时。当年我没有学习，而这一届的学生已经修完。系秘书余俊建议我随四年级就读，这样我就要在大学再学习两年，我的大学就会成为8年！

我不能接受。我提出参加这门课程的测试，如果测试合格，我就可以免修获得学分。系里批准了我的申请。时间只有两个星期，我一头扎到图书馆，捧着两本俄文原著《复变函数论引论》和《解析函数论简明教程》开始学习……

两个星期过后，在王家銮老师的宿舍，我经过两个小时的激战，答完了两张试卷。答题的过程很顺利，只是在最后一道题目上略花了些功夫。我答卷时，王老师就在一旁洗衣服，两个小时过去了，他的衣服也洗完了。

接着他当面判卷。一路对勾，只是在一道题目的最后用一个导数公式时，把 $n!$ 与 $(n-1)!$ 笔误写错了，扣掉一分。最后一题，王老师看完后，笑容溢满了双眼。他看了我一眼，在试卷上打了一个大大的对号。

我新去的班是当年的数五（一）班，团支部书记周兆宏问王老师：“怎么样？”

王老师笑着回答：“好极了！”

这无疑是对我最大的嘉奖。

后来，王老师说，那次试卷的最后一题，是从日文的一本书上找来的题目，难度非常大，本来就是想考考你的，没想到被你征服了。

这件事情告诉我，一个人一旦有了学习的主动性和很强的自学能力，潜力无可限量。我的这种自学能力，在担任半脱产教学任务时，得到了很大的锻炼，自己看书，自学透了，再去教给别人：这种学习方式让我养成了良好的学习习惯，这种学习习惯又让我终身受益无穷。

我的这一实际体验，在我后来的教学工作中多次运用，经常鼓励有自学能力的学生自主学习，都取得了很好的效果，特别是在我作为校长领导北京十一学校课程改革创造“四环节”的教学方式：“自学自研、讨论问难、教师精讲、运用评价”起到了相当大的作用。

我1964年8月结束了在北师大的学习，先后在北京农业大学附中、北京十一学校、北京建华实验学校工作，迄今已有51年；从1974年开始，先后任北京十一学校、建华学校的副校长、副书记、校长、书记、董事长41年，至今还是奋斗在基础教育一线。我怀念我的母校北京师范大学，更难忘怀我学习过5年的数学系。

李金初，北京建华实验学校校长，曾任北京十一学校校长

# 我和数学的缘分

冯文杰（1959 级本科生）

1959 年仲夏，我怀着无比激动的心情，从南方一个遥远偏僻的小山村来到伟大祖国的首都，入读北京师范大学数学系。同学们来自全国各地，操着不同的口音，为了“学好本领，建设祖国”的同一目标走到一起。五年的时间里，我们一起上课，听老师传授知识，一起学政治，一起下厂下乡参加劳动，一起锻炼身体，周末一起看电影、娱乐。同学们朝夕相处，互相关心，互相帮助，互相切磋，建立起一生难以忘怀的同窗之情，数学系也成了我们魂牵梦萦的地方。

那时，系里特别重视基础课的教学，总是选派教学经验丰富的老先生教我们的基础课。这些老先生教学特别认真，每个数学定义、概念都必交代清楚，每个定理都必严格证明，毫不含糊。我们则照着老师学，看书必要弄明白，每解一道习题，推理必清楚无误，每一步都有理有据。慢慢地我们感受到了一种数学语言，一种数学味道。特别是解出了较难的习题时，很有些成就感，我们学习数学的兴趣渐渐地油然而生。1963 年上半年，系里决定在我们 1959 级试办“专门化”，我选择了由严士健先生主持的随机过程“专门化”课程，同时参加了由他指导的一个小型讨论班。在课堂上，严先生的课总是内容充实，深入浅出，论证严谨而又妙趣横生，他把我们一步一步引向数学王国深处，使我们产生一种对数学的追求。在讨论班上，严先生总是认真地听取同学们的读书学习汇报，肯定好的，指出不足之处，常常从不同角度启发我们的思路，开阔我们的视野，使我们逐渐体会到数学王国之美。最后一个学期，我们开始做一些比较大型的作业，严先生细心指导我们如何理解问题、分析问题，如何发挥我们已有的知识和潜力，该到什么地方查阅什么文献资料等。这是在手把手地教导我们做小小的耕耘了。

1964 年，我毕业留系工作，回顾这五年的学习生活，我们到底学到了什么东西呢?我觉得，首先，我们学得了许多数学知识，几何、代数、分析、概率，等等。近 20 门的基础课，还有各自选择的“专门化”课程，面广且有相当的深度，这是显而易见的。其次，我们学到很多数学思维即逻辑思维的方法，使我们的理解能力、分析归纳能力有很大的提高，这点常不为人所觉察，这是在研习知识的过程中逐渐积累起来的。最后，我感觉到数学系存在一种精神：勤奋、认真、严谨。这种精神明显地体现在当年就卓有成就的中年老师王世强、严士健、孙永生、刘绍学、赵桢等人身上。我也受到这种精神感染了，觉得自己长大了，下决心在前辈们的关照下大干一场。

“文化大革命”冲击了一切，中止了所有教学业务工作，几年时间里我们经历了大批判，下厂，去“干校”劳动锻炼，等等。随着时间的推移，老师们也陆续以不同方式关注自己的业务。1971 年冬，北师大临汾“干校”撤销搬回来了。不久在东北楼三楼的盥洗室，我经常看见身穿棉袄的王世强先生坐在暗淡的灯光下“孤灯夜读”，每每至深夜凌晨。

王先生在“干校”放了三年羊，才放下羊鞭就捧起了他那大部头的英文专著，这是何等的勤奋，何等的敬业精神啊！王先生的勤奋精神深深地打动了我，我也开始翻翻书了。1972年底，我因受了点小外伤躺在床上，王树人书记亲切地来看我，并问我下厂回来后想干点什么，我不太经意地说了句“是否可以搞点计算机?”结果王书记从学校那里申请到5 000元人民币作经费，并组织我和王伯英老师、黄锡瑶老师成立一个三人小组，就这样开始了计算机研制。对于电子计算机，我完全是一张白纸。我开始自学“数字逻辑电路”“布尔代数”等计算机基础知识。还好，都能看懂，这应得益于我们五年的数学训练。我们三人很努力，配合得很好。我们从北京第二半导体厂的废品堆里找出还可用的三极管，从物理系的工厂里找出合用的二极管。焊接、钳工什么的都得自己动手，连键盘都是我们亲手做出来的。经过半年的努力，我们终于做出了一台就在当时也是最简单最原始的计算机。接着很快又用省下来的钱做了第2台。这事引起了一些人的注意，新乡师院派了一位老师来访问，和我们一起工作了两个月，北京地震地质大队派了三位同志来和我们一起工作，帮他们做了两台。一位在国家地震局工作的学长到我们这里使用计算机，说大大地提高了他的计算速度。我们有点兴奋。这么一台小小的东西，纵其最简单、最原始，然其确实是用数字电路实现的，唯其最简单最原始，正指明了我们必须继续努力，继续前进！不久，我们获得一些先进计算机系统长城520的技术资料，我们要把它做出来。继续收集资料做好准备工作。后来经过大家共同努力，长城520系统又做成功了！并得到北京市政府嘉奖，值得庆贺！

有点遗憾，我没有参加长城520系统的主要工作。1975年夏，我因私人原因调到广东省建筑设计院工作，帮助这里创建电子计算室。从此，我开始了人生另一个更大的转变：从教育行业转到建设工程行业。离开北师大数学系，离开我所熟悉所敬仰的老师们，我有点茫然。能否适应这个转变？能否胜任未来的工作呢？我明白自己必有一个长期的艰巨的学习任务。首先要不断学习迅速发展着的计算机科学技术。如计算机操作系统，高级算法语言及其编译系统等。我以算法语言为重点，认真地研读了当时国内外流行的算法语言ALGOL60，不嫌其烦地阅读它在TQ-16机上实现的编译系统程序，还按要求编写了一本介绍ALGOL60的培训讲义。同时要学习运用计算机帮助解决工程设计中的问题，如有限单元法及工程设计的有关知识。有限单元法是当今求解弹性力学问题最有效、最精确的数值方法。我们学过的数学变分原理是有限单元法的理论基础，但把它引用到解决弹性力学问题时，有丰富的内容和复杂的形式，最后形成的有限元求解方程是一个联立的线性代数方程组，这是我们在《线性代数》中学过的。1978年，科学的春天，我在完成常规任务的同时，代表院参与《结构设计语言（SDL）及有限元结构分析系统》的研发（主要参与语言设计和编译系统编程）。这是国家建委立项的一个大型科研项目。SDL（Structure Design Language）是一个面向问题的语言，它具有一般形式语言的特征，符合一般形式语言的要求。它是面向结构专业的，但它的思路和方法也适合其他专业。这个项目于1980年完成并获得了优秀科研成果奖。

20世纪80年代初，广东先领改革开放之风，建设事业蒸蒸日上，各种高大建筑物相继涌现。要完成对这些高大建筑物的结构分析，原来的计算机系统已不敷应用。院里决定从国外引进更先进强大的计算机系统，具体由我组织实施。由于我国长期处于封闭状态，我们对国外计算机知之极少。于是开始了漫长的、艰难的计算机调研工作。我们先后走访了国内几十个主要的计算机研发单位和应用单位，走访了十几家刚刚进入我国的有关计算机的外国商业机构。尽可能详细地收集了当时国外几个主要计算机系统的概述性的中英文资料，认真阅读，归纳出它们各自系统主要性能和技术特点，分析比较它们的优缺点。最后再结合我们自己的实际需求，确定选择了性价比优异的美国 DEC 公司的 VAX-11 系列 32 位超级小型机系统。这次调查使我们对国外计算机的发展情况，主要的计算机系统的性能和技术水平有了一定的了解，大大的开了眼界。为了顺利地引进系统，我们比较深入地研习了 VAX-11 系列机的技术资料。我还翻译了它的一本约 20 万中文字的技术手册《VAX-11 FORTRAN 语言参考手册》，成为最早介绍 FORTRAN77 的中文本之一，铅印 3 000 册，被交换到全国 120 多个设计、科研、高校等单位，对国内引进美国最新标准 FORTRAN77 起了推动作用。新系统顺利投入运行并稳定以后，我希望做一些更为实际的应用工作，决定用 FORTRAN77 语言重新编写《综合桥梁分析程序》，这是一个大型的有限元分析程序（10 000 多条 FORTRAN 行）。这是一个很大的挑战，经过一年的努力我独自完成了。这个程序后来与另外几个建筑结构分析程序一起汇集成《土建结构分析程序系列》，获得了广东省科学技术进步奖 3 等奖。

20 世纪 80 年代以来，计算机系统及其应用技术获得全面的蓬勃的发展。如计算机图形学及计算机辅助设计技术，数据库系统及管理信息系统，人工智能及各种成功的专家系统，计算机网络技术，并行计算技术，等等。计算机图形学与数学密不可分，我们所熟知的解析几何正是它的主要的数学工具。计算机图形学促生了计算机辅助设计（CAD）技术的迅猛发展。CAD 技术是工程设计领域的一场革命，它一方面使工程师从传统的手工绘图中解放出来，大大地减轻了体力劳动，提高了设计速度；另一方面使工程师有更多的时间考虑设计方案的优化，提高设计质量。20 世纪 80 年代中期，世界上产生了几种功能强大的图形工作站系统。当时的做法是：工程师在工作站的荧屏上交互式作图，生成所需要的图形文件，然后由专用绘图机输出。我们也考察并引进了一些优秀的工作站，但由于工作站只能提供一人使用，且价格昂贵，所以难以普遍推广使用。但是 CAD 技术一直是我们时刻关注着的热门技术课题。

20 世纪 90 年代初，微型机（PC）及其图形系统功能迅速扩大，可以满足工程设计的实际应用。再由于建筑业大发展，在我脑海中逐渐形成开发一个三维建筑结构 CAD 系统的概念。我们的目标是：当工程师拟定建筑结构模型以后，以交互图形方式向计算机输入结构信息，然后对结构进行三维有限元分析，根据分析结果和国家规范进行结构设计，形成施工图文件，工程师对自动生成的施工图可以交互式修改，最后由绘图机输出。这样使结构设计“一条龙”地完成了，自动化了！我明白，这是一个规模庞大，相当复杂的系统，要用几年时间才能完成。特别是建筑结构设计关乎人民大众生命财产的安全，因此需要特别小心，严格要求。每一步都要有确认的根据，每一个源码符号都要准确无误。1993 年秋，我在力所能及的情况下，组织了一个研发小组，抱着“十年磨一剑”的决心开始工作。我们选择了 PC Windows 作为开发平台（舍弃当时流行的 DOS 系统），面向对象设计方法和 C 语言，这是一个高起点。经过三年设计、编程的艰苦努力，克服了各种各样的困难，特别是同期开发同类软件的几个中央大院，项目相继下马放弃，全国设计院只剩下我们一家在坚持了。1996 年底，系统研制成功，命名为“广厦建筑结构 CAD 系统”，并通过了技术鉴定，鉴定称该系统具有国内领先水平。紧接着，我们在全国推介使用，并且每到一处，都必定组织当地的专家座谈，征求他们对广厦系统的要求和意见，使系统不断完善，茁壮成长。这样又经过三年关键的努力，广厦系统才真正站住了脚。21 世纪初，广厦建筑结构 CAD 系统获全国优秀工程设计软件银奖，获广东省科学技术进步奖 2 等奖。广厦系统一直在坚持，在不断改进、完善。例如，汶川大地震时，发现楼梯容易受损，影响救灾，广厦系统立刻做出反应，使结构分析更为合理，加强了楼梯设计。广厦系统受到广大工程师的欢迎，最近几年，广厦系统一直占着约 30％的市场份额。

几十年过去了，我对数学的兴趣，对学数学的认识逐步加深。第一，对个人来讲，学数学能使你有较强的适应性。我也算是一个例子。实际上，我这个年龄段搞计算机软件（包括系统和应用）的人大多数都是学数学出身的。第二，学数学同时学了数学知识和数学思维（即逻辑思维）方法，这种逻辑思维可以使你更快地接近事物的本质，发现它们的规律，这是一种普适的智力。人们常说学数学的人比较聪明，就是这个道理。由此推之，数学对提高一个民族的智力具有十分重要的意义，这就是为什么各个国家都强调数学教育，把数学列为最重要的必修课程。第三，现代高科技都是或以数学作为它的理论基础（如计算机科学，有限单元法）或以数学作为它的主要工具（如计算机图形学，虚拟空间）。数学对国家发展的重要性是显然的。

借此北京师大数学科学学院百年华诞之际，我衷心祝愿我国这艘现代数学教育的航母继续勇往直前，夺取数学教育和数学研究的双胜利！

冯文杰，广东省建筑设计院研究员

# 我所了解的孙永生先生

陆善镇（1961 年来校工作）

我们常听到一些赞扬北师大数学系的一些话，说它是“君子系”。言外之意，数学系里不同学科的学术带头人之间很少闹矛盾，彼此尊重，互相谦让，以至系里学科建设能得到较快的发展。我想这不仅仅是这些学术带头人在治学精神方面有相同之处，恐怕在他们个人的人品方面也必定有许多可敬之处。由于我本人同孙永生先生相处 40 多年了，对他在治学和人品方面的了解，能充分说明这一点。在孙永生先生去世时，我写了题为“亦师亦友”的纪念文章，在那里已讲了孙先生的治学精神，本文则着重谈谈他的人品方面有许多值得晚辈学习的地方。

首先，他对同事十分尊重，即使对晚辈也很尊重。他比我几乎大 11 岁，又是我校的首批博士生导师之一，但在教学、科研以及函数论学科的发展等问题上，经常征求像我这样晚辈的意见。例如，20 世纪 80 年代中期，我们一起招收硕士研究生时，他问我，有何好的培养办法。我只是介绍了我访问过的圣路易斯华盛顿大学数学系培养研究生的一些办法，他们在培养硕士生的阶段比较强调较全面的公共基础课的学习。例如，韦斯教授在接受一位中国硕士毕业生为博士生时，特别审查了这位学生在硕士学习阶段的课程，发现缺少几何这门课，要求他补学微分几何课。孙先生听了很赞赏，我们一起商量后，决定函数论专业的硕士生在第 1 年里的 6 门公共基础课要全学，第 2 年里的专业基础课，无论是逼近论的课，还是调和分析的课，函数论专业的硕士生都要学，只是到第 3 学年，学生根据各自的兴趣，可选择逼近论方向或调和分析方向来做研究工作。后来，我们了解到，这些毕业生的知识面确实比较宽厚，以至有几位攻读博士学位时去选择不同于他们硕士阶段的研究方向。

其次，孙先生在荣誉面前非常谦虚，而且淡泊名利。记得有一次，北京大学邓东皋教授受程民德院士之托，来我系找孙先生，恰好我也在场。程先生建议孙先生为下一届《逼近论及其应用》杂志的主编。按道理说，孙先生在逼近论方向的学术水平是当时国内首屈一指的，担任这份杂志的主编也是理所当然的，但孙先生坚决予以拒绝，他认为这个职务应该请另外一些比他年长的老前辈中的一位来担任为宜。这件事给我留下很深的印象。这方面，另一件事就是 1988 年将我们的研究成果申报国家自然科学奖时，无论从题目的要求或个人威望来看，孙先生应把他自己的研究成果放在第 1 段来阐述，因他的成果确实是国际水平的，这在国内是公认的。但他坚持要把我的关于哈代空间上的逼近问题的成果放在第 1 段，他认为这也是国际水平的，而且是调和分析与逼近论的交叉，应放在第 1 段来阐述较好，而且在国家有关部门组织评奖答辩时，孙先生一定要我出来应答。在他的坚持下，出于尊重，我只好答应。

还有，孙先生对周围的同事处处关心。从外表上看，孙先生大多数时候比较严肃，其实他的内心是很关心同事的，只是不表露出来。我举两件事。第1件事是20世纪80年代中后期，孙先生陆续请了一些国内外逼近论专家来我系访问，其中一位是来自南方的同行专家，他年龄比孙先生小得多，但他提出，访问期间，每天要喝牛奶。当时北京的奶源还比较紧张，需要事先预订的。正好孙先生订了一份。于是，每天孙先生把他自己订的牛奶在家里热了后送来给那位南方教授喝。当然，那位教授可能不知道北京的奶源紧，我们也不必说什么。但从这件事看出孙先生对他人的真诚和关心。另一件事同我有关。20世纪80年代初期，虽然我已被越级晋升为教授，但拿的是讲师的工资（78元），我们夫妻双方还有对自己的老母亲补贴生活费的义务，所以我们自己的生活比较简朴。有一天晚上，孙先生突然来我家，要商量一些事。正好我们一家四口在吃晚饭，他进来后看到我们饭桌上只有一个菜，我记得是肉末烧茄子，他就说了一句：你们的菜这样简单啊！可能是担心我的营养，后来他邀请外地同行专家来他家吃饭时，一定要我作陪，使得我多次有机会吃一些好东西，以弥补营养上的不足。这样的事，我心里很清楚，但只能内心感激！

最后，我还要谈一下的，孙先生是中共党员，又是新中国成立前就参加了革命，自然觉悟很高，处处以身作则。在20世纪60年代，就担任过系领导，在我们系里一直有很高的威望。我则是一名普通的群众，政治上我们两人的反差很大，但他始终没有瞧不起我的样子。在我全心投入科学研究时，总是大力支持。同时，不时用一些话来开导我，意思是应该拿出一点时间来为大家服务。例如，1994年12月份，全校民主推选校长时，他多次找我谈，要我出来为学校做一点事。老实说，在1995年1月份，国家教委主任约见我谈当校长一事时，我最终答应的主要原因有两个。一个是既然学校老师花了近一个月的时间经过多次推选，最后选定了我，我此时要坚决不当的话，可能会得罪学校老师了。另一个原因就是考虑到孙先生对我的期望。

对于孙先生的人品，除了上面提到的几件事外，肯定还有其他许多令人感动的地方，我不可能全部知道，我只能说一说我亲身经历或了解的事情，想让年轻的老师了解孙永生先生，学习孙永生先生。

陆善镇，曾任北京师范大学校长，数学科学学院教授，温州肯恩大学校长

# 师恩春雨　润物无声

崔宏志（1962 级本科生）

1962 年 8 月，高中毕业的我，怀着喜悦并对未来憧憬的心情走进北师大，当即就被高大雄伟的主楼怔住了，驻足仰头凝视许久。那时的北京，不仅我家的住地丰台，即便在城里八层高的建筑也不多见。楼的外壁镶嵌着光亮可鉴的瓷砖，好一派华丽壮观！18 岁单纯幼稚的心加速跳动，思索着，我从此开始了新的学习生活了。想到数学，这是多么熟悉的名词呀，从小学一年级就开始学，自以为学的很多了。什么立体几何、排列组合、三角函数我都学过了，至于数学里还有什么，我也不知道。既然家父给我填报了数学系，那就好好学呗！

开始上课，是学解析几何、数学分析。尤其数学分析，课时多，难度大，是董延闿老师讲授的。他基本上按苏联菲赫金哥尔茨著的《微积分学教程》来讲，内容系统全面。每次课的板书都是满满的，两节课下来，我很少做到透彻的理解。为了学得好，课后，我认真整理笔记，理清老师的讲课思路，深入思考定理的证明关键及解题技巧。这样做虽当时未见明显收效，但自以为不是做无用功，说不定对今后也会有益。1978 年我国恢复了研究生招考，我接到了复试通知，内容涉及实变函数。这门课理论性强，是被学生公认的“难课”。在学校读书时，因当时片面强调理论联系实际，我们这届没开。为了应试，我凭借数学分析的基础，用一个月突击式地自学，结果复试通过了。回想起来，这得益于当年老师的高标准、高水平的讲解和严格的要求。我发自心声，感谢董延闿老师两个学年的教授。

大一第 2 学期开设了“高等代数”课。一次，因主讲老师生病，由郝钢新老师代课。虽事隔半个世纪，但讲课场景犹如昨日。当时讲定理：$n$ 个数码的每一个对换，都改变排列的奇偶性。老师运用了由特殊到一般的方法，给出了定理的完美证明，使台下听课的学生真真实实地享受了一次数学“美餐”。虽只一次课，足以窥见先生的治学严谨精深。郝老师为人谦和，对学生也是满面春风。1992 年我刚调昆明工作，人地两生，只因当时见到了老师的一本专著，前言中提到先生曾来云南大学讲学一事。学生冒昧地给老师写信，询问在昆的北师大校友。没想到很快接到回信，并写出六七个校友的姓名及单位。据此，我与校友逐一取得了联系。真是一日之师，一生之幸。更可贵之，这位学生的面孔，在老师眼中，一直是陌生的。得知先生已于去年作古，学生甚为悲戚，与先生生前未能相见，成了憾事。

赵慈庚老师为我们讲授常微分方程。先生的讲课深入浅出，注重抽象理论的直观解释，而且慧眼识才，激励探新。在讲到解的存在唯一性时，我班的佼佼者黄惟明同学，用自己独到的方法给出证明，颇得老师赞扬。这样，其他同学也受到了鞭策和鼓舞。

一次我生病，未按时听课。被张益敏老师知道，在数学楼办公室用了近一个小时为我补课。致使我很感动，心想：这么多学生，老师一对一的补课，那还了得！平时为我们上习作课及批改作业的老师一丝不苟，作业纸上经常写有密密麻麻的红字及富有启发的提示。蒋绍惠老师总是拿着学生的作业，当面讲评，细致入微，不仅指出解题中的差错，还帮你找出失误的根源。

我们沐浴在如此良好且浓郁的学习氛围之中。教室、图书馆甚至宿舍都是我们的学习空间。遇到难解的题目，首先独立思考，继而查阅书目寻求思路或突破口，实在一筹莫展时再向其他同学求助。有时为了弄清一个问题，彼此争论得不可开交。即使节假日，也很少完全休息、游玩。寒暑假里，很多同学沉浸在自习室、图书馆研读，更是别有洞天。

老师们为我们的茁壮成长付出了辛勤的汗水，为我们更好地奉献社会夯实了专业基础。虽然我们遭遇了“文化大革命”，但母校的烙印是终身的。据我所知，1978～1979年，我们年级有：林益、宋天泰、楚泽甫、黄惟明、孙立镌、沈复兴、强文久、黄建华、熊胜利等人开始了研究生的学习；其中宋天泰和孙立镌在中科院，且后者师从著名数学家吴文俊；黄建华迈出国门，去往德国。此外，我的很多数学功底很好的窗友，在“文化大革命”后，他们坚持职守，随遇而安，成了本部门的骨干和带头人。我们这些年长的学子，以自己的工作及人生历程，体现了我校“治学修身，兼济天下”的育人理念。百尺竿头，更进一步，愿母校明天更美好！

崔宏志，昆明理工大学教授

# 百年院庆感怀

陈木法（1965级和1964级本科生，1978级研究生）

2015年，是我们数学科学学院的百年院庆，恰好也是我入学北师大50周年。想到此，简直不敢相信时间会过得这么飞快，同时也为没能为学院做多少事情而深感愧疚。50年的沧桑，经历了太多，有讲不完的故事，却不知从何处谈起。首先，我常常怀念过去几十年里辛勤培养我的老师们和给予我许多帮助的朋友及同事们。我曾以“感谢老师”为题，写过一篇文章（2003年），尚未发表过，放在这里作为附录。虽然文中包含了中、小学部分，不完全切题，但若砍掉这一半，文章就会完全变样，故予保留以示完整。这里，我想通过两件事（本科跳级和研究生提前一年半毕业），讲述当年在学院里所受到的关爱和精心培养。

1965年秋季，是我上大学的第1个学期。当时的两门主课是数学分析与空间解析几何。因为这两门课我在中学都自学过，所以很轻松，想自己再多学点东西。困难在于不知该学什么？数学这门学科有一特点就是若你没学过，不懂就完全不懂。我在中学自学大学基础课，就是因为老师的一句话，你该学学微积分了，这比你看许多小册子要重要很多。于是我就去借书买书，苦学了几年。现在有这么多好老师在身旁，我自然渴望得到老师的开导。于是，有一天见到我们年级辅导员蒋人璧老师的时候，我就壮着胆子跟蒋老师讲了这一想法。蒋老师很快跟系领导反映，没过几天，系秘书刘秀芳老师就找到我了解情况，并让我讲述数学分析中的一条基本定理——区间套定理（算是学业考查）。据说当时系里很快做了研究，并上报当年我校教务长张刚老师，经她批准之后，通知我下一学期到数二（一）班，师从严士健老师。到了新班之后，一个突出的感觉是新班的水准确实高出一大截。应当说，这是我人生的一个重要节点，从此开始了人生的一个新的轨道。严老师让我自学胡迪鹤老师翻译的W. Feller的名著《概率论及其应用》（上册）。

可惜好日子不长。等我差不多学完此书的时候，“文化大革命”开始了，严老师成了“资产阶级反动学术权威”，而我则成了“修正主义黑苗苗”。我们甚至失去了交谈的自由。记得1970年前后，我们一起到北京郊区房山县参加“东方红炼油厂”建厂劳动，我们在同一组当架子工，紧挨着睡地铺3个月，却几乎没有交谈。仅有一两次四周无人的时候，我偷偷请教过一点小问题。1972年春，我被分配到贵阳师院附中工作，我获得了精神的解放，有了学数学和做数学的自由。我利用业余时间，发疯似的到处找工厂推广华罗庚先生所倡导的优选法，因为自学了十多年的数学，迫切地希望能够亲手应用于生产实际。经过一段时间的积累之后，开始探讨其中的数学理论问题，这时候才深深地体会到自己的理论基础不够。于是，在1972年年底，我写信向严老师求救，请他继续给予指导。严老师不顾当时政治上尚未“解放”，跑了好多旧书店，为我买了十多本名著（旧书）。包括M. Loéve的《Probability Theory》，E. B. Dynkin的《Markov Processe volumes Ⅰ，Ⅱ》，

Wald 的《Selected Papers in Statistics and Probability》等。同时建议我认真精读第 1 本书，那是当年美国 Berkeley 概率统计的研究生教材。我回信说希望在一年之内读完此书。他回信说，你在业余条件下，3 年能学完就不错了（现在我们在大学高年级或研究生课讲一学期），可见当年我多么幼稚。同时，他还给我一本当年严老师、王隽骧、刘秀芳编写的概率论基础（油印稿）。此讲义对我帮助很大，因为便于自学。Loéve 的书我差不多整整学了 3 年。

1978 年科学的春天到来的时候，我又回到严老师身边，成为“文化大革命”后首批研究生中的一员。我们一起学习概率论的新发展方向：C. Preston 的《Random Fields》，并译成中文出版；也苦学了 T. M. Liggett 的综述报告：The stochastic evolution of infinite systems of interacting particles。1979 年我和侯振挺老师在长沙一起学外语时，完成了“马尔可夫过程与场论”一文。随后我们北师大的团体将这一工具应用于无穷维系统，得出系统细致平衡的简要的充要条件。记得 1986 年我在德国 Heidelberg 大学演讲时，主持人竟然能够背出我们的充要条件，让我十分震惊。我的报告也成为他的学生的研究选题。总之，经过 1 年多的奋斗，我们从无到有，获得了可喜的第 1 批成果。

大约在 1979 年年底，湖南的杨向群老师主动跟严先生建议让我提前毕业，以利于进一步的发展。随后，严老师向系领导报告，得到当年系主任张禾瑞老师的全力支持。经过逐级批准，我于 1980 年 3 月答辩，提前一年半毕业。

虽然是挂一漏万，也许已经可以看出严老师，院里的许多老师和领导对于我的无微不至的关怀、培养和爱护。体现出学院以学生为本的精神和既严谨又灵活的学术传统。经过严老师、系里和学校的努力，1981 年年底，我被派往美国进修、访问，开始了新的征程。

## 附录　　感谢老师

谁都有亲朋师友，谁都是从童年走上人生的征途。是老师们的培养和教诲，学友们的鼓励和帮助，亲人们的牺牲和奉献，造就了我的人生道路。深藏于我心中的无限感激之情，无法用语言表达。因此，我常常想念老师、同学、学生、朋友和亲人，在获得荣誉的时候，这种思念尤其强烈。岁月如箭，世事沧桑，如烟的往事中，录下老师们教诲的几个片段，与大家一起共同分享得到老师们教导的幸福。虽然是挂一漏万，也希望能够从一个侧面，为那些渴望进取的年轻人提供点滴帮助。

**1. 从“3 分”开始**

1959 年，我从福建省惠安县锦水小学被保送到惠安县第一中学，作为保送生，当然各门功课的成绩都是 4，5 分（5 分制），唯独算术的成绩是 3 分，即“及格”，自己脸上无光，心里也非常惭愧。离校那一天，教我算术的张清忠老师嘱咐说：“到了中学，数学是一门非常重要的主课，你可得努力呀！”上了中学之后，我一刻也不敢忘记张老师的嘱咐，努力打翻身仗。我尽力寻找所能找到的习题（当时并不多），天天苦练。经过两年的奋斗，有了根本的转变，渐渐地有了信心，逐步地迷上了数学，最后走上了研究数学的人生之路。这一切的起因就是那个“3 分”，人的一生中不可能都是坦途，失败是成功之母，挫折之后的奋起是打开命运大门的钥匙。

**2. 学会自学**

刚上初中的时候，还是一个十三四岁的小孩，哪里懂得该如何读书。幸运的是，在我读初中二年级的时候，张耀辉老师交给我一把“金钥匙”——自学。那是一次课外讲座，张老师着重讲述了培养自学能力的重要性。他介绍了我国著名数学家华罗庚先生自学成才的动人故事：从初中文凭，到清华大学算学系助理、教员，直接晋升为西南联大的正教授，直到成为当代著名数学家的传奇经历。这是我第一次听到的关于华先生的故事，在以后的岁月里，华先生关于自学、治学的哲学和方法，成了我学习和研究工作的最重要的指南。他的一些名言，例如“天才在于勤奋，聪明在于积累”，成了我一生的座右铭。

另一方面，张老师也介绍了他自己自学的心得体会。由于长期的艰苦努力，他当时已是我县最优秀的数学教师。张老师的讲座，升起了我在知识海洋里漫长旅途的自学的征帆。开始是自学初三和高中的数学课本，接着自学华罗庚先生等前辈编著的《数学小丛书》，再往后自学微积分。高考结束后的那个暑假，我竟然读起苏联的《概率论教程》，后来才知道那是大学三年级的课程，现在想起来那时真是不知天高地厚。

我觉得自学能力是人生的第一重要素质，这一点在离开学校之后表现得尤其突出。学校只教基础知识，到工作岗位之后，为适应专业或进一步的知识更新，全靠自学。缺乏这种能力的人，从学校毕业也就“彻底”毕业了。因此，我把及早培养自学能力看得很重很重，以至当我第一次教高中（1972 年）时，竟然用一半的时间让学生自学，即将两节数学课的第 1 节用于学生自己看书，第 2 节由我提问检查并作重点讲解。刚开始时学生的不适应是可想而知的，他们甚至到校领导处告状。起步阶段，进度较慢，但到毕业的时候，这个班的学生所学的内容比兄弟班级多得多。

我也给他们升起了自学的征帆，只要他们坚持劈波斩浪，就必定能抵达理想的彼岸。

**3. “状元榜”**

我的初三上学期期中考试卷，被班主任陈生良老师张贴在教室的走廊上，标题是“状元榜”。从那时起，我也就有了学好数学的自信心。陈老师也是一位自学成才的优秀数学教师，他曾给予我们这些喜欢拼搏的人格外的厚爱。

我是幸运者，在我学习数学的道路上刚刚起步时，就曾多次得到老师的“重用”，老师的信任和逐步建立起来的自信心，奠定了我人生事业的基石，为我最终走上以研究数学为终身职业起了催化剂的作用。上高中时，余亚奇老师曾两次让我帮他改考卷，一次是本班的，另一次是高年级的补考卷。这样一件似乎很普通的事，它在一个少年的成长中所起的作用却是非常重要的，除了自信心的增强外，从中我也领悟到考试分数并非根本。一道题目的通常解法与巧妙解答之间，在功力上有极大的差别，尽管得分是一样的，但每个人的解题途径是水平高低的分界线。

在高中阶段，我差不多成了数学老师的“助教”。平时常替同学们解答疑难，考试前有时还登上讲台为同学作总复习。谢谢当年同学们的信任，使我有机会得到很多锻炼和收获，因为能教会别人，自己理解的深度也不一样了。

1978 年，我回到北师大读研究生时，我的导师严士健教授一直“重用”我协助他指导研究生。此后多年的经历，使我在科研选题及训练等方面得到极大的锻炼，同时也大大开阔了眼界。

得到老师如此厚爱的人，如果还无所作为，那么只能怪自己了。从我的经历可以说明：对青少年适当的鼓励，有可能使他信心倍增、超水平发挥；反之，如果总是挨批，就会使人灰心丧气，怎能有所作为？像我这种出身贫寒的人，如果没有老师的鼓励，自己又缺乏信心，那还能完成什么事业？

**4. 坚持记日记**

在中学阶段，课程那么重，怎么可能自学很多东西呢？一个十几岁的孩子，哪能有那么强的自制力？我的老师告诉我一个办法：任何情况下都坚持记日记，让日记来约束和管理自己。因此我给自己制订了严密的学习计划，差不多连每一小时都预先计划好。这样，如果一天疯玩过去，到晚上写日记时便会有万分的自责并产生新的决心。处于那个年龄，最常见的毛病就是坐不住，朝令夕改，不能坚持。其实，每一个运动员都想拿冠军，但有哪一位冠军不是经过严密的训练而成功的呢？

“日记”是我的监督者和忠实的记录者，它绘制了我的人生轨迹。自然地，我们常常会问自己，你想为自己的人生画出何种图案？每当翻看往日的日记，心里总有说不出的亲切感，也激励自己继续拼搏。

“日记”是我的好朋友。记得读高二时，我曾被“撤职”（那之前我是班长）一年，但对其原因却毫不知晓。在那个年代，这是一种被列入另类、无法抬头的处分。面对这种沉重的心理压力，我唯有每天在日记中诉说心中的痛苦和鼓励自己不懈地努力。直到学期结束，才知道是无中生有的莫名其妙的原因，并得以平反。这样，我早在十七八岁的时候，就经历了一次“冤假错案”。幸运的是：虽然经历了心情压抑的一年，但却没有丝毫的松懈，这里也有日记的一份功劳。这是一次宝贵的经历，当后来身处困境（例如“文化大革命”初期因“跳级”受到“只专不红”的批判等）时，就能坦然面对。

**5. 两个“根本不行”**

当年，也许是处于“文化大革命”年代，我曾经天真地以为外语不太重要。为此，请教我系懂得多门外语的朱鼎勋教授：“搞数学不懂英语行不行？”（我原来是学俄语的）朱先生是个急性子，他立即答道：“根本不行。”从那时起，我就开始自学英语，开始阅读英文书籍，并且从未间断。

我自学英语的第1步是：找一本英文数学书硬读，一个单词、一个单词地查字典。但很快发现不懂语法就想读书的路是行不通的。

第2步：借一本英语语法书（因为买不到也没有钱买），把全书抄一遍，这样基本语法也就差不多了。接下来是记单词，因为我不会发音，只好一个字母一个字母地背，背得很苦，而且背到两百多个单词时，已经觉得非常困难了。当时，我认为如同在老家时，虽然不讲普通话，但是会认字，写作并不困难，因此学英语也一样不用去学读音。

带着这一疑问，我又去请教朱先生：“学英语不会发音行不行？”朱先生的回答还是很干脆“根本不行！”麻烦在于，我当时自学英语是“地下活动”，不能让别人知道，更无法向别人请教发音。于是，我找来一本英语自学辅导书，里面用汉语拼音注解英文的读音。我每天用拼音读英文，大约经历了七八年的时间。大概在1974年，曾经有位中学英语老师看我每天都在啃英文书，出于好奇，想考考我，让我读一段英文给她听，结果她竟然一点也没有听懂。后来经过艰苦的努力，我终于闯过了学习英语的种种难关。

我相信，现在没有人在学英语时会走我这样的弯路。那是时代所造成的悲剧。然而，我也相信在一个人的成长过程中，会有更多的弯路。问题是你如何去面对，如何去战胜困难，如何从常人觉得无望的地方闯出来。

朱先生已仙逝多年，他永远也不会知道，他的两次指点（共两句话），使我受益终生。

**6. 我的两位研究生导师**

他们是我校的严士健教授和中南大学（原长沙铁道学院）的侯振挺教授。在过去的几十年里，无论是顺境还是逆境，他们始终如一地支持和鼓励我，为培养我付出了巨大的心血。

我从 1966 年起从师严先生，在“文化大革命”后期远离北京的艰难日子里，他的关怀和帮助给了我信心和力量，这期间他指导我自学了研究生基础课。1978 年，我作为“文化大革命”后的首批研究生回到了严先生的身边，各方面都得到他无微不至的照顾。自那时起，他开始倡导概率论与统计物理的一个交叉研究方向，这也成了我几十年研究工作的主线。

也许，人们现在对于学科交叉已经习以为常，但当年认识到这一点绝非易事，投身于其中更是一种冒险。记得有一位前辈曾经说过：“数学家与物理学家合作很难。数学家听物理学家的报告会觉得是胡闹，没有一步是严格的。物理学家听数学家的报告会觉得这有什么可讲的，我们早就知道了。”由此可以看出，严先生当时的选择是多么的不易、多么富有远见。事实上，这个选择影响了我们许多人的一生。从数论、代数，到概率统计再到数学教育，每一步都是急国家之所需，严先生在自己的学术生涯中，多次成功地实现了大跳跃。

1976 年，侯振挺老师的著名定理刚发表不久，经越民义教授介绍，我专程到长沙向侯老师请教马尔可夫链，他不仅热情接待了我，还给了终生难忘的教诲。他逐页辅导我研读钟开莱教授的名著。由于当时的特殊的外部环境，我们的研讨不是在教室里、黑板前，而是在树林里。就在那时，我学到了终身受益的一个本领：“不是趴着读书，而是站着读书。”即要跳出书本，抓住直觉。我想，真正的学问都是做出来的，而不是读出来的。侯老师的直觉和创新精神，是我永远学习的楷模。从两位导师那里学到的治学经验，是我终身受益的宝贵财富。

**7. “学”与“问”**

数学家最主要的工作方式是讨论班。在我所参加过的众多讨论班中，印象最深、受教育最大的是“莫斯科大学的统计力学讨论班”。

我曾有幸两次在该讨论班上演讲（1990，1997），分别由俄罗斯著名数学家 R. L. Dobrushin 和 Ya. G. Sinai（均为美国科学院院士）主持。记得在第一次演讲时，才刚刚讲了一段，Dobrushin 就站起来“翻译”，接着是长时间的争论。参加者来自莫斯科的不同院、校和研究所。一开始因我听不懂俄语，感到很吃惊，还担心是不是自己讲错了什么，直到争论停下来向我问问题时才明白他们是在进行讨论。如此循环往复，共两个演讲，从下午 4 点多钟开始，一直持续到晚上 8 点多钟。在莫斯科大学的鼎盛时期，每个星期五下午，有近 50 个这样的数学讨论班。讨论班结束后，我跟 Dobrushin 说：“我对你们讨论班上的‘争吵’印象很深。”他笑着说：“意大利学者也这么说。他们说我们的讨论班很像他们的议会，争吵不休；而他们的讨论班像我们的最高苏维埃，非常安静。”他接着说：“我们只是希望在讨论班上，把问题真正搞懂。”其实，正是这种讨论班，萌发出创新思想，凝聚成集体的智慧，造就了科学的进步和新人。

从那时起，我才真正领悟到“学问”两字的深刻含义。既要“学”，又要“问”，两者均不可缺。人的嘴巴，是交流思想、“讨”学问的重要工具。也许，从中学阶段开始，就可以提倡并鼓励学生在课堂上提问。一堂课，若有三五次提问，就会跟完全没有提问的“一潭死水”完全不同。

**8. 牢记前辈教诲**

有些前辈，只见过一面，但所留下来的一句话却可能使学生刻骨铭心、终身受益和难以忘怀。

1985 年，美国国家科学院院士 F. Spitzer 教授来访时，曾鼓励我说："来自贫穷的国家也可能成为好数学家，印度的 S. R. S. Varadhan 教授就是一个榜样。" Varadhan 教授是当代概率论的领袖之一。他曾跟我说过，他的许多学问是到了 Courant 研究所之后，"硬去听讨论班"学到的。

因为是"土打土闹"出身，所以我特别用心向许多前辈请教过研究数学的经验。1987 年春，我在英国剑桥大学请教过 G. E. H. Reuter 教授（他是现代马尔可夫链理论的奠基人之一），他说："我的导师（J. E.）Littlewood 对我说'在做研究工作之前不要读任何东西'"，在稍加停顿之后又说："我时常感到自己没能很好地听他的劝告。"我想，Reuter 教授的这一教诲是要强迫自己独立思考，走自己的路。只有如此，才能取得人们现在常说的原创性成果。

我们常常关心哪个研究方向最重要、有前途。记得 1985 年，我曾请教过美国科学院院士 D. W. Stroock 教授（他是我 1981～1983 年访美期间的导师）。他先回答说："在台湾，他们也问我同样的问题"（当时他刚从台湾来北京），然后说："哪个方向你能够把它发展起来，它就会变成重要的方向。"这样的回答完全出乎我的意料，细想之后才发现它是那么的深刻。

我曾长期从事概率论与统计物理的一个交叉方向的研究工作，也深深地为自己缺乏物理基础而烦恼。为此，1989 年冬，我曾在莫斯科请教过该学科的奠基人之一 R. L. Dobrushin 教授，问他如何学习物理。他的回答是："我并不需要懂得许多物理知识，因为我的目标是重新建立统计物理的数学基础。"他的好友、著名数学家 R. A. Minlos 也多次跟我说过："当初，我们开始工作的时候，仅有一条定理是已知的，即自由能的存在定理。"面对这些回答，除了惊叹他们的研究魄力之外，是不是还有很多发人深思的东西呢？

当我处于"山重水复疑无路"的研究绝境时，是这些教导给我力量和信心，使我能够坚持在黑暗中摸索，终于进入了"柳暗花明又一村"的奇境。

活着不可无食，进步不可无师。每个人求学的历程，同时也是求师的历程。顺利也好，艰难也罢，对于所有教育、帮助过自己的老师，我始终怀着深深的敬意和谢意，努力汲取他们的人生经验，牢记他们的谆谆教诲。当然在这里无法涉及他们当中的许多恩人，心中有着深深的歉意，祈求他们的谅解。

陈木法，中国科学院院士，第三世界科学院院士，北京师范大学数学科学学院教授

# 润物细无声

## ——我的北师大数学系老师们

李世取（1964级本科生，1979级硕士生）

1964年8月底至1972年4月、1978年9月至1981年11月，我在北京师范大学数学系度过了近11年的人生岁月。此间，数学系老师们“学为人师，行为世范”的言行教育、鞭策了我这一生……

## 一、我的导师严士健先生的家国天下情怀

严士健先生在我们班讲授数学分析是1965年9月至1966年6月初。严先生时值壮年，怀一颗为国培育人才的赤诚之心，高屋建瓴地将复杂的多元微积分娓娓道来而引人入胜。然1965年底，《评新编历史剧〈海瑞罢官〉》已然发表，北师大校园里也渐渐蔓延开一股躁动之气，也有中学数学老师“外语无用论”“高等数学无用论”，因而师范院校数学系应取消外语和高等数学课程的“教改建议”被个别学生郑重提出，但严先生不为所动。记得为了给四散“自习”的学生们答疑和及时了解教学效果，严先生课后的答疑日常常提着一个黑色的“公文包”，从我班的指定自习室到图书馆的数学阅览室、公共阅览室乃至宿舍一路走来，主动找学生指导、辅导完成作业并与学生交流。

我是很少在宿舍自习的，有一次独自从图书馆回到宿舍，正准备到操场去锻炼，严先生却随后“巡视”而来。先生询问了我些什么，现在想不起多少来了，但仍记得异常清楚的是：其间，不知天高地厚的我问严先生：我们国家的数学水平在世界落后吗？沉思片刻后，先生严肃地回答：总体讲，仍是落后于世界先进水平的！并且进一步解释说：落后不仅表现在数学各分支的研究水平，还表现在我们的教育理念与实践。还举了当时发达国家中学数学教学的内容为例……最后，先生语重心长地说：在数学研究和教育方面赶超先进国家，是你们年轻一代的责任。先生的一席话当时真是让我如雷贯耳。正是这一教诲使我13年之后再次成为先生的学生，有幸得以在概率论的大洋里继续学习游泳并能最终实现自幼的理想——到军事院校为国强军建功立业。

我想，应该是正因为拥有这种“位卑未敢忘忧国”的情怀，才使得严先生在经历“十年动乱”之后脱颖而出，很快就带出了一批高水平的研究生陈木法、唐守正等，实现着自己赶超世界先进水平的理想。

我想，也正是这种情怀使得严先生十分关注全国师范教育和高等学校的师资提高工作和科研工作。20世纪70年代末和80年代初他倡导举办了多次师范院校全国性的讲习班，他和刘秀芳老师等向数百位教师系统讲授了概率论基础、随机过程，同时，他的研究生班里还有新疆大学、河北师院、南京师院、安徽师院、中国矿业学院、解放军洛阳外语学院等高校的老师们进修概率论基础等。我后来的工作实践让我深深地体会到这对于提高当时

高校概率统计教师的理论水平和科研水平起到了多么重要的作用。

严先生的家国情怀还表现在他对自己桑梓地的教育事业的关注与帮助。早就知道严先生的祖籍地是湖北麻城，近些年我自己“寻根”，又发现原来我和严先生还有同籍之缘：我南宋末年的一位先祖出川抗元失败后隐居于麻城且葬在麻城，其第二子 30 多年后方返回了我重庆祖籍地。2010 年我到麻城拜谒祖宗之陵，因发网文而成为朋友的麻城政协主席凌礼潮先生接待了我。交谈中得知严先生对故乡麻城一往情深，始终关注麻城的建设和发展，而麻城市政府对严先生也给予了高度的评价。去年，麻城市政府的采访团路过郑州采访我时介绍说：近年，严先生还以 80 多岁的高龄应邀造访麻城，向麻城教育界赠书，希望能从数学学科及现代科学技术发展、现代化社会需要的角度对桑梓地的数学教育现代化起促进作用。

对我而言，严先生是师道楷模、人生典范，在母校数学学科创建 100 周年之际回顾自己求学成长及工作的历程，先生的种种教诲仍历历在目，也不由得想对先生说：先生的治学之道、为师之本，学生也是“仰之弥高，钻之弥坚”啊！

借此机会，还向严先生创建的数学系概率统计教研室中曾经为我们传道、授业、解惑的刘秀芳、王隽骧、李占柄、廖昭懋、徐承彝、杨文礼等老师表示衷心的感谢！

## 二、对学生严格要求而又呵护如子女的刘秀芳老师

对我而言，刘秀芳老师是学业的严师——她精心备课后如行云流水般给我们讲解《概率论基础》，令我乃至我的学生们受益无穷，而我们作业中的些许失误和点滴遗漏，总是躲不过她的火眼金睛；对我的家庭而言，她又是名副其实的恩人——她永远是因她之助而获得新生的我儿子心目中可敬、可爱，须得感恩一生的“刘大姨”。

对刘秀芳老师的记忆始自 1971 年后半年那阵，当时师生们每天上午集中在学生宿舍“天天读”，一个小时后即无所事事地自由活动，老师们都分散到各个学生小组学习，我由是方得知我们系还有一位刘秀芳老师。

好像前后有两次我从小路到索家坟邮局取家里寄来的邮件，回校的时候都遇到刘老师反向而行。“文化大革命”那些年许多学生对老师都直呼其名了，而我对此偏偏不能，与老师独对时总忘不了礼貌性问候，总还是尊称“某老师”的。路上没有别人，刘老师平时对学生总是慈眉善眼地看，微胖的圆脸上永远洋溢着笑意，对人那么有亲和力，我不由得停住脚步让她先过并礼貌性问候了一句：“刘老师好！”第 1 次刘老师先愣了一下（好像没有认出我是谁），随后才微笑着说：“好！好！”第 2 次相遇，我问好后，她还是微笑着回答：“好！好！”就是这微笑和简短的“好！好！”令那个时期依然有些茕茕孑立、形影相吊的我心里倍感温暖，从而留下了深刻记忆。

后来考取了研究生，惊喜地发现给我们讲授必修课“概率论基础”的正是她。刘老师缜密的数学思维逻辑在讲坛上淋漓尽致地发挥出来，处处表现了一丝不苟的学风。对我们的作业她细心批改后还当面指正、讲解，并指导我们开展习题讨论。从中我们不仅获取了学识，还领悟了教学之道。

后来，我所带的硕士生、博士生的论文答辩，她多次在百忙中应邀到郑州来指导，让我的学生们也同样感受了她学识的渊博、学风的严谨而又与人为善的别样人格魅力！

刘老师对我们的关爱还惠及我的家庭。得知我的儿子患有先天性心脏病后，刘老师一

直牵挂于心——在为我们毕业饯行时，还特别让我到北京为孩子治病时找她。我分配至郑州两年多后，是她未雨绸缪，托在阜外心外科医院从事护理的胡女士为我们联系住院；是她在我们一家于北京等待儿子入院手术治疗期间为我们多方筹划；是她为确保无虞，力主我儿子手术出院后到自己的家疗养一周后再返回郑州，在老师家的那些天我们全家都感受到了她无微不至的关怀与爱护。而我的儿子手术非常成功，术后无后遗症，早已长大成人，现在郑州当公务员，有了自己的小家，也有了自己的儿子。可以说，没有刘老师的牵挂、努力与关爱，也许就很难有我现在这个家，所以，对我和我的家庭而言，永远的刘老师又是名副其实的恩人，——她永远都是因她之助而获得新生的我儿子心目中可敬、可爱，须得感恩一生的“刘大姨”。

孩子在北京住院手术治疗期间，还有严先生和柳师母、陈木法学兄和罗丹同学等也给予了大力帮助，这里一并表示我们全家由衷的感谢！也借此机会向家住北师大的胡女士表示我们全家由衷的感谢！

## 三、想给数学系原总支书记李英民老师连敬三个军礼

记忆中我读研究生期间的数学系党总支书记李英民老师尽管一直在系里做思想政治工作，却从来都不显山露水。但对我而言，我觉得她的重要作用无形而又有形，当我后来也做了部队院校的系党委委员时，我才多少知晓了她所从事的系党总支工作的实际意义和价值。

其实，我人小心大，年幼就发过些生不逢时的感慨——我希望自己生在祖国抵御外侮的年代，这样我就可以披挂上阵，杀敌卫国而建功立业。但我偏偏长在了和平年代，当中学毕业，因身体条件限制连军校也不能报考后，我以为我自幼的从军梦由此终结。但是，研究生毕业分配时，是李英民老师让我的从军梦又变为了现实——时值军校大发展，总参一学院急需学历层次高些的数学教员，李老师向来考察人选的总参和军校干部推荐了楚泽甫、宋惠元和我，结果三人都被幸运地选中。首先我要感谢身为政工干部的李老师基于当时对我的了解、理解和宽容，建议我投身到军校，她代表组织的这一决定还使我思想上再次轻装。其次我要感谢李老师在政治生命上对学生极其负责的求实做法：她关心过我的档案中是否还有“文化大革命”留下的不实之词等；多年后我还得知，她也深知我易于冲动的秉性之弱，所以我们临离校往军校报到时，她还特意嘱咐我的学长楚泽甫要关照我，适时为我把好关。楚泽甫学长也牢牢记住了李老师的嘱托，起初我们在一起工作，相互鼓励、支持，配合相得益彰。后来的十多年，我得以在身为系主任的楚泽甫学长的领导下专心致志地从事专业工作，为我军的现代化建设贡献了个人的绵薄之力，如愿实现了自己的人生价值。由此，回顾在军校工作的这后半生，真有要给李英民老师连敬三个军礼的冲动(也向当时具体负责我们毕业分配工作的阎瑞果老师致谢)。

李老师，您现在安好吗？

## 四、如果时光可以倒流——永远怀念政治辅导员胡祖莹老师

我在北师大认识的第1位老师是我们数一（一）班的政治辅导员胡祖莹老师。胡老师是1938年生人，比我年长7岁，记得她的祖籍应在上海，我入学的1964年她毕业留校为

辅导员。我和数一（二）班的李运华是我们年级最早赶到学校报到的两位急性新生，当时学校的迎新工作尚未开始，我和胡老师的第一次见面是在西西楼的二楼学生宿舍。初次见面，胡老师就说抗击日寇侵华的抗日战争期间，她在重庆住过一段时间，好像还有亲戚留在了重庆，因而和我也算有老乡之缘。胡老师确实熟悉重庆话，对我当时一口纯正的重庆腔（如称之为 fu 老师）还能玩笑地模仿，并不时纠正，指明我交谈中仍用到的有些重庆方言对北方同学说的时候应该如何如何。感谢胡老师对我的信任，新班级组建团支部的时候，我被指定为支部宣传委员（这出乎了我的意料）。但是，出乎她初衷的却是我辜负了她对不谙世事而又桀骜不驯（有时倔强如“黑牛”）的我的信任，我后来的作为给她增添了许许多多多的“负担”和“麻烦”，加剧了“文化大革命”中她一度遭受到的迫害。胡老师离开我们已经 14 年了，但是一想到她，我依然悔恨有加，我真的希望有时光机，让时光可以倒流。

如果时光可以倒流，我希望能回到 1964 年的 10 月下旬至 11 月间，我可以再坚强些，能做好“自我疗伤”，尽快从青春“叛逆期”的“彷徨与苦闷”中解脱出来，不向老师您倾诉自己身为团支部委员而思想却跟不上形势、不适应校园里浓烈的政治氛围的烦恼，更不该向您递交不合时宜的思想汇报。这样，也就不会有您一次又一次苦口婆心地为我解思想之惑（间或还有严厉的批评与责备），也就不会有您连春节都不休息，独自带着我去校外农民家里体验现实的教育，更不会有后来您遭遇的“恶果”。

如果时光可以倒流，我希望能回到 1965 年的 7 月底，那时我们年级搞军训，本该结束了，却因原定要来做总结讲话的某领导有事耽搁，为等待他，军训要延期一日，打乱了我自己的假期安排，我即负气离队。当我为了躲离四处找寻我的军训干部、老师和同学，冒险到太平湖游泳，夜里 10 点多钟才回到宿舍时，您独自一人找到了我，劝说我回到军训营地，我当时真的应该听从您的劝告，回到军训住处——中文楼做检讨。这样就不会有您组织的团支部大会对我的批评帮助和教育，让您事后还承担了用人不当和批评不力的责任。

如果时光可以倒流，我希望能回到 1966 年 7 月初那一天晚上数学楼的 101 教室，当出现罔顾事实的爆料：“胡祖莹执行修正主义教育路线，包庇‘……学生’”，使批斗您的会场气氛骤然升级，您不断扬起被压低的头抗争时，被击蒙的我不应该只是以不跟着呼喊“打倒胡祖莹”的口号无声地抗争，而应该更为勇敢地站起来，堂堂正正地对全场大声说：“错在我一人，胡老师从未包庇过我，而是一直在批评、批判我的‘错误思想’，力图引导我走上正轨……”这样的话，老师您也许就可以免除接下被强迫劳动的惩罚——怀有身孕且带病还被强制在大操场、生物园等地除草等。这样的话，您的第 1 个女儿很可能原本就是健康的，而不是生下就患有心脏病。

如果时光可以倒流，我希望能回到 1969 年的 8 月，在恢复我团组织生活的那次支部大会上能为自己给您带去的“恶果”公开道歉，郑重地当着数二（1）班全体同学的面对在座的您道一声：“对不起，胡老师！”而不是仅仅重申您是代表组织对我进行了许多帮助和批评教育的，只是我自己“执迷不悟”而已。

如果时光可以倒流，我希望能回到 1972 年的 4 月，在我们终于毕业分配工作后，我应该到您那里道歉后再离校的。但当时您参与了我们分配方案的制订，为了“避嫌”，我还是退缩了。

虽说在重返北师大数学系进修和读研究生时，我多次在校园的路上和您相遇，但您那时已在学校科技处工作，还是那么忙，来去匆匆的。记得有一次您曾说您自己是“刀子嘴，豆腐心……”听了令人心酸且痛！此间，曾经很想当面对您说“对不起”，但总觉得在侃侃而谈的您面前没有机会，又怕引起您痛苦的回忆，所以总也没有说出口……

在得知您身患癌症后，我曾多次打电话问候过您，也委派我的学生去拜望过您，但还是害怕勾起您痛苦的回忆而加重您的病情，那句一直憋在心里多年的“对不起”到底也没有亲口说出……

然而，时光又是不能倒流的！2001 年 3 月 6 日您就离我们而去了，我失去了当面亲口对您说“胡老师，对不起”的机会。现在，我只能对在天堂的您大声喊：“胡老师，真的很对不起！希望您能原谅年轻时我的无知、无礼、天真而任性和倔强，您能原谅我吗”？——我面对您的女儿张彤在网上为您所建的灵堂祭奠过您，希望身在天堂的您仍如照片上的您那样青春焕发、阳光漂亮……还希望我们在天堂再见时，您的第 1 句话仍如同 1964 年我在西西楼宿舍里第 1 次见到您所听到的那样：你是李世取吗？……

李世取，中国人民解放军信息工程大学教授，少将

# 体育工作回顾（1975～1989）

刘 美（1964级本科生）

贯彻毛主席德、智、体全面发展的教育方针，体育工作是重要一环，也是数学科学学院发展历史不可或缺的内容。我在数学系工作期间一直抓群体工作，回顾这一历史，或许会起到窥斑见豹的效果。

数学系是一个大系，学生学习负担比其他系更重，因此体育工作越显得重要。一是体育锻炼活动能增强学生身体素质，保持学习精力旺盛，提高学习效率；二是优异的体育成绩能够激发学生的集体荣誉感和自豪感，增强凝聚力和向心力，进而推动其他工作的开展。试想，偌大的一个系如果在体育竞赛中成绩平平或名落孙山，会对学生的心理产生怎样的影响？所以我从思想上重视体育工作，争取有所建树。

做好体育工作，一般号召是不行的，不花气力、付出精力也是不行的，必须精心策划、精心组织、持之以恒方能奏效。

日常体育活动主要是早操和课外活动，如何坚持，养成良好的锻炼习惯是工作的难点。我们从两方面入手：一方面是加强督促检查，要求班级主任尽量出早操，了解班级情况，有针对性地做好工作；另一方面是积极组织开展多种形式的班、级之间的体育比赛活动，由学生会制订计划并付诸实践。

我们认为，在开展群众性体育活动的同时，必须在学校最有影响力的体育赛事中创造佳绩、显示实力。全校运动会无疑是全面展示体育运动实力的赛事，学校的三大杯球赛分别是：星星杯排球赛、月亮杯篮球赛、太阳杯足球赛，足球赛的含金量和影响力显而易见，况且数学系是大系且男生居多，具有足球运动基础。为此，我们将校运动会和足球赛作为集中精力重点突破的方向。

突破方向确定后，首要的是组建队伍，尤其是骨干队伍。通过本系运动会和班级推荐发现选拔人才，还要在招生过程中招一些紧缺急需的体育特长生。对这支队伍，要熟悉他们，关心他们。冒昧地说一句，我熟悉田径项目的主力队员和足球队的每一位球员，会经常同他们聊天，特别是询问学习比较吃力队员的学习情况，给予指导和帮助，与任课辅导老师沟通情况，对他们的学习多开一点小灶。为展示足球队员在球场上的风采，在经费紧张的情况下购置足球队服。球队每次获得冠军后，都要开庆功会表彰。

对于重要赛事必须精心组织，如全校运动会就要抓好几个环节：首先要组织好报名，在各班运动员报名的基础上，由学生会体育部综合调整，填报数学系参赛名册，争取报满各项目限定人数，做到项目报全、人数报满。第2环节是组织好宣传和观众队伍。运动会前要出板报，运动会上要组织广播稿，看台上要有整齐的观众队伍和啦啦队，为运动员加油助威，营造浓厚的人气氛围，有人气就有士气。第3环节是组织好后勤服务，其任务有两项：（1）督促运动员到检录处检录，以免耽误比赛。有的运动员上午有项目，午休中往往醒不来而误检；有的运动员没听到广播；还有的运动员因某种原因想放弃比赛，种种原因都会影响参赛率从而影响总分成绩。督检员的工作既重要也辛苦，他们手拿赛程册耳听大喇叭，四处奔跑查找运动员，让他们按时参赛。(2) 为运动员拿衣服、送水等服务，使运动员感受温情和温暖。总而言之，在校运会上取得的成绩，不仅反映了运动水平，也反映了组织工作水平。

足球队已形成惯例，每场次赛前都要开备战会，查找前一场比赛中暴露出的问题，分析下一场比赛对手的情况，研究采取的战术。足球队例会我都是尽可能参加，以示领导的关心和重视。足球赛场上数学系的观众最多，尤其是决赛场上，看台上黑压压一片，多数是数学系观众，锣鼓喧天，摇旗呐喊，尽显数学系声威！球赛吸引了观众，观众鼓舞了球员，这种良性互动，相得益彰。

经过不懈努力，数学系的体育运动水平有了明显提升。在历届运动会中，总分成绩都能名列前茅和榜上有名，值得一提的是，在 1980 年春季全校运动会上，数学系囊括了学生男子团体、学生女子团体、学生男女团体、教工男子团体、教工女子团体、教工男女团体总分 6 项第一的优异成绩。在足球赛中，从 1980 年组建足球队到 1987 年，获得 6 次冠军。

刘美，曾任北京师范大学档案馆馆长

# 迟到的追忆，深刻的怀念

刘文斌（1964级本科生，1979级研究生）

## 一、我心中的傅种孙副校长

我1964年入北师大数学系学习，其时傅种孙副校长已经去世了，未曾谋面。那时关于他的传说都是负面的，作为“右派”分子是阶级敌人，而我们是无产阶级接班人，想象中他的形象不好。历尽沧桑，渐渐地我们也有了自己的是非观，今天回过头来再认识一下傅副校长，发现，他是一代先师，真正的知识分子，深深地影响着我们。

首先谈“右派”问题，1957年傅副校长以诤友之心写出批评共产党知识分子政策的发言。他尖锐的批评，一针见血地指出要害。如果采纳忠告，就不会发生接连不断对知识分子的迫害，社会经济科学教育事业发展可能是另外的样子。钱学森去世前问：为什么中国教育不出诺贝尔奖？傅副校长早就给出答案，根源在知识分子政策。

今天我们已经习惯于欣赏和培养，懂得配合的精致的利己主义者，什么“骨气”“操守”等概念已经没有了。此时缅怀傅副校长的明知不可为而为之的气概，或许更具现实意义。

每逢强调师德呀，教书育人等，我往往想到傅副校长，他才是我们的榜样。未曾谋面却永记不忘，让我坚持做个真人，这是他的遗产，留给我们的巨大精神财富。

知识分子的人生无非做人和做学问，上面所说是傅副校长对做人影响，万没想到对我做学问还有巨大影响。

我学逢“文化大革命”十年乱世，被丧失了最好的学习年华。当34岁重操学业读研时，自认为强弩之末没有全力投入，现在感到很遗憾！所幸师从当时最豪华的代数团队，有郝鈵新、刘绍学、吴品三、刘云英等老师，他们各具特色的授课使我受益匪浅。刘绍学先生讲课部分内容是他的研究成果，让人看到学术前沿而振奋人心。而其具有研究味的讲课更吸引我，具体地说，用读文献思路讲课，不断提问题，分析问题，并尝试解决，不为当堂课教学计划左右。我大开眼界，很欣赏并渐渐地掌握了方法，改变原来死记硬背读书习惯。应用在日后教学科研中很有成就感，它使我会教，会读，能写，成了看家本领受益终身。

“授人以鱼不如授人以渔”，方法传承更重要。那么是谁传刘先生的，我臆断可能是留学苏联导师库洛什。后来我当面向先生求证，结果出乎意外，原来是跟傅副校长读书时学来的。做梦也没想到，原来我的所谓看家本领，也来自数学系元老：傅种孙副校长。

可见我的人生深深地受益于来自傅副校长的传承，可惜他不能听到我一声感谢，但却永远留在我心中。

一个不敢正视自己历史的民族是没有前途的，那么一个单位呢？在纪念数学科学学院百年诞辰时，如何面对历史真实是对我们的考验。应当恢复傅副校长本来面貌和名誉，不为逝者更为后人。

## 二、学高为师，身正为范——忆张禾瑞先生

我前后在学院10年，特别在“文化大革命”停课期间，师生常一起活动，有机会和张禾瑞先生近距离接触，渐渐地彼此了解相互往来。在当时这是犯忌的，一旦被盯上的话，先生和我都可能麻烦。

“文化大革命”时数学系被关押在黑帮劳改队有十几人，先生没有被关押或揪斗，工宣队曾私下鼓动学生发难亦未果。他留学德国，夫人施密特还是德国人，容易被扣帽子。此外，作为二级教授，同时是系主任，容易被抓辫子。据我所知，先生“文化大革命”受最大触动是扣工资，时间不长又全发了。

先生能平稳度过“文化大革命”，不是奇迹也算幸运，原因是多方面的，但主要取决于他人格魅力。他正直、纯洁、宽宏，儒雅，从他身上可见西方和中国传统绅士遗风。

语言的描述是苍白的，下面把我所知与大家分享，走进张禾瑞先生。

**1. 博大胸襟**

刘云英老师给我讲了这个故事，我多年未曾忘却。

“文化大革命”结束时系里组织出气会，让教师讲自己“文化大革命”期间受的气，放下包袱进入正常态。大家都主动讲，唯张先生没开口。这令人不解，他不可能没有话说，纷纷劝说他放下包袱，推辞不过还是讲了，大意是这样：

“让我说的话，有关学生方面无所谓，但有位教师无缘无故地当面骂我老糊涂，我很不理解。”

是谁呀？有位犯嘀咕，也搞不准是不是自己了。万一是而不言一声，岂不是装不知道又得罪了，那时先生恢复了系主任工作威望蛮高。两难中托刘云英去打听，刘老师找个机会和先生“闲聊”，似漫不经心地问：“张先生那天说的谁呀？”先生听罢哈哈笑了起来说：“你是受人之托，特意来的吧？”刘老师只好笑而默认。先生说：“不管是谁托你来的，你告诉他，第一肯定不是他；第二谁也别想知道究竟是谁。”

故事结局皆大欢喜。可见先生的胸怀和处事手段的高明，宽容确实过人。

**2. 师德模范**

1978年秋我路过北京拜访张先生，那时他重新上岗当系主任，精神饱满像换了个人似的。寒暄几句突然问我：“你说戴修法是不是极‘左’思潮？”戴修法是1964届二班学生，分配外地工作已6年，在校没听做过头的事。我一时摸不着头脑，问这干吗？当我回答：“他不是极‘左’思潮”后，先生紧接着说“有人说他是，我说不是嘛!”原来进修班招生规定，不收“文化大革命”过激学生。当时有人提戴修法是极‘左’思潮，而张先生认为不是，已决定录取他。因为同年级我更了解其人，故先生向我核实他的看法。事过两天又见张先生，有点激动地对我说，上次谈话后他不放心，到系里查名单发现少了一人，追问之下说戴修法被去掉了，他很生气又给添上了。并且说：“我问刘文斌，他也说戴不是极‘左’思潮。”

我感谢先生信任我，但我更佩服先生的责任心、慈爱心。是他的认真和坚持，改变了一个人的命运。“文化大革命”后期红卫兵失势，谁愿意维护他们？戴修法是幸运的，遇

上了曾经被他们推翻了的系主任，但他有一颗慈爱的心，以德报怨地坚持维护他的学生。作为教师，每当讨论师德时，我常常想：何为师德，谁有师德？张先生是典范。

**3. 一个纯粹的人**

天天读老三篇，但也没搞清楚白求恩为什么是一个纯粹的人，我知道张先生是一个纯粹的人。我们刚入学就听到张先生的入党故事。

组织决定发展张先生入党，派董延闿先生去谈话，其实走个形式而已。董先生想，总得谈点什么，让张先生表个积极态度吧，于是提了一个严肃但有点搞笑问题："如果爆发战争，到前线杀敌你怕不怕?"没料到张先生光哈哈地笑不予回答，弄得董先生无可奈何，典型的没经得起组织考验，入党泡汤了。

要说二位先生都够逗的了，董先生提个啥问题，真有战事，派张先生上战场，那仗还有法打吗，投降得了。正因为如此，只需张先生随声附和一下就得了，连小孩都懂的道理，难道张先生真不明白？我想先生不至于简单到这种地步，这涉及他做人的原则，任何情况下心口一致。人们以为他太书生气不会变通，实际上在原则问题上一点不打折。

不说谎是西方做人底线，也是中华民族优良传统。但当下多处是假，做到张先生那样心口一致实属不易，但是随波逐流，还是即使做不到先生那样彻底，也要有所坚持，这是做人的境界和品格问题。

**4. 明明白白做人**

刚工作不久，由于我办事不认真，差点砸锅了。

事由聘请汪培庄先生，到中国海洋大学办模糊数学班引起，问题出在邀请函上，把当时副教授的汪培庄去掉了副字。我代表举办单位到北师大请人时，发现出大事了。张先生非常严厉地批评我，上纲上线，一再强调造成不好影响。我心想社会上类似事多了，干吗这么较真？并辩称自己不管会务，是办事员无意的失误，下次发通知时改过来。先生不依不饶，随你怎么说，反正汪培庄不能去了。一时我傻了，通知已发到全国，心想这回栽大了。当然，最后先生还是成全了我，改派罗承忠老师去补台，班还是办成了，反应还不错。

开始我真不理解张先生，是否有点小题大做。经过自省终于明白了，这是先生自律精神的表现，做人真诚，明明白白，世风浮华也不随波逐流，我心悦诚服地更加尊敬先生。

另外，一字之差等于给汪先生抹黑，戴上了慕虚名的帽子。比如，同事怎么看他，"在外自称教授了?"这不冤枉人吗？张先生实际上在保护汪先生。

张先生对自己要求更严，1988年暑期，为庆先生70岁寿诞，他的历届研究生来贺，其中包括1979级代数研究生班全体。期间我去先生家拜访，几位学长已先登门。他们此来为完成一个心愿，想把当年先生的讲义出版。他们学有所成且有能力组织出版，只要先生同意，从整理到出版发行等环节，均无须先生亲自动手。这不是好事吗，但几经动员先生也没同意，很让人很失望。

著书不出版如锦衣夜行，学生自愿帮忙又何乐而不为也？可先生说不，怎么形容呢？只能说先生"洁癖"。

今天社会"名欲横流"，用学位、职称、成果等装点门面成风，弄虚作假屡见不鲜。不教学的教授，不读书的博士，堂而皇之大行其道。面对这些乱象，能否坚持操守是对每个人的考验。张先生像一棵大树，给我们树立了高大的榜样，而数学系就是一片森林，它是我们漂泊学子的心灵家园。

**5. 踏踏实实做学问**

有一次和张先生聊天，谈到学有成就者，大概有聪明反应快和反应慢刻苦两种类型，我问他属于哪种？他毫不犹豫说属于后者，并讲了自己学习的故事。他在德国师从世界著名代数学家阿廷（E. Artin），有门课从头到尾逐题做，最后两题做不出来，追问到阿廷家，阿廷正准备沐浴，让他先等一会儿，浴后阿廷坐在沙发上想了阵子发现，原来题错了。并说“从刚发表文献整理的，不小心搞错了”，难怪做不出来。

可见先生学习认真程度，成绩也是超常的，我们都曾为学生，深知独立做完书后所有习题不容易。郝钢新先生曾跟我们赞扬，张先生的博士论文非常漂亮，就像他做习题一样，结果完美，不留任何尾巴。在网上可以查看到，直到近期还有置评。

总之张先生做人讲究操守，清清白白，严于律己，宽以待人。做事全力投入，务求完美，不急功近利。给我们树立了光辉的榜样，成为我们的精神财富。正所谓：“学高为师，身正为范”。

在100年院庆之际缅怀先生，更加思念之情，但愿在天堂里他能听到我们的声音！

## 三、和蒋硕民先生侃大山

“文化大革命”期间我在校近8年，有幸和部分老师近距离接触，尽管不属于知识学习，但仍受益匪浅。工宣队进校不久，老师被分到学生中“天天读”，接受学生监督。天天读，学毛著，其实读是摆设，聊天才是主要内容。学生阅历浅故事有限，聊自然落在老师身上，我们组有两个重量级人物，蒋硕民教授和张禾瑞教授，每天蒋先生是主要发言人，张先生话不多，但总在关键处配合主讲。

敏感问题不涉及以外，内容海阔天空，让学生大开眼界，懂得许多革命以外的道理，在后来的人生路，无疑起潜移默化的作用。

举几个简单的例子，想象蒋先生和我们侃大山。

蒋先生说乘船去欧洲经苏伊士运河，满怀希望看夕阳下狮子喝水，遗憾并没看见传说景象。但在我脑海中却浮现一幅画，沙漠上的金字塔壮丽辉煌，尼罗河野生动物出没。多年以后都没忘，总想找机会去看看，圆梦今天已不难，蒋先生是种梦人。

蒋先生偶尔谈他的留学生活，刚到德国语言还有问题。白天憋了一天德语，晚上回宿舍痛痛快快说汉语，又原地踏步了。为此被放逐到一个小镇上，理发都急用先学，外语进步快。时至今日留学很普遍了，我提醒自己的学生，语言路该如何走，从前辈蒋先生那里早知道了。

蒋先生因超重患有心脏病和糖尿病，有一次他说担心自己眼睛，如果视力好，晚年躺在床上读外文小说消遣。我当时觉得话有玄机，为什么喜欢外文小说？在知识无用停课闹革命，扫除封资修的年代，先生无疑表达对西方文化好感。而能说与我们是信任，因为一句话出事屡见不鲜。

蒋先生记忆力惊人，听郝钢新先生讲，师母潘耀华翻译电影时，无论如何没查出一个名词（实际是人名），有人建议问蒋先生，他略微回想一下给出答案：1936年德国拳击冠军。天哪！半个世纪过去还能记得，一时传为佳话。

食物贫乏爱聊吃，俗称精神会餐，也是我们天天读话题。

先生说20世纪60年代，陈毅副总理在人民大会堂招待北京高校教授会餐，吃什么呢？一个菜，红烧肉！大概一块 5 cm 见方，吃管够。蒋先生没说他吃了几块，最高纪录是地质系一个教授吃了 10 块，这个“温馨”故事一段时期被津津乐道。我猜想它所以引人入胜，可能是人民大会堂红烧肉魅力，在那个时候多解馋啊！今天它无法让人垂涎了。其实故事让人心寒，一个红烧肉吃得教授斯文扫地，还念念不忘，多么困难的时期啊！

另一件吃食曾让我不解，先生说欧洲人吃生火腿，他也喜欢。我迷惑地求证张先生，他说真有其事，还说他也喜欢，想必美食喽。2007 年儿子在法国做访问学者，我探亲顺便南欧游，还真品尝到了。确实较爽口，没有熟火腿的罐头味，于是我也成了生火腿爱好者。如果先生未曾提及，可能熟视无睹，见到也不敢吃，看来吃也要知识传承。

还有一次先生兴致勃勃，大谈朋友请吃龙虾，还评说其味鲜美，但壳多欠实惠。立马把我震了，龙虾该多珍贵了？这辈子别想。后来跟儿子闲聊说过龙虾，他竟然留心了，现在我过生日时，他总张罗买龙虾，根儿在蒋先生。

以上也是“文化大革命”天天读实况一瞥，展示后来人，了解那段历史。

回想天天读聊天内容看似琐事，但对我们却多方面影响深远。由此我联想到自己，作为一个教师，一言一行都可能影响学生。因而在传授知识的同时应努力做好自己。

那么做个什么样的人呢，其实是有明确定义的，但我理解不好。于是转而找模型，发现模型就在母校。数学系的老师个性鲜明、风格独具。有犯上进谏的一代宗师傅种孙，他代表传统读书人的风骨；有待人宽厚温文尔雅绅士张禾瑞；有思想豪放天马行空侠士蒋硕民等。我把数学系比喻为个性人格博物馆，展现特色鲜明的范例供模仿。

后来又发现，在某种意义上我已被母校铸就，无论在哪里做什么，包括言行，有意无意地都在模仿。母校对于我不但是简历主项，头上的光环，实实在在是教我成人的地方。

我先后求学数学科学学院近 10 年，尽管期间也有风风雨雨，但对学院的感情还是深厚的，借此机会祝愿百年的数学系繁荣昌盛！

刘文斌，中国海洋大学数学科学学院教授

# 追忆“文化大革命”中的华罗庚和张禾瑞先生

王法思（1964 级本科生）

## 一、结识华罗庚先生

1967 年初，为适应中小学“复课闹革命”之需，北京师大数学系 7643 班成立了中小学教学教材编写组，成员有：刘云英、林方域、王申怀等老师；王景陶、晏相中、赵培元、贾大文、匡泽友、徐建勋、司春裕、李静山、龙雅珍、汤焕阳和我等同学。

在讨论教材编写大纲时，我提出除应征求工农兵和中小学数学教师的意见外，还应该征求知名专家学者的意见。会上立即形成支持与反对对立的两派，支持派处于少数派。

1967 年夏，我和王景陶等人在中国科技大学拜望了华罗庚，华老和蔼可亲，平易近人，非常热情地接待了我们，并仔细阅读了编写大纲，逐章、逐节、逐条地提出修改意见，不知不觉已近中午 12 点，还没有完成任务的一半，华老建议明天在他家中继续讨论。

华老家在北太平庄铁狮子坟国务院宿舍（范文澜、包尔汉、郝威等均住在此）与北京师大仅一路之隔。

1967 年深秋的一个下午，我与北师大天文系何克抗老师就太阳黑子的一个数学问题去华老家中请教，正赶上中国科学院造反派抄华老的家。我无法接近华老（他手拄拐杖，站在客厅的西南角，神态沉重，一言不发）。华老的夫人在院外的西南角，当我靠近华夫人时，她在我手心上写了一串号码，并目视东方，我立即意识到这是一个电话号码。我若无其事地离开人群，走到华老隔壁的范文澜先生的家（因为我多次去华老家，范老认识我）。我一句话未说，范老指了指客厅一部红色电话，我立即按华夫人交给我的号码拨通了电话，接电话的是周恩来总理的秘书周荣鑫。大概一个多小时，七八辆大卡车的解放军，团团围住了华罗庚的小院，阻止了中国科学院造反派的抄家行动。直到“文化大革命”之后，华老的部分手稿仍没追回。

1972 年春，我离开北京回安徽工作时，华老将范文澜先生赠送给他的《文史资料》60 余箱和毛泽东主席 1964 年写给他的信转送给我。毛主席信的全文是：

华罗庚先生：

诗和信已经收读。壮志凌云，可喜可贺。肃此。

敬颂

教琪

毛泽东

一九六四年三月十八日

1976年毛主席逝世后，中共中央发出通知征集毛主席的遗物，我又将这封信送还给华罗庚先生。

从1967年至1985年，我一直与华罗庚先生保持着联系，1972年之前，每年“十一”后，他都带我游览香山，1972年后，他曾给我写了十几封信。

华老已逝世整整30年，有几件事给我留下十分深刻的印象。

1. 爱书如命

走进华老的家，仿佛走进了图书馆，楼上楼下、客厅卧室……到处摆满了书，他不仅将大量期刊精装成册，甚至将多年的皇历都保存的整整齐齐。他常说：“我一天也离不开书，书一天也离不开我。”

2. 珍惜光阴

在那“读书无用”的非常年代，全国上下、男女老少谁还读书？但华老一直坚持每周一、三、五上午静心读书。有时在汽车上，他还坚持思考，不时将有些问题记录在香烟盒上或扇面上，下车后将这些零零碎碎的纸片整整齐齐地贴在笔记本上。

他十分珍惜自己的手稿，多年的手稿他都井然有序地存放着。对被造反派抄走遗失的文稿，在他逝世前还一直表示十分痛心。

3. 关心身边的工作人员

华老平易近人，根本没有“大家”的架子，非常关心身边的工作人员。组织上安排温寰海先生担任华老的秘书，对于一些事务性的工作，华老都不打扰温先生，而是由华老的夫人吴筱元代劳。1969年，温先生随同中国科技大学下迁至安徽合肥，在温先生住院期间，华老多次到医院看望。

华老的司机家庭困难，华老不仅每年都要接济他，而且关心、辅导司机的小孩的学习。

4. 严格认真

华老在学术上非常严格认真，他在回答学术问题时，仅提供思路，不回答结果，目的是让学生自己思考，自己找出答案。我一个同学就“斐波那契级数”的一个问题请教过华罗庚，前两次华老都认真地予以回答，但我这位学兄虽然经过努力，仍没有得出结果。在第三次请教华老时，华老一反常态，将我这学兄批评得无地自容，这一次，华老仍是只给思路，没给结果。多年后，我这位学兄非常得意地说：“挨华老的批评，值得，值得！千金难买，终身受用。”

## 二、抢救张禾瑞先生追忆

2011年12月23日，北京师范大学数学科学学院举办纪念张禾瑞教授诞辰100周年座谈会。我作为京外的四个特邀代表之一有幸参会。会上我奉送一幅书法拙作：恩师张公音容永驻，禾瑞教授英灵千秋。

我之所以被邀请参会，其主要原因可能是“文化大革命”中我两次救过张先生。

1969年初春是个干冷的季节。一天早饭后，张禾瑞先生正与我们班（7643班）十几个学生一起“天天读”，9点左右，张先生突然喊了声“不舒服！”立即瘫倒在课桌上，他眼睛紧闭，面色苍白，对同学们的呼唤没有任何反应。大家不约而同地将目光集中在军代表郑班长的身上，很长时间这位班长没作任何表态。也不知谁喊了声“赶紧送医院！”我二话没说，立即背着张先生从三楼跑到校医院。

到医院后我已经累得上气不接下气，棉衣棉裤都被汗水浸透。医生给张先生注射一支强心针后，建议立即转院，并安排我立即要工宣队、军宣队派车。我跑到主楼找到校工宣队队长王某，他非常严肃地说："这个人是阶级队伍清理的对象，有非常复杂的海外关系。"并明确表示不能安排车辆。我以"救死扶伤，实行革命的人道主义"与其争辩。在我与他进行争执时，军代表丁政委从楼道的另一端走过来。我说明来意后，丁政委安排了一辆小轿车。应该说，是校军代表丁政委救了张先生。

张先生被送进了北医三院，以后又转入北京医院。在张先生住院的 3 个多月内，由于张先生的夫人不会说汉语，张先生的儿子张汉生（他当时在外文印刷厂工作）又请不了假，我一直在陪护着他。

1971 年冬，张禾瑞先生心肌梗死病再次复发，受系工宣队的指派，我再次在医院护理张先生一个多月。

1985 年，我看望张先生时，他将他结婚时的一套西德银餐具赠送给我。

王法思，安徽省临泉县教育局局长（教育委员会主任）

# 我与北师大数学系半个世纪的情缘

王家铧（1964 级本科生）

我是 1964 年 8 月接到的北师大的录取通知书。当时的录取通知书很简单，就是一个印有北师大校名的普通的牛皮纸信封，里面装着一张录取通知书，上面写道："王家骅同学：根据国家需要和你的志愿，已录取你入我校数学系学习。兹定于 8 月 31 日开学，8 月 25、26 日办理报到注册手续。"我名字中的铧字还错写为骅。还有一篇共青团北京师大委员会及北京师大学生会的致辞，以及一些关于报到的注意事项。我接到录取通知书并没有像有些人那样激动、兴奋，当然也没有懊丧或不满意，而是很平常的心态。因为当时我家就在北京，从小学到高中都是在北京读书，初、高中又都是在北京较好的学校男八中上学，男八中大概没有几个考不上大学的吧。

但是，到北师大报到时，心情就大不一样了。毕竟我也是第 1 次进大学的校门（那时也没有像现在这样报考前先考察一下学校），给我的感觉就是大学真大啊！比我们中学的校园大多了。报到时领了一些材料，其中有一本北京师范大学迎新工作组编的小册子《欢迎新战友》，至今我还保留着，里面有北师大校园平面图，但是我也没认真看，待我要离开学校回家时，竟然找不到校园的大门，问了好几个人后才出了学校当时的东门。

## 一、两年的学习生活

报到后我被分到 7644 班（7 是当时数学系的代码，64 是指 1964 年入学，即 1964 级，最后的 4 是 4 班。我所在的班是数学系 1964 级 4 班），至此，我与北师大数学系开始了半个世纪的情缘。

我们班只有 5 名同学是北京人，而且北方人都不多，大部分是南方人。有些南方同学大都不知道北京有多冷，其中有位叫曾广昌的江西人，竟带来一床 10 斤重的厚棉被，而且是旧时农村的土布印花被面，惹得同屋的人一片惊讶。大家问了他几遍是哪地方的人，他总是回答："缸西古更"，查地图才知道是江西省永丰县。我们班同学之间大都愿意起外号，几乎人人都有。王佐汉家住在沈阳市大东区的八王寺，那里有个著名的汽水厂，八王寺汽水在沈阳畅销了许多年。班级同学得知后，竟笑称他是来自"王八寺"的。又看他长得粗壮，则被人称为"老虎"。与我同宿舍的邵福源（早已于 20 世纪 80 年代去世）由于爱唱"马儿啊，你慢些走……"那首歌，就叫"马儿"。由于我是从男校来的，见到女生总有些腼腆，班上的女同学就叫我"老绵羊"。记得班级同学的外号还有：油桶、戴高乐、老土匪、老病号、老东西、老疙瘩……不一而足。

刚入学不久，就迎来了中秋节。班主任陈平尚老师担心大家想家，就在数学楼阳台上组织了一次班级的中秋晚会，赏月聊天。很多人不会也不好意思演节目，陈老师就让大家每个人都用家乡话向大家介绍自己，真还有不少南方同学的话我都听不懂，普通话也说不好，后来渐渐适应了，过了没多久也就听懂了。个别同学在北师大待了七八年，家乡的口音也没多大改变。

我还清晰记得一、二年级给我们上课的几位老师：高高个子的董延闿老师、长得胖胖的陈绍菱老师，还有时任系主任的张禾瑞老师，教数学分析的赵慈庚老师，教高等代数的黄登航老师，年轻一些的王敬赓老师和陈平尚、蒋绍惠两位班主任老师……那时，老师们特别是辅导老师批改作业都非常细致认真，我一直把几位年轻老师王敬赓、陈平尚、黄登航批改的解析几何、数学分析、高等代数作业保留到我到沈阳师范学院任教之时，后来甚至有时还拿给一些年轻教师及研究生看，作为楷模样本。几位教我课的老师中给我留下印象最深的是孙永生老师，一、二年级最难学的数学分析那门课，让孙老师讲得清清楚楚、明明白白，证明定理时推导得一步一步地是那么的明晰、严谨，有理有据。我真感慨能到北师大数学系读书，聆听到这么多知识渊博、讲课出色的老师们的教授。

但令人遗憾的是我们班5名北京人，包括我在内，学习成绩除外语等公共课外，所有的专业课都排在倒数第几名。其他同学，特别是南方的一些同学，学习都很好，而且还不大费劲。我和几个北京的同学学得都很吃力，有一名北京同学叫吴月娟（“文化大革命”初期就因病去世了），甚至有一门课还要补考。后来我才找到了大致的原因，不是因为我们几个学习不努力，可能是由于当时在北京录取的分数要比外地的低，我们的数学专业基础赶不上那些南方同学。现在高考也是这样，北京的录取分要比其他地方低很多。

在入学后的前两年，大家不时地结伴外出游玩，有一次是骑车去十三陵水库。我们男女生10多个人，骑了不到10辆自行车，几个男生（除我之外）每人还要带一名女同学。有时遇到上坡坡太陡时，还得下车推着走，确实把几个带人的男生累得够呛。我因那时刚学会骑车，还不大熟练，自己骑都很费劲，当然也就不能带人了，就这样等回到学校时，裆那地方有些磨破了，上楼都非常吃力，真有点丢人。

由于我在高三时当了一个学期的班文艺委员，到了北师大数学系，年级辅导员胡祖莹老师就把我推荐到系学生会文艺部做干事。二年级时就当上了系学生会文艺部部长。我记得印象较深的一次文艺活动，也是我入学不久的第1次文艺宣传活动是在1964年10月16日，那天我们在广播里听到我国成功地试验爆炸了第1颗原子弹。系学生会文艺部临时组织排练了几个简单的小节目，在当时的北饭厅中午吃饭时做了表演宣传。虽然节目不是很精彩，但气氛相当活跃，观众和我们一起高呼口号，群情激昂。后来，只要是有大型活动，数学系的老师和学生在一起时，都是我在前面指挥唱歌。直至20年之后，我返回母校见到一些数学系的老教师时，他们都一眼就认出我：这不是当年指挥我们唱歌的王家铧吗！

## 二、“文化大革命”时期的6年轶事

1966年6月开始的“文化大革命”时期，全国各学校都停课“闹革命”，北师大也不例外，而且继北大之后，率先贴出了大字报。随即在北京高校成了“文化大革命”的“先锋”。号称五大学生领袖之一的谭厚兰就出在北师大。

7644班也分成了红卫兵师、井冈山公社及造反兵团等各派，还有的人哪一派都不参加的，后来人们称之为“逍遥派”。“文化大革命”让我们班同学之间产生了隔阂，有的见面都互不理睬，甚至产生了敌对情绪。那场动乱，不仅给国家带来的是一场灾难，对我们班级同学之间的感情也是一个严重的冲击。但毕业后的几次同学聚会，大家都把那些隔阂抛到九霄云外了。

“文化大革命”期间，班级同学不时会被组织到农村和工厂劳动锻炼，数学系的几位老师也和我们一起参加劳动锻炼。其中有一位罗承忠老师，同学们给他起的外号叫“罗尔”，缘于罗老师讲过微积分，而微积分里有个罗尔定理，罗老师瘦高的个子长得还有点像外国人，故称作“罗尔”。还有陈方权、谢宇、韩丽娟、陈绍菱、蒋硕民等几位老师，尽管有的老师都被批斗过，但是他（她）们和我们班级同学的关系还是相当融洽。有人说起上大学后老师与学生的关系是：“一年级行个礼，二年级握握手，三年级拍肩膀……”我们与老师都已经超过了拍肩膀的关系了。那时也不分老师学生，就和我们班的同学一样，只是年龄比我们大。身材特别胖的蒋硕民老师，非常乐于和我们学生聊天，他一看我的面孔及眼睛，就马上说出我是天津人。别的同学他也能这么看出来是哪里人。看了姜菊华的面相，就猜出她是满族。我们问他挣多少钱，他很坦然地说当时他工资的零头都比我们的工资多得多（虽然还没有毕业分配，但我们从 1970 年 7 月就开始发工资了，当时的工资是每月 46 元）。特别令我一直非常敬佩的是王树人老师。“文化大革命”前他是数学系的党总支书记。“文化大革命”初期被打成“走资派”，下放到我们班级参加学习、劳动。和我们在一起时，我们班的同学并没把他当作“走资派”。其实我们也并不知道他为什么会成为“走资派”，只是从大字报上了解一点儿所谓的“罪行”。因此，和其他老师一样，我们也把他当作班级的一员。我们 7644 班照毕业照时还请王树人老师来，他非要站在后面与我们男生在一起。毕业后的班级几次聚会，已退休的王树人老师都还来看望我们。母校 110 周年校庆时，王老师年事已高，身体又不太好，仍然坚持到我们班级来看望，足以见证我们 7644 班和数学系老书记间的感情之真挚。“文化大革命”期间我们与老师们的融洽关系，更印证了我及我们班级与北师大数学系的深厚情缘。

## 三、两次返回北师大数学系再学习的经历

由于“文化大革命”时北师大被认为是所谓“五一六”的黑据点，就连我们的毕业分配也比别的高校晚了近两年。“文化大革命”时期老五届的最后两届，大都是 1970 年 7 月分配的，我们也是从那时发了工资，但未能分配，要求我们继续留在学校搞“革命”。直至 1972 年 4 月底才分配。我被分到了辽宁省高等院校：辽宁第一师范学院，而地点是在朝阳。起初，大家还都有议论，特别是一些中小城市，如宣化、赤峰、朝阳等，可谓是：“一个公园两只猴，一个警察看两头……”但我毕竟还是分在高校，在大学要比分在县以下的农村中小学的大多数同学的条件好得多。到朝阳后，我听说数学系 7651 班的王大春同学分到了昭乌达盟的阿鲁科尔沁旗，坐火车到赤峰，还要再坐汽车，到阿旗后得骑马才能到他报到的学校。总之，比上不足比下有余。自认为还是比较满意的，何况那时是绝对服从组织分配，即使心里不满意，表面上也要说得好听些。党指向哪儿，就战斗在哪。我那时的觉悟并不高，实在是有些“口是心非”吧。

毕业分配前，还有件令我深深感动的事。周恩来总理请我们北京高校 1969，1970 两届毕业生在新建的首都体育馆观看一场冰球表演赛。那时，走进能容纳两万人的体育馆，又是在夏天，下面竟是明亮亮的冰场，而我们却一点不感觉冷。大家无不为之惊叹。在即

将离开首都北京之时，能看到这样的一场冰球赛，喜悦兴奋的心情无以言表，既赞叹我们国家的发展建设的成就，更要感谢周总理对我们大学生的关怀。

我毕业分配到辽一师后，一直在数学系任教。由于是名牌学校来的，又是北京人，口音也标准，只要认真备课，就能把课讲得很好，深受学生的欢迎。几年过去就成为系里的年轻骨干教师。当时，为了系里的教学工作，我还放弃了回北师大“回炉”（回北师大再学两年的专业课）的机会。“文化大革命”结束后，全国重点高校对1969，1970，1971这几届毕业生，都采取回学校补修“文化大革命”期间未能学完的课程的办法，来弥补未完成的学业，而后可以得到本科毕业证书，称之为“回炉”。

虽然我没有“回炉”，但在1984年获得一次到北师大数学系旁听课程进修的机会。我听了傅若男老师讲“射影几何”的全部课程。傅老师讲课的细致、严谨，板书的规范、工整，给我留下极为深刻的印象。那时，没有多媒体设备，傅老师讲每节课都是写满一黑板，定理及定理的证明，公式及公式的应用，习题及习题的解法与思路，让听课的学生们一目了然。如有学生没听懂，她会不厌其烦的再重复讲一遍。我那次旁听课程，没能住在校内，而是在北京大学旁，颐和园附近租住的居民房子。每天都坐公交车赶往北师大，到图书馆看书。一旦有傅老师的课，我即按时去听课，从不缺课。回到我任教的沈阳师范学院，“现买现卖”地教了十多年“射影几何”课（我在北师大读书时的那两年并没有学过这门课）。据学生反映效果还不错，这都得益于傅若男老师啊！

还有一次回母校数学系再学习是在1999年。我获得了到北师大数学系作高级访问学者的机会，师从王申怀教授。这次再学习的主要目的是提高我的科研能力，争取尽早发出水平较高的科研论文，为我能在沈阳师范学院评教授做准备。那时住宿条件要比1984年好得多了，学校安排我们访问学者及进修学员住在新修建的塔楼，一套三室一厅的房间住三个人，厨房、卫生间一应俱全。我在那住了将近一年。期间，我们访问学者是可以自由选择听数学系的任何老师讲的课程。我当然首选我的导师王申怀老师讲的“基础数学研究”课，我和王老师的研究生一起听这门课。另外又选择听严士健老师为研究生讲的“概率统计”及“数学及数学应用的发展与数学教育”。期间还聆听了钟善基先生讲的“教学论”。虽然钟先生早已过世，但尔后我讲课一提到北师大数学教育的三位元老（钟善基、丁尔陞、曹才翰）时，钟先生一板一眼解释古文的洪亮声音就响在我耳边。老师讲课的所有内容我都认真地做了笔记，课余时间到图书馆读书也做了读书笔记。这次再学习，收获之大，使我取之不尽，用之不竭，为我其后的教学与科研打下了极好的基础。

返回沈阳师范学院不久，我就在学术期刊上发表了数篇论文，又评上了教授。后来还被评为教学名师。这些成绩的取得，是与北师大数学系密不可分的，离不开北师大数学系老师们的谆谆教诲。我要深深地感谢北京师范大学数学系，感谢数学系的老师们！从我1964年8月到北师大报到，编入数学系7644班至今已半个世纪，我与北师大数学系的情缘始终未了，我几乎每年都要回母校看望我的老师和同学，以后我仍然会继续关心数学科学学院（原数学系）的发展及所取得的成就。祝愿百年的北师大数学学科的明天更加辉煌！

王家铧，沈阳师范大学教授

# 难忘的记忆

## ——记数学系1979级和1980级义务植树劳动

胡景浩（1965级本科生）

我在北京师范大学数学系学习工作22年，又在学校图书馆和学校职能部门工作19年后退休。数学系是我大学生活的起始之地，是我工作的起步之地，是我从幼稚逐步走向成熟之地。这里聚集了太多的好人，他们中有我的辅导员，我的老师，我的领导，我的同事。其中也有我接触过的一届届学生。这里有我太多太多的记忆。组织数学系1979级和1980级学生义务植树是我最难忘的记忆。

1982年5月我作为数学系行政副系主任，从学校领受了义务植树的任务。我自告奋勇担任领队，组织了数学系1979级和1980级两个年级学生各为期5天的义务植树劳动。

这次活动有那个年代的特点，安排也有特别之处：（1）那是1981年12月13日全国人大5届4次会议通过《关于开展全民义务植树运动的决议》后的第1个春天，中央领导带头，全民动员，植树造林，绿化祖国，治理山河，维护和改善生态环境；（2）大批学生停课一周，吃住在校外参加义务劳动，在当时虽已不多见，但还能被接受；（3）那年只派出了中文、数学两个系各两个年级的学生，代表北师大参加北京教育口的义务植树劳动；（4）从此以后没再延续学生长时间停课参加义务植树劳动的做法。

经过33年，多数当事人对那次义务植树劳动的记忆已经不再清晰，但我相信，作为那个特定年代的一个特别的活动，它会永远留在所有亲历者的记忆里。对于多数学生来说，那是第一次经受艰苦劳动的锻炼，第一次深刻经历集体主义精神的洗礼，那是一次心甘情愿、激情四射、无报酬纯义务的付出，是一次与首都北京与子孙后代相联系的绿色行动。对于我来说，那是我第一次独立组织大型活动，我和学生们同吃同住同劳动同娱乐，仿佛年轻了十岁；认真细致的组织工作带来的成功让我内心充满激动。活动的圆满带给所有参加者自豪、幸福的体验和积极向上的力量，也带给我珍贵的生活启示、工作经验和工作的自信，让我一直享用至今。

我手头恰好有两份材料，是我当年写的植树劳动动员和植树劳动总结，它展示了那个年代那次活动的真实和具体。今天看了仍很开心。我把它作为一个资料，留给数学科学学院，作为一个礼物献给北京师范大学数学学科创建100周年，唤起遍及祖国和世界各地，参加过那次活动的莘莘学子的回忆，想起北京，想起培育他们的北师大，数学系，想起当年……

## 一、植树劳动动员

### (1982年5月20日 数学楼101教室)

我们知道，全国人大5届4次会议通过《关于开展全民义务植树运动的决议》，把义务植树作为一项法律确定下来。在今年的植树节前后，胡耀邦、邓小平等中央领导同志带头在北京城市、郊区和群众一起植树。与此同时，全国各省、区的主要党政领导也和群众一起参加了植树活动。4月初全国义务植树形成了高潮。

义务植树作为法律确定下来，一是说明每个公民都要无报酬地给国家和社会工作；二是说明义务植树不是几年十几年的事情，而是长期的战略部署。

就北京郊区而言，树木的覆盖率由解放初的1.3%提高到15%，但还远远落后于其他一些国家首都的绿化水平。由于绿化造林跟不上，缺乏森林屏障，生态平衡遭到破坏，影响了农牧业生产和人民生活，这种状况同首都所处地位极不相称，因此必须大力开展绿化造林。

为了有组织地进行义务植树，国务院批准成立了首都绿化委员会，各区县各系统都成立了相应的组织，我校也成立了绿化委员会，由主管的副校长任主任，由职能部门、工会、共青团负责人任委员。

4月20日以前，在40天内全市出动了400万人，城乡共植树2 680多万株，超过了原计划的69.6%；紧接着首都绿化委员会又要求市属单位的义务植树队伍到郊区去绿化荒山，明确近期目标集中在门头沟、卧龙岗和十三陵等重点绿化区，并确定了责任区，任务分到市高教局，高教局又分到片。我们属于邮电片，我们片有6个学校：邮电、政法、财金、交大、体师、北师大，地点在十三陵西北，通八达岭的新道上的果庄大队。

荒山植树，我们是4年任务。6个院校要完成32万株。今年完成3万株。现在挖坑，7～8月雨季栽树。我校今年承担12 000株，去中文、数学两系，每系5天，各完成6 000坑。

坑的大小因植的树而定，具体要求到时作说明。不过从前几批去的院校情况来看，一般每人都能完成。每人定额视去的人多少而定，北医平均每人每天10个，邮电13.5个，政法16～17个。

中文系劳动时间是从5月21～27日，分两批去两批回，错开一天。我们是5月27日至6月3日，也是分两批去两批回，1979级5月27日至6月2日，1980级5月28日至6月3日。

每天的安排：上午劳动，下午学习和文体活动。早5：30起床，6：00开饭，6：30出发，11：30下山，1：00～3：00休息，下午安排文娱与体育活动，10：00熄灯。

劳动期间吃包伙，每天补助7角，自己交5角，12人一室，睡木板床，女的有铺垫，男的垫砖头，有电灯。

劳动期间需要着重注意的三个问题。

①安全卫生问题；②质量问题；③纪律问题。

安全卫生问题特别重要，有四个方面要说。

第一是不喝生水，不吃不干净的东西，防止病从口入。据化验：山上下来的流水中，含有大量大肠杆菌，到时又天热，免不了苍蝇、蚊子。第二是劳动中的安全。使用锹、镐注意距离，山上陡峭，注意站稳，不要上下一齐干，防止石头滚下，砸伤；山头有荆棘子，小心扎脚。第三是下山回家的路上，不要跑、跳，也不要离开队伍，前后要拉开距离。第四是劳动后要披上衣服，不要冷水浇身，不准下水游泳，以免着凉和出现危险。

质量问题也很重要。挖坑要按要求，服从劳动委员的指挥和安排，不得各行其是，否则挖坑太密、太小、太浅，不能种树，有劳无益，叫栽树的人骂我们不说，最后不能达到植树的目的，落个年年种树不成林，所以人人要把质量关。

纪律问题十分重要。所谓纪律，包括两方面，首先是群众纪律；其次是学校为保证大家安全和健康的有关规定。果庄大队靠山吃山，靠的是果树，有梨，杏，苹果，山里红等，没有其他收入，吃粮靠国家。就李子一项来说，它既是农民的一笔现金收入，也是我国一笔外汇收入。收获季节，外贸局出车来拉。社员每人只能分 2.5 kg。因此，树上的果子绝对不能摘，掉下来的也不准拣，为此，我们有专门的纪律。另外，要爱护山林，不要折树，不要踩了农民的薯秧。总之，要爱护农民的一草一木。

植树劳动是我们这学期教学内容的一部分。我们要上好这一课。由于大家入大学以来劳动较少，因此观念较弱，能力也较差，这是应该承认的。我们要充分利用这次为期一周的植树劳动，增强体质，增强适应环境的能力，学会一点劳动本领，这是一项立身做人的基本建设。

劳动是一项集体的活动，需要互相配合、协助、照顾，这比我们日常的学习、生活中的集体主义的色彩浓厚得多，这也是一次集体主义的教育和学习。平时我们同学之间接触的面不广，尤其男女生之间，班与班之间，了解得不多，个别同学之间曾有过误解、摩擦，甚至发生过不愉快的事。我们希望通过这次劳动，增进了解，消除摩擦，增强团结，互相关心，互相体谅，劳动中男同学多帮助女同学，体强的帮助体弱的，大家都关心有病的同学。通过劳动，我们希望同学关系得到新的改善，班集体更加形成和巩固，涌现更多的好人好事，迸发出更多的集体主义的火花。

植树造林，到山区去绿化是一件很有意义的事。这是造福于子孙后代的工作。几年以内，国内、外的友人去八达岭的途中将看到我们亲手栽种的树木，对北京对中国产生美好的感情；再过多少年，当亲友、当后辈问起你在北京读书可曾为首都人民和首都建设留下了什么，那时你就可以自豪地说，我曾在北京山区参加植树造林，为保护环境、绿化首都做了一份贡献，山区的土地上流下过我的汗水。直到今天我们的老教师、老校友为当年参加十三陵水库的劳动仍保留着美好的回忆和发自内心的自豪，成为他们学习、工作和生活的动力。我相信，这次植树造林的活动，也将作为难忘的有意义的一页写进每个人的生活历程里。

我们是代表数学系全体学生、全体教职工，也代表全校的教职工和学生去山区完成植树任务的。我们要代表得好，完成得好，要为我系增光，要为北师大争光。希望大家保证安全，身体健康，踏实劳动，遵守纪律，圆满完成全系及全校的重托，胜利归来。

劳动的个人准备：棉被、棉褥要带，枕头根据个人情况，脸盆、肥皂、牙膏、毛巾、日用品要带，餐具自带，衣服每人准备两身，毛衣或毛棉坎肩一定要带一件，鞋子要准备两双，暖瓶每 10 人带 1 个即可，还有卫生纸。学校准备有草帽、水壶、劳动工具。

出发时间（当天中午饭自备）：5 月 27 日 1979 级出发，6：30 集中行李，7：00 人员集中出车，到十三陵玩到 10：30，10：30 由十三陵开车去果庄。

下午：①讲植树要求讨论；②活动安排及注意事项重申。

6 月 2 日回。下午 1：00 车去八达岭，4：00 回校。

5 月 28 日 1980 级出发，时表同上，6 月 3 日下午 1：00 八达岭，下午 4：00 回校。

## 二、植树劳动总结

### (1982 年 6 月 3 日　数学楼 101 教室)

紧张艰苦的植树劳动结束了。这对数学系 1979，1980 两个年级 175 名同学来说，不仅是一次锻炼，简直是思想、意志、体质的一次考验。我们绝大多数同学很好地经受住了这次考验，四天完成了挖坑 6 054 个的任务，平均每人每天挖坑 8.6 个。

我们的劳动可以这样来说：服从指挥团结干，质量个个紧把关，工伤少有无事故，五天任务四天完。一句话：狗赶鸭子——呱呱叫。我们之所以取得成功，原因是：

1. 发扬了革命的英雄主义，顽强奋战。劳动四天，大家热情高涨，争先恐后，谁也不示弱。不久前刚献过血的 25 名 1979 级同学主动参加了这次劳动。在这些献血的同学中，1979 级 1 班的龚浩抢着在地质不好的地段挖坑，中间也不休息，天天完成任务。他说："完不成任务于心不忍。"该班李仁所 5 月 21 日完成 25 个坑。1979 级 2 班献血同学戴敦敬、王先阶和女同学搭组挖坑，每天都超额完成任务 3～10 个坑。尤其是 1979 级 3 班蒋力同学，他是来前两天献的血，来时还拉着痢疾，来后一天也没休息，天天超额完成任务。这些同学的精神是十分感人的。

在其他同学当中，1980 级 1 班体弱的胡伟卿、张瑞本来可以不来，她们争着来了，每天跟着干。1980 级 2 班的阎立波手被扎破了还带伤劳动，5 月 31 日当天和一女同学成组，挖了 30 个坑。1980 级 2 班的李英身体不好，开始在家帮厨，后来听说任务重，也上了山。1980 级 3 班的田东风患有高血压病，来了三天出了几次鼻血，一直不下火线。1980 级 3 班的杨刚来前扭了脚，每天瘸着上山干。1980 级 3 班的唐金桥胳膊被树枝挂伤，缝了 3 针，仍然不休息，天天上山，中午还帮着出板报。1979 级 1 班的孙国文三天来一直拉肚子，没有一天休息，一点也不少干。该班孙莹等 4 个女同学由于上火和劳累，一顿饭量减到 1 两，但谁也不惜体力，每天挖坑不止。1979 级 1 班的 4 个同学蒋文江、张绯绯、王中华、罗建刚，脚均被扎伤，有的还很深，也是天天超额完成任务。蒋文江脚上裹着纱布照样上山。1979 级 3 班的袁华得了重感冒，当天还上了山。李雪手上打起了泡，皮粘在镐把上，不叫一声苦。四天当中各班几乎天天满勤，留帮厨的生活班长很难完成任务，谁也不愿留在家里。

2. 发扬集体主义精神，团结互助。在劳动中男女 2 人编成一组，男同学帮助女同学，上下山男同学争着为女同学和体弱的同学拿镐锹；生活上女同学把菜饭让给男同学吃。1980 级 1 班和 2 班的女同学不顾疲劳，利用休息时间为同班男同学洗衣服。大家都关心劳动指标，1979 级 2 班在好地段上劳动的同学想着在次地段上劳动的同学，总是努力超挖，争取为他们承担定额，这样的事在各班都有发生。尤其是 1980 级这个集体，想到 1979 级人少、献血的多、劳动地段远又不好挖，他们利用自己的有利条件，天天努力超额，全年级在 5 月 31 日达到日挖坑 15 个，这天 1980 级 1 班何青小组提出 5 人突破 100 个坑的大关，最后完成了 110 个坑。这天两个年级 175 人完成 1 950 个坑。再有，平时相处有些隔膜的同学，在这次劳动中也未产生过摩擦，加深了了解和友谊。

3. 学生干部以身作则，勇于负责。郭琪和胡小丹是 1979 级献血的女同学，她们两个负责两个年级的生活和文娱宣传。她们对工作主动、负责，劳动和大家在一起，大家休息了她们还要开展工作，给大家做出了榜样。1979 级 2 班和 1980 级 1 班没有辅导员跟来，他们的干部负起了责任。1980 级 1 班班长王弘发高烧 38.5℃，照样上山挖坑，检查质量。各班班长负责检查质量，个个一丝不苟，从而保证了进度稳定前进，没有大的返工。

4. 设立了质量检查员，坑坑做检查，保证了质量。鉴于以往院校的教训和中文系的经验，我们为保证质量不返工，特别设立了质量检查员，由管劳动的班长负责，不承担定额，只负责检查，要求每个坑均要验收。我们自始至终是这样做的，没有出现大返工（只有个别组有局部返工），保证了进度稳定。虽然第 1 天都慢一些，但很快就赶了上去。

5. 以活跃生活恢复体力为原则安排工余时间。开始大家体力还好，曾安排了一次篮球赛，大家玩得很痛快。之后几天体力消耗较大，篮球赛就不宜组织了。群众创造了投篮比赛，输者拱球，用排球做垒球打的游戏，比较广泛的是排球活动，往往在 3 个排球场同时活动。三个晚上有两个晚上分年级组织部分同学走访当地社员家，一个晚上看《姿三四郎》，下午我们集中安排了一次以班为单位的学歌活动，山上山下屋内屋外一片歌声。还安排了一次集体学宪法，第 3 天下午开了总结会。5 月 31 日晚 7 时我们召开了两个年级的篝火晚会。开始以班为单位分别演唱了大合唱节目，之后每班有两个节目出场。篝火映红了大家的脸，歌声欢笑声驱走了大家一天的疲劳。

6. 后勤紧密配合，伙食天天改善，保证大家吃好吃饱；大夫把住卫生关，防止病从口入。开始一天早点质量差些、数量少些、晚饭菜咸。一些意见提到伙房，师傅们马上改进，一连几天大家吃得很好，没有提出意见。其中一天分班领面领馅包了一次饺子，既活跃了生活，又吃了个痛快。最后一天伙房师傅不辞辛苦运来啤酒、鸡蛋，买了新鲜蔬菜，给大家会餐。在水源不足的情况下，烧锅炉的师傅保证大家随时有开水喝、带开水；女生晚上有热水洗脚。两位大夫不仅防病治病，还利用一些机会进行卫生宣传，检查进口蔬菜的卫生，亲自帮厨，提高蔬菜的卫生程度，保证同学精力旺盛地劳动。

7. 负责劳动的何工程师和小王对劳动地段安排合理，严于要求，是保证任务完成的关键一环。

8. 安全、质量、纪律，出发讲、收工讲、天天讲，没出现事故，没有大返工，没有出现违反纪律的事，因而没有分散我们的精力和人力，保证了任务顺利完成。

劳动之后同学们反映都比较好，认为是一生难忘的一次劳动，有收获、有意义。加强了班集体，融洽了同学关系，增进了彼此的友谊，学到了劳动技能，开阔了眼界，了解了山区，从而激发了发自内心的自豪感。有些同学深有体会地说，做一个人民教师，不仅要把书本上的东西学好，还必须具有多种能力，包括劳动的能力，这样才能担负起党和人民交给我们的重托。

劳动是艰苦的，大家都感到疲劳；劳动又是愉快的，大家都为能参加这次植树劳动而骄傲而自豪。看来大家喜欢这样的劳动，需要这样的劳动，劳动和教育是不能分开的。

胡景浩，曾任北京师范大学离退休工作处处长

# 三进三出北师大

石焕南（1973级本科生）

北师大，我三进三出，在其中读了近七年的书，还借调工作了一年。我对北师大有着无法割舍的情怀。

## 一、

1968年高中毕业后我到陕西省延安地区的延川县插队。由于劳动不惜力，肯吃苦，1970年我被选为延安地区知识青年学习毛著积极分子。一年后被抽调到县革委会通讯组工作。1973年，林彪“九一三”事件发生后，邓小平第二次复出，全国各大学从工农兵中招收学生，采取的是群众推荐、领导审批与文化考查相结合的办法。那一年，我报名参加了此次高考。在县机关的群众推荐中，我听说我得的票是最多的，满心欢喜。但不曾想，在领导审批这一关，我却被刷了下来。说是我的出身不好，被一位领导的侄子给顶替了。得知这一消息，我一下子蒙了，气得我在窑洞里用双拳猛击炕。好在我的群众关系还不错，我的顶头上司通讯组组长曹谷溪（现为陕北著名诗人）、路遥（后为著名作家，茅盾文学奖获得者）、陶海粟（时任延川县团委副书记）等许多朋友，纷纷找领导理论，为我打抱不平。迫于群众的压力，领导不得不同意我参加文化考查。最后，想不到我被北京师范大学数学系录取了，回到了北京。这一步，可以说是我人生一个重要的转折点。我这辈子不会忘记在这一关键时刻，谷溪、路遥、海粟等朋友给予我的帮助。

1973年9月，父亲亲自送我跨入了北师大的大门。但入学后不久就赶上“批林批孔”，工宣队要求各系都要成立大批判小组，可能是因为我搞过通讯报道，加之又是党员，工宣队指定我为组长，让我这个“工农兵学员”带领几位老师和同学写大字报，批判邓小平的“反动言论”。

1973级的工农兵学员是最“倒霉”的一届，大学三年“运动”了三年，这期间除了搞运动还搞开门办学。我记得曾到手扶拖拉机厂开过拖拉机，到北郊木材厂做工，到顺义良种场务农，到邢台某部队军训，还有在校内挖防空洞。没有多少时间是正经读书的。不多的数学课还强调应用，把许多定理的证明全删了。不过有两位老师的课还是给我留下了深刻的印象，一位是赵慈庚老师讲授极限。老先生已经过世了，但他那和蔼慈祥的面容清晰地留在我的记忆中。另一位是刘绍学老师讲授矩阵。授课时，他那若有所思的神情感染着学生与他一起思索。后来，我在给自己的学生授课时，也常模仿他的教态。

1976年7月，三年的大学生活行将结束，面临着毕业分配。1973级的学生不是来自北京郊区的就是家在城里的知青，因此，一般不会分到外地。有人说我有可能留校，劝我到领导那儿活动活动，但我生性拙于社交，耻于乞求。听天由命，我被分配到位于房山区的大安山煤矿职工子弟学校任教，我是全系毕业生被分得最远的一个。报到那天，未婚妻陪着我一早到门头沟区的河滩车站乘长途汽车去大安山，汽车先爬一个18盘，然后开到山沟深处，最后再盘过一段最险的山路，上到海拔800多米的大安山煤矿，此时已是下午。未婚妻忍不住哭了起来，说你好不容易从陕北的山沟回到北京，又进了北京的大深山。由于路途太远，不可能每周回家，只能月底攒着一起休假。赶上大雪封山就根本下不了山。那时“文化大革命”还未结束，大安山煤矿职工子弟学校秩序混乱，学生上课打打闹闹，根本不正经念书，做老师的不得不连哄带吼，软硬兼施。加之学校干群关系紧张，身处其中，倍感压抑。

## 二、

1977年，高考恢复，但已毕业的工农兵学员不能报考，我只好报考研究生，好像报考了两次中科院数学研究所的研究生，均名落孙山。失望之余，从胡祖莹老师那里获悉北师大1978年将举办高校师资进修班，以解决当时因恢复高考教师后继乏人的问题。招生对象是1966～1970届的老五届大学本科毕业生和工农兵学员。故人们也称此班为“回炉班”，这种类型的进修班后来再未招生。“回炉班”只考数学分析、高等代数、解析几何，不考外语，也不考政治。得知这一消息后，我和同事王根宝（北师大数学系1974级同学）便一起准备报考，白天上课，晚上熬夜复习。临考试前，我俩索性就住在北师大数学系的教室里，有问题随时找老师求教，记得曾登门郝钢新，刘云英老师家，得到了二位老师的耐心辅导。这样突击复习，拼了两三个月的命，终于如愿以偿，于而立之年重返北师大读书。

“回炉班”计划招生244人，全校实际招生97人，其中有赵达夫（后任北京交通大学教授），李世取（后任中国人民解放军信息工程大学博士生导师）等老五届大学本科毕业生41人，工农兵学员56人，其中多数是毕业留校的工农兵学员，如王万良（后任首都师范大学副校长）、黄海洋（现任北师大博士生导师）、刘一平（后任南京师范大学博士生导师）等，而像我这样的未被留校的工农兵学员寥寥无几。由于“回炉班”的多数人没有系统地学习数学本科课程，所修课程为高校本科生必修课。考虑到这些学员多数将在高校工作，课程内容深度略高于本科课程。学习时间两年，学习了本科高年级的八门课和部分选修课。

由于底子太薄，头一年我感觉学习很吃力，成绩平平。从小学到中学一直学习拔尖的我第1次在学习上感到自卑，甚至怀疑自己是不是学数学的料。到了第2年，我的学习慢慢有些起色，逐渐找回了自信。结业时，我在自我鉴定中写了这样一段话：

“两年的进修学习，对我这位‘先天不足’的工农兵学员来说是极为宝贵的。这两年的学习从各方面讲都远远胜过过去的大学三年……同时也树立了信心：只要不气馁，不停步，坚持不懈，奋发努力，‘先天不足’总可‘后天补足’的。”

数学系“回炉班”结业46人，由于高校师资进修班不算学历，1978年结业前，先后有10人考上硕士研究生，如李世取、陈图云（后曾任辽宁师大数学系主任）、赵光复（后任北京理工大学数学系教授）、赵达夫、陈良、黄海洋、叶有培（后任南京理工大学计算机科学与技术学院博导）。我也报考了微分几何专业的研究生，考前见招生简章写道：该专业的外语考试，英语，俄语不限。我中学学的是俄语，便考了俄语。据说我在报考该方向的考生中总分排第二，但结果该专业的考生一个也未录取。说是该专业的导师原打算招两个会英语的考生，但总分前两名的均是学俄语的，于是干脆一个也不招了。命运又一次捉弄了我。

后来，系里征求我的意见：要不要将我的材料转到北京师范学院，看看那里能不能录取我。我觉得此举没把握，便放弃了这种努力，之所以放弃，主要是我已获悉，北师大二分校，即我现在所在的北京联合大学师范学院的前身决定调用我。离开大安山煤矿是当务之急（因为我的人事关系还在那里，且大安山煤矿子弟学校有意召我回去当副校长）。于是我全力办理调动之事。经过一番努力，终于从大安山煤矿调入北师大二分校。当我办完调动手续，跨出位于门头沟区的北京矿务局的大门时，那种如释重负的心情无以言表。我要感谢原大安山煤矿子弟学校校长杨再林，他赏识我，但没有强留我，为我开了绿灯。祝好人一生平安！

1978 年恢复高考后，成立了北师大一、二分校，一分校是文科分校，二分校是理科分校，起初设有数学、物理、化学、生物四个系。分校的人事关系与本校是独立的，但教学业务归本校领导，各系的系主任均是本校人员兼任的，如数学系的首任系主任是本校数学系的罗承忠老师，后任是刘云英老师，主讲教师基本是本校教师。从 1980 年开始陆续从各地调入一些老师。1980 年 7 月我调入北师大二分校数学系时，面对的是已是大学三年级的 1978 级学生。这是极特殊的一届学生，一是年龄相差悬殊，有的比我的年龄还大，已拖家带口。我教的学生中有师生同学的，有叔侄同学的。二是百里挑一，这是从囤积了十年的中学生中筛选出来的。三是大部分有一定的实践经历。

从 1981 年 1 月到 1982 年 7 月，我先后给 1978 级学生辅导近世代数、概率论与数理统计、复变函数、实变函数四门课程。每门课我都不敢怠慢，因为这届学生勤学好问，我必须仔细备课，以应对他们各种刁钻的提问。每次答疑时，我都应接不暇。而后几年来我所教的学生，答疑时，甚至期末答疑时，常常让我坐冷板凳。1978 级学生中，抄袭他人作业的寥寥无几，考试作弊的更是凤毛麟角，因为他们觉得那样做是耻辱。而后几年我面对的学生，抄袭、作弊习以为常。那几年大学扩招，其弊端愈加凸显，学生质量大幅滑坡。该上中专的上了大专，该上大专的上了本科，该上本科的上了研究生，滑坡是必然的。我真怀念与 1978 级学生相处的日子！

## 三、

1983 年 9 月至 1984 年 7 月，已在北师大二分校工作三年的我，被借调到北师大本校，担任周美珂教授的助教，辅导数学系 1983 级 2 班的数学分析。此间得知北师大数学系要招收首届助教进修班。据李仲来考察，北师大受教育部委托，于 1984 年秋季试办助教进修班。与当年的硕士研究生一同招考，基础数学助教进修班（简称助教班）入学要考三门，数学分析和高等代数这两门必考，近世代数和复变函数任选一门。助教班的考试难度一点也不低于硕士研究生的考试难度（曾有人参加助教班考试未被录取，参加某校研究生考试被录取）。

适年我已 36 岁，女儿 5 岁，但为了以后评职称，我又搏了一把，考上了助教班，这是第 3 次进北师大读书。报考助教班的教师有 165 人，录取 33 人，其中除了唯一的一位女生以外，我是年龄最大的，比大部分同学要大一轮。助教班同学基本住校，因孩子拖累，我走读，每天或从军事博物馆或从长辛店赶往北师大上课。助教班学习时间为3个学期。1986年1月结业。助教班是与1984级硕士研究生一起，学习硕士研究生公共课、基础课和部分专业课，考试内容与1984级硕士研究生相同。助教班三个学期我通过了泛函分析、实分析、复分析、代数拓扑、最优化方法、矩阵与控制不等式和自然辩证法等课程。当初王伯英教授开设的矩阵与控制不等式这门课，我是随便选修的，但想不到这竟决定了我今后的科研方向。

据李仲来统计，助教班33人中，有4人未报到，1人退学，1人考上1985级硕士研究生班外，27人助教班结业。至今，27人中有6人获硕士学位，17人获博士学位（其中2人在国外获博士学位），攻博比例为17/27＝0.63，比近几年硕士研究生攻博的比例高得多。5人进博士后流动站从事研究。至今已有16人晋升教授，7人任博士生导师。目前2人在国外服务，多人在国内重点院校工作并担任领导职务。如北京大学数学科学学院前党委书记兼副院长刘和平教授，巢湖学院校长祝家贵教授，广东开放大学副校长陈显强教授，湖南大学数学与计量经济学院副院长，现嘉兴学院数学与信息工程学院院长马柏林教授，北京航空航天大学应用数理系主任、“蓝天学者”特聘教授陈迪荣，辽宁师范大学数学学院副院长袁学海教授，长安大学信息工程学院副院长郭元术等。当初北师大数学系对助教班招生，虽然按研究生要求，但还是觉得和进修生差不多，未想到会出现这么多的博士和教授。这是数学系研究生教育和教师教育的一个很特殊的现象。

三进三出北师大，累计在北师大就学近七载，从而奠定了我在高校创业的基础。至今我在国内外发表了130多篇论文，出版了一本专著。退休前为教授三级岗位，退休后，仍担任全国不等式研究会副理事长和美国《数学评论》评论员，继续着割舍不下的不等式研究和创作。

石焕南，北京联合大学师范学院教授

# 编著高等院校院/系史的几个问题

李仲来（1974级本科生）

1947～1957年出生的人，应该上学时没有上学，家在农村的学生回乡劳动，在城里的学生多数去兵团、插队等。我是属于幸运者，1974年被推荐上大学，转眼已经41年。在北京师范大学数学学科创建百年之际，有很多事情值得回忆，这里我写一件事。

2001年底，在北京师范大学100年校庆前，在数学系的系、所、党总支联席会上，讨论校庆活动时，时任数学系主任郑学安教授建议，让我负责出一部纪念册，内容类似于像北京大学数学系80周年系庆编的《北京大学数学系成立80周年纪念册》。当时，我明确表示不同意出版类似纪念册的宣传品。我认为，作为中国一所著名大学的重要系所，应该出一部正式出版的《北京师范大学数学系史》。可以这样说，为了在北京师范大学100年校庆前出版数学系史，除了正常的教学、带研究生，以及行政管理工作外，我中断了与我的研究方向有关的一切问题，包括编辑部退修的稿件。在全系教师及校友的大力支持下，在2002年8月学校100年校庆前夕，《北京师范大学数学系史（1915～2002）》在北京师范大学出版社出版。

承蒙读者厚爱，数学系史出版后，得到了众多教师的肯定，尤其是高校数学院系的领导和教师。之后，国内的一些数学院系开始收集资料，成立编写队伍，出版数学院/系史。到目前为止，已经编写的数学系史有：赵万怀和王新民主编《陕西师范大学数学系发展概况》，陕西师范大学出版社，2004；《数学与统计学院院史》编写组编写《东北师范大学数学与统计学院史（1948～2006）》，2006（内部资料）；牛平舟、陈立记和张勤海编著《山西师范大学校庆·学院卷：数学与计算机科学学院院史》，山西出版集团，山西人民出版社，2008；刘晓婷著《北京师范学院数学系史研究》，首都师范大学数学科学学院硕士论文，2008；史济怀主编《中国科学技术大学数学50年》，中国科学技术大学出版社，2009；李仲来主编《北京师范大学数学科学学院史（1915～2009）》第2版，北京师范大学出版社，2009；《北京师范大学数学科学学院史（1915～2015）》第3版，2015；重庆师范大学数学学院编《重庆师范大学数学学院史（1954～2014）》，重庆大学出版社，2014。

编写高等学校的院/系史（以下简称系史），对于深入探讨一个系的发展过程及其规律性，记述办学的成绩和经验，揭示和总结在工作中的失误和教训，是一项具有重要历史价值、学术价值和现实意义的工作。同时，对于课程设置和科学研究资料的收集和积累，以及加强该系的学科建设具有一定的实际意义；还可以促进系里的教学、科研、档案资料的建设。另外，由于许多资料的散失，趁老先生们健在，收集口头或书面资料，以弥补原有书面资料的不足有重要意义。

系史的研究与写作涉及文学史、文化史、教育史、学术史、管理史等，是跨学科的研究。从目前的情况看，高等学校的《校史》，已经编写了数百部。但就系史（含近年来由系升格的学院）的编写，已出版的较少。因此，系史的编写仅仅是开始。笔者认为：已经成立50年以上的系，应该撰写系史。尤其是成立了近百年的系，现在至少应该抓紧史料的收集，百年的历史不写，以后再写将更困难。而如何撰写系史，是一个值得研究的课题，也完全可以作为一个项目来研究，它属于学校建设的范畴，但在多数高校，尚未提到学校的议事日程上。若干校领导对此认识不足：系史的编写是学术性的研究工作，是一项应该充分发掘的教育资源。就行政级别来讲，系史相当于《县史》，要形成系史自己的科学规范和概念体系，还要经过许多方面的研究，才能逐渐形成系史的特点。2015年是北京师范大学数学学科创建100周年，借此机会，本文想就此做一些探讨。

高校院系领导应该鼓励并资助各系写系史，尤其是知名院系，更应该写。通过系史来透视若干学科的历史变迁：各系的每一个历史发展阶段，包括几代学人的学术命运，都折射出特定时代的政治、社会和文化思潮的变化。如果高校主要的系写出系史，则《校史》的写作或续编就变得容易多了。

## 一、系史资料的准备工作

系史不是写不写的问题，而是如何写的问题。首先，应该抓紧且多方面地收集系史资料，下功夫进行大量的调查研究，这方面所花的时间应该占整个系史工作量的60%～70%。在收集系史资料时，除了利用学校的各种资源外，还应注意检索网上的资源，在核实后适当地加以使用。在收集史料的同时，以专题研究作为切入口，逐步地开展系史的研究，其方式较好。其次，系史资料的收集和积累非常重要，也非常不容易，是延续不断的。怎么把系史资料写好？收集和积累什么？这是很细致（或复杂）的问题，应有专人负责。就一个系来讲，应有人对积累历史资料这件事钻进去，经常提出一些想法和办法来，很多问题没有一个人来想，没有一个专家是不行的。各系应有一个积累历史资料的专家，这是一门很大的学问，要有一种热情，真正在这方面下功夫。

## 二、系史的主编

在某一个特定的历史时期，特别是在有重要意义的某些校庆年份，系史的研究是校庆和系庆的一项重要工作，也是系里建设的一件大事。作为主编，有几个重要条件。主编首先应该有高度的责任感和崇高的使命感，不应是挂名主编。主编必须有广博的学问，其次是能够调动大家一起合作的人。并且应有思想准备，一旦某一方面出了问题，他就应该自己做。本人认为，主编最好是系负责人，或者是以前做过负责人，任职时间越长越好。一个没有亲身体验到系内工作如何运作的人，很难全面理解系里的工作。当然，主编也必须是一个有心人，肯投入，下功夫等。若已经积累了比较系统的资料，或掌握了第一手资料，则研究起来就方便得多。主持系史研究的人，应有一定的名气。对于重点院校系史的主编，应该具有教授职称，如是博士生导师更好。

在有权招收科学史或与史学有关的博士点，可以将系史考虑为一篇博士生的论文题目，如作为一篇硕士生的论文题目，则可能显得大了一些。不宜找本科生写，档案中有些内容不宜让学生知道，可以找他们协助做一些具体事情。

## 三、系史的写作

系史写作人员的学识和素质往往决定其质量。主要内容最好一人执笔。随时查阅资料，随时输入，是写史的好方法。在系史中，应注意三个环节：做了什么、如何做的、为什么这样做?

系史的写作，属于地方史的研究。它涉及系里的教学、科研和重大事件，多数情况下没有明确的标准，某些研究的问题，其目的性也不是很清楚。一个系，是由多个方向发展起来的，而一个系在学校，乃至全国的地位，是从各个方面的成就累积起来的。系史的写作，易于深入，易于发掘出新问题。它可以做得很细。有些问题的提法，适当模糊，倒是值得注意的。能用数字描述的，尽可能用之，但不可硬性量化。注意收集全国其他系的资料。写系史，不怕微观多，就怕宏观的提法多。敏感的政治事件可暂时略去，待有结论后再做考虑。注意回避或淡化某些问题，面面俱到既不可能，也无必要。

关于划分阶段问题。在20世纪，政治对各系的影响及其研究工作的影响是巨大的。可以说，中国高校诸系的命运是和中国的政治紧密结合在一起的。几乎可以按政治形势划分阶段，虽然政治和系里的建设是两回事，但作为行政单位，不可能脱离学校的领导。

在阶段划分之后，写作方式一般有两种。一种是按时间顺序排列，其优点是人为因素较少，缺点是可能会显得零乱，但这种写作方式似乎多一些。另一种是按分门别类的方式来写，则涉及一个先后分类顺序，即如何排序的问题。20世纪80年代后可以考虑分类。

从所列条目看，教授和研究方向，无论从哪个角度看，都是能够比较客观地反映一个系的基本建设，不可缺少，但放在正文中，又会显得很啰嗦。可以考虑专门列出教授条目。如果毕业生中有若干人（$\geqslant 5$）任中国科学院院士或工程院院士，可以增加院士风采条目。

## 四、系史的插图

插图是系史中不可缺少的重要组成部分，有着文字和表格等表达方式无法替代的作用。插图一般附在最前面，它是系史的一部分。所附照片应尽早收集，尽可能多方面地征求意见。它和写史一样，也需要反复若干次，且是一个非常敏感的问题，需要考虑方方面面，如排列次序问题，有谁无谁；等。必须附历任系主任和系党总支书记（分党委书记）的照片。某些特殊年份的毕业生集体照片：如首届毕业生、院系调整后的首届毕业生、“文化大革命”中招收的首届工农兵学员毕业生、“文化大革命”后招收的首届毕业生、首届硕士毕业生、首届博士毕业生的集体照片等。毕业生中的院士、党和国家领导人的照片。

## 五、系史的附表和附录

若系史中没有附表和附录，则有可能显得单薄，但收集起来是一件非常细致且繁杂的工作。

附表的内容：按年的教职工数，研究生（硕士和博士研究生）数，本科、专科入学人数或毕业生人数，获学位人数，进修教师人数，访问学者人数，继续教育情况，教师发表论文数量，承担省部级以上科研项目和经费数。

附录的内容：大事记，博士生和硕士生指导教师名单，教职工名单和现在职人员名单，名誉教授名单，兼职教授名单，客座教授名单，国务院学位委员会委员和学科评议组成员名单，历届系领导名单，任省市级以上中国共产党代表大会代表，全国人民代表大会代表，中国人民政治协商会议委员会委员名单，博士后名单，博士和硕士研究生名单，博士后和博士研究生论文题目，国内访问学者名单，本科生入学名单或本科毕业生名单，本科生开设课程，教师著作目录，获科技奖项目，教学奖项目，著作获奖书目，获国家级和省部级荣誉称号名单。年级主任和班主任名单可以作为附录，也可以不要。

注意：名单的抄写和输入，非常容易出现错误。尽量避免名单中的错别字、重名和遗漏，新中国成立前的名单还应注意是名还是字，这是一件非常细致的工作。例如，就我系来讲，虽经多方面核实，在我系工作过的人员有700多人，还可能有遗漏，其工作人员之多，远远出乎我们事前的估计。收集著作目录和论文题目并不容易，远比写几篇论文还费劲。可采用个人提供，国内外文献检索，检索校图书馆藏书，查阅全国总书目，检索国家图书馆全部书目的方式相互补充。

可以考虑加英文目录。在结尾，可考虑加人名索引。

## 六、系史的出版时间和经费

逢5年或10年的校庆都是学校要抓的年份，在这些年份出版系史容易得到学校的支持。建系50年或100年及其倍数的年份均是出版系史的好年份。

例如，对《北京师范大学数学科学学院史》，下次再版的最好时间为2022年，即数学系成立100周年的时候，同时该年正值校庆120年。

系史的出版和经费一般不存在问题。在有出版社的高校，出版系史肯定会得到学校和出版社的大力支持。

## 七、系史的难度

有人认为，《校史》是一所高校最难写的书。类似地，系史是一所高校院系最难写的书，其工作量是写一部相同厚度的书的5～10倍甚至更多。

《校史》出版后的议论不一定多，因为与某个院系有关的事情太少。《校史》虽然涉及的问题较多，但比较宏观。系史的写作是一个很敏感的问题，会触及许多人的神经，包括逝世教师的后代。系史是每一个系都应该研究的问题，研究它和研究其他史一样，有难度也有难处。它是一个多数人都认为重要，但多数人都不愿意做的事情。写得不好可能会费力不讨好。尤其是写近百年的系史，容易招惹是非。就像平常所比喻的，搞古代史，比作画鬼，因为谁都没有见到鬼，鬼倒是好画一些。搞现代史的现代性很强，有人比作画人，人是大家都知道的，画起来倒不容易了。

编写系史最大的难处是在系内物色一位有责任心的、细心的、肯投入的、不计名利的主编。在系内，靠行政手段找主编是很难的。

由于重点院校所在系的名人较多，因此，要求在系史中出现的史料的档次较高，要经得住评论。对收集的史料，在可能的情况下，也应进行核实。校档案馆的资料，也可能有错误。

系史研究是一件功德无量的事。虽然现在付出很多，越往后看越重要。肯定地说，比写十篇论文重要。但是，一个系的系史，在名利场中，往往是被忽略的角落。现在各个高校对论文的评价都有若干指标，系史算什么科研成果，很难界定。若该系有研究科学史的教师，可能好办一点。如果主编不是从事科学史研究的人，除了收集史料，看大量有关学科的参考书外，一个人花几年时间编写系史，他的研究方向还是有相当损失的。如果没有人在一段时间内全身心地投入写作系史的话，系史很难写好。

## 八、系史出版后的反思

编写系史，是对系里工作所做的总结，而不是工作的结束。在系史出版后，注意听取各方面的意见并进行修改，即使吹毛求疵的人多也没有关系。不怕别人提意见，只要他提的有道理，不管是从哪种角度考虑的，我们都应该考虑采纳。当然，对提出的意见应进行核实。

编写我系系史的过程是我们深受教育的过程，老一辈数学家那种热爱祖国，热爱数学科学的执着精神感人之深，尤其是我系学生在五四运动中所起的重要作用。这种崇高精神代代相传，不断发扬光大，成为数学系的优良传统和宝贵的精神财富。

建议：学院、系和党委/总支联席会议应有记录和会议纪要；重要会议应有记录，如进人，人事调动，晋升职称，聘任博士生导师；找系主任和分党委书记（党总支书记）反映情况应有记录；每个负责人应有记事本；每学年应有简讯和大事记；有专人收集照片并应积累一批照片和图像资料，保存教学档案；教师退休和逝世应有记录。

李仲来，北京师范大学数学科学学院教授

# 我的老师孙永生先生

李仲来（1974级本科生）

我们数学科学学院的王世强、孙永生、严士健、王梓坤、刘绍学老师，我最早认识的是孙先生，至今已经41年了。1974年9月29日，财政部和国务院科教组向全国各省市和自治区发出开门办学的通知，北京市革命委员会科教组在10月8日发出相应的通知。在大力提倡所谓的开门办学，教育必须为无产阶级政治服务，必须同生产劳动相结合的前提下，在当时数学系的主要领导（工宣队）的支持下，我系组织了1974级15名工农兵学员和5名教师组成的“教育革命实践小分队”（简称小分队），到农村和工厂进行长期的开门办学。1974年10月17日公布小分队15人名单。10月22日乘卡车到平谷县（现称平谷区）华山公社（现称华山镇）华山大队。应该说，数学系组织的小分队是在一个特殊时期，在特殊条件下的一个特殊的政治产物。虽然学校有的系也组织了某种小分队，但为临时性质。长期的开门办学只有数学系。

在开门办学的第1年，孙先生是小分队队长，我们朝夕相处。师生之间建立了深厚的感情，是现在的学生不可能想象，不可能理解的。用当时的话说，教师和学生是同一战壕里的战友，在共同的生活和战斗中，建立了牢不可破的革命友谊。

在中国高等教育的历史上，教师和工农兵学员的师生关系，应该说是最好的。在开门办学中，师生同吃同住同劳动，在今后的历史上很难做到这一点。如果老师的家在学校里，我们也不知道去过多少次。老师的性格，爱好，爱人干什么工作，家里有几个孩子，老师的老家在哪里？虽然我们没有查过户口，但我们一清二楚。1976年7月28日，唐山发生7.8级地震，我们6位男同学还帮助孙老师家盖地震棚。

我对孙先生印象深的第1件事：我们当时住的是知识青年的房子，冬天烧煤球。我每周去公社煤场拉煤。由于有一些煤球碎了，这时，我就把煤面堆起来，用铁锹把煤球往上放，煤球和煤面就分离了。一次，我从外面回来，看见孙先生用筛子筛煤球，又脏又费劲。我赶紧和孙先生说，这事我来干，您休息一会儿，老师怎能干这些活？但孙先生还是坚持把煤筛完。

1975年4月24日至5月24日，我们到河北省邯郸市中国人民解放军1583部队学军，这是正规的野战部队，孙先生也去了。在20世纪70年代，当兵是我追求的梦想。可惜我属于“可以教育好的子女”，没有资格报名参军。我大哥李仲元在抗美援朝战争中牺牲。我家成分是“富农”且是“光荣烈属家庭”，在那个时代属于“矛盾”家庭。我能被推荐上大学，除了个人表现优秀，加入了共青团组织，被评为公社劳动模范，多少沾了光荣烈属家庭的光。我没有机会参军，到部队学军的感觉也很好。我们班的班长叫贾春砚，和孙先生是同乡，都是沧州人。贾班长在部队里是班长。我们在野外练习打坦克，拿个爆破筒（一根木棍前面缠绕一些布），爬上爬下，翻来滚去的，孙先生一定和我们一起参加练习，我们劝他不要练，在训练中他还扭了腰，疼了好长时间。

现在想起来，40年前我们是身强力壮，干起活来不怕脏，也不知道累，好像有使不完的力量。1975年6月麦收，我们在平谷县华山公社大峪子大队，在场里用脱粒机脱了10天小麦。在农村干过活的人都知道，这是一个既脏又累的活，半天干下来，鼻孔里都是黑的。外语系的老师和我们一起干活，说我们干活真残酷！我们的数学老师倒没有说什么，当时孙先生已经快50岁了，一直和我们一起干。当时，我的感觉是，这些大学老师还挺能吃苦的！

1975年11月，我们小分队在密云县新城子公社遥桥峪大队给中学教师办了半个月的测量班，孙先生、史志刚同学和我，住在一家老乡的土炕上。我睡在孙先生的东边，志刚睡在孙先生的西边。当时，我还带了几本数学书，空闲的时候，做一些数学题目。碰到问题时，问问孙先生，觉得真是方便。我们在门口的水沟里洗脸，冬天，山里的水冰凉冰凉的。晚上，我们躺在炕上聊天。现在，老师和学生已经很难有机会睡在一个土炕上聊聊天了。

孙先生那么多的学问，当时不可能教给我们，只教了高中的一些数学知识，其余就是带着我们开门办学。1975年8月以后，和孙先生的接触少了。1978年春，听过孙先生讲实数理论，戴德金分割的内容。1981年，我去听孙先生给1977级和1978级讲泛函分析，在数学楼107教室每周一个下午，讲3小时。孙先生讲课不看讲稿，讲得非常精彩。讲完后，从口袋里掏出一张纸，抄上几个习题。当时，我在工作之余，一直跟1977级同学听课。由于1978年3月北京大学数学系未招生，好学生都招到北师大的1977级来了，他们觉得很牛。听完孙先生第1次课，就把他们镇住了。他们对我说，数学系还有这样讲课牛的老师，以前似乎没有听说过。

孙先生记忆力超常，过目不忘。谢宇老师说，数学系组织去定陵参观，在回来的车上，孙先生就给其他老师背诵定陵入口处的说明词。百年校庆前，我在整理数学系史时，和孙先生的接触又多起来。有时回忆起一些事情，聊起来就是一两个小时。他很关心系史资料的整理和出版，谈起来，一会儿慷慨激昂，越说越激动。系史出版后，2003年4月7日，我们又做过一次近4小时的长谈，整理后的录音孙先生做了两次修改。见本书331～348页。

在2003年底，我校出版社将4位老师（王世强、孙永生、王梓坤、刘绍学）的文集列入出版计划后（严士健文集在此之前列入校出版社的教师文库），得知王昆扬老师已经将孙先生选好的论文复印，准备输入计算机后，再找某出版社联系出版（孙先生70岁时，王昆扬老师就曾想帮他整理论文集，他不同意）。此后的工作由我负责。作为孙先生的学生，我非常荣幸能够协助我们敬爱的老师在他75岁生日的时候编辑出版这部文集。由于涉及许多具体细节，2004年，我和孙先生的近距离交流很多。照片的整理，孙先生花了一些时间，最后用了12幅。我想由他或我，或他的学生整理一个孙先生的年表，他不同意。到2005年底，在医院里，我又和他谈起此事，主要是希望做完后，让他审查一下，最后又遭拒绝，至现在也未搞成。从史学观点看，年表是一种很重要的个人资料。孙先生还不同意整理核实他的论文目录，我没有听，他说了我两次有癖好。除核实出许多具体问题外，补充了12篇论文目录，孙先生去掉了两篇。由于孙先生身体原因，我希望出版社尽快出版孙先生的文集，出版过程中遇到了一些麻烦，围绕着几种方案转了一圈，又转回原地。孙先生文集在2005年8月出版，了却了我的一件心事。我真怕孙先生没有见到文集出版就走了。在原出书的计划中，还准备附访谈录，培养博士生姓名和博士论文题目，未附成，留下了遗憾。文集出版后，校外研究数学史的人给我打电话，问：访谈录的可读性最强，很多人爱看，为什么不附？

在收集孙先生的论文目录时，发现他的一篇论文“用三角多项式近迫周期可微函数”，中文稿发表在《数学学报》（1962，12（2）：181～202），英文稿发表在《Chinese Mathematica Acta》（1963，3：196～217），俄文稿发表在《Scientia Sinica》（1962，6（11）：1 455～1474），这是数学系唯一的用3种文字发表的同一篇稿件，也是数学系发表在《中国科学》外文版的第1篇稿件。

孙先生住院期间，我去看过5次。2006年1月17日，去看孙先生，临走前，他对我们断断续续讲了约20分钟的话。归结为4点：在目前高校激烈的竞争中，学院应在数学界争得一席之地；基础数学的国家重点学科要夺回来；学院要搞好团结；一代更比一代强。讲话时，真有一番诀别的味道。当时，我忘了带录音笔，没能把孙先生的话录下来，这又是一件憾事。2007年8月，学院的基础数学二级学科增补为国家重点学科。

李仲来，北京师范大学数学科学学院教授

# 师恩永续　师德绵长

## ——感恩北京师范大学数学科学学院

林　颐（1974级本科生）

北京师范大学数学系（科学学院）创建100周年之际，回顾1974级入学至今41年历程，有几点突出感受和感恩与母校老师和同学分享。

### 一、

母校胸襟博大，有教无类。我们在“十年动乱”期间由各自工作单位同事和领导推荐入学。远离热火朝天，“与天斗其乐无穷、与地斗其乐无穷”的劳动场所，在相对空闲安静的校园里，安排一批20岁出头的年轻人学习，老师们也有个传授知识的场所，尽管“货不对板”，对于国家和个人，总算聊胜于无。我入学时只有初一文化水平，同样情况的同学占多数。我们在原先务工务农的体力劳动中还算表现出色，进入大学却找不到北。经过母校三年培养、教育，同学们都在各自（多数从事教育）岗位上独当一面。这必须归功于老师们的精心呵护和严格训练。

同学们入学时都带着渴求知识、提高能力的愿望来到北师大，大家憋足劲，要拿出战天斗地的激情来尽快进入学习状态；但我们尚不了解，学习数学要有专门的方法和训练路径，以智取胜，靠时间磨炼。老实说，我们对于能否在这个陌生领域里钻进去很茫然。这首先是对老师们的挑战。在讲授因式分解时，系副主任董延闿教授耐心细致地举出同学们生活和工作中熟悉的事例予以说明，并逐步引导到严格的数学演算。我有一段时间对几何证题感兴趣，不断找余玄冰老师要题目做。最终被一道题目憋住了，找到陈平尚老师寻求帮助，他告诉我解题的思路，让我再试。因为解题要用到还没有讲授的知识，我清楚记得陈老师和余老师讨论，那个题目是否应该给我做。可见老师们对教学材料的费心取舍，既要沿着学科训练的路径和逻辑提高学生的水平，又要保护我们的兴趣和积极性，避免选题过难使我们失去信心。

王海英（曾任班长）同学也回忆道：“由于我们文化基础差，给老师教学造成很多困难。但各位老师总是千方百计想办法，深入浅出不厌其烦的讲解。有一件事让我至今记忆犹新：那是我们学微积分的时候，班主任王文湧老师（曾任北师大出版社常务副社长）授课。有一次中午下课后，王老师仍为我答疑。当他的耐心讲解终于解决我的问题后，我才知道，那天王老师把发高烧的儿子（那年可能只有6岁）一人留在家里。我后悔耽误了老师的时间，让他快回家，王老师只说没关系，你明白了就好。当时我只是觉得王老师对学生认真负责的精神很值得我学习。后来当我成为母亲的时候，才知道孩子在父母心中的分量，也更加理解老师当年是以怎样的精神在为我们付出，它无法用语言来形容。”王海英毕业后一直从事教学和教育管理。无论面对的是中学生，还是参加岗位培训的工人、干部，只要她站到讲台上，就会以老师们为榜样全身心投入教学。她说："三年的大学生活，我们学到的科学知识是有限的，但从老师身上学到的优秀品质，是我们一生的财富。"

在老师们的精心教育下，同学们奋发努力，普遍都跟上了文化知识和专业学习的进度。

## 二、

"学为人师，行为世范"这一校训是我们离开学校若干年后由启功先生总结出来的，但在与数学系老师们相处的三年里，校训精神在他们身上都有突出体现。王海英同学对此深有同感："当时很多老师三四十岁年纪，他们上有老下有小，家庭负担重；但无论课程学习，还是学农、学工、学军，老师都与我们在一起，大家同吃、同住、同劳动、同训练。那种特殊环境造就了不同于任何时期大学校园的师生关系，使我们在学习科学知识的同时，更学到老师们认真负责、鞠躬尽瘁的优良品质，让我们终身受益。"

早晨6点出操，常见班主任王文湧老师已站在西南楼东边的核桃树下等着同学们。有同学睡懒觉缺勤，如连续几天，王老师就上我们四楼的宿舍里督促他们。他是比我们早起至少1小时从天安门南池子的家中，从毛主席居住的中南海边骑车赶来的。到20世纪90年代，我听说母校还保持班主任与学生共同早操的传统。我曾担任概率论课代表，任课教师就是国内模糊数学创始人汪培庄教授。那时他是一个青年讲师，在与"模糊"奋斗其乐无穷的日子里，他每天昏天黑地地钻研，睡觉很晚。有时一早上课，我要到宿舍去把他请来。经常课程一结束，他又骑着那辆旧自行车，乐颠颠地进城去各图书馆查阅资料。他为此还自学英、法、日等外文，我至今还记得他向我们介绍模糊数学这一"新大陆"时那溢于言表的喜悦和咬定青山要摩拳擦掌大干一场的豪情。同学们还清楚记得：时任数学系党总支委员、我们年级主任黄登航老师，冒着春寒，带着数学系全体老师的温暖和当地少见的京城"酱汁小红萝卜"，到京东平谷深山区看望、慰问和指导毕业实习的学生们，让正在实习的师生非常感动，促使我们圆满完成工作。

在那个政治挂帅的年代，老师们几乎每周都到宿舍里和同学们一道学习讨论时事政治。那种安排使师生有更多深入接触和了解的机会，也对我们的课程学习多有帮助。至今同学们都还能回忆起老师们的音容笑貌、性格特征，以及闲趣逸事。如每顿饭要喝点二锅头，并手不释卷诵读古典诗词的董延闿教授，他的习惯是头一天晚上通宵备课，第二天上午授课结束后才睡觉。将初等数学教学法讲得出神入化的钟善基教授，授课不疾不徐，娓娓道来。同学们常津津乐道他几何作图的精准和通透：将粉笔在黑板上"啪"地一点，定作圆心，接着一个标准的圆就出现在同学们面前，与依靠作图工具做出的别无二致。王彦洞同学常竖起大拇指赞叹："这就是功夫！"聪明绝顶但却被其同学谢宇老师等戏称"笨蛋"的郑慕英老师，似乎从不用备课却出口成章逻辑严密；他好像是渔家子弟，业余爱好是晚上骑车到远郊区去捞鱼，一早回来烹调鲜鱼搞得腥香满楼道；传说他每年底总要回浙江老家，用一两个晚上帮做会计的妻子整理完一年的账目。汪培庄老师的字迹总是工整俊逸，一如其为人，温和儒雅、教化无形：在我遇事冲动时，他曾说："我年轻时比你更甚……"当我们对课程学习流露畏难情绪时，他平淡且诚恳地说："我高考时填报的全部志愿都是中文系……"言简意赅，催人自省向上；他每次骑车在路上遇到我们，都会先下车与同学们打招呼，聊几句后再走，礼贤学子，令人感佩。物理系的胡静和池无量老师总是形影不离：胡老师的手风琴演奏让同学们听得如醉如痴；池老师笑容可掬使人如沐春风。说到池老师，特别一提的是她后来曾任数学系党总支书记。由于也在高校工作的缘故，母校的这种做法引起我的感悟：北师大的公共课教师似乎行政关系归派入院系；他们不仅授课，还与派入系的教师深度融合，并一道参加学生活动，使人才培养无缝连接。这可能才有物理系教师任数学系当家人（党总支书记）的安排。

行文至此，不禁想起开朗直率又活泼可敬的谢宇老师和热情耿直又执着坚毅的数学教育专家曹才翰老师（20 世纪 90 年代任北师大图书馆馆长），这些当年极具学术素养和才华，深受学生仰慕的中年教师。他们在改革开放中得以大展宏图，却未跨过世纪，于 1999 年相继离世。同学们闻此都深感痛惜。

我 1984 年起到高校工作，在我考虑工作，或遇到问题和困难时，脑海里经常浮现老师们的身影，是他们给我继续前行的动力。

老师们踏实严谨的工作作风、积极乐观与人为善的生活态度，都潜移默化成学生们生活工作的动力和待人处世的习惯。

## 三、

同声相应，同气相求；宽容和谐，乐为同学。在数学系的三年里，特别值得怀念的还有同学关系。我们这届百余位学生，大部分是北京籍；记得只有二班的赵立夫、吴平来自宁夏，我们一班的张树和来自唐山；入学前大家分别在黑龙江、山西和北京等地的生产建设兵团、农村和工厂务农务工。丰富的工作和生活经历有利于同学们相互学习借鉴，取长补短；班主任因势利导，引导班集体团结奋进，宽容和谐。大学生活丰富多彩，令我们至今回味无穷。

百年校庆搭平台，《师大校友》聚友情。留校工作的老仇（仇玉英，曾任班长、党支部书记）同学，把全班同学名单备案在校友编辑部，绝大部分校庆信息我们是通过《师大校友》得到的。多数同学至今与学校、同学保持联系。

师生情，同学缘是永远难忘的。2012 年 7 月 21 日的“北京 7・21 大水”，房山受灾严重。时任房山教师进修学校教研员的刘庚同学（我班团支部书记）还清楚地记得，年过七旬的班主任王文湧老师第一时间来电话了解灾情，表示关心；家住城区的林颐、张树和、吕德宝，怀柔的王自义，朝阳的张士明等同学几乎同时打来电话表示关切和慰问，让人感动。刘庚代房山的同学报了平安。正是：“不是父母，胜似亲父母；不是兄弟，胜似亲兄弟”。母校的校训“学为人师，行为世范”已植入历届学子身心，体现出厚重的为人价值。

## 四、

回报师恩，助力母校。这是每个校友的心声。

“一水护田将绿绕，两山排闼送青来。”我们 1977 年毕业离校后，党中央开始拨乱反正，同学们旋即投身于改革开放和国家教育发展改革事业。从综合素质和发展看，同学们都无愧于母校的培养，他们大多成为各自单位的骨干教师，或担任学校的校长、书记等领导职务。很多同学退休后还被返聘继续从事教育工作，非教育岗位的同学们也都做出很好的成绩。

例如，分配到房山工作的刘庚学养深厚勇于担当，教育科研，行政管理均独当一面。工作之余，参加市、区立项教育课题研究，成果频见于报刊。先后参加北师大教育学院杜屏教授负责的全国立项课题《全国部分省区投入与产出的研究》；北京市高等学校精品教材立项项目关鸿羽主编《现代中小学教育理论与实践》编写任务；学校管理论文“招标—总务工作新尝试”入选《中小学管理》和中国知网；担任《中国教育文存》2，4卷《学校总务管理案例》两书的副主编，推荐编辑北京中小学校长文章数百篇；编写教育管理学术论文、文章数十篇，30余万字。母校数学科学学院的老师们“脚踏实地做学问”的精神，一直鼓舞和激励他笔耕不辍。

毕业后，留校同学在母校继续教育下健康成长，也替我们回报母校的教育之恩。他们多数成为教授、副教授或院系和学校职能部门领导和骨干。我曾读过我们的同学、数学科学学院党委书记李仲来教授的一篇文章，详细地记述学校为弥补留校工农兵学员的知识欠缺，安排他们一边工作，一边随堂学习，使他们提升潜能，人尽其才，并结出硕果。

特别要感谢李仲来同学，他在建校100周年出版献礼作品《北京师范大学数学系史》，这是国内数学界开先河的作品，也开创了数学史，或许还是校史研究的一个新领域，——（数学）学系、学科、学术的建设和事业发展历史研究，以及三者的“映射”研究。从中我们可以详细了解北师大数学系、数学学科发展和历代专家学者的学术贡献及三者之间的良性互动。尤其突出感人的是仲来对学生在校情况材料的处理，将我们每学期学习课程、外出军训、开门办学科目和场地（工厂、农村、学校、部队）等信息简略记录，基本上历届学生学习过程大致情况都有反映。这些简单记述内涵丰富，它勾起我对大学时光和师长同学情谊的无尽怀念。在其他种类史籍中，这些材料是不入选的。纳入这些内容，我们学院的历史更接地气，翔实有据，直抵校友心扉——每位学子都是学院发展的参与者，显示了仲来的匠心独具。在他笔下，我看到数学系史不仅是学科发展和专家学者的学术贡献史，还是一个近乎完整的（数）学系发展史，令人信服；它体现了唯物史观的基本思想：历史是人民，是师生共同创造的。由于同在高校工作的缘故，我还看到北师大数学系管理的严谨，历史资料保存完整和其中饱含对师生深切的人文关怀，我是噙泪读完这些还原真实历史本来面目的新鲜章节的。

由此生发，仲来继续撰写数学系发展史系列研究书籍，开辟和引领新研究方向的发展，得到国内同行好评，以及有志于此的同行追随。在我心里，李仲来同学是我们的优秀代表，《北京师范大学数学系史》是他代表1974级对母校的最好报答和留给北师大数学科学学院的最深印记；有了这部史书，1974级就随之定格在母校数学科学学院的历史长河里，永远抹不掉，并将伴随学院的发展而留存久远。因此我们应向李仲来同学表示深深的敬意和感谢！

最后，希望老师和同学们多多保重，使我们有更多的时光再次相聚，共同见证母校和数学科学学院更加辉煌的明天。

本文根据2014年6月20日《北师大数学系1974级入学40年纪念》发言稿整理而成；衷心感谢王海英、刘庚、仇玉英和李仲来等同学热情提供文字素材或资料信息。

林颐，曾任中国人民大学信息学院党委书记

# 感　激

马京然（1974 年来校工作）

当我拿到《北京师范大学数学科学学院师生影集》（1915～1949）（1950～1980）（以下简称《影集》）时，心中十分感动。十年的努力汇聚成册，百年来的人物跃然纸上。就像每个家庭都有影集一样，从这里可以看到我们祖辈的模样，也可以看到我们自己的过去。半个世纪前的师生们，他们身着西装，或长袍，或大褂，更多的是中式服装，他们的神情多是沉稳和专注。1949 年以后的师生们，他们脱去了长袍马褂，随着那个时代的变化，着装越来越朴素，师生的神情多是沉静和单纯。我们有幸在这里见到那么多的前辈，为后人留下这么完整的影像资料，能不令人感动吗！

当我翻看着《影集》，心中漾起一股感激之情，感激谁呢？首先感激陈方权老师，古稀的老人热情得像小伙子一样，找照片，制作照片，一干就是 10 年。不为名，不为利。感激王树人老师，80 多岁的老人，一趟趟地往我办公室里跑，送照片，认同学，讲他们同学、同事们的故事。感激王世强老师，连全部照片都拿给我去翻拍。看着照片上的小叉字，讲着他当年的无奈之举是为了保护这些珍贵的照片。感激老校友袁兆鼎老师，他保存的老照片又多又好。感激老校友马文俊老师，拿来留有那么清晰记忆的自己照的老照片。感激那么多可亲可敬的老师们、老人们，一个一个地认出照片上的同学，还连着那个时代的背景，生动的、鲜活的学生们一下就能从照片上走下来。无论是谁，帮助我就像在做自己家里的事。不管跑多远的路，出多大力，他们就像纯真的赤子不问俗利。他们是我的前辈，他们也像我的家人，每一次的接触都带给我感动。我感激他们！我还应该感激我的领导，在我 2004 年年底一提出这个建议就得到了他们的支持。我感激李仲来老师，帮我一遍一遍地核对人名。我感激档案馆的杜绍义老师帮我们寻找照片，把校档案馆的照片翻了个遍，就像干着自己的事那么上心。我感激校档案馆、校史办老师们的大力支持。我感激出版社的老师们设计并印制了这么精装的书。我感激那些不知名的先人们留下了一本本珍贵的史料。我还应该感激这个时代，有条件让我们共同做出这样一本能留给后人的书。

看着样书，心中漫溢着温暖。10 年前，当我出于个人爱好，急着想做出一本影集时，我那么幸运地遇上了陈方权老师，他的完美主义精神感染着我，让我一改再改，尽可能不留遗憾地完成了这本书。我们大家整整享受了 10 年的制作过程，不然我怎么会认识书中的那么多人，不论他们还在不在世，都成了我的熟人。这 10 年里，无论我们走到哪里去寻根，都会遇到热情的校友，甚至是他们的后人，他们给我提供照片并讲述他们的故事。在学校、在故地、在西北，让我感受到的是我们悠久的、殷实的大家庭的呵护与温暖。

让我满怀感激之情，将这本《北京师范大学数学科学学院师生影集》献给我的老师和同学们，献给所有关心我们这个有着百年历史的大家庭的人们！

马京然，北京师范大学数学科学学院教师

# 我的大学校园生活趣事

张德义（1974 级本科生）

忆往昔　峥嵘岁月是非难辨
看今朝　民族复兴梦想成真

## 一、一场虚惊

41 年前，我肩负着人民的希望和重托，来到北京师范大学。在来之前，我做足了准备工作。首先，是了解北京师范大学的地址在什么方位、乘车路线。说心里话，虽然我家离北京不算远，但我去北京城里的机会不多。为了做到万无一失，我约好同去一所学校的同学坐同一路车，在县城某地集合，再一同坐车去同一所学校。记得去学校报到的那天，我背着行李，早早地来到村边车站等候，生怕误点错过机会。

车来了，我拎着行李上了车，左看右瞧，见到了已上车的那几位同学，心里的石头总算落了地。当时车上的乘客见到我们，都用羡慕的眼光看着我们，我心里别提有多高兴了。到了北京师范大学门口，我们一下车，就被在门口迎候我们的老师和同学接走了。啊！我太幸运了。走在学校的甬路上，看着高耸的大树，迎风招展的彩旗，醒目的迎接新学员标语，心里暖洋洋的。“人民送我上大学，我上大学为人民”，看了这些标语，更感自己责任重大，“上大学、管大学”，当时，心里一片空白。

入学不久，学校组织学员体检。经过检查，发现我肺部有阴影。医生说，开学以后，再来复查。听同学说，复查不合格，学校要把学生送回原籍，我的心又被提了起来。回家后，家里人什么活都不让我干，还给我做可口的饭菜。返校后复查，肺部阴影没了。医生说，安心上学吧，没事了。听了医生的话，我长长地吐了一口气。真是谢天谢地了。上大学，是我梦寐以求的向往，如今，梦想真的实现了。我暗下决心，决不辜负人民的希望和重托，好好锻炼身体，不负众望，安心学习，学好本领，更好地为人民服务。

## 二、上大学，实现了我三大梦想

上大学、当工人、入伍从军保边疆，这是我们那个年代年轻人的三大梦想。没想到，在大学期间，这三大梦想我都实践了。

学工是在新街口轴承厂，每天早晨 5 点起床，步行三站地，到工厂上班，和工厂里的工人一起劳动。我们的同学，被分成若干小组，有的被分配到锻压车间，有的被安排到磨具车间，有的去冲床车间。目的是让我们体验工人的劳作和辛苦，去体验数学在生产中的运用。

学农是在顺义区北边的龙王头村，搞测量、边学习、边实践，用所学知识，具体运用到新农村建设的实际工作中。

学军是去邯郸。这是我多年的愿望。在我能入伍从军的年龄段，我几次去参军体检。记得是在念初三的时候，当时是学校动员去验滑翔员，上站体检第1站合格，第2站去北京某地复检，由于兵种对眼质要求很严被刷下来了。那时我曾想，我真的当上滑翔员，开上滑翔机，在天上自由飞翔，那该多美呀！只可惜没验上。不知是什么原因，在我从军的年龄段，我每次都是积极报名、体检合格，就是未能如愿。后来听说是因为家庭和社会关系问题。从那时起，我就下定了决心，我这辈子一定要堂堂正正做人，认认真真干事，不是自己的东西不要，不是自己的东西不拿，给也不要，写好自己的人生历史，不给后人留下话柄。

## 三、上大学，竟不知道毕业后当老师

北京师范大学，是一所培养师资的学校，但在我入学之前，竟一概不知。总认为毕业后，到公社或县里某个部门工作，不再挣工分了，吃“皇粮”了。在这种糊涂认识的影响下，对自己的业务学习抓得不紧，要求不高，学得不实，而对一些社会工作倒挺感兴趣。在班里，什么搞宣传啦，搞批判发言啦，我都积极参与，特别是学校组织的社会活动与自己的业务课发生冲突时，我宁愿不参加业务学习，也愿意参加学校组织的社会活动。为了不让我落课，辅导员和任课老师诚心诚意要为我补课，但因我的心思没在业务上，所以老师想拉也没拉回我。现在回想起来，真是追悔莫及。

## 四、背课与备课的误解

毕业后，我拿着派遣证到公社文教组报到，我被分配到本公社的一所戴帽中学任教。可笑的是，我竟不知道这所学校的具体位置。当时的文教组组长笑着对我说：“你是不是这公社的?”我说：“是呀!”“那你怎么不知道这个学校在哪儿?”我不好意思地说，咱全公社25个自然村，除离我们村邻近的几个村去过，其他的村听说过，但都没去过。可见，我当时的思想是多么的狭隘和封闭，真应了那句老话：“上炕认识枕头，下炕认识鞋。”

来到这所学校，学校的负责人是我上小学时的老师。师生相见，格外亲热，对我十分信任和放心，交给我两个毕业班的数学课并任一个班的班主任。我一天两节数学课，除去听公开课外，在办公室一坐就是半天。备课、批改学生作业，抽空还要制作教具，用泥做教具模型，工作虽然很辛苦，但自己却很开心。因为在实际教学中，我也学到了在母校没有完全弄明白的概念。

教学方案、教学方式、教学方法、教学目的，这些，在我听来，都有些陌生，在母校学习时，也未曾涉及的具体操作程序，我感到很茫然。背课与备课，发生了误解。三角形三个内角和等于180°。这么简单的结论难道还用背吗?!“备课”实际是准备教学目的实施，解决学生如何理解和如何消化的过程，证明这一结论的准确性和合理性。在教学中，我虚心向老教师请教，如何理解“背”与“备”的关系，从而提高我对“背”与“备”的认识和理解。再比如学校让我教政治课，我心里真的没底。我反复阅读课本，真想把课本全文背诵下来，达到备课的教学目的。结果，事与愿违。在同行老师的帮助下，我从心底感到自己历史知识的匮乏。

## 五、我的一点建议

干什么吆喝什么，不能挂羊头卖狗肉。

从专业角度讲：业余的绝对干不过专业的。

就拿打台球的体育活动项目来说，业余的讲进球，而专业的不但要进球，而且要讲进球以后母球的走位。这一点，我不细说。

单从教学目的来讲，就应该明确指出：本节讲的内容，不是怎么让你接受，而是让你教学生怎么接受，因为你面对的学生，接受能力、理解能力各不相同，所以施教的方法也应该有所不同，因材施教可能就是这个意思吧。多教些解决问题的方法，对提高教学质量，一定会有所帮助。我在实际教学中，就有这样的教训。力气没少费，功夫没少下，老师费心，学生费力，但效果不佳。所以，我希望母校在以后的教学中，增强这方面的教学力度，对下面的学生，必有好处。

张德义，北京通州区纪委

# A种社会里的B种人

孟晓青（1975 级本科生）

## 一、我记忆中的张禾瑞先生

我与张禾瑞先生接触的时间不是很多，但是张先生给我留下的印象却是很深的。

张先生说起话来是相当动听的男低音。我总想，要是唱起歌来，这男低音一定是要更为感人动听的呢！遗憾的是，我从来没有听过张先生唱歌。深深留在我记忆中的，是张先生那相当独特的，给人一种具有共振感觉的洪亮笑声：突然爆发出来的“哈-哈-哈”，有时候真能把人吓一跳呢。至今，我一想起张先生，耳边就回响起这格外洪亮的笑声。

1975 年秋天，我从内蒙古大草原上来到北京师范大学数学系，成为一名光荣的工农兵学员（我认为从工农兵中选拔一部分大学生的做法，在大方向是没有错的，是值得中国现代教育体制借鉴学习的。现代大公司招聘雇员时，并不在乎被雇人员的学习成绩，而更为看重他们的工作经历和工作能力、自信心、个人性格魅力以及团队精神）。我进数学系的时候已经是“文化大革命”的尾巴了，张先生还没有恢复原职：数学系主任。那时候所有的教授，大家一致称为老师。但是数学系有两个与众不同的例外：学生们教职员工们大家众口一声地仍然敬称张禾瑞为“张先生”；另一个是不问政治的书呆子王世强，也被大家敬称为“王先生”。我们这些新进校的经历了“文化大革命”风暴洗礼锻炼的工农兵学员们，也愣是没有一点革命警惕性地跟着大家伙儿一块，张口闭口地“张先生”和“王先生”。

张先生长得并不高大魁伟，但是也不矮小瘦弱。我印象中的张先生，或是穿着整洁的中山装，或是干净的中式对襟棉袄，典型的 20 世纪早期传统中国知识分子的形象，绝对看不出多年留学欧洲，娶有德国夫人的任何西洋痕迹。张先生早年留学德国，专攻代数。德国的代数是世界第一流的。立业成家后举家回国，张先生后来在北京师范大学数学系任教，后来是系主任。迈进张先生家的门，扑面而来的是浓浓的香烟味，坐在古色古香的八仙桌旁微笑着的张先生，手里总是夹着一支冒着烟的香烟。张先生是一个香烟不离手的烟鬼（恕我草原蒙古族牧民的直言。我想，张先生不会责怪的，而是“哈-哈-哈”地大笑了）。1983 年我第 1 次回国时，就在机场的免税商店给张先生买了一条有名的英国三五牌香烟。

张先生是非常认真很严厉的，听说他曾经把年轻教师训哭过。张先生没有给我们上过课，所以我对张先生的严厉，没有直接的感受。但是，对张先生的认真，却是有着第一手的亲历的。

1978 年夏天我们毕业了，矬子里头拔将军，我被留在了数学系做助教。当时系里的教师们分属于不同的教研室，我被分到了代数教研室。张先生是搞代数的，虽然他并不参加教研室的活动，但是这里有张先生的大弟子郝钢新先生、吴品三先生（当学生时我们称郝老师、吴老师，“文化大革命”之后，渐渐改回了郝先生、吴先生），还有其他张先生的弟子们，所以这是离张先生最近的一个教研室了。我在这里沐浴着感受到了第二手的张先生的严谨治学之风。代数组每年都要给张先生过生日，郝先生知道去哪一家蛋糕店为张先生定做生日蛋糕。郝先生身材高大，有着圣诞老人般的红红面孔，和与张先生同样的洪亮笑声：“张先生就吃这家的蛋糕。哈哈哈。”当然了，我们每人分享到一块张先生就吃的这种蛋糕：我从来没有吃过这样高质量的蛋糕，我是打心眼里佩服张先生的品尝能力。

3年的工农兵学员，加上自学的努力，我的实际数学水平达到了现在大学一年级的水平。那时数学系已经招收了研究生，助教之余我就跟着研究生听课。1980年秋天，张先生把我叫到他的办公室，问我：“你想不想去美国读研究生？”去美国读研究生，这个我可是从来没有想过。张先生递给我几张表格，“纽约州立大学向我们要研究生呢。你把这几个表格填了，寄出去试试看。”当时系里还没有学生的成绩单这么一说。张先生认真审查了我填好的表格，帮助我制作了成绩单，又亲自写了推荐信。张先生递给我成绩单和推荐信，“到主楼去盖上北京师范大学的钢印。”他眼睛盯着我，不放心地叮嘱道：“一定要钢印，普通印不行。”我钻进8层的主楼里，到处寻找有北京师范大学钢印的办公室。最后找到了有钢印的办公室，办公的哥们拿着推荐信和成绩单，疑惑地看着我：“非得钢印吗？普通印不行？”我坚定地重复着张先生的明确指令：“一定要钢印，普通印不行。”好在那时候没有现在这么繁多的官僚规定和复杂的管理条例，我顺利地得到了成绩单和推荐信上北京师范大学的钢印。

两个月后，我收到了纽约州立大学布法罗分校数学系的回信：接收我为研究生，免学费并给予一定的资助。张先生很高兴。那时候去美国的单程飞机票要一千元多人民币，而我的月工资是56块钱，一千元得攒多少年啊？张先生琢磨着帮我申请公费派出的名额，以解决路费问题。他使尽了浑身的解数，指导着我跑了这个办公室，见了那个主管负责人。最后花招用尽黔驴技穷了，张先生说：“得了，你还是自费走吧。”我向爹妈要了钱，买了北京到纽约的飞机票。飞到了布法罗，开始了背水一战硬是要在沙滩上造大楼的艰险历程（这可真是adventure了：初中二年级加工农兵学员的水平攻读博士研究生）。瞧：这就是我们这代人的人生幸运了：居然遇到了这样愣是不循常规（不用考GRE，不用考托福），连跳带蹦大飞跃的探险加拼搏的难得机会。

开学后，要跟上完全是英语授课的正规研究生课程，我是全力以赴地奋斗拼搏了。我在一张纸上用粗笔认真地写下：“不能给张先生丢脸！”贴到墙上，以激励自己玩命学习。心想，怎么也得学出点像样的成绩来报告给张先生。所以没有想到应该马上给张先生写信。大概是两个多月后，北京传过话来了：张先生很是恼火，“孟晓青是我们费了最大的劲送出去的，竟然连封信也不写。”我当然是诚惶诚恐，马上给张先生写信。只可惜当时还没有今天这样方便的直拨中美越洋电话。

1983年夏天回国时我去看望张先生。那天，张先生的八仙桌旁坐着几位来访的客人。张先生一见我进门，马上笑着招呼客人们：“你们瞧，”他用手指着我，“插队的又回来了！”我这个人很土，不懂时尚，衣服只要不破，就一直穿着。那天我穿着一定过了时的20世纪60年代末70年代初样式的裙子和短袖衫。

有张先生的期望激励，我的学习成绩并不比从台北大学数学系正规毕业的台湾弟兄们差。我提前通过了博士生的资格考试。张先生希望我学习的专业与北师大数学系代数组特长的群论、环论合拍，但是布法罗的代数专业只以范畴论而著名，所以我也就上了范畴论的贼船下不来了。最后也得到了一个博士学位。

记得一次回国去看望张先生，我问他："那时候你为什么要回国呢?"他用奇怪的眼光看着我："为什么不回国呢?"似乎这根本不是一个问题。

我为什么没有回国呢？原因很简单，本事不行：无论我如何玩命拼搏，实在是没有本事实现张先生和北师大数学系对我的期望：成为一个方面的科研带头人，带起一支科研队伍。人贵有自知之明吗，既然不是一个有本事的萝卜，最好就不要占那个萝卜坑。好在中国的天才能人前赴后继大把大把的实在是多得很，这不，北师大数学系的萝卜坑儿们很快就被有本事有能力的萝卜们占满了。昔日的数学系摇身一变，变成了今天的庞然大物数学科学学院。张先生的在天之灵一定会是很满意的，天堂里回响起洪亮的笑声："哈-哈-哈"。

## 二、A 种社会里的 B 种人——王世强先生

1975 年秋天，我从天苍苍、野茫茫的内蒙古大草原来到北京师范大学数学系，从一个马背上自然游牧的牧民，成为一名光荣的工农兵学员。

我进了北师大数学系后不久，有人指着一个瘦瘦的不是很高但是也不是很矮的身影告诉我：这是王世强先生，数理逻辑专家。当时还是在"文化大革命"当中，虽然是后期了，大家对系里的教授一律改称"老师"，而不是"先生"，但是这里有两个例外。一个是系主任张禾瑞先生，他是从德国留学回来的，对北师大数学系的成长建树颇多，后来一直身体有病在家，是国家的重点保护对象；另一个就是王世强先生了。王世强先生是百分之百的正宗中国土产，虽然不是极强壮，但是一直没有大病，他天天都到系里来，好像也不是国家的重点保护对象。50 多岁的王先生戴着一副只有学生们才戴的便宜的白边眼镜，一脸书生气，微笑起来天真无邪，就连最革命的造反派也不相信在这白边眼镜后面会有反党、反社会主义的封建主义、资本主义思想，留一个古董又何妨，于是大家就齐声喊他"王先生"，就连我们这些新进校的工农兵学员也包括在内。

我第一次近看王先生是在一次去天安门游行的途中。从北师大到天安门来回怎么也得三四十里路，还要扛着各式标语牌，体弱年纪大的老师们都没有去。走去天安门时大家雄赳赳气昂昂，往回走时就累得泄了气，不少人坐公共汽车回学校了。但是标语牌上不了车，总得有人扛回学校，我当时感觉良好，就扛着标语牌随着大大缩短了的队伍往回走。前面的一个人穿着几乎拖到地上的呢子裤子，裤脚上满是尘土，边走边和旁边的人说笑。他偶尔一回头，我看见了那白边眼镜和无邪的笑脸。哈，这个书呆子能够走这么远，我顿时对他另眼看待了。

我们不断听到关于王先生的各种非常不一般，相当有趣的故事。

在职工食堂吃饭，王先生从来不问哪个窗口卖什么，他总是拣队排得最短的那个窗口。站在最短的队伍后面可以节省时间最快地买到饭，结果他是一连好多天都吃面条。发了工资，王先生也不去存银行，而是从书架上随手拿下一本书，把纸币夹在书中。若有人来借钱，他就翻开一本书，问够不够。若是不够，就再翻另一本书。王先生一辈子没有结婚，他除了书之外，没有任何其他嗜好，星期天要是出门，也是去书店。系里的几个教授不断教导我们："要做一个真正的数学家，就要像王世强先生那样没有他念。"

工农兵学员没有开数理逻辑课，王先生从来没有给我们上过课。后来我要到美国布法

罗去读研究生，系里希望我学代数，而布法罗的代数就是范畴论。范畴论和环论、群论也有联系，但是范畴论与数理逻辑有着更为密切的联系。于是系里的头儿对我说："你与王世强先生联系吧。"从此，我和这个怪老头儿熟悉了起来。

王先生是个大好人，绝对的东郭先生，我从来没有听到任何一个人说过他一句不好的话。据说 1957 年"反右"时，王先生的 10 个研究生中 9 个是"右派"，但是人们左看右打量这"右派"的导师，却是怎么也评他不上"右派"。"文化大革命"结束后重新招收研究生，王先生的研究生买稿纸，向国外发信寄文章，都到他这儿从他的工资里报销。王先生助人为乐绝对是有求必应，来者不拒。别人借了他的钱不还，不管多少他是根本不去过问。有人借了他的书不还，他也不去追究，却说送给他算了。他的学生弄丢了图书馆的书，他就去赔偿。他一人住三居室的一个单元应该是宽敞有余了，结果壁橱里、房间里、过道上挤满堆满各式大小不等的包裹、麻袋、箱子。我几次回北京去看他，问他这些包裹麻袋箱子都是谁的。他说是老乡寄放的。我又问：你哪儿来的这么多老乡？王先生只笑不答。问烦了，他就说：这不关你的事。

他的宿舍成了遍布全国各地他的学生、别人的学生、他的同事和同事的同事们南来北往的借宿之地。他的一个还没有分到房的研究生，孩子大人一家几口人在他家一住就是两年半。王先生不但没有一句怨言，还尽他的最大本事热情招待。近些年来，系里系外、校内校外的人们为了评职称、争荣誉、讨奖励，都来找王先生写推荐信、褒扬信。这常把老头儿忙得团团转，但他从来没有拒绝过。他总说这个人这样这样好，那人那样那样好，从来不提别人的缺点。若有人提及此人彼人的缺点，王先生总是有合理的解释：此人身体不好，彼人家庭负担太重。

这个和蔼的老头儿有时也可以顽固不化，让人干瞪眼。不断有人建议劝他装修一下他的宿舍，买几件像样的家具，但是不论什么人怎么说，他还是睡他那不知多少年前从学生宿舍搬来的单人木床，使用着别人家淘汰下来的桌子柜子，一台 12 英寸[①]的黑白电视一直站在茶几上。这个逻辑学家的三间宿舍却是没有一点逻辑秩序的影子，书籍、报纸、稿件、食品、用品堆得到处都是，上面落有厚薄不等的尘土。多少次我说我来给你收拾收拾，他的学生们也要来为他大扫除，这可急坏了老头儿，摇头带摆手："不！不！不！不！我这是乱中有序，你们一收拾倒是干净了，但我就什么也找不着了。"这倔劲一上来，就是拖拉机也是拖不动的。我们只好作罢，任他在这"杂乱有章"中安详从容，与世无争地生活。

自从我跟王先生联系上以后，王先生从来没有指示我去做哪方面的研究，读哪方面的书。他平等地与我讨论各种问题，很快我们就成了铁哥们儿。

王先生是国内数理逻辑方面的领袖。评中国科学院院士时不少人左右逢迎，心机用尽，可是王先生却是两耳不闻窗外事，照吃照睡照样读他的书，后来因为年龄的限制没入选（那时候王先生已近 70 岁），他反过来给为他鸣不平的人做工作。

面对现代化市场经济带来的精神文化、价值观念和人际关系的巨大变化，王先生坦然地笑着说："我们是 A 种社会里的 B 种人，可能要成为恐龙了。"

孟晓青，留美学者，教授

---

① 英美制长度单位。1 英寸≈2.54 cm。

# 从在北师大时的几件窘事说起

陈克伟（1977 级本科生）

热心的李仲来老师又发邮件过来了，还是关于写一篇北师大数学系建系百年的纪念文章。我同意了，但有些后悔。一是无从下笔；二是生疏了的中文。还是从几件窘事说起吧。

## 一、

我 1975 年底高中毕业。由于农村师资匮乏，我留校当上了村派高中数学老师。这一经历让我有机会较为认真地自学了当时的高中数学课本，从而能较自如地通过了“文化大革命”后第一次恢复的高考。

我自以为是的数学好的感觉被入学后的第 1 次摸底考试给摧毁了。老师没有把正式的成绩告诉我。但我知道应该是不及格，甚至可能是触底的低。对一个见识不多的农村来的我而言，当时的心情是恐惧，对可能被退学的恐惧。记得是当时我们数学分析的辅导小洪（良辰）老师把题目一一地与我讲了一遍。顺便提一句，那个时候的“辅导老师”就是现在所说的助教吧。他们的敬业和学识应该比现在的许多高校的主讲教授们还要高很多。她表达了对我的信任，鼓励我不要悲观，但要加倍努力争取赶上学习优秀的同学。

小小的暗自较劲是有的，然而大学 4 年同学间的学习上互相帮助是 1977 级的主流。这种同学间的互相帮助是我学习上进步、自信心越来越高的一个重要原因。我们组同学间的学习互助很频繁，还有班里学习拔尖的同学从不把解题的诀窍、思路藏而不露，而是乐于分享。同学间的同一道题的多种解法的比较再有举一反三地互相印证反映了 1977 级的作为一个群体较高的精神层面。

让我及其所有同学学到数学真谛的主要功劳是我们的各位老师、我们各位尊敬的老先生们。北师大数学系及或整个北师大那时尊师的一个标志性称呼是“先生”，我猜应是五四前后爆发的新文化运动的传统称呼吧。特殊到我们北师大数学系，那都是德高望重、学识渊博的教授们（包括当时学生尊重的副教授）才可以得到的称号。他们是一流的、即使用现今的标准，是对教学认真、对自己学生负责的一流。后来及至今日，“先生”已经没有那个时候特别是北师大的特殊的含义了。引领我们迈入高等数学殿堂的首属董延闿先生。1977 级的每位同学一定还记得每次早晨上数学分析大课时发下来的还飘着油墨香的讲义。我相信我们许多同学一定还保留着这些讲义。在后来从同学或其他老师处得知，这些讲义都是董先生的日日夜夜倾注的心血，还有当时整个教我们数学分析的老师团队加班加点、共同奋斗努力的结果。这些现在已经变得发黄、我们自己写在上面的注记已经模糊了的讲义与数学楼 101 教室一起应该成为不能抹去的我们对北师大学习生活的共同记忆。

在这不能抹去的共同记忆中，应该还有我们热爱的郝钢新先生和他的线性代数、尊敬的张（禾瑞）老先生与他的近世代数、后来董先生又开了流形上的微积分、余玄冰老师（注意，当时我们不称呼当年尚年轻的她和其他许多老师为先生）和她的拓扑学、大洪（吉昌）老师与她的积分方程、刘来福老师（后来是我生物数学方向的硕士生导师）及他的生物统计学。我个人的记忆不是教过我们的所有老师（特别是我没有上的选课的老师们）。但请各位老师相信，学生没有忘记您们、您们当年的心血是现在我们许多同学成功中重要的根基。

也是这不能抹去的共同记忆中的一部分是如何做人、做学问。对许多局外之人，这些都是老生常谈的刻苦、学习没有捷径、工作要敬业、待人需诚恳。但我们体会了刻苦下面的喜悦，我们获取了敬业之后的欢愉。

应该说我在北师大的这个第一步是在老师的呵护、教导、鼓励下和同学互助、共同努力的环境支撑下迈开的。特别值得一提的是在当时没有所谓尊重“个人隐私”的大环境中，我的这个“窘困”从来未被公开。这实在的第一步于我而言当然是关键。这是迈入美妙绝伦、无与伦比的数学殿堂的第一步。我并不以为我的数学所学及功底有多好、但有一点是实实在在的：我在北师大数学系的所学让我觉得在我后来这些年工作中受益匪浅。

## 二、

几乎与入学摸底考试成绩差同时发生的另外一件尴尬、让我情绪很差的事情与身体有关。该是对人生重大改变的过度高兴或没有自我意识到的紧张再加上不注意个人卫生，我几乎在入学的一夜之间全身就长满了疱疹。它们不仅是让我身体躁痒，更让我心情坏到了极点。刚刚入校认识的人不多，我将这件事告诉了同宿舍的长胜和老包。当然还有我们的政治辅导员史志刚老师。史志刚老师和系里立即安排我到校医院进行检查。在确认了不是传染病之后，两位同学安慰我，史老师也几次找我做思想工作，劝我不必紧张。并与校医院的医生一起制订了治疗方案。

说到我不好的个人卫生习惯，后来班里的有些同学（大概是女生）忍受不了、又不好意思直接跟我说，是通过史志刚老师向我很委婉地提出来的。我欠这些同学们一个道歉、30 多年以后的道歉。

在心理上，疱疹在校医生的多次诊治后痊愈过程是漫长的。其间我的洗漱都是尽可能地躲开同学。我是在长胜、老包和史志刚老师还有家人的不断开导下逐渐康复起来，度过了入学初期的一段很困难的时段。除了学到了我终身受益的知识，我们大学 4 年建立起来的同学之间才有的情谊是特殊的。这近一两年刚刚建起来的 1977 级微信同学群是这特殊情谊的见证。让我们一起珍视这份情谊。它包括对不同甚至对立意见的包容，包括现在进行时的各种形式的互相帮助、不同形式的互相联系，还包括彼此之间的这样或那样的思念（联系上的和没有联系上的）。顺便提提，每次回北京都有与同学联系的想法，但每次都没做……

## 三、

我和其他4位同学（徐长胜、郇中丹、班春生、郑秀林）毕业之后留校工作。在当时国内数学界重纯数学轻应用数学的大环境下，我对分配到应用数学组的安排很不愿意，把这一决定理解为是对自己的数学能力的一个负面评判（现在自我评判：其实我不是做纯数学的材料）。因无法改变其决定，便“身在曹营心在汉”地去自修纯数学的代数拓扑专业方向的课程。记得那时每周两次去北京师范学院听梅向明教授的系列讲座。我对应用数学的轻视在与同组老师的交谈中无意流露出来并造成一定程度的紧张关系。而我自己还不知道自己无知的傲慢所造成的这种损害、主要是对模糊数学方向的各位老师们包括汪培庄老师的情感上的损害。组内的苏秀雯老师、丁玉珍老师，还有仲来老师均在私下里与我进行了交流。我这才意识到问题的严重性。主动地与相关的同事老师联系。求得并获取了他们的谅解。重要的是重新认识应用数学。为此，系领导给我们谈了系的平衡发展纯数学、应用数学的整体布局。同时，两个应用领域颇有建树的领头人，汪培庄老师和刘来福老师分别向我们介绍了模糊数学和生物数学（是的，那时候把模糊数学归到应用类）的意义与前景。对我的两个误解很感愧疚：应用数学的数学工具简单、应用数学的应用领域简单。30多年以后的今天，我庆幸我当时的应用数学（特别是生物数学）的选择、庆幸得到了刘老师的引进及其后来的专业指导。作为过来人（有些好为人师了，但是诚心诚意的），我想告诉那些准备搞应用数学的学生们，把你们的数学功底夯得结结实实的，包括基本的极限、连续、微分的定义，包括比较困难的抽象的代数、拓扑等专科理论。同时开始认认真真地读一两个你准备投入的非数学的专业方向，熟悉该方向的语言、背景、研究方向。

北师大、北师大数学系于我、于各位同学不仅仅是能拨动心弦的记忆。

附上两首无平仄拙诗

**北师大数学系1977级部分同学2014凤城聚会**（2014年初）

卷云万里远京城
卅载白驹忆初冬
走读住校论数理
郝师董老期学精
西南中南韵花季
教室机室录涩青
今得凤凰一片羽
聚别两易约再逢

注一：《庄子·知北游》人生天地之间，若白驹之过郤，忽然而已。

注二：西南中南两楼为学生住宿区。

注三：凤凰一句，借亚利桑那州凤凰城一隅，亦喻同窗之情不老。

注四：反用“相见时难别亦难”。

**1977级入学30年感怀**（2008-06-08）

感忆七七正华年
村小京少扬初帆
微分高代问蜀路
证解演策神远贤
惜时徐张晨直路
偷闲胜敏晚绕偏
学二西南卅载梦
长情拙咏汝墨鲜

注一：惜时，偷闲二句：二同学好友名。

注二：学二西南句：学二食堂，西南男生宿舍楼。

陈克伟，北京师范大学客座研究员，Director of Core Resources, Neuroimaging Research and Analysis Lab., Banner Alzheimer's Institute, Banner Health

# 怀念蒋硕民先生

陈　黎（1977级本科生）

第一次邂逅蒋硕民先生是在图书馆前的广场上，那时刚到数学系，并不认识蒋先生，只是看到他扶着手杖，慢慢地走到长椅边，有些吃力地坐下来。先生很胖，但很儒雅的样子。我冲着他笑笑，先生和我拉起了家常，问："你是哪个系的呀？"我指着数学楼说我是数学系的。他又问："你从哪里考来啊？"我说我从农村考来的。其实我是以插队知青的身份考来的。蒋先生可能以为我是个农民娃，饶有情趣地问，"哦，那可挺不容易的，那么令尊大人是做什么的呢？"原谅我的愚昧，当时竟然不明白令尊大人的意思。蒋先生看到我傻乎乎的样子，解释说："你父亲是做什么的呢？"我一时语塞，小声地回答，他不在了。"文化大革命"中，父亲含冤去世，直到我上大学时还没有平反。幸好北师大不歧视我们这样的"可教育好的子女"，为我们敞开了大门。那天我们后来又聊了些啥，已经记不清了。

当年对本科生的英语要求不高，而且我中学的时候就喜欢英语，插队时除了带上一堆数学书，还订了一份《Peking Review》，所以一入大学就稀里糊涂地通过了英语免修测试。数学系把通过考试的几个人组成了一个专业英语小组，指定蒋先生做我们的辅导老师。这时我才知道蒋先生15岁从同济中学毕业，后来到德国哥廷根大学留学，22岁就在南开大学做了教授，是个了不起的人物。

蒋先生为我们选了教材，从英文的数学公式怎么读开始，非常耐心地指导我们。很多专业知识是课程还没有涉及的，比如点集拓扑和复变函数等。先生平时总爱拿着一个瓶子喝水，不保温，于是我们用外汇券买了一个保温杯送给先生。遇到天气不好的时候，我们就到先生家里上课。蒋先生家里藏书丰富，他看到我对一本《复变函数》的薄书（据说是名著）很有兴趣，就把它送给了我。我特别高兴，用漂亮的画报纸包了书皮，当宝贝一样珍藏，结果不知被我藏到哪去了，为此我郁闷了好久。除了专业英语外，蒋先生还选择了英国王尔德著名剧作《Lady windermere's fan》（《温德米尔夫人的扇子》），告诉我们里面的台词非常地道。

由于课程在专业方面的吸引力，许多非英语免修的同学也加入了进来。大家不仅学习专业英语，还学习德语。记得班上郇中丹同学的本科论文用的就是德文文献。在外语小组学习的同学，很大一部分毕业后去了国外。

陈黎，北京师范大学天文学系教授

# 来自 1977 级 100 号的祝福

孙贤和（1977 级本科生）

我叫孙贤和，是北师大数学系 1977 级 2 班 5 组的毕业生。学生号是 1977 数学 100 号。1977 级是“文化大革命”后第一批考试入学的大学生。因为“文化大革命”，大学入学考试停顿了 10 年，积压了 10 年人才。1977 级大学入学考试录取率中国历史上最低。同时大多数同学都已工作多年，对能够有重新学习的机会都非常珍惜。大家普遍学习刻苦、认真、自觉；是被史书上称为“刻苦读书，但成熟中略带死板”的非常特殊的一个群体。

我们数学系 1977 级一共有两个班。每个班有 5 个组，每组 10 个人。是个 100 人的队伍。据说学生号的顺序是按录取的顺序排的。刚听到这个排号方法时，拿着学生证，我手颤心跳了好久，久久不能平静。上大学对每一个 1977 级的学生来讲都是人生的最大转折。在这人生转折的紧要关头，我竟然做了那跳过龙门的最后一位。还有比这更悬的吗？实际上我并不清楚我是不是最后一个被录取的。但是我确实知道我是最后一批被录取的。

10 个组里面，一班的 5 组和 2 班的 5 组是走读生小组。走读生小组是在开学 3 个星期之后才入学的后招的新生。走读生头一年没有宿舍，第 2 年才在宿舍里有了床位。走读生大多数是考试分数不错，但在第 1 批录取时因为种种政策上的原因没有被录取的考生。走读生普遍岁数大，家庭出身复杂。我所在的 2 班 5 组自称是“牛鬼蛇神”组。10 个人中有 9 个家庭在“文化大革命”中有各式各样的问题。剩下 1 个是家里没问题，但本人是挺着大肚子去体检的。上大学前刚刚生小孩。10 个人里有 6 个是老三届（“文化大革命”前 1963～1965 年上初中和高中）。其余 4 个，1 个是 1969 年初中毕业，1 个是 1970 届初中毕业，1 个是 1971 届初中毕业。都没有上过高中。我就是那个 1971 届初中毕业生。

1971 年北京市已部分恢复了高中。我当时的班上有 52 个同学，其中 7 个上了高中。按学习成绩，我是应该被录取的。但我的高中申请第 1 个就被刷了下来。原因是“要平等”。别人的父母连小学都没上过，我父母是大学毕业生。在接下来的分配工作中，我又是第 1 个被动员去插队的。原因是别人家生活条件不好，要两三个人盖一床被子。我家生活条件好，每人都有被子。离开家也还有被子盖。1971 年留城的机会很多。眼看同学一个个或留城工作，或上高中，只有我坐在学习班里准备去农村插队。那时真是心情灰暗至极，不知前途在哪里。似乎我生来就低人一等，努力也是没有用的。十五六岁，正是风华正茂的少年。但通往世界的大门已经关死。放眼望去，没有一缕阳光。

在组里，我的经历还不是最差的。我毕竟还没有被扫地出门，还有家可回。还是“可教育好的子女”。组里其他黑五类和黑帮的子女所受的待遇更差，所受的伤害也更大。在“文化大革命”中我们是属于被歧视的群体。1977 年“文化大革命”刚刚结束。“文化大革命”余毒还在，家人的政治问题还未完全“解决”。并且我们没有完整的中学教育，年龄也过了最佳学习阶段。按现在的话来说，我们是弱势群体。政治上弱势，年龄上弱势，教育程度上也是弱势。不以育人为第一出发点的大学是不会光顾我们这类群体的。是北师大，是数学系，发现了我们身上的闪光，给了我们受教育的机会。锦上添花，人人愿做。雪中送炭，没有几人愿做。北师大做的是雪中送炭，数学系做的是雪中送炭。受惠的是我，又不只是我。受惠的是我们，又不只是我们，受惠的是整个一代人，受惠的是整个中国。感恩北师大是我们的共识。感恩北师大不是一句空话。感恩北师大是一生的努力。30多年来，我们没有一个人掉队，没有一个人轻言放弃，都在各行各业自己的岗位上默默努力，做出了自己应有的贡献。

记得入学报到的那一天，李英民老师对我说。你给招生办写的信我们看到了。信中谈到愿意做一支红烛，燃烧自己，照亮他人；写得很好，很感动人。但是我们很担心你数学基础不够，不能跟上教学的进度。希望你全心放在学习上，跟上班级进度。我已不记得当年写的是什么了。只记得当年是含着眼泪写的那封信。就像今天一样。高考恢复了，科学的春天来到了。但那迟来的阳光会照到我们这些被遗忘的角落吗？我知道，只要给我一个机会，我是会成功的。但是，我会得到这一机会吗？感谢北师大给了我这样一个机会。30多年过去了，我想我现在应当有资格说我没有辜负老师们当年的希望。虽然先天不足，虽然基础训练不如人，也可能聪明也不如人，但我总在努力地前行着，从未敢停下脚步，一直到今天。北师大不光是教了我们知识。更重要的是教会了我们敬业，爱学生，默默地、坚定地走自己的路。我只是大海里面的一滴水，是千万个北师大人的一员。北师大培养出中国第一个海外科学院院士，第一个诺贝尔奖获得者。这不是偶然的。北师大对中国教育事业的贡献是有目共睹的。

北师大不但提供了教育的机会，也尽可能地提供了最好的学习条件。在代数和微积分这两大基础课上派出了董延闿先生和郝锊新先生这两位当时最好的老师。学习好的同学可以选修蒋硕民先生的英文阅读课。学习较吃力的同学有辅导员提供额外的辅导。一班微积分的辅导老师是苏秀雯老师。二班微积分的辅导老师是洪良辰（小洪）老师。小洪老师给了我很多鼓励和帮助。大学的第1学期我在她的特别辅导小组里。记得组里都是体育尖子生。我是一个体育、学习都不好的例外。我那时学习很努力。可以说是心无旁骛、全力以赴。期中考试得了68分。在公布成绩之前，小洪老师找我进行了个别谈话。她告诉我，我的考试成绩不及格。但是因为大家的成绩都不好，就让我及格了。她为我着急。我听了却喜上心头，暗暗叫好。我知道我的数学底子有多差。我当时对自己的评价是如果期中能过关，期末就能过关。这大学4年的毕业应该就没问题了。期末我得了“B”，走出了特别辅导小组。两年后，第2年的第2学期，我各门成绩都在90分以上了。在与王路同学一起在微积分的课上第1个交卷后，我听到小洪老师对董先生说，孙贤和进步真快。当年北师大的老师真是把关心、教育落实到每一个同学的身上。时时关心着我们。我们每一个人身上都有当年老师教书育人的烙印。感谢小洪老师。

数学系有很多很好的老师。给我留下印象最深的老师无疑是郝锊新先生。先生高高的个子，永远是衣着得体，脸上挂着谦谦地微笑，是一个不用化装就可以直接上电影的典型知识分子形象。先生很早就没有了头发。跟他在一起总觉得他充满了智慧。不知道这智慧的感觉是来自他那闪亮的脑门，还是他那满含善意，却又有几分顽皮，几分狡黠的目光。记得的是，一讲起数学他就会变得认真起来。眼睛睁大到只剩下黑眼球，手开始舞动，声音也渐渐地大起来。语句抑扬顿挫，有张有弛，很有感染力。讲到得意处而恰好你又适时的听明白了，他就会摇头晃脑地大笑起来。那是充满了童真的笑，笑出了数学的魅力，笑走了学生的拘谨。有了这一笑，挑灯夜战也变得有趣了。他讲的是艰深的代数，挥洒出来了却是一首首诗。让你的脑海中呈现出一幅幅美丽的图画，美不胜收。跳跃地去追寻那一幅幅美丽的图画，你就不知不觉地来到了抽象数学的核心领地。后来抽象代数课我得了满分。那是我大学里的第1个100分。自然非常的高兴。但分数并不重要，重要的是我学会了数学的抽象，学会了欣赏抽象的美。直到今日，当我看到一幅悦目的画面，我会想到数学公式。当一个数学公式真正地打动了我时，心中会有叮咚的诗的小溪在流淌，把欢乐的音符传到全身每个角落。回顾学术成就，我最好的研究成果其实都是将复杂的现象归结成简洁的公式。学海偶有所成，探深得益于驾驭抽象的能力。研究中不觉得累，孜孜以求，是因为那是在做美的追求。是在追求那不断出现的一幅幅美丽的图画，努力把它们在飘忽的云彩中抓到，化作春雨留在人间。那一切都始于北师大的4年求学。那美丽的图画后面清晰地留有先生的粉笔末。

先生对学生循循善诱，对学生的成长不遗余力。全年级当年出国的有20余人，人人都有先生的推荐信。在那国门尚未完全开放的年代，推荐出国是件费力不讨好的事。但先生总是笑眯眯地答应下来，从未有任何推辞。我们从先生身上学到的不光是学问，还有对学生的爱、对工作的敬业、对人生的态度。先生以自身的所作所为向我们做了什么是北师大人“学为人师，行为世范”的最好诠释。数学系有很多郝先生一样的先生，是一个敬业又充满爱心的集体。郝先生只是其中一个我们比较熟悉的代表。我们身受其惠。

如今我们早已为人师，已成为各行各业的翘楚。感恩的心，无以回报。唯有老老实实做人，踏踏实实地做事。唯有前行的路上不敢有丝毫的懈怠。以期不辜负老师的教诲，不辜负母校的厚爱，做一个合格的“学为人师，行为世范”的北师大人。

北京师范大学是中国教育界的领头羊。不光是在教育领域领先，不光是在科研领域领先，她悠久的历史，她在中国历史上发挥的作用是没人可望其项背的。在平常时期，她施惠于经济弱势群体。在特殊时期，她施惠于政治弱势群体。多少有志青年在她的庇护下在人生的道路上发出了光彩。我们感恩北师大，不只是感谢北师大对我们的恩惠，我们更要感谢北师大的教学理念，感谢北师大对一代代知识分子的栽培，感谢北师大对中国发展的特殊贡献。

毕业33年了，在北师大数学系百年大寿之时写下此短文，给数学系祝寿。献上我们的祝福，也献上我们的感谢。写的是我一人，代表的是全年级的同学，那是满天下的桃李。

最后以一首小诗结束这篇短文。

一棵大树，
孤独地站在那里，
干枯的土地，
炎炎的烈日

没有树叶，
它却骄傲地举起，
那不多枝干，
投下长长的身影

那身影长的奇怪，
主干、分干，
主枝、分枝、分分枝……
枝越细，影越长，

就像一个不断分裂的弹簧，
竭尽全力地拉宽、拉长，
一直拉到很远，
拉到我的下方

我想飘然而去，
可不论飞到哪里，
那细细的枝影
总是与我并在一起

我想质问树的无礼，
却惊恐地发现：
我是树梢上一片绿叶，
没有枯黄，只是因为大树的育养

那树影不是在我的下方，
那枝影是在我的胸膛；
大树根植大地，
是我生命的力量

我能在蓝天起舞
只因有白云下的大树
那枝影不曾断，不会断，
不管我飞得多高，多远

万里寻的梦到，
蓦然回首，
梦里满满、满满的，都是
大树的恩，大地的情

祝数学系百年生日快乐！感谢数学系的各位老师们！

孙贤和，美国伊利诺伊理工大学计算机系主任，教授，
国际电子电器工程师学会会士（IEEE Fellow）

# 我们 1978 级研究生

张英伯（1978 级硕士生，1984 级博士生）

随着 1977 年恢复高考，1978 年研究生的入学考试也恢复了。我报考了北京师范大学数学系刘绍学教授的研究生，专业为环与代数。

那还是在“文化大革命”期间的 1974 年前后，刘先生到北京师范学院（现首都师范大学）去了一段时间。刚好我从北大荒农场返京在那里做工农兵学员，有时候在图书馆里用大衣蒙着头看书。上面盖一本《毛泽东选集》，下面放着《数学分析》或《高等代数》之类的书，看几页，做几道题，也没怎么学通。那时读书有罪，在教室里这样做风险太大，通常是不敢的。有一天在教室里，刘先生突然走到我座位旁边，问道：“你喜欢数学?”我吓一跳，赶忙站起来回答：“挺喜欢的。”刘先生说我可以去他家里聊聊，并可以借几本书。

我很高兴。过了些日子，按照刘先生写的地址找到了北师大。那时他家住在工 3 楼，一套两间的单元宿舍，略显拥挤。家中有他的太太，两个十来岁的女儿，还有一只白猫。刘先生给我找了一本 Jacobson 的《环的结构》，一本他 20 世纪 50 年代留苏时的导师库洛什著，他本人翻译的《群论》。我兴奋地拿回来，可惜没有看懂。

1978 年春天，我参加了北京师范大学研究生的入学考试。数学考两门，有“数学分析”和“高等代数”，不算太难。其他还有外语和政治。那个年代大部分学生都学俄语，学英语的不多，我考了俄语。不久接到了复试通知书，复试的科目是“近世代数”，时间在 9 月份。

我第 2 次听到近世代数这个词，才懂得代数分成经典和近世两种。后来才知道，刘先生借给我的那两本书，都是在近世代数基础上的深一层研究。近世代数我没有学过，用了 3 个月时间拼命去啃。复试的时候，竟然也答对了。现在回想，八成是刘先生心里清楚我们的水平，没出难题。

当我作为一名研究生走进北京师范大学的数学楼的大门，心中满怀敬意和憧憬。这就是数学的殿堂了。相隔 12 年之久，我有幸再一次走进课堂，接受正规教育，真是说不出的喜悦。

在改革开放之初的 20 世纪 80 年代，全国从上到下，都沉浸在一种崇尚知识、尊重知识分子的氛围当中。那时的人们并不认为当官很光荣，而是认为有知识、有学问的人才是最牛的。民间流传着一种说法，1977 年和 1978 年的大学生，集中了 12 年间积累的精华，同一个班学生的年龄可以相差十几岁。从 1966 年“文化大革命”到 1978 年 3 月“文化大革命”后的第一批大学生进校，整整 12 年啊。

那个年代的研究生很少，民间没有一个整体的概括，但是细想起来，恐怕用“精华”之说亦不为过。北京师范大学数学系 1978 级研究生共有 11 名，分为数理逻辑（4 名）、代数（2名）、函数论（2名）、概率论（3名）4个专业。这4个专业的导师分别是王世强、刘绍学、孙永生、严士健。王先生生于1927年，其余三人均生于1929年。他们4位是1981年国务院评定的第1批博士生导师，被称为北师大数学系的“四大金刚”。

我是1966届的高中毕业生，而同专业的同学王成德那时才上小学四年级，相差8岁。小王毕业后去北理工教书，几年后移居美国，我们一直通信并在他回国时见面叙叙旧。

中国的大学经过12年的折腾，师资奇缺。于是中国科学院数学所、北大、北师大的3位代数学家决定联合授课。我们听数学所万哲先研究员讲域论；在北大上丁石孙教授的交换代数；在北师大开刘绍学教授的环与代数。那时代数方向还有来自全国各地的十位进修教师，课堂近20人。刘先生讲课太精彩了，不但准确严谨，而且生动幽默。丁先生高大魁梧，气度不凡，不知为什么我老觉得他像一位指挥千军万马的将军。他讲课特清楚，板书很独特，经常从黑板的左上角滑到右下角。万先生的课用英文版的教材，课上用英文讲解。我那时连26个英文字母都没认全，第1次课就陷入了无底深渊。怎么办呢？我只好一下课就骑车飞快地赶到北京铁道学院（现称北京交通大学），请住在那里留美归国的姨父帮我翻译一遍当天讲过的几页书。然后再飞车赶回北师大图书馆，抱着一本数学词典一字字地啃。就这样连滚带爬，期末考试竟也得了5分。

当时的中国数学界和国际数学界隔绝了12年，当务之急是了解数学研究的动向，尽快跟上国际水平。因此当我们学了几门专业基础课后，就有机会跟着刘先生去听发达国家代数学家的讲座。有一次华老请了Jacobson演讲，成德和我跟着刘先生骑车到中关村数学所，从大钟寺的农田抄小路过去。华先生拄着拐杖做了介绍，贾克伯逊的皮带系在肚皮下面，那时中国还没有这么大肚皮的人。

到了第3年，刘先生得到宝贵的机会去美国进修一年，出访前还为我们讲了一门课程，是他苏联师兄写的非结合代数。刘先生把我们两人托付给了数理逻辑专业的研究生罗里波。罗里波是我们当中最年长，最富传奇色彩的一个人物。他16岁考进北师大，因为数学天赋颇高而有些骄傲。在1956年本科毕业后他读王世强教授的研究生，1957年被划为“右派”。“发配”内蒙古的牧场改造后，他仍然偷偷地搞数学，曾经写过一篇群论的文章投到《数学学报》，因“右派”身份被拒绝发表。王先生没有办法，只好对问题做了进一步研究，以自己的名义写了一个注记，声明文中哪些结果是罗里波的，于1964年发在《数学进展》。罗里波在“文化大革命”后将证明整理出来，文章最终还是发表了。罗里波再次考研时42岁，超过了国家规定的招生范围。王先生写信给时任教育部副部长，力荐罗里波的才华，请求破例准考。当成德和我跟随大师兄罗里波做论文的时候，他已经被“改造”得非常谦和，并开始了自由的学术研究。我们两人上政治课时喜欢坐在他的左、右两边，看他在一本400页规格的厚厚的稿纸簿上修改投往《数学学报》的数理逻辑论文。文章的符号和内容我们看不懂，但在那个阶段，《数学学报》4个字足以使我们敬佩和震撼。大师兄毕业后曾任北师大计算机中心主任，后来还在美国、日本的大学里教过书，在模型论及其计算机科学中的应用，以及计算复杂性方面做过不少工作。他指导我做的群论方面的文章竟然也发在了《数学学报》上。

王世强先生在中国的数理逻辑界是名列前茅的人物。他是一位纯粹的数学家，也是一位纯粹的好人。大概因为代数与数理逻辑关系较近，我们时常去他家做客。在读博期间，刘先生推荐我到德国的一所大学联合培养。那时换外汇手续复杂，王先生从德国访问回来，有一天把我叫去，递给我200马克。我很不好意思，说可以开证明去银行换。他说不用了，这些钱反正他暂时不会用，拿去应急吧。结果我在法兰克福机场买火车票，到大学后德国奖学金没到位的前几个星期，都是用的这笔钱。从德国回来，我做的第 1 件事是去王先生家还钱，王先生说："不用还了。"我说："那怎么行?"就把钱放在桌上赶紧跑了。听系里的老师们说，王先生根本不管钱，发了工资往书里一夹，有时就忘记了。"文化大革命"期间学生跟他借钱，时有不还，他也不计较。有一次竟有一位毕业生跟他要钱买了辆自行车，运回外地老家就没信儿了。王先生年轻时得过肺病，一直没有结婚。他瘦高的身躯，有些驼背，平时不修边幅，穿着一件旧的蓝制服，已经洗成了灰色。"文化大革命"中他从劳动锻炼的农村只身去广州串联，在火车站听收音机，因为穿着破旧，警察硬说他的收音机是偷来的，抓到车站派出所去了。他怎么解释自己是北师大的教师也没人相信，最后不得不拿出学校的电话，请警察同志打过去询问，才放行了。

数理逻辑专业的程汉生"文化大革命"开始时在北京四中读高三，老辈子的北京人都知道那时的四中是北京排名第一的学校。"文化大革命"期间，包括程汉生在内的 5 名四中高三学生跟随韩复榘搞天文学的一位孙辈学习数学，成为京城学界著名的 5 人小组，还在官方报纸上做过报道。程汉生后来去美国发展。王先生的另一位学生沈复兴"文化大革命"前在北师大三年级读书。一眼看去，就让人觉得他特别机灵。虽然个子不高，但双目炯炯有神，透着江浙人士特有的精明强干。他后来一直在北师大工作，并走上仕途，做到校人事处处长、教务长和信息学院院长。而"文化大革命"时读小学三年级的孙晓岚是我们当中年龄最小的一个。他后来去美国读书，得到 Duke 大学的博士学位，因为身体问题回国了。

函数论专业的导师是孙永生先生，在北师大数学系有"圣人"之称。他在 1947 年被保送到北师大，1948 年 1 月，作为一名追求民主自由的热血青年奔赴解放区参加革命，1949 年 10 月返校学习，1953 年回校工作，1958 年毕业于莫斯科大学数学系，获副博士学位。我在读研的第 2 年听过孙先生为本科生开设的泛函分析，他上课不带讲稿，如行云流水般娓娓道来，字字珠玑。他的板书在每节下课铃响时刚好写满一黑板，如果拍照连在一起，就是一部教科书了。孙先生课前经常在数学楼外的草坪周围散步 15 至 20 分钟，低头思索，不看周围，想必是在默默背诵课程内容吧。孙先生的博闻强记是出了名的。一次系里去十三陵春游，参观完陵墓坐车返程时，他竟然将十三陵入口处的导引一字不落地背了下来。那个年代，在函数论界谈起学术，是绕不过孙永生的。他一生坚持俄国学派的硬分析，做了几十篇深刻而基础的论文。并引导他的学生进入了实函数逼近论和球调和领域，在后一领域内走在了世界前列。他对学生的影响是潜移默化的，后来的研究生有些不懂俄文，他竟然将长篇俄文文献一字一句地翻译出来交到学生手中。学校希望孙先生申请院士，他坚持说自己老了，还是让别人去吧。孙先生担任过系里的副主任，按照他一贯的风格极其认真负责。将所有的好处，比如出国进修、到国务院评议组任职一类都谦让给其他教授，刘先生多年之后还提起过这类事情。校方曾一度有过让他做副校长的动议，他也坚辞了。他把自己的全部精力，用在了教学、培养学生和函数论的科研上。

孙先生 1978 年招收的研究生是王昆扬和罗俊波，分别是北大 1966 届和北师大 1967 届数学系毕业生。他们对孙先生万分地敬佩和感念。王昆扬在北大数学系读书时成绩名列前茅，但因为跟不上政治形势一直被整材料、挨批判。1968 年至 1970 年北大学生到部队劳动两年，王昆扬与历史系的胡德平住在同一个大房间，竟相处和睦。从部队返校分配工作，北大数学系当时的领导认为王昆扬这样的人是不适合做教师的，把他弄到河北省邢台地区朱庄水库工程指挥部去了。王昆扬博士毕业后曾去澳大利亚访问，新南威尔士大学数学系因为他科研搞得不错，打算跟他签一份 3 年的工作合同，并致函北师大。孙先生得知后急了，写来一封 4 页的长信，痛陈祖国数学科研的需求，力劝王昆扬回国效力。王昆扬看到恩师这封长信，放弃了与澳大利亚校方签订合同，毅然返国了。孙先生的信他至今仍珍藏着。他后来也学到了一些乃师的风范，对科研、对教学、对学生极其负责，被评为全国教学名师。而罗俊波研究生毕业后分配到辽宁大学数学系工作，很快晋升为教授。

在我们那一届研究生中，最成功的数学界人士当属概率专业的陈木法。陈木法"文化大革命"前是北师大数学系一年级的学生，被他的老师严士健看重，在"文化大革命"期间鼓励他读书、做科研。陈木法也很争气，无论在贵阳市的中学或贵州师范大学教书，他从来都把学数学、做数学放在第 1 位。而不像我们大多数人那样在"文化大革命"中或多或少地沉沦了。"文化大革命"后期，他竟然在湖南找到了侯振挺、杨向群等志同道合的学术伙伴，经常在一起讨论概率论问题。曾在农村猪场劳动过多年的杨向群甚至帮他买了半扇猪，让他乘火车翻山越岭带回贵阳家中改善生活。陈木法来到北师大读研以后，也是我们 11 个人当中的佼佼者。我们那时每天下午 4 点钟去操场上锻炼，跑步、打球、拔杠子等。陈木法通常和几个人一起托排球或打网球。一个夏天的锻炼时间，记不得为了借球还是别的什么事情，我去了一趟概率和函数论专业 5 位男士的宿舍。刚进门就吃了一惊：他们个个的床单和被子竟然都跟宿舍的水泥地面一个颜色，地上东一只、西一只地扔着散发脚汗气的球鞋，我赶紧退了出来。专一的理想和不懈的奋斗，使陈木法走到了数学前沿，他在 2002 年北京举办的世界数学家大会上作过 45 分钟报告，不久当选为中国科学院院士。

概率专业另一位出色的人才是 1963 年毕业于北京林业大学的唐守正。他从小学习拔尖，高考成绩特好。但因为父亲是台湾的国民党军队将领，清华、北大这些顶尖院校不敢录取他。他的弟弟唐守文曾在北京市数学竞赛中拿过第 1 名，倒是被北大数学系破例录取了。唐守正或许因祸得福，他在得到概率论博士学位后返回林业界，成为我国数学与林业交叉学科的带头人，当选为中国科学院院士。概率专业最年轻的郑小谷则是"文化大革命"前的中学生，博士毕业后留校工作，后来到新西兰发展，在新西兰国家水和大气科学研究院任资深研究员。还受聘为北师大全球变化与地球系统科学研究院首席科学家。他们的导师严士健每当谈到学生们的成就，总是满意地眯着眼睛，脸上浮现出他那招牌式的笑容。

20 世纪 80 年代科学的春天已经过去 30 多年了，我们这一届研究生也大都退休。中华民族年轻的科技队伍已经成长起来，我们国家也成为数学大国。看着学生们的科研和教学一代比一代更强，我们的心中充满了欣慰。

致谢：感谢罗里波、沈复兴、王昆扬、王成德、李仲来核对并补充事实。

张英伯，北京师范大学数学科学学院教授

# 求是致创新，严谨达精美

## ——贺北京师范大学数学学科创建100周年

邱　峰（1979级本科生，1983级硕士生）

## 一、那份执着：从面向对象的计算机科学谈起

从求学，到工作及生活，原本以为这一辈子都会在校园里度过。谁曾想被信息科技的浪潮卷来硅谷，一晃也快20年了。成日埋头计算机和信息技术开发工作，已很多年没有涉足数学学术的疆域了。在研发计算机软件的过程中，人们总是会遇到面向对象的（Object Oriented）设计和编程，会用到著名的23模式（pattern）和统一建模语言（UML）。我曾想能否用数学语言将它们更精练。在网上也看到这样的询问，数学中对应于“对象”的概念是什么？“对象”到底是什么？

约100年前，奥地利哲学家亚历克修斯·迈农（Alexius Meinong）在哲学上提出对象论（The theory of objects）。在这里将Object翻译成中文“对象”一词，有些词不达意了。有人译为万物论、本体论（Ontonlogy）。在数学领域，相关的理论有模型论（Model Theory）、范畴论和泛代数（Category Theory and Universal Algebra）等。在这里我们还是沿用计算机科学领域的用词。

实际上，关于“对象”的概念，从数学上讲，集合论早就给出了答案，也就是大家所寻找的“定义”。这就回到数学最基础的理论。所谓集合，就是一些事物（Object）的全体。这些事物中的每一个体都称为这个集合的元素。这里的事物正是我们相应于计算机科学中的“对象”的数学概念。计算机科学中的Object是有“属性”（Attribute）的。计算机语言用变量和函数来表达这些属性。从数学角度出发，我们还是用集合来表达一个具体对象的属性，也就是说，当一个对象属于一个集合时，我们就称它具有该集合所代表的属性。

人们认识世界，不正是从区分事物特征，寻找事物共性开始的吗？观察事物的特性，确定和测量事物的特性是人类的主要认知活动。对于各种各样属性的研究和量化产生了数学的算术、几何、测度论、概率论、统计学和模糊数学等。

虽然我们有大量的数学成果和工具可以利用，但是，当代工程技术的发展，生命科学的发展，其他自然科学的发展以及社会科学的发展，为数学提出了很多新的课题。面向对象的计算机语言（OOP），面向对象的分析（OOA），面向对象的模型设计（OOM），还有物体的识别，认知科学，机器学习，人工智能和系统科学，更多是研究物体的性质和状态，不同类型物体间的关系和相互作用。这也就为面向对象的数学研究提供了崭新的内容和发展的动力。

脑神经科学，社会科学，全新的多核计算和大数据计算，都在推动新的分析方法，新的结构设计和新的计算方式。这些新的研究课题像一只只小手搔动着心底的痒处，仿佛从

那因别离多年而变得陌生的领域送来召唤。那是一片怎样的天地呢？该成就的又是一番怎样的事业呢？

## 二、求是致创新

人生在不断的学习和探索中充实。人类的知识也同样在不停地实践和发现中扩展。数学的许多分支都是随着人们对世界新的认知或对新的知识领域语言工具的需求而诞生的。从古代数学的算术、几何，到近代数学中的微积分、概率论以及新兴学科中的模糊数学、生物数学，无不是应运而生。北师大数学学科在多个新兴领域都走在中国的前列。模糊数学、生物数学及数学建模是其中几个活跃的方向。

北师大的这些领域的开拓者大多从事过传统学科的研究，具有深厚的基础学科背景。一方面他们为新的领域打下坚实的理论基础；另一方面，传统学科的成果又为新的研究课题提供了强力的工具。这些学科在应用领域、人工智能、系统控制、数量遗传学、数学生态学等，也取得了系统性成果。

北师大数学学科在这些新兴领域的成就是值得自豪和骄傲的。新理论的发展往往面对更多的困难。在厚实的传统科学的森林里，一棵细小新芽往往会被忽略。在现有流行理论的大潮中，对道统的修正则需要有中流砥柱的力量。有一款通用电气公司的广告是这样的：

Ideas are scary
Ideas are scary
They come to this world ugly and messy
Ideas are frightening
Because they threaten what is known
They are the natural born enemy of the way things are
Yes，ideas are scary and messy and fragile
But under the proper care they became something beautiful.

初露头角的想法很可怕，它们来时很丑陋，拖泥带水不清洁；新学异说的想法令人惶恐，它们威胁到既定的和道统的；它们是旧习惯的公敌。是啊，初现乍显的想法很可怕，不清晰，又脆弱，但是，在悉心的护理下，它们会变得很美丽！

北师大数学学科是培育这些新理论的保育地。在这里师长们万般悉心呵护着新分支的成长。

## 三、严谨达精美

照料新的数学理论的成长莫过于运用数学的方法和思想加深研究，开拓和丰富其内容。新理论的创造者和开拓者都具备深厚的数学基础和修养。大学数学教育是科学发展人才培养的有效渠道。在这方面，给人深刻印象的是北师大数学学科非常注重核心课程的建设。主管教学的老师时刻关注着学科的发展，不断收集国内外的课程设置和学科教学纲要，并投入人力物力进行教材建设。

北师大数学学科有三大基础课程，那就是代数，几何和分析。相应有本科基础课：高等代数，解析几何和数学分析。本科核心课程：近世代数，微分几何和实变函数与泛函分析。还有研究生基础课程：抽象代数，拓扑学和实分析等。

这些核心课程是培养数学才能的精品。由简到繁，深入浅出，辐射面广。训练学生的空间想象能力，抽象思维能力，严格的逻辑推理能力和分微积整的分析综合能力。

数学学科在这些基础领域有着雄厚的教学与科研实力。这些核心课程和各个研究分支的专业课程直通科研课题。厚实的基础为数学的发展蓄备了动力，科研的发展为基础教学开阔了视野，增加了施展空间。

多年来北师大数学学科在基础数学的多个分支都有长足的发展，并形成多个国内主要的，甚至颇具国际影响的研究中心或研究集体。严实的学风发展了丰富完整的精美课程系列，培养了许多杰出的人才，取得了许多漂亮的科研成果。

## 四、学海无涯，海阔天空

相对于这些科研成果，母校更大的成就是从这里毕业走出的一届届学子。当我们回首大学时代那些青春岁月时，一部当年流传的小说跃入脑际——《钢铁是怎样炼成的?》

记得有一次，一位同学回母校探访自己当年的宿舍时，面对那熟悉的床铺和桌椅，深有感触地说，学习数学最大的收获就是练就了持久的坐功。在这里曾经拥有的是朴素的寂寞，痛苦的求索。这不正是每位数学学人所必经的历练吗。

这里揭示一个练就数学学科的毕业生的“秘籍”。它是我们在大三时寻获的《考试攻略》。那是我与另一位同学一起复习《偏微分方程》以迎接期末考试时，突发奇想，由我们自己草拟一份考卷。根据课程的重点，从概念、定理到应用，我们一一分析，精挑细选，拟定了一份试题。尽管最终的考题几乎都没有猜对，我们却获得了好成绩。因为在这样的过程中，我们真正掌握了这门课程的主要内容。那个时候也正是我们在大学的开心时光。

有精雕细琢的课程，有诲人不倦的老师，加上刻苦用功的学子。数学学科的毕业生就是这样练成的。

其实，这个画面也仅仅算是记忆中抽离了时空的落影。如今细细回味，我们的大学时光也弥漫着惆怅，撒满烦恼。难怪说，烦恼是年轻人成长的激素。我们这一代进入数学系时，正逢改革开放初期，恰是十五六岁同学少年。真所谓“怀揣理想”来追求真理，探索未知的世界。不是每位数学学子都能很自觉而坦然地接受那些纯粹数学的训练，由繁华的大千世界顺利进入抽象思维的空间。特别对一个对自然科学有着浓厚好奇心的青年来说，抽离了实体的几何的点与线，剥脱了数字的代数概念群环域，由无穷到不可及的极限，在我的眼里就像失去了生命。“数学的意义何在?”是我对辅导老师的第一个发问。

大约两个星期后的一天，数学系为我们新生举办了一个讲座，为新生分析数学领域的发展。事后才知道当天的主讲正是系里几位科研成果最丰硕的学者之一。尽管这个讲座把我们当时所学的基础课与当代数学前沿联系起来，可是还由数学到数学，由抽象到抽象，没有完全解开我的疑惑。对我来讲，这个讲座最大的收获是开启了我的数学探索旅程。

当时北师大图书馆是国内藏书量最大的图书馆之一。虽然当时的出版业还处于“文化大革命”后恢复时期，新出版物很少，这里还是能找到许多“文化大革命”前的出版物，包括大量的文学名著。也有大批数学译著。20世纪80年代开放初期，大批学者重新接触到外界现代知识，首先所做的就是大量的翻译。（美）莫里斯·克莱因（M. Kline）的《古今数学思想》，（俄罗斯）A. D. 亚历山大洛夫等的《数学，它的内容、方法和意义》，（美）波利亚（G. Polya）的《数学的发现》和《数学与猜想》是其中的几部。

这些名著为我们揭示更广阔的数学世界，更精深的数学内涵。数学，她不仅是优美的脑力游戏，也不仅是有效的科学工具，她自身也是人类对世界认知的结晶。波利亚更是指出了数学探索的实质，每一个有价值的数学结果都要经过严密的论证，但这些结果的发现与产生，如同其他科学一样，要通过大量的假设，猜想，验证，亦即“合情推理”。相对于其他的自然科学，数学的对象更具广泛性，也更抽象。在系统的严密性上更是其他科学的典范。2015年奥斯卡最佳影片提名电影《模仿游戏》中的英国数学家图灵被刻画成人们的心目中数学学者的标准形象。生活在抽象世界里，靠严密的逻辑来思维。那不同凡响的创造力正是其超凡脱俗的品格的体现。

## 五、莘莘学子，拳拳之心：群体素描

20世纪70年代末，80年代初，是中国一个新时代的开始。恢复高考，高等教育重新步入正轨。北师大数学系老一代数学家，包括多位在20世纪上半叶将现代数学带入中国的老先生们又回到岗位主持指导工作。一批中坚力量，其中有多位留学苏联的专家，重拾科研课题，推出一批可观的成果。古朴庄重的数学楼生机勃勃。

当时印刷出版的教材很少。我们所用的教材大多是老师们的现编油印材料，刻写和装订谈不上精美，甚至是粗糙。但是那刚刚出炉的油墨香，不断地引诱我们，像是在提醒我们，这里的知识是多么的新颖，朴实，携带着老师们的心血。回想当年，这样的情景还是历历在目，系资料室挤满排队领取教材的莘莘学子。

现在回忆起来总有这样的印象，那时国家经济实力薄弱，物资匮乏，老师们衣着朴素。他们带着对学生的关爱，对新时代的希望，勤勤恳恳，默默耕耘。当我们在惊叹当今北师大的“布鞋院士”时，不禁想起当年那群“扫地僧”。

不，这不是留存在我们记忆中的唯一集体照。那是一个充满理想的年代，那是一个奋起向上的年代，那是一个多姿多彩的时代。尽管那时的照片大多是黑白的，老师们的神采风姿还是留了下来。

还记得几何课老师的板书吗？长长的黑板被分为左、右两页，整洁的板书记录下来就是完整的课堂笔记，培养着对人生的一丝不苟，规整的几何作图构建起严谨的想象空间。俯下身来，分析课老师的轻声细语，伴随着繁复的思辨。挺直腰板，代数课老师朗声推理，打烙下严格的逻辑。有的细细推敲，循循诱导，有的果敢激励，雄辩正错。

系里的老师和同学们一样，来自五湖四海。江南口音莺歌燕语，北方老师则字正腔圆。数学教学法课由三位老师分段讲授，一个厚重沉稳，有条不紊地掌握着讲堂节奏；一个奔放热情，时刻激励着学子们在广阔的天空翱翔；一个温文尔雅，语轻字清，犹如春雨润物。

学为人师，行为世范。在此谨以北师大校训庆贺数学学科百年树人！向老师们致敬！

邱峰，美国加州圣荷西，硅谷网络控制管理系统与服务公司，资深软件工程师

# 那段永值珍藏的记忆

## ——写在北京师范大学数学系百年华诞之际

郑 萼（1979 级本科生）

北京师范大学数学系（数学科学学院）百年华诞之际，李仲来书记让我写点感受以示纪念。作为一个虽然是数学系毕业，但却早把数学的公式、定理、运算还给老师，又不以研究或教授数学为业的人来说，实在是惭愧不已、勉为其难。仔细想想，我与数学系确有难解之缘。屈指算来，在这个大师辈出、人才济济的地方，我竟然与之同行了 17 年之久，占其百年历史的六分之一强，肯定占我全部人生的六分之一强，可以说是一个莫大的荣幸，也是一段永值珍藏的记忆！

## 一、数学系是我人生开启的地方

1979 年那个美丽的秋天，作为全国恢复高考的第 3 届大学生，我有幸和其他 123 名同学一起，成为北师大数学系 1979 级的学生。

18 岁的年华，18 岁的青春，在那个大学生还是“天之骄子”的年代，是数学给我开启了人生的一扇窗，把我带进了奥妙无穷的数学王国。

令人遗憾的是，30 多年过去，数学已经与我渐行渐远，对数学的认知记忆远不如对当时授课的老师记得真切。对微分积分、泰勒公式已说不出个所以然了，但对教我们数学分析课的柳藩老师在大课教室的讲课却历历在目；对笛卡儿直角坐标系、阿基米德螺线现在连是什么都说不清了，但对教授解析几何、射影几何的傅若男老师却记忆犹新；对拉格朗日方程和欧拉方程已毫无印象，但对教我们常微分方程的薛宗慈老师爽朗笑声却印象深刻；而对莫比乌斯带的记忆远不如漂亮利索的余玄冰老师印象深；对柯西积分公式、罗朗级数展开定理已完全没有概念，而对教我们复变函数的陈方权老师却有深度记忆……

更有像兄长一样的班主任刘永平老师，陪伴、指导了我们 1979（1）班长达 4 年，不仅辅导我们两年的数学分析课程，还以顽强的毅力报考、攻读研究生，早已成为我们的学习榜样，甚至 30 多年后的今天，仍然是我们班同学聚会的必邀之客，依然是大家心中的良师益友。

现在想来，我觉得大学本科 4 年数学专业的学习，与其说是学数学的知识和理论，不如说学的是数学思维和方法，学的是大学的精神和理念，更重要的是学习各位任课老师为人处世、教书育人的方法和品德，特别是北师大“学为人师，行为世范”的校训已深深根植于我的血脉，而这正是我一辈子都受益不完的。

## 二、数学系是我青春绽放的地方

美好的时光总是过得飞快。

大学 4 年如白驹过隙，转眼就到了毕业分配的季节。非常幸运的是，当别的同学在为分配去向担忧劳神的时候，我却被学校确定留下来，在数学系工作，成为一名年轻的大学教师。初为人师的我作为系团总支书记、学生辅导员，还很稚嫩，可以说什么也不懂，什么都得从头学起。

我是个幸运有福的人。在此后的 8 年时间里，先后得到了李英民、周美珂、邝荣雨、刘继志 4 位系党总支书记和严士健、赵桢、王隽骧、刘来福 4 位系主任以及多位数学前辈的教诲、关心和帮助，特别是李英民书记安排并鼓励我攻读第 2 学位，使我增加了阅历、增长了知识，为我以后的成长、成熟奠定基础。

我忘不了，那些年组织大学生义务献血后，为了使学生尽快恢复体力，请家住学校的老师帮助学生熬鸡汤、炖排骨等营养品。当时老师们的生活也不富裕，但很多老师积极响应、亲自下厨。当我们把带着老师的浓情、飘着香味的营养品送到学生宿舍时，同学们那一双双充满感激的目光和其他系学生羡慕的眼神，让我这个做辅导员的倍感“骄傲”，“家”的感觉油然而生。

我忘不了，1987 年我的一个学生外出骑车遭遇车祸，第一次遇到这样的意外，我的内心充满了恐惧，更不知道该如何面对。邝荣雨书记立刻找到王隽骧主任等几位老师共同商量，带着史志刚老师和我，先与学生家长单位的领导沟通，之后再到学生家里慰问，用真心真情对待逝者及其家长，还不断地鼓励我、安慰我，其中的点点滴滴让我铭记于心，感动不已。

我忘不了，董延闿、刘继志、刘秀芳、蒋滋梅、张益敏、洪吉昌、黄海洋、钱珮玲、沈复兴、王敬赓等诸位任课教师，经常找我沟通学生的学习情况，一方面严格要求学生，从不在考试成绩上“放水”；另一方面经常为学业上有困难的学生安排专门时间补课，帮他们及时赶上，尽力不让一个学生掉队。这种科学的态度教育和成就了我的学生，至今仍是我的学生们聚会时津津乐道的话题。

正是在这样求真务实的数学环境的熏陶下，在各位系领导和很多专家老师如同父母般的关爱呵护和悉心指导下，我努力学习、不断进取，绽放青春、放飞梦想。

## 三、数学系是我成长、成熟的地方

1990 年，正是我的而立之年，又迎来了人生的新征程：成为数学系党总支副书记。在随后 5 年多的时间内，我成长、成熟，得到了全系老师们的大力支持和无私帮助。

我还记得，作为主管学生工作的副书记，系里很多比我年长、有经验的老师出任班主任、年级主任，例如谢宇、傅若男、苏秀雯、黄海洋、李有兰等几位老师，他们教书育人，为学生的成长进步倾注心血、搭建平台；他们兢兢业业、甘于奉献，从不计较个人得失，总是无私地帮我这个“小字辈”。

我还记得，1991 年暑假，因我怀孕不能带学生军训，当时已年过半百、担任 1990 级年级主任的傅若男老师，亲自带学生到京郊基地参加军训。傅老师患有类风湿身体不太好，每每想起此事，我都在敬佩之余，深感愧疚。

我还记得，周美珂、邝荣雨、刘继志几位书记对我在思想上、业务上的成长和进步发挥了至关重要的作用。正是在他们关心鼓励下，我报考并攻读经济学的硕士研究生。

我还记得，1990 年系里开运动会，我不慎被学生用铁饼把头砸伤导致脑震荡，在我生病及之后的一段时间里，得到了贾绍勤、史志刚以及办公室、资料室的诸多老师无微不至的关怀。正是由于在数学系的历练砥砺，促使我不断成长，日臻成熟，为我人生远航打下了坚实基础。

转瞬间，我离开数学系已经整整 20 年了。但对数学系的那份情感，正像那年久的陈酿，越存越醇，愈久弥香。无论我走到哪里、从事什么工作，内心深处总会不时想起数学系这个给我智慧、给我思想、给我关爱、给我力量的地方，她是我心中一片高洁纯净的天空，是我脑海里永远珍藏的记忆，是我一生时时可以依靠的“娘家”。感谢您，北师大；感恩您，数学系！

郑萼，首都师范大学党委书记，研究员

# 数学楼的宁静与数学系的宽容

## ——纪念北师大数学系建系100周年

刘　坚（1980级本科生）

我从数学系毕业30多年了，和今天的学弟学妹们不同，当年的数学系与数学楼是密不可分的。也因此，当大学毕业，我们一起讨论要给系里留点什么做个纪念时，会不约而同地想到让数学楼名正言顺，于是有了迄今为止独一无二的“数学楼”招牌字样。

人总有沉思冥想的时候，四年大学生活给我们留下了什么？不知道你会有什么答案。我毕业之后，离开了数学楼，中间有十多年离开了北师大，不过只要有机会从数学楼经过，总有一种想进去看看的冲动，有几次真的进去从一楼到四楼走走，即便今天数学系已经搬迁。为什么？我的答案是，30年前的数学楼和数学系，给我内心深处留下的是“宁静与宽容”。数学楼的宁静在北师大的校园可以说是独有的，你可以走进去感受一下，相信会让你浮躁与烦乱的心情变得澄明与敞亮；而数学系的宽容，正如《布莱克维尔政治学百科全书》对宽容作的如下界定：“宽容是指一个人虽然具有必要的权力和知识，但是对自己不赞成的行为也不进行阻止、妨碍或干涉的审慎选择。……宽容似乎要求承认错误的东西是对的。……宽容常常是一个事关程度的问题，它要求做出正确的、给不同意见留有余地的判断。”显然，这种意义上的宽容，对于刚刚进入大学的年轻人，对于第一次真正尝试独立自主生活、尝试独立面对世界的学子，弥足珍贵。

下面分享几个我们那个年代，大学生活的片断：

——在班级推行“政治改革”。20世纪80年代，伴随着改革开放，各种学术思潮大大激发了全社会的活力和每一个人的创造性，我们也不例外。我所在的班级是1980级1班，通过“竞选”我有机会担任最后一任班长。我们班团支部书记是张晓军，他是当年山东省数学竞赛的高才生，少年时期就见过大世面；同时也许和他家庭因素有关，他的床头总是摆放着大量的书籍，涉及社会、政治、经济诸多问题，有些书连书名我都是第1次见。我们一起聊起班级治理问题，渐渐萌发起一个念头：能否将班级团支部、班委会合并，联署开展工作？我们把这一想法与辅导员徐秀珍老师和系党总支负责人刘美老师谈了之后，得到的是积极的默许。于是，张晓军任书记兼副班长、我是班长兼副书记，这两种角色的相互转换很重要，意味着双方必须互相合作、相互支持；此外，薛秀谦担任学习委员，白玮雄则是组织委员兼生活委员，娄玉既负责宣传又组织文体活动。这样的“运行机制”一试就是一年半，直到大学毕业。今天回想起来，这样的设置既避免了机构重叠、管理冗余、人浮于事，又让团的系统有了更广泛的群众基础，同时行政运作有了思想上和组织上的保障。这样的运作方式，既不同于笼统的“党委领导下的校长负责制”，也不是单纯的“校长责任制”，也许这就是“中国特色”，可能在今后相当长一段时期仍有其现实意义。我作为九三学社中央教育文化委员会副主任，在大学读书期间能够做一点社会运行机制的探索，今天想来也还是一件很有意义的事情。

——面向全校举办“围棋擂台赛”。我国超一流围棋手聂卫平，1988 年被授予棋圣称号，他在 20 世纪 80 年代中日围棋擂台赛前 4 届中 11 连胜，是我们那个年代大学生心目中的“民族英雄”。聂卫平在《我的围棋之路》中有这样一段：“北京的少年棋手杨靖，论才华他并不比马晓春、曹大元等人差；论棋艺他与马晓春等也在伯仲之间。如果一直学习下去，他肯定能成为第一流的青年棋手，可他的家长却让他去考大学，……我一直深感遗憾。”读者们一定会很奇怪，讲了这一通，与我们的主题有什么关系？别着急，聂棋圣书中的杨靖是我们同班、同寝室同学，他的围棋棋艺为我们学校争得了太多的荣誉。也因此，我们的宿舍经常被一大群慕名而来的围棋爱好者围得水泄不通。杨靖待人十分谦和、人缘极好，有时候我们还要帮他编个谎、挡个驾，好让宿舍清静会儿，让他有时间多读点书、会会女朋友。当然近水楼台，我们班有十多名同学受杨靖棋艺耳濡目染，有的甚至能达到业余三四段，左大辰是其中的佼佼者。当然，这么好的资源也不能白白错过，于是，由我们班发起面向全校举行了一场围棋擂台赛：由杨靖选出七八位选手为第 1 擂，三四位相对得意的弟子为第 2 擂，他本人当仁不让担当第 3 擂“守擂擂主”。擂台赛“战书”在当时仅有的三个学生食堂门前贴出，引得一时人头攒动；比赛当日，整个打擂场人声鼎沸，如节日一般，一些本校的教职员工围棋好手和围棋粉丝们也纷纷赶来参战或观看。这样的景象，每每想起，让人充满着温暖与力量。只可惜，迄今为止我对围棋一窍不通，只是桥牌的水平还能走出学校比赛一番。

——为“数学楼”正名。1984 年春季，1984 届 3 个班 130 多名同学即将毕业，3 个班的书记和班长建立了联席会议制度，讨论有关毕业前夕与同学们相关的重大事宜。我们将要各奔东西，我们为数学系的老师和学弟学妹们留点什么？能在数学楼前刻上 3 个字作为永久纪念吗？这个想法一经提出就得到联席会议全体成员的一致拥护。能行吗？谁来题字？谁来雕刻？需要多少钱？如何筹集？一时间有的全是问题却没有一个答案。我是始提议者，自然成了直接责任人。我们走街串巷，找到了德胜门内大街一家雕刻车间，对方答应“如果你们自己去郊区仓库拉回大理石，500 元，可以帮助刻好并贴到墙上”。500 元，对于当时的穷大学生来说是个天文数字，我们和系总支的老师们商量后，决定唯一可行的办法是向所有在系 4 个年级的全体学生每人募集 1 元钱。没想到这个想法得到全体在读同学的一致响应，一分不少每人一块钱！还是群众的力量大（借这个机会，向数学系 1981 级、1982 级、1983 级的师弟师妹们表示感谢）。有了钱、请人写字，经系里老师推荐，我们请系友、北师大出版社副总编王文湧老师出面，诚邀出版社副社长、书法爱好者胡永富老师题写“数学楼”3 个字，一分钱不花。当时我们班只有薛秀谦会蹬三轮车，他是我们班的学习委员（非常非常遗憾的是，薛秀谦同学由于癌症过早离开人世，今天不能再回母校看看那牌匾；感谢李永琪同学在薛秀谦生病期间做了大量的后援工作），为了去郊区拉牌匾要用的大理石，我叫上班上的大哥孙敬水和薛秀谦一起，三人蹬上三轮车就出发了；一路上我们现学现用，等到当天下午拉上三块大理石板回城里时，我们都已经能够自如地骑着三轮车了。但是，我至今还百思不得其解的是，当时系里的老师们怎么会允许并鼎力促成了这件事，要知道当时全校没有一幢房子刻上永久性二级单位标志的，而且在牌匾正式落成时，居然还帮我们请来了王梓坤校长和严士健先生出席揭牌仪式。唯一能够解释的是，大家都希望有个真正属于数学系的、名副其实的家园！

这些事情也许和今天的校园生活相距千里，但是我想表达的是，大学校园其实就是每一个年轻人的“成长梦工厂”，曾经的数学楼和数学系给了我们诞生梦想、实践梦想的空间，今天依然不会例外。关键在我们自己愿不愿意思想、肯不肯行动。

研究中小学数学教育，在数学系的学术地位历来不会太高，其他院校大体也是这样，但是到今天我也说不明白我为什么酷爱数学教育。大学 4 年，数学各门课程的成绩总体中等偏上，但是教育学、心理学、数学教育的课程则永远是我的强项。甚至在大学的最后一年，我已经在教育系、心理系旁听了多门课，图书馆的哲学、心理学、自然辩证法等领域的期刊，我几乎一期不漏。偶然的机会，我毕业留校，虽然不在数学系工作，但有机会和同一届研究生一起，跟随钟善基先生、丁尔陞先生、曹才翰先生等前辈，修习全部数学教育方向硕士课程，那时的课程大多以讨论班的形式开设，学生们的收获是巨大的。前面说到，数学教育在数学系的地位不高，但是前面这几位先生在全国数学教育界的影响力可以说一言九鼎。要知道，如果中国的数学学术研究水平不高不一定有人会认为与北师大数学系有关，但是如果中国的中小学数学教育发展得不好，恐怕北师大数学系要承担重要责任；更何况，后者是影响全国数以亿计的青少年数学学习与健康成长的大事！

我选择了数学教育，在数学楼孕育了发展的土壤，在数学系获得了成长的力量。1989 年至 1998 年，我有机会主持为期 10 年的国家级哲学社会科学基金课题“21 世纪中国数学教育展望”，这是新中国成立以来数学教育领域有机会获得资助的第 1 个国家级项目。这期间，得到了严士健先生等老一辈数学家的鼎力支持，对项目的发展与成果起到了举足轻重的作用。严先生在 20 世纪 80 年代末、90 年代初提出的——数学教育不能“掐头去尾只烧中段”，数学教学必须讲清楚数学概念从哪里来、又到哪儿去；高考命题必须要考应用——这些思想在全国范围内产生了巨大的影响；1995 年前后，一次偶然的机会，严先生询问我课题研究的进展，我做了简要汇报并坦言面临的最大困难之一“什么是现代数学的本质？对于中小学生而言什么样的数学是最重要的？如何用现代数学的观点处理好中小学数学课程内容？”面对我的一连串困惑，严先生和我说起法国的布尔巴基学派、说起他在数学系组织的概率论与数理统计讨论班，他说如果我们愿意他可以帮助我们，在国家自然科学基金会天元基金中争取一点经费，同时根据我们内容的需要每次邀请一位数学家讨论一个与中小学数学课程内容相关的某个数学主题。从此，不论刮风下雨还是酷暑严冬，每月一次的数学教育讨论班就几乎没有停止过，直到现在。“北京数学教育讨论班”一办就是 20 年，已经 20 岁了。现在每次讨论班的参与者不止有在京的数学教育爱好者、一茬又一茬的本科生、硕士生、博士生，全国各地的一些数学教育工作者也会慕名参加。

上面说到的“21 世纪中国数学教育展望”课题、数学教育讨论班、坚持 10 年的中小学数学课程教材探索性实验等，使得我们的研究成果在 1998 年有机会获得第 2 届教育部高等院校基础教育教学成果一等奖的第 1 名；同时，我和我的研究团队受教育部委托，主持研制了新中国第一个《义务教育阶段国家数学课程标准（实验稿）》，并以此为标志开启了新世纪国家课程改革。还是那句话，中国的中小学数学教育做得好不好，咱们的数学系、咱们从北京师范大学数学系毕业的数学人，责无旁贷！

21 世纪初，数学新课程启动初期，遇到了来自方方面面不同的声音。2000 年 8 月 27 日，中国数学会组织部分数学家在北京师范大学召开了中国数学会中小学数学教育改革研讨会。那次研讨会上，更多的数学家对《义务教育阶段国家数学课程标准（征求意见稿）》持怀疑、批评甚至否定的声音。一上午王梓坤先生一言未发，临近中午，应主持人、中国数学会理事长马志明院士的邀请发言，王先生向所有与会者讲了一个故事，这个故事影响了整个会议的基调，通过《数学通报》向社会广为流传，影响着数学教育的进程。这个故事更加激励我们数学教育工作者需要不断探索。

故事的梗概是这样的——有一位数学教授和他的学生被人诬告，要被执行死刑。在临刑的头一天，牧师询问他们离开人世前的最大愿望是什么。教授答道，请让我最后一次站在讲台上，为我的学生再讲上一次数学课吧。学生听后，急忙说道，赶快执行死刑吧，在我的老师讲课之前。

是啊，数学系出身的人，谁不知道数学的价值和重要性？谁不希望孩子们多学点数学、多读点数学书？问题是：如何让亿万少年儿童因为数学更加喜爱学校、如何引导更多的中小学生因为学习数学而变得更加自信与开朗、如何让我国学生在数学基础知识和基本技能上的优势同样能够在运用数学创造性解决问题上也能独占鳌头？这是数学教育工作者的永恒追求。当然，理想与现实依然存在着严重的落差，需要更多的后来者持续推动。

"宁静与宽容"必定激发人的好奇心和探索精神、孕育人的个性与独立思想，而好奇心、探索精神、个性与独立思想对于科学研究、对于人的一生、对于一个民族，都是至高的宝藏。

"宁静与宽容"，对于今天这个物质、利益、金钱至上的年代，必定是稀缺资源。我感谢数学楼和数学系，给予了我们如此宝贵的一生财富，我祈愿宁静与宽容伴随数学科学学院再过 100 年。

刘坚，中国基础教育质量监测协同创新中心教授

# 怀念在北师大的日日夜夜

王　凝（1980 级本科生，1984 级硕士生）
蔡金法（1984 级硕士生）

在这庆祝母校生日的时刻，我们带着感恩的心送上深深的祝福。对于母校，尽管在人生的长河当中就那么几年，但对我们今后的人生有很大的影响。我们想从三个方面谈一谈母校对我们人生的影响：

首先，我们在母校的日子是我们家庭生活的起点，为什么这样说呢？是因为我们两个在进入数学系数学教育专业后才认识，从相爱到相恋最后到结婚，因为数学教育专业我们才能认识并最终成家。所以，数学系是我们的媒人，也是我们相恋的环境。目前我们有两个小孩，老大今年 19 岁刚刚读完大学一年级，老二今年 15 岁也刚刚读完高中一年级。还记得当时图书馆位置非常紧缺，但有专门给研究生的阅览室，我们就会早早地排队去学习，这样单纯而充实的环境更多的促进了我们彼此的认识和熟悉，让我们能够相互学习、相互了解，并最终携手走进婚姻的殿堂，所以北京师范大学是我们家庭生活的起点。

其次，北京师范大学是我们学业的起点。记得我们在北京师范大学读硕士学位的时候，我们学的是数学教育专业，但是当时的要求，除了学习数学教育专业课以外，还要选修一些数学专业硕士学位的课程，比如，代数拓扑、泛函分析、抽象代数等，这些都是比本科难度更高一些的课程，这些课程的选修对我们目前从事的专业是非常有用的。这样就使得我们打下了坚实的基础，王凝攻读的教育统计测量方面在博士学习期间需要选修高深的统计与概率论的课程，而这些课程需要深厚的数学功底，所以在北京师范大学打下的基础，使得她在博士学习期间能够得心应手。我也一样，尽管本科不在北京师范大学，但是在杭州师范大学也学习了 72 学分的数学课程，而美国本科生只需要修读 30 至 40 学分的数学课程就可以拿到数学学士学位。基于这些基础，我又在北京师范大学选修了一些纯数学课程，这些课程的学习使得我能够在数学系从事数学教育研究工作。所以，我不仅能从事数学教育课程的教学，同样也能够和数学系其他数学教授一样进行纯数学课程的教学。比如，在过去的几年中我争取每年都能教一门本科纯数学课程，如大学几何、数学证明、数学建模、微积分等。能够从事这些教学与在母校打下较深的数学功底是密不可分的，这让我能够与数学系其他教授有很多可以共同沟通的方面，也有助于我在纯数学课程教学中更加体会数学学习和教学的过程。所以，从我们两个人的亲身经验来说，数学功底带给我们的学业发展是无法估量的，也因为有这样坚实的数学基础，使得我们在自己从事的专业上有一点点作为。同时，我们也深深地觉得，无论是教育统计与测量还是数学教育，特别是数学教育方面，数学永远是放在中心位置，如果没有数学，有的时候很难谈论教学法的问题。

最后，在母校的这几年也是我们人生的起点。让我们记忆犹新的是，尽管我们在北京师范大学攻读硕士学位只有短短的三年，但是那时候我们就有三位导师：钟善基先生、丁尔陞先生和曹才翰先生，三位教授指导四个学生，所以那个时候我们有问题可以随时敲老师的门跟他们交谈。那时候电话还不是很普及，我们都不需要打电话预约，老师就允许我们有问题可以随时敲他们家的门进行讨论。所以，在那三年当中我们很多次去老师家与他们进行专业方面的讨论，这样的交流对我们后来的人生也起到很大的作用，觉得自己很幸运能够有这样的机会，也让我们知道应该如何对待自己的学生。在北京师范大学读书的那几年，正好是数学教育学科刚刚起步阶段，很多前沿问题还没有得到很好的探索，我们很幸运能够进入这个专业进行学习。当然，在学科起步阶段，导师们也在摸索，但在摸索的过程中让我们感受到做学问和做人是非常相通的事情，就是热爱生命、热爱专业、全力投入，无论是对学问还是对人。所以，在母校这几年也是我们人生的起点，我们在这里获得的无论是生活、学业还是人生的教诲对我们来说都是无价之宝。我们很珍惜那几年的经历，也很感恩那几年的时光。

在美国，北京师范大学一直是很受尊重的高等学府。我们在这里再次祝贺母校的校庆，祝愿母校能够蓬勃发展，桃李满天下。

王凝，美国韦德纳大学（Widener University）教授；
蔡金法，美国特拉华大学（University of Delaware）教授

# 北师大数学哺育我成长

保继光（1981 级本科生，1985 级硕士生）

我 1981 年考入北京师范大学数学系，1988 年硕士毕业留校任教至今，52 岁的前半生有 2/3 与北师大数学结下不解之缘。北京邮电大学的老校长林金桐先生说过：“我们每个人都有三个母亲，一个是生育你的妈妈；一个是教育你的学校；另一个是培育你的祖国。三个母亲对你都是同样的期待。”我欣赏这个说法，并将自己比喻成孩子在北师大数学的怀抱里长大成人。

## 一、胎儿时期

我与北师大数学结缘似乎是命里注定的。“文化大革命”结束后的 1977 年，按就近原则，我被分配到北京 49 中上初二（那时初一是在小学念的“戴帽”）。班主任是位数学老师，叫程丽娜，学历不高，但工作非常认真努力，对我也很好。既严格要求我的学习，也十分关心我的生活（我现在的午睡习惯就是那时养成的），还帮助我规划人生。1979 年北京市第一次允许跨区中考。在填志愿时，她说服了我的父母，执着地让我去 8 公里外的北京 8 中，而不是离我家 300 米的北京 26 中（现在的汇文中学）念高中。她认为西城区的教育水平比崇文区要高。

考入 8 中后，教我数学的是叶德管老师。他 1963 年毕业于北京师范大学数学系，并且是二级教授蒋硕民先生的女婿、蒋人璧老师的丈夫。可能是因为在大大小小的考试中我的数学成绩一直都不错，他就认定我是块搞数学的料，不断鼓励我献身数学事业。就这样，高考时我就考入了北京师范大学数学系。

## 二、婴儿时期

说句心里话，我当时并不满足于本科毕业，从上大学的第一天起就梦想着读研究生。在升学率只有 10%的 20 世纪 80 年代，有这样的想法是罕见的，以至于现在我对学生说起来都引以为自豪！也许正是这份追求，我四年如一日，全身心地学习学习再学习，专业课成绩堪称现在的学霸。当然，这绝对是与我们的基础课教师郝钢新（高等代数）、薛宗慈（数学分析）、孙久蒂（解析几何）等任课教师和班主任苗秀珍（一年级）、刘美、谢宇（四年级）老师的教育、影响分不开的。老师们兢兢业业、勤勤恳恳、踏踏实实的工作态度令人难忘，一直潜移默化地指导着我做人做事。

毕业前，在谢宇老师超前教育理念的倡导下，我们班去京郊平谷县教育实习。这在 30 年前是不多见的。我所在的实习小组人数最少（4 人），地点最远（大华山中学），并且没有真正的带队老师（1980级待分配的李长军学长）。我实习的是初中一年级代数第1课：用字母表示数。教育实习从思想上、业务上、生活上都很锻炼人。学生们艰苦的教学环境（教室里无灯、无窗）和教师们单调的午饭水平（馒头、没有菜）给我留下深刻的印象。钟善基先生和赵桢老师（时任系主任）旁听和点评过我的公开课。我太紧张了，以至于看错了时间，早下了10分钟的课。

也就是在实习期间，我得到了被保送研究生的消息。这是国家第一次实行免试攻读硕士学位政策，也是我的幸运。然而，在大学时代最幸运的当然是遇到了我的人生伴侣：李美生。30年来，上有老人的生病住院后事，中有我的教学科研生活，下有女儿的培养教育升学，她在各个时期承担了99.9%的家务，在各方面给予直接或间接的支持，使我能完全无后顾之忧地、全身心地投入到自己的事业中去。如果有“军功章”的话，我全给她，一半也不留。

在研究生方向的选择上，我认为是“‘复变函数’课程（陈方权老师主讲）——分析二教研室——偏微分方程方向”的逻辑结果。我的硕士生导师是朱汝金老师。在他的指导下我学会了科学研究和论文写作，并于1990年发表了处女作“Nonlinear degenerate oblique boundary value problems for second order fully nonlinear elliptic equations”。朱老师对我最深的影响是讲课时整齐的板书和修改论文时精细的批改。至今我都保持着这样的教学风格。

## 三、少年时期

1988年我留校任教，担任1988级年级主任和邝荣雨老师“数学分析”课的助教。而后我主讲的第一门课是复变函数。1991年，我参加学校首届青年教师教学基本功大奖赛，那时我刚刚工作两年多，还不满30岁。清晰地记得那时，由于是第1届比赛，没有地方取经，只能凭借着想象来准备。我的定位是将某一课程的精彩片断真实地再现出来。其实，我也没什么好选择的，我只是辅导过“数学分析”，正在讲授“复变函数”，教学经历相当简单。我选择了“复变函数”中“茹科夫斯基函数”一段，因为这一段内容既有严格的分析推导，又有很强的几何背景，能够图文并茂，全方位地展示自己的教学基本功。

当时没有多媒体，只是板书，彩色粉笔发挥了很好的作用，教学过程中的“对应关系”和“连续变化”被清晰地表现出来（至今，在我看来教好数学仍离不开粉笔）；计算机也不普及，我的教案都是用手写的，满满的三页。总之，当时比的就是教学的“初等”基本功，现在比的是教学的“高等”基本功。这种条件为我提供了发挥水平的机会。比赛时写了满满的一黑板，字虽然不“帅”，但很整齐；徒手作图，没有尺规（更没有软件），但色彩分明，准确到位（这可能得益于我从小就喜欢美术，虽然画不好）。

评委们阵容强大，其中我院的王家銮老师当时是教育部教学指导委员会的成员，在教学（尤其是高等数学）上有很高的声望。评委们的点评至今是我教学上的指导原则，也是我反对无原则的“素质”教育（即把课讲得很容易，很好玩）的常用武器。他们指出“大学教学不是科普讲座，15分钟的教学也要有相当的知识含量。”我想：也正是因为评比的这条标准，我才获得了大奖赛的一等奖。这条标准对保障教学质量是非常重要的。李美生曾经获得了北京高校第2届青年教师教学基本功比赛的一等奖。

## 四、青年时期

在最初的 4 年工作中，班主任花了我很多精力。因此，在送走 1988 级学生后，我感觉有些空虚。另一方面，20 世纪 90 年代初期，具有博士学位的青年教师开始多起来。我筹划着读个博士，周围的老师们都非常热心地出主意、提建议。起初我想改变一下在校园读书的感觉，体验一下中国科学院的味道。犹犹豫豫地又晃过了几年。1995 年好容易下定了决心，报考中国科学院丁夏畦先生的博士。不巧的是，那年丁先生不招生！我转而报考了北京大学张恭庆先生的博士，从事 Monge-Ampere 方程的研究工作。毕业后在张先生的推荐下又去了 University of British Columbia 做博士后研究。通过在北大的 3 年博士和加拿大 1 年博士后的学习和工作，我开阔了眼界，增强了自信心，提高了学术品位。回国后，我先后被评为教授和博士生导师，以在《American Journal of Mathematics》发表论文为标志开始了科学研究的新征程。

“好老师要有仁爱之心。教育是一门“仁而爱人”的事业，爱是教育的灵魂，没有爱就没有教育。”我当年的班主任谢宇老师就是这样的好老师。她曾获全国优秀教育工作者称号和全国五一劳动奖章，是 20 世纪 80 年代教书育人的楷模。1999 年，谢老师去世后，部分校友创建了谢宇教育基金会。13 年来，基金会给 114 名大学生颁发了助学金，资助了 30 个社会实践小组（275 人）到 15 个省和自治区的贫困地区支援教育。基金会能够取得这些成绩，都应该归功于谢宇等一大批优秀教师对我们的谆谆教诲。

## 五、成年时期

27 年来，我始终坚持基础课教学和科研工作，在忙碌中享受着快乐和幸福。在当今高等教育大众化的大背景下，我致力于将数学文化、数学建模和数学素养融入教学的全过程，也力求将人才培养与科学研究、科学普及有机地结合起来，消除人们对数学（特别是偏微分方程）那种枯燥、抽象、不实用的印象。在向学生讲授知识时，我特别注重教给学生解决问题的思想和方法，正所谓“授人以鱼不如授人以渔”，更培养他们具有克服困难的决心和勇气，让学生不仅“走进师大数学”，更能“走近数学大师”。

我认为国际上先进的教育理论要与中国高等教育实际相结合，才能使我们人才辈出。在教学中，我采取“下要保底、上不封顶”的原则。一方面，只讲课本上最基本的内容，将课程考试定位于合格性评估，而不同于各类升学考试的选拔性评估；同时注意授课内容深入浅出，首先是有“意思”，然后是有“意义”，过分地强调“理论意义”将使现在的学生失去兴趣。在授课开篇不仅介绍基本概念和记号，也介绍学科的发展历史、研究方法以及在金融危机、图像处理中的数学建模等学生感兴趣话题，力求引人入胜，其间穿插图片，以免枯燥。另一方面，“上不封顶”体现在成立偏微分方程课外小组，在教师的指导下学习教学参考书上的内容，开展基本的科学研究活动。2013 年，我指导的王宠的本科生毕业论文发表在《Proceedings of The American Mathematical Society》上，并有 6 次引用。2014 年，另一篇本科毕业论文发表在《数学文化》上。

在研究生培养方面，我指导的研究生已毕业的 24 人次（7 名博士生和 17 名硕士生），毕业生中有的去（如：北京大学、复旦大学）做博士后，有的去国外（如：加拿大 University of British Columbia）读博士，有的在国内（如：北京大学、北京师范大学其他学院）读博士，有的在大学（如：美国 Wake Forest University、中山大学、北京师范大学）或中学（如：北师大二附中）任教，有的在公司（如：国泰君安证券股份有限公司、加拿大宏利金融集团、招商基金管理有限公司）工作。在培养过程中，我充分利用了国际学术资源，6 人分别获得全额资助，到美国 Rutgers University、Cornell University、Wake Forest University 联合培养 2 年。学生们开阔了学术视野，也使研究团队涉足的领域从几何偏微分方程扩展到了材料偏微分方程、肿瘤偏微分方程和金融偏微分方程。2013 年，熊金钢（与李岩岩老师联合指导）的博士论文《分数阶的 Nirenberg 问题》入选北京市优秀博士论文，这也是数学学科历史上的第 1 篇北京市优秀博士论文。

我很自豪，能在数学学科 100 年的历史中担任 9 年多的院长，其任期长度仅次于张禾瑞先生在“文化大革命”前后任系主任的时间。感谢陈木法、陆善镇、刘继志、郑学安老师和当年的同事们！是你们的信任给了 40 岁的我一个难得的锻炼成长的机会，使我成为学校最年轻的院长，不仅学会了数学思维，也学会了社会思维，成为一个比较全面发展的人。

我也很幸运，通过全院教职员工的共同努力，数学学科在我任职期间，拿回了基础数学重点学科，赢得了首批国家一级重点学科；建设了数学与复杂系统教育部重点实验室；教育部学科排名从第 10（2002 年）上升到第 6（2007 年），又上升到第 5（2012 年）；全球 ESI（美国信息科技所《基本科学指标》数据库）排名从进入前 1%（2007 年）到进入前 100 名（2012 年），最终名列第 88（2013 年）。

借 2004 年数学科学学院成立，2007 年国家实施师范生公费教育和 2010 年国家实施基础学科拔尖学生培养实验计划为契机，学院根据学科自身发展和国家教育战略的双重需要，进一步深化和完善了培养方案、教学计划和教学大纲，形成了博士生、学术型硕士生、专业型硕士生、拔尖计划励耘生、公费师范生、数学专业学生、统计专业学生的数学人才培养的新格局。学校综合性、有特色、研究型世界知名高水平大学的战略目标充分体现在数学人才培养的全过程中。2009 年《创新模式，提高质量，建设一流的数学人才培养基地》获国家教学成果 2 等奖。

数学学科 100 年来形成的优良传统和深厚文化是学院发展的重要因素。我遵循的工作原则是“在继承中求创新，在透明中求公正，在和谐中求发展”，工作思路是“积极向国家争经费，主动从学校要政策，努力在学院做事情”。只有增强自信心和平常心，放弃“急功近利”的想法，超越学校的“科学管理”，立足国际化，才能使数学学科健康发展、永铸辉煌。

## 六、“老年”时期

保佳是我们的女儿。2013 年暑假卸任院长之时，也是女儿进入大学四年级，面临着保研还是出国选择的关键时刻。毕竟父亲的职位是永恒的！我把一些精力放在了下一代身上。经过我的“宏观”指导，夫人的精心帮助，女儿自身的全力以赴，保佳终于在 2014 年春节期间获得了纽约大学全额奖学金，可以如愿以偿地攻读生物统计方向的博士。2014 年夏天，在我们毕业 29 年后，保佳也从北师大数学系毕业了，从而我们一家三口都成为北师大数学系的毕业生。

保佳从小就有梦想：超越父母，给我们买大 House。在我和她妈妈分别在北大、北航获得博士学位后，她倍感压力。赴美留学之后，保佳获得了实现梦想的希望，生活和学习得很充实。随之而来的是，我们也成为空巢家庭。“老两口”的生活既简单也温馨。我们注意控制饮食和早点儿睡觉，坚持每天散步 1 小时。与几乎所有人的想象是完全不一样，我并不清闲。说起来也怪，虽然教学和科研的压力微乎其微，我还是觉得很忙！“上午去办公室上班，下午在家工作，周末外出开会，假期出国访问”成为我生活的新常态。

## 七、结语

回顾人生历程，我从北师大、北大、加拿大 11 年的求学经历到北师大数学 27 年的执教生涯，从传百姓心声 9 年的市区人大代表到为师生服务 9 年多的院长，经历与收获颇丰。思量为什么会走上这条数学之路，教师之路，发现竟是懵懵懂懂撞开的，在什么都不懂只向往着军营的青少年时代，被众多良师益友一手推向了自己的人生轨道。初中时被指引向了跨区的北京 8 中，高中时被“诱拐”到北师大数学系，大学时被保送留在了本校读研。博士生的报考总算自己参与了一件，但还是被众多父兄般的前辈推到了北大，推出了国门。是“不懂”导致了“被动”，是“听话”才有了今日的自己。家人对我的成长之路也觉得不可思议。时至今日，我妹妹还常常大惑不解，从小性格内向的我怎么可能成为老师，站在讲台上面对学生讲话呢？

没有北师大数学，就没有我的今天。因此，我想借建系 100 周年这个机会，感谢 1981 年以来，我在北京师范大学学习、工作中，各位领导、老师、同事、学生对我的教导、鼓励、关心、支持与帮助。经过 34 年，我已经从一个穷欢乐的单身汉学生成长为一个顿顿回家吃饭、女儿全奖留学、学生桃李满天下、工作成为生活第一需要的大学教授。

我知足，因此我常乐！

**参考文献**

[1] 保继光，美好的回忆，宝贵的经历，《北师大教工》，2010（2）43～43。
[2] 赵琨，年轻时我们不懂……，《北师青年》，2011 年 3 月 20 日，第 20 版。
[3] 宝钢教育基金会，追求完美的当代数学人，《文汇报》，2013 年 1 月 10 日，第 4 版。

保继光，北京师范大学数学科学学院教授

# 春风化雨　教书育人

## ——写在北师大数学系成立100周年之际

任子朝（1981级本科生，1985级硕士生）

“你是推荐的研究生，干吗要学数学教育专业呀?”

这是我刚被推荐为免试研究生时一位同学的问话。1984年，在我大学的第4年，北师大数学系第一次实行推荐免试研究生制度，每班两个名额，一个年级共6人，我有幸成为其中的一人。被推荐的同学多数选择了概率专业，而我则选择了数学教育专业。“是啊，我为什么要选数学教育专业呢?”

1981年，我和120位同学一起走进了北师大，走进了数学系，开始了在数学系4年难忘的学习生活。当时薛宗慈老师讲授数学分析，郝钢新老师讲授高等代数，孙久荊老师讲授解析几何。他们的言传身教，把我们领入了神秘的数学殿堂，开始了我们系统、规范的数学学习。大三时，曹才翰先生的教材教法课在我们面前开启了不同于其他数学课的全新的天地，用他的话说：教材教法不是理论性很强的实践课程，而是实践性很强的理论课程。曹先生的课声情并茂，情趣盎然，非常受欢迎，特别是他列举的教学实习中趣闻囧事让我们忍俊不禁。例如他说：一个实习生用了30多分钟就把课讲完了，就一个人在讲台上踱步，我们在下面给他指课本，意思是让他布置作业，但他说“课讲完了，没的讲了!”还有那时公共汽车不是前门上车后门下车，实习生怕坐过站，上车就堵在门口，以至于其他乘客抱怨“北师大学生不会坐公共汽车!”曹先生的课让我们对教学实习满怀憧憬和向往，也更坚定了毕业后当老师的决心，用同学的话说：忠诚党的教育事业40年!

1984年大四的第1学期（9月），我们开始了盼望已久的教学实习。陈方权老师作为领队，带领我们12人的小组在北京65中实习。当时正值新中国成立35年大庆，我们上午去中学实习，下午回北师大练习集体舞。10月1日晚上在天安门广场参加国庆联欢，当时访华的3 000名日本青年也一起参加联欢，为此我们还学唱了日本歌曲《樱花谣》。广场上乐声悠扬，舞步翩翩，礼炮声声，火树银花，这成为我大学期间最难忘的记忆。“十一”后我有幸被选为实习生的代表，上一次公开课，讲授的课程是“平行线”的起始课，钟善基先生作为专家听课并讲评。我在讲平行线的画法时只是简单说了用两个三角板抵住、滑动就可以画出平行线，讲评时钟先生问：“怎么抵住?怎么滑动呀?你要在黑板上做出示范，真正画出平行线，学生才能模仿，才能自己实际画，也才能更深刻地理解平行线的概念。”一个小小的平行线的画法给了我很大的触动，教别人学会比自己学会更难，北师大本来就是人民教师的摇篮，教学生学会数学、学好数学意义更大。所以我渐渐地坚定了学习数学教育专业的决心。

1985年9月，我进入北师大数学教育专业3年的研究生学习，钟善基先生讲授的数学史为我们展开了数学产生、发展的宏伟画卷；丁尔陞先生讲授的数学课程论讲述了从科学的数学到学习的数学的过程；曹才翰先生讲授的数学教育心理学更是把数学教学与心理学嫁接起来，珠联璧合、相得益彰。毕业后我分配在了当时的国家教委考试管理中心，负责高考数学命题工作。在北师大的数学学习为我的工作奠定了基础，帮助很大。一些在高考命题工作中的想法和心得都得益于在北师大数学系所受的教育。总结起来有以下几点。

一是加强代数推理能力的考查。记得在大一刚开始学习时，数学分析和解析几何与中学数学的关联密切，学习方法相近，感觉学习起来比较顺利。而高等代数就不那么容易了，郝先生讲课行云流水，侃侃而谈，他是我在北师大学习期间遇到的第一个不拿讲稿上课的老师。他的课讲得很好，我们都能听懂，但做起作业来就很困难了，特别是一些证明题，不知道从哪里入手，答疑的时候去问老师，老师讲解后又恍然大悟。自己总在想，不就是证明题吗？在中学证明平面几何问题时我们也很熟练，没有这么费力气呀？后来总结是自己还没有掌握从基本的定义、公理、定理出发，去证明问题的方法，没有养成基本的推理能力。中学证明平面几何问题，一是有直观的图形做依托，可以从图形中得到启发，找到灵感；二是平面几何里面有一些证题术，关键时刻可以回忆证平行的几种方法，证垂直的几种方法，一般的问题都可以解决了。而在高等代数中，没有几何图形的直观提示，没有证题术的套路可循，真正地考验了一个人的逻辑推理能力。受此启发，我在高考命题中，提倡考查代数推理能力，力求更加真实、准确地鉴别考生的逻辑推理能力，为高等学校选拔合格的新生。

二是加强数学思想方法的考查。在上研究生期间，学习了丁先生主编的《中学数学实验教材》，对其中提出的“通性通法”印象深刻。数学是具有方法论意义的学科，其中的很多方法不但在解决数学问题时行之有效，而且广泛应用于社会生产、生活，在自然科学、经济科学、社会科学、人文科学的发展中发挥越来越大的作用。数学的学习，主要的是让学生学习思维方式，提高思维能力。高考数学科不是为大学数学系选材，更不是为重点大学数学系选材，要摒弃那些技巧性强的试题，特别是一些特殊的技巧，要加强对数学基本思想方法的考查，主要考查学生进入高校学习所必需的数学素养以及学习和创新素养。要通过数学学科的测量，区分出考生的基本学习能力，为高校录取新生提供科学的选拔依据。

三是加强数学应用能力的考查。20 世纪 80 年代中期，北师大数学教育专业的国际交流十分活跃，经常有国际知名的数学教育专家来访，如荷兰的弗兰登特尔、日本的横地清、美国的伯克等，特别是伯克曾数次来访。通过他们的介绍，使我们了解了国际数学教育发展的趋势和潮流，我也撰写了介绍美国数学教育改革新动向的文章——《谈数学教育中的“问题解决”》，发表在《数学通报》。“问题解决”就是要强调应用数学的基本原理和方法，解决实际问题。学生进入大学后学习和研究数学专业的人很少，他们大多数人是把数学作为解决问题的工具，应用于自己研究的专业。因此数学科高考要加强应用能力的考查，重视联系学生生活实际和社会实践，高考命题应转变封闭的学科体系观念，结合生活实际和社会实践，突出理论与实践的结合。一方面考查考生运用数学理论与方法解决实际问题的能力，更重要的是引导中学教学加强对学生运用意识和应用能力的培养，引导学生关心社会、关心未来。这是实现高考命题改革与中学教育、教学观念改革的结合，推动素质教育发展的重要内容。同时高考命题要创新试题设计，增加新题型试题。拓展试题材料的领域和范围，从现实生活多方面选取素材，增加表格、图片、统计数据等多种呈现形式，为学生展现能力和素质提供充分的空间。使学生在解决问题的过程中体会数学的巨大威力和应用价值，养成应用数学的习惯，培养应用数学知识解决问题的能力。

在数学系 7 年的学习给我留下无数难忘的印象，忘不了踏入校园时刘永平老师帮我拉行李的三轮车的吱吱声，忘不了学识渊博的先生循循善诱的叮咛，忘不了欢庆女排夺冠的狂热，忘不了捐款题刻“数学楼”的画影……在欢庆数学系建系百年之际，化用母校校训，寄托我的感怀和深情：

教坛耕耘薪火传，
心血凝露洒江天。
企望学高人之师，
更求身正世之范！

任子朝，教育部考试中心研究员

# 遇到一个好老师是人生的幸运，成为一个好老师是人生的荣耀

刘和平（1984 级助教班，1987 级博士生）

时光荏苒，我第一次走进北京师范大学的校园已经是 31 年前的事了。由于经常回母校参加各种学术活动，似乎从来没有离开的感觉，也就很少勾起对过去的回忆。在庆祝北京师范大学数学学科创建 100 周年之际，很多往事又活生生地浮现在眼前。

我是在 1984 年作为首届助教进修班的学员进入北京师范大学数学系学习的，助教进修班的同学中现仍在北京师范大学数学科学学院工作的有李仲来教授（现任数学科学学院党委书记）、丁勇教授（曾任数学科学学院副院长）。李仲来当时就在数学系工作，我担任助教进修班的班长，李仲来和丁勇分别是助教进修班的党支部书记和副书记。到北师大进修前我在辽宁教育学院从事有关中学教师培训的工作，学习经历是 1973～1976 年辽宁师范学院数学系的工农兵学员。由于当年“文化大革命”等众所周知的原因，我学过的数学知识少得可怜，可以说完全没有受过正规的大学数学教育，后来虽然在工作中自学了一点，但与普通数学本科毕业生所学的数学知识相比仍差得很远。当时能进入北京师范大学这样的名牌大学进修，我激动并忐忑的心情可想而知，也非常珍惜这样的学习机会。但我当时绝没有想到的是，这一次进修的经历却改变了我此后的人生轨迹。

首届助教进修班学员与 1984 级硕士研究生一起上课，前两个学期学习硕士研究生的共同基础课，第 3 个学期按不同方向选修专业课程，然后结业。助教进修班的许多同学热爱学习并才华出众，由于各种不同的原因没有成为研究生，所以都非常珍惜助教进修班的学习机会。在全班 27 位结业的助教进修班同学中，后来有 17 人获得博士学位，16 人现在是教授。这虽然是同学们坚持不懈努力的结果，但在助教进修班学习期间老师们在学识、品格、境界等多方面对我们的培养教育以及学校环境的熏陶是绝对不可缺少的基础。我们对北师大的感恩之情是始终不渝的。对我来说，助教进修班还让我得以认识很多非常要好的同学，他们成为我终身最好的朋友，并始终保持着非常密切的联系，这同样是我在助教进修班学习经历的最大收获之一。

北师大是一所名校，具有很高的声誉。这种声誉来自于学校长期形成的优良学风和传统，被学识渊博、品格高尚的老师们一代一代地传承下来。我对北师大所有教过我的老师们充满由衷的敬意，无论是在知识上还是在为人做事上，我都从他们身上学到太多太多。尽管我不可能一一列出他们的名字，但他们最好地诠释了北师大的校训“学为人师、行为世范”。我想在这里简要回忆一下自己当年跟随导师陆善镇教授的学习经历。

1985 年秋季学期，在学完研究生基础课之后，我与几个助教进修班的同学选修了陆老师为研究生开设的调和分析讨论班。之前我对调和分析可以说一无所知，陆老师为我们展示了一个知识的新天地，我对调和分析的兴趣完全是在陆老师的课上逐步培养起来的。当时选修这门课程的助教进修班同学中，刘智新、丁勇、马柏林和我后来都成为陆老师的

博士生。记得在学期快要结束时，我去找陆老师，希望陆老师在助教进修班结业前为我们介绍一些调和分析的研究课题，对我们以后进一步的学习给予指导。陆老师欣然答应，抽出时间专门为我们几个人介绍了三个重要的研究方向：Bochner-Riesz 平均、Hardy 空间与加权范数不等式。

1986 年初助教进修班结业，我回到辽宁教育学院继续原来的工作，大概不到 2 个月时间就收到陆老师的亲笔来信，希望我与其他几位助教进修班的同学能再回北师大进修一段时间，真正开始做一些科研工作。当时我们都还不是陆老师的研究生，只是选了陆老师的一门课，但陆老师完全把我们作为自己的学生看待。我之前的学历只是工农兵学员，辽宁师范学院也只是普通的高校，按照今天的标准，既不是“985”高校，也不是“211”高校，陆老师在 1983 年被越级晋升为教授，1984 年又经国务院学位委员会批准担任博士生导师，已步入学术生涯的辉煌时期。可以想见我收到陆老师来信时那种感谢和激动的心情。前后我一共收到陆老师 3 封信，终于在离开半年后，我又回到北师大跟陆老师学习，当时与我一起回北师大跟陆老师进修的还有马柏林，现在是嘉兴学院数理与信息工程学院院长、教授。让我特别遗憾的是这些信当时没有保存下来。

在我回北师大进修期间，陆老师为研究生和进修教师开设了 Hardy 空间课程，Hardy 空间是当时调和分析最活跃的研究方向之一。陆老师最早在国内开设这一前沿课程，1988 年在南开大学数学研究所举办的调和分析年会上还为全国高校的部分研究生讲授了这门课程。当时陆老师边写讲义边讲课，有时甚至是前一天才写完讲义，第 2 天就上课。这在现在是很难想象的。然而就是这样，才使我们这些学生得以较快进入学术研究的前沿。经过一年进修学习，我开始做了一点研究工作，第一次写出了真正意义上的学术论文，并以同等学力的身份考上博士研究生，正式成为陆老师的学生。

陆老师的研究方向是欧氏空间上的调和分析，但他从有利于学科发展全局的高度，鼓励和帮助学生开辟新的科研方向。在我成为陆老师的博士生后，他将海森堡群上的调和分析确定为我的博士学位论文的选题和研究方向，提供了非常宽松的学习环境，推动了非交换调和分析方向的研究在国内的起步。现在这一研究方向在国内已经有了很大的发展。博士毕业后我进入北京大学博士后流动站，陆老师原来希望我出站后能回北师大工作。但在我临近出站时，我的博士后合作导师、已故程民德院士希望我留在北大工作。我向陆老师说明时心中不安，觉得有愧于陆老师对我多年的关怀和培养。陆老师却非常明确支持我留在北大工作。我知道他关心的是中国调和分析学科的整体发展。

回想 31 年前刚踏进北师大校园的时候，我对教师职业的认识非常肤浅。是陆老师和北师大其他老师们的言传身教，使我切身体会到老师对一个人的成长有多么重要的影响，怎样才能成为一个好教师。这么多年来我只是做了一个教师应该做的本职工作，但我已经能体会做教师的光荣。如今，我的一些学生已经是国内外大学的教授了。我想与今天正在母校学习的同学们分享自己的一点体会：遇到一个好老师是人生的幸运，成为一个好老师是人生的荣耀。

刘和平，教授，曾任北京大学数学科学学院党委书记

# 我在北师大的岁月

张福振（1984级硕士生）

五十回忆人生；五十品味人生。我五十有余，回想起这些年走过的路，在北京师范大学这段可谓是“青春燃烧的岁月”。我那时二十出头，踌躇满志，也算是风华正茂。前不久，仲来先生来函让我写篇关于数学系（现为学院）百年纪念的文章，这又“点燃”了我的激情，让我重温青春。回忆起在北师大那五年的学习工作和生活，想起我的老师和同学，想起宽敞庄重的数学楼，想起我奔跑过的球场，想起校园内的条条小路，我真的像回到了从前。我现在把印象深刻的人和事梳理并记录下来，算个小结。

首先要讲到的是我与师范的渊源。我自幼喜好文体，受的是一位本地师范学校老师的影响。大学读的是沈阳师范学院（现为大学），硕士学位读的是北师大，20世纪80年代末到美国加利福尼亚大学圣巴巴拉分校读博士学位。后来才知道这里在正式成为加大一个分校之前也是一所培养师资的学校。所以我可以称得上是一位“资深”师范生了。北师大在我的心目中是崇高的，甚至是神圣的。除了教书，我不知道自己更喜欢哪个行业，或哪个行业更适合我。

北京是我的向往，北师大是我心中的殿堂。我1984年冬季报考北师大数学系的研究生。复试及面试在5月初。这是我第一次进京，心情激动夹杂着忐忑。来北京火车站接我的是我的大学同学娄树宪。他先我两年考入北师大，成为赵桢老师的学生。树宪和我见面后在火车站的一家饺子馆吃饭。餐馆里拥挤嘈杂，我们找不到座位，只好站着吃。这让我真正感受到北京的人多。第一次进入向往已久的北师大校园，让我感到神秘和庄严。这里充满了青春的活力和笑脸；这里的一切都让我感到新鲜和热爱。树宪先带我到他的寝室，见了他的室友和同学。这些来自不同地方的朋友亲如兄弟，其中包括后来成为朋友的肖杰，热情奔放，让我深深感动；我今日还记忆犹新。当天晚上树宪又带我去拜见导师王伯英教授。王先生洁白消瘦，文质彬彬，说话有浓重的广东口音。第2天复试，我见到年纪较轻的陈公宁老师。复试包括英文翻译、笔试和口试，进展得还算顺利。复试的第2天树宪陪我参观天安门广场和游玩颐和园。5月的北京，杨柳吐了绿，风也和煦。离京前和王伯英老师道别。先生很热情但话语不多，让我等候通知。我带着很大的希望回到了沈阳，盼望正式通知的到来。

录取通知书来了，是鲜红色的，里面的字句简洁明了：你被录取了。度过了一个轻松愉快的假期，我于1984年秋季正式入学，成为北师大数学系一名研究生，开始了我人生一段蓬蓬勃勃极具色彩的生活。

入住北师大的第一天，傍晚有人敲门来找我。进来的是两个高个子青年，自我介绍说“我是雷天刚，他是吴俊。我们是你的师弟。”我这时才知道王老师这年招了3个学生。天刚是北师大应届毕业生，吴俊（苗族）来自中央民族大学。他二人在大四时一起选过王老师的多重线性代数课，所以早有相识。两位师弟身高都在一米八〇左右（吴俊略高），让我这位“东北大汉”不禁汗颜。以后3年的同学加兄弟情就这么开始了。我很喜欢我的两位师弟，天刚健谈又聪明，吴俊少语而幽默。我们同住学11楼，我在一楼，他俩住二楼不同的房间。白天在一起上课，周末晚上偶有小聚闲聊。吴俊身高腿长，坐在我的（下床）床铺上，总有些不适。天刚则坐在桌子的一头侃侃而谈。由于我需要补多重线性代数的内容，要多花些时间在图书馆里。天刚桥牌打得好，常常到其他院校比赛，功课落下不少，可期末考试的时候，成绩总是不错。这让我很是羡慕，并认为他是我所认识的人里最聪明的之一。

我们这年入学的数学研究生有33人（还有20多人在研究生班就读）。我与韩立岩、王燕华、姚鲁豫，还有张健（中文系）同住学11楼一层的一个房间。韩立岩与张健是北京人，不常住，我们余下的三人每日吃住在一起，学习生活极为丰富。让我记忆最深的是，姚鲁豫阅读能力极强，大量的武侠小说他通篇阅读；我和他偶尔下一盘围棋，常常是两条大龙绕来绕去，杀到天亮不见分晓。于是，两个“臭棋篓子”因为第2天的作业不得不休战。王燕华身强体壮，生活很有规律，每日在室内用桌椅当健身器材健身，然后冲冷水浴，冬夏不间断。

韩立岩是我们的班长；我任班团支部书记。作为书记，我有时要管些班上的闲杂事。记得第一次发放粮票，就碰上住在二楼的周先银。初次见面，我听不懂他浓重的安徽地方口音，我俩都很尴尬，不知如何是好。后来有几个假期我们住在同一寝室，对他的了解也渐渐地多起来。他身体略微瘦弱，走路快捷又轻手轻脚。他聪明又勤劳。我离开北师大不久，听说他解决了一些世界难题，我并不奇怪。这都是他刻苦钻研的结果。可惜后来得到他英年早逝的消息，无限伤感。

学11楼的生活充满了欢乐。现在回想起来，还历历在目：到开饭时，大家从楼里出来，把饭盒等餐具敲得叮当响，三三五五一起去食堂打饭。周末的晚上常常有人喊大叫的“拱猪”嘈杂声。

北师大的学习生活紧张又丰富多彩。每年一度的研究生运动会、篮球赛、羽毛球赛让我感到充实和兴奋。春游是我喜欢的活动之一。我们班每年春天都要骑车到郊外如香山等地踏青郊游。记得毕业留校后，我还与几位老师一起骑自行车在四环上绕北京一周，花了一天的时间。现在想来，那也该算是“壮举”。

北师大是个人才济济的地方。数学系里有许多知识渊博，让人敬仰的专家。除了能和他们近身接触求教，还能经常看到外面著名数学家的讲座和报告。我在这里听到过陈省身教授关于微分几何50年的报告，听过樊畿教授的演讲。在北京大学见过丁石孙教授，在北京科学会堂见过华罗庚先生。不仅数学家，其他学科的著名人士也常可见。一次在实习餐厅用餐，启功先生就坐在我旁边的桌子。我还亲身经历了第一个教师节国家领导人来校的欢庆场面。

1987年我毕业留校任教，兼少年班的班主任。做过陈方权老师和洪吉昌老师数学分析课的助教。带学生们到承德军训一个月，和这些“孩子”们在一起让我朝气十足。

20余年挥之而去。想起图书馆里的埋头苦读，想起数学楼前菩提树下的合影，想起学院南路无穷次的散步……这是一段多么美好的时光！

北师大的朋友和同学分落在天涯海角，工作在不同地方。偶有相见，必回忆起那些在北师大的往事。往事把我们紧紧地连在一起，把我们与北师大紧紧地连在一起。最后，我想说：北师大是我的爱；是我们的爱。

张福振，美国诺瓦东南大学教授

# 年轻特级教师的成长经历及困惑

金钟植（1985级本科生）

## 一、年轻特级教师的成长经历：“三怕”中成长

自1989年从北京师范大学毕业，回顾自身从教20多年的经历，有很多值得回忆的事情。在众多的事情中，能让我在教与学中成长起来的最关键的经历是“三怕：一怕教不好→二怕学不好→三怕用不好”中“怕”的三次升级的过程，这个过程体现了我在教与学的过程中的不断思考和进取。下面简略地表述这个过程，并与各位同行探讨教师专业成长中思考、学习、教学的有关问题。

**1.“一怕”教不好**

刚参加工作的时候，自己觉得要教好必须具备两个条件：首先是教师的基本功；其次是教学方法。

（1）对基本功的认识和提升功底的做法

（Ⅰ）对基本功的认识

当时对教师基本功的认识有以下3个方面：所有教师都应具有的基本功（对教育学、心理学通论部分的基本认识、口才、板书等）；数学教师基本功（数学学科功底、对数学教材的认识和理解、数学解题能力、数学学科素养等）；教学手段（信息技术等）。

（Ⅱ）提升功底的一些做法

虽然经历了4年师范大学正规的教育并具备了作为教师应具备的初级功底，但与教学实践中所应该具备的功底要求看，还是有较大的差距。所以参加工作后的前几年中，主要通过读书、请教、反思，努力提升自身的教学功底，得到了较好的效果。主要体现在：能基本理解教材；能用较流畅的语言组织教学过程；课堂板书工整并设计较科学；具备了较强的解题能力；初步掌握了信息技术教学手段等。

（Ⅲ）对功底的反思和重新认识

在努力提升自身教学功底的同时，对教学功底有了反思和重新的认识。首先功底的提升并不是某个阶段的事情，而是教师一生努力的方向（如对教材的理解，并不是孤立地看某一节课，而是从体系的角度理解教材，从宏观、中观和微观的角度理解教材）；其次对口才有了重新的认识，觉得口才主要体现在口述者能将自身要讲的内容经过大脑的逻辑运作有条理性地说出来；最后教师的解题能力绝不是自己会解题就可以，而是需要懂得题目的来龙去脉（命题者的命题意图、解题思路形成根源）、解题相关的理论素养、命题能力等。

有了以上的反思和重新认识，在后来的提升自身教学功底的过程中做到了以下两个方面：首先在理解教材方面除了教学参考书和教科书以外，通过请教一些老教师和自身思考，初步懂得了如何处理教材。在处理教材方面，懂得如何稀释和浓缩，懂得概念教学中注重概念的内涵与外延的具体化（即概念的两用，当性质用和当判定用），懂得从自身理

解的角度看待一些教材的系统性（如解析几何中的标准方程的含义：曲线方程代数结构特征与曲线几何特征的相互转化形式）。其次有目的性地学习有关的理论并努力找到理论与实践的结合点，并根据这些结合点开始步入初步的教学研究工作。当时主要是从解题教学理论的角度，着重学习了思维发展心理学相关的著作和数学教学相关的一些杂志上的论文。通过不断学习和思考，在工作 9 年的时候写成了两篇论文。“论一题多解的根源”发表在《数学通报》，“对通法特点的研究和启示”发表在《中学数学教学参考》。

（2）对教学方法的认识和理解

日常对一些教师有这样贬义的比喻：茶壶里的饺子倒不出来。意思是：有的教师虽满腹经纶，但由于教学方法的因素，教不明白。刚参加工作的时候，我也觉得这种比喻有一定的道理，但经过学习和思考，觉得这个比喻过于绝对。凡是教学者都会思考教学方法，如果满腹经纶，只要懂得较为合理的教学设计，这些经纶自然按合理的轨迹流出来。所以头脑中应有的基本功都具备，按课堂教学的设计逻辑和学生的实际，总能有合理的教学设计。有了这些粗浅的认识，我所注重的教学方法中，除了采用科学的教学方法之外，主要做到了以下两点：首先是在了解学生的认知水平的前提下，注重知识形成过程的主线为逻辑的教学设计；其次关注学生课堂参与角度的教学设计。这两种设计为主的教学方法得到了较好的教学效果。

经过几年的教学经历，感觉自己的教学还算可以的时候，出现了第二个“怕”，即怕学生学不好。

**2. “二怕”学不好**

工作若干年以后发现自己感觉教的还可以的时候，出现了有的学生学不好的现象。经过一段时间的反思，认识到：抛开自身教的因素，还在于学生学的因素。从那以后，我经常会感叹：只要学生学了，我就能让学生学好。经过几年的学习和反思，觉得让学生自觉地学的关键是以下 3 个方面：学生的学习目标、学习方法和学习态度。确立怎样的学习目标、运用怎样的学习方法和端正怎样的学习态度方面都有一般性的行为准则及方式和方法，经过理论学习和请教有关专家，在工作中经过各种手段初步解决了以上 3 个问题，同时我觉得要明确以下 3 个问题。

（1）要让学生懂得学习数学的目标

（Ⅰ）高中数学学习目标的重要性

哈佛大学有一个非常著名的关于目标对人生影响的跟踪调查。该项调查的对象是一群智力、学历、环境等条件都差不多的年轻人，调查结果发现：27%的人没有目标；60%的人目标模糊；10%的人有比较清晰的短期目标；3%的人有十分清晰的长期目标。25 年的跟踪调查发现，他们的生活状况有明显的差异。那 3%的人，25 年来几乎都不曾更改过自己的人生目标，他们始终朝着同一个方向不懈地努力。25 年后，他们几乎都成了社会各界顶尖成功人士，他们中不乏白手创业者、行业领袖、社会精英。那 10%的人，大都生活在社会的中上层。他们的共同特点是，那些短期目标不断地被达到，生活质量稳步上升。他们成为各行各业不可缺少的专业人士，如医生、律师、工程师、高级主管等。那 60%的人，几乎都生活在社会的中下层面。他们能安稳地生活与工作，但都没有什么特别的成绩。剩下的 27%的人，他们几乎都生活在社会的最底层，他们的生活都过得很不如意，常常失业，靠社会救济，并且常常在抱怨他人，抱怨社会。

调查者因此得出结论：目标对人生有巨大的导向性作用。成功在一开始仅仅是一个选择。你选择什么样的目标，就会有什么样的成就，就会有什么样的人生。

（Ⅱ）高中数学学习的两种目标

刚进入高中后，要有如下的两种学习数学的目标：

(i) 长期目标：为了提高自身素质（核心是智力水平），因为数学从学习的角度看，具有“基础性”和“发展性”。不是聪明了才能学好数学，而是学好了数学才能使人聪明！一定要注意“学有用的数学”的含义。

(ii) 短期目标：为了高考。

（Ⅲ）高中数学学习目标的准确定位

(i) 真正理解长期目标的前提下，以提高自身素质为根本目标。

(ii) 只有短期目标，可能出现对高考有利但不利于今后发展，也有可能对两者都不利。

(2) 要让学生懂得学习数学的合理程序（5 步法）

**第 1 步**　预习（找出问题）

预习是进入高中阶段以后，与初中学习有本质差别的体现，也是由被动学习到主动学习变化的关键所在。预习的目的是为了使自己在第 2 天的听讲中“心中有数”，而不是把第 2 天要学习的内容都要掌握。通过预习，可以把第 2 天所学的内容有个基本的了解，并把预习中的疑惑作为问题带到第 2 天听课中着重解决。在这里需要强调的是：预习习惯的养成对今后自主学习能力的提升有很大的帮助，而人走出学校后还需要不断学习和提高，但那时候的学习就是自主学习。

**第 2 步**　带着问题听讲

在高中阶段，学到知识的最关键环节还是听讲。如果有了前面的预习，带着问题去听讲，这样的听课就是主动学习的体现。因为听讲的时候，能抓住重点去解决自己预习当中的疑惑，听课效率自然会很高。同时，可能发生这样的情况：预习的时候感觉明白了，但通过听讲，感觉当时实际自己并没有真懂。这种情况的发生是很正常的，但随着预习能力的提升，这种现象会越来越少，直至没有。在这里需要强调的是：首先听讲中一定要懂得思考中听讲，不能只接受不思维，专心听讲过程中的不断思考对自身的思维能力的提升有很大的帮助。其次听讲过程中，重新回顾预习中的记忆使学习者加深内容的记忆。

**第 3 步**　回顾与复习（若有问题，要及时请教）

一天的课程结束后，为了巩固所学内容和加深记忆，首先“过电影”似的回顾一天听课的过程；其次通过看教材和笔记来复习当天所学内容。这些过程中，若发现还有疑问，要及时向同学或老师请教。

**第 4 步**　独立完成作业

独立完成作业并不是完成任务，而是进一步巩固当天所学内容的最关键的一个环节，也是检验自己是否真的学会了的主要手段。

**第 5 步**　回顾与提高

很多同学把当天的作业完成后觉得一天的学习就终了了，其实并非如此。如果想真的学好，还需要做到以下两点：首先把当天学习的内容再次巩固和反思一下，做到了这点才能算得上真的学好了。其次，根据科学记忆方式，一定要重新回忆和巩固前一阶段所学内容中的重点知识、方法等，做到了这点，才能始终把学好保持住。

如果每天的学习都能按这样的步骤要求坚持的话，整个高中阶段的学习会进入良性循环，进而成绩会不断提高，同时自身的学习能力、思维能力、记忆力都会有很大的提高。

(3) 端正学生学习态度的两种做法

学生懂得了学习数学的重要性，也会按比较科学的学习方法学习，但也未必能使学生学好，因为学生学习的要素中，还有一个重要的因素就是学习态度。端正学生的学习态度的方法比较多，但根据高中生的年龄特征，用以下的两种做法，得到了较好的效果。

（Ⅰ）提高学生的责任心

任何学生都有一定的责任心，但需要提高。为自己负责、为父母负责、为学校负责、为社会负责，这些或多或少地在学生内心里是有的，但关键是根据学生的年龄特征，需要明确重点和理顺一下这些的逻辑关系。日常学习中，需要重点明确为自己将来负责，然后明确一下逻辑关系：

$$\left.\begin{array}{l}\text{对自己负责}\\\text{对家庭负责}\\\text{对事业负责}\end{array}\right\}\Rightarrow\text{对社会负责。}$$

（Ⅱ）提高学生的毅力

提高学生毅力是教育中比较难的一项工作，原因是与之相关的工作的维度复杂。下面仅从 3 个方面谈谈做法。

（i）排除对数学难学的恐惧心理

首先让学生懂得以下 3 点认识：①数学是抽象的，但也是由具体到抽象、特殊到一般的过程（数学的认识过程和知识的形成过程）。②数学是灵活的（方法的多样性），但也是有通法可寻的。③数学是复杂的，但也是有严谨的逻辑划分（类别）和知识的系统（知识块）。

其次现身说法，提升学习信心和毅力：①小学阶段数学是学习困难生，初中阶段是由学习困难生逐步发展到数学拔尖的学生（中考数学满分，已自学到大学数学系二年级部分课程），高中阶段关注数学解题的优化和思路的形成根源。②当时的体会：除了顽强的学习毅力和逐步培养学习兴趣以外，学好数学的关键是善于思考（学习的主动性）和学习方法的得当。

（ii）让学生懂得如何才能“无怨无悔”

我给学生板书以下的逻辑形式：

$$\left.\begin{array}{l}\text{尽心}\\\text{尽力}\\\text{尽责}\end{array}\right\}\Rightarrow\text{无怨无悔}\Rightarrow\text{圆满人生，}$$

目的是让学生能懂得只有“尽心、尽力、尽责”了，就“无怨无悔”，这样的人生就是“圆满人生”。

（iii）让学生感受到教师对学生的爱

我尽力通过各种途径（课堂交流、课后谈话、面批作业或试卷、作业后面的评语、电子邮件互动等），让学生感受到教师对学生的爱。其中最重要的是，当学生的学习出现问题的时候，有两种做法。对尽力学习的孩子在给予充分肯定的前提下帮着分析其他因素，对不尽力的孩子找出不尽力的因素。

再经过几年的教学经历，感觉自己的教学还算可以，同时大部分学生也能尽力的时候，出现了第三个“怕”，即怕学生用不好。

**3. “三怕”用不好**

在参加工作第 15 年的时候，38 岁的我，有幸评上了特级教师。就在内心感觉自身的教学生涯还算比较得意的时候，5 年前曾教过的学生以某重点大学的研究生身份来看望老师。与学生聊天的时候，有句话给了我比较大的震撼！学生说：高中阶段，都说您教的课好，但自己没感觉到！到了读硕士阶段，才感受到老师当时教我们的数学是真有用！这个学生当时读的社科类的研究生，过了 5 年才感受到当时我教的数学还有用，使我感慨较多！最重要的是，我确实一直为学生的终身成长（学好数学能使人聪明、睿智、严谨、成熟等）为根本来教数学，但由于我过分地隐藏了自己的想法，加上高中生对问题理解还没有到一定的高度，所以我最核心的教学目标对很多学生来说是没有达到。

（1）社会对“数学有用”认识的误区

在一次比较高级别的研讨会上，有一位著名高校的数学教授（院士）对初中某些比较重要的内容是否取舍的问题上，给出了非常干脆地回答：这部分没用，删了吧！出于对这位院士的尊重，我没有及时反驳，但内心深处有一种不安！对一个人的成长，基础教育阶段以某些知识为载体提升自身的学科技能是非常重要的，从这个角度看，删除的那部分内容是非常重要的。很多家长和学生，甚至一部分老师认为：进入高中以后，数学真正有用就是因为高考考数学！也有很多社会人士觉得，到社会以后，所学数学根本没有用。这些都是对“数学有用”认识的误区。

（2）建议通过各种途径，让学生体会到数学有用

实际很多社会人是在用着数学，只是自身没有感觉到而已。特别是你工作中的条理性、前瞻性地预测、理性思维、辩证地看待人和事、工作中的一丝不苟、良好的口才等，这些人的素质中有很大部分是“有用的数学”给予的。为了能使全社会对学习“有用的数学”正确认识，需要广大的数学教育工作者做到：首先对自身工作有个正确的认识，其次通过各种途径，如：媒体、讲座和自身的课堂内外来尽力让学生认识到什么叫学“有用的数学”。

（3）明确数学学习的核心价值

我经常给学生说这样的一句话：数学并不是聪明了才能学好，而是学好了数学能使人聪明！这就是数学学习的核心价值。要让学生很快地感悟到这个道理是比较难的，需要一个过程。作为老师需要做的就是，在这个过程中让学生逐步感悟到这句话的正确性。

这个“三怕”中的每个“怕”的递进过程中，也是我在努力提升自身业务水平的过程，从中感受到了教与学的辛苦与快乐，也感受到了只有以终身学习的姿态才能把自己的工作做得更好！我相信，在今后的专业发展道路上还会出现各类的“怕”，但今后再遇到“怕”的时候，我会深感幸福的！因为懂得了“怕”，说明我还是想把自己的业务往更高的层次迈进！

## 二、努力做名副其实的特级教师

2004 年，我被吉林省人民政府授予特级教师称号。在拿到特级教师证书那天晚上，妻子问我：评上特级教师了，今后有什么打算？我当时回答道：做一个名副其实的特级教师！这句话是我当时内心真实的想法，按吉林省当时评特级教师的要求，虽然我完全符合各种要求，甚至在有些领域是省内较高水平的，但觉得今后真正起到特级教师的作用是我该努力的方向！回顾评上特级教师到现在的 11 年时间里，从我的一些业绩能看出，我一直在为做个名副其实的特级教师而努力。下面列出其中的部分业绩：

2004 年以来获得的奖励和荣誉：2008 年获基础数学教育类最高奖项：苏步青数学教育奖；2007 年被评为北京师范大学荣誉校友；2008 年，先进事迹以“毕生愿做好老师”为题被收入《辉煌的报告：北京师范大学优秀校友风采》（第 1 卷）；2011 年被评为大连市品牌教师；2011 年被评为国家课改的优秀实验教师；2011 年作为教研组长的数学组被评为国家课改的优秀教研组；2010 年，所指导的学生获得高中数学联赛全国一等奖，受到

辽宁省数学会的奖励。

2004 年以后的社会兼职：被北京师范大学校友会聘为讲座教授；被东北师范大学聘为硕士研究生导师；被全国高中数理化名师百名理事会聘为理事；被省数学会聘为理事；被省市教育学会高中数学专业委员会聘为理事；被聘为省市学科中心组成员；被聘为省教育电视台专家团成员；被北京师范大学《高中数理化》聘为特约编辑。

2004 年以来在校外的活动：在北京师范大学、东北师范大学等师范院校做各种学术报告 5 次；在吉林省、长春、北京、厦门的研讨会或教研组内做各类报告 20 余次；主持或参加东北师范大学、省市的各类学术沙龙 30 余次；接受省市的电视台、报纸等媒体的采访或撰写各类文章 7 次；担任各级、各类的教学大赛、公开课的评委 10 余次；带出两名数学教育方向的研究生，义务指导过 4 名在职硕士研究生；多次做东北师范大学硕士研究生毕业论文的开题、结题的专家评委；多次被聘为省市的高考模拟和中考的命题组成员。

2004 年以来科研：2007 年，国家重点课题《义务教育阶段几何教材的编写与实验》课题组核心成员兼其子课题《义务教育阶段几何新体系的理论基础研究》负责人，并与东北师范大学的专家学者一起编写《平面几何实验教材》；2010 年，参与辽宁省教育科学“十一五”规划 2010 年度立项课题《加强教研组建设，促进教师专业发展》的研究，其中的子课题《教研组内涵建设研究》《教研组制度研究》《教师个人专业成长研究》《备课组目标建设研究》都已结题；2004 年到现在，在各类刊物上发表 20 余篇论文。

11 年来虽然取得了一定的成绩，也初步在社会起到了特级教师的“辐射”作用，但今后的路还很长，我会为成为名副其实的特级教师继续奋斗！

## 三、我的困惑

工作 20 多年也是不断出现各种困惑的过程，有些困惑是通过请教或自身学习、思考中逐步解开，但有些还是成为未解开的困惑。

**1. 困惑之一** 12 年基础教育阶段，课程标准不够连贯

在学生刚入高中的时候，很多学校会用一种校本教材《初高中数学衔接教材》。如果课程标准没有问题，我觉得这种衔接是多余的。所以我的困惑是：体现一个国家学科教育水平的纲领性文件：《学科的课程标准》怎么会出现不连贯的问题呢？

**2. 困惑之二** 学科教育的评价体系是否科学

就目前高中数学教育短期目标的角度，高考成绩能否比较科学地体现数学教育水平的评价？比如：命题的科学性、阅卷的科学性等。从学科的长远目标的角度，又如何评价学科的教育水平？

**3. 困惑之三** 高中数学新的课程标准是减轻学生负担，还是增加学生负担

全国范围内的课改，如果从国家拿出总的课改要求起算，已经经历了将近 15 年。在这个过程中，全国范围内对总的课改理念、目标及要求，各级教研部门进行了很多次的培训。但对数学学科来说，特别是后来的具体落实过程中，带有很多的质疑声。其中最重要的质疑有两个方面：一是：改革是较彻底地否定以往的做法？（特别是教学理念方面）二是：课程改革的目的之一是减轻学生负担，但实际是内容比原来多，难度比原来大，这样如何减轻学生负担？

金钟植，大连理工大学附属高级中学特级教师

# 北师大留给我的记忆带给我的成长

王红革（1985级本科生）

1985年9月进入北师大数学系学习，转眼已有30年，每每回想起在北师大数学系的点点滴滴，虽然只是一些片段，但总是让自己感动不已。因为在这里，我不仅和其他同学一样收获了数学专业知识，锻炼了能力，还收获了值得珍藏一生的友情和让自己立志成为一名优秀人民教师的恒久动力，当然我还收获了一份爱情。

说起进入北师大的缘分，还得从我高中填报志愿说起，当年超出安徽本科线近100分的成绩是可以有很多的选择的，但自己求学过程中遇到了许多优秀教师，让我立志成为他们那样的人，在志愿表中，从北师大数学系一直填到安徽师大，若说30年前的志愿填报是感情用事，出发点是感恩，还不够成熟，经历了在北师大数学系四年的修炼，众多大师级人物特别是陪伴我们四年的恩师谢宇的影响，让我坚定了立志成为一名优秀的中学教师，为基础教育尽自己一份力，这次的选择是理性的，是带着一份沉甸甸的教育责任的。

## 一、难忘的讲座

刚入学不久，在数学楼四楼，数学系1985级请来了时任北师大校长的王梓坤先生，给我们做讲座“如何成才”，他清瘦而平实，外表极其普通，当主持人介绍他的成长经历和取得的成就时，他的形象一下子高大起来，成为我们景仰的人。他在讲座的开头这样风趣地介绍自己：“大家说我是人才，只说对了一半，因为我是一个人（大笑），但能不能说是才，还需要进一步用实践去检验，青年人如何成才是我今天要和大家交流的内容……”老校长结合自己的体会和前人的经验，把成才之道归纳成十个字：理想、勤奋、毅力、方法、机遇。他把理想比作是人们心灵上的太阳，当成人的灵魂；他认为：“不断激励自己奋发图强的一个好办法，是找一位你最尊敬、最仰慕的人作为竞赛对手，学习他，研究他，赶上他，最后超过他。有了这么一位对手你就自然不会满足而是奋力追赶。”他并不否认人的天赋各有不同，但他认为一个人的成就主要是靠辛勤劳动取得的，而不全是靠天赋。除了崇高的理想外，他把勤奋列为成才的第一要素，他举出鲁迅、巴尔扎克、达尔文、牛顿、爱迪生和爱因斯坦勤奋学习和工作的故事，来说明“天才出于勤奋”这一真理。老校长还认为毅力是成才的另一要素。他指出：“毅力表现为不怕困难，敢于在一个方向上长期坚持，即所谓‘锲而不舍’，这样才能‘金石可镂’。有些人碰到困难后，怕白费精力，便中途放弃而转移方向。这样转来转去，虽然他一天也没有休息，却什么也搞不出来。由此可见，勤奋并不等于毅力。毅力来自对真理的热爱，来自对崇高理想的追求。一个人的理想越崇高，他的毅力也就越坚强。才气就是长期的坚持和积累，天才在于毅力。”几十年老校长坚韧不拔、辛勤耕耘，他的经历正是以上两个方面的例证。老校长十分重视方法在成长过程中的作用。做科学研究和做其他任何一件事情都一样，光苦干不行，还要巧干，要想出高明的方法。老校长认为机遇也是成才的一个因素，因为人生活在客观世界中，有不少偶然机遇是难以预料的，人人都可碰上好机遇，问题在于会不会和能不能充分利用它。他结合法拉第的经历，中肯地给我们指出："平日不努力，有好的机遇也利用不上。机遇只照顾勤奋、勇敢而又有准备的人。投机取巧、不劳而获的侥幸心理是极有害的。另一方面，放弃一切好机遇，也不一定明智。主观努力加上好的机遇，正如优良的种子遇上肥沃的土壤必能结出丰硕的果实。"

校长在讲座结束前，叮嘱青年人"德、识、才、学"对人才的成长的作用，在德识才学中，德居其首。他说："做人的基本品德很重要，对名誉、钱财要有清醒的认识，用损人的办法达到利己的目的，既可恨，又可耻。"对于青年人来说，德识才学四者中，应以学为先，学习先进人物的道德品质，并在学习的基础上培养才能和提高见识。有学问未必有才能；有些人虽然书读得多，但没有做出应有的贡献……这些叮嘱在今天看来仍然受用，影响着自己做人做事的态度与原则。

"喜看新鹰出春林，百年树人亦英雄"这是王梓坤校长留赠北师大毕业生的题字。他说："教师事业是光荣的事业，也是英雄的事业。欢迎全国更多的优秀青年献身于教育事业。"在老校长提议多位北师大著名教授共同倡议下，国家将每年的 9 月 10 日设立为教师节，老校长对我们寄予的期望一直激励着我努力向着一名优秀的人民教师成长。

## 二、严肃的组织谈话

大学一年级第一学期期中考试后，班团支部书记找到我（我是团组织委员），代表组织交给我一项严肃而又艰巨的任务，让我帮助一名入学分很高，在高中就递交了入党志愿书的同学，而他入大学以来既不好好学习，也不参加组织活动，与高中的表现判若两人，我当时有畏难情绪，不太乐意接受，事后系团总支郑莩书记找我进行了一次严肃的谈话，她指出：一名学生和一名学生干部的区别，作为普通同学做好自己就可以称为优秀，而作为一名团干部，不仅要做最好的自己，还要帮助带领身边的同学一起进步才算是尽到做学生干部的职责。让我第一次切实认识到做学生干部不仅仅是一份荣誉，更多的是要承担一份责任，她还耐心指导我如何帮助同学的方法与技巧，在长达四年的交往和帮扶中，让我感受到"赠人玫瑰，手有余香"的助人乐趣，体会到自己付出后看到他人成长进步，自己感受到的成就感，只有懂得帮助别人的人，才能得到别人的帮助。在工作后入党转正时，单位领导到学校了解我在学校的表现，是团总支郑老师接待的，给了我充分的肯定，对帮助同学的事给予很高评价，经过党组织考察，我顺利转为正式党员，我在帮助别人的同时收获了老师的帮助，还意外收获了我的爱情。这次严肃谈话，对我做干部产生很大影响，无论是当团委书记还是现在当党总支书记，我都记住了干部与普通群众的区别，每次发展新党员谈话，我都告诫新党员：党员与普通群众的区别就在于，党员不仅要自己优秀，还要团结带领周围的群众一起进步，才配党员的称号。

## 三、丰富的勤工俭学

记得那时的大学里勤工俭学不如今日普遍（读师范有补助，毕业后工作有保障），但我们级主任谢宇老师倡导我们勤工俭学，并积极帮助我们联系，给我们创造机会。她认为：勤工俭学的目的不仅仅是挣点钱，她更看重勤工俭学也是一个发挥自我、展现自我才华的舞台。我在读大学期间，当过家庭教师、卖过录像票、设计过图纸、承包过数学楼的教室卫生打扫等。最让我难忘的是和杨永新等同学一起承包数学楼 101 室周末放录像和设计图纸，在丰富同学们课余生活的同时也让我们有点小收益。我负责女生宿舍卖票，虽然没有技术含量，但从中学会了如何与人合作相处。最让我得到锻炼的是 1987 年我当班长时，以班级名义承包了数学楼的教室卫生清扫，我要负责安排每天的值日生，每晚 11 点 30 分以后还要验收，对个别同学的抵触情绪还需做好沟通，我们用劳动换来的报酬作为班级活动经费，组织大家到十渡春游。回想起这段经历，的确对我是个磨炼，不仅培养了我吃苦耐劳，做事持之以恒的态度，也让我学会沟通和协调，理解了管理即服务的理念。回想当时知道我们需要干的工作及其规定时，我也有些犹豫，每天都必须坚持扫两次，而且还会抽查，我不知道我们能否每天都坚持下去，但最后理智还是战胜了惰性。开始工作我们就以“工资”作为我们的奋斗目标，力求做到更好，每个成员都尽心尽力地干自己的工作。可过了几天，我就发现大家的激情不是很高了，有的可能由于学习任务的繁重坚持不下去，有的可能因为临时有事无法按时到。我就把大家聚在一起总结近期工作，让大家提出自己的意见及看法，同时也在班里制定了相应的条规及措施，大家又走上了正轨，开始齐心协力的工作。每个成员都踏踏实实，持之以恒的坚持下来，我们每个人都为了全班的荣誉而努力，无论刮风、下雨、晴天还是雪天，都没有一个人退缩，当别的同学在球场上挥汗如雨时，我们在为数学楼环境做努力，当别的同学与“周公”会面时，等待我们的还是教室里那些灰尘和垃圾。我们从来没有叫过一声苦，喊过一声累，并不是真的不苦不累，而是苦了累了也值得，心里也感到甜，当看到大家都一起努力时，我也深深地感受到了集体的力量。时隔 30 年的相聚，谈起这段经历，大家还记忆犹新。

## 四、一系列的社会实践

说到社会实践是我们数学系 1985 级同学最为骄傲的事，也是别的院系同学羡慕嫉妒的事。因为有谢宇老师帮助我们“化缘”，每一个寒暑假我们年级都有社会实践小分队，有远赴四川涪陵地区的社会调查，也有到近邻天津大邱庄的调研，有去石家庄陆军学院的军民共建，也到过北京郊区房山县环境资源调查等。调研对象就有当时红遍全国、经济突飞猛进的大邱庄，谢宇老师让我们运用所学的数学知识了解经济腾飞的一些数据背后的规律。我参加过军民共建，我到过密云植树，我在昌平县高崖口中学实习两个月，我到过房山县调研，当时房山因为矿产资源开发给环境带来的破坏让我们忧心忡忡，在北京首都还有如此贫困地区有待建设，增强我们的社会责任感，也因当地政府急于致富不计后果，让我们对生存的环境有一种强烈的保护意识。

现在回想起来，社会实践真的对我们帮助很大，受益匪浅。通过社会实践让我全面了解国情，加深对党的基本路线的认识，坚定正确的政治方向；通过社会实践加深我对人民群众的了解，树立为人民群众服务的思想；通过社会实践了解社会对知识和人才的需求，增强勤奋学习、奋发成才的责任感；通过社会实践，了解改革和建设的长期性和复杂性，克服偏激急躁情绪，增强维护社会稳定的自觉性。社会实践还让我在把知识运用于生产实践过程中，看到了课堂教学和自身知识、能力结构的缺陷，主动调整知识和能力结构，激发学习积极性和主动性。社会实践有利于我们社会角色的转变，提高我们实际工作能力，如心理承受能力、适应能力、人际交往能力、组织管理能力和应变创新能力等；社会实践有利于我们树立正确的择业观，寻找到社会与自身发展的最佳结合点。

走出北师大校园已经 26 年，在北师大数学系学到的数学知识在中学数学课堂中没有用武之地，但北师大数学系教会了我循序渐进学习数学的方法，教会我严谨的思考与表达，教会我低调做人、高调做事的态度，教会我助人自助与人合作的理念，教会我做一个有社会责任感、有担当的教育人的意识等，这些让我受益终身，帮助我毕业后很快融入社会。第 1 年就承担初三复读班教学，由于成绩出色，在众多青年教师中脱颖而出，选拔到高中任教并担任年级组长，毕业四年后担任中石化第四建设公司教育培训中心团委书记，开始走上管理岗位，1996 年（27 岁）回到学校担任副校长，在当时是大港区教育系统最年轻的校级干部。从事管理工作的同时，始终不忘自己是一名数学教师，坚持一线上课，在 2012 年被评为数学特级教师；2013 年入选天津市未来教育家奠基工程学员；2014 年任复兴中学党总支书记兼副校长。感谢母校多年的培养，我将把做一个有良知有责任感有担当的教育人作为我一生的要求，行走在追求成为教育家梦想的路上，向着学生“烧心香”，以陶行知先生的“爱满天下”为职志，敢探未发明的新理，敢入未开化的边疆，用我的满腔热情、满腔爱，搜寻教育本真，把握教育奥妙，浇灌教育之花，书写教育新篇章。

王红革，天津市复兴中学党总支部书记兼副校长，数学特级教师，
中国数学奥林匹克一级教练员

# 回首来时路

李润泽（1986 级本科生）

华年似水，岁月如歌，弹指间，从北师大毕业已经 25 年，北师大数学科学学院也走过 100 个春秋。在数学科学学院百年系庆、院庆之际，献上我最衷心的祝福！祝愿我们学院人才辈出，兴旺发达。

回想过去的人生历程，北师大留给我许许多多珍贵的回忆。作为北师大学子，虽然有些苦涩的回忆，但这不妨碍我们学子对北师大深厚的感情。最近我们班同学通过微信群联系到一起，聚在一起。25 年前同学们因北师大相逢相识，如今也是因北师大再相聚。四分之一世纪转眼而过，聚会时同学们回忆在北师大的四年的大学生活，历历在目。

北师大数学科学学院百年来拼搏砥砺，百年来辉煌跨越。有多少学术精英从北师大数学系获得了坚实的数学基础，有多少商业巨子得益北师大数学严谨的思维训练。在北师大求学期间，每位学子都以各种方式从北师大汲取成功人生所需的精华。下面我来讲讲我在北师大生活的点滴。

就像班上和系里的许多同学一样，我来自农村，父母都是农民。带着各种各样的憧憬，来到了北师大。和城里长大的同学相比，自己刚进北师大的时候显得没有自信，但有耐心和恒心。在北师大第 1 学期的我，虽然是团支部书记，但是把主要的精力放在学习上。用现在网络的语言，可以用学霸来形容自己。第 1 学期数学分析的期中考试成绩就奠定了我的学霸地位，慢慢地变得有信心，也具有勇气挑战一些新的事情。大一下学期的时候和大三学长徐珂文同学一起创建奥林匹克数学（OM）学社。在大二的寒假没有回家，自修了微分几何。大二下学期我的微分几何以 93 分的成绩免修通过。在大学期间，我们班的同学都很自律。同学之间互相关心，互相爱护，同学和老师的关系也很融洽。虽然学数学是比较苦和枯燥的，但是生活很有规律，也是很快乐。大学期间培养出来的耐心（patience），信心（confidence），自律（discipline），敢于面对困难的勇气（courage）以及乐于助人（compassion）的性格成为日后成功的基石。

前一段时间，李小文院士逝世的时候，有多少人把他比作扫地僧而仰慕。北师大数学科学学院有不少像李小文这样功力深厚，但又极为俭朴和低调的老师。他们全身心地战斗在教学的第一线。一年又一年地把自己全部的时间和精力投入到教学中。正是他们勤勤恳恳的教书育人，才使得北师大数学系的学子毕业时有一个坚实的数学基础，使得北师大校友日后能够创造自己的辉煌。在此，我想借这个机会向北师大数学科学学院的老师们道声深深的感谢。最后我要感谢李仲来老师的邀请撰写此文。

李润泽，美国宾州州立大学统计系冠名讲座教授，南开大学长江学者奖励计划讲座教授，2013～2015 年《The Annals of Statistics》主编。

# 在王梓坤先生指导下学习和工作

李增沪（1987 级硕士生，1990 级博士生）

我在上大学本科的时候，就从任课老师那里听说过北师大几位数学前辈的一些故事。上大二时学习概率论，觉得这门课很有趣，也比较愿意学。当时，曾经向概率论老师咨询概率论方面的专家的情况，老师提到的名字包括王梓坤、严士健等，我当时就记住了这些名字。参加工作后，对北师大概率论方面的几位学者有了更多的了解，包括王先生调到北师大的情况，所以 1987 年报考研究生时，很自然地选择了北师大的概率论与数理统计专业，入学的时候被分配到由王梓坤和李占柄两位先生领导的研究方向。

我读硕士的前两年，王先生做校长，工作特别忙。他时间抓得非常紧，每天早晨 6 点多去办公室做专业方面的事，7 点多回家吃饭，8 点上班后处理行政事务。除有特殊情况，他都会参加我们每周一次的讨论班。那时候我们方向的研究生人数不太多，对于讨论班上讨论的内容，如报告什么书或什么文章，王先生都给予很多具体的指导。我从研究生的第 2 学期开始参加讨论班，报告过一本马尔可夫随机场方面的专著。因为当时刚刚开始读研究生，在讨论班上讲东西肯定有很多问题。王先生特别注重鼓励我们，很少批评人，即使批评也很委婉。我讲完后，王先生说：讲得很不错啊。对于王先生的学术地位，我当时已经很了解，得到他的表扬，特别受鼓舞，学习更有劲头了。

我在硕士第 1 年结束的时候，刚好赶上 1988～1989 学年南开大学数学研究所组织的概率统计年，对我来说这是件很幸运的事情。王先生是从南开大学过来的，自然和南开大学有很深厚的联系。在那个概率统计年开始之前，王先生拿给我两篇论文，是美国科学院院士邓肯（E. B. Dynkin）的文章。王先生跟我说，概率统计年期间会有很多专家在南开大学讲学，其中就有这两篇论文的作者邓肯，可以先看看这两篇文章。邓肯去美国前是莫斯科大学的教授，也是王先生在莫斯科大学读研究生时的老师之一，也是他博士论文答辩时的主席。所以王先生和邓肯很多年以前就认识。那两篇论文是关于测度值分枝过程的。测度值分枝过程也称为超过程，是当时马氏过程中一个很新的研究领域，1988 年前后在国际上开始升温，所以我们那时进入这个领域算是很早的。拿到那两篇文章之后我就开始读，还在讨论班上报告过两次。后来邓肯来讲学，他 1988 年 12 月份到 1989 年 1 月份在南开大学待了一个月，作了 8 次演讲，每次讲 2 个小时。中间到北京来过几天，在北师大和中科院各作一次演讲。在南开大学和北师大的演讲都是关于测度值过程的，在中科院讲的是关于马氏随机场的。从他的报告之后，我们才真正进入测度值过程这个领域。经过慢慢发展，国内做这领域的人比较多了。邓肯的讲座，对于国内在这个研究领域的起步有非常大的作用。

在邓肯讲学期间，我向他请教很多。他在北京的几天，我陪他去过很多地方，有故宫、颐和园、北海、雍和宫等。我们从天津坐火车到北京的时候，不知道他想起了什么，对我说：我给你建议个问题，就是超过程分枝机制的积分表示问题。分枝机制是超过程的一个比较基本的属性。最终我把问题做出来大约用了 9 个月的时间。对于邓肯那个问题的解答是我硕士论文的主要内容。邓肯讲学以后的好几年，我们之间一直保持联系，他给我寄过自己的很多手稿。这是我科研工作的起点，在很大程度上得益于王先生的建议和与邓肯的接触。

王先生自己涉猎的学科很广，但他也非常强调专精的重要性。他经常说：你可以不知道别人都知道的事情，但必须知道一件别人都不知道的事情，这样你就是这方面最好的专家，任何人要想了解这方面的问题，他就必须来找你。我理解他的意思也就是，做科研首先要专心致志地成为某个方向的专家，对这个方向理解得非常深入，然后在逐步扩展研究领域。王先生在治学方面的确有非常深刻的见解。我在做研究生时，王先生几次对我说：做超过程方向，要坚持下去，要超过邓肯。当时我不太理解，我想自己怎么能超过邓肯呢？邓肯原来是莫斯科大学的教授，后来成为美国科学院院士，他不光在概率论方面，在代数方面也有很重要的成就。我很早就听代数方向的同学说过，他们几乎每天都要提到“邓肯图”，那是代数中非常有用的工具。我陪同邓肯在北京游览的时候，也跟他聊起过“邓肯图”。他还给我讲了他的故事，给我的印象特别深刻。我当时对邓肯说：我的同学经常提到你的“Dynkin Diagram”。他告诉我说，这是他在莫斯科大学读书时的成果，但不是他的第 1 篇论文，是他的第 2 篇论文。我问：那你的第 1 篇论文做的是什么？他说是用多项式逼近连续函数，是他在大学本科的时候做出来的。他说他做出来之后，才听说这个结果早被魏尔斯特拉斯（Weierstrass）证明过了，开始时还挺受打击，后来想想觉得自己能和魏尔斯特拉斯这样伟大的数学家独立地证明同一个定理，说明自己是有数学天分的。邓肯是这么有天分、有成就的学者，王先生却要我超过他！后来我理解了，王先生只是鼓励我做研究要注意学术水准。在那之后，我读了一篇关于怎样做科研的文章，作者就提到，年轻的学生做学问的时候，要有比较高的品位，要跟高水平的学者比，不要跟低水平的人比，否则就容易自满。跟高水平的人比，也不要没有信心，虽然那些大人物能力强，知识面广，但他们关心的问题往往比较多，而花在某个问题上的时间可能比较少。另外，有名望的学者可能有很多工作，比如组织管理、学术兼职、刊物的编委等。年轻人不存在这样的问题，你时间比他们多，思想活跃，经历充沛。另外，你可以集中到一点上，只要你坚持足够长时间，你完全能够在某个专题上超越那些大权威。我把王先生的话与文章中的观点一对照，发现王先生讲的还是有道理的，只要坚持做足够长的时间，是可以超过某个非常有名望的人的。

在我硕士三年级的时候，王先生鼓励我继续攻读博士。当时我家在石家庄，孩子刚出生不久，确实有一些困难，曾经有过犹豫。王先生说，应该继续读下去，放弃的话是比较可惜的。在这点上我听了王先生的话，我觉得这是正确的。

我读博士以后，考虑到我的研究属于他不很熟悉的领域，王先生就考虑找机会送我出国学习。后来有了这个机会，就是与日本联合培养。当时我国教育部与日本文部省有个交换留学生的项目，每年我国选送 80 名留学生公派去日本，其中 40 人属于联合培养博士生。我被选上了，1992 年 10 月初去日本。我留学的学校是东京工业大学（Tokyo Institute of Technology），导师是志贺德造（Tokuzo Shiga）教授。我在那里学习了两年，按计划完成了博士论文，1994 年 10 月底回到了北师大。因为要参加在东京召开的一个学术会议，比预定的回国时间推迟了将近一个月。

回国之前，我在信中和王先生谈过自己的一些想法，主要是说想做一期博士后，因为在博士后期间不用教书，可以专心多做两年的研究。我在日本做的也是测度值过程方面的研究，对这个领域还是比较有兴趣的，我想把之前的工作更加系统化，再做些新的东西出来，从科研上有进一步的提高，然后再考虑工作。知道了我的想法后，王先生就在国内帮我联系，联系的单位包括北京大学、南开大学、中科院应用数学所。其实王先生当时也在考虑让我留在北师大做博士后，这是后来我才知道的。开始还有点障碍，因为按一般情况不能在本单位做博士后。但是我的博士论文实际上是在日本做的，当时是作为特殊情况处理的。事情办妥之后，王先生写信告诉了我。王先生考虑得很周到，也很细致。一方面，他是乐意帮助学生，给我联系了多个单位。另一方面，他还考虑到，我对北师大的环境比较熟悉，回来到这里能够尽快开始工作。我自然地接受了王先生的安排，1994 年 10 月底回到北师大，11 月份答辩，12 月份开始做博士后，1996 年 9 月完成出站留下来。回想起来，我在事业上几个关键时刻的决定，都有王先生的影响。

王先生在生活上，对我们这些年轻人也非常关心。我做博士后的那段时间，他在汕头大学兼职。因为当时我的收入比较低，他就让他夫人每个月往我的信箱里放 100 元钱。那时候 100 元钱不是很小的数字，对我的生活有不小的帮助。

王先生在做学问方面严谨而谦和，这也是很多做学问的人共同的特点。在讨论班上，王先生经常讲自己读过的东西，每次讲的时候，都有写得非常认真的讲稿。王先生经常告诫学生，要把讲的东西过下笔，写下来会促使你认真地思考和领会。有些新学生，在讨论班上报告的时候，拿本书上来，直接照着书讲，结果很快就卡住了，挂了黑板下不来。其实不只是王先生，其他先生也经常指出这种问题。王先生说话很客气，总是非常耐心，他觉得对待同学应该多鼓励。

王先生对学生也非常宽容，从不过分地干涉学生自主的选择研究方向。他鼓励学生们向广阔的领域发展，在科研上去尝试不同的研究方向。他培养的学生，不光是做教学科研工作的，有些在从事其他方面的工作，如在银行、公司等。这可能跟王先生的兴趣广泛有关，他思路开阔，关注社会责任、教育事业、科学普及等方面的问题，不像大部分数学家，兴趣比较专一。王先生涉猎的领域比较多，包括历史、文学、科普等。他的文章有些还进入了中学和大学语文教材。

王先生对教书育人非常重视，也投入了很多的时间和精力。有一次他得了重感冒，学生请他去作励志方面的报告，连续讲了两个小时，结果把嗓子累坏了。在那之后，他的嗓子一直不好，经常发作，持续了好多年。还有一次，有人请他去外地参加活动，坐大轿子车，路上好几个小时，之后他的颈椎就不好了，也是用了很长时间才恢复。王先生不太会拒绝人，只要自己能够坚持的事情，他都不会拒绝，但有时候实际上已经超出了他的承受能力。这表现了先生对事业的执着和自我牺牲精神。

李增沪，北京师范大学数学科学学院院长，教授，
教育部长江学者奖励计划特聘教授

# 北京师范大学数学科学学院——温暖的家

王凤雨（1987级硕士生，1990级博士生）

我一直庆幸能够来到北京师范大学学习，并成为数学科学学院这个温暖大家庭中的一员。自1987年9月来到北师大起，我就深深地扎根这里。值此百年院庆之际，谨以短文略抒感恩依恋之情。

## 一、缘起安师大

我于1987年9月经安徽师范大学数学系推荐来到北师大攻读“无穷质点马氏过程”方向的研究生。在本科期间，我就经常听老师们提到肖杰、李旺来、吴明友、周先银等学长的名字，他们先后在北师大研究生毕业并留校工作。那时许多同学的阶段性奋斗目标就是要成为他们中的一员。没想他们都先后离开了北师大，还有一年前调到清华大学的邓邦明，使得曾经“雄霸”北师大数学系的“安徽帮”只剩下我一人了。

记得在1986年10月间，严士健先生应邀在安徽师范大学做了一场关于如何学习数学的讲座。当时教授我们概率论的丁万鼎老师（后来任安徽师范大学校长、党委书记）曾跟随严先生进修概率论，所以在听讲座前我们就已对先生仰慕很久了。在那个讲座中我首次听到了华罗庚先生关于“先把书从薄读到厚，再从厚读到薄”的名言。严先生从讲解这句话的要旨展开，介绍了许多学习心得。在后来的学习历程中，我常以这句名言为准绳，力争透过所学内容的书面形式提炼出其思想本质，形成自己的理解。严先生在做完讲座后就去安徽潜山参加“第2届全国概率统计会议”。丁老师让我和祝东进（当时丁老师和严先生联合培养的研究生）一起到潜山做会务工作，记得当时做会务的还有郑君里（北师大）、吴耀华（中国科大）等人。会议期间丁老师把我介绍给严先生。严先生问我能不能听懂一点，我讲了一些刚听来的马氏链的常返性、暂留性等概念，先生似乎很满意。那时我便已经预感到严先生会接受我来年到北师大读研究生。

## 二、艰辛求学

我是怀着激动的心情、带着对未来的无限憧憬来到北师大的。意想不到的是，我还没来得及适应新的环境，就经受了一次严厉的敲打。刘秀芳老师把我们4个新生叫到家里（那时老师们还没有自己的办公室），说严先生要和我们聊聊。一起去的其他3位都是从北师大本科毕业的，也都比我年长。严先生态度和蔼，逐个问了每个人的情况，而当得知我在本科期间没学测度论时却突然生气了，质问我为什么不学。当时我既惶恐又委屈，小心辩解说安师大还没开设这门课。严先生听后语气稍缓，说学习要积极主动，没开设的重要课程要知道去自学。然后布置我自学他和王隽骧、刘秀芳老师一起编写的那本厚厚的《概率论基础》，还指定刚刚硕士毕业留校的冯水老师做辅导，期末时要对我进行单独考试。冯老师当时和我们住同一栋楼，有时在楼道见到时会询问我的学习情况。我一直争取自己去领悟这门课的精髓，没有主动去问过他问题。开始自学时是非常痛苦的，一上来就被各种“集类”弄得晕头转向。而当完整地经历了“先把书从薄读到厚，再从厚读到薄”的过程、对整体内容形成了自己的理解之后，却产生了莫名的幸福感，这种感觉是很难从课堂中得到的。工作后我常为研究生讲授《概率论基础》，讲课时我不看教材，行云流水般地把所授内容呈现在黑板上。因为我感到所讲的就是我自己的东西，可以信手拈来、随意展开。可以说我到北师大的第1课是严先生上的，这一课使我受益终生。

一年后进入论文选题阶段。也许幸运真的青睐有准备的人，陈木法老师选中我跟他一起研究流形上的扩散过程。早在安徽师范大学，我就听说过陈老师的传奇故事，读书跳级、晋职破格，越过副教授直接由讲师升为教授。当时陈老师去英国访问回来不久，在那里他接触到 D. Elworthy 和 W. S. Kendall 等从事随机微分几何研究的学者，感到这是一个很好的交叉研究方向。他带回了 Elworthy 关于随机微分几何的讲义，以及 Kendall 关于流形上 Brown 运动耦合的几篇论文，希望找个几何基础好的学生研读。我后来得知他询问过教我们微分几何的刘继志老师，刘老师推荐了我。

当得知陈老师要向我布置具体的研究任务时，我非常兴奋，以为很快就可以到某个研究前沿去奋力拼杀了。没想到陈老师交给我的不是那些前沿论文，而是另一本厚厚的教材，是 Ikeda 和 Watanabe 的《Stochastic Differential Equations and Diffusion Processes》。后来我知道这是众多随机微分方程教材中最有分量的一本，一直从随机分析基础讲到流形上的扩散过程，而我要想进入随机微分几何的前沿就必须先读懂整本书的内容。又一场煎熬开始了，这次没有辅导老师，也不可能找他人讨论，因为要学的东西完全不同于北师大概率论群体当时的研究领域。好在有了之前的自学经验，我很快进入了状态，不到一学期就基本掌握了随机微分方程的基础理论方法，理解了通过解局部坐标下的 Itô 随机微分方程来构造 Riemann 流形上 Brown 运动的基本思想。接着开始研读 D. Elworthy 的讲义和 W. S. Kendall 的论文，学会了使用整体向量场所对应的 Strotonovich 随机微分方程和使用水平提升的方法来构造 Brown 运动。前者的思想是先将 Riemann 流形嵌入到高维欧式空间再将高维欧式空间上的 Brown 运动投影到流形上；后者是直接在流形的标架丛上解 Strotonovich 随机微分方程（即水平 Brown 运动），并将其投影到流形上。后一种构造方法是内在的，可以将 Brown 运动的性质直接和曲率等几何量联系起来，这种内在的思想也是我在未来的研究工作中经常使用的。在研读这些论著时我并没有具体的研究问题，只是设想将陈老师关于跳过程和粒子系统的有关结果推广到 Riemann 流形上。于是首先试着考虑了流形上扩散过程不变概率测度的存在唯一性和遍历性，这便是我硕士论文的基本内容。这些内容还处在模仿阶段，并没有自己的学术思想。

进入博士阶段后我开始研究流形上扩散过程的耦合与应用。陈老师让我研读 M. Cranton 的一篇关于使用耦合方法研究流形上梯度估计的文章。我通过改进他的一些计算和论证，获得了 Riemann 流形上热半群显式的梯度估计。多年后我去美国访问过 Cranston，还和他合作在《The Annals of Probability》上发表过文章。当我在讨论班上报告有关梯度估计的工作时，陈老师敏锐地指出该方法可以用来刻画更多的几何问题，建议我读丘成桐、孙理察的《微分几何》专著。果然，我们很快便找到了使用耦合研究 Riemann 流形上的特征值估计的方法，形成了“构造耦合、选择参考距离、寻找试验函类”的基本步骤，后来被陈老师总结为耦合方法的“三部曲”。这项研究是一个非常重要的起点，在之后的许多年中我使用扩散过程及其耦合刻画流形上的各种边值问题，研究流形上的 Loiuville 性质、Riesz 变换，建立无穷维 Harnack 不等式、导数公式，研究热核估计，并发展新的变测度耦合研究随机偏微分方程等，所形成的系统理论被分别总结在 2005 年、2013 年和 2014 年出版的 3 本专著中。

## 三、工作历程

我于 1992 年底通过博士论文答辩，1993 年 3 月入职北师大数学系成为一名青年教师。从那时起，我一直在老师、领导和同事们的呵护照顾下成长。按照要求，刚参加工作我便承担了 1993 级统计专业（当时叫概率班）本科生的班主任工作，年级辅导员是岳昌庆老师。他从北师大数学系毕业后先到北京师范大学燕化附属中学工作，当时刚调入北师大。岳老师为人热情，对工作非常投入。印象中我作为班主任做的唯一的事情就是组织选举出班委会，之后的工作基本上由班长和岳老师直接沟通，我很少过问。虽然我做班主任不称职，但我和岳老师却成了朋友。也许系领导也觉得我这个班主任纯属多余，这个职务在一学期后就被终止了。当然，除了我不称职外，另一个原因是我那时正独自一人主讲全年级的“数学分析”。让一个刚工作的年轻人独自挑这么重的担子有些匪夷所思。刚开始系里安排邝荣雨老师带着我一起讲授这门课，他负责基础数学班，我负责另外两个班。可是不久邝老师就因病住院了，只能由我独立完成全年级的主讲工作，压力是巨大的。但经此磨炼，以后讲其他课时就轻松了许多。后来我还教过“概率论与数理统计”和“测度论”，直到 1996 年 5 月去英国 Warwick 大学访问。从那时起，我每年都不定期的去国外工作，与许多国外同行有过合作，有些年待在国外的时间比在国内还多。这些合作对于拓宽研究领域、提升国际影响非常重要，但同时我不得不减少在学校的教学工作量，这些得到了领导和同事们的长期谅解和支持。参加工作以来，许多前辈和同事给予了我无私的帮助，他们的关怀、鼓励乃至善意的敲打都是我宝贵的财富，是他们让我感受到这个大家庭的温暖。

## 四、寄语未来

时光荏苒，我已经从一个需要呵护的青年教师变成一名“老同志”了。虽然我对于科研一如既往的热衷，但扪心自问，作为“老同志”对学院的发展是否尽力了？坦率地说，对于这个问题我是有愧疚感的。也许是兴趣原因，抑或是能力所限，我对于社会工作投入很少，更别提热衷了。即便是在担任副院长兼数学与数学教育研究所所长的 3 年间，也是务虚多于务实，黄海洋老师帮我分担了许多工作。但我想，只要我们每个人都能竭尽所能做好本职工作，就是对学院发展最好的支持。我衷心祝愿北师大数学科学学院越办越好，让我们共同努力，在未来的院史上写下一段精彩的篇章！

王凤雨，北京师范大学数学科学学院教授，
教育部长江学者奖励计划特聘教授

# 我在北师大的学习与生活

## ——纪念北师大数学学科创建百年

彭联刚（1988级博士生）

我于1988年9月进入北师大做博士生，师从导师刘绍学教授学习代数表示论。

北师大是我向往的地方。早在读大学时就非常敬仰北师大，当时在我们同学中有一种说法，北师大是专门培养大学教师的高校，大家都很仰慕。我们当时“近世代数”课程教材使用的是北师大张禾瑞先生编著的，更加深了我们对北师大的崇敬。后来我在云南大学读研究生，在导师王俊民教授指导下学习代数。快毕业时，王俊民老师请到北师大吴品三先生来给我们讲环论。我正是在吴先生讲课内容的基础之上，将其交换环的结果推广到双环的情形而完成了硕士学位论文。可见，北师大吴品三先生也是我实际的导师之一。之后我留在云大工作，期间王俊民老师承办了一个全国根论会议，请到了刘绍学教授和吴品三教授来参加会议。我做具体接待工作有幸结识了德高望重的刘先生。我向他提出想考他的博士生的愿望，庆幸得到他的同意，这才使我最终能跨入北师大学习，完成了一桩夙愿。

进入北师大的头一个月里，刘先生让我们先看一下微分算子代数方面的书，要我们自己确定是学代数表示论还是学微分算子代数。代数表示论已是北师大的一个特色方向。之前中国的代数研究内容有很大一部分是经典的环论，特别是根论，与国际前沿差距很大。这实际上也是当时中国学术界和科技界的普遍现象，“文化大革命”后不久，百废待兴。刘先生等老一辈代数学家深感这种差距，千方百计为中国的代数研究寻求出路。经过多方打听，刘先生了解到代数表示论是国际上代数的一个较新且极具发展潜力的方向，并着手带领学生开始学习。之后有次在欧洲参加学术会议，刘先生辗转联系上了代数表示论的创始人之一的 Claus Michael Ringel 教授并到德国比勒菲尔德与之相见，请他帮助指导建立中国代数表示论队伍。在我进校之时，北师大的代数表示论已毕业了多位博士生，有郭晋云、肖杰、唐爱萍，而张英伯则在德国比勒菲尔德 Ringel 教授处做联合培养博士生。他们已进入代数表示论的前沿并做出了很好的工作。与我同届的刘先生的博士生有章璞和邓邦明。邓邦明是刘先生的硕士，学的是代数表示论，博士生阶段自然是继续这个方向。章璞和我最后还是确定学习代数表示论，我们主要是认为代数表示论在北师大已有了很好的基础，并有很好的国际关系，加之师兄肖杰也已留校工作，我们可以得到很好的指导与帮助，可以形成团队。微分算子代数是一个很新的方向，刘先生是希望中国有人能够进入，但我们当时的勇气不够未敢涉猎。之后我们就全力以赴地投入到了代数表示论的学习。刘先生的指导和督促，师兄肖杰对学习内容的规划，特别是我们共同以讨论班的形式学习了当时国际代数表示论研究前沿热门的倾斜理论和导出范畴，使我们进步很快。第2年林亚南也正式投到刘先生门下攻读博士学位，他之前曾到北师大进修，学过代数表示论，他的加入使我们又增添了一位新生力量。

我们在北师大的学习是非常愉快的。大家对学习代数表示论的热情很高，除了固定的讨论班系统学习基础或前沿之外，肖杰每周至少有两个晚上到我们宿舍来与我们聊数学，向我们介绍国际上活跃的学者，谈自己对数学的理解与展望以及对代数表示论内容的体会，甚至也与我们讨论代数表示论的细节，对我们帮助甚大，使我们很快进入了代数表示论的前沿，我也很快与他有了实质性的合作并做出了几个很好的工作。

我们在北师大的生活也是非常愉快的。刘先生与师母对我们关爱有加，情同父母。记得有一次到刘先生家吃饺子，刘先生亲自拌馅，味道非常鲜美。我毕业前联系到四川大学工作，刘先生亲自给当时是川大副校长的刘应明教授写信推荐。后来川大来人考察我，在系上找到刘先生。刘先生在介绍了我的情况之后，还从数学系跑到我们宿舍，爬上 7 楼，气喘吁吁让我去见川大的老师，我深为感动。我们师兄弟之间的关系也非常好，谊如兄弟。那时我们常常一起聚餐，自己做，几乎一月一次。有时在肖杰家，师嫂寇彧烧菜；有时在我们宿舍里，林亚南掌勺，我打下手，邓邦明贡献煤油炉子，其乐融融。

我们把这种学习与生活的乐趣后来也带到了德国比勒菲尔德。在刘先生和 Ringel 教授协商安排之下，我们几乎所有的师兄弟都到过比勒菲尔德。郭晋云、我、章璞、邓邦明陆续去做洪堡学者，林亚南和朱彬以及后来我们的一些学生辈先后在 Ringel 教授处做联合培养博士生，肖杰则以更高的 FSB（德国特殊研究领域）特聘专家待遇去访问，刘先生也去访问过多次。我们大家在比勒菲尔德的交集甚多，常一起学习，也常聚会，非常愉快。有一次 Ringel 教授在比勒菲尔德举办代数表示论国际会议，刘先生和师母都去了，我们师兄弟以及我们的一些学生辈一下子去了 20 多人。一天晚上我们还借了一个大厅聚餐，热闹非凡。

刘先生的人格魅力强大，具有传统中国学者的儒雅和风度，道德情操高尚，与之接触和交往过的中外人士无不对他敬重有加。刘先生对我们学生的影响更大，是我们为人处世的楷模。北师大数学的师资队伍和学科建设一直保持优势发展，也是我们国内代数表示论的大本营，我为母校北师大深感骄傲。

彭联刚，四川大学数学学院院长，教授，
国家杰出青年科学基金获得者

# 在数学教师的最高殿堂里成长

## ——从乡村教师到教材主编

章建跃（1988级硕士生）

从我的名字就可看出我出生在“大跃进”年代。那个时候很穷，常常吃不饱饭，但人们满怀理想，对未来充满信心，因此热情高、干劲足。我们村里有一个小学，与我家只有几十步之遥，同村的、附近村的小伙伴们都到这里来上学。不到上学年龄时，我就跟着哥哥姐姐们去学校，不能进教室，就在门口席地而坐听老师讲课。老师心灵手巧，自制教具，特别是在“故事会”上自制幻灯片，一边讲述“雷锋的故事”“刘文学的故事”……一边放映幻灯片，有趣极了。那时，我不仅非常佩服老师，而且想当老师。实际上，在“工人阶级领导一切”的年代里，务农不仅收入微薄而且地位低下，因此“跳出农门”是农家子弟的最高理想，而当老师也就成了我最初树立的人生目标。

高中毕业后，真的有机会到公社中学去当代课教师了。1977年，高考恢复了，我参加了高考并取得了好成绩。填报志愿时，没有丝毫犹豫，从头到尾都是“师范”。因为录取政策的限制，尽管考试成绩突出，但最终只能上浙江师范学院金华分校，而且是几经周折。不过终究是从民办教师变成了公办教师，算是实现了人生第一个目标，所以内心充满喜悦。两年专科毕业后，我被分配到离家一百多里地的乡镇中学担任高中数学教师。我工作得非常投入，学生们很喜欢我的课。

因为从小喜欢读书，培养了良好的自学习惯，同时也为了排遣单调的业余时间，我开始自学《泛函分析》《抽象代数》《点集拓扑》……看了商务印书馆的《汉译世界学术名著丛书》中的许多书，同时自费订阅数学教育类杂志，并模仿着撰写教学论文给杂志投稿。《数学通报》给我的影响很大，从杂志上看到钟善基、丁尔陞、曹才翰、孙瑞清等先生的文章，真有醍醐灌顶、茅塞顿开的感觉。“数学教学还有这么多道理可讲!”“数学教师原来应该这么当!”“我也能讲出这些道理来就好了!”这就是当时的想法。于是，“考研究生，投到先生们的门下去”就成了新的理想。

谈何容易！虽然3门数学专业课不在话下，政治考试也能应付自如，但从小学到大学没有正经学过外语，所以要通过入学考试困难重重。不过，凭着坚韧的毅力和较强的自学能力，跟着电视播放的电大英语课程学习英语，还有从我夫人（那时她在北师大上本科）那里得来的备考资料，英语我考了59分！真的如愿以偿！作为一名在偏远农村中学教了10年书的数学教师，能够登堂入室，走进我国中学数学教育研究的最权威机构、学术圣地，能够拜在先生们的门下，在北京师范大学数学系数学教育学术权威们的教导下学习、研究中学数学教育问题，太幸运了！

当时，钟先生、丁先生、曹先生、孙先生组成导师组，分别给我们开设数学教学论、数学教育心理学、数学课程论、数学教育评价、基础数学研究等课程，使我们能够接触到国际、国内最先进的数学教育理论，并开始起步思考、研究数学教育中的许多问题。这样的导师队伍结构非常合理，他们分别都有自己的专长，而且水平一流，同时他们又分工合作，形成指导研究生的学术合力。可以毫不夸张地说，这个群体在国内是绝对的权威，在国际上也是一流的。在先生们的悉心指导下，我很快地进入了数学教育研究领域。同时，我那 10 年中学数学教学经历也充分显示出优势来，在数学教育研究中较快地有所心得，取得研究成果。对一位有志于数学教育研究的中学数学教师，能够到北师大数学系学习，在学术权威们指导下开展数学教育研究，这样的机会可遇而不可求。

研究生毕业后，我有幸留校在研究生院工作，并且给系里讲授教学论专业课，而学术研究方面仍然得到导师们的提携。在先生们的帮助下，我不仅发表了许多论文，与曹先生合著了《数学教育心理学》等，而且还被推荐为《数学通报》编委，担任全国高师数学教育研究会秘书长。1996 年我报考了林崇德教授的博士研究生，林先生邀曹先生作为共同导师，使我有机会再一次拜在曹先生门下。耳提面命，在林先生和曹先生的悉心培养下，我于 1999 年 5 月如期进行了博士论文答辩，而钟先生、丁先生他们又成为我的博士论文评审人和答辩委员会成员。真是师生之情源远流长，师恩难忘！

2000 年 8 月，正值新世纪课程改革风起云涌之时，我被调入我国中小学教材编写的权威机构人民教育出版社，担任中学数学编辑室主任，并主持初、高中数学教材的研究与编写工作。虽然人到了人教社，但母校情结不断，与数学系的联系始终紧密。在我担任中数室主任期间，与数学系合作、依赖数学系做了许多事情。例如，出版了傅种孙、钟善基、丁尔陞、曹才翰、孙瑞清、王敬赓、王申怀、钱珮玲先生的《数学教育文选》，并在第 1 批文选出版之时与数学科学学院联合召开了文选首发式暨数学教育研讨会；把我与曹先生合著的《数学教育心理学》纳入北师大数学科学学院数学教育主干课程系列教材，出版了第 2，3 版；对曹先生 1990 年出版的《中学数学教学概论》教材进行修订，这是一本在中国数学教育界有着重要影响的教材，出版后一直被许多高校的数学教育专业作为教科书，同时也是广大中学数学教师的重要参考书，钟先生对这本教材的修订寄予厚望，我也倾尽全力，修订工作得到了院领导的肯定；后来我又撰写了《中学数学课程论》，在北师大数学科学学院数学教育主干课程教材建设中，我撰写、修订了 3 本教材，为数学科学学院的教材建设做出了贡献，这使我感到非常自豪！另外，特别重要的是，我们依托数学科学学院编写“人教 A 版”高中数学课标教材，聘请刘绍学先生担任主编，钱珮玲先生和我一起担任副主编，学院里许多老师都参与了这套教材的编写工作，有的是分册主编，有的是教材作者。我想，作为我国师范教育的领头羊，在中学数学教育改革中应该有自己的贡献，这是一种责任，而教材编写是最重要的工作之一。全国多数高中学生都在使用“人教 A 版”教材，通过这套教材，北师大数学科学学院在实实在在地影响着我国中学数学教育。

在北师大数学学科创建 100 年之际，对自己与北师大数学系的渊源进行回顾，给我带来的是学业有成、事业发展的成功喜悦，由此而更激发出对北师大数学系的无限热爱、感激之情。

愿母校数学科学学院百尺竿头更进一步，为国家培养出更多杰出数学人才，带领我国数学教育走向一个又一个的辉煌。

章建跃，人民教育出版社编审

# 我在北师大数科院的点滴生活

杨大春（1989级博士生）

李仲来老师一再要我写一篇文章庆祝北师大数科院100周年华诞。推托了许多次，但李老师一再坚持，实在拗不过来，只好硬着头皮，拿起笔，写下如下的文字。

先说说不愿意写的些许理由。说真的，我从1989年6月初来北师大考博士，一踏进北师大的校园（记得那天是雨后天晴）就喜欢上这儿了。从那以后，至今在北师大已有快25年了，这几乎是我人生中最为宝贵的时光了。这25年光阴里所经历的生活的点点滴滴及由此产生的爱恨情仇的江湖故事怎能用几行文字记载得了。那么，如何取舍呢？这是其一。再加之，虽然本人还没有老到七老八十、两眼昏花，但真的记不清过去故事的许多细节了，包括时间、地点等，这样写出来的文字又有谁会去读呢。

不管怎么说，李仲来老师盛情难却。只好硬着头皮记下几件在北师大我所经历的生活点滴，以表达我对北师大数科院的感激之情。

记得大概是在北师大数科院读博士的第2年，大约是1990年秋天时节，那时出国进修很不容易。当时，我们方向有一个出国名额，陆善镇老师当时在我这届有两个学生。出于很多考虑，陆老师选了另一个同学出国深造，而让我继续留在国内跟随他读博士。听到这消息时，好像是某个上午但临近中午，下午刚好有讨论班，当时真的好失望。下午讨论班时下起了小雨，我一个人冒着雨在去讨论班的半途中决定不去了，徘徊在旧主楼前，任雨水冲洗我内心中的忧伤和怨气。陆老师当时好着急，派了好几个师兄来找我，晚上还特意打电话给我，语重心长地告诉我，之所以留下我，正是看好我各方面的能力和数学才能。不知道，我今天的表现有没有让陆老师对当时的决定感到失望。陆老师不仅对学生，对所有人总是那么宽容、包涵。

1992年3月我博士毕业了，4月份开始留校工作。由于当时留校这事一直没有定下，再加上陆老师去西班牙了，留校后没有能及时地安排我的教学工作，于是替刘继志老师上了几次微分几何课。那时真年轻，什么都敢干。刘继志老师为此事后来不断地夸我。1992年留校后，觉得自己该结婚了，陆老师还帮我介绍了好几个对象。后来和我现在的夫人小滕结婚了，记得当时去系办开结婚证明，因小滕当时在过去叫廊坊师专，现在叫廊坊师范学院的地方工作，史志刚老师还问我，可一定要想清楚了，女方户口不在北京，将来别后悔。可现实是，小滕现在挺后悔的，否则她现在在大学工作，也不至于像现在在中学这么辛苦。每次小滕伤心时，总会说起这个，这当然是后话了。当时，和小滕结婚后，面临的第1个问题是如何解决她的工作问题，这可费了好大的劲。为此，刘继志老师还帮我找了他北师大二附中的同学及许多人（包括当时的党委书记），最后小滕去了173中学。

话说到了1994年我去美国访问，1995年夏天回国了。当时，陆老师正任北师大校长。陆老师亲自去首都机场把我接回来，回国的那天也下着雨。这当时让我好感动，北师大校长亲自来机场接我，我又不是什么大人物。后来，陆老师接受《焦点访谈》访问，其中谈到他的学生很用功，说某个学生，条件很艰苦，他去找那个学生的时候，经常见他光着膀子在楼道做科研。很多师兄弟都说陆老师说的就是我，但我本人从未找陆老师确定此事，留点念想吧。

我真的对陆老师充满了感激之情，没有陆老师，没有北师大数科院这个平台，真的没有我的今天。1996 年 11 月 12 日，我有了我的女儿。我通过我女儿的名字，用了一种非常特别的方式表达了我对陆老师的衷心感谢。至于怎么特别，这就是个小秘密了。

时间飞快，生活在不断继续。2003 年申请杰青失败，当时心情沮丧到了极点。那时我在数科院的办公室在教 8 楼。记得一次去洗手间出来，刚好碰上了陈木法老师去洗水杯，陈老师把我叫到他的办公室，详细问了我的一些评审情况，除了安慰我，更是告诉我今后应该怎么努力，尤其提到不仅要努力做学问，还要学会把自己“推销”出去。陈老师的这席话让我至今仍受益匪浅。在我心目中，陈老师的学术地位是那么高，用现在的话说，就是“男神”了。当时真的十分感动，鞭策自己要更加努力，不断进步，以便不辜负陈老师这些前辈的殷切期望。

花了 40 多分钟，一口气写下以上文字，真有点停不下来了。还想说两件事。记得我第 1 次对张英伯老师产生深刻印象是听她在院办公室和王迎迎老师聊天时说法国香水其实和中国的花露水差不多，没什么差别。当时，心里想张老师真是好可爱呀，太超脱了。后来，又在某个会议期间见张老师为我评杰青的事和数学界的一些大人物不断“推销”我，让我至今仍铭记在心。让我感动的事又何止以上提到的这几件事，听人说，王梓坤先生为支持我，在李仲来老师不断地请求下，吃着药也坚持去参加会议。说真的，我又不是他们什么人，干吗这样啊，还不是为了北师大数科院，多么宽阔的胸怀呀。数学本是个“江湖”，北师大数科院就是江湖中传说的那个“桃花岛”，而这个“桃花岛”是经过好几代人努力奋斗的结果，我们生活在这个“桃花岛”上的人真的很幸福，大树底下好乘凉。

文章的最后，我不想那么老套，说些祝福和煽情之类的话。但我真的想说，在北师大数科院这个“桃花岛”上生活了 20 几年，虽然我们没有好莱坞大片那样惊天动地的爱恨情仇故事，但作为“江湖”中的一个过客（虽然修炼了 20 多年，很遗憾也未能成为一个侠客），真的还是有许许多多生活的点点滴滴的小故事。这些小小故事，温暖且串起了我的人生，等将来自己老了，走不动了，坐着摇椅，围三五老友，喝几杯小茶，慢慢聊。

北师大数科院，谢谢你带我走进梦想中的数学天堂。

杨大春，北京师范大学数学科学学院教授，
教育部长江学者奖励计划特聘教授

# 北师大 6 年

陈国龙（1990 级硕士生，1995 级博士生）

25 年前，怀着对北师大的敬仰和向往，怀着对知识的渴求和名师的渴望，我报考了北师大，如愿以偿成为名师荟萃的数学科学学院的一名硕士研究生，师从著名数理逻辑学家王世强先生。之后，我又跟随王先生攻读博士学位。硕士加上博士，在北师大这座知识的殿堂里，我度过了 6 年的宝贵时光，这也是我读书生涯中最为难忘的岁月。岁月流金，在老师和领导们的关爱、指导和教诲下，我的专业水平得到了提高、心理得到了磨炼、精神得到了升华，化蛹成蝶般嬗变的兴奋，伴随我度过了一个个美好时光，留下了我人生中最难忘的记忆。

在北师大清幽的学习环境和浓郁的学术氛围中，我的恩师王世强、沈复兴、罗里波等诸先生坚守“经师”和“人师”的统一，传道授业。他们高尚的品格，渊博的学识，谦逊和蔼的态度，一丝不苟的敬业精神以及博爱包容的情怀，都给我留下了深刻的印象，也是我一生中难得的宝贵精神财富。忘不掉王先生在写字不方便的情况下，仍然为我们一笔一画地手写讲义；忘不掉他把自己的科研经费拿出来给学生买书和支付版面费，却用个人的工资来补贴科研经费的不足；忘不掉他把自己宿舍的大部分腾出来给有困难的学生住；忘不掉数学科学学院的老师们，用他们认真、严谨、谦虚、豁达的态度感染着我们，用他们的爱和学识培养了一批又一批优秀学子……“随风潜入夜，润物细无声”，诸位恩师立德树人，以德施教，以自己的模范行为影响和带动着学生，“衣带渐宽终不悔，为伊消得人憔悴”。每当想到这一幕幕往事都使我心潮澎湃，难以平静。

北师大一直有诚信质朴、创新求真的优良传统。诸位先生自由独立的精神，卓尔不群的思想，也深深地影响着我，使我在工作和学习中受益匪浅。恩师王世强先生一身大家风范，满腔赤子情怀，凭借顽强毅力，取得辉煌成就的励志故事也深深地激励着、鞭策着我。6 年的求学生涯，我克服了孩子刚出生、爱人身体不好、经济拮据等困难，努力拼搏，发表了多篇高质量的学术论文，获得了励耘奖学金，并荣获校级优秀共产党员和优秀毕业生等光荣称号，为以后的发展奠定了坚实基础。在此，我衷心感谢母校数学科学学院的培养和教育，衷心感谢恩师的指导和关心。

光阴荏苒，时光流淌。怀揣着心中的梦想，承载着母校的使命，肩负着导师的期望，在离开母校的这些日子里，在教书育人的工作岗位上，我勤奋学习，努力工作，把“学为人师、行为世范”校训作为自己行动的准则，以良好的人品和口碑受到学生、同事的肯定和赞许，先后获得全国“五一劳动奖章”、安徽省先进工作者、安徽省优秀共产党员、安徽省模范教师、安徽省师德先进个人等荣誉称号，荣获省级以上科研奖励 4 项，省级教学成果奖特等奖 2 项、1 等奖 3 项；我也从一名普通教师逐渐成长为一名本科高校的党委书记。这些成绩的取得，都离不开母校的精心培养，离不开恩师的谆谆教导。“感谢您，恩师！感谢您，母校！”这是我们北师大莘莘学子的一片真诚之心、感恩之情。

习近平总书记去年到北师大调研时指出，北师大“‘学为人师，行为世范’的校训十分精练地诠释了师范的意义”。母校是我们人生观、价值观塑造的摇篮，是我们走向社会的铺路石。母校长足的发展是我们的光荣和自豪。值此数学科学学院百年华诞之际，作为一名毕业生，我衷心祝愿这一团结的集体、创新的集体、名师荟萃的集体，发挥自身优势，体现百年风范，践行校训精神，再铸辉煌！衷心祝愿各位辛勤工作，默默奉献的老师们工作顺利，身体安康！衷心祝愿母校明天更美好！

陈国龙，安徽宿州学院党委书记，教授

# 北师大数学 100 年

## ——我的 20 年

惠昌常（1991 级博士后）

冬去春回，夏尽秋始，人易物变，旧貌换新颜。历经数代师生的不懈努力，今天的北京师范大学数学科学学院已经成为一个有百年历史传承的老牌知名学院。值此难得机会，我表示诚挚的祝愿。在这一百年之中，我能有五分之一还多的时间在这里曾经工作过，甚感荣幸。同时，也向给予我热忱帮助和指教的老师、同行、晚辈和各位师生表示深深的感谢。

## 一、回国做博士后

我是 2012 年 5 月正式离开数学科学学院，调往首都师范大学的，之前一直在北京师范大学数学科学学院工作，事实上，为数学科学学院一直工作到 2015 年的 6 月，到我在学院招收的硕、博研究生都毕业；目前还与数学科学学院的刘玉明、胡维副教授等有合作的科研项目。所以我应该算是一个提前“离退”人员吧！

让时间回到 24 年前，那是 1991 年的 6 月，我从德国回来，在北京师范大学数学系博士后流动站做博士后。这个流动站是北师大的第一个博士后流动站。据说，当时建站需要有一个从国外获得博士学位的博士来做博士后，我有幸成为该站的第一个博士后，我的合作导师是国内代数学界著名的刘绍学教授。我非常敬重他，称他为刘先生。说起刘先生，我的德国留学与他有密切关系。1985 年我在陕西师范大学获得去联邦德国公派留学的机会，为了能在德国很好地学习，我要先学德语。1985 年 9 月我到上海的同济大学留德预备部，在外教和中国教师的共同教学下，我花了一年的时间专门学习德语，为在德国的学习和生活做准备。在上海学习期间，我给刘先生写信，告诉他我有机会去德国学习，希望他能推荐在德国学习的一个导师。当时我也只是抱着试试看的心情给刘先生写的信，可是刘先生很快就给我回信了，并建议我去德国 Bielefeld 大学，跟年轻有为的 Claus Michael Ringel 教授学习代数表示论。随后，我就与德国的 Ringel 教授联系，给他写信表示，我想跟他学习代数表示论。Ringel 教授给我回了信并介绍他那里代数小组的情况。就这样，在刘先生的推荐和介绍下，我于 1986 年 7 月成功结束德语学习后，于 9 月开始了在 Ringel 教授指导下为期两年半的博士研究生生活。前两年有公派的奖学金，后面的半年时间我做了半年的助教，主要是用德语上习题课。在博士生期间，于 1988 年 8 月访问了英国的 Liverpool 大学，与两位著名的代数学专家 Sheila Brenner 和 Michal C. R. Butler 讨论与我博士论文有关的问题，也借此机会向他们学习。代数表示论中关于倾斜模的 Brenner-Butler 定理就是这对夫妻的发现。

我于 1989 年 3 月博士毕业，毕业后留该校数学系参加 Ringel 教授的重点项目《代数表示论》的研究工作。在Bielefeld大学数学系工作了2年3个月后，于1991年6月下旬一家三口来到北京，我在北京师范大学数学系做博士后。当时，我回国的一个愿望就是想在北师大建立一支强有力的代数表示论研究团队，因此我没有去挪威做博士后。

## 二、北京的生活

1991年6月下旬的北京，天气较热。当时，朱汝金老师是数学与数学教育研究所的副所长，他从机场把我们接到北师大，先安排在北师大的“进修教师公寓”，实际上就是进修老师的集体宿舍，美其名曰“公寓”，当时是很简陋的，里面是几个架子床，有洗脸盆和两个热水瓶。时任系主任王隽骧教授和书记邝荣雨教授也来“公寓”看望了我们。不管怎样，总算是个“栖身之处”。按当时的博士后管理文件，学校应该给我一个可以生活的一居（或二居）室的住房，那时的博士后政策还是很优待的。事实上，学校给我分了一个在教工22楼一层的一个一居室。那个房子原本是一个教师几年前出国后空置的房间，好几年没人住，你可以想象那是如何的脏乱差，里面也没有任何可用的家具和基本的生活设施，根本就不能住。朱汝金老师让刘先生的几个博士生帮我一起干了两三天才清理干净，然后我把数学系办公用的柜子拉了一个，弄了张床，买了点锅碗瓢勺，离开了公寓，就住进这个一居室，开始了在北师大的生活。

紧接下来的是吃饭问题，那时吃饭还要粮票，学校饭堂有学校印制的饭票。我们刚到北京，人生地不熟，基本的生活工具和粮票也不足，很不方便。刘先生和夫人曹老师、朱老师和夫人蒋老师就给了我们一些饭票和生活用品；加上自己买的生活用具，我们就可以在北京生存了。解决了基本的生存问题，接下来就是报户口问题。为此，没有少花时间。由于博士后是北师大的“新生事物”，所以没有人知道相关手续如何办理。那时，系办公室的贾绍勤老师、史志刚老师为此事没有少帮我的忙。贾老师骑车和我一起拜东问西，我甚至还去了北京市公安局询问，几经周折，最终办妥了。虽然生活还没有完全进入正轨，但我已投身到刘先生组织的代数表示论讨论班中，也常和刘先生当时的学生讨论问题，如当时的博士生王志玺、林亚南；刘海霞；杜先能、姚海楼和硕士生王建忠等。我还与林亚南合作了一篇论文。据说，这篇论文对他后来还是有一点用处的。

## 三、数学科学学院（系）的点点滴滴

1993年7月，我出站后留数学系工作。9月份新生入学，我和曹锡皞老师分别给新生1993级上“高等代数”课。曹老师敬业、认真、乐观，待人热情、随和，有丰富的教学经验。我从他那里学到了很多教学方法和技巧，特别是从学生的角度去理解和讲授课程的内容。张益敏老师还送我一本她们合著的高代习题课和解题方面的教学参考书，以提高我的教学，令人感动。不管怎样，经过努力，我在学校第4届教学基本功比赛中还得了个二等奖。曹老师喜欢运动，经常打台球，他也鼓励我要运动。下午时，我也去当时的数学楼一层教师活动室打打台球，曹老师就手把手地教我打台球。在活动室里，常能见到刘先生，他先是打几场乒乓球，之后应邀与我们一起打一会儿台球。曹老师应该是我们几个中台球水平最高的，无论我们打得好与糟，曹先生总是鼓励，说些笑话，大家其乐无穷。

学术交流对教学和研究生的培养，甚至教师本身的科研水平的提高都会有促进作用。

但大约到 1993 年这个时候，整个数学系还没有全系范围内定期的学术报告。于是郇中丹、崔恒建、黄海洋和我就建议系里每周搞一次学术报告，邀请校内外的专家来做报告，力图在系里创造出一个学术交流的气氛。每学期都换一个主持人，发挥大家的作用。可以说，这就是现在周五学术报告的前身，其中 2009 年我邀请了 Fields 获得者 Efim Zelmanov 来院里做学术报告。

数学科学学院的几位老先生我得衷心感谢。由于我不是在国内拿的博士学位，国内除了刘先生外几乎没有认识的教授，所以每次需要别人给我写推荐信时就犯愁。可是每当我请刘先生、严（士健）先生、王（世强）先生帮助时，他们都会挺身而出。他们对我这个年轻无名之辈的支持，真是令我由衷地感激。值得一提的是，有一次我申请某个项目，需要至少两封推荐信，我去刘先生家里，请刘先生帮我写一封，但还需要另一封推荐信。我就问刘先生，该找谁呢？刘先生说，找一下段（学复）先生。我心想，段先生的大名如雷贯耳，我一个无名小辈，怎敢打扰他老人家呢?! 刘先生给段先生打了电话，说了我的情况，并与段先生约了个时间，让我几天后到段先生家去拿。段先生那时眼睛不太好，但他还是非常认真地给我写了推荐信。数学系一些年轻人的成长与这些老先生的支持是分不开的，至少我是这样感受到的。

数学科学学院老师们刻苦钻研的精神是我学习的榜样。还是在教 8 楼的时候，教师的办公室有一部分在最高的第 4 层。我和黄惟明老师合用的办公室就在 4 层楼道的西边。那时，我觉得自己挺刻苦的，也满下功夫的，可是每次当我离开办公室或来到办公室时，在楼道另一侧的陈（木法）老师的办公室总是亮着灯光，或者门已开着，看来，他比我还用功！这时我就想，得向陈老师学习呀。也许这就是后来陈老师能当上院士的一个原因吧！这个肯下功夫的习惯，在数学系好像比较普遍。时至今日，你会常常看到，卢（广存）老师、王（恺顺）老师、黎（雄）老师周末还在办公室工作的身影。陆（善镇）老师当时在教 8 楼的办公室是在 3 层，加上他又是校长，事务繁多，所以我与他那时接触较少。但从不多的接触中，我知道，他是一位很了不起的学者，待人友善，对他的学生们的支持也非常给力。

数学科学学院几位行政人员我得点赞。从我来到数学系到我“离退”，数学系办公室的王迎迎老师，孙旻泽老师，负责机房、网络的何青老师，曾跃进老师，韩丽娟老师，马京然老师以及袁宏伟老师等都给予了我非常多的帮助。特别值得一提的是王迎迎老师，每次报账我都是把一堆发票交给她，她查完发票合格后，我就签字了事。一切的计算、整理、粘贴和其他后续工作都是她帮我们干的。王老师性格开朗，乐观，富有独特的幽默，酒量也很好。记得有一年团拜会上，看她拿着满满一大杯的白酒，真令我佩服。孙旻泽老师则是几乎每天不到早晨 8 点就带着前一天下午王老师算好的票据去财务处排队，有时直到 10 点左右才办完。所以一大早人们在学院办公室是见不到她的。有的人还误以为她总“迟到”，其实她上班是很早的。马京然老师管理机房兢兢业业，当我需要什么软件时，她都会帮助我。她喜欢摄影，整理学院的老照片，实在难能可贵。院里行政人员的奉献给我节约了很多时间，也省掉了不少烦琐的事。在此，我感谢这些在行政岗位上默默工作的所有老师们。

数学科学学院的几届领导我表示感谢。我做博士后留任数学系工作的时候，当时的系主任是王隽骧教授。之后的系主任是刘来福教授，他建议我当主管研究生的副所长。因要去德国进修学习，我只干了半年就让位了，感谢刘来福老师的信任。在郑学安教授任系主任时，我晋升了教授。刘继志教授曾任系党总支书记，他富有幽默感，给我留下深刻的印象。感谢保继光院长、李仲来书记对我工作的支持。我调离后，李增沪是院长，在他当院长之前，我们也时常碰到、聊天；感谢李增沪院长和李仲来书记让我使用办公室直到我在北师大的硕、博研究生毕业。

在数学科学学院，我先后招了 18 名博士生，他们都已毕业，分别在首都师范大学、北京大学、北京师范大学、武汉大学、浙江大学、湖北大学、北京交通大学、中国矿业大学（徐州）、中国民航大学、东北大学秦皇岛分校、北京联合大学等高校和北京的一些中学工作，其中陈红星、胡维、刘玉明三人是德国洪堡学者。在数学科学学院（系）20 多年的工作中，我得到了大家的关照和帮助，深感学院是一个比较温馨的大家庭，能够与这么多的前辈和同行一起奋斗，感到很荣幸，也深深地感谢各位老师给予的帮助。在数学科学学院的楼道里（新图书馆里），你会不时听到王恺顺老师的幽默、黎雄老师（称王恺顺为）“主席”的呼叫，卢广存老师的“大人”称谓，随着这些喊声，伴随而来的是一串串轻松的笑声，人们在工作中的疲劳随着这些“交响乐”般的欢笑消失得一净二光，于是活力又充沛，正能量又凝聚，信心满满地再奋进。愿数学科学学院更上一层楼，祝各位数学人工作、生活都开心。

注：(1) 段学复先生（1914-07～2005-02）是北京大学教授，学部委员（1955 年），著名数学家。

(2) 王恺顺老师曾任学院工会主席，所以黎雄老师称他为“主席”。

(3) 卢广存老师称有一定年龄的同事为“某大人”。你姓童，他问候你时称“童大人”。

(4) 不少数学科学学院的老师在办公室工作时，门都开着，所以能知道他们在工作。

惠昌常，首都师范大学数学科学学院教授，
教育部长江学者奖励计划特聘教授

# 为学与为师

汪荣明（1991 届硕士生）

提及我与北师大的师承，常要额外做个解释，为什么毕业于安徽师范大学，颁发的是北京师范大学的学位。在 20 世纪 80 年代，研究生尚属稀缺人才，为了提升本校研究生的培养水平，地方高校会与重点高校联合培养研究生，学生可向这些重点高校申请学位。1986 年，当时的国家教育委员会专门召开了上海、北京等重点高校负责人会议，并出台了文件来推动这项工作。自 1983 年起至 1993 年的 10 年间，北师大仅数学系一个单位，就以这种形式培养了 23 位硕士。我有幸成为其中的一位。

北师大数学学科一直稳居国内顶尖数学学科的行列，概率论与数理统计二级学科更是数学系中的特色学科，早在 1988 年就被批准为国家重点学科。国内与概率论研究相关的学者几乎都与北师大数学学科有着或多或少的渊源。我在硕士阶段的指导教师丁万鼎教授，即是严士健教授的弟子，在北师大进修过。对于我申请北师大的硕士学位，丁万鼎教授是全力支持和鼓励的，对于我硕士论文的指导极为严格。

要获得硕士学位，要通过北师大数学系的专业课程考试和学位论文答辩，需要申请人本人到北师大参加专门的考试和答辩。1991 年 6 月，在完成了所有研究生课程和学位论文后，我终于启程赴京“赶考”。这年恰逢江淮暴雨，北上之路走得并不顺畅，火车一路走走停停。当时根本不在意路上的耽搁，心里想的是如何答题，如何应对答辩，三年的学习到了检验的时候，之前再充分的准备总觉得不够。

一到北师大，遇到好几位在北师大数学系攻读硕士和博士学位的同乡和安师大校友，如王凤雨、邓邦明和张新生。听到熟悉的乡音且有同乡同学事迹的鼓舞，顿时感到有了底气。同来赶考的还有一位安师大的同事，为了照顾我们两人的特殊情况，数学系将考试地点安排在刘秀芳教授的家中。刘秀芳教授腾出两间房间，一人一间，上下午各一场，互不打扰。“考场”纪律很严格，还真有过去考科举的架势。但刘秀芳教授对我们很好，开考前就给我们一人泡了一杯茶，中午还特地准备了午饭。当年试题内容早在交卷后就忘记了，但是那杯茶的韵味和午饭的滋味一直记在心里。在此后各类考试中，再也没有享受过这样的待遇，仅此一次。

后续的答辩也颇顺利，严士健、陈木法、刘秀芳三位教授是答辩委员会的成员，严士健教授任答辩委员会主席。我的硕士论文题目《二重生灭链的常返准则和随机环境中的相关问题》，教授对论文给出的指导意见极其中肯，一条条罗列出来，让我心里直打鼓，也明白了丁万鼎教授如此严格的用意。最后，答辩委员会对论文给出了优秀的评价，肯定了论文所做的工作，同时也期望我对论文做进一步的修改。临答辩结束，三位教授鼓励我，在一个问题解决后要进一步深入下去，或找更困难的问题做，要爬几个坡、上几个台阶。这些话我一直记在心里，在遇到困难和问题时，用来勉励自己。1991 年 7 月，我终于获得了北师大的理学硕士学位，成为北师大数学系的校友。

答辩结束后觉得一件大事完成了，人一下子松下来，未及向北师大的老师同学多求教，匆匆买票坐上了返程的火车。谁知，返程时内心的焦虑更甚于去程，只是原因全然不同。这时，暴雨的强度更甚于前几日，数段铁路被雨水冲垮，沿线边修边走，一路耽搁，原来一天的行程走了两天仅仅过半。因出发时心急，随身只带了一个面包。返程的一路上，我所考虑都是如何更精确地分配这个面包，保证能够坚持到整个行程结束。终于，车至南京，向朋友借了钱、买了票再辗转返回芜湖，一路狼狈不已。事后相当懊恼，当日应该在北京多待几日，抓住这个机会向师长们多讨教些学问，能走进顶尖学府走近大师，是当时很多青年学生想都想不到的。这对我是个教训，以后参加学术交流活动，除了正常的会期，我都尽可能抓紧机会向同事同行多讨教，往往从这些交谈中取得的收获不亚于正式报告所得。

返校后，根据教授们的指导意见，我对论文做了细致彻底的修改，投稿发表在 SCI 期刊《Math. Acta. Scientia》上，开始了研究“爬坡”的历程。1994 年又辗转到华东师大求学工作，研究的方向由原来的概率论转向了保险精算，关注于眼前的琐事，与北师大诸位师长的联系渐渐少了。但总能听到周围的同事同学提及严士健教授、陈木法院士等对我的关心，既感动又惭愧。

严士健先生一直说“生活中知足常乐，交流间与人为善，工作上鞠躬尽瘁”，在陈木法院士身上也得到了充分体现。1998 年起，陈木法院士任《应用概率统计》主编，因为杂志编辑的关系，经常要叨扰陈木法院士。在陈院士眼里，我一直是他的学生，对于学生能够主动找他，陈院士是相当高兴的。其实只要是事关青年教师的成长发展，陈木法院士总是特别热心，乐意且尽心去帮助年轻人。近几年，他几乎每年都会来华东师大，给我们的青年教师想想办法，指导发展方向。他主张给年轻教师压担子，盯着硬问题想办法推进，抓住新的生长点，鼓励团队协作，形成特色。这与严士健教授当年的做法如出一辙。

借助学术交流、人才培养的途径，两所不同学校相同专业之间的联系也开始频繁起来，我们有学生到北师大继续深造，北师大的毕业生李育强早已是我们的学术中坚，甚至北师大毕业生韩东的学生许忠好和吴述金也已是学术骨干。而与我一年在北师大获得硕士学位的同事毕秋香，在硕士毕业后又去了中山大学攻读博士学位，随后到广发证券进行博士后研究，现留在广发证券工作，发展得很顺利。我们都受益于北师大数学学科，受益于北师大的师长，在各自的道路上不断前行。

汪荣明，华东师范大学副校长，教授

# 缘分、记忆与感恩

吕建生（1992级硕士生，1995级博士生）

缘分来源于我对数学的挚爱，我从小就非常喜欢数学；缘分来源于北师大数学系与安徽师大数学系的紧密合作关系，北师大数学系概率统计专业的教授经常到安徽师大数学系讲学，使我了解了北师大数学系，了解了概率统计专业。

我是1992年考入北师大数学系概率统计专业硕士研究生的，1998年博士毕业，一直师从严士健教授，我非常有幸成为从硕士到博士一直师从严先生为数不多的学生之一，并且严先生一直担任专业课主讲教授，这也是我一生最大的荣幸与财富。

我到北师大数学系后，深深地被老师们的专业精神所感动，感受到他们都是那么热爱数学、热爱数学系。同时，也破除了社会上很多人对学数学的人的看法——呆板、学究，似乎脑门上都是写着数字、走在路上遇到障碍物都不绕弯的样子，我到了数学系后，倒是感觉老师和同学们都很热情，说话、做事都很到位、得体，整个数学系无论从教学还是学习，处处充满着活力、充满着正能量。更重要的是，数学系有那么多知名的数学家与数学教育家，他们高尚的道德情操与积极的科研精神对我们后辈鼓舞很大。我深信，自己没有选错，此后的学习与工作也充分地证明了这一点。

我来北师大数学系前，时任安徽师大数学系主任的丁万鼎教授（在北师大进修时是严先生的学生）在我毕业的时候叮嘱我，安徽师大数学系有不少优秀的学生在北师大，如杜先能、周先银、邓邦明、肖杰、王凤雨、王保明、汪和平、唐加山等，学习优秀，数学研究做得非常出色，一定要以他们为榜样，向他们好好学习。我到了数学系，先后认识了他们，有的成为师生关系，有的成为朋友关系。他们在我的人生道路上树起了一面又一面的旗帜，督促着我不断前行。

我接触的第一位北师大数学系老师是刘秀芳教授，后来才知道，她也是严先生的学生。她给我最深的印象就是思路清晰、非常干练。她经常到安徽师大讲学，记得有一次她讲的是当时刚刚兴起的一个新兴分支——分形几何。她的讲学使我更加热爱数学，第一次接触到分数维数，感受到数学是如此的美妙，揭示了大自然的一些非常奇异的现象；感受到数学是如此的有用，能够刻画这么多神奇的规律。

到了数学系之后，才知道自己的导师是严士健教授。听别人说，严先生可是个“牛人”，学问做得好，对学生要求非常严格。我一听，确实有点犯怵。后来见到严先生，顾虑全消，他是一位非常慈祥的老教授，见面总是笑眯眯的。但一谈话，我马上感受到慈祥中的严厉。记得当时他问我，在安徽师大学过概率专业的哪些课程，我说正儿八经学的是概率论与数理统计，自学了一点概率论的原著，完整地读了严先生编的《概率论基础》。他听后，说了一句，“不知道你自学得怎么样，基础有点弱，这不怪你，安徽师大不像北师大有概率统计专业的本科生、开设测度论的相关课程”“这个学期正好我上本科生的

‘测度与概率’，你也去听听，数学基础打扎实才能做好学问。”后来，我就听了大半学期的“测度与概率”的专业基础课，确实收获不少。

教授上本科生的专业基础课程，应当是从我们那个时候开始的。我依稀记得，严先生是倡导者之一，也是积极的行动者。严先生的课确实讲得很有数学研究的思想，对数学知识与原理的来龙去脉讲得很清楚，尤其是对数学研究方法的渗透有独到之处。他的讲课是完全地“抛开课本”，以一个研究者的角色来看待数学问题，找出解决问题的方法与思路，讲课是渐进式的，对于一些肯钻研的学生来说是受益终身的，但对于大部分本科生来说，还是有一定难度的，特别是学生的兴趣问题难以解决。

严先生的这种讲课风格在我们研究生的专业基础课上发挥得淋漓尽致，我也受益匪浅。严先生讲课的特点是，从问题到大定理的叙述、证明都是一气呵成，从不看教材，思路清晰、分析透彻，最主要是在讲授过程中是一个完整的思路，有时也会出现新的思路与想法。他对所教授内容的熟悉程度与熟练程度是少有的，体现出专业基本功非常扎实。这是真正的言传身教！当然，严先生也有“挂黑板”的时候，大部分情况下都是他突发奇想，尝试着新的证明思路，虽然有时候证明这条路是行不通的，但是对我们启发很大，这种数学探究的精神与品质是值得肯定和倡导的。

概率专业最大的教学特点是设置了跨年级的大讨论班，是陈木法教授主持的。陈老师是个大学者，是我国第一批自主培养的博士，在跳过程与无穷粒子系统及特征值估计方面硕果累累，在我们学生们的印象中，好像除了数学他没有其他爱好。讨论时，他总是瞪着一双大眼睛，充满着智慧，讲话慢条斯理，循循善诱。每周一次，风雨无阻，所有概率专业的学生都参加，从硕士一年级到博士三年级。课程内容是汇报文献、专业进展、最新研究成果以及国内外学者的报告等，汇报方式是自愿加指定。从 1992 年到 1998 年毕业我一直参加，受益匪浅，讨论的问题涉及面很广，大部分问题都是前沿性的，从开始的朦胧的状态到后来的逐步理解，对后来的论文开题与写作、研究工作都非常有帮助。开始时，我跟严先生说听不懂，他说听听就都知道了。大讨论班的好处多多，促进学术交流，大家有了一个共同了解学术前沿的平台，并且有更多地学习收获—— 学会如何进行学术交流、如何尽快进入角色、如何提问等技能与能力。那时候也不知道这个算不算课时，反正一直坚持参加，后来都是自觉的行为，好像成为一种习惯。记得那个时候，王凤雨老师三天两头发布研究成果，今天有一个好的证明、明天有一个好的想法，特征值估计又精确了一步，思路活跃，给我们压力挺大。严先生经常笑眯眯地夸奖道，他脑子灵光、刻苦勤勉、手脚麻利。现在，大讨论班应当成为一个传统了。

从大学到研究生 10 年的数学学习生涯中，我体验到数学发现的艰难与魅力、数学结论的奇妙与简洁，理性思维在我的大脑中逐渐形成，师长们踏实的工作作风耳闻目睹，在自己的行为中不断渗透、生根发芽。师长们与同学们对学业的认真、刻苦钻研、攻坚克难的科研精神与工作态度，使我形成了自己的世界观、人生观、价值观，形成了自己理性的思维方式，为管理中的科学决策提供了很大的帮助。如今，当我在工作岗位上，每天都会遇到各种各样的难题，我会冷静地应对、理性地分析，权衡各方利益，最后做出相对合理的决定。尤其，目前随着技术的发展，大数据越来越受社会的关注，更加体现了数学对科学决策的重要作用。管理中，要深入调研、科学分析，多听取大家的意见与建议，然后根据自己的判断做出科学的决策。日常生活与日常管理中，没有数学课本上的定义、公理、定理与公式，只有骨感的现实。当我们面对复杂的现实时，需要我们冷静地思考、科学地分析，找出问题的关键点，厘清思路，明确处理问题的关键环节。有法律、章程或规定的依照行事，没有的依照惯例执行，如果是新问题或者老问题、新形势，那么我们就要研究新的解决办法，形成新的规章制度。

目前，我在出版行业做编辑出版与出版管理工作，一直很关注大学数学教材与教学。我认为，大学的数学教学首先是要解决学生的学习兴趣问题，而兴趣是来源于需求的，要真正地了解学生的学习需求不是一件容易的事情。而目前的大学数学教学“一锅煮”的现象比较普遍，应当更多强调体现不同需求的学生的层次要求，哪些内容可以是自学的、哪些内容可以是讨论的、哪些内容可能是讲授的、哪些内容可能是自己深入扩展学习与研究的等。这样，大学的教材编写就是一个值得研究的问题，现在我们都是从基本概念、基本原理到定理、推论，再到练习，如此演绎下去。这里，缺少的恰恰是数学最精华的内容，数学思想与数学应用。关于数学思想，至少要讲清楚这个学习内容是如何来的、最重要的数学思想是什么、用到哪些数学方法，这一点对学生以后的学习与研究生涯非常有帮助；数学应用指的是实际应用，就是运用数学知识去解决现实问题或理论问题，重点是解决知识的相通性，也就是融会贯通。数学系的学生出来的困惑是，大学学了很多数学知识，好像自己很有学问，但到社会上或者在工作中，和别人一交流，发现自己除了数学知识，其他知之甚少，不乏自卑。因此，我期望，大学的数学研究和工作者，认真研究一下大学教学（特别是数学教学），研究一下大学教材的编写，真正地为学生提供既有兴趣、又有数学味道的教材，提供生动、有趣、有思考的数学课堂教学。如果这样，我相信数学系学生会收获更加丰富多彩的大学生活。

最后，祝愿北师大数学系硕果累累、桃李满天下，以崭新的姿态迎接更加辉煌的明天！

吕建生，北京师范大学出版集团总经理，编审

# 触摸您的温暖

孙秀平（1993 级本科生，2003 级硕士生）

那一年，我怀揣梦想来见您
您就在那里，不言不语
坐看云卷云舒

那一月，我欲展翅高飞去
您默然伫立，不喜不悲
任凭风吹雨打

那一日，我洗尽浮华归来
您还在那里，不舍不弃
独守花开花落

那一刻，我汲取您的阳光雨露
您兀自挺立，不骄不躁
任由青春荏苒

那一瞬，我触摸着您的温暖
只为这一世
将它传遍天涯海角
蓦然回首，已是百年沧桑
还有桃李满天下

孙秀平，北京市西城区教育研修学院教研员

# 深切怀念曹才翰先生

明清河（1996 年进修教师）

看到母校北京师范大学数学学科创建 100 周年的征文通知，回想起 1996 年在母校求学的经历，母校的老师、同学，历历在目，恍若昨日，心中不禁有些感慨，总想应该写点什么，作为对数学学科创建 100 周年的祝贺，也作为对导师曹才翰先生的追忆。

1995 年枣庄师范专科学校承担了国家教委“师范教育发展项目”：方法论教学法的实验研究〔编号：JG143〕，并决定由我来负责项目的具体实施，我个人对数学教育学和教学改革的理论了解甚少，所以计划到重点高校去学习，以便系统地学习数学教育学的理论，提高自身的研究水平。

北师大是我国师范院校中最早成立数学学科的高校，是国家数学教育改革的一面旗帜，曹才翰先生是全国数学教育界公认的数学教育学的创立者和学术带头人，学识渊博、治学严谨，是一位备受敬重和爱戴的数学教育家，他的著作《数学教育学概论》《中学数学教学概论》，我都认真细致的学习过，萌发了到北京师范大学跟随先生进修访学的想法，通过钱珮玲先生的介绍，1996 年我非常荣幸地实现了这一愿望，走进了北京师范大学，得以亲近先生。

先生常常告诫我们做学问要实事求是，要从实际出发，要用辩证唯物论和历史唯物论指导数学教育改革和数学教育学科建设；既要坚持中国数学教育的优秀传统，汲取中国数学教育的成就和精神，又要吸收和借鉴国外数学教育的先进理论和经验，走一条符合中国具体国情的、具有中国特色的数学教育研究与发展之路。先生为人耿直、善恶分明，俯仰不愧天地；做学问严谨认真，褒贬自有春秋！从事数学教育教学工作 40 载，著作等身，庶几无愧！从先生身上，我看到了一位将毕生精力奉献给祖国教育事业学者的治学风范，更看到了一位具有坦荡胸怀、高尚情结、严于律己、平易近人长者的高风亮节，先生是学为人师、行为世范的楷模，与先生的相识是我一生的荣耀，跟随先生学习是我一生取之不尽的财富。

在跟随先生进修访学的半年里，我聆听了先生的教诲，得到了先生的指导，了解了先生的学术思想与理论体系，业务上得到了快速的提升。曾记得先生对我做研究的严格要求，要求我跟着他带的研究生听课、参加研讨班；曾记得先生教育我做研究要脚踏实地、不能急于求成；曾记得当我把自己写的一篇文章交给先生审阅，希望能够得到先生的指导，更希望能够得到先生的认同，但先生读后毫不留情地指出，我读的书太少，同时给我列出应读的书目，希望我在读过这些书后，再写文章。经过先生的悉心指导，我的第 1 篇关于数学教育教学改革的文章于 1998 年在《数学教育学报》发表，从此先生带我走进了数学教育学与数学教育教学改革的领域。

原以为先生会永远年轻下去，继续带领我们进行数学教育教学的研究，然人世无常，天妒英才，先生于1999年10月3日凌晨溘然长逝！惊闻先生辞世的消息，心中悲痛万分！我失去了一位做人的楷模、做事的榜样、做学问的良师；斯人已去，精神长存！先生的文集已由人民教育出版社出版，先生的学术思想还在传播。先生虽然走出了我们的生活，却走进了我们的内心，我们对于先生最好的纪念就是继承先生的遗志，继续先生所追求的事业，化悲痛为力量，奋发努力，以优异的成绩告慰先生的在天之灵。

多年来先生的音容笑貌时常浮现，先生的治学风范铭记在心，并按照先生的教诲前行。在先生离去的16年里，我相继发表了有关数学教育学与数学教育教学改革的学术论文20多篇，承担了教育部、山东省教育厅教育教学改革项目4项，主持建设的“课程与教学论”学科被确定为山东省“十一五”“十二五”重点学科，先后获全国数学创新教育优秀成果一等奖、全国高师教育研究优秀成果二等奖，被评为山东省高等学校教学名师、山东省优秀教师、山东省省级教学团队带头人、山东省省级精品课程负责人、山东省重点学科首席专家。

值数学学科创建100周年之际，谨以此篇短文作为学生对先生的追思！

明清河，山东枣庄学院副院长，教授

# 18 年前上大学

## ——在北师大学数学的一些记忆

欧阳顺湘（1997 级本科生，2001 级硕士生，2004 级博士生）

我收到北京师范大学数学学科创建 100 周年的征文邀请后，即想，这该是一些学有所成的校友任务。然而，从我个人角度，数学系有不少我应该感谢的老师和同学。同时，我想到，数学系的历史或许离不开普通学生的角色，而现在上学的情形和我十余年前读书时的情形相比，已经发生了很大的变化。因此借此征文机会，从个人经历的角度为我们那个年代的学习和生活留些历史记忆，也不乏意义。

## 一、随机之路

在北师大学习初等概率论与统计课程时，我曾以王梓坤先生的《概率论基础及其应用》作为参考书。这本书被认为是王先生为学生学习概率论所著的三部曲中的入门书，高屋建瓴，不同一般。吸引我注意的还有该书新版中附录的一篇王先生所做的《论随机性》。王先生在这篇文章中写道："事物的发展，是多层次的随机事件与必然事件相互交替和相互作用的过程。"王先生有意强调常被认为不占主要地位的偶然性的作用，并说偶然性往往出现在分支点上。

我对王先生所论有亲切的感受：我学习随机数学的道路，一些偶然事件起过重要作用，并不是按部就班地走着的，但偶然中也有一些确定的因素在支配着。

我能上大学学数学当追溯到 1994 年的中考。当时农村中学大部分学习成绩优秀者都会选择考中专，争取早日就业。然而，就在这一年，我所在平江县要求全县报考中专的考生，中考成绩在县前 60 名者都要放弃入读中专而转至平江一中学习。我就是这样被截留的。虽然没有能读中专，给家庭带来了很大经济压力，但也给了我上高中考大学的机会。恰在去年，我应邀为中学母校的《天岳校友通讯》写了篇《二十年前读高中——"中专截留"改变了我的人生》，就是记述这次转折。

我后来学数学也与这次截留有关。入读一中前的暑假期间，我们这些截留生按要求参加了一中的培训。培训结束时，我偶然从图书馆借到柯朗与罗宾逊合作的名著中译本《数学是什么》。一定程度上，这本书使我对数学产生了兴趣。

回想起来，我作为一个来自农村的学生，能到北师大学习是多么幸运，也是一件多么偶然的事情。在我读大学之时，来自农村的学生很普遍，本科时我们宿舍 7 人中有 4 人来自农村。但这不表示农村学生更容易上大学。我的小学同学中没人上大学，初中同学中考上了大学的也寥寥可数。近年来大学，尤其是重点大学中农村学生所占比例减少更是逐渐成为社会关注的问题。为此，包括北师大在内的一些高校，采取了一些措施。多年前就开始实行免费师范教育，现在又对贫困地区的农村学生实行特招。我原来就读的平江一中就在特招范围内。

2001年，我在北师大本科毕业，幸运地跟随王凤雨教授学习概率论。这与我本科是概率专业自然有关。考大学前，完全不知道北师大的概率论研究做得非常好。但若不是保送（免试推荐）继续在北师大读研究生，我也可能考虑先去工作以帮助家里了。

读研究生有200元钱左右的助学金。除了做些家教，有两个学期，我还在一些高校兼职教课，也有些收入。但因为帮助妹妹在京上学、为家里盖房，花费较大，并不轻松。我甚至曾经身无分文，带着妹妹步行到北京交通大学向一位同乡借钱。2004年硕士毕业之后，我考上了博士，继续跟随王老师学习；但最终感到在北京兼职赚钱支持家里的机会较少，便征得王老师同意，休学到珠海分校任教一年。选择分校的原因是教过我的罗运纶老师恰好在珠海分校兼任公共数学部主任。2005年返校复学后，机缘巧合，中德合作的IGK项目启动，我得到王凤雨老师的支持到德国比勒费尔德大学（Bielefeld University）学习。我曾担心自己能力不够，异常犹豫，还写信给王老师表示想让给其他人去。很感谢王老师当时对我的鼓励，最终我还是在2006年3月忐忑不安地来到了德国。

2006年之后不到几年，因为国家公派支持力度大增，出国留学迅速变得相对容易。出国留学这件奢侈的事情，对当时的我，几乎是完全没想过的。读本科时，不少同学参加新东方培训，考托福考GRE，不亦乐乎。也有同学劝我参与，但我都没想过。其中除了性格原因，经济条件也不允许。

这次从北师大出发的赴德留学给我的人生轨迹带来了很大的改变：从2006年3月开始，我已经在德国比勒费尔德大学学习、工作了9年多，不但获得了学位，还利用奖学金，还清了借款，改善了家里的经济，也在德国有了自己的家庭。其中的原因，除了北师大概率群体与德国有密切联系这样的必然原因，也有我在珠海无意“耽搁”一年的偶然因素。

## 二、惠昌常教授与《高等代数》

给我们讲授高等代数课的是惠昌常教授。惠老师曾在我们数学系1997级的迎新会上，作为教师代表，对我们说，看到这么多年轻人来学数学，感到非常高兴。惠老师用两个学期讲授张禾瑞和郝鈵新编的《高等代数》，但他没有按照书中的次序来教，当时我还对这种不是按部就班的教学颇觉新奇。此外，惠老师还补充了更多有关商空间、模方面的知识，并强调了其重要性。由此也可以看出，有见识的好教师的重要作用。

类似于教材作者之一的张禾瑞毕业于德国，惠老师1989年在德国的比勒费尔德大学取得博士学位。当我到了德国学习后，才意识到惠老师给我们上课时很有派头的板书——写数字1时左边夸张地带把儿，宛似7，而7则在竖处加短横，以和1作区别——是受到了德国的影响。

惠老师衣着整齐，上课一丝不苟，偶有幽默。他每次都拿着厚厚的笔记本来上课，上课时即将笔记本摊开在讲台。从惠老师言行中能感受到他对自己的学问、所教授的内容的充分自信。与惠老师给我们的外在印象相衬的是他有一个令人生畏的“撒手锏”：每学习一部分内容，大约一个月，即要小考一次，每次满分5分，计入期末总成绩。

惠老师给我们的第一次小考，是我们在数学系的第一次考试，或许可以看作对还未适应大学生活的我们的当头第一棒。首次考试的内容主要是行列式计算。有一些同学得了较高的分，受到了惠老师的课堂表扬。特别是我宿舍对面有基础数学专业的同学，平时似乎主要在玩游戏，但考试成绩很好。我大概是得了1分，虽然难过，但还算侥幸，没有得0分：一些得0分的同学被惠老师叫去谈话了。我同宿舍一位同学回来讲谈话的故事，他问惠老师："您如果遇到了挫折怎么办?"得到的回答是："我没有遇到过挫折。"

这样的小考很有用，至少使得我不得不加倍学习。好在后来的小考中，分数逐渐增加。记得大约是第3次或第4次考试之后，惠老师发判好分的答卷，对我说："有进步。"我知道自己花了不少工夫，还算欣慰。

第一学期之后的寒假我没有回家，留在学校里。有忌于惠老师的考试，我花了一些时间自学《高等代数》将要在下学期学的内容。我脑海中仍有独自在图书馆看《高等代数》的情形。

我们的高等代数课有两位博士生当助教帮助批改作业。但惠老师也会点名亲自批改一部分作业。一些做得好的同学会得到表扬。惠老师还通过课堂教学，发现了一些对代数感兴趣的同学，如一班的徐向前，后来就跟随惠老师读研究生了。

后来当过教师的我，体验到给学生批改试卷和作业是一件多么费时费力的事情。我们当时《高等代数》是基础数学和概率统计专业两个班级一起上的，至少70多人，逐一改卷还是颇费功夫的。这需要教师的耐心和责任。

另有两件事情也可以说明惠老师是热心为学生的学习着想的。

惠老师曾向我们介绍台湾的数学普及杂志《数学传播》。后来我利用自己是基地班成员，可以从系资料室借书的好处，几乎将系里有的《数学传播》都看完了。《数学传播》印刷精美，所用纸张，很有质感；其中内容，通俗易懂，既有人文，又有数学知识的普及，使人大开眼界。

惠老师还向我们介绍使用符号计算软件Maple。当时所用Maple的版本较低，没有图形界面，用命令行。惠老师还设法给我们上机实践的机会。我也是因此而对Maple感兴趣。当时市面上没什么中文资料，但幸好系里有自行印刷的相关资料，我学了不少。系资料室有关Maple编程、用Maple编程做复杂图形的外文书我也全自学了下来。刘来福老师的《数学建模》课程，要求写篇小文，我就是利用Maple的计算以及写文档的功能完成的，还得了高分。

## 三、北师大数学系与比勒费尔德大学数学系

从纪念数学学科创建的角度，不应该忘却我前面提到的比勒费尔德大学数学系对北师大数学系的影响，这主要集中在代数表示论和概率论这两个方面。

北师大数学系成为国内代数表示论研究的重镇，除了刘绍学先生的远见和领导，比勒费尔德大学代数表示论大家Claus Michael Ringel教授对此也功不可没。从数学谱系网站（Mathematics Genealogy）上可以查到，师从Ringel教授获得博士学位的中国学生中，是（或曾是）北师大数学系的学生或教师的（人名后的年份表示取得博士学位的时间）有五人：陈波（2006）、韩阳（1999）、林亚南（1994）、张英伯（1990）与惠昌常（1989）。从事代数表示论研究，且曾到比勒费尔德大学访问或从事博士后研究（曾经）的教师，有邓邦明、肖杰等。又因为这些老师所建立的学术联系，许多学生也得以访过比勒费尔德大学。实际上我自己就因此认识了不少来访者。

比勒费尔德大学数学系的 Michael Röckner 教授与北师大数学系王凤雨教授是两个数学系之间存在紧密联系的另一个重要纽带。自 1998 年 8 月至 2000 年 7 月王老师作为洪堡学者在德国 Bielefeld 大学工作，合作导师为 Röckner 教授。

但在王老师到德国访问之前，陈木法老师的另一位高足，1990 年在北师大数学系取得博士学位的周先银，从 1993 年 3 月到 1996 年 4 月，也曾获德国洪堡基金会的资助在德国波鸿大学与 Sergio Albeverio 教授合作研究。Albeverio 教授与比勒费尔德大学关系密切。一方面，Röckner 教授的导师就是 Albeverio 教授。另一方面，波鸿大学与比勒费尔德大学相距不远，且与比勒费尔德大学在随机数学方面紧密联系。后面将提到的中德合作项目 IGK 一定程度上为德国 BIBOS 项目的延续。BIBOS 意为 Bielefeld-Bochum Stochastik（比勒费尔德-波鸿-随机）；IGK 学生所用的办公室、教室均为 BIBOS 此前所用的办公室。周先银也曾访问过比勒费尔德大学。可惜的是，周先银于 1996 年 4 月在波鸿因病而英年早逝。

因为有 Albeverio 教授和 Röckner 教授，比勒费尔德大学数学系的概率论研究在世界上有很好的声誉。例如，马志明院士就是在比勒费尔德大学与 Albeverio 教授、Röckner 教授等合作，在狄氏型理论方面取得奠定其在数学界地位的成果的。

2006 年，由比勒费尔德大学与中国科学院合作，以 Röckner 教授和马志明老师为主持人的国际研究生院（IGK）项目开始运行，北师大数学系也是参与者，陈木法老师、王凤雨老师等则是参与该项目的重要科学家。这个项目延续至 2014 年。2006 年，我和刘伟作为王老师的学生到比勒费尔德大学进行联合培养，德国导师就是 Röckner 教授，并于 2009 年获得比勒费尔德大学授予的博士学位。虽然最后因为论文版权的问题，不能在北师大答辩获得北师大的学位，但实质仍然是联合培养。

因为 IGK 这个合作项目及其后续的，北师大数学系也参与的另一个国际合作项目（BGTS 主持的 International Network），不但德国比勒费尔德大学数学系的老师和学生访问了中国（中国科学院、北师大），更多地，北师大的许多老师和学生也都有机会访问德国。近几年，每年暑假都有许多北师大的学生到访比勒费尔德大学数学系。例如，2015 年 8 月，北师大数学系就有 16 名博士、硕士获比勒费尔德大学数学系的邀请，将到比勒费尔德大学进行为期一个月的访问。

## 四、吴英辅老师与英文授课和珠海分校

从第 2 学年开始逐渐开学微分方程、代数学等专门课程。我们的近世代数学是吴英辅老师教授的，教了两个学期。吴老师来自中国台湾，1973 年从美国来到大陆，是全国政协委员。我们学生也口口相传吴老师的“八卦”：如娶了中央电视台的主持人，看见吴老师开着林肯长车来上课。

吴老师的课程对我最大的影响是他用英文教材，用英文授课。这是我第一次真正意义上接触英文教材。之前我只是通过读图书馆大英百科全书看了点与数学分析相关的英文资料。

吴老师使用英文教材、英文授课与他是留美硕士、博士有关。吴老师是 1973 年从美国亚利桑那大学数学系取得硕士学位后来到大陆的。后来在珠海听大一时教过我们解析几何的余玄冰老师讲，因有人闲言他没有博士学位，吴老师便在 1979 年再度赴美进修并于

次年获得博士学位。

吴老师讲课没有教案，偶尔拿着教材读。从板书也可以看出吴老师与众不同。有的教师很勤奋，如教《数学分析》的郑学安教授，用有力的大字，将定义、定理和证明都清清楚楚地写到黑板上。但吴老师的板书，内容很少，很多时候是一些术语和公式，只是寥寥几笔。有同学回忆说，当时对这种风格迥异的教学觉得很不适应，但后来回想起来却觉得这也不失为一种好方法，能开阔思路和眼界，思维更灵活。

某种意义上，吴老师教课也有些不足处，例如基本没有布置过作业。但吴老师会出 take home exam（带回家的考试），题目有难度，我曾认真考虑过，有些收获。

吴老师这样的教学使得我们必须自己私下读课本。刚开始读所用教材时，虽然有些吃力，但书写得清晰明了，易懂；而且书中会介绍数学概念和结果背后的动机，觉得很有意思。这本书也是我读过的书中，为数不多的产生过舍不得读完的感觉的书之一（其实果然没读完，书后面有关的域论没怎么学习）。

我从这本教材受益不浅，特别是培养了自学能力。后来见到英文书，也不怵了。实际上，我就曾在后来从图书馆借到一些英文教材自学课堂上不教的东西，例如，高等微积分教材，Anderson 著的很厚的多元统计著作等外文教材。

吴老师后来还开设课程讲述范畴论，也是英文授课，选课者很少，可惜我没有坚持。

2004～2005 学年，我和我的同学王强在北师大珠海分校的公共数学部门任教。我在那里再度见到吴老师。

北师大珠海分校创立于 2001 年。创校之初，有不少北师大数学系的老师、学生来到珠海，参与数学方面的教学工作。例如，王昆扬老师、同学徐向前都在那里教过书。与我在珠海共事的还有数学系的退休老师余玄冰、杨文礼老师以及毕业生赵德科等。

吴老师在珠海分校建校之初就到了，是分校创立的一大功臣。我在珠海分校时，吴老师正任珠海分校教务处处长。因为公共数学部的负责人罗运纶老师以及仍在分校教数学的余玄冰老师等与吴老师关系密切，我们有时一起活动，所以与吴老师也有更多接触。我们大概得知他有些被排挤，不过吴老师似乎也不以为然。

我在珠海时，北师大珠海分校正筹划创设数学学院。我们曾一起开会讨论，吴老师也到场，就课程设置、培养目标等逐点指导建议，写出条文。我回到北京后，在北师大四季厅曾偶遇吴老师，他说他正要去参加珠海分校筹建数学学院的会议。不久后，珠海分校顺利成立了应用数学学院。

以今日按论文篇数来计水平与功绩的流行做法，吴老师大约不会被列为数学科学学院知名教授。也不知道有多少人能想起他做出的种种努力。几年前，我在北师大数学科学学院的网页上获悉吴老师因病于 2011 年 8 月去世，也从中得知吴老师的爱国情怀和政务繁忙仍不忘教学的舍我精神，谨以此短述怀念他。

## 五、一些课程学习的得失

我本科的专业是概率论与数理统计。我现在忝列概率论研究者之列。从这个立场来看，我对当时就读数学系时没能更多地学习各种课程感到很遗憾。例如，我没有在北师大念过数论、拓扑学、图论与组合数学等课程。这或许也与当时数学系对概率论专业的课程设计思想有关，没有考虑到将来学习概率论者也最好有宽广的基础而合理安排课程。

一个例子是，我们专业的《复变函数》被安排与计算机专业的三班同学一起上，似乎概率论专业的不是学数学的。殊不知2002年获得菲尔兹奖的温德林·维尔纳的主要成就是发展随机共形映射，与复变函数、概率论密切相关。

当然，数学系将概率论与数理统计作为专业的原意可能是偏重统计学，属于应用学科。实际上这个专业的名称也历经各种改变，直至改为统计专业，乃至现在从数学科学学院分离出来，单独成立了统计学院。这样定位就更加明确。

就我的体会，数学系所学某些课程，如果课时足够，学生有较多时间消化，那么掌握得较佳；而一些课程，时间匆匆，虽然表明上考试成绩不错，却未能深入，遗憾没能有更多心得。（不可否认，没学好，与我自己驽钝不无关系。）

例如，刚入数学系的基础课，《数学分析》共3个学期，都是由郑学安教授所教。我们刚入学时，郑教授刚从安徽师大调来，将接任数学系主任一职。郑老师一笔一画在黑板上写，极其认真负责。我们学得也较扎实。

又如，于福生老师教授的计算机语言Pascal，也用了两个学期，从基础的程序设计语言，循环语句、条件语句等的学习，到后来指针的应用、中断的调用，学了不少。当时结业考试是分组设计小程序，我们大都已经能设计出不错的程序来，这与于福生老师对学生非常关心，教学很负责密不可分。

但大二之后，一些课程纷至沓来，大有接挡不住之势。而很多课程，如常微分方程、偏微分方程、复变函数等，大都一个学期即结课，匆忙间未能较好掌握。

也有一些专业课程，课时多，较有体会。例如张淑梅老师教授的《多元统计》和毛永华教授教的《概率与测度》，都各自花了两个学期。特别是《概率与测度》课程，我们没有实变函数作为基础，学起来需要较大的气力。有段时间，每天中午餐毕，我就跑到教7楼，找个座位，逐句斟酌此教材，竭力想理解其中的思想。后来书都被我翻坏了。我当时甚至逃掉了些基地班的课程（因此不幸也被开除出了基地班），目的就是想掌握好这门课。这本不厚的教材，按其他课程的速度，可能一个学期即能学下来。我们用了两个学期，否则较难掌握。同时，也好在毛老师性格沉稳，讲课条分缕析，不疾不徐。课程期末考试并不难，我一次满分，一次接近满分。但即便如此，有的同学还是没能得到好的成绩。可见，如果不是分成了两个学期来学，这门重要的基础课该是如何糟糕。

数学系的课程安排是否可以有充裕的时间给学生呢？当时系主任郑学安老师也觉得无奈，并谈过此事。原因在于大四时学生都各自忙起来，考研的考研，找工作的找工作，实习的实习，没什么课程了，毕业论文在一定程度上也流于形式。我大四时，只记得上了点数学史课，教师有时还不来上课。

一个可能的解决办法是实行弹性学制，真正的学分制。学得快的，可以有自由多选课多学，学得慢的慢慢来。但这里也有挑战，教师能提供丰富的课程以满足学生的不同需求。

## 六、在北师大的生活与感谢

回想在北师大学习的日子，清贫但当时不觉得辛苦，很感谢一些师友的相助。

1997年夏，我接到北师大本科的录取通知书时，还以为师范大学都不用交学费，对父母为自己张罗借息钱作学费还不满。我实际就是因为考虑到师范大学不收学费，才将高考后所填的志愿全部写为师范大学的。但临近开学我才注意到，我的专业被调整为概率论与数理统计，是非师范专业，学费每年 2 100 元，外加住宿费 500 元。父母按农村习惯，宴请宾客，得到了一些礼金，才凑出些钱。

非师范专业的本科生每月有 50 多元的补助，但远远不够。我吃用都较节省。偶尔手头拮据，食堂仅买馒头加免费的辣椒酱和醋。我还清楚记得，同宿舍的一位同学对我说过，这样会坏身体。

有一次在教 8 楼前，于福生老师见我的 T 恤衫上太多孔洞，说要补补，或请女同学补补。我还自以为有个性，说不妨碍别人。后来有一次，数学系办公室的老师给了我一大袋印有数学系名字的 T 恤衫，大约是工会组织活动剩余的。不过我自以为还有人比我穷，给了低年级的学生。

做家教是自我支持的主要来源。我在北京，从本科到硕士的 7 年间，没怎么主动逛过京城，但因做家教，从西到东，从南到北，去过很多地方。后来积累的家教上岗证，也一大摞。到大四的时候，我已经开始利用自己做家教所得的钱，给家里汇款了。第 1 笔汇款也就几百元，但心里很高兴。在读硕士期间，除了家教，还分别到北师大高等职业技术学院、中央财经大学兼职任教过。

按综合测评（学习成绩为主）评比的奖学金也是一个较大的支持来源，虽然当时奖学金一年一次，发前三个学年的，而且当时的金额还不太多。我虽然因为不怎么参加各种名目的活动，综合测评被拉后腿，但学习成绩还不错，分别得到了三、二、一等奖学金。最后的一等奖学金有 1 500 元，我用它还了宿舍同学王杰。经济并不宽裕的王杰曾经借钱给我用于学费，很长时间也没有催我还，我很惭愧也很感激。

我虽然有些自命清高，不肯接受一些资助，如拒绝了同学宋昉给我介绍的资助（同学王杰当时甚至批评我："死要面子活受罪"），但我还是很感激许多同学和老师对我的很多帮助，例如：

1. 一次大雨，底破了但平时还能穿的鞋这时彻底湿透了，又没有别的鞋，同学邢自兴拿出自己的一双鞋给我，穿上后觉得异常温暖，其中的温度到现在还留存。

2. 读硕士期间的一次开学注册，要求先交住宿费，我不满于（其实是若交了住宿费就没钱用了）这个规则，给教工部电话，批评说此两件事情应该分开。后来，王凤雨老师让我帮助排版论文，给我一些劳务费以交住宿费。

3. 因为老家的房子是危房，我在读硕士期间帮助家里盖新房，同学宋昉和张得志，王雨生师兄和毛永华老师都解囊相助。

4. 读硕士期间，同学钱李新多次借给钱救急。2006 年飞往德国的机票钱是原在珠海的罗运纶老师在我提出困难后，立即借给我的。

最后，在我即将离开德国奔赴新的岗位之时，我想感谢北师大概率论研究群体对我一贯的帮助，尤其是感谢王凤雨老师 9 年前对我来到德国的鼓励。

欧阳顺湘，德国比勒费尔德（Bielefeld）大学数学系

# 宿舍七剑

曾智波（1997 级本科生）

西西楼位于北师大最西端，与北京邮电大学只有一墙之隔，虽然没有中北楼那么秀气，也自有一番气象。

234 宿舍位于西西楼南侧，窗外是一个小庭院，住着一些职工，养着一些鸡啊狗啊猫之类的。小庭院里栽着一棵大枣树，枝叶婆娑，别有一番风味。

同室有 7 个人，来自 5 个省：内蒙古的大海（朱成海）和阿兴（邢自兴），云南的阿峰（杨朝峰），安徽的小林（姚二林）和小张（张得志），福建的小庄（庄锦森），还有湖南的我。

我的床靠近窗户，大海在我上铺；床尾是小张，他上铺是阿兴；右侧隔着书桌是小庄，他上铺是阿峰；床尾是行李床，上面是小林。这就是 234 宿舍的布局，简单而不凌乱。

后来有了电视机和电话，这是我们仅有的娱乐设施。

所以 234 宿舍是个安静的角落，不像对面的宿舍有电脑，整天吆五喝六，有点闹。

现在回想起来，哥儿七个性格各异，绝不雷同。

如果要细加点评，最抢眼的要算小张了，长着一张帅气的脸，谈吐优雅，风流倜傥。难怪经济系那帮姑娘们第一次见面就记住了他，把我们 6 个撂在一边。照她们的话说，就是“小人得志”，恰好他年龄最小，80 后的，使“游龙剑”的高手，心眼多。

个性最突出的要算大海。刚来时，穿着双破球鞋，里面的袖子比外套还要长，满脸的沧桑。在宿舍和阿峰、阿兴、小庄时有言语冲突，有次还和阿峰大打出手。印象最深的是在北太平庄与摊主争得面红脖子粗，并撂下狠话：“我就这样，你怎么的?!”

不过，他是粗犷中有温柔，特别是和他爸打电话时，声音细细的，柔柔的，像个小孩。每到此时，我就忍不住想笑。他也和我关系最近，只是有时受不了那种专制性格，体贴而霸道，像个蒙古人。有点凌未风的味道。

阿峰和阿兴就温和多了。

特别是阿峰，胖胖的，说起话来，柔柔的，大概是苍山洱海的柔风细雨熏陶出来的。加上是白族人，能歌善舞。常在沉闷的时候听到他那嘿嘿的笑声，余音绕梁，犹在耳畔。每次放假回校，都能吃到大理的土特产，回味无穷。全宿舍数他吃得最好。阿峰酷爱武侠，尤其是金庸，曾在系里演讲过武侠小说。我曾和他切磋，但品位稍有不同。那时我推崇古龙。他对此大不以为然，说：“那也叫小说？哪有金庸的博大精深？”

同样温和的阿兴长着一张蒙古人的圆脸，细皮嫩肉的，与一米八的海拔有点不协调。前不久看到他在北师大出版社的照片，娃娃脸多了一份沉稳，笑容还是那么具有亲和力。在梧州的时候多谢他寄了一套课改教材。他总是那么热心，回到宿舍擦拭桌凳的常是他。

有次拿了相机照来照去，又是拍桌上的水杯，又是拍窗外的猫狗。惹得大海直叫“小样”，他也不管，笑眯眯地说：“管得着，你!”

在梧州和他们时有联系，阿峰回到昆明，有家有室，小日子过得有滋有味。阿兴也找了个少年宫的老师，还当了个小官，挺踏实的。这对哥们儿合称“日月剑”，后劲无穷!

小庄和小林是234宿舍的才子。

小庄因为和省里签了委培的合同，不得以去了华侨大学，听说系里的一位重量级教授想要他，最近又听说他去印度尼西亚公费留学。小林更是3年读完本科，直升本校研究生，前两年又跑到中科院去了。

这俩才子言语不多，但又有所不同。小庄衣着光鲜，生活很有规律。他只要躺到床上，保证5分钟就安然入睡。是一个可靠的男朋友，被一个小巧玲珑的大连女孩钓走了，估计有几个本系的女生暗羡不已。小林就麻木些，平时不修边幅，吃起东西来，吧唧吧唧，估计没哪个女孩会喜欢。那段时间正热播《大话西游》，他的床离电视机最近，他的笑声也最大，河马天人般的，惹得我们几个也大笑不止。

这俩哥们儿，一个是“无为剑”，一个号“求败剑”，当之无愧!

剩下在下区区，有言道：莫问前尘有悔，但求今生无愧!

最后，以一首诗作结吧。

海阔天空凭鱼跃，波涛汹涌只等闲。
峰回路转又一村，林木葱茏清水潺。
问渠哪得清如许，森森凉意沁心田。
兴衰几度尘俗事，得意人生且随缘。

是为记!

曾智波，湖南省邵阳市邵东县创新实验学校教师

# 北师大“国培”之得

任　勇（国家级骨干教师培训班2000年第2期学员）

我于2000年10月8日搭上了“跨世纪园丁工程”的航班，到北京师范大学数学系参加骨干教师国家级培训，所得颇多。

## 一、充实了知识

首先，充实了教育理论知识。我们系统地聆听了许多教育学、心理学专家的讲座，掌握了不少教育学、心理学方面的知识。在北师大学术报告厅，周之良、劳凯声、丛立新、姚梅林、伍新春、裴娣娜、金盛华、谢维和和日本教育专家等为我们开设讲座，这些讲座，有的深入浅出，风趣幽默；有的寓意深刻，富有哲理；有的联系实际，揭示问题，给人以新的启迪。

其次，进一步充实了专业课知识。数学系为我们安排了系统的学科课程和学科教育与课堂教学技能课程，如王昆扬、刘绍学、刘继志、李占柄、刘来福、沈复兴教授等的数学专业课；又如钟善基、王申怀、钱珮玲、严士健教授等的数学教育课；还有何青副教授的网络与课件制作课，系统讲授了几何画板、Maple计算机系统、简单的网页制作知识和网上资料查寻等。这些课程有的能结合中学实际，以高观点分析中学数学问题；有的侧重数学理论在中学数学教育中的应用；有的则从各个方面拓宽数学基础。

最后，自学了许多知识。北师大教师培训学院和数学系发了不少书，我自己又购买了许多书。“有书赶快读”，我利用空余时间，读了20余本书，增长了不少知识。如：教育类的有《教育伦理学专题》等；数学类的有《数学的艺术》等；文化修养方面的有《在北大听讲座》等。说实话，平时在中学，很难有时间系统读书，培训期间确是读书的大好时机。我在读书中获知和启智，我在读书中充实和提高。

## 二、开阔了视野

北师大为我们精心组织参加了由中国教育学会、清华大学联合主办的WTO与中国教育论坛，两天的活动，我们听了不少高层次的讲座，了解了这一领域的许多新问题。讲座者都是专家、学者、教授、博士，在多个场所进行，仅我听到的就有《网络时代呼唤培养创新人才》《网络时代的评价创新》《新时期骨干教师的素养》《学习的革命与教师的角色》《怎样追求教学的最佳效果》《构筑开放式现代远程教育平台》《在信息环境下中小学教育的思考》《新世纪的师范教育：是泰坦尼克号，还是航空母舰?》《从经济全球化到教育国际化的思考》等。

这次培训的学科课程中，老师们联系中学数学教学实际，用现代数学的观点去剖析初等数学的基本概念和问题，帮助我们用现代数学的知识去分析和理解中学数学教材，使我们进一步觉得现代数学对中学数学确实有指导意义，从而站得更高，视野更开阔，对中学数学的来龙去脉看得更清楚，更有利于今后的数学教学。

数学系还邀请了部分专家学者、特级教师为我们开设专家讲座。来讲座的有北大附中特级教师周沛耕、张思明，北京四中特级教师刘坤，北师大实验中学特级教师储瑞年，北京市教科院郭立昌、中国数学教学研究会理事长陈宏伯，这些讲座，贴近中学实际，贴近教师实际，立足基础，理论拔高，听起来备感亲切，用起来切实可行。

在培训期间，我还利用各种机会，到北师大和北京其他高校听高层次的讲座，包括教育、心理、管理、文化和科技的讲座等。还参加了5位北京中学教师教育硕士研究生的论文答辩，对论文答辩有了更深刻的认识。听这些讲座和答辩，既开阔了视野，增长了知识，又陶冶了情操，转变了观念。

## 三、发展了能力

首先，发展了学习能力。要在短时间内，学完规定课程，到有关学校学习考察、了解有关讲座信息、利用图书馆查阅资料、利用计算机在网上下载资料等，这个过程就是学习的过程，在这个学习过程中，我们的学习能力得到很大的发展。未来社会，是一个学习化的社会；未来组织，是学习型组织；未来教师，应该是一个终身学习者，而其学习能力对其进一步发展至关重要。

其次，发展了计算机应用能力。这次培训，每周安排2课时学习计算机应用知识，并安排三个晚上上机练习，我的计算机应用能力大大提高。

最后，发展了科研能力。这次培训，有一个很重要的内容，就是要进行课程实验或研究，而开题报告要在这阶段完成。为此，北师大教师培训学院安排了裴娣娜教授的教育科学研究方法讲座，数学系安排了多次与课题相关的专题论坛，学员之间也进行了课题交流。在每位学员申报课题的基础上，数学系为每位学员安排了指导老师，负责指导该课题的选题、计划、实验或实施、研究、报告撰写等问题，我们的教育科研能力在完成课题的过程中得到很大的提高。

## 四、借鉴了教法

这次培训，数学系为我们安排了到北京名校的考察活动。我们先后到北师大二附中、北师大实验中学、北京101中学、北京十一学校、北京22中、人大附中、天津四中进行考察，参观了校园，了解了学校概况，听了多节数学课，在听课中我们学习了许多好的教学方法，如北京22中孙维刚老师的宏观把握，大胆超前，师生互动，情感沟通；北师大实验中学马成瑞老师的一题多解，一题多变，探究思维；北师大二附中夏老师的快速思维训练和学生主持数学解题；天津四中的问题—探究—问题教学实验；人大附中的数学建模活动等，都是很值得我们借鉴的。

我们还听了本班同学的一节数学研究课，毕竟是参加骨干教师国家级培训的学员，教学水平之高，教材运用之活，师生配合之默契，课堂气氛之活跃，给大家留下深刻的印象。

北师大肖川教授在一次报告中说："中小学教学要向好的大学教学看齐"，这是很有道理的。好的大学教学，注重探索性、开放性，注意发展学生个性，教学灵活多样化。作为已有一定教学经验的我来说，在听课中，除了学习知识外，还十分注意学习老师好的教学方法，以便日后丰富自己的教学。

## 五、交流了经验

这次学习，经验的交流是全方位的、多渠道的。

从学员课题中，交流了经验。学员课题，内容涉及许多方面，有理论研究，也有实践探索；有教学互动，也有主体参与；有宏观研究，也有微观探索。学员们在申报课题的过程中相互交流了经验。

根据学员的反映，数学系共安排了 9 次学员论坛，我讲了 4 次，另有 5 位学员也开讲。我在讲座中与同学探讨了问题，我每次听同学的讲座都有收获。

数学系开设了 5 次专题论坛，都由教授主持。有学习的实质与数学教学，关于培养学生创造性能力的探究，主体参与型数学教学方式的探究，数学课堂教学中实施素质教育的探究，中学数学教改问题等。大家围绕论题谈了各自的观点，阐述了自己的见解，大家深感这种讨论很有实际意义，真理越辩越明，收获确实不小。

我们班还自发每周一晚在住所会议室召开周一教育沙龙，内容涉及教育各个方面。这种教育沙龙，气氛宽松和谐，实话实说，有一点说一点，是交流经验的一种好形式。

北师大培训学院编辑的《木铎金声》是一本专门刊登与培训有关的文章的小刊物，每位北师大培训学员人手一册，它是交流经验的好园地。

## 六、提高了品位

北师大即将迎来百年校庆，在北师大学习，你能感受到深厚的文化底蕴。听听肖川先生之言："漫步校园，感到内心的恬淡与怡然，感到生活真好，大学真好。""当你看到教室中学子们渴求知识的眼神和图书馆里幽香、精美的图书，不也觉得是一种怡人的景致?""在每一节课，你都可以酣畅地发挥你的思想，你可以在貌似徐缓的清淡之中蓄满渊雅的学识，导引着年轻的心灵作一种富于哲理与情趣的精神漫游，在振奋别人的同时振奋自己。"这仅仅是一位学者对大学的一些感悟，而大学的文化底蕴远不止这些。在这种学府中学习，人所受到的陶冶，是全面的、多方位的。

"学为人师，行为世范"是北师大的校训。"学为人师"的科学文化素养，要求新型教师有精深的学科知识，广博的文化知识，专门的教育科学知识，在知识膨胀的信息社会里不断地学会学习，不断充实更新自身的知识，完善知识结构。教师应当成为学者型的教师，已成为当代教育对教师的一种日益普遍的要求。"行为世范"的思想道德素养，要求新型教师恪守教育劳动的道德性和道德影响的特殊性，前者规定教师工作要渗透着思想道德的深远影响，后者规定这种影响主要依靠教师自身的人格魅力和道德感召，依靠教师在任何灯红酒绿与喧嚣的时代风潮中学为人师，行为世范。

利用学习之余，我们还特地到北京音乐厅听了音乐会，虽然有些曲目我们听不懂，但每曲过后，都给人一种美的享受，一种心境的澄澈。

## 七、磨炼的意志

人到中年，能有培训机会，实属难得。从教员到学员的转变，从家庭生活到集体生活的转变，从相对宽松的教学工作到严格的校园学习的转变，这“三个转变”对我来说确是一种意志的考验。

首先，要过生活关。近年家庭生活已处于稳定状态：家有贤妻，生活处处倍加关照；学校、家庭“两点一线”，工作、学习非常方便；外出开会、讲学、办事多车接车送。现在不同了，吃饭问题、洗衣问题、交通问题、购物问题、气候问题等，一切都得自己面对。

其次，要过学习关。中年学习，经验、方法可能有余，但记忆、思维明显不足。面对众多的课程，就要合理地学、科学地学、创新地学。对纯学科问题，我是以听为主，以记为辅。但一定要知道这些内容在哪些书里有，以备日后细研和查阅。对学科教学问题，我是边听边与自己的实践、自己的研究对比，分析、思考，不完全盲从，记下自己的心得、体会和值得进一步研究的问题。对于教育心理类问题，我是以记为主，以听为辅。这些课程，老师多以讲授或投影进行，容量多、速度快，若不赶紧记下，“稍慢即逝”，先记下再说，课后再“回味”。面对众多课程，若是我熟悉的、以往有研究的，我就想，若我来讲，我将从哪几个方面展开；若是我不熟悉的、以往少研究的，我就先预习，读系里发的书，读自己提前购买（或借）的书，“打有准备之仗”。

最后，要过研究关。这次培训，学习、考察与研究相结合。以往的研究，若是小课题，微观进行的多；若是大课题，集体攻关的多。参加骨干教师国家级培训的学员的课题，以我之见，以中观的为好，而且最好是理论与实践结合的。我定了两个课题：一个是中学数学全程渗透式学习指导的深化研究；另一个是中学数学教育整体协同构建研究。为了做好这两个课题，要学习理论，要构建体系，要制订实验方案，要查阅资料，要文献综述，要与导师探讨，还要“遥控”代我上课的老师，在实验方面做些前期工作。搞科研，是要潜下心来的，是要耐得住寂寞的，是要以意志来支撑的。

## 八、增进了友谊

我与北师大一些老师早有交往，许多老师是我尊重和敬佩的前辈。这次来京能与老师见面，备感亲切。有的老师，多年来一直关注关心我的成长，并为我写的书题词作序；有的老师，主编丛书约我写一本，以往多次通信通话，未见过面。这次谋面，再次聆听导师教诲，既有新的启悟，又进一步增进了师生之谊。

学员们来自祖国各地，大家相聚在一起，共同学习、探索，互相交流，互相帮助，互相勉励，彼此结下深厚的友谊。班上一位同学的一首《我们》的小诗，道出了大家的心声：“一段特殊的日子/一段特殊的经历/我们/相识在这里//一个共同追求的目标/一个不尽相同的课题/我们/来年再相聚//为了明天的教育/教师将终身学习/我们/还需要再努力。”

作为有20年教龄的我，送走了多届的高三毕业生，这些学生有的正在京城念书，有的毕业后分配在北京，有的正巧出差来京，学生知道我来了，都非常高兴。适日，大家欢聚一堂，共叙师生之谊，共话美好未来。

多年的教学研究、参观考察和学术活动，我在京城结交了不少朋友，我这次来京时间较长，与新朋老友见面，成了我活动的内容之一。大家一起探讨教育问题，交流科研心得，研究学术动态，拟定合作课题，互赠近期著作，彼此相互勉励。科研的道路上，好友就像一盏明灯，照亮着我前进。

我的成长之路，更多的得益于教育探索；我的教育探索，质的飞跃源于数学系“国培”。

回首来路，满怀感激。因为，我的成长之路，一路上还要有你——北师大数学系。

任勇，厦门市教育局副局长，数学特级教师

# 我和北师大数学科学学院

## ——一份无法割舍的情缘

陆国震（2001 年兼职教授，2005 年“京师学者”讲座教授，
2010 年国家“千人计划”入选者）

首先感谢李仲来老师的盛情邀请。自从李老师邀请我写一篇庆祝北师大数学系（数学科学学院）建系 100 周年的文章以来，我一直在想，我和北师大的情缘应该从哪儿开始算起呢？其实，这些年来一直有不少数学界同仁问我“为什么你会在北师大工作？你是在北师大毕业后出国留学的吗？”每次我都会回答“我不是北师大毕业的，我是原杭州大学（现浙江大学）毕业的。”

我想乘写此文之机，正好可以回忆一下我是如何和北师大结缘的。我 1986 年到美国 Rutgers 大学留学，1991 年获得博士学位。1991—1993 年在加州理工大学做博士后，1993—2000 年在俄亥俄州的莱特州立大学工作。说起莱特州立大学，它是以著名的莱特兄弟（Wright Brothers）而命名。莱特兄弟指的是奥维尔·莱特（Orville Wright）和威尔伯·莱特（Wilbur Wright）这两位飞机的发明者。在莱特州立大学华人学者袁清先生推动下，北师大和莱特州立大学建立了友好姊妹学校关系。说起袁清教授，他是莱特州立大学的历史系教授。他是美籍华裔，祖籍河北保定徐水县人氏，其父为原国立北平图书馆馆长袁同礼先生（1895—1965），伯父为我国著名地质教育家袁复礼（1893—1987）教授，叔父为原国立北平师范学院（即现在的北师大）校长、著名体育教育家袁敦礼（1895—1968）教授，即为当时北平知识界的“袁氏三礼”。袁清教授秉承家传，专心治学，虽身居海外多年，仍心系祖籍国，特别是对北师大情有独钟。在袁教授推动下，两校已经有了很多年的学术交流关系。由于北师大和莱特州立大学的姊妹关系，每年北师大派送两位老师到莱特州立大学作为访问学者访问一年，所有费用都由莱特州立大学支付。有意思的是好像北师大并无须为此做出任何付出，也没有义务要为莱特州立大学做什么，这在当时是一件非常了不起的事。北师大好多老师都访问过莱特州立大学。我认识的就有心理系的许燕老师和数学系的刘永平和李洪兴老师等。遗憾的是由于当时北师大一直还无力对等地邀请莱特州立大学的学者回访，此项目后来就结束了。说起我在莱特州立大学工作的经历，还有一件和北师大老师有关的事。当时大陆刚刚改革开放后就到美国的留学生大多数都有了稳定的工作，很多人的小孩也都有 5～6 岁了，因此传承中华文化、学习中文日益显得重要。为此，几个在莱特州立大学工作的华人学者一起合计着办个周末中文学校为孩子们提供一个学习中文的场所。1995—1997 年，受众人推举我就义不容辞地担任了代顿现代中文学校的创办校长。学校免费借用莱特州立大学的教室。中文学校按学生的不同年龄段开设文化课、武术课、文艺课（像唱歌、跳舞、剪纸等）。我有幸邀请了北师大刚派送来我们学校访问的杨光老师担任中文学校的一位中文老师（1995—1996）。杨老师教得很好，孩子们都很喜欢他。我的两个孩子今天都能讲中文、写中文，也都全靠当时我们办的中文学校以及后来到了密歇根州后继续学习了很多年中文的努力。我一直以来和北师大就有一

种特殊的感情。我想北师大和莱特州立大学这种特殊关系是我和北师大情缘的第一个纽带。

说起我和北师大的另一种特殊关系，是我和北师大调和分析团队的情缘。虽然出国前我师从原杭州大学的白正国先生和沈一兵老师学习微分几何，但在美博士学习期间专攻方向是调和分析。由于在国内时没有学过调和分析，所以国内调和分析的专家除了原杭州大学的老师外几乎不认识。陆善镇老师是国际知名的调和分析专家，又是时任我们姊妹学校的北师大的教授，慕名已久，我一直想有机会和他认识并进行学术交流。我在老杭大的一位老师和好友水乃翔老师就跟我说，北师大的刘继志老师在白先生这里进修学习过，是陆善镇老师的好朋友，他可以通过刘老师介绍我和陆老师认识。水老师就和刘老师联系把我推荐给了陆老师。与此同时，我自己也和陆老师取得联系，把我近几年发表的一些文章邮寄给他。陆老师也很快回信并邮寄给我一些他的文章并欢迎我到国内访问。从此，我和陆老师在 20 世纪 90 年代初期就保持了通信往来。至今我仍保存着陆老师 1995 年 6 月 5 日给我手写的回信。陆老师信中特别说，最近他被推举为北师大校长，以后可能学术会受一些影响。1996 年，我受邀参加了由中科院龙瑞麟教授在数学所组织的庆祝程民德先生 80 岁生日的国际调和分析会议并受邀做报告（遗憾的是龙老师会后不久就去世了）。在此会议上，我应该是第一次面对面见到了陆善镇老师。从此，陆老师以及调和分析团队多次邀请我访问北师大，每次回来我都会做个系列讲座。1998 年 1 月陆老师率领北师大代表团访问了莱特州立大学（记得代表团成员有徐汝梅、金盛华、包华影和杨志峰教授等）。我还特地邀请代表团成员到我家做客，我清楚记得我们大家还在我家地下室打乒乓球（由于大部分教授不是数学系的，此后和他们也没有特别联系）。我记得杨大春老师也曾在 1999 年初访问过莱特州立大学。还有值得一提的是我和数学系王梓坤先生一家也特别有缘，王先生的二公子王维真是我莱特州立大学数学系的同事，王先生的大公子王维民在我现在工作单位位于密歇根州的韦恩州立大学的所在地大底特律地区工作。所以说世界上有好多事真的很神奇，我和北师大总有着千丝万缕的关联。

2000 年我转到密歇根州的韦恩州立大学工作。该校是以美国独立战争期间陆军总司令安东尼·韦恩（Anthony Wayne）命名的，建校已有近 150 年历史，位于世界汽车之都底特律城，是美国卡耐基基金会分类的全美总共 84 所第一类研究型大学之一。20 世纪 70 年代中美建交后美国驻中国第一任大使伍德科克（Leonard Woodcock）曾在 1959～1970 年任该校的董事会成员，白求恩大夫是该校医学院的一名讲师。说起来也真是碰巧，我到韦恩州立大学工作后不到一年，2001 年我就受邀参加了由学校教务长带领的访问中国大学的代表团。代表团原计划只访问清华大学，同济大学和浙江大学。后来我建议增加并联系了访问北京师范大学和北京大学。在访问北师大期间，我们特地访问了教育系，当时接待我们的是周作宇老师和张斌贤老师。我自己当然少不了安排他们访问数学系。后来外事处包华影处长专门访问了我校，不久北京师范大学和韦恩州立大学就签订了交流合作的意向书。陆善镇、刘永平和丁勇老师都访问过我们学校。多年的互访已经成为惯例，与北师大不少老师建立了深厚的友谊。2001～2005 年我被聘为北师大兼职教授，2005～2010 年成为北师大的“京师学者”讲座教授，2010 年入选国家“千人计划”，并于 2011 年起担任北师大调和分析及其应用研究中心主任，近年来和北师大的联系更密切了。多年来和北师大的陆善镇、刘永平、杨大春、丁勇和保继光老师都曾有过良好学术研究上的合作。尤其是自从成为“京师学者”以来，我每年都在北师大开设暑期短课，每次讲授调和分析与几何不等式中的一个专门主题，来听课除了北师大的研究生还有许多北京高校和科学院的不少研究生。

多年来依托北师大数学学院这一平台，也尽自己的能力在人才培养方面做了点儿微薄的贡献。这些年来，在北师大指导了一些研究生。在北师大指导的博士生已经有3位毕业：阮卓娉（2010年毕业，现在南京大学工作），唐晗力（2014年毕业，和刘永平老师共同指导，现留在北师大数学科学学院），丁卫（2015年毕业，回南通大学任教）。现在还正在指导多位博士生和硕士生，其中有几位很优秀。这几年我还指导了两位博士后戴蔚和朱茂春（戴蔚已经出站到北京航空航天大学工作，朱茂春去江苏大学工作）。虽然在指导学生和博士后过程中花了不少时间，但是看到他们一个个成长起来，我还是非常开心。虽然我自己并不是北师大毕业的，但是能有机会为北师大培养人才，我也感到无比荣幸。我想这是我和北师大无法割舍的另一份非常珍贵的情缘。

这些年在北师大，也一直想为北师大以及中国调和分析领域的发展做些事。很高兴利用在北师大工作期间，在国际交流方面也为北师大做了些微薄的贡献。组织了一些高档次的国际调和分析会议，也帮助推动了中国调和分析学者和国际上（特别是美国的）国际著名调和分析学者的学术交流联系和合作。在陆善镇和丁勇老师等北师大调和分析团队成员的大力支持下，几个由我主要牵头组织的国际会议也取得了圆满的成功。2007年6月，由北师大与美国韦恩州立大学、意大利博洛尼亚大学、北京应用物理与计算数学研究所共同主办，由北京应用物理与计算数学研究所承办了偏微分方程和调和分析国际会议，参会人数约180人（60余人做报告）。我特地为此会议申请到了美国国家自然科学基金委的资助，会议并受到了意大利教育部、欧盟共同体、中国国家自然科学基金委的资助。2008年12月，由美国韦恩州立大学和北京师范大学在北师大共同主办了傅里叶分析和偏微分方程及其应用国际会议，会议受到了美国国家自然科学基金委和中国国家自然科学基金委共同资助。依托北师大数学学院和北师大调和分析及其应用研究中心这一平台，2012年5月，由北京师范大学和南京大学共同主办在南京召开了调和分析及其应用国际会议（参会人数约150人）。这些会议有幸邀请到了国际著名调和分析学家W. Beckner，S. Chanillo，M. Christ，M. Lacey，C. Muscalu，A. Nagel，J. Pipher，F. Ricci，C. Sogge等到会做报告。为了使北师大调和分析领域的研究生有机会学习该领域最前沿的发展，我于2012年暑期邀请到了B. Street教授来北师大开设“多参数奇异Radon变换”的课程；2013年暑期邀请到了C. Muscalu教授开设了“多参数多线性调和分析”的课程；2015年暑期邀请到了W. Beckner教授开设了“多线性分数次拉普拉斯算子和嵌入定理”的课程。这些课程对北师大研究生培养也十分有帮助。举办的国际会议也提供了向国际著名数学家展示国内调和分析专家以及青年学者最新成果，并了解调和分析学科最前沿发展的动向，并促进国内调和分析学者和国际同行的交流合作的良好平台。最近的几年里，为了进一步加强和促进北师大和国内外知名大学和学者的交流和合作，除了组织国际会议外，我也有幸邀请了很多国内外顶尖的数学家来北师大访问，讲学和交流。

为了加强北师大、中国调和分析学者和东亚地区调和分析专家的交流合作，2013年10月由我和日本的宫地晶彦（Akihiko Miyachi）教授、韩国的Sanghyuk Lee教授共同倡议发起的东亚调和分析及其应用会议首次在韩国首尔召开，中国有近20位学者参会做报告，其中北师大就有8位学者受邀做报告。2014年7月，由北京师范大学与牡丹江师范学院联合主办的第2届东亚调和分析及其应用会议在牡丹江师范学院召开，参会人数100余人，北师大就有近 20 人参会并有 10 余人做报告。我们期待在日本东京举行的第 3 次会议。这些会议也进一步加强了中国，特别是北师大调和分析团队和东亚地区调和分析学者的交流和合作，也扩大了北师大调和分析团队在东亚地区的学术影响。

自从 20 世纪 90 年代开始，我和北师大开始的学术交流以及自从 2001 年起在北师大工作算起来有 20 个年头了。20 年来我和北师大建立起了很深的感情。这 20 年来我要感谢的北师大数学科学学院的老师有很多很多，首先要感谢王梓坤先生、陆善镇和陈木法老师多年来对我的许许多多的关照和爱护，感谢几届院行政和党委的领导们（特别是李增沪、李仲来、保继光、郑学安等老师）以及分析团队的老师们（特别是刘永平、丁勇、杨大春等老师）对我的关照和支持。也要感谢学校领导，人事处、研究生院、财经处等部门的老师以及数学学院许许多多的老师们的支持和帮助。在北师大的工作经历给了我很多温馨和快乐，也是我的学术生涯和人生经历的一个很重要的组成部分。我将倍加珍惜北师大数学科学学院为我提供的学术平台以及为师大的分析团队和中国调和分析领域服务的机会，会永远铭记各位老师对我的支持和帮助以及我和我的学生们在一起的点点滴滴。在今后的岁月里我将更尽心地为北师大服务。在此北师大数学科学学院（系）建系 100 周年之际，我衷心祝愿北师大数学科学学院越办越好。

陆国震，美国韦恩州立大学教授

# 结缘北师大

李岩岩（2004 年北师大“京师学者”，
2005 年教育部长江学者讲座教授，2011 年国家千人计划短期项目入选者）

我与北京师范大学结缘是从 1998 年 10 月开始的。那次我受邀在意大利 ICTP 的一个为 Nirenberg 教授庆祝生日的学术会议上做学术报告，与正在那里短期访问的保继光老师相识并愉快地交谈。这使我对北师大有了更多的了解。

我于 2002 年在北京召开的国际数学家大会上做 45 分钟邀请报告之后，与国内数学家的交往显著增加。我也希望更多地参与国内数学的发展并做出贡献，尤其在培养年轻人方面。2004 年我正式加入北师大作为“京师学者”，之后在 2005 年和 2011 年作为教育部“长江学者讲座教授”和国家“千人计划”短期项目入选者，继续在北师大工作。在这十几年里，我幸运地得到了数学科学学院领导，诸如陈木法院士、陆善镇、李增沪、李仲来、保继光、唐梓洲、杨大春老师等人的大力帮助和支持。

十余年来，我与保继光等老师合作，为推动北师大在偏微分方程和几何分析领域的研究做了努力。我们一起组织了五次“BNU-PDE”国际学术会议，并邀请了著名数学家，诸如丁夏畦院士、张恭庆院士，H. Berestycki、H. Brezis、L. Caffarelli、H. Kang、P. Rabinowitz、M. Vogelius 等教授来北师大访问并演讲。在中国 NSF 和美国 NSF 联合资助的中美数学人员交流计划项目的资助下，实现了北师大偏微分方程研究团队与 Rutgers 大学偏微分方程研究团队的互访。从北师大来 Rutgers 访问的包括保继光、唐仲伟、许孝精、李海刚、赵亮等老师。大家在一起聊天、喝茶、讨论数学，非常开心。Rutgers 数学系许多老师都熟悉北师大的数学学者。记得有一次保继光老师在 Rutgers 演讲，Brezis 教授在介绍演讲人时，半开玩笑地说：“这是我的领导……”——Brezis 教授是北师大名誉教授，而保继光老师当时是数学科学学院院长。在此之前，北师大名誉教授只有陈荩民、陈省身、苏步青、樊𡌶四位数学家。

在北师大工作期间，我与保继光老师共同指导的两位博士生：李海刚和熊金钢，都留在北师大工作，他们都做出了优秀的研究工作。熊金钢的博士论文“分数阶的 Nirenberg 问题”入选了北京市优秀博士论文。海刚和金钢都已经在重要的学术会议上做报告了。

回想起在北师大的日子，大部分是与年轻人做数学到深夜。印象中几乎每天如此，用功程度远远超出我在 Rutgers 工作期间。我能在北师大投入这么多时间做数学研究，当然要感谢我的太太 Marjorie。我不在家的时候，她又要全职上班，又要照顾一对儿女。

忽然想起，近几年我的很多研究工作都是与北师大的老师合作的。查了一下 Mathscinet，2014 年以后的 8 篇文章里，百分之五十是与北师大的老师合作的。看一看在 arXiv 上尚未发表的预印本，5 篇中有 4 篇是与北师大老师合作的。我非常喜欢这些与保继光、李海刚、熊金钢老师一起完成的工作。希望有更多的合作，也希望与更多的北师大老师交流与合作。

北师大越来越给我一种“家”的感觉。在北师大工作期间的周末也能让我经常见到在北京居住的年迈的母亲，也是幸福的事情。我希望未来能与北师大的老师们一起为推动北师大数学发展做出更多努力和贡献。

李岩岩，美国罗格斯大学（Rutgers University）杰出教授（Distinguished Professor），非线性分析中心主任（Director of The Center for Nonlinear Analysis）

# 我在北师大数科院的日子

张登峰（2004 级本科生）

我于 2008 年毕业于北师大数科院统计专业本科，后来又在国外读了统计的博士，可以说目前为止的人生中，差不多三分之一以上与数学/统计学结缘（随着年龄增长，这一比例会继续提高）。

我当初被北师大录取，并不是在数学，主要是高考分数不够，所以被调剂到了第二志愿的专业。北师大那一年在我们省（江苏）仅招了 32 名学生，一半文科一半理科，数学只有 2 人，实在是门槛太高。我在原专业读了一年，仍未死心，就转到了数学系。前面一年的数学分析、高等代数、解析几何之类，我全是自学的，大体来说，基础是很不扎实的。所以大二刚开始上课的时候，我如同是带着半瓶子水穿越沙漠一样。教我们数学分析的是刘永平老师，很和蔼可亲，但是这门课程就不怎么和蔼可亲了，那个时候为了写作业，我每天都在自习室待到很晚，后来又自己买了个应急灯，宿舍熄灯了以后继续在床上做题，回想起来都好像是在昨天一样。

说来好笑，那个时候我最觉得困难的还不是数学分析，而是李勇老师的概率论。比方说，这门课一上来就讲到很多集合论的知识，而我那个时候甚至都不知道集合序列的“极限”是什么。很多年以后，我在国外的大学里给学生们讲概率统计，看着底下一张张木然的面孔，心中不解：这么简单的玩意儿，你们怎么就搞不懂呢？可是同样的一个人，多年前自己学这东西的时候，也并不是十分明白的。所以每次想到这里，我就记起一句话，叫作“不忘初心”。不管教什么课，这话都应该适用。

大二的时候我们还学了近世代数、常微分方程、普通物理、数学建模、实变函数、复变函数、微分几何等课程。我自以为学得比较好的是微分几何，当时是高红铸老师教的，那门课考了 100 分。所以后来我出国要请人写推荐信的时候，就想到了去找高老师。他倒也挺认真，还拿出了当年的成绩册，看了一下我的分数，才答应了我。这短短一年的时间里，我所学的东西似乎比前 19 年所学的都要多。虽然我后来转行做了统计，但是在这个行业里想要做得深入，也还是需要扎实的数学基础的。这种基础不仅仅是知识的储备，也包括对思维方法的训练。

大三的时候数科院进行了分专业，我就选了统计系。当时统计系人比较少，大概 50 个左右，我其实也并不十分清楚统计是学什么的，将来会干什么，只是因为自己对于数据的分析比较有兴趣，所以懵懵懂懂就走了这条路。在统计系我学了很多传统的方法，比如统计推断、时间序列、抽样调查、多元数据分析、质量控制等。大体来说，我的分数都是 80 来分，平均的水平。只有毛永华老师的随机过程学的比较糟糕，期末考试的时候几乎一道题也做不出来，最后考了 60 几分，或是老师开恩了也说不定。后来的日子里我常常从梦中惊醒：原来是梦见了数学考试，虽然醒来后就记不起题目的样子，估计应该就跟随机过程差不多吧！

后来我在国外读博士时，系里最难的课程普遍被认为是测度论，我就常跟同学开玩笑说，这课其实跟我在北师大的时候大三上的课差不多。我在北师大读书时只是一个平庸的学生，古人云："取法乎上，仅得其中"，何况取法乎中。如果我在这里夸夸其谈什么学习方法，那么定然有误人子弟的嫌疑，如果我要说什么数学的思想，那么更是贻笑大方。不过通过一些本科课程的教学，我作为一个不太称职的老师，也学到了很多东西。我经常想到的一个问题是：未来的数学教育应该是怎样的？

这个时代发展太快，什么东西都是加速度的前进，据说早期的人类花了数以万年的时间才发明出简单的工具，然而如今不过20年，中国互联网从无到有，就创造了不知多少奇迹。假如我们现在要去整理先秦的历史，那么一个很大的问题就是资料太少。古代传下来的书就那么几本，大部分都不怎么全，甚至还有后人伪造篡入的。即便是有限的可靠文本，文字也都是简要古奥的。所以这是信息不足的问题。然而如果未来的人们来研究我们的历史，那么他们所面临的则必然是信息过度的问题。传统的报纸、杂志、电视等自不必说，像微博、博客、社交网络这些新媒体，我相信也必将成为未来的历史学家们所不能忽略的内容。大学历史系应该多开一些统计学的课，这是题外话。我想说的是，在这样的时代，无论学生还是教师，所面临的挑战都完全不同了。

现在人们都说20世纪80年代的大学生百里挑一，素质高，学的扎实。不过我看过去的高考卷着实很简单，父母也都讲到那时同一个班上的学生基础差异很大，大学教授不得不在课堂上给学生补习中学知识。所以如果说那一代"天之骄子"能够在各个领域发挥出重要的作用，主要应当归功于他们对于学习的无与伦比的热情和持之以恒的毅力。然而今天的学生们有太多的事情要做，课外活动、实习、创业、娱乐等，应该以怎样的理由来说服他们坐下来认认真真的看一些数学呢？

另一方面，现在各个领域中不断有新的问题涌现出来，对应着也就有各种新的方法，新的概念引起学术界新的兴趣。如果能够在本科生的课程里加入一些这样的讨论，自然再好不过，可是课程的总量是守恒的（若考虑课时改革，则未来只可能会是单调递减），教了这个，又应该删去什么呢？

正因如此，我常常提议教课的人们都做一个思想实验：假如你的课时总共只有三个小时，你打算用这三个小时讲些什么呢？比如让我去讲入门的概率论，那么我只会讲一些数学期望和方差的性质，什么是正态分布，不加证明地提一点大数定律，中心极限定律，最后引入蒙特卡洛方法，这就可以了。至于那些要靠排列组合来计算的古典概率问题，或者是如何用多重积分计算随机变量函数的分布，通通一边儿去。有了这三个小时的估计，对于其他的部分，就可以灵活一些。教师总想多讲一些，然而把课讲的让学生听不懂，是最差的教师也能做到的事情，所以不妨从反面去理解孔夫子的话：少乎哉？不少也。我非常确定，几年以后，绝大多数学生们恐怕已经把十分之九的知识还给了老师，所以只要他们还能记得在那三个小时里所学到的内容，这样的教学就应当被认为是基本成功的。

再谈一下书籍/讲义的编写。好的数学书，读完之后会有一种感觉，那就是"事情原本就应该是如此"。比如"$\varepsilon-\delta$"语言那一套东西，初学者难免会觉得不自然。如果一本书读了之后能够让人领悟到，在所有一切"不自然"的东西当中，这已经是相对而言最"正常"的一个，所以才能经受住历史的考验，那么这就已经达到了教育的目的。

模仿时髦的话，数学教育应该是"有机"的，也就是把这些概念、命题、算法，都转化成活生生的对象，让人在脑子中有一个直观的图像出来。假如你问一个小孩子什么是老虎，他断然不会给你背诵字典上的解释，但是他可以跟你描述老虎是什么样子，甚至还会给你讲武松打虎的故事。如果仔细设想一下这个场景，涉及的所有信息量定然是巨大无比，然而还没上学的孩子就可以栩栩如生的讲述各种各样的动物、植物，可见人的学习潜力是很大的。人们认识事物，通常来说都是从具体到抽象，特殊到一般，如果读者在脑海中尚未有几个具体的例子，作者就开始从很高的观点阐述层层抽象之后的结论，那么无异于谈论玄学。

假设你打算在一个陌生的城市游玩，随机搭上一辆出租车，吩咐去某景点，结果车开了半天也没到，你就难免要怀疑：这不会是在坑我吧？读数学书就常会有类似感觉。不知道作者是在搞些什么，定义了很多概念，证明了很多引理定理，看到后面已经快记不住前面的结论。所以我常常感觉到，最好读者能够预先就对主题有一个大体的了解，比如你从北京坐车到广州，经过哪些城市，各自多少时间，心里有一个基本的估计，就不会半途感到慌张失措。另一方面，作者也应该考虑到，想要让一个门外汉预先就看出路径来，多数时候是不现实的，因此在正式的叙述之中，穿插适当的点评是很有帮助的。介绍一个很长的证明之前，先点出大的策略。定义一个概念之前，先介绍历史的渊源。如果只是冷冰冰的把定义，定理串在一起，那么就好比把一桌子丰盛美味都提炼成药丸来服用一样。

现在很热门的一个概念叫大数据，我看过一些顶着机器学习或数据挖掘名头的书，其实也都是统计学的一些基本方法。几十年前就有的东西，被人们从故纸堆里拿出来重新包装一番。现实的需要是一方面，计算机等客观条件的发展也很重要。即使对于并不遥远的未来，什么样的题材会成为热门，什么会逐渐被人们遗忘，我不知道有谁可以预测出来。然而我所相信的是，数学，这门古老的学科仍将会不断地进化，向我们展示过往所不曾见过的神奇。

张登峰，美国花旗银行，Modeling/Scoring/Analysis Analyst

# 与学院两位老先生交往点滴

## ——献给建院100周年

唐梓洲（2005年来校工作）

刘绍学先生，年过八旬，是我国代数界的元老，他培养的学生中有多位杰出青年和高校院长或系主任。刘先生为人谦逊平和。在老数学楼办公的时候，他下午常来工会活动室。我跟他打过几次乒乓球，都是拉得很长的那种球。他很健朗，球艺超过我，但跟他打球我感到很惬意。他还教我打台球，从什么角度瞄准，如何用力，都仔细教我。特别是告诉我打台球要讲究身体的姿态。因为工作忙或者别的杂事，我去工会活动室总的次数不多，但每次路过那里，我总要往里面望一望，总盼望见到刘先生的身影。

王梓坤先生，也是耄耋之年。王先生是我国概率界的权威，做过北师大的校长，还是著名的科普作家，可他一点架子都没有。记得有一年的冬天，我们在北京饭店参加一个大学生数学竞赛颁奖仪式，会后跟王先生同乘一辆出租车回学校。王先生跟出租车司机拉家常，有说有笑，说话幽默风趣。

有一次我看到王先生一个人推着一辆旧自行车，车上驮着很多书。我急忙想去帮他扶着车，他不要我扶，只要我在后边看着车不倒就行。我问他这些书哪里来的，他说在地摊上买的，一块钱一本。天文地理、历史经济各种门类的书都有，足足有三四十本。这件事给我很大启迪，活到老学到老，这才活得充实、活得快乐。我认识一个北京著名高校的教授，退休不久就把家里的书处理了，送的送掉，卖的卖掉。王先生博学睿智，不是一个平凡的人。我心中非常敬佩他。

唐梓洲，北京师范大学数学科学学院教授，数学与数学教育研究所所长，教育部长江学者奖励计划特聘教授

# 成长于斯，心恒系之

蒋培杰（2008级公费师范生）

相信很多同学（校友）和我一样，在母校求学的那些美好的回忆，总是不经意浮现脑海，在心里久久酝酿，然后嘴角不自禁展露笑意。在数科院学习的那些时光，虽不曾“焚膏继晷”，也算得夜以继日，在数学的世界里徜徉，在数学分析和抽象代数里坚强，既充实又精彩。若干年后的现在，回顾自己的成长历程，原来自己真正成长、成熟是在母校，真正学会思考也是在母校，是在数学科学学院。成长于斯，心恒系之。

恒念母校，最难忘是师恩。

记得我们那时数科院有一个很好的制度，就是给每个本科生也配一个导师。平时学习、生活上遇到什么问题不仅可以求助班主任，还可以直接去导师那寻求帮助。导师也会经常找我们谈谈天，关心我们的学习，更关心我们的成长。我的本科生导师是李仲来老师，很慈爱、很幽默的一位长者。导师带过很多学生，可能不一定记得我们了。然而，我们永远记得导师送给我们的一堆堆的草稿纸，我们知道草稿纸意味着什么。我们可以很有底气地说，这些草稿纸我们都没有浪费。不过它们实在太多了，这么多年后的现在我还不缺草稿纸用。李老师还曾送我一套数学分析教材，很老的一个版本，我至今保留着。这套教材我时常翻来看看，书的意义已不仅仅是知识，而是它能时刻提醒我，作为一个中学数学教师，首先要懂数学。只有自己理解好了数学，才能教好数学。点滴师恩如海，恒久难忘。

最敬佩、最难忘的还有胡永建老师。胡老师教我们高等代数和近世代数。老师讲课讲得很清楚，能把很复杂的内容讲得很简单，而且上课时总是面带微笑。现在自己身为人师，才更加有切身的体会。如果笑容是装出来的，一节课笑下来肌肉都会僵硬，很难受。一个老师整节课都面带自然的微笑，说明老师很精通、很热爱自己讲授的内容，很在意对学生的鼓励，很期待学生的成长。感激胡老师，不仅仅因为他帮我们打下了一个坚实的代数基础，更感激他的为人师范，让身为人师的我们（胡老师曾经的学生），有了很好的学习榜样。师德巍巍，高山仰止。

最感激的还有我的本科论文指导老师，王加银老师。因为王老师的指导，我才慢慢学会写论文，也才能顺利完成学业。

还有我亲爱的同学们。还记得我们一起在篮球场上驰骋的英姿，记得学习时的互相切磋甚至争论的一幕幕。记得，我因脚踝骨折，日日送我去教室上课的好兄弟们。借此母校数学学科成立100周年大庆，遥祝你们平安幸福、桃李满天下，祝母校数科院老师们身体健康，工作顺利！愿母校数学学科更加辉煌！

蒋培杰，广西壮族自治区桂林市桂林中学教师

# 钟善基教授访谈录

李仲来（2003 年 4 月 10 日）

李仲来（简称李）：我今天来跟您聊一些您一生的一些经历，包括小学、中学和大学的情况。您的特点之一，就是小学、中学和大学都是在北师大，对北师大有非常深厚的感情，您是不是先从这方面谈一下。

## 3 周岁就到北京师范大学来玩

钟善基（简称钟）：行。我们接着 2 月 24 号聚会说起，那天我简单说了一下。论我和北师大的关系，应该说是够深的。小孩时候，那时 3 周岁，我到师范大学来玩，当时，好的条件是我家住的地方离老北师大校址非常近。

李：有多远？有 200 米？

钟：二三百米吧。1926 年，记事了，随便玩去，到北师大玩玩。干什么呢？看两个：对生物系的各种各样的模型感兴趣，现在还保存多少我不知道，当时有原样的兽类、鱼类都有。上北师大看老虎去。

李：那时候，北京没有动物园？

钟：有，当时动物园太惨了，没多少动物，连老虎都没有，就一头大象，后来慢慢饿死了。一个是看生物系的各种模型，装一个瓶子里头的什么鱼类，多得很。那时也不受限制，小孩随便出入。再一个，就是上操场看打球。当时北京只有一个学校有体育专业，就是师范大学。

李：当时还没有北京体育学院呢？

钟：什么都没有。就北京师大有个体育系，当时出了很多明星。

李：比如说，五虎将，很有名。

钟：那时候，有个远东运动会，中国，日本，菲律宾，咱们北京师大体育系在远东运动会上拿前 3 名的人不少，有的后来就是我们的先生，到北师大附中就教我们。上北师大玩去，比如说，照片上鲁迅在操场上讲演，这我赶上了，那时我在小学五年级。

李：鲁迅的讲演是在原来沙滩的东面？

钟：不是，和平门外面。我说的师范大学是在和平门外南新华街。我 1926 年就出入北师范大学，就是玩去。到了 1928 年入北师大附小。

## 上北师大附小六年级才算是数学爱好者

李：那时候没有幼儿园吧？

钟：我没赶上。等我上了小学以后，北师大附小有了幼儿园。从那儿起，就算进入师范大学的门了，一直到现在。

李：那时，小学是5年还是6年？

钟：6年。那时不叫低年级，中年级，高年级，叫初小，高小。4年初小，两年高小。毕业就上北师大附中了。

李：您能不能说一两件您印象比较深的事？

钟：印象深的很多。我从六年级，算是数学爱好者，以前无所谓。赶上算术老师好。那时候很严，算术考了80分，就能免考上北师大附中，我是保送生，不像现在，双百分都不行。

李：老师好，是因为他课上讲得好，还是他讲一些课外的东西？

钟：想到哪儿说到哪儿。比如说讲面积，多边形的面积，一直讲到圆的面积，老师多说几句，要随便的，怎么办？你们别忙，等你们上了北师大附中高中学积分时就懂得了，这话都说。那时，什么叫微积分，不知道，反正知道有这个词。这老师新中国成立后才去世。

李：您还记得他的名字吗？

钟：记得，于士俭。再一个就是，我上小学是比别人小，那时讲虚岁，虚岁7岁就是现在的6岁，我5周岁半就上学，标准是6周岁。

李：应该说比别人矮一年。

钟：对。我喜欢体育，打球，技术不好，可是喜欢，什么球，我都喜欢玩玩，小到弹球，大到篮球。现在我冬天不怕冷，是当时学校训练的，不管多冷天，那时北京比现在冷得多，早晨上体育，在操场跑步，老师带着跑，那时可真冷，就那么练。再一个印象深的。我的史地常识，不客气地说，够丰富的，与小学老师有关系。当时，老师上课讲完，基本上能记住，那时内容也不算少。历史数朝代，尧舜禹汤周一直到清朝，平常就背下来了。地理也是，中外地理比较多，不知现在为什么那么少。

## 北师大附中比较开放

李：您上中学是5年还是6年？

钟：6年，初中3年，高中3年。我耽误了1年。初二那一年，白喉、猩红热是要命的病，我忽然一块儿得，没死，休学了。等于病了1年，有病，时间又长，别去了，养好了再说。在初中的几年里，对北师大附中，我这么说吧，比较开放。当时北京市有3所出色的中学：北师大附中，国立；河北省省立高中，那时叫河北省第17中学；北京市市立4中。附中算国立，出好学生。我说得比较开放，举一个例子。20世纪30年代，学生运动很厉害，那时叫闹学运，也不知道是共产党领导的，北师大附中不在乎，那两个学校不行。管得出了问题，有一年是什么学生运动，河北高中死了学生，责任推来推去推到校长那儿，非要打校长不可，这校长就是在日本投降以后，在北师大当过总务长的，叫焦实斋。当时闹学运的时候，多数学生是抗日，那时他当17中学校长，吓得他跑到学校大街上的一个棺材铺里，躺在棺材里，学生找不着，这事，老北京都知道。

李：我见过这件事情的报道。

钟：当时死的学生叫郭清，就是咱们电子系郭汾先生的弟弟，后来抬棺材游行，压制学生压制得厉害。4 中也是不如北师大附中开放，虽然没有出乱子。

李：高中时，是不是对学生要求非常严？

钟：对，在附中，刚才说的是校风。北师大附中学生也出去参加游行，先生也劝，别去，别去，把话说到了，你们愿意出去，不拦。当时我上初中的时候，新中国成立后北京市一个当领导干部的，现在还能认识他，比如说，原来北京市委大学部部长李晨，就是当时的高中学生，现在还活着，80 多了。李德伦，那是出色的学生，新中国成立以后他回来了说起来，他当时在北师大附中念书的时候，是附中“民先”的头。

李：“民先”是个群众组织。

钟：党的外围组织“民主解放先锋队”。别看他是搞音乐的，另一方面干这个。北师大附中地下党书记就是张承先，当过教育部副部长，党组书记，现在还健在（注：2011 年 1 月 26 日逝世）。

李：您能否谈一点高中印象深的事情？您念高中时是不是非常喜欢数学？

钟：那是。高中时已是沦陷区了，所以蒋介石说我们学生是伪学生，这是我一生中的一件大事。后来才知道，又是共产党领导反对甄审。

李：共产党这条政策还是挺得人心的。

钟：是，等到附中教书的时候，还差点儿不要我。1945 年到附中教书，1946 年，当时我们两个人是伪学生，另一个是历史系的，还活着，比我大，在回民中学。校长是我们在附中念书的语文老师，1946 年 6 月，那时一年发一次聘书，准备聘书的时候，校长把我们俩找去了，实际就是公开说了，有一份密令。

李：国民党的密令？

钟：是。不能用你们俩，因为你们是伪大学的，你们别着急。咱们形式化，少排点儿课，过一年以后，该怎么办，一切照常。先跟你们俩打个招呼，这一年少排课。

说起来念书，从初三起，数学方面真正够得上是数学爱好者，也是因为老师好。老师 1993 年 98 岁才去世，他是院系调整调到天津大学当教授。他叫韩清波，这很有意思，初三教我们几何，当时北师大附中的初中是单科，算术，代数，几何，不是并行。我们身边的老师跟着我们走。该上高三了，这个老师就让对过的北师大请去当教授，两边跨。当时北师大跟附中关系比现在近多了，互相的。

李：韩先生是咱们系学生中特级教师中年龄最大的。

钟：不是，那位是韩桂丛，这位在他们班算是老大哥。

李：他是 1920 年毕业，跟傅种孙先生是同班。

钟：这都知道。这年级同学里头，属狗的多，这老先生属羊，差 3 岁，一见面叫老大哥。一直教到我大学毕业，每年准有老先生的课。爱好者爱好到什么程度，我们同学之间有 3 个人，等到上高三时，范氏代数，先生还没讲，我们都念过去了，上课专听思想，老师讲，也专讲理论和思想，不是单纯讲知识是什么，这先生也明白，那时初等微积分我们已经看了一半了。但是，我没当过数学特长生，那时附中有个规矩：哪学期哪个学生数学要得了一百，给个奖章，我没得过 100 分，老是出点儿毛病。我们的数学特长生后来没念数学。再一个就是，天下人闻名，北师大附中重理轻文，但是我感觉，看你怎么说，那时

6 年，别的不说，我在附中念文念的不少，选古文选的内容多，我就因为不善于作文，语文分数老高不了，念几年北师大附中，只有在高二的一个学期得过一个甲等，那时，甲乙丙丁戊，附中特别，不是 4 等，而且赶上那学期学的内容主要是诗词歌赋，要还是做文章我照样不灵。文采渲染这我不会，没作文的细胞，没办法。

## 上北师大脑子里的偶像是韩清波先生

李：您上北师大数学系是您自己报的，还是考的或推荐的？

钟：自己愿意。

李：当时也是考的？

钟：不考。当时附中上北师大不考。有两个关系，一个是当时社会战乱，再一个考虑出路，就是结合自己所长，我就选择了教师。

李：当时您就是选的数学系？

钟：是，衡量了一下。我自认为有当教师的口才，做过试验。怎么那么巧，上高中三年级的时候，有个朋友的孩子，上初二，我当家庭教师，我觉得行。从那儿，就准备当一辈子中学教师，希望能到附中当教师。数学不错，教数学，脑子里有偶像，就是韩清波先生，将来我要像韩先生那样当一个中学教师。这个目的算达到了，也算没达到。怎么算达到了，毕业之后我真到了北师大附中。

李：又出来了，算是没达到。

钟：院系调整又把我叫回来了。再有印象比较深的，做一些作业，学生忙不过来，而且累得不得了，当时我干脆不理会。高中 3 年，那时候，足球运动是冬天踢。

李：夏天不踢？

钟：春季是排球、网球，冬季是足球、篮球，现在不一样了。高中 3 年，我们几个也算是足球爱好者，不管冬天、夏天，踢到什么程度呢，每星期一至五，下午上完两节课，从不回家，都去踢球。星期六下午没课不踢，星期日不踢。可是放假，暑假那么热，星期一、三、五，到学校踢球。3 年下来，太管用了。

李：您是踢什么位置？后卫，前卫，中锋，前锋？

钟：踢前卫。那时是 1 个守门，两个后卫，3 个前卫，5 个前锋。现在，我们那伙人里面，守门员还活着，经常见面，我们俩从附小一年级就是同学，大学不是同学，他是工学院的，一直到今天，经常来往，寒假来了。他现在退休了，是工程师。

在北师大附中文科，理科，体育，还有一个意外收获，那是在附中养成的。当时附中初中有音乐，高中没音乐。高中设音乐选课，谁愿意上谁就上，我喜欢音乐，现在一说流行歌曲我就摇头，我就喜欢交响乐，这受李德伦的影响。我们上初中时，李德伦上高中了。每星期三举行一次音乐欣赏，不是找人唱。他把北师大音乐系的老教授请两人轮流讲，先讲一遍下面的曲子是什么曲子，作者是谁，都是名人，然后大伙听名曲的唱片。每星期我准去，就那么喜欢。到高一有选课，也是请北师大老教授教，声乐就是学唱，我学了一年声乐。

李：这也为您唱歌好打下了一定基础？

钟：有关系。学习跟体育运动两不误。有一条规定，校队：篮球队，足球队，各门课平均不到 75 分，技术再好也不要你。当时，北师大附中当校代表队那都不软，分低不要，这是一个特别的训练。

还有一个，上高中，这太凶啦，不许迟到，一节课没来，一节旷课；如果你要迟到，五节旷课，就是不让你晚。我从高一起，早晨不吃饭，就这么逼出来的。我离家近，高中喜欢数学，开起夜车来也没人管，早上起不来，养成习惯了。这也是一个特点。

李：您上大学之后有什么印象深的事情？对您影响比较大的老师？

钟：当时上北师大，有几个名教授上后方了，也有没走的。名气最大的，就是我上一年级时，教几何的大名鼎鼎的朱兆雪。朱先生是双博士，巴黎大学数学博士，比利时什么大学的工学博士（编者注：1923 年毕业于巴黎大学理学院，获数学硕士学位。后又留学比利时，攻读土木工程专业，1926 年毕业于比利时岗城大学水陆建筑工程系）。我在北师大念数学系的时候，他同时兼北大工学院建筑系主任。1949 年以后，当北京市建筑设计院的总工程师。成立了北京工业大学，当过校长。后来设计地铁，累死了。

李：朱先生本科在哪儿念的，您知道吗？

钟：不知道，他是江苏常熟人，一口江苏话。再有就是，傅种孙先生上后方了。有名气的，1994 年去世的刘书琴，后来在西北大学，搞函数论的。还有几位老先生。那时设课也不算少，后来说三初三高，进门 3 门课，初等微积分，方程论，高等几何。现在看起来，高等几何也罢，方程论也罢，实际就是初等几何、初等代数研究，一年级，解析几何，空间解析几何。我们念书的时候，数学都是英文，没有中文书。

李：这对当时学生英文水平的提高也是有好处的。

钟：在高中的时候，数学先生讲课时，随时把数学名词都介绍了。后来解放了，说是崇洋媚外，就算了。我们当时一年级，数学分析是两层，一年级学初等微积分；二年级学高等微积分。

李：当时日语是必修课？

钟：当然，高中必修。

李：初中呢？

钟：没有，初中还没有打仗哪。北师大附中特别，日文有，英文也有，表面文章，两样都有，当时附中英文给的时间少，另加。

李：日文是高中和大学都有。

钟：大学纯粹是混，走马灯，几天就换一个教师，跟没学差不多。

李：咱们系有一个叫平贺良藏的教授，您是否还有印象？

钟：平贺良藏是教数学。

李：对。他不教日文？

钟：不教日文，他没有教过我，教女生班。我们是男女分班，下年才男女同班。

李：他们在学术上还可以吧？

钟：可以。

李：上课时有没有歧视中国人的现象？

钟：平贺不错。我赶上高中 3 年的日文老师也不错。

李：高中日文也是日本人来上？

钟：是，他跟别人不一样，说现在话，叫关系不错，有交情，不是那种压制亡国奴，别人不行。日本还没投降，就让他回国了。后来才知道，他是反战分子。开放以后，到日本，我去看过他。他还来过，我带他去附中看了看。

李：当时，您在数学系的时候，除了平贺良藏外，教数学的是否还有其他日本人？

钟：没有。

李：唯一的一个。

钟：留日的有几位先生：刘书琴、刘亦珩、杨永芳、杨宗磐都是。

李：杨宗磐后来去南开大学了。

钟：他来的时候，已经在京都大学当助教了。当时的教授里头，有好几个都是外国留学生。那时候，回来的多，不回来的少。

李：您上大学时做教育实习吗？

钟：有。现在的办法是学苏联，由本系的教师管。

李：当时是由本系的教师管？

钟：当时不是。教育系出教师，专门有这样一门课，初等数学研究，是傅先生立的，传下来的，初等数学研究不管教学方法。那时这门课叫参观与实习，讲半年。

李：是全脱产，脱离学习的？

钟：不脱离。课上也学点儿知识，也带着去北师大附中听课。

李：全是在附中吗？

钟：是，没几个人。

李：您那届没几个人，前面的几届人可多呀！

钟：赵慈庚先生那届人多。

李：以前，他们也是都在附中实习？

钟：在两个附中。小学也实习，附中、附小都去。

李：那时讲课吗？

钟：四年级，上北师大附中讲4节，上北师大附小讲两节。

李：在大学里，这同时都要讲？

钟：这一段，全是实习，课也上完了，在四年级第一学期。

## 北师大附中干8年

李：您毕业之后，是直接到北师大附中的？

钟：对。毕业时赶巧了，那时学校聘教师有空额才聘，不像现在国家分配。

李：如果没空额，傅先生说的，你想法给他排几节课，先把他安排一年，以后到别处去？

钟：对。我毕业的时候，正赶上出来一个空额，我又是本校毕业生，韩老师一说，得了，就那么去了。

李：第1年是叫实习老师吗？

钟：不，是正式的。暗中是实习老师。附中有个老规矩，新教师来了不公开，谁也明白，试验一年，行，接着聘；不行，算了。我们年轻的上附中，先教初中二年级，有一个什么好处：一年级的先生一定是有经验的老师。

李：就跟大学一年级是一样的。

钟：三年级不行了，要有把关的老师教。教初二，行就行，不行没关系，基础我先打好了，到三年级有把关的，这很科学。初中二年级讲代数，都是那样。

李：您在北师大附中干了七八年啦。

钟：还有一段。1952 年，当时是明明白白说，我算北师大人，工作是一边一半。

李：您在北师大上课，在附中也上课？

钟：1952 年到 1953 年。实际干 8 年。这一段还有一笑话。你最好把它关了不说，这笑话你知道就行了……

李：您实际上在 1953 年脱离了北师大附中，不上课了。

钟：1953 年就没课了。

李：1953 年之后，附中的几何课谁上？

钟：本校老师。我在附中还有另一段经历。1961 年，全国各中学考大学的分数排队，北师大附中排第 13 名。老校友杨秀峰老先生，原来是北师大附中的教师，坐不住了，当时当高教部部长，说我得问问。给附中打了一个电话，接电话的人是杨老先生教附中时的一个学生，一个老太太，在北师大附中当职员。正好，跟学生说话无话不说，说排第 13 名，咱北师大附中可没有过，这是怎么回事？老太太也姓杨，说把人都调走了。我是头一个被调走，屡屡往外调，调出不少。

李：都调到北师大来了？

钟：不，有上别处去的。

李：也是去搞教法的？

钟：不。杨老说怎么办哪？还让他们回来？部长说，你给我开个名单。这都是我听女杨先生跟我说的。开了一个名单，头一名就是我，第 2 名，第 3 名……一大帮，有的不在北京，比如在河北师大。就咱们这儿好办。来电话，怎么都行。跟系里一说，王树人说，调回去是不行，附中也没有那么大奢望，教一门课，一个礼拜来两趟，带徒弟。我是奉命出去带徒弟。

李：这应该说是一种办法，尤其是对青年教师。

钟：1962 年到 1965 年，我教课，有人来听，那会儿，热闹着哪！宣武区一帮青年教师，还有别的学校的教师，都来听。附中还有一人，也是拜师的，韩先生也算是宣武区北师大附中的师傅。到 1965 年，说别去了，“四清”了。

李：您等于每周上两节课。

钟：嗯。

李：上了 3 年。是高中还是初中？

钟：高中。

李：高中讲立体几何，解析几何？

钟：那一段正乱。

李：1961 年应该好了？

钟：我去从平面几何讲起，平面几何、立体几何、解析几何，这几门课怎么分配，我有什么办法？有一条件，学生好。

## 画圆画得非常圆

李：原来就听说过，除了讲课外，您的板书好，我并没有感觉。我第一次听您的立体几何和球面三角，我就发现，您画的圆不用手指头点在黑板上，画得非常圆。画的直线直，这很多人都可以画出来，但画圆的功夫并不容易，您是从什么时候锻炼出这些功夫？

钟：这叫环境使然。我从大学三年级就去教中学，当时，北京的私立中学如果没有经济后台，待遇低。打个比喻。在北师大附中的正常时期，七七事变以前，在北师大附中当初中教师有定额，高中也有定额。

李：有定额就是老师是几个人？

钟：不是，一个人教多少点钟。现在年轻的听到吓死了，初中是每周18到22课时，高中是每周16到20课时。工资按课时算，初中1课时是1个月8块钱。

李：8块是大洋。

钟：大洋啊！高中是10块钱。所以，在高中教18节课，1个月就180块。

李：我当时看李大钊当教授，每月是250块大洋。

钟：当时大学教员工资最高的是胡适。我们上初中的时候，北京市没有教育局，属于社会局教育科。有一年，北京市设教育局了，上北师大附中请人，请经验多的教师当局长，没人去，谁干那个！别的不说，工资140块。数学课不排下午，平均18节课，完了玩，挣180块，谁上教育局干！相形之下，就差一墙之隔，和平门外是北师大附中，和平门里有所中华中学，没有后台，是北师大一批毕业生办的，1949年后一直做到教育部办公厅主任，教育研究所的书记，叫郝人初，那是老北师大毕业生，在咱们这儿立了一个教育科学研究所，老先生当书记，刚解放，是北师大附中的校长。他们几个人办的一所中华中学，教学质量是相当高的。但是，两块与五毛之比。这儿一节课给8块，他那儿一节课给两块。私立中学也有高的，咱们不说了，教会学校。

李：以前的4中还是在现在这个地方？

钟：就是。民国以后的市立中学，北京1，2，3中都是民国以前的。

李：还是刚才问您的那个问题，您的基本功是怎么练出来的？

钟：私立中学没有财政后台，又不愿随随便便抓一个当教师，怎么办呢？慢慢形成一个习惯，到暑假上师范大学约高年级的学生，三四年级的，上他们那儿教书。咱们系我干过，吴老师也干过。我上三年级，北京28中，在长安街的长安中学请我去。什么工具都没有，找个直尺三角板，没有，好不容易老工友翻出一个破圆规。那怎么办？下苦功夫练，这样练出来的。那时候，你黑板上要没工夫，学生先反对你，站不住啊！没有什么奥妙，就是练出来的。

李：画直线还好练出来。画圆还是有一定难度，要腕子的劲。

钟：对，现在画不来了，写字都哆嗦了。

李：这跟年龄有关系。我随便说，我们系，包括理科系的老师，70岁以上最好少上课。

钟：在咱们数学系历史上，上课上到快80岁了，我算头一个。王家銮跟我说过一回。退休不上课不算，退休上课我算最长的。

## “文化大革命”时培训中学教师自带行李

李：“文化大革命”的时候，您是怎样度过的？能不能谈一些具体的事情？

钟：咱们数学系的教师，所谓老的，我跟张禾瑞先生是幸运者，什么都没挨着。

李：您也去临汾劳动了？

钟：哪儿我都去。进“牛棚”，就我跟张先生不是。连胡景浩在党总支的时候，说起来，你够幸运的，我说，可不，够幸运的。后来过去了，问你有什么余悸没有？做点儿思想工作。我说，得了得了，我都没有。

李：您去临汾劳动了几年？

钟：2 年。

李：那时候，您还年轻力壮，年龄也不小了。

钟：1971 年回来时，48 岁。那 2 年可是不错。军宣队的队长邬文发，他说，回去吧。我说算了吧，住在这得了。他说，你也不算算，你种一垅麦子多少钱？赶紧回去给人家上课去！

李：这是大实话。对吧。他们还能说出这种话来，能想到这一点，还挺客观的。他是军宣队的什么头？

钟：军宣队总的头，真不错，打交道挺好。后来快上课了，又没有招新生。1972 年北京市规定下来了，北半归咱们，南半归师院。你们都去平谷，我是第一批出去的。

李：第一批去哪儿？

钟：平谷。那是 1972 年。

李：那是办短训班。

钟：5 年！这是我的经历。邬队长还送我们去。

李：主要是培训中学教师。

钟：对。在汽车上，邬队长说，像你这样的，还用备课？哎呀！我说，邬队长，你这话可说外行了。

李：对象变了。

钟：没有不准备的教师。我去了 5 年。1972 年，在北边转各县，到 1977 年，我一看这架势，还去吗？跟平谷的教研员戴连枝说，你看，我们要不不来了。老戴说，您不来？我说你们有钱吗？现在不兴要钱了吗？你们掏得了这钱吗？我说，你看吧。果然是这样。

李：当时还在延庆办了。

钟：北边归咱们，你数吧，延庆、昌平、怀柔、密云、顺义、平谷归北师大，南边归师院。你别说，那 5 年跑的蛮有兴趣，那时也不讲这个，不讲那个，自带行李。我的行李就在那儿搁着，拿起来就走。

李：您在平谷搁着行李？

钟：搁在家。

李：这个我没听说过。

钟：现在上哪儿开会，旅馆，宾馆，哪儿有那事？没有！

李：这在现在都是不可想象的。

钟：是啊！去平谷先了解情况，往北边走，上哪个公社，骑自行车去，罗承忠不会骑，我带着他，我骑车他坐后头（注：罗先生比钟先生小 10 岁）！这 5 年认识不少人，到各种场合，都是教师。

李：您说一两件印象深的事情？

钟：那有。

李：当时办班的时间都是比较短的？

钟：两礼拜。参加培训的是两类：一类多数是师院毕业的；一类是当地的，显著地不同。师院毕业的就不像当地的那么用功，可是当地的基础又差。上课印象最深的是：那时不是讲学生批老师吗，我们都没赶上，关系特好，到现在见面，还是坐在一块拉家常。这是印象最深的。再一个就是：总得给我带上一门制图。

李：这还是跟您的基本功结合起来了，或者叫跟几何结合起来了。

钟：对。那时候，拿着北京市编的《制图》，按那个讲就差不多了。听的人蛮多的。短期培训，总结出一条经验，光讲数学不行，讲一个定理，然后教你怎么用，听的人他觉得行，他回去就干这个。

李：应该说是实用主义。中学老师中，有很多人实用主义非常厉害，跟他的职业有关系。

钟：那时候，看起来，郊区教师够苦的，报到时自带行李，本事真大，被褥往自行车上一搭，骑车来了。

李：学一点儿东西真不容易。

钟：当时，我看到这一点，跟几个县教研员说，你们这种办法不是长远的办法，必须培养本县的人，早晚总得回来，最后都回来了。

李：现在北京郊区的师资已经完全变了。专科毕业回去只能教小学，初中都不可能去，个别的才可能去初中。

钟：现在没法说了。

## 工作2年再做数学教育研究生或毕业后去教2年书再给文凭

李：您谈一谈1978年后，咱们系招教育方面研究生的情况？

钟：1982年后，过100人了吧，差不多。

李：应该是90几个。

钟：从周以匀算到现在。

李：这有两个算法，一个是教学法的，这个没有过；如果加上教育专业硕士，这个数字差不多。

钟：就数学教育的硕士研究生。

李：不到100人。改天我告诉您一个精确数字，我有具体的统计。

钟：这么说吧，按照教育部订的计划，我脑子里注意从周以匀到王嵘，以后就不按这个来了，别看这100人，很不一样。有的人像研究人员，有的干脆说白了，混资格，比较起来，在我脑子里头，多数还是不错的，少数是不行的。研究生这个培养法我不赞成，别看当初的教学计划我参加制订，那没办法。有一个要求，35学分。我认为研究生无须上课听讲，必要的课上一上，也别这么上。讲精神，讲思想，自己看。你看现在，上课记笔记还来不及，哪儿有时间去看书。这是一。再一个就是干学科教育，当研究生，你得到中学去实践，哪怕接一个班课，一个礼拜讲两节，也是好的。这样不行。细说，人少了好办，人多就不好办。再一个，我觉得，一个想法，我跟曹才翰观点不一致。我的观点是：第一是数学业务，就是不在乎你脑子里掌握多少具体的数学定理，在乎修养和认识，尽管我们学的是教学理论，有人说，学好数学，教书没问题，我也不赞成。你要想做一名好教师，你把数学教育研究好了就行了，我也不赞成。我说，两个都是必要条件，加在一块才是充要条件。我就这观点。另一条，先工作2年再做研究生，那年实行过一次又不实行了。

李：这完全可以实行，但是在管理方面可能有一些麻烦。

钟：那样做的两个人：田宏忠、何立恒，出去2年不管了，那可不行。我欣赏德国的办法，做未来教师，毕业之后先不给文凭，先去教2年书，教2年下来，再给文凭。我赞成这个。

李：您说咱们系里教学法方向教学计划的制订有哪些方面是需要改进的？

钟：你要指门类，哪门都要，包括数学课6门选2门，看你怎么讲怎么说。当研究生要有自己念书的本事，不光听了接着照着一写，到时候考试还是它，那不管用。咱们这里头有几个高手，从头说吧，蒋忠宏是个高手，本人很不错，来这时教过书。还有一个高手，章建跃，教过书，金华来的。还有一个，叫左怀玲，女的，教过书。任子朝不错，蔡金法是 Delaware 大学的终身教授，李业平在 Hampshair 大学，都挺好。今年王嵘已经找工作了，在4中。

李：今年有几个硕士生去中学。去年有3个去中学，人大附中，北大附中，清华附中，各有一个。今年的具体情况我还不太清楚。

钟：王千到实验中学。

李：您觉得我们教法组应该怎么发展？

钟：现在问题在于人，合适的人不好办。黄惟明管这事时，考虑到这，已经晚了，他跟我说，能不能到附中调高手？我说行啊。你一个月给人家多少钱？

李：这儿钱比那儿差多了！

钟：人家不来啦。人的问题是一个非常大的问题，跟本科念4年接着就上，我觉得不行，还是那句话，工作2年再来，这就不一样了。这是一个难办的问题，这还不是一个系的问题，都有这问题，这咱不好说。这是教育部的事。

李：这事比较复杂。

## 多年延续下来的“钟先生”

李：还有一个问题。现在叫“先生”“小姐”，跟以前北师大叫“先生”已经完全不一样了。我上学之后，就叫您是“钟先生”，什么时候开始叫您“钟先生”？

钟：咱们系里有两个变成传统的词，一直管我叫“先生”，一直管吴品三老师叫“吴老师”，这与时代又不完全一样，你说是绰号也行，就这么叫。还有一个，现在不行了。全数学系孩子叫我“钟伯伯”，郝钢新先生的大闺女见面叫“钟伯伯”，苏秀雯的小儿子，小杨见面叫“钟伯伯”，一律叫“钟伯伯”。

李：原来张禾瑞先生我都叫老师，就我的印象。现在叫先生的多了，以前我叫钟先生，好像就您一个人。您有没有印象，叫您“先生”最早的大概是什么时候？

钟：这个词是多年延续下来的，始终就这么叫，在中学也这么叫，奇怪就在这。

李：您也不太清楚为什么是这种叫法？

钟：延续下来的。

李：比如说，郝钢新先生，我以前都叫郝老师，现在都叫郝先生。

钟：彼此尊敬的意思。说老话，东北不许叫先生，叫老师。当初，我们赶上一个老师，闲话说起来，东北不许叫先生，先生就是瞎子，算命先生，一律叫老师。到北京一律叫先生，小学叫老师，中学就变成先生了。

李：这还挺有意思。

## 抓基础

李：您能不能对咱们系的建设或其他方面提一些建议？

钟：现在咱们的培养目标也不一致了。不管怎么说，说出这话来有某些人反感我也不管，抓基础，就这仨字。基础打好了，弄什么也没挑的。再一个就是，多年沿袭下来的，谁赶上谁倒霉，孙瑞清那话，谁要轮到讲学科教育课，好像低人一等似的。有一次，气得孙瑞清说这句话时，在场的，可能你也在，说这帮人讲数学课讲不了，他气的，咱们定个时间赛赛。你教我这课，我教你那课，咱们让学生听。再就是，不管怎么说，数学系搞到什么层次，原来学苏联的那个办法，培养中学教师，咱们就围绕中学课来，不行。这里有个数学修养问题，我听说是不是有这么回事儿，咱们系有这么一个说法，一年出4篇论文，可以不上课。有吗？

李：没有，我没有听说。

钟：那就不知哪个系有。

李：咱们系没有。对研究所可以。

钟：这么说吧，今年有一门课，找不出合适的人，找你去，你可以明明白白不接受，说我不做，我已经够了4篇文章。

李：可能有的系有这种情况。

钟：还有一种现象。“文化大革命”以后出来的，现在也许不存在这种事了，凑教学工作量才能升级。比如，指导教学实习，这算教学工作量，就临时都来指导实习。

李：现在数学系老师的工作量超了，已经远远超过了以前。我跟您说两件事情，一个是咱们现在本科学生每年招140人到160人，研究生：硕士生加博士生一共220人左右，咱们现在的教师是53人，不到以前的1/2，现在的工作量都没有问题。以前确实是存在的，为什么？咱们以前全部老师数量最高峰是152人，以前本科生招的数量比现在少，现在上课还上不完呢。工作量算也没有用啊！大家都超。

钟：这个现在不管了。

李：以前，不是说国外高校教师与学生之比是1∶11到12吗？现在中国已经到1∶16到18了。现在这事情不提了。咱们学校现在还没有按照这个来算。

钟：说老话，中学有一个几节到几节算几个分，那是专职教师。

李：大学也有。我见过辅仁大学新中国成立前有一个条例。

钟：一个规定。

李：兼课不能超过几学时。北师大我倒没有见过这种条文。

钟：我记得有一个具体的数。那时候也说不到培养研究生，师范大学研究生1937年前有，后来就没了，一直到20世纪50年代才开始恢复。有一些公共课，应该有一个说法，也别卡死，有一个幅度。培养目标，宏观上我说了，微观上，有的非师范专业，办学校，首先抓基础。咱们现在基础课怎么看法？

李：基础课系里是比较重视的。数学分析改成3学期，原来是4学期，现在课时是6，6，6。目前系里辅导的力量差，以前辅导的都是老师，现在辅导的都是研究生，他们负责任的程度可能要比老师要差得多，对学生的培养质量会有影响。应该说，老师以前是专门做助教，现在都变成研究生，他们有自己的课，还要做论文，压力较大。有的人辅导非常负责任，有的人就不行。

钟：数学分析是一竿子到底，是一次性的，还是两次？

李：您说是任课的老师还是辅导的？

钟：不是。学苏联以后，数学分析课是一次性的，一下到底。

李：现在也是。

钟：我总觉得不合适。我还认为是初等微积分，高等微积分。“文化大革命”以后，蒋硕民先生的亲戚、台湾的院士程毓淮老先生来了，有一次座谈说麻省理工学院分段来。一次的不行，数学分析几个难关难过哪！

李：ε 和 δ。

钟：还有关于设课内容。咱们数学系学数的概念与发展，4 年之内学的完整不完整？

李：以前董延闿先生讲过数系。董先生不讲课了，这个课就停开了。

钟：学数学，不管你将来干什么，数学最基本的内容就得弄。后来我听说数学分析不要实数，承认了。

李：实数理论，戴德金分割的那一段都跨过去了。

钟：难哪，太难了。

李：在 ε 和 δ 之前，先忙这一套，学生还不知道怎么回事儿呢。

钟：说起来，外国叫英美派和欧洲大陆派，差别就在这，人家有人家的传统习惯。苏联书来的时候，他们的几种科技书我都看了，我觉得辛钦的书写得好，觉得写得新鲜。初学者还难接受。说远了，逻辑结构在数学系里头重视不重视？

李：应该说是重视的。

钟：那还行。我出去看中学里头，刚从大学来的，听两三节下来，逻辑修养太差。

李：咱们今天就谈到这，非常感谢您，花了这么长的时间来谈。

钟：想起来什么，你给我打电话。你喝杯水。

李：行，谢谢。

# 袁兆鼎教授访谈录

李仲来（2004 年 4 月 17 日）

## 全校第一名

李仲来（简称李）：今天我来跟您聊一些您的主要经历。您老家是在什么地方？

袁兆鼎（简称袁）：老家是山东济南。

李：您兄妹几人？

袁：我有两个妹妹，没有兄弟。

李：您是否上过正规的小学？

袁：是正规的，叫济南鹅鸭坊小学。我是 6 虚岁就上学了。听大人讲，我回家时给大人讲，老师抱我了。上到五年级，抗日战争起来了，学校停课。以后又上了两个月私塾。日本人占领了济南以后，济南有一所日语学校，上了一个多月，这就耽误了一年。鹅鸭坊小学又恢复了，接着上六年级。期末考试，学校张榜公布名次，我是六年级第一，名字在最前。街坊们说，袁兆鼎考了全校第一名。

李：中学是考的吗？

袁：是考的。考进了济南中学，初中、高中都在那儿上的。

李：能否说上中学时一两件印象深的事情？

袁：初中时，我就比较喜欢数学。到了高中，我们的年级是两个班，分文科和理科，我在理科班。当时体育教员很会来事，训练走步操练算比较好的。当时伪教育厅厅长视察时，这个班就操练给看，横排转 90°，转弯时就很容易走不齐。老师比较机灵，他就马上换一个动作，就迷惑过去了。教育厅厅长来考察时印象挺好。我们班从高二起，是全校模范班。我在高中时是班上数学较好的学生之一。

## 保送北师大

李：您上大学是考上的，还是保送的？

袁：是保送的。当时，华北地区的五个省市都向北师大推荐保送学生。当时我要考大学，得来北京考，比较麻烦。我是想学工的。

李：您喜欢学工？

袁：不是喜欢学工，觉得当工程师，很有气派，又能赚钱。当时有保送名额，我是全年级第二，报名保送的也不多，我就被保送了。这是 1945 年，还没有到北京来。八一五，日本投降以后，伪行政机关还算坚持工作，学生去教育厅问，说我们还去吗？工作人员说，你们还去吧。济南有 9 个人，一起坐到北京来的车。当时有的地方，国民党还没到，共产党就发动群众，拆铁路，山东到河北一带，铁路都扒得不能通车了，我们是最后一趟车，走到德州，前面就不能走了，待了一天；走到泊镇，待了两天；走到沧州，待了两天。到了北京，一共坐了7天车，中间还当难民。当时地方的商会救济，发些吃的，馒头，窝头，我们领了一口袋。开始救济还比较好，到沧州，就发馊的窝头。在泊镇，我们前面的车翻了，剩下的车接到我们车的后面。天津到北京就比较顺了。济南来的同学组织了一个类似同乡会的组织，起了名字叫新生会，男的女的还排大哥二哥，大姐二姐。

李：您直接到北师大来了？

袁：直接到了北师大。伪北师大的校长叫张尔康，山西人，口音很重。我们形式上通过了一个考试，都收了。和我们类似的，还有山西一批人，其他省的就不知道了。张尔康说，这些人，你不要他，他出西直门，就投奔八路军了。不久就是国民党接收。

李：您等于上了一年之后，西北师院的人就回来了。

袁：是。接收后改成叫临时大学补习班第7分班，北大六个院是前6个分班。上课还照样，上了一年。

李：您上大学时是第7分班，还是一年后上第7分班？

袁：第1年就叫第7分班。

李：能否说一两件在大学里印象比较深的事情？

袁：印象比较深的事情是在新中国成立前，在北师院有两个重要的活动，一个是恢复北平师范大学的校名（简称复大），有一年选出代表去南京活动，说要是不行的话，全体学生徒步去南京请愿，为此还操练了一阵，排着队在学校里走了一圈。

李：还有一件事是四九血案。

袁：四九血案对我的影响比较大。四九血案以前，我是不问政治，班里有个学生叫元文治，有一次，北京市的一个人叫袁维，是特务，他来学生自治会打架，学生把他抓住了，在和平门外南操场斗争他，问他拿了多少津贴。当时我在旁边听，受到教育。不久，就是四九血案，那时我三年级，住一字楼，天不亮，就听见有人敲钟，主要是到北师大来抓自治会的人。

李：最开始是外语系的系主任从国外回来，带回来几台收音机。学生们除了听外语，还听解放区的台，让同学里面的特务告密了，他们以为是电台，跟共产党联系，四九血案原因是起源于这。

袁：当时我不知道，反正他们来抓人。学生自治会的干部，得到了消息都避开了。他们到了宿舍，抓不着你就抓他。当时我有一个老乡叫赵学勤，被抓去了。抓走了多少个？

李：8个，伤了两个。

袁：之后，就是跟他们要人。4月9号晚上就放出来了。10号是学生们在大操场开了一个控诉会，对我教育最大。我后来从资料上知道，傅种孙先生很支持学生。

李：傅先生教过您几门课？

袁：第1次教我们就是近世代数，这门课概念挺新。

李：群、环、域这些概念以前没有接触过？

袁：没有。记得有一次，傅先生在黑板上写下“尽弃所学而学焉”，没有解释就下课了。我的理解，是不要受以前学的东西干扰，公理化要重新建立，以前学的东西，不能带过来，后来我才慢慢有点懂。从傅先生教我们近世代数后，班上很多同学就喜欢代数了。

李：您觉得，您在上大学的时候，系里的学习氛围怎么样？

袁：那时正好是动荡时期。

李：当时有没有教学大纲之类的东西？

袁：我上学的时候，不懂这些。有些同学还是学的，但是政治上干扰太大，倾向国共的两种思想明显对立。

李：新中国成立后政治活动也多啊！

袁：新中国成立后政治活动更多。新中国成立前的复大，一闹复大，学年考试就没了。

## 助教兼秘书

李：您毕业之后，除了做助教，还做什么工作？

袁：还管系里的事，相当于教学秘书。傅先生有什么事，召集开会，我就骑车到处找人。后来，傅先生已经是副校长了，他没有多少时间到系里来，常常是到星期六下午到系里来，有什么想法，要给老师们开会。我印象最深的就是找董延闿先生，董先生有个习惯，到星期六晚上到小酒馆去喝点酒。到他家找没在，我就到地安门大街的小酒馆，一找就找到了。

李：在北平快解放了，共产党想留下一些教授，不让南迁，您是否跟一个叫赵啸的同学到傅先生家里，做过工作？

袁：我没觉悟到这件事。1949 年春天，我跟赵啸一个宿舍，后来知道他是地下党员，当时团就要公开了，赵啸在地下发展我为共青团员，团是民主青年同盟和民主青年联盟合起来的。

李：他写的一个材料就是谈这件事。

袁：当时赵啸跟我说，要跟傅先生搞好关系，让我争取留到学校。傅先生比较喜欢跟我谈话。傅先生在得朋楼上数学系办公室隔出来一小间，在那儿安一张床，有时晚上就住在那儿。我在他床边前站着，他就跟我聊，聊什么我不记得了。

李：1952 年，院系调整以后，实际管理行政工作的是谁？

袁：我相当于教学秘书，教学上的杂事是我管。董先生是副系主任，他具体抓什么工作我也不清楚。

李：那时候，实际上还是系主任说了算？

袁：那是。

李：1956 年以后，是系党总支说了算。

袁：1953 年秋，我去学俄语以前，严士健是教师中第 1 个党员。袁名敦是书记，物理系的。我记得我问过严士健，你代表党还是不代表党？院系调整前，在和平门外时，我是数学系教师中唯一的一个团员。曾经还有一次，王树人介绍我入党，讨论通过了，后来那一批新党员北京市没批，因觉悟太低。

李：1954 年后，王树人是数学系党支部书记。只有 4 个教师党员：王树人、严士健、傅章秀和柳藩。

您留苏考试了吧？

袁：考了。我想我怎么能去留苏？那时候的体制是教育部、高教部。教育部是管师范院校和中小学；高教部管清华北大、普通大学，高教部管的大学很多。教育部分得名额少一点，北师大是教育部部属的唯一大学，所以名额分配向北师大倾斜，再照顾师院；高教部分的名额多一点，但大学多，名额相对就少一些。刘绍学去得比我早一年，傅先生跟我说，让我去，我就同意去了。

李：您也学了一年俄语？

袁：学了一年，1953 年到 1954 年。

## 留苏学计算数学

李：去之前选专业了吗？

袁：要选专业。在快出去的时候，我跟北大的周毓麟（现在是院士）是同班，他比我大十几岁，他跟冯康很熟，新中国成立前就一起工作过。冯康去了苏联以后，得了脊椎结核，在那里躺了一年多。我们要出国的时候，冯康已经回来了。周毓麟跟冯康谈了，他跟我们说，冯康认为应该选国家最需要的专业，他自己选了微分方程。选偏微分方程是黄敦定的，出国以后，两个学微分方程的，说一个学常微分方程，一个学偏微分方程。

李：听说莫斯科大学的教授们猜周毓麟是个女的，让她学偏微；张芷芬是男的，让他学常微。有没有这回事？

袁：这事我不知道。

李：我是看到一篇访问记里说的。

袁：在我没有出国的时候，因受周毓麟的影响，当时认为近世代数刘绍学已经学了，北师大派两个都学近世代数也不好。可那时就近世代数熟，分析方面的内容生得要命，当时我硬着头皮选了学数学分析，觉得跟实际近一些。到了莫斯科大学，了解到分析教研室就是教基础课，带研究生没有题目，不收研究生。黄敦跟我们联系，他了解到计算数学是当时最热门的，建议我学计算数学。我很打怵，因为他学力学，也不大熟悉，了解到学的课有二极管、三极管。咱们出去时都有点纯数学性质，对物理，对实际东西一点都不懂，当时就怕得要命。学不进去怎么办？为此，黄敦领着我找苏联的同学给我做工作。

李：那时候，是不是觉得学什么都可以？

袁：也怕学到最后拿不到学位，那不就灰溜溜地回来吗！最后下决心学了：学不好还学不坏吗！可以起引进计算数学的作用。当时，这个事思想斗争是比较厉害的。

李：在那学的课多吗？

袁：听了一些课，主要是自己念书。听课有补课性质，比如说常微分方程，还有熟悉熟悉外语，念分析的时候，觉得涩得没办法，概念等于重学似的。

李：大学时学数学分析学得怎么样？

袁：当时微积分学得还可以，三四年级主要是学代数，后来就在代数组工作，对分析的想法，脑子觉得涩得要命，很生疏。

李：计算数学跟代数还是有些联系。

袁：有联系是代数问题的算法，而布尔代数，那是高层次。

李：我看了您的自述，是导师没题目，自己找。您觉得自己找费劲吗？

袁：费劲。到了第 3 年，我的导师也没有跟我商量，就在教研室上说，袁兆鼎需要延长一年，教研室会上就通过了。写论文的时候，导师一般都给题目。我跟导师要题目，他明确跟我说，他没有题目。我说坏了，就到处找杂志，有关的念念，最后找到了一篇，是热传导方程。

李：是偏微分方程的。

袁：对，是最简单的偏微分方程，计算时时间步长 $\tau$ 稍大，算出来的结果乱七八糟，不稳定。它那篇文章中，空间步长是 $h$，$\tau$ 和 $h^2$ 同阶，证明了数值解收敛。得到这个启发，我证明了 $\tau$ 和 $h$ 成比例，也可以收敛。当时，我觉得这有什么出路。正好，跟导师汇报，让我在他的讨论班上报告，报告时 Люстерник 就很有兴趣（我的导师 Березин 比 Лютерник 晚一辈，Люстерник 大概六七十岁，Березин 四五十岁），我导师就说请他指导我。Лютерник 当时也很高兴（他对中国的感情很好，总想来中国，后来也没有实现），答应接收我了。当时他有三个中国学生，苏煜城、吴文达，还有我。我们三个人一起去见导师。Люстерник 跟我说，不稳定是高频分量引起的，低频是收敛的。他让我想一些办法把高频不稳定的因素压制下来，就能得到稳定且收敛的结果。当时我对这个想法不理解，就无目的去试，经过一段时间，终于得到了较好的算法，现在看主要是：在沿时间 $t$ 增长的方向计算时，先用较大的步长 $\tau$ 向前算一步，这时不稳定因素有所增长，然后再用一些方法控制住不稳定因素，两者合起来叫作一整步，一整步一整步地向前算，就可得到省计算量、稳定且收敛的算法，这就实现了 Люстернцк 的思想。在热传导方程通过了以后，又把它推广到更广泛的抛物线方程。这是我论文的主要内容。

李：在苏联时，您还遇到一些其他印象比较深的事吗？

袁：这和数学没什么关系。

李：您从苏联回来之后，没有到北京师范大学数学系来，有什么想法？

袁：这倒可以说说。我在苏联学习时，中科院何绍宗问我愿意到中国科学院去吗，我说愿意。他说，你给我写封信，我就拿这封信去要你。到了 1957 年，“反右”弄得紧张了。在留学生里面，虽然没有“反右”，但是也组织学习。我当时被认为是政治上糊涂，还没有定为“右派”思想。当时赵访熊是进修教师，有时聊起来，对国内工作发些牢骚，现在看起来正常，当时就是对党不满。我对赵访熊说，我管教改的时候，觉得不具体，不知道怎么办，也就是发牢骚。同学们听了以后，也给我一定压力。那时在那里，还出小字报，实际是小“反右”。

李：在苏联也搞这些？

袁：啊。在留学生里头，就有一人说了一些乱七八糟的话，到最后开了一次批判会就把他送回国了。

李：从苏联把他送回来了？

袁：是啊！没继续学。

李：这对他一生的影响还是很大啊！

袁：回来后，哈工大对他还是不错。到了“文化大革命”，又折腾他。

## 回国搞弹道计算

李：您回来正好是“大跃进”。

袁：那时不服从组织分配被认为是大错，我没有敢给何绍宗写信。后来填志愿，我只填希望到有计算机的单位去工作，没填具体单位。回来到教育部，先分配我到五院三分院，有一个室在北航那里。过了两天，说分配我到二分院，在永定路。当时也不知道二分院在哪儿，就告诉我怎么走。我回到家，雇了一辆三轮车拉着行李，到了永定路，也不知道有多远。那时，二分院还在初建。印象最深的一件事是：报到以后，应该先住招待所。正好由一个老兵管，房间只有个垫子。当时说“四无”，是“四害”没了，我在莫斯科也没有挂蚊帐的习惯。睡了一夜，咬了一身包。我没办法，第2天到路口，买了一瓶敌敌畏，往身上一搓，蚊子就不咬了。后来才知道，敌敌畏是长时间去不掉，喷到纱窗上，长年化解不了。我当时的做法是不咬了，但对身体不好。还有打麻雀，麻雀确实很少。在二院的一个院里，毛毛虫把树叶全吃光了，就爬满了纱窗，这是对违反自然规律的报复。

李：您回来的时候，是否知道北师大也在搞计算机？

袁：不是很清楚。

李：当时北师大花了180万元，这相当于一个专区一年的教育经费，要搞计算机，最后没搞成。您要是回到数学系，数学系的计算机就是另一种样子了。

袁：不一定。我是搞算法的。

李：咱们系是连计算机都没有看到就干。

袁：这是研制计算机，我知道一点皮毛。搞计算机工程，离数学很远。

李：您在苏联学习的时候，见过计算机吗？

袁：见过，莫斯科大学有一台，叫“箭牌”计算机。

李：大吗？

袁：比较大，从现在来说，能力还不到一台微机。

李：有一间房子那么大，还是一座楼那么大？

袁：占一层楼。一个子程序，$\sin x$ 或 $\cos x$，或 $1/x$，就是一个机柜。机器是电子管的，存储器用摄像管。我理解，摄像管存上数以后，要重复打，等于记1，2，3，1，2，3……重复读，以免忘记。磁芯还没用。我的论文就是用那台计算机算的，是电子管的，稳定性比较差。

李：您改学计算数学，对数学有什么看法？

袁：计算数学，我觉得用到的方法还是分析方面的比较多。学了以后，我觉得，对数学分析理解得比较深了。

李：您一直在一个单位工作，换单位没有？

袁：没有。只是单位名称组织换了。一去的时候是一个组，所属的那一个研究室是搞计算机设计的，我们组搞算法。后来组变成研究室，原研究室变成一个所。后来维护机器，使用机器。模拟机的三个室，分到另外一个所去了。过了一阵子，又成立一个计算站。计算站以后又变成一个所，以后又跟原来的所合在一起。都在一个院里头。

李：属于保密单位吗？

袁：属于。

李：现在还属于吗？

袁：任务有些保密。

李：不属于军方单位？

袁：一段时间是军事单位，是保密单位，出过好多笑话。比如请中国科学院的同志来讲课，他在科学院要办人事材料，三代都要审查，有什么问题，很费事。所以，被请的人说你们那儿事太多。

李：到外面讲课也可以吧？

袁：那时是很封闭的，没遇到这种事。

李：等于跟外面没有什么交流。

袁：是。当时我的妹夫在基地，他对我说，你们是聂老总领导。

李：是什么基地？

袁：导弹发射基地。当时我只知道钱学森，我说我们是钱学森领导。“文化大革命”以前，经常有保密检查，让自己交代，这事也在小组会上谈了。还有我的一个高中同学，在炮兵司令部给我来了一封信，我当时都没敢回信。

李：应该可以回信吧？

袁：我也不知道。据当时领导整天说，好久不见了，你知道他现在是什么情况？

李：现在都不可想象！这事现在听起来挺可笑的。

袁：可笑的事可多了。比如说费景高，1960 年在北师大数学系毕业，分配到我们单位，一直跟我一起工作，后来我是他的头儿了。在找老婆的问题上，他原来本地有一个女的，打结婚报告，我听说，据说那女的父亲是经济问题，入狱以后就死了。政治部门说，不行。后来又找了一个姐姐在一院的人，也没有批准。到了“文化大革命”后期，他说，老袁，我回去，不让结婚我也结婚。我说，别着急，我去请示。我去政治部说，这次，你不让结婚，人家不听你的。后来才同意了。有人说，费景高结婚没经过批准。我说，他是批准了。当时我体会，政治部门的工作，比爹妈找儿媳妇还仔细。

李：您还在计算数学方面具体做了什么工作？

袁：毕业以后去了二院，1958 年没有机器，先编写程序做准备，我领着一些人干，干得挺晚。1960 年，开始是用中科院的 104，它是先装起来的，苏联专家帮他们。也有一件有意思的事。第 1 次去上机，我从北师大转一圈再去，他们从永定路直接去。有个同志很仔细，带着馒头、夜宵、纸带去了。我去了建议先熟悉一下程序，发现程序没拿。这才打电话让派人送。

开始是算一条弹道时，因为保密，批准了几个同志，组织了一个小组（其中没有我），当时领导同志比较机械，管资料的不能看资料。看这份资料的不能看那份，叫分组保密。

李：那还能搞什么？

袁：那个小组搞了 3 个月，没有搞出什么名堂。当时因任务重要，一位技术副院长亲自抓，改组了这个小组，让我和几个同志参加，又经过 3 个月，终于在 1960 年五一节前算出了第 1 条弹道。

李：您在计算数学方面做得最欣赏的工作在哪方面？

袁：我认为，工作比较满意，主要是“文化大革命”前。那时候，我在一个负责数值计算的研究室，有 120 余人，主要是大学毕业生。早期，我讲程序。像费景高，毕业时不会程序，104 程序都是编码的。还有一些算法，主要是算弹道，是计算常微分方程初值问题。计算都是重复的，参数变，如从 1 变到 10，要算很多条弹道。我当时很紧张的，因为这是上天的，我不能给人算错了，算错了我觉得责任担不起。当时管人管得比较严，最严的叫重复计算，同样一个任务，两个组同时算。我想了一些办法，主要是人工校对，保证正确性。比如算弹道积分，主要是编写右函数程序，积分过程都是用子程序，不会错的。右函数程序编对了，弹道的计算就对了。比方说，算 $a+b=c$，给了 $a$，$b$，你用台式加起来，看是不是跟机器算出的 $c$ 相等，相等说明程序正确，不等就查找这段程序的错误。就这样对右函数的程序一段一段地查。当时要求要有计算正确性的证明材料，人工校对的材料是主要材料之一。要求编写的程序中，要随时打印出计算右函数的全部初值和中间结果，以便做人工校对之用。还有计算精度问题，就是回答你算的弹道，有多少位小数是准确的。我们是用缩小积分步长重复计算来实现的。我们当时制定了一个计算规程，以规范计算过程中应该怎么做。“文化大革命”前这个研究室完成任务好，也做出一些研究成绩，所以我很满意。

李：这跟原来搞数学有关系。

袁：这实际上是做管理工作。到“文化大革命”的时候，就说这个是资产阶级的“管卡压”。

## 如果回北师大

李：在保密单位，每星期让回一次家？

袁：当时是星期六回来，后来我的领导对我比较松，说你什么时候想回去都可以，那里离北师大挺远。

李：您是留苏之后结的婚？

袁：留苏之前。已经有孩子了，生了老大以后我就走了。

李：您在“文化大革命”中受冲击了吗？

袁：半专政，靠边站，从内部算隔离审查。

李：有什么过激的行动？

袁：开过一次批判会，不让回家，当作是坏人。

李：您比数学系的几个老先生好多了。

袁：没有像孙永生带大牌子。

李：严士健先生也受到很大的冲击。这是否跟您在保密单位有关系？

袁：都是本单位的，所以好一些。

李：“文化大革命”中间，您的单位还能正常运转吗？

袁：算正常运转，没完全停止工作。到后来，人分成两部分，一部分抓革命，一部分促生产。

李：1978 年以后，您又做了什么工作？

袁：没做什么，我在 1975 年鼻子动大手术，1990 年心梗，后期带了几个学生。

李：带学生跟高校一样的吧？

袁：差不多。我们那里没有讲基础课，附近有中科大研究生院，有一些课可以在那儿听。

李：现在比较规范了，一年级硕士生都在那儿学，二三年级回来。带研究生对您的工作影响大吗？

袁：大。学生要学，导师也要学。搞论文一起讨论，找学生念什么文章，自己起码要听。

李：您当时如果回北师大是否可以？

袁：我说不准。

李：没有征求您的意见？

袁：没有。我回来的时候就到教育部，告诉我到那里去。

李：没有说，你是从北师大出来的，还应回北师大去？

袁：我不知道这事，当时认为不服从分配是了不起的大事。

李：您觉得没有回北师大是否感觉有点遗憾？比如说，您来回跑，很不方便。如果在北师大工作，就方便多啦。

袁：我没有那想法。我到了二院，给国家做了一些工作。自己评价，我觉得在二院在导弹设计的计算方面，做了一些开创性的工作。

李：如果您在北师大数学系，计算数学方向肯定起来了。

袁：我说不上。

李：到现在为止，数学系的计算数学方向也没有起来，现在有两个人。

袁：核工业部的九院，他们跟我们二院组织搞的方法就不一样。我们的计算力量比较集中，你要算就找我来。九院很早，搞任务配备计算数学的人一起搞，接触得也紧密。像我原来的那个室现在都没了。我觉得，从算法来说，还是需要研究，但要有针对性。现在有很多程序，套上就能用。计算数学类似于应用数学，它得有针对性。当年我们算弹道，怎么能编成程序，怎么能算得精确度够了，怎么能算得及时准确，都需要做工作。

李：您主要是算弹道。

袁：结构也算一些，但比较少。

李：弹道是常微分方程？

袁：是。我的论文是偏微，去了二院，就一直搞常微计算。

李：您就是搞常微分方程的专家了。国内高校在这方面有没有类似的工作？

袁：南京大学有。

李：南京大学搞计算机也挺早的，1958 年，还开过一个现场会。

袁：还有搞软件的。留苏的徐家福领头，早期他们给上海的一个电子管机器搞了一个编译程序。

李：您认为这方面发展规律前景怎么样？

袁：说不上。

李：微分方程方面对计算数学刺激大吗？

袁：常微分方程是比较窄的。

李：偏微分方程是比较宽的，类型多了，太复杂了。关于偏微分方程计算方面搞的人多吗？

袁：应该说是比较多。

李：周毓麟是搞偏微分方程的。

袁：他实际上也不是单纯搞偏微的，从算法上也做。他是胃溃疡，写一篇文章，病就重一点，这是他自己说的。

李：因为胃溃疡不能累，只能养。那次我问孙永生先生，他说在留苏的时候，周毓麟对他帮助挺大，他岁数比较大，有什么事都征求他的意见。

袁：我们都叫他周老师。

李：对，孙先生也提过这个事情。

袁：我们住的房间挨着，周毓麟，我，孙永生。

李：那时，您和王梓坤认识吗？

袁：认识，我住 15 楼，王梓坤住 14 楼。那时，王梓坤念书特别用功。

李：从苏联回来后，您又去过苏联吗？

袁：没有。

李：咱们系的几位都回去了。去苏联留学，咱们系是最多的。

袁：北大送的有的是进修教师，咱们送的都是研究生。

李：从这点上，傅种孙先生是有眼光的。

袁：还有一个，就是刚才我说的，沾了教育部和高教部的光。

李：咱们系去的最早的是刘绍学。

袁：他比我早出去一年，他回来正好是1956年，当时对知识分子还是很客气的，1958年以后回来的就不行了，孙永生就没有赶上。

## 计算数学要发展起来……

李：我们系送出去的几个人还是发挥了很大的作用。如果您回数学系的话，计算数学肯定不会像今天这个样子。我们系的计算数学要发展起来，恐怕至少还得五年或更长。您觉得数学系要发展计算数学，要注意哪些方面?

袁：一个是基础方面，再一个，要向前进的话，要有实际的项目。不针对某个问题，计算数学没法发展。

李：高校的计算数学，整个的发展也不是很厉害。

袁：前多少年南京大学的几个老师，也是搞常微分方程算法的；兰州大学的赵双锁也搞，后来联系得比较少了；湖南大学也有搞常微分方程的，从前开过几次会。南京大学搞天文的，也有老师参加。

李：搞天文的计算是否比搞弹道的计算要简单一点?

袁：不太懂。

李：天文现象比较有规律，弹道所受的影响比较大。

袁：是，它要解决的问题是不一样的。弹道是为了设计导弹，我设计这个东西，要用什么控制方法，它能否命中目标，解决这些问题。天文的运动是有规律的，再加上受点什么星的影响。冯康搞一个辛算法，算下去，误差自动消灭，微机上转上几天也不发散。他的贡献主要在有限元的理论，有些算法是有了，但是都是实际应用。他是把算法提高到理论程度。

李：您和冯康熟吗?

袁：不太熟，《计算数学》杂志，常在一起开会。周毓麟和他一起工作过。

李：咱们系的老师在计算数学上只发表过一篇文章，非常少，王伯英发表过。数学系有一个是黄敦的硕士生，一直在跟着他的导师做。

袁：黄敦是学力学的，计算数学是他的工具。

李：黄敦也是留苏的。

袁：对，他是1952年去的。黄敦的导师是一个通信院士，非常忙。他去见导师，跟导师谈什么问题，是在导师坐电梯上去或下来这段时间跟他聊一聊，几乎见不到导师。黄敦去得比较早，俄语也比较好，人也爱活动，出国的一些代表团，都希望他当翻译。当翻译有个好处，学生看不到的东西，随代表团可以看到。像苏联的104，也是我给中科院计算机代表团当翻译，跟着就参观了。要不，在哪里都不知道，保密得要命。

李：我们今天就谈到这，谢谢您。

**袁兆鼎发表的论文目录**


[1] 袁兆鼎，新中国成立后的中国数学会，科学通报，1950，(3)：149.

[2] 袁兆鼎，幻群，新科学，1951，2 (3)：60～63.

[3] 袁兆鼎，谈谈先乘除后加减，中国数学杂志，1951，1 (1)：28～31.

[4] 袁兆鼎，评“对初中算术课本的一些意见”，数学通报，1953，(6)：33.

[5] C. A. 索伯列夫（袁兆鼎译），电子计算机，数学通报，1956，(4)：14～15.

[6] Юань Чжаодин，Некоторые разностные схем решения первой краевой залачи лля линейных дифференцальны урвнений с частными производными，Диссертация МГУ，1958.

[7] Юань Чжаодин，Об устойчивости разнотных схем ршения дифференциалъных уравнения параболического типа，Доклады АНСССР，1957，117 (4)：578～581.

[8] Юань Чжаодин，Некоторые разностные схемы численного решения дифференциальноро уравнения параболического типа，Математичкий Сворник，1960，50 (4)：391～422.

[9] Юань Чжаодин，О скоости сходимоти метода итераций численного решения уравнения зллиптического типа，Известия Высших Учебных Эаведений (Математика)，1959，(1)：224～230.

[10] Юань Чжаодин，О сходимоти некоторых схем для уравнения теплопроводностм，Вестник Московского Университета，1958，(2)：393～398.

[11] 袁兆鼎，毕德学，根轨迹计算法，应用数学与计算数学，1964，1 (1)：13～17.

[12] 袁兆鼎，常微分方程数值积分中避免导数计算的一个注记，应用数学与计算数学，1965，2 (3)：196～204.

[13] 袁兆鼎，有关下山法的几个问题，数值计算与计算机应用，1980，1 (1)：1～7.

[14] 祝楚恒，袁兆鼎，常微分方程数值积分的计算稳定性，计算数学，1980，2 (1)：77～89.

[15] 袁兆鼎，黄振雄，自动控制迴路数值积分中一个问题的处理，计算机工程与设计，1981，1 (1)：39～44.

[16] 袁兆鼎，控制系统常微分方程数值解中的几个问题，二院院刊，1983，(1).

[17] 袁兆鼎，数值计算中的校对问题，计算机工程与设计，1982，3 (4)：22～26.

[18] 袁兆鼎，利用数字电子计算机解数学问题的某些经验，第 2 届全国计算机经验交流会.

[19] 袁兆鼎，用主元法求逆矩阵，第 3 届全国计算机经验交流会.

[20] 袁兆鼎，用 Чаплыгин 定理求一个常微方程的近似解，计算数学年会，1982.

[21] 袁兆鼎，关于有效度的建议，计算数学年会，1982.

[22] 袁兆鼎，测试方程的代表性，全国第 1 届刚性常微分方程数值解学术会议，1984.

[23] 袁兆鼎，刘德贵，李伯虎，毕和平，一类代数方程组的异步并行计算的收敛性，计算数学，1989，11 (3)：283～289.

[24] 宋晓秋，刘德贵，袁兆鼎，求解线性方程组的块异步迭代并行算法，计算机工程与应用，1990，(Z1)：195～197.

[25] 宋晓秋，袁兆鼎，刘德贵，求解线性三对角方程组的解耦分解方法，系统工程与电子技术，1990，12 (5)：29～34.

[26] 宋晓秋，李伯虎，刘德贵，袁兆鼎，实时仿真的数学模型及实时 Runge-Kutta 算法的收敛性分析，系统工程与电子技术，1991，13（1）：39～46.

[27] 宋晓秋，袁兆鼎，刘德贵，并行 Runge-Kutta 算法的理论分析，计算机工程与设计，1991，12（5）：60～65.

[28] 宋晓秋，刘德贵，袁兆鼎，求解线性方程组的块异步迭代并行算法，计算机工程与设计，1992，13（4）：38～45.

[29] 杨学实，高伟，袁兆鼎，徐燕侯，关于烧蚀发汗控制方程及其数学仿真，系统工程与电子技术，1992，14（7）：56～67.

[30] 袁兆鼎，一种求两个整数乘积算法的证明，数学通报，1992，（7）：46～47.

[31] 杨学实，袁兆鼎，徐燕侯，二维动边界发汗控制数学仿真研究，自动化学报，1993，19（4）：393～403.

[32] Song Xiaoqiu，Yuan Zhaoding，Liu Degui，Combination Method For Parallel computation in ODE，Acta Mathematicae Applicatae Sinica（English Series），1993，9（1）：44～49.

[33] 袁兆鼎，谢亚军，刘德贵，杨学实，发汗控制方程的直线解法，系统工程与电子技术，1996，18（4）：12～19.

[34] 刘德贵，杨学实，袁兆鼎，谢亚军，陈丽容，薛晓青，发汗控制问题的线方法及其稳定性分析，系统工程与电子技术，1996，18（4）：20～33.

[35] 宋晓秋，袁兆鼎，刘德贵，李伯虎，数值求解常微分方程初值问题的一类并行算法，系统仿真学报，1996，8（1）：6～12.

[36] 谢亚军，刘德贵，袁兆鼎，一维发汗控制问题的线方法，计算机工程与设计，1997，18（1）：58～64.

[37] 袁兆鼎，二维发汗控制方程的直线解法及其收敛性，系统仿真学报，1999，11（6）：395～400.

[38] 袁兆鼎，怀念恩师傅种孙先生，数学通报，1999，（4）：4.

[39] 袁兆鼎，宋晓秋，常微分方程与代数方程求根，系统仿真学报，2003，15（5）：656～659.

**著作**

[1] Новоселов С. И. 著（赵慈庚，董延闿，蒋铎，严士健，郝锅新，孙永生，袁兆鼎，译）. 初等代数专门教程（上、下册）. 北京：高等教育出版社，1956～1957.

[2] 萨乌里耶夫 В. К. 著（袁兆鼎译），抛物型方程的网格积分法，北京：科学出版社，1963.

[3] 袁兆鼎，费景高，刘德贵，刚性常微分方程初值问题数值解法，北京：科学出版社，1987.

# 王树人同志访谈录

李仲来（2003 年 9 月 30 日）

## 很幸福

李仲来（简称李）：我今天来跟您聊一些您一生的一些经历、经验。请您先谈一谈小学和中学的情况。

王树人（简称王）：一个人的经历，跟他的思想变化和行为，跟社会家庭影响，我认为是非常重要的。我的经历，可以说比较复杂一点，跟直接搞学问的不大一样，因为自己从事的工作也比较杂。谈谈我个人的感想。我是 1927 年农历二月初二，就是龙抬头，阳历 3 月 5 号，生于大兴，大兴原来不属于北京市。我现在感觉，第一是很幸运，第二是很幸福。一个人，什么叫幸福，不是百万富翁，而是说必须经历过比较艰苦的过程。到现在，虽然温饱，但是也感到幸福。百万富翁也不一定感到幸福。为什么说幸运，我经历过两个世纪，经历过好几个时代：前清时代没有经历过，但是我经历过军阀混战的尾巴时期，1928 年奉军走了，在这之前，有阎锡山、吴佩孚等，但没有太记住。此后抗日战争，实际上我当了 8 年的亡国奴。完了以后，解放战争，到北京解放。新中国成立以后，在共产党的领导下，经过了历次运动，特别是改革开放以后，日子越过越好。现在可以说是国泰民安。不在乎吃的什么，燕窝鱼翅，说实在的，吃不下去，但我想吃什么就可以吃什么，住也不发愁。而且，能活到今天，我感到很幸运。

我家在村子里算是首富，应该是地主阶级。农村的地主，真正从劳动积累成地主，可能是很少，都是跟官僚联系起来，中国过去念书就是为了做官。我家是当官起家的，不是从劳动积累，剥削起来的，当然，做官也是剥削。说远一点，我的祖宗是驸马王英，死在战场上，葬在大兴的衣冠冢，尸首没有了，老坟我没去过。是哪一代我说不清，小时候，听父亲说过几句。

李：应该能查出来。

王：永定河泛滥，把坟都给冲了，在开始时还露着石人石马。老一辈人迷信，中午的时候，挑着水，放在石马的旁边睡觉。醒了以后，水就没了。这很自然，因为过去从井里挑水都是用木桶。你见过吗？

李：我见过，我们老家过去也是用木桶挑水。

王：木桶搁在沙包上，一中午就全都漏没了。到了我祖父这一代有哥俩，大祖父在贵州当过一任县官，没有儿子，我估计他会搂点钱；我祖父在清末以后，当过议员，拿过一些钱，家产就是他们俩挣出来的，有几百亩地，几所房子。我是在这种家庭里成长起来的。我没有上过小学，上过私塾。在村里上过小学，但不是很正规。为什么不上小学，祖父有想法：他们给挣出家业，不愿意让子孙去上学，怕上学以后在外面学坏了，把家底全给花掉了。请了一个老先生教我们俩。有时在农村里上几天学，但是基本上 5 年都在家里，还有我的一个堂弟。现在叫家教。无论上农村小学，还是家教，对老先生有一条规定，不许打，不许骂。在这种条件下，我们整天念私塾，背百家姓、千字文、大学中庸、四书五经，但是很少给你讲，非常讨厌地背，因此就糊弄老先生。老先生有点耳背，又不许打，念私塾就要打。念完了以后，要通背一遍，学而时习之……背到底。中间随便抽一句，你接着就得背。他聋啊，我们就瞎糊弄他，他心里也明白，他也糊弄我们，糊弄家长。有一次，我的堂弟背不下来，老先生“啪”地一拍桌子，我祖父在东书房外面听见了，我们一个东书房，一个西书房，他马上就进去骂老先生。在这样的家庭教育下，不许我们接触村里的孩子一块玩。

李：您是否偷偷出来玩?

王：当然，在晚上也偷偷出来玩一会儿，赶紧回来。一个偶然的时机，我的一个堂哥，在黄村农业中学上学，放假回来以后，在家里做家庭作业，其中有一个鸡兔同笼题目不会做。说实在的，我也没有什么数学基础，但是不知怎么一下灵机一动就解出来了。他们俩说，干脆，你去上学吧。堂哥说，祖父也 70 多岁了。我的两个哥哥跟学校一说，补考了一下，作文总会写几个字，数学也会解几个题，这样一来，就以同等学力考上河北省立黄村农业职业学校。这已是日本时期了。

## 恨日本

李：这相当于初中毕业之后上的?

王：我也不大清楚。当然与其他上过小学的知识面不一样。我一直到大学，中国地理不了解，因为在日本时期是奴化教育，上学没有历史课和地理课，只学专业课。比如说有园艺学、作物学、土壤学、英语，特别是日语，理化也让学。我在中学是上园艺科，是学蔬菜、果树、花卉，一年学一科。对日文，一礼拜 4 节课，非常反感，是既反抗又压抑的情绪。

当时报纸登国民党在重庆的小条消息：渝政府如何如何，皇军打败了……但对自己是中国人这一点很清楚。显而易见，对日本是非常恨，对报上登的渝政府的小条消息非常感兴趣，渝政府在哪儿?好像渝政府离我们很远，不知道在什么地方。在这样的情况下，我的思想，觉得我们的国家不大行，不知道前途在哪儿?对日本的统治非常愤恨。我们村离一火车站只有 7 里地，火车站有炮楼，驻有日本兵，常到各村。有一次日本兵到我们村，把村里人全聚在一起，并把男人叫到一处单个问话，我的爸爸和一个堂哥叫去问话回来后，上衣全湿了，可能是灌了水。村里的年轻人全跑了。我有一个堂哥被一日本骑兵抓到了，站在全村人面前，被一日本兵用棍子一棍子打在腿上，当时大叫一声就倒下了，以后下落不明。最后，日本兵又把一个年轻妇女带走了。我去车站，在过往马路边，常有木棍上挂着人头，我都不敢看。

李：您在这个学校上 3 年?

王：3 年。我再回过头来说。我为什么说很幸运，我出生的时候，军阀混战，土匪很多。在村子里头，不是土匪来抢劫，就是军阀的部队过来抢。他们一过来，当地有点钱的人就赶紧跑，怕被绑架或怎么着。生下我 3 天，因为逃难，我母亲就把我给了一位老太太，她就逃出去了，因为青年妇女都很怕这种情形。那时说，贼过如篦，兵过如洗。军队过来，就是抢你。贼是悄悄地偷，军队抢就是公开的了，有什么拿什么，就跟拿水洗了一遍。在老太太家，我就断奶了。老太太拿玉米面用箩子筛下细的玉米面，然后蒸，烘干以后喂我长大。从小，我就营养不良，身体一直不好。如果生下 3 天就各处逃跑，包括日本来了以后就跑到庄稼地，有可能就死了。我说幸运就在于此。

我上农业中学时，是日本时期。那时上学，不愿在家里的另外一个原因，是逃避兵荒马乱，从 13 岁出来，基本上就不回家。有一次暑假我回家，第 2 天我就要走，到黄村上学。正好夜里下雨，听见枪响，家里就知道土匪来抢劫，当时父亲就把我藏到后院一个柴火堆里，他跳到一个扇车里蹲在里面，母亲藏在门后面，没有灯光。土匪上到房顶上下来后，把明面上的东西抢走了。那次是专门绑票绑我，然后要钱。如果你不给钱，今天割下一个耳朵，明天割掉一只手。那次，他们往院子里扔了一颗手榴弹，正好落在下水道的池子里头，没有爆炸，要炸的话，我就完蛋了。我的命是捡来的。我对我的家是非常厌恶，因为我祖父死了以后，家中连续几个人都死掉了，祖父、祖母、大祖父、大祖母，就是我祖父的哥哥和嫂子，我两个叔叔，一个婶子，还有一个哥哥，两个嫂子，十几个人，每年死一个。在农村，又是一个大户，办丧事得花好多钱，别的人都不在，就剩下我父亲一个人，他只是吃饭睡觉，不管什么事，家庭逐渐败落。地是沙包地，又雇好多人，每年亏空，只能卖地。今年卖几亩，明年卖几亩，好地基本上都卖没了，是坐吃山空状况。当时，我对这个家庭不抱任何希望，非常不满意，很想自己出去，别管干些什么，脱离这个家庭。当时是日本统治，对国家的前途，看不到任何希望，听不到什么时候把日本鬼子打跑，但是又不服气，觉得不知如何是好。

李：您念完黄村农业职业学校后，能上大学吗？

王：念完那个学校之后，日本规定，不许再升学，必须服务。当时，我们有几个同学考高中，只能是同等学力，不能拿毕业学校的文凭去考。我们 3 个人一块考了北京的私立大中中学，后来转到大同中学。3 年职业学校，3 年普通高中，日本统治时期，也是相当苦的，到后来，白面都吃不上，一个月给你一次白面吃，其余就是吃玉米面。能够吃上好的玉米面就不错了，基本上就是吃的混合面，简直是没法吃，比猪食还难吃，咽不下去，很涩。我从初中到高中 6 年，都是学生自己办伙。我当会计。私下里买点小米熬粥，混合面吃不下去，掺和着粥吃下去。我原来的基础就不太好，再吃这些东西，营养相当差。

李：您上职业学校，家里要花钱吗？

王：花钱不多，农村供一个中学生也不容易，特别是我们家，主要是卖地，一直到新中国成立后，和平土改，我们家还分了一百亩地。当时的地不值钱，沙包地，不长庄稼。对于我来说，上职业学校，还是比较省钱。1946 年毕业以后，考上师范大学，我觉得很幸运。

## 上北师大

李：您考了几所学校？

王：考了 3 所。我考了联大：就是清华、北大、南开大学联合办的学校；中国大学；北京师范大学；还考了一所河北师专，校址在保定。联大没有考上；中国大学当时叫野鸡大学，虽然容易考上，校风不太好，不愿意上；我也没有想到能考上北京师范大学，但为什么考师范，因为师范不花钱，就想脱离这个家庭。河北师专先通知我了，我们几个学生就一块到了保定报到，吃了 3 天饭。还没有开学，我们到北京师范大学一看，有我的名字，就这样考上了北京师范大学。考上很重要的一条，还是数学答得好一些。

李：1946 年，北京师范大学复校的比较晚。

王：国民党政府不承认北师大，不希望北师大回来。国民党退的时候，保定的师专也迁到北京，师专也并到北京师范大学。

李：这事我不知道。

王：学生也跟我们在一个年级。日本投降以后，我们抱很大的热情，希望国军回来，我们学生天天到前门的北京车站去迎接国军。迎接了多少天，也没有迎来。有一天，说国军来了，我们就赶紧去了。下车以后，全是美国兵，给我们的打击太大了。一个多月，国军也不来，心情非常压抑，一下子对国民党政府的前途就打得很烂了。又过了一些日子，国军来了，来了4个人，一名少将吕文真，来了之后，首先就找唱戏的演员严慧珠，实际上就是搞女人，然后接受日本的遗产。他们净干这个，我们对国民党的希望破灭了。后来孙连种的军队来了，也是穿得破破烂烂，穿的是日本的靴子，军纪非常差，吃呀喝呀，说老子抗日战争8年如何如何。日本兵在大街上还不是那么嚣张，他们是非常嚣张，那时一共4辆公共汽车，其余就是铛铛车。有轨电车上人很多，车一来，老百姓就挤，国民党兵就拿皮带噼啪地打，把老百姓打下去，这种事情给我的印象是很难过。我们上中学，一部分人在学校里的时候，日本的特务也是横行霸道，对这种人非常愤恨。但是，国民党来了以后，这些人摇身一变，变成三青团，成了国民党的特务，我从心理上就非常反感。后来，解放战争时期，对国民党的贪污，简直是不用说了。特别是沈崇事件。经过学生运动以后，对国民党也是不抱希望。好容易迎来日本投降，结果是这样，对青年学生的打击很大。

李：上课还正常？

王：正常。但是罢课上街时就不同了，特别是师范大学，因为国民党只让清华、北大、南开大学从后方回来，开始不让西北师范学院从西北回来，回来后，不让恢复北师大，叫北师院，给学生很大的打击。北师大的学生，新中国成立前这些年，除了反饥饿、反内战游行以外，经过校友会酝酿的恢复北平师范大学校名的运动，学生运动很多，说实在的，那个时期，有一部分人还是念书的，如王世强。

李：王世强当时已经是三年级的学生。

王：王世强在当时是业务比较好的，但是他们也卷入这个运动，孙永生就不是那样了，对国民党非常愤恨，在屋子里来回走动，抽烟抽得很厉害，一赌气跑了。我比较内向，不是那么激动，但是也受影响。我参加共产党，参加运动，不是凑热闹或者赶时髦，我确实看到国民党后很失望。看了一些书，首先是哲学的书，艾司奇的《大众哲学》《唯物论》。快解放时，接触了毛主席的一些书，思想起了一些变化，但思想并不清楚是怎么回事。从道理上看，辩证唯物主义还是对的。看了《论联合政府》等书籍之后，从思想上接受了一些。认识到中国必须走这条路。从态度上并没有表现那么积极，在学生里头，属于中间派。在系里，人们觉得我是一个比较老实的人。右派人和左派人，都争数学学会的职位。数学学会等于是现在学生会的组织，开始时办一个刊物，发表一些学生关于数学方面的文章。进步学生想利用数学学会来团结学生，但是进步太明显的学生选不上，右派也选不上，所以就推选我办数学学会，叫常务理事，就是会长。有了这个职位，通过数学学会，做一些迎接解放的工作，比如护校。在新中国成立前这一段时间，我的思想就慢慢地转变了。

李：您当时在班里的学习成绩如何？

王：可以说没有念书。一个是念书的时间不多，另外参加的活动比较多。其次，1947年以后，得了肺病。当时的肺病叫十痨九死，我的思想压力特别大，觉得活不长。那时候，我们班，除了刘绍学，差不多都有肺病，比较轻。我是两肺都有。我学习觉得没有精力，当时觉得要保住这条命。觉得我这样一个身体，做点事就行了。一搞学生运动，国民党给抓起来，有可能就没命了。体育系徐英超就给抓起来了。新中国成立以后，我们兴高采烈，情况就不一样了。一个是治疗方面比较好一些，但是我的病一直拖延到1961年，才真正好了。所以，结婚比较晚，我觉得不应该考虑这问题，耽误别人也不合适。

## 课业科

李：您毕业后就留校了？

王：开始留在系里。咱们系比较特殊，一般理科一个系留一个人，物理系还没有，因为毕业生太少了。数学系就留下刘绍学和我，这跟傅种孙先生有关系，因为他是教务长。另外，傅先生下面没有人，他有个思想，搞数学的最可靠，他觉得我在业务上不是特好，留下帮助他搞点教务工作。他设了一个课业科，管课程、教师和教学计划，找了一个外语系的老师兼课业科的科长，我做科员，后来又加了一个打字员。现在发展成多个处了。

留校以后，除了担任行政工作以外，又给我一个任务，当时调来一个刘仁静，湖南人，是参加第一次中国共产党代表大会的代表，当时据说他成了托派。新中国成立以后，他一直跟国际上托洛茨基有联系，是国内托派的头。中央当时让北师大给他安排点工作，教政治经济学，得找一个党员给他做助教，让我给他当助教。我要学点马列主义。当时，除了我担任的那些工作之外，让我到教育部听苏联的专家讲《资本论》，一边翻译一边听，看一些讲义，我学了半年。刘仁静待的时间不长，也没有教过什么课，好像教过一次，又调走了。可能因为他还有某些活动，中央又把他调走，“文化大革命”后才去世的（编者注：1987年8月5日，在北京师范大学东门因车祸逝世），蒋硕民认识他。刘仁静比毛主席年龄大。这件事蒋先生知道，他们都是湖南人，别人可能都不知道。

李：您在课业科干了多长时间？

王：一年多。院系调整后就没有了。我留校以后一直是半休。另外，在组织上，在理科教师里头，只有一个物理系的党员苏士文。我算是一个助教，希望我做点组织工作。学校有党总支以后，下面设了一个全校教师支部，理科就苏士文和我两个教师党员，我是组织委员。学校要设立一个人事科管人事，物理系教师党员苏士文兼人事室主任，另外一个叫马应贤，和我作为科员。苏士文兼统战委员，我做秘书。校党总支有一个保卫委员，理科让我做，后来是丁尔陞做。当时，我虽然有好几个头，但是我觉得是一回事。傅先生抓教学、教师工作，正是人事科要抓的，统战工作也是人事科抓的，当时跟黄药眠和钟敬文这些专家联系，送票，通知等，是人事，统战和教师方面的工作。在这种情况下，我不可能搞数学，但是我联系数学系。数学系做工作的只有一个团员袁兆鼎，他是系秘书，通过他做一些群众工作。

## 三肩挑

李：您哪一年回到数学系工作？

王：1953年。回来后我是数学系党小组长，党员有严士健、傅章秀、柳藩、丁尔陞、齐振海、张可宽（后3人是新中国成立初期党小组成员）。因为我有病，要不是解放的话，真正是十痨九死，我有90%的可能死，所幸熬过来了，也是一种幸运，那会儿，组织上的关心非常令人感动，党总支书记臧权，当时他们是半脱产，给一部分人工资包干，另外给几毛钱的零花钱，臧权把这几毛钱给我。那时候，党组织跟党员之间的关系非常密切，我感到很温暖。当时搞运动，在教师里，名义上傅先生是组长，我是副组长，布置老师学习，思想改造。所以，当时人事的好多结论都是我签名。组织上决定以后，就由我签名。院系调整后我全休了，大概有一年。到 1953 年 3 月，我就不在人事科工作了，但关系在那儿。组织上说，你好了以后就回系里。当时我还是半休。到系里以后，系秘书是袁兆鼎，后来他准备考苏联的留学生时，严士健兼了一段，后来我一直兼系秘书，做了很长时间。我不做之后，好几个人做过，赵桢、管甲仁、张益敏、刘秀芳、马遵路、李英民等，还有从师专调来的刘鑫也做过。回系之后，当时系里整个是一个教研室，我分到初等数学教研组，辅导物理系的初等数学，因为物理系毕业生也可以教数学，学完数学以后，要学点初等数学研究。辅导数学系的初等代数、初等函数，后来又辅导物理系的数学分析课。

李：您教过一段课吧？

王：在化学系教过两届，两年的数学分析，半年的函授。在物理系辅导过，也教过，因为程廷熙先生年岁大了，也教过一段。

李："反右"这一段，您还是做系秘书？

王：是。

李：您什么时候任数学系党总支书记？

王：1961 年夏。

李：我看到的任命是 1961 年 10 月，但王振稼老师说他是 1962 年暑假离开数学系的。

王：任命时我住院疗养半年，在八大处亚非疗养院。回来以后，又休息了一段，让我担任党总支工作。但是我没有看过什么时候任命的文件。

李：以前的任命很不正规，就在一张纸上写的若干人任什么职务。

王：纸我也没有见到。

回来以后，我的压力很大。在学生时就没有好好学，参加工作以后，乱七八糟的工作又做了好多。长时间不搞业务，马上让我搞，因此我感觉：当时我认为我是搞行政的，或者是搞党的工作还行。我不认为我是搞业务的。既然在系里这种业务部门，自己无论如何在某一方面，还应该多学一点。那时虽然兼了一些职务，比如党总支工作，教课，辅导，我还参加两个讨论班：在数学所的泛函分析讨论班，每周一次，参加这个讨论班有二三十人，关肇直和冯康主持；在系里跟蒋铎，念鲁金的实变函数。同时，傅种孙让助教在 3 年内都学 3 门课：近世代数、实变函数、几何基础。我就赶紧自学，把近世代数啃下来了，念张禾瑞先生的《近世代数基础》，题目都做了；范会国教实变函数，我参加考试，考了 80 多分，算良，也算过了；也听了傅先生的课，当时我正全休，党支部书记的工作让严士健兼，我突击后，5 分制，考了 4 分。就这样摸爬滚打过来了。你在系里搞工作，虽然是行政工作，你得懂点数学，我的思想，就是一定要把数学系搞起来。我搞什么工作，都想把我搞的工作搞得最好，不能争第一，也要跟别人平起平坐。当时我不服气的就是像北大，中科院数学所，我没有想我搞得怎么样，我的指导思想，要让系里，至少有几个人，老的也好，年轻的也好，跟北大，中科院数学所，苏步青他们能够平起平坐。新中国成立以后的工作，没考虑我一定要当什么官，我觉得我也活不长了，我也没有那个能力，也没有那个素质，就是天才，搞数学得有点天才，我希望我们同辈能有人搞上去，能够成才，尽可能地提高快一点。我是积极主张往外派，傅种孙也是同意的，后来，往苏联的莫斯科大学，国内的苏步青那儿和其他的地方，尽可能地送。刘绍学对我评价说我窝囊。数学系团结比较好。基础的东西，我都要摸一摸，无论是分析的，几何的，还是代数的。

李：后来，您就没有再教化学系的课？

王：“文化大革命”中间也教了一段。还有藏族班也教过，当时钟善基、孙永生教，他有什么事不能教了，我就教。一直到学校之前，我还教课。那次，张禾瑞先生非要提我副教授，我是坚决不同意。我觉得我没有这个资格，你没有搞研究。当时好像占位一样，后来刘绍学和李英民建议我，你要搞政治就搞政治，搞这条线就别搞那条线，我听取了他们的意见，就跟学校说了。张先生说，你现在不是双肩挑，是三肩挑。

在“文化大革命”时搞我，批我是黑班底，认为严士健、刘绍学、王世强、孙永生，这些人是我的黑班底。

## “走资派”

李：您在“文化大革命”时受冲击还是挺大的。

王：是啊！

李：咱们系里两个人，王振稼和您，受冲击最大。

王：当时我是头号“走资派”，学校里任命时我是第一副系主任，我不知道是什么原因，董延闿和孙永生往下排。我出身又不好，又是当权派，好多罪名。

李：劳改队您也去过。

王：都去过。我总觉得，什么都经历过，对人世的认识，对社会的认识，能更明白一点。像日本时期，困难时期，我都经过了，但是我没有坐过监狱，这回也坐过了。

李：“文化大革命”时的“土监狱”。

王：我感觉，比真监狱也差不多。真监狱还不那么折腾你呢！

李：“文化大革命”时还把您弄回家去斗咱们系的什么人？

王：是四年级的，有 40 多人，坐一辆大卡车。给我印象最深的，打是没问题，跪，罚站，热，最困难的就是渴。不喝水可真难受，渴得，打都不知道痛了。一个人两天不吃饭没问题，特别是夏天，渴得可真难受。但我一直觉得，毛主席不会这样，以为是下头搞的。虽然劳动挺苦的，我很乐观，没有想到要自杀，我都想象不到，干吗要跳楼，过几天就过去了。

李：数学系没有出现死人的现象。您去临汾劳动过吗？

王：我没有这个资格。后来到大兴，通州区去劳动过。

李：您是双肩挑，或是三肩挑，后来放弃了做教学工作，是否您觉得亏得慌？

王：搞数学非得年轻不可，四五十岁了，不可能了。教点基础课还可以，搞研究是不行了，进不去了。

## 人事处

李：您调到人事处，是平级调动，您为什么去了？

王：当时，要调我当北师大一分校校长，我听说，跟教委有关系。我不愿意离开北师大。

李：您去了吗？

王：我没有去。后来让物理系的系主任孙煜去的。当时系里的张先生、孙永生、李英民，包括董延闿先生，都不愿意让我去，我也不愿意离开数学系，做官我确实没兴趣，第1把手我不愿意当。到现在，孙煜见了我，还说，“我是代你去的”。后来到人事处，要改成校长负责制，党委是保证监督。人事工作要有一个常委去管，当时我觉得人事工作权力太大，事情也多，除了校长以外，所有的，包括副校长，都是人事处管。由于北师大是校长负责制，干部他得把住了。人家都认为我正，聂菊孙是党委书记。应该是校长负责，当时没校长，老校长陈垣死了以后一直没有校长，实际上王于耕是第一副校长，负责常务。当时，我觉得我的工作非常困难，说实在的，实际人事工作我没管什么，我一周在人事处的工作只有一天的时间，其余都在常委这边。所有教师，所有干部，3 个附中的干部人事工作，评职称，长工资，人事精简都归我管，我还兼校部党总支书记，那时的权力太大了。

李：那时，学校还不太稳定，还有派性。

王：有，校部中辅仁大学的教师比较多，可能他们也考虑派性问题，我到那儿调和去。现在，我还在调和。你看，咱们系，董延闿，郝钢新先生都是辅仁大学的，赵慈庚先生是北师大的，关系都挺好。他们说，我会抹稀泥。我总觉得，抹稀泥是必要的。我说，你盖房子，砖落砖，不抹稀泥，不高就得塌了，没有泥的话，房子盖不起来。当然，这是说笑话。聂菊孙下台以后，当时没有书记，方福康让我当，我是坚决拒绝。

李：当时方福康是副校长?

王：是，他不满意陈敬波。我觉得我已经满足了，无论是职务，还是生活待遇。北师大也很难搞，派别也很多，我坚决不干。

李：请您谈谈在人事处的工作经验。

王：要谈人事处的工作，有一点，搞人事工作，必须自己干净，你才能够秉公办事。我去了以后，我孩子在低能（核物理研究）所，他在"文化大革命"中没念书，第 1 次考大学没考上，有 20 人暂时在低能所干临时工，想第 2 年再考。本来，我在人事处，这一批人可以转正，也都争啊，我跟儿子说，你到另一个地方去，考了一个实验员，他考了 100 分，一个是北航想要他，还有气象局要他，大概都看中这 100 分了。气象局提出一个条件，你来，我们非常欢迎，但是，我们培养实验员，3 年不能考大学，但可以考气象专业的大学，可以保送。后来，人事一变，孩子就这样了。我觉得，我把他推出去以后，轻松多了。干什么我都放心大胆。我也不怕丢官，丢官后还可以在数学系教书，所以得罪了一些人。首先是当头的要安排一个人到北师大，当时北师大的人太多，就是要精减人，干得罪人的事。他要往那安排人，我觉得，北京师范大学过去就是安排人太多了，我是坚决不同意，给顶回去了。教委，还有其他人，我都没有接。你别看他当书记当什么。当然，也可能不叫私心杂念，叫顺理成章，我跟你说，你也别录……我为什么这样呢，你顶多免我职，我总可以当教师。不能当教师，当资料员也还可以吧。到我退休时就完了。正因为这样，心里没有鬼，我就敢做事。这是我的一条经验。

第 2 条，我觉得，我学数学对从事人事工作还是有帮助的。学几何基础，傅种孙说过一句话，论必有据，言必有理。论证必须有根据，说话必须有道理，这一条对我帮助很大。我从来没有拍过桌子大声说话，但是都没话说，而且，他找我解决问题，都不是在办公室里解决，我到他家里解决。完了以后，这些人对我虽然不是很满意，但是他也说不出话来。咱们搞数学的，都应该根据那条公理，解决问题，不根据这个，解决不了问题。当时，方福康跟我说，现在咱们单位里最厉害的是谁，他说是×××。你知道这人吗?

李：我知道他是××系的。

王：当副校长后，他跟市委说，谁我都能领导，就王树人我不能领导。其实我没跟他吵过，其实他不敢找我。因为他有道理，我给他解决；他没道理，我就不给他解决。这是当时北师大最厉害的一个副校长。他告我，我也不怕他。还有一条，不好解决的问题，数学上求积分的时候，分部积分，分成几个部分就解决了。好多事，受这个启发，解决了不少问题。我觉得，在数学系里，我还学了点东西用上了，很有意思。我一分钱没受贿。不然的话，做什么官，你也待不住。要说受贿，也有人送过，在那时，也有学生送给我苹果，从国外回来送我一支圆珠笔，开个玩笑。

李：您在学校，是否觉得比在数学系的关系复杂得多?

王：复杂得多。在数学系彼此了解，相对来说好得多。在那个时候，确实难办。另外，我的工作，在过去受压抑：家庭，日本统治，国民党回来以后，还是压抑。在我思想里，老有一种想翻身，反抗的东西。在我工作里有一条，想把我搞的单位的工作搞得至少跟别人平起平坐。因此，我在学校人事部门，至少在国内，跟北大，清华现在已经没法比，想把数学系，至少不次于北京大学或复旦大学，在人事处，也想搞成这种情况。

李：您在人事处任处长有十多年吧?

王：有。我刚到学校党委，开会的时候，当时社会上比较乱，党内的情况也比较乱。有很多事你还看不惯，我跟老聂说，我们应该“从我做起”，提出这四个字。过了两三年后，说是清华大学先提出来的口号。当时，我也没有说什么。因为这种口号，甚至于科学发明，有时是同时提出来的，它是时代的产物，不是我说出来的。我说出来，可能别人也说出来了，就跟发现微积分基本定理一样，同时出来的，所以不能说，都记在清华身上。这句话，老聂记得很清楚，在几次会议上，他说，这是王树人说的。我说，我不是吹自己，我觉得这是很平凡的事，就跟小孩玩弹球，哪儿都玩，绝不是北京传到天津。科学研究也是这样，谁先发现，谁就是第一。信息是非常重要的。到了一个时代，人的脑子都差不多，一下子就出来了。我想，北师大多数人都想把北师大搞起来，争取至少在国内和别的重点高校平起平坐，那咱们北师大就没有问题了。我做校友会工作，全国百十来学校，校友会成立一个研究会，推咱们学校，会长单位是北京师范大学，其实我心里明白，我们跟大家也差不多，这些事就事在人为了。

李：别的事也是这样。

王：我觉得，北京师范大学好多事情不宣传，人家出来了，大家跟着跑，好像是我们跟着他跑，其实不见得。新的生长点，你抓住了，一下子就搞起来了。这是我个人的体会。

李：您说，干部双肩挑这种形式好不好？现在，数学系干部都双肩挑了，这样并不一定好。

王：有一部分干部双肩挑，主事的人应该体会一下。搞理科的可能有点困难，因为他花的时间跟文科不一样。搞文的，特别是教育和管理，这就是他的专业。

李：双肩挑干部可能对管理专业是最好的。

王：数学系的系主任，我不说双肩挑，至少不应该搞得太窄。系主任从来没有任过系秘书工作，就有点问题。

李：碰到问题就瞎发言，瞎指挥。

王：慢慢就脱离群众了。我干的虽然有点杂，也有点好处，有的人有点什么心声，我知道。搞理的需要学点文；搞工的也需要学点文；搞文的需要学点理，学点数学。比如像数学，是很严格的逻辑思维，学的还比较深刻。

李：您有什么业余爱好?

王：在学生的时候，爱好很广泛。比如体育方面，打篮球，我还是学生篮球队队长。拉南胡。我都不精。后来就不可能了。

李：我们今天就谈到这，花了您这么多时间来谈，谢谢。

王树人，北京师范大学数学系原党总支书记，校党委常委兼人事处处长

# 王世强教授访谈录

李仲来（2003 年 3 月 24 日）

李仲来（简称李）：我今天来跟您聊一些您的经历，包括教学的经验。这之前，我看了您在《中国现代数学家传》中写的自传。请问，您刚开始是怎样从河北来到甘肃？

## 在流离迁徙中成长

王世强（简称王）：我是 1927 年生在石家庄。当时我父亲王经春是中国银行职员，1900 年生。小时候，我父亲的文化水平就是旧制的高中，在国民党统一中国学制之前。高中毕业后，在北京投考中国银行。后来分配到石家庄中国银行。母亲是农村妇女，当然也认识一些字。

李：上过私塾?

王：没有。我母亲的情况我不太知道。他们家里的更老一辈的，比如我的曾祖父听说是举人，家里有些人也认字。所以，在家里父母教我认字，教我到五六岁时，给老家的祖父、祖母写信，他们都口授，就是说“祖父母老大人膝下，敬禀者：”，再随便说几句，我就学着写。父亲在晚上下班回来给我讲故事，讲三国，讲水浒，武松，刘备，张飞怎么回事。我一直到 9 岁没有上过小学。我父亲在我六七岁的时候调到石家庄附近。到了河北省定县和定县北面的清风店，最后到辛集。辛集在石家庄东面，石德铁路线中间。他到这些地方开设办事处。到了办事处就当头儿了。他在石家庄算是支行经理之下的，是搞营业什么的，年头比较长。派出去比较有经验，设立一些分支机构，我和母亲跟着去。比较有印象的是在定县。先是从石家庄到定县，那时候我在家开始识字。有一个留美的著名教育家晏阳初，他在国内定县搞平民教育，设有中华平民教育促进会。我后来还买到了一本记载他事迹的书。那时候，定县有平民教育促进会。他们出版一些小学程度的扫盲课本，比如教科书，出版一些爱国故事的连环画。在定县，我父亲给我买过一些像“荆轲刺秦王”“蔺相如完璧归赵”故事的连环画。那个时候，平教会，就是晏阳初他们，也提倡爱国主义，提倡国族精神，就是中国民族传统的精神，从那方面，我也受了一些影响。

我父亲调到辛集，大概是 1935 年。到了辛集，我开始上小学，插班四年级。因为以前家里给订儿童杂志，像上海中华书局出版的《小朋友》，一星期一本；商务印书馆出版的《儿童世界》。那时候，自己认字看一些。算术呢，父亲教鸡兔同笼，是一些古老的一直流传的算术加减乘除。后来上小学四年级时，说将来高小是需要上的。先上初小，年龄也到 9 岁了，熟悉一下学校的生活秩序。要不然，从家里一下子上到高小，不知道初小也不行，后来上了高小。高小没有上完，1937 年，七七事变发生了。这时候，日本侵略的很快，从宛平占领了北京，从平汉铁路一直往南，后来我父亲所在的中国银行奉命撤退，往南撤，我跟着父母，先撤到郑州。因为国民党退得很快，然后到了武汉。到了武汉时，正是南京大屠杀，上海已经失守。我当时在武汉看报，也听广播，那时候没有电视。当时对国民党抗日的印象还是很深的。由于华北石家庄的中国银行，虽然是四大家族的工具，可是它还归天津分行，华北地区归天津的中国银行管辖。这么长久的流亡，你到了武汉，武汉也有中国银行，人家就当客人来对待你，你不能很久的在那儿待着，最后，经过上级决定，又从武汉撤回天津。那时候，天津中国银行在法租界里，还没有被日本人占领。

李：您后来也去天津了?

王：我小学毕业就在天津，那年跟着父亲往回走，又回到郑州，到了济南，青岛，从青岛坐船到了天津。日本已经占领天津，我们是到天津法租界。要回去的时候，一听到要去日本占领的地方，我就哭得不得了。到了法租界，日本人的影响还没有进入，英法跟日本人还没有开战。1937 年冬天，到了法租界。1938 年春天，开始在天津法租界广东小学，又插班念五年级，到 1939 年暑假小学毕业。那个时候，华北的中国银行职员都集中在法租界，人浮于事，没有工作也不是长久之计。这时候，大概是重庆的国民党高层，指挥天津租界地里的中国银行，说要往西北和西南开发那些地方的经济，从天津一批一批地往西北、西南陆续地调人。1939 年春天，我小学还没有毕业，父亲就从天津调到甘肃。父亲走的时候跟母亲说，听说甘肃的教育比较落后，我小学毕业之后，如果能在天津上中学，就在租界地里接受教育。可是，1939 年暑假，天津发大水，暑假前我考上了法租界里的一所中学：新学中学。那年发的大水是多少年不见的，凡是平房都淹了，我们住在英租界里，住在三楼，一楼的人，还有附近平房的人都挤到楼上，像难民营似的。当时，整个暑假水都不退。

李：是海河的水?

王：海河的水。那个下水道，臭水沟的水都出来了。街上走船，人们用简易的木板临时做的船，木盆，来回走。水都是臭的。后来看着开学没有希望，母亲就跟中国银行联系，跟着下一批往西北调的人去甘肃。

李：就这么去了?

王：嗯。那时候中国银行也比较有钱，家属是免费的。跟着下一批，从天津坐船到上海，因为陆地被日本人占了。到了上海，从上海又到香港。我父亲也是上海、香港这么走，很快，不知道是什么路线到了广西桂林，到了国民党后方。我们到了香港，日本已经把广西南宁占了，所以那条路也不通。从香港又坐船到越南河内附近的一个港口叫海防。从海防有一条铁路直通昆明。

李：小铁路?

王：对，滇越铁路。云南昆明跟越南之间的。到了昆明，然后走山路，当时也没有正规的长途汽车。中国银行包两辆大卡车。从昆明到贵阳，当时山路要走四五天，一天走 200 公里，山路很难走。在贵阳等几天，又包车到重庆，到成都，到西安，到兰州。这时候，兰州是个支行，是甘肃省的中国银行的分行。原来只有在兰州有，父亲去了之后，才从兰州调到武威，在河西走廊。原来河西有 4 个重要的城市，武威、张液、酒泉、敦煌。父亲被调到武威去设办事处。1939 年暑假，从天津出发，绕了一个大圈到兰州，已经到了冬天。

李：这还是很辛苦的。

王：是啊。可我沿路也领略了祖国大西南的自然风光。

李：要按现在，这叫出国了。

王：顺便也去了一趟香港和越南。国内的印象有些不太深，也还记得一些。特别是云南和贵州，那些高山峻岭，直上直下的山，反正是……

李：很有特色。

王：嗯。祖国的大好山河确实是很美的。1939 年年底到了武威，1940 年年初，插班武威中学，是暑假开学。我是寒假到那里，等于又跳了半年插班到初一。到 1942 年暑假初中毕业。武威中学是甘肃省省立中学，水平不太高。当时，在酒泉有一所河西中学，水平比较高，它是国民党用“中英庚款”办的学校，清华不也是“庚款”学校吗？“中英庚款”在国民党后方办了 3 所中学，河西中学是其中的一所，它的师资和设备，相对来说，都是比较整齐一点。初中毕业之后，就到河西中学上高中。

李：高中是 3 年还是 2 年？

王：3 年制我就上了 2 年。那个时候受到了一个影响。当时在高中，看过国民党区出的刊物，像《学生之友》，还有一个是给青年学生办的《中学生》，当时有一个刊物上就介绍华罗庚。

李：当时华罗庚还是挺有影响！

王：当然是啊！当时在高中，像原子弹还没有出来，可是理论物理，像原子核结构，不但理论上在发展，在课本杂志上也普及了，就是原子核很复杂。在那个时候，学生一般都愿意，像我们都觉得对物理比较有兴趣，将来高中毕业后想考物理系。可是，高二那一年，因为我从初二就开始自学数学，开始特别想主攻几何，平面几何，逻辑系统很清楚，到了高中也自学了一些课本，把高三的解析几何看了一些，这时候有一个简单的想法，我要早一年考大学，比在高中多念一年要好，但是不敢走太远，在酒泉你要考大学的话，离这儿最近的要到兰州。

## 以同等学力考入西北师范学院

李：当时在兰州，是否只有咱们唯一的一所高校？

王：一所比较正规的，还有一所水利工程专科学校，一所甘肃学院，好像是搞政法方面的。有理科，并且是正规的学院，就是相当于大学程度的，就是西北师范学院。

李：当时还没有兰州大学？

王：没有。那是在新中国成立后办的。从兰州不敢往远走，因为交通很不方便，要是再走远，就是到西安或者重庆。要是到重庆，就有机会考西南联大，或者是当时国民党办的也很有名的中央大学，就是现在的南京大学。我不敢到那些地方去考。因为没有高中文凭，在兰州要用同等学力方式报名，那是国民党的规定。你要说我念到高二没毕业，考大学是不行的。按照他们的规定，造一个假的说法，说家庭经济困难，无力升学，请家庭教师在家自学。托人找了两个也是北师大毕业的校友，给写一个证明，成绩经过考查，还给写了一些分数，语文、数学多少分，算同等学力报考，在 1944 年考取，上了西北师院。原来想念物理，可是西北师院当时是物理、化学合在一起叫理化系，我也不是不喜欢化学，当时觉得 4 年又学物理，又学化学，好像不一定能学到什么程度，太宽了，还是念数学吧，就考到数学系，到 1945 年日本投降。1946 年就到北平来了。

李：当时从西北师院到北师大花了多长时间？

王：西北师院分了不只是两批，我是来的比较晚的一批，第1批是有组织的，有几百人，通过西安，到郑州附近，跟解放区联系，过了黄河后，通过解放区，到了北平。我是因为暑假回家，父亲在武威，跟我家里商量，我希望到北平去，家里有点儿不放心，就是说，当中要通过解放区，交通也不通，通信也很困难。我父亲倒没什么，我母亲就很不放心。她说，能不能还在兰州念。后来我说，还是到北平，各方面条件都好一些。家里同意后，走时已经晚了几天，这时候兰州的大队已出发了。到了兰州后，学校也有那么一两个走的比较晚的，不是本系的，临时认识的，还有一位老教授，体育系的徐英超，跟他们几个同路，通过解放区是不可能了。我们从郑州往南绕（徐先生到郑州后再未与我同路），绕道当时的国民党区，也有救济总署，相当于打起仗来的救援组织。到了武汉，学生难民比较少，又坐一艘美国的登陆艇，它实际上没有军队，是用来帮助中国运难民的。到了上海，上海也有一个接待站，就叫救济总署的接待站。从上海到了天津，然后到了北平。

李：等于又兜了小半个中国。

王：到了北平，比别的学生要晚一个多月，当然，那年学校开学也比较晚，快到11月了，10月左右。

李：是11月开学。

王：当时开学也比较晚。原来北平也有师大，国民党称为伪师大，1945年，日本投降，国民党就开始接收，跟当时的学生有一些矛盾，国民党不承认这些学生，要甄别。1946年，从兰州来的学生到北平后，跟原来的北平师院合班，在一起。

李：他们叫作第7分班。

王：对，临时大学第7分班。后来就叫北平师范学院。我在学习方面，当时也还是喜欢自学，毕竟我从中学开始有这种习惯，课外也想多看一些书。第1学期，课堂上讲得不是太吸引人，像讲复变函数，就讲怎么算一些积分，算留数，证明不太多，应用也不太多，记了笔记之后，看一看就行。课外看过傅种孙先生的《罗素算理哲学》，比较受影响的是看当时一本翻印美国1944年刚出版的A. Church著《Introduction to Mathematical Logic》。

李：那时候还算挺新的书。

王：挺新的书。那本书讲的内容不多，比较薄，可是讲得很透彻。感觉到数理逻辑方法跟普通的数学方法不太一样，很值得注意。主要是因为数理逻辑的研究对象跟数学研究对象不一样，数学研究的对象是数量关系，空间结构，研究方法是人的头脑，这两个混不了。数理逻辑的研究对象是人的思维和逻辑规律，研究方法也是用人的思维来研究。所以，你要像普通搞形式逻辑的，或是哲学界不太重视现代逻辑的，就是用思维来研究思维，用你脑子里已经承认的一些东西来研究一些逻辑规律，这样往往容易是：你要证明的是什么，实际上，你脑子里已经用上了一些东西，这个不容易区分开。对象跟方法分不开的话，就不容易在研究中用上数学方法。数理逻辑把研究对象相应地给它形式化，就像搞成一盘象棋或者搞成一种牌。

李：您搞数理逻辑应该是在毕业之后，毕业之前也看到书了？

王：看书是在业余，毕业之前就在看。先说课程，到三年级下学期，段学复先生从美国回到清华，北平师院袁敦礼院长邀请傅种孙先生来当数学系主任，他虽然身在英国，已经邀请一些在国外的学者到北师院来兼课，段先生在1947年春天回到清华，同时到北师院兼课，在三年级下学期，给我们讲近世代数。1947年暑假后，傅先生回到北平。在四年级上学期，傅先生给我们讲几何基础；四年级下学期，张禾瑞先生从北大来兼课，给我们班讲代数数论。这是我在毕业之前对我影响很大的几位先生。

李：您是在兰州学的微积分？

王：兰州。当时叫初等微积分，高等微积分。初等微积分就是教一些方法，高等微积分有理论，像实数理论，微积分一些基本定理的证明。李恩波先生教高等微积分，他在抗日战争期间，在德国莱比西大学留学，得到博士学位后，回到国民党的区域。听说回国的路线要从缅甸进入国民党的后方，到昆明后又到陕南的城固，因为西北师院有一部分还在城固，后来又到了兰州。我到的时候，他已在兰州了。我们在二年级，他教我们高等微积分。另外，在课外借给我武汉大学出版的，肖君绛翻译的 van der Waerden 的《近世代数学》，是最新的教材，在世界上也是最新的。开始了解得不深刻，慢慢地看上册，后来连下册也借来了，那是 1945 年。在 1946 年暑假，我要到北平来，他也要离开兰州，我借他的书看不完，就赶紧地抄。动身来北平之前，在暑假回到武威家里，没事就拼命地抄书，把上册全部抄下来，下册抄了一半，眼看时间来不及了，回到兰州把书还给他，就跟另外几位同学往北平来。

## 科研从看到《Mathematical Reviews》的一条评论做起

李：抄的书您也背来了？

王：背来了。开始科研也是很偶然的。那时候，在北平师院数学系能够看到《数学评论》，看到四几年有对一篇论文的一条评论，是欧洲瑞典人的一篇关于数理逻辑中的命题演算，他提出几条新的公理，这几条公理足够，但是否是独立的，就是说能不能减少，他没有解决。我就试着考虑，要采取哪几个基本符号，很有关系。用某一种符号可能很容易证明，但不见得是人家原来的问题。原来是在什么条件之下提出来的这个问题，看不到原文。开始比较简单地证出来一个，请教汤璪真先生，汤先生说证的是对的，可是不知道原来这个问题是不是用的这些基本符号。他说，你可以估计他用别的基本符号能不能也证出来呢？后来，我试着用最通行的基本符号来证，最后证出来了。到现在，我始终也没见到欧洲的那篇原文，原文是瑞典文我也看不懂，反正按照通常的这种理解就算是证明了，可是汤先生已经去世。

李：汤璪真先生在 1951 年去世。

王：是，当时我住院。出院之后就投稿，后来《数学学报》通过了。

李：是 1953 年刊登出来的。

王：后来有一次开会，遇到胡世华先生，就谈起来，他说，是他审查的。

李：据说，当时他们想把您调到中国科学院去？

王：也有这种说法。当时，段学复先生回国之后，代理清华大学数学系主任，正是我毕业的时候。开始说清华大学缺一个助教，你愿意不愿意去，他这么说过。当时傅种孙先生也跟我说，想让我留下。我跟段先生说，得问傅先生。后来就没有去成。我跟段先生说，将来考清华大学的研究生，他说也可以。这都是新中国成立前夕的事情，新中国成立后，情况全变了。不过，1951 年我出院的时候，傅先生曾说，你要愿意的话，他可以再向清华大学询问，我说请傅先生决定吧。那时候，中国科学院数学研究所也在清华大学。后来傅先生也不提这个事，我提也不好，后来……

李：就在北师大了。

王：就这样了。

李：我看您连着在《数学学报》上发了4篇文章，基本上是讨论同一类型问题的。

王：头一篇是从《Mathematical Reviews》上看到一篇简介。后来看到G. Birkhoff写的一本《格论》的第2版里提了100多个没有解决的问题。正好那个时候，国内有个专门影印外国书的龙门书局，影印了《格论》，我买到了。

李：是原版影印过来的？

王：嗯。后来就在那里头找了几个问题，试着做一下。

李：这方面，对您影响大的先生是哪几位？

王：开始注意到《格论》，是段学复先生介绍的，后来院系调整。独立工作后，跟段先生联系也不多，因为在院系调整后，段先生已经是北京大学数学系主任，没怎么见面。

李：就自己做？

王：是。

李：要比现在有老师指导费劲多了。

王：嗯。有些问题觉得太难，也就不去想它。有几个感觉难易程度还可以试一试。

李：就慢慢做一做。当时，实际上应该说是白手起家。

王：实际上还是受了各位老师所要求的基本训练和大方向上的指导。

## 花了几个月的时间猜谜

李：您后来做计算机，在"文化大革命"之前，就是1958年，1959年，有没有做过计算机方面的研究？

王：那个时候，科学院要研制计算机，原来在数学所的数理逻辑组也调到了计算所，具体时间我不清楚，钱学森先生回国之后，我听胡世华先生说，钱先生也支持搞逻辑的应该搞计算机。计算所要研制自己的计算机，我国当时还跟苏联有来往。先说理论方面，胡先生说，先搞一个计算机理论的讨论班，有时我也参加，有时就从他们那里借文章看一些。他们在中关村，我在新校住，考虑到我当时要上课，交通也不太方便，身体也不太好，就自己看。当时结合高等代数教学讲布尔代数，正好计算机设计加法器，用布尔代数较好。当时在北师大，也要"大跃进"，1958年，我写了一篇文章，不是科研性质的，是科普性质的，但也登在了《北京师范大学学报》上，叫"电路与代数"。那个时候，国内是中科院要搞，清华大学等高校好像也要搞。北师大自己也要搞，最后没有搞成。

李：是，数学系花了180万元。

王：当时，因为可能是对技术比较轻视，主要靠一点，就是解放思想，觉得只要我们大干特干，什么都行。没有理论，准备不够，学生领头到外面采购材料，甚至看到带"电"字的就买，领导方法不是太科学，后来下来了。在高校系统，我在1961年参加教育部召开的南京大学的一个相当于现场会，他们有留苏专门学计算机回来的，有一位叫徐家福，当然不只是他一个人，真正搞成的，仿制苏联的M3，机器很大，占一间屋子那么大，电子管的，相当于比现在的计算器功能要好一点，能够编程序算，在高校系统，这是第一个。现场会是我跟曾美美去的，北大、清华大学的一些人也一起去了。

李：您认为，当时我们系放弃搞计算机是不是对？咱们实际上搞了1年，我见过系里给学校打的请示下马的报告，原因是条件不具备。如果当时坚持下来，是不是现在北师大计算机的状况可以跟北大比，因为北大计算机当时也是这个时间搞的，但是，他们后来一直没有停顿，起码有几个人在坚持着。现在是不是说，搞一个事情，不要一下就下马，要有一两个人在那儿坚持着，一旦有了新的动向，马上就跟上了？

王：这要看咱们系 1958 年的情况，好像跟其他单位的情况不太一样。从指导思想也好，从人的准备到物质方面，技术人才方面准备得也不够，当时领导主要是学生领导。主要干部我就知道现在的张世英，是派出去学习的。那时，我就跟着一些学生，在屋里拿电烙铁在那儿焊元件，对上面的情况也不了解。据我估计，当时那种搞法，如果像那样搞的话，可能不是……如果一直搞下去，在领导方法上，应该会有一些改变。当时还有一个，这也不是孤立条件，像袁兆鼎，他是从苏联回来。

李：他是学计算数学的。

王：对，他是学计算数学的，不是搞计算技术，可是见过计算机，比较了解计算机，但回国后就从我校调到国防部门。当时咱们系的技术条件也是不太够，后来，“文化大革命”以后，因为国内搞计算机的人比较多了，我们计算机组虽然没有搞出大的，但是搞台式计算机，不像原来只是浪费，还是造成了几台机器。如果进一步再去扩大，加强它的力量，那也不一样了。当然，我觉得 1958 年计算机下马，我倒没有感觉到太什么……“文化大革命”后期，冯文杰、王伯英、黄锡瑶、谢文杰参加，搞得比较实际，也不是自己设计的，先从中科院数学所买的图纸，试制长城 203，开始就按照图纸上的去做。那里头的微程序有 2000 多条。按照它的穿线表去穿，能够做成，跟它的功能一样。我当初参加做的时候，就开始猜谜式地分析这些微程序，猜微程序到底是编了什么东西，整个机器做出来能够算的函数，就跟现在的计算器差不多，当然还可以编一些简单计算的程序。我个人干个人的，猜着微程序上这条 00011100011……跟那条相连是干什么，花了几个月的时间，摸清楚了其中哪个是算三角函数，算正弦的，算余弦的……

李：这并不好猜。

王：花了三四个月的时间。开始毫无头绪，等猜完又过了一段时间之后，也买来了一个流程图，最初买图纸的时候没有。流程图比较简单，不像猜出来得这么具体。猜出来之后，知道它是怎么回事，就能做一些小的改变。

李：这就相对容易一点。

王：对。后来我们自己造成了略有改变的 203 式机器。到了 1975 年，到北京分析仪器厂，下厂为仪器配制这种计算机，那时该厂生产的一种最新仪器，就是当时北京市大气污染监测车，汽车里有他们生产的各种化学分析仪器，开到西单等十字路口，停一两个小时，测测那儿空气里污染物有多少，种类有多少，数据都能测出来。我们的机器就安装在汽车上，按照公式算一些平均数什么的，比手算快一些。

## “文化大革命”前开始带研究生

李：另一个问题，“文化大革命”前，您带的研究生做论文没有？

王：没有，就是 1963 年招的翁稼丰。当时教育部规定是 3 年制。

李：咱们学校在“文化大革命”前也可以是 4 年。我看了学制，3 年到 4 年都可以。

王：范会国先生招的叫卿斯汉，刘绍学招的叫漆芝南，丁尔陞招了 1 届。我招的那个念了两年书，他是北大无线电系毕业的，对计算机和数理逻辑感兴趣。到 1965 年暑假，当时本科是 5 年制，要到晋东南参加农村“四清”，我兼他们的选修课，翁稼丰也跟着到农村参加半年“四清”，从 1965 年下半年到 1966 年上半年在晋东南，业务就完全停了，1966 年上半年回来。还没有回来的时候，在山西从报纸上看到批判“三家村”，“文化大革命”的前奏已经开始了。1966 年春天从晋东南回来。在那里听到北京市委出了什么问题。回来不久，“文化大革命”开始。翁稼丰第 3 年没有念书，也没有做论文，参加运动。后来，在“文化大革命”期间，连本科生都是自己解放自己，都毕业走了。他去上海联系找一个工作，原来找的是无线电厂，后来到了上海，都分配去教中学，不管你是不是研究生。过了几年，调到上海宝山钢铁厂。

李：“文化大革命”前，这几个研究生是不是应该说，卿斯汉算是工作做得最好的？

王：嗯。翁稼丰现在也不错，在澳大利亚。他在上海宝钢工作了几年，也是搞计算机。到德国去接收宝钢订购的计算机。后来申请出国，脱离了宝钢，现在在澳大利亚墨尔本大学工作。

## 临汾牧羊

李：您能不能谈谈“文化大革命”时，在临汾劳动的情形？

王：劳动对我来说感觉是……在学校，“文化大革命”刚开始的时候，跟我没关系，旁观，看大字报，看热闹。当时数学系有少数派参加造反兵团，我在四合院北楼住，左邻右舍有几个参加造反兵团的，他们谈了他们的一些观点。我觉得当时造反兵团受压，有一点同情，到 1968 年清理阶级队伍，我就被揪出来了。因为掌权的是谭厚兰她们，后来被押起来了。开始是在宿舍里隔离。一方面，让你交代自己的问题，实际上有时学生们叫你去审问。比如问：“有一次，你到学部（即现在的社科院），去看大字报，给造反兵团透露了哪些消息……”当时实际审问的都是把我当作是造反兵团外围的一个小走卒似的。有时候我没有看到什么，或者没有做什么，这学生就说：“你不说我们也知道”，我说，“那你知道就更好了”。后来就在宿舍里写检查。工宣队入校之后，就集中管理，都住到西西楼，数学系的六七个人一个房间。像数学系的党的领导王振稼、王树人，董延闿是系副主任，跟我同屋的有赵慈庚、吴品三。快到冬天了，白天出来劳动，到现在的英东楼那个地方，当时是盖了个地基，底下是地下室，去倒白菜，那算劳改队，集训队什么的，当时我算是问题比较小的，在数学系的十几个人中，我算是一个小头儿，每星期可以替这些人，从西西楼到合作社买点儿针头线脑什么的。

李：不许他们回家？

王：不许回家。

李：那是劳改队？

王：还不是一开始的劳改队。工宣队进校之后，说对这些有问题的人集中管理，后来宣布毛主席对新华印刷厂的最高指示“扩大教育面，缩小打击面”，这时候，我算是第 1 批被解放的，以前也参加过两三次的批斗，跟走过场差不多。我也不算是被批判的重点，因为被揪出来，也得批判一两次，有时候是陪斗。被解放之后，那是 1968 年冬天。学校组织一批人到临汾去，“文化大革命”前临汾就是分校，各系的一年级，特别是文科的一年级要在那儿上学，二年级到北京来上。“文化大革命”一开始，临汾分校的学生都要到北京参加革命，那一片地就荒了。学校的地，周围的农民也不能种。学校领导说，那片地荒着没有用，没有人管，周围的农民也有意见。你们这些被解放的人，已不是批斗的对象，也不是革命的动力，革命的动力是学生，愿意去临汾的，原则上是自愿报名。我就报名了。到临汾后，本来去两年就可以回来，回来后，学校里停课闹革命，可能也正是春节，也没有什么事，回来还住自己的宿舍，每天到学生宿舍去报到，不一定由哪一个班的学生来管，有时候去参加一小时的“天天读”，就是读毛主席著作。那个时候的学生，有的还挺爱闹革命的，也不毕业。三四年级的已经毕业了，一二年级的，有的在学校结婚生孩子。我在学校里也没有意思。第 2 年该回来的时候，我就申请再待一年，就待了三年。

李：您这三年都做了点什么？我听说您放过羊。

王：前半年参加农田劳动，另外参加一些基建。盖房也不是主力，参加搬砖什么的。窑洞，就是不用木材，弄得跟城门洞似的，门都是圆的，请当地有技术的师傅指导，楦起来的。后来有一个工程叫扬水台，就是旁边有河渠，但水位低，修起扬水台后，可以用小电动机把水抽上来。当时，学院除了各系的教师之外，也有些后勤的工人师傅。有一个老李，好像对建筑方面比较在行，对扬水台应该怎么做，起了一些指挥、计划和策划的作用。当时主要劳动力都是这些教师。半年之后，我就被调到放羊班，叫羊班，一个班一共有各个系的前前后后十来个人，有的人在家里的羊圈里清扫或看护小羊，有的人出去放羊。我出去放羊。

李：在我们老家，放羊一般被认为是比较轻松自在的活。

王：那大概是对我的照顾。一开始放的时候不轻松，两个人放一群，因为羊到山边儿去吃草，有四五里地，当中有些麦地，路过这些麦地的时候，当中有一条道，沿着这条道走，看不好的话，羊就跑到地里吃麦苗，那就乱啦。你赶这几只，那几只就过去吃几口；赶那几只……整个就乱套了。一开始两个人，一边一个，挺费事地过这一段路，后来就比较习惯了。麦收过去了，地里的庄稼比较少了，一个人就行了。一批羊，不太多，有六七十只。到山坡时，因为草不太多，不够吃，有时候，就赶着羊爬一座山，到草多一点的地方去。熟练后，羊也不乱跑了。中午羊扎堆休息，人也可以在旁边休息。早晨出去带一壶白开水，两三个馒头或窝头，中午在山坡上坐着，把饭吃了，还是很自在的。当时参加劳动的人普遍都有那种感觉。一方面，去接受贫下中农再教育，学习活动还是有的。组织到贫困户，到某一个大队去访问，访贫问苦。经常的活动是劳动。我想：当时很多人觉得心情舒畅。

李：吃得饱，睡得着。

王：对。另外，中国贫困山区的农民，生活艰苦，印象是挺深刻的。我们去过最靠近的一个山边上，在山坡底下有一个村，叫鸭儿沟，在山脚下，紧挨着山，房子很多，都是窑洞。就地取材，挖的土窑洞。到山上才有石头。整个村有一二百户人家，都住窑洞。井特别深，大概有两口井，有几十米深，一口井上有两个强劳动力，辘轳是双把的辘轳，两个人一起摇，各家去接水，就靠这口井生活。村里有一个污水池，下雨的时候，水要往里头流，水都是黑的，就在那里面洗衣服。靠天吃饭，相当艰苦。

李：另一个问题。您研究的方向真正成为一个方向，还是“文化大革命”后的事。在“文化大革命”前，您有了一些工作，“文化大革命”后才起来？

王：对。1971 年，林彪事件之后，分校撤了，我就从临汾回来了。开始跟徐承彝去参加北京市优选法推广工作，是由丁尔陞派去的。

李：丁尔陞是学校教育革命组的。

王：他联系，听说北京市有一个推广优选法的小组，跟数学有关系，就派我跟徐承彝到东四“北京市优选法推广小组”工作。我们去之前，已经有七八个工厂里的人，差不多都是工厂里的技术人员，或工人师傅。0.618 法则，人家早就推广了，华罗庚先生最初推广优选法的时候，我们还在临汾劳动。我们是 1972 年参加的，那个时候，他们已跟华罗庚先生分开，华先生到全国各地去了。我们去后，或者到工厂里头，参加搞个展览，有培训好的讲解员，是小青年，懂得数学也不多，有一套讲稿，背过来就算讲完了。人家有什么问题，我们帮着解答一些，或者他讲到哪儿不太合适，跟他商讨商讨，就起这些作用。他们还出书，说这个工厂增产这么多，那个工厂怎么样，优选法有哪方面的意义。我们提什么意见，人家并不是太采纳。

李：您在那儿待了几年？

王：一年多。我们在那儿有一点副作用。北京市委在《北京日报》上宣传北京市搞优选法，就听他们推广小组的。他们与华先生有矛盾。一说优选法，就是宣传北京市的优选法，那个时候，北大也有人参加他们的活动，他们就说“在北京大学，北京师范大学数学系以及华罗庚先生等人的帮助下”如何如何，他们把华先生放在“以及”这个地位，我们就提意见，这个稿不应该这样，这样提不合适。小组的领导是个青年师傅，他不管这个，说：“你们是组织，他是个人，就这么着。”他们出书，我们提点意见，有的小的地方还可以，大的要怎么写就怎么写。后来我们就回来了，当时可能是系里需要，我参加到计算机小组。

李：这也持续了好几年的时间？

王：先在本系试制，从数学所里买来图纸搞长城 203 开始，后来搞成了，微程序你猜我也猜，猜得差不多，能够改造一下了。1975 年参加了北分厂的项目，造了空气污染监测车，跟着，开到北京大街上，1978 年的全国科技大会，那个集体项目得奖了。

李：我看到了得奖的原件，咱们学校保存着这个证书。

王：“文化大革命”后期，我还参加了一个叫陡河发电厂要引进日本的计算机项目。

李：是河北省的，还是北京市的？

王：是唐山那边的，好像也是在北京市。怎么让北师大参加的我不知道。参加那个大型计算机，真正从日本引进的计算机，要去一些技术人员学习图纸，我们参加了很短的一段。一开始，只能从数学上讲讲这个原理，有的图纸也不全，好像无头无尾，也看不出什么来，起不了什么作用。我记得，是 1976 年年初，我正从学校去东郊的定福庄（学习图纸的地方），坐公共汽车去，在路上听到广播，周总理去世。“四人帮”垮台之后就不去了。当时说，还要搞基本理论。1977 年，北分厂也要撤。我还参加过 1977 年在中科院开的数学规划会，这样类似的会，1955 年左右也开过，那时候我们还是小字辈的，没有参加。那是中科院制定 12 年规划的一次会。另外，1961 年，在颐和园参加过一次龙王庙会议，要搞基本理论。不久，1962 年，毛主席的“以阶级斗争为纲”就出来了。1964 年，全国农村搞“四清”，北师大作为高校“四清”试验，批判理论脱离实际。大的举动没有，学校里也进来了工作组，叫社会主义教育运动。1965 年，我参加了农村“四清”，然后是“文化大革命”。“文化大革命”后一段，上层的科技方面没有什么活动，一直到 1977 年。1977 年，中国科学院召开了一个全国自然科学学科规划会议，说规划要管十来年的，有些高校参加了讨论，北师大也把我找去了，王梓坤也参加了，他那时还不是北师大的人。会议全体代表还受到了邓小平、叶剑英、李先念等多位领导同志的接见，并且合影留念。

李：他在南开大学。

王：会议的数学组分了方向。吉林大学的王湘浩先生主持计算机方向；胡世华先生是主持数理逻辑方向的。王先生问我，你要不要参加计算机组，因为胡先生早就让我参加数理逻辑，我说已参加逻辑组。我跟王先生说，我一个人搞不过来两个方向，恐怕我没有那么多的力量，将来要培养研究生的话，还可以让他们转到这一方向。后来，学校教务长张刚通过系主任张禾瑞也问过我，我说，如果纯粹搞计算机，这数理逻辑的理论基础就完全没有人搞了。我还是搞数理逻辑，培养的研究生可以让他们搞计算机。

李：在"文化大革命"时，您给工农兵学员上过课吗？

王："文化大革命"期间没有。一开始，学校没有上课。后来就到了临汾，再回来就下厂，最后又搞计算机。

## 数理逻辑方向在 1978 年之后才慢慢地有些发展

李：您真正开始搞数理逻辑是在 1978 年之后？

王：对。

李：这个方向以后才慢慢地起来。

王：也不算是起来。就是开始招研究生。在这个方向，在国内一直不是很受重视，很多学了逻辑的人，找工作也好，客观需要也好，都是大批地在计算机方面。中科院数理逻辑组原来在数学所。后来胡世华先生到计算所，现在，在计算所和软件所里，搞数理逻辑理论的人很少，两三个人，数学所回来一个搞集合论的冯琦，就一个人，也经常出国，没有招到研究生。南京大学莫绍揆先生也老了，八十几了，现在身体也不好。有一个丁德成，比较活跃。现在北师大沈复兴还在招数理逻辑的研究生。

李：您获得的 1986 年国家教委科技进步奖 1 等奖，是咱们系的第一个 1 等奖，主要的成果是什么？

王：报奖的是我们四个人，我、罗里波、沈复兴、卢景波。整个的工作，一开始主要是在数理逻辑模型论方面做了一些推广工作。属于多值模型理论，叫格值。普通逻辑，就是真假，叫二值。可是很多情况，像概率里 0，1 当中的理论。这个逻辑也有很多人考虑。有的事情，它在某种条件下是真，在某种条件下是假，它不一定是绝对的真或者绝对的假。有些问题要搞多值逻辑，就像数学里的平行公理。平行公理在欧氏几何里就是真的，在非欧几何里就是假的，它不是绝对真绝对假，所以，以前有的人就觉得应该考虑多值。我们这个逻辑是多值的，"文化大革命"前，我和吴望名就已经开始搞，还有翁稼丰，开始对这方面也有一些考虑，不过做的工作不多，属纯数理逻辑方面。后来因为搞模型论，跟沈复兴、卢景波一块儿搞了格值模型论。罗里波于 1980 年出国，在国外得了密歇根大学的博士学位，他的博士论文做得很好，是在判定问题方面。判定问题是属于数理逻辑跟数学方面的，早就有的，比较重要的。当时报奖就报上他。另外，我用模型论方法讨论一些数学问题，像 Goldbach 猜想方面，我不能够去解，没有能够像人家真正搞数论的正面地去证明什么。只是说，在某些条件下，可以得到所含元素比整数更多的一种扩环，Goldbach 猜想可以成立。也有那样的扩环，Goldbach 猜想不成立，但是对整数本身或自然数本身，并没有证明或否证什么（但能说明，若只用较少的公理，不可能解决这一问题）。还有一个孪生素数猜想，就是连着的差是 2 的两个素数，$p$，$p+2$ 都是素数，在自然数里，是不是有无限多个，数学界一直不能证明。我们证明的都是一些跟它们多少沾一点边，实际上都不是这个意思。只是说，要把整数系扩大之后，可以有这样的结果，有无限多个孪生素数，也可以是反面的，只有有限个。或者逻辑对比较无知者的应用，也算一点结果。比方说，有些人想用初等数学的方法，搞这些问题，对他们起一点参考作用，就是说，在某些方面，你不注意的话，就解决不了。

李：问您一个个人问题。有人说，如果当初您去了中国科学院，可能就提了院士，您怎么看?

王：这个倒不是……我觉得这个……当然院士跟单位没有关系，这主要还是跟自己在专业上的努力有关系。

李：跟努力有关系，跟单位也有一定关系。

王：也有一些关系吧。不过，我觉得还是看这个单位的影响，比方说，一个单位的学术空气很浓，你在这里头工作几年，肯定特别……如果一个单位学术空气不是很浓，或者各个人的想法不是很一致，或者领导思想不是很明确，在这种情况下，每个人出的成绩就多少会受影响。说到这点，我就联想到，真正把一个单位搞成学术空气很浓，水平比较高，在短期之内也不是很容易。因为我觉得，像傅种孙先生，当初就很有抱负，当时有一些信，赵慈庚先生保存的傅先生的信，曾复印了一些给几位老先生，像刘绍学、严士健、孙永生，每个人送一份。傅先生最初接任了北师大数学系主任之后，很想把数学系办好。傅先生有一次在给赵先生的信中写道：如果我们能够把很多人才吸引过来，能够大家齐心合力，“安知（注：就是哪里知道），（将来）北平数学之重心不在师大耶”。

李：傅先生任系主任、教务长和副校长期间，为北师大招揽了不少人才。

王：抱负是很大。当然，当时有些人由于客观原因，有的在国外就没有回来，有的回来到了北大、清华，然后来北师大兼课。再后来，他当了教务长，分了更多的心，管全校的事，对系里的有些事情没有能够管。所以，真正要想办好一个系不是很容易的。需要有一批志同道合的工作多年的集体。一个系如果办好了，它的影响也是大的。

李：傅先生在这方面的想法也是非常多的。

王：后来“反右”之后，他去世了，虽然“右派”摘帽较早，去世还是北师大的一个损失。

李：是一个非常大的损失。因为傅先生从打成“右派”，实际上这一段之后就没有做具体的重要工作。

王：是，是。有一段就在资料室为公家和教师买书。

李：还有，他翻译过一些教材。我看过他向党组织写的汇报，说每天翻译若干页。

王：对。当时，“大跃进”需要讲新东西，高等代数中也增加了新的实用性内容，当时不叫优选法，属于运筹学方面：图上作业法，表上作业法。有的是有数学的分析，有的是在实际工作部门有这种思路，有那种经验的，经过数学家提炼。后来就写了教材，当时中国科学院出了一本书，书名我忘了。傅先生参加过讲课。我还有那本书。当时临时让他去讲，他找我借用那本书。平时让他干什么，他就干什么，还采购。在数学系资料室和他一起工作的还有王继平，在 1956 年毕业的，后来是北师大分校的老师，现在退休了。

## 数学家不注意逻辑，有些问题将会解决不好

李：请您谈一谈您在治学方面的经验。

王：我想的不太好。就从我自己的经历说吧。我对数学开始有自学的积极性，是从初

中二年级。我小的时候，也学鸡兔同笼，还有算术题，中学代数。我在初一，比我高一班的一位同学叫薛仁义，他听平面几何课，课外跟我说，平面几何简直有意思极了，证明对顶角相等，他说，这个角和旁边那个角加起来是180°，那个角和这个角加起来也是180°，所以，这两个对顶角相等，证明起来非常清楚，平面几何有好多这样的结果。从那时起，我就开始自学平面几何。到二年级，上这个课，后来学了三角，虽然不像平面几何，纯粹是逻辑性的，但觉得那个柱子，我也不去量它，只量一个角度和距离，就能算出它多高来，这个东西也很有意思。当时，觉得平面几何的证明中逻辑思维特别清楚，而三角中，这儿知道几个数据，就能够知道未测量的距离。后来，解析几何，高中的课，多数先自学了一下。从那时候开始，成了习惯。到了大学，也是自学的习惯，上课之前看一看，上课基本不听。再后来，看了数理逻辑之后，觉得这个东西对数学更有用，我写了一些小的文章，另外再说。科研，一开始，做第1个问题的时候，感觉到对待一些新问题，原来觉得书上这么一大堆定理，一大本一大本的，觉得非得念完了所有的书，才有可能去搞科研。后来觉得你只要在某一方面念的有些收获的话，这一方面有一些小问题，就可以当成困难的习题去碰一碰，所以，一些小问题，就慢慢地碰出来了。后来，做更多的科研，我感到模型论，作为数理逻辑的分支，对数学有用，而数学家，一般地说不习惯于这种工具。模型论有的内容很容易，可数学家不去注意，纯粹搞逻辑的，也不去注意数学问题，有的数学问题，有时候也不是真正的困难，逻辑的工具，跟数学的结果，适当地结合一下，有的问题也能够比较容易解决。后来，我主要的科研，不是搞纯粹的数学问题，也不是搞纯粹的逻辑问题，一方面自己试验；一方面带着普及宣传性质，你看我用这个方法往你的结果一套，又得出一个新的结果来。你那个结果纯粹是代数结果，用代数方法得不出这个结果来，我就能得出这个新的结果来。搞纯逻辑的人，也不注意数学问题，也注意不到这个问题。后来就搞了一些像那样的例子，不太困难的，两种方法初步结合的。然后，借助于外国人的重要结果，也是逻辑方法和数学方法相结合所得的结果，但涉及的是更深刻的逻辑方法，更重大的数学问题。这样结合起来做宣传。或者翻译，或者编书，主要是宣传一下数理逻辑对数学有用，我自己做一些简单的问题，再介绍一些别人的大的结果，希望引起数学家的注意。对数学家来说，不注意这个，有些问题将会不好解决。这方面我还曾写过一封信给陈省身先生。

李：他给您回信没有？

王：我请他不必回信，他太忙了。我就写了一封信，还有一篇文章，附带一本小书。后来，据说陈先生曾在南开大学公布了这封信。

李：您认为您科研中最辉煌的时期是哪几年？

王：这也谈不上辉煌。

李：起码您认为工作做得最好的是在哪几年？

王：20世纪50年代，也不太困难，主要解决的是人家书上不太难的问题，这样容易与别人重复，也比较被动。后来，我就觉得不一定用人家的问题，觉得只要一个问题我认为有意义也就行了。后来，招研究生花一些时间找问题或自己提问题，也是跟代数比较接近，但用逻辑方法好一些。我觉得，这些有的对代数有用处，有的对搞数论有些参考价值。所以，后来就不是人家提出来的问题了。我自己有了这个观点，在代数方面，考虑了一类无限方阵，求它的逆方阵，至于求标准形状，现在还很难定义，后来兼用逻辑方法，初步解决了能否化为对角型的问题。别的方面，像去年校庆，整理了一点以前已有的思想写成小文章，谈的一个内容是：如果不注意逻辑上的概念的话，用初等数学解决 Goldbach 猜想是不可能的。像 Peano 公理，用它本身能不能推证或否定 Goldbach 猜想，这个我不知道，反正我能找出一组初看起来与 Peano 公理等价的，可是并不等价，一般的数学家看起来似乎等价，用这一组类似的公理，可以找出这组公理的模型，使 Goldbach 猜想不成立。也能找出这组公理的模型，使 Goldbach 猜想成立。因而，用这一组似乎与 Peano 公理等价的公理解决不了 Goldbach 猜想。

李：您做研究的时候，事先有一些框架吗？

王：有的有，有的是翻一些文献，人家得了一个什么结果，哎！是不是可以用数理逻辑方法可以推广一下。最早的就是在 20 世纪 70 年代，做了一个小的习题，写在那个书里头。是一个英国人，关于复系数多项式的问题，他写了一篇文章，他证明了一个 $n$ 次多项式和它各次导数的乘积，有多少个根，这么一个问题。他提出一个猜想，把复数域，换成其他的代数闭域，似乎也有类似的结果，可是他不会证。他研究复数的情况，用到了复变函数，还有一些拓扑性质，可是到了其他代数闭域，跟复数的代数性质很类似，但没有复变函数，没有类似的拓扑性质，他直观感觉在代数中也是对的，后来我们用模型论去做了说明：虽然你这个证法，用了特殊工具，可是对你这个问题来说，对于复数成立不成立，和对于其他的特征数是零的代数闭域成立不成立，从模型论的观点来说是一样的。只要你对于复数域证明了这个定理是对的，那么，它就对于任何特征数是零的代数闭域也成立。所以，只要用模型论，这个问题就解决了。对于其他代数闭域，也用模型论方法做了部分解答。

李：您对多值逻辑怎么看？

王：我觉得它有发展前途。现在我没有力量去搞。像我们这个组，有一次在中科院开一个关于应用方面的讨论会，孙永生也去了，我讲了多值逻辑在策略性问题方面有可能有应用。

李：还有模糊多值逻辑。

王：模糊逻辑我就外行了。应用方面也很多的。

李：有人说，模糊逻辑就是多值逻辑。

王：是多值逻辑的一种。我们搞的多值逻辑，不是模糊逻辑。比如说，举个例子。对一个命题，要么是真的，要么是假的。这个事实，或者是真或者是假，可能我不知道。可能你知道它是真的，或者你知道它是假的，或者你不知道它是真的还是假的，很有可能。咱们这里说真假是确实知道，知道确实是真的，确实是假的，不可能你知道它真，我知道它假。按现在的情况就是，要是光是一个命题的话，我一个人，对这一个命题就三种情况，我知道它真，我不知道它真假，我知道它假。在两个人就可以有更多的情况了。你知道它真，我不知道它真假；你知道它假，我不知道它真假；你不知道它真假，我也不知道它真假；还有其他情况如：你不知道它真假，我知道它真；你不知道它真假，我知道它假，等等。这样凑起来就不是一个布尔代数。如果不管知道不知道，在两个命题时，就出来 4 种情况，可以看作一个布尔代数。如果只讨论知道不知道（不论真假），也只有 4 种情况，也可以看作一个布尔代数。这 4 种情况就是：两个人都知道；我知道，你不知道；你知道，我不知道；咱们俩都不知道。如果既要讨论真假，又要讨论知道不知道，情况就要复杂些了。对于两个人，就是如上面先说的那些情况。一下子说，说不太清，它出来是两个四角形，当中连在一块。像 8 字。3 个人的话，情况就更多了。它也不是布尔代数，但也是属于我们研究的，等等。这应用到战略上，对方是敌人，它不知道，或者他知道我们不知道，等等，这些有可能有一些应用。知道和不知道，如果要是双方竞赛或者从对策考虑，也有可能涉及这类问题。

## 把北师大数学系搞起来应该有一批铁杆人物

李：您在这一生当中有什么教训，我们应该吸取的？无论是做学问还是做人都可以。

王：一个是由于客观环境，没有跟随一位严师。另外自己缺少坚持性，恒心。有的时候，我偏于搞容易搞的，当然跟客观环境也有一些关系。有时喜欢自己自由发展，不过如果一个人很多方面都掌握得很好，东面来一下，西面来一下，互相把它们串起来，当然是好事；但是，如果一个人哪方面都不行的话，从这一边看，看着那边有一点什么，从那一边看，这边有一点什么，弄来弄去，没有一个重点是出不来什么结果的。我介于这两种状态之间。一个没有严师，另外一个，国家定了方向，让你就招这个方向的研究生，你想不搞也不行。这是一个约束。在这个当中，你又想搞一点别的，可是这儿有教学任务，现在就这样。

李：有一些框架，框架比较死。

王：反正这个方向你就得搞。我自己又犹犹豫豫，有时想搞点这个，有时想搞点那个，结果是东不成，西不就。

李：您对咱们系有什么建议，哪方面都可以，无论是管理的，人的，还是学生的。

王：要从学术水平的提高，面向未来，面向世界着想，应该有一个比较坚强的学术领导班子，包括政治方面，有一个坚强的比较稳定的班子，咱们系有学术委员会。我觉得，应该固定一个班底，你可以是系主任，我可以是所长，当然系主任、所长具体分工要有，但应该有一个比较固定的集体，人员可以有变动，对于怎么样办好咱们系，有一个比较长远的想法。或者相当于，我随便打个比方，人大常委会，下面可以有外交委员会等分支机构，这可以了解国内外这方面的情况，教育情况，科研情况，有一个比较固定的机构，从中青年里头开始形成一个核心，咱们就死心塌地地在北师大干一辈子，把北师大数学系搞起来。不要说，我看哪儿工资高就去哪儿。当然这样的人是有限的，现在是市场经济，是吧。应该有一批“铁杆”人物，考虑全系。过去，似乎偏于某人只考虑某一个方向。

李：现在的年轻人与以前的人想的不太一样。

王：是的。可是我觉得，当前国内现状是这样的。像国外有名的大学，过去，从历史上看，都是当时很有魄力的人领导起来的。像德国，当时就有少数学校，或者某些系，定的标准很高。

李：现在干部轮换制，短期行为比较厉害。换的比较勤。所以，有好多人就只顾眼前，而不从长远看怎样。这个东西很厉害。还有一个，干行政的，对自己的业务影响很大，所以，现在年轻人不乐意从事行政工作。

王：国外有些好的办法还是应该吸取，教学人员不要搞太多的行政，或者是轮流。

李：轮流就容易产生短期行为。要是经常干就容易对业务有影响。这是一对矛盾，在高校里永远是一个问题。

王：要有一批懂一定业务的专门的管理人员。

李：他在数学系很难待下去。因为现在业务比以前看的重要。现在的政治活动明显比以前少。而且会议很少。这方面花的时间并不多。但如果你要负责行政的事情，开会你是躲不开的，很多事情还是很分心的。今天就谈到这里吧，以后再谈。

# 王振稼同志访谈录

李仲来（2003 年 9 月 17 日）

李仲来（简称李）：您是北京师范大学数学系的第 1 任党总支书记。我今天来跟您聊一些您的主要经历、经验，包括教训。请您先谈一谈小学和中学的经历。

王振稼（简称王）：我原籍是河北省清苑县人，1928 年出生，今年整 75 周岁。1948 年家里土改，成分定成破产地主，因为家中没有劳动力，土地也不多，就剩我母亲 1 人。1938 年，抗日战争的第 2 年，我来到北京，跟家里没有来往，寄居在伯父家。伯父在农村时，还有一个夫人。3 岁时，我跟伯父的大太太生活在一起。

李：您小学是在北京上的？

王：从三年级开始在北京上的。一二年级在农村上私塾，也念过两年学校。毕业后在基督教会办的育英中学上学。

李：您一直念了 6 年？

王：是。我的一个堂哥在那儿当教员，不交学费。还有一个堂哥在铁路做职员，他们是北京家庭经济的主要来源。在新中国成立时填表，我填破产地主，北京市委大学部副部长宋硕给改成职员，因为我十年前脱离那个破产地主家庭。我的生父，在我很小不记事时就出来了，在国民党军队里做会计，后来是会计科科长。1948 年，内战起来以后，他所在的军队在山东被解放军歼灭，他在济南，没有在那个部队上，回来后见面了。我在政治上已经跟他完全不一样了。

育英中学在抗日战争时就有地下党活动。在 1946 年，我就参加学生运动：反对美国扶植日本运动，还有沈崇事件，包括 1947 年的“五二〇”事件，反内战，反饥饿，反迫害。1947 年 8 月份，地下党的外围组织，叫民主青年联盟，吸收我参加。

## 考上辅仁大学

李：您什么时候考上辅仁大学？

王：1948 年。

李：辅仁大学校址一直在这儿？

王：是。恭王府是女院。我考的是教育系。1948 年，我家里的两个兄弟去世，对我的刺激很大。一个是在铁路做职员的堂哥，他初中毕业后就不再念书了，在生活上，对家庭的贡献比较大，后来染了肺病，回老家后去世。我一个亲弟弟，在北京念初中一年级，也得肺病去世了。

李：那时候，肺病很难治吧？

王：主要是没钱。有进口的链霉素太贵，没有办法。考大学以前，我有一段时间，集中力量想念书，地下党让我考上学校，当时的形势需要一些人留在城里边，做群众工作。当时地下党告诉我，只要能考上，哪个学校都行。或者是到解放区去。去解放区的同学后来也回城市了，因为当时发展城市工作。

李：您哪一年入党？

王：1948年12月6日。1948年9月1日开学，第一学期刚入学后就入党了。

李：当时辅仁大学有地下党组织？

王：有。那时候，辅仁大学有地下党总支，两个支部：一二年级一个支部，三四年级一个支部。

李：老师中有党员吗？

王：很少，两三个人。党员主要是学生。本来在育英中学要吸收我入党，家里死了两个人，我的情绪不稳定，后来就拖到了大学。入党的介绍人还是我们一起从育英中学上来的。那时的活动主要是发展组织。比如当时我们联系的，有的后来上了中法大学。

李：您考了哪几所大学？

王：我当时考了两个：一个是考了中国大学俄语系，我家里坚决反对，后来就考辅仁大学，念教育系。

李：您的外语是否比较好？

王：育英中学是美国人教，那时候，我还念了两年夜校的英语，看英文报纸，生字不是很多。后来就报了辅仁大学，发展组织。当时，我们教育学院有人类系、教育系、心理系。我们过来以后，主要是吸收民联，发展了几位。另外，很快辽沈战役打起来以后，地下党就布置准备打平津战役。除了发展组织以外，就是调查国民党在北京的军事设施，机关，北京市国民党组织的成员。

李：当时上课紧张吗？

王：各系不一样，区别大。物理系和化学系的上课就很紧张。

李：数学系是1948年成立的。

王：以前是数理系。学数学的人很少，学物理的人多。物理系和化学系主任都是德国人，比较强。

到新中国成立时，这所大学的党员有30多人，流动性大，单线联系，不开会。还有南系北系之说：北系的就是华北局，南系的就是上海那边的，东北的也有。30多人成立一个支部，也发展党员，调出的不少，始终保持30多人。我入党的时候有预备期，由于工作需要，提前转正，当然跟表现也有关系。我和西语系的纵瑞堂，新中国成立后做过政治教育系副系主任，系主任，副校长，在9月，两个人一天转正的。后我做组委。

当时北京辅仁大学与校方斗争比较尖锐。校方是天主教会的，陈垣校长是个学者，不管行政，有些大的活动、仪式，出来讲讲话，真正的校政是校务长负责，校务长是美国人芮歌尼。当时，国民政府规定：校长必须是华人。新中国成立后，共产党政权是无神论，教会是有神论。新中国成立初期，全国普遍在知识界进行唯物史观的教育，从猿到人，就和教会的教义冲突抵触了。芮歌尼后来要解聘宣传唯物史观的5位教师，有的是讲师，有的是教授。你不解聘，我就不给经费了。这边，政府认为是侵犯中国教育主权。在1950年10月，人民政府就决定接管学校。所有的斗争和工作，在教育部和市委领导下，都是基层党支部执行。书记也是学生中出来的，我是支委。到了1952年，全国高等学校院系调整，决定辅仁的大部分系合并到北师大。外语系高年级到北大，一二年级改学俄语，经济系很强，调到人大，中央财经学院。15 个系，数学系较小。

李：辅仁大学的民主空气怎么样？

王：不行，因为与燕京大学有区别。燕京大学是新教，司徒雷登比较开明，跟共产党的关系不错。这儿是罗马天主教，比较反动，比如说，管得很严，没有像燕京大学的自由空气。当时地下党适应这儿的环境，也有这儿的斗争方针。开始的时候搞地下读书会，也不公开。当时这儿的组织力量较强，有国民党的一个区党部，也有三青团的一个分团部，上面还有中统、军统特务组织。

## 提前毕业留校

李：您是提前毕业吧？

王：三年级就毕业了。实际上在党支部工作，当时新中国成立初期，学校行政是这种状况，后来就有统战性质的校务委员会，这边进步教授也有，学生代表也有，但是实际领导权在党支部，我又是支委，当时任务也很繁重。后来整顿教学秩序，北京市委提出，不能老是混乱，不上课。一研究上课，我就没办法了，到了三年级，就办休学手续。当时副教务长是历史系刚去世的赵光贤（1910-02-24～2003-08-22），先秦史的专家，我去办手续，他劝我别办，说差一年就毕业了。我说不行，没办法，当时党员都公开了，人家都上课，你不上课，旷课也不行啊，请假多了也不行啊。后来就休学了。1950 年，开始的时候拿供给制，编制在北京市委，13 元的包干费。吃饭大概是 8 元钱，交党费几毛钱，买点书。其他就是到市委找人办事情，谁有自行车就骑谁的。到了 1951 年，供给费长成 31 元钱。一年发两套灰的衣服。1952 年两校合并以后，成立了党总支，书记是丁浩川；原来北师大的一位，叫李传信，是副书记；辅仁大学是徐乃乾，是副书记，现在离休后到我们这儿来写校史，82 岁；另外有 3 个常委：我是一个，还有北师大的吴瑞章，他在 1956 年调到北京师院做副书记，还有一个陈灿，去世了。

李：校长还是陈垣？

王：是，副校长是傅种孙先生，何锡麟是从东北调来的，现在快 90 岁了，身体还可以，他是北大的，是“一二·九”时期的干部，后来在延安政治研究室。

## 任数学系书记 6 年

李：您是数学系成立党总支时来的？

王：根据组织发展，院系调整后也几年了，1956 年系一级成立了党总支。当时北师大数学系，算是一个大系，人数多，但教师中党员不多，党的力量薄弱，后来党委调我来。我不愿意来，说我是文科教育系的，中学数学就念得不好，后来说不行。

李：那时候要服从组织分配。

王：我写了一个报告也不行。组织部说你得来。

李：当时是否也有其他系的党总支书记不是那个系的？

王：也有，这是一个历史问题。管组织部的是一个战争年代的老干部，文化水平不高。你和他说，他不懂。那时候的党员，要服从组织。来了以后，1956 年成立了党总支，我任党总支书记到 1962 年。为什么当时让我来，他认为全校最大的系，学生人数是最多的，文科中文系是最多的，数学系比中文系还多。到了1958年那一年，“大跃进”招了420多人，加起来全校五六千学生，数学系一千多人。像蒋硕民、张禾瑞先生还办了研究生班，不授学位。全国院系调整后，就体制上，有工、农、师范，每一个省都如此，包括新疆、青海，当时西藏没有。从这些研究生班出来的，在高校，特别是师范院校，都是骨干。

李：尤其是代数的研究生班影响大。

王：“文化大革命”后，我出访到人家学校去，经常遇到数学系的。数学系在那个时期的贡献比较大，本科学生也多。这6年当中，应该讲，数学系有相当的发展，但是我在那儿，在那个历史背景下，也有不少错误，经常反思深感内疚。

李：有些问题不是您个人的问题，上面有指示。“反右”是扩大化了，但是您不能说光数学系扩大化了，全国都这样。

王：我实际上是有责任，确实是有责任，很内疚的。

李：当时傅先生被打成“右派”，是他坚持不收回“中共失策之一”那个意见。

王：近些年，我看了一些书，我国开放的程度也大一些，民主的气氛也好一些，包括国外写的，有分歧的看法，国内也有一些看法，总结这几十年，总的指导思想是左的，绝对是左的，特别是对知识分子，从毛（泽东）那儿就错了。别的小说我都不看，类似这些东西看得多，这可以追溯到十年内战时期。我也听一些老同志讲，我们也在考虑这些问题。在数学系教师里面，比如说“反右”，伤害了一些年轻人，助教，团员，老教授保住了。王树人同志记得比我还清楚，他说过，那时候鸣放，不让这些老的再发言了，包括赵慈庚先生，王世强先生，《人民日报》的记者写了稿子，让揭发他们，如果揭发了，他们就肯定是“右派”了。

李：他们说，要在往下排一个，就是刘绍学。王树人老师曾经提起过，您请他转告王世强把他写的大字报赶紧撕下来。

王：因为上面的精神，我们知道一些，但是我们也有压力，说你们鸣放得不够。学生里头，可能有50多个“右派”。

李：5名教师和49名学生。

王：“文化大革命”把我揪出来了，结果对我教育极深的是当时一个学生，内蒙古来的，多年来，还在南口农场劳动，是“右派”，一起揪回来了，这些专政对象都在数学楼的一个屋子里。

李：相对来说，老师受得苦少。

王：有几个，朱嘉诚，打成“右派”后到青海，我到青海，去他家看过他。在系里，他当时是团支部书记。

李：他后来回广州了。

王：对。后来，就是教育改革，“大跃进”。

李：您说，那一段的人是否犯神经啦？

王：是“左”的指导思想造成的。现在很多资料，周恩来主管经济，那时是计划经济，叫协调地按比例地发展，毛认为周恩来是“右倾”，离“右派”还有50米，要撤他的总理。他提出要辞职，没撤，但是不让他主管经济了，让他管外事，在南宁会议上。我们听传达，我是党委常委，知道这些。

李：1958年“大跃进”时，您印象比较深的是哪些事情？

王：我觉得，当时党委领导批北师大科研和教学落后有一定的道理，在学术上比北大，“抱残守缺”，旧中国几十年来，北师大比北大也不行，当时提出“向北大看齐”这个口号也有片面性。

李：现在还有。

王：来系里工作，系里建设和发展依靠中年骨干，就是所谓的“四大金刚”，我依靠这些人，因为学科改革我不懂，这也是工作中的群众路线。

李：当时丁尔陞学了半截，差一年，就让他回来；严士健也是没有学完就让回来，比如说，即使是工作需要，也不缺一两个人。当时系里有什么考虑，是工作需要？

王：对。

李：有无政治上的考虑？

王：我印象中没有。那时候，数学系的学科发展，应该跟现代学科的前沿结合起来，不应该紧抱住过去那几门基础课不放，这个思想是对的。确实也建设了一些新的学科。比如，严士健的代数，我跟刘绍学请教，晚上在 4 楼的阳台上聊，数学理论越纯越美，我不懂。那时候，运动、教改的领导权在党总支，不在系里，对张先生做统战工作，他也不反对，我们做他的工作，很尊重他，他也看出来这个形势，真正是骨干力量的就是当时那批中年业务骨干，“四大金刚”。后来由基础发展的，严士健从纯代数发展到概率统计，还有搞计算数学，计算机。

李：咱们搞计算机花了不少钱。

王：我记忆中是 180 万元。批我的时候说，一个专区整个的教育经费都没有这么多。

李：学校怎么把那么多经费用到数学系？

王：当时的党委书记支持，我们也宣传。他们把数学系作为一个大系建设，经费拨得多。在“四清”批我的时候，我很受教育，一个专区，多少所学校的经费，都没有多少万元。后来到了调整的时候下马了，现在看起来是一个失误，应该缩小保留这个专业，不应该完全下马。

李：哪怕留两个人，也应该留下。

王：我的思想，我很警惕，要反“右倾”，这个我脑子里清楚，我不是推责任，我是第一位的责任，大家觉得没有这个条件搞，应该在物理系搞，数学系还是搞理论。但是确实把系里的理论联系实际的问题冲击了一下。

李：应该说，多少也有一些推进。

王：那个时候，跟上面也有关系。陆定一、康生到这儿来做报告，他们两个人是北师大的客座教授，认为应该大办工厂、大办学校。

李：当时客座教授也发证书吗？

王：记不清了。但是，他们真来。这两个人是中央的头，做报告，讲话，布置任务。那时候，人大、北大、清华、北师大，这 4 个学校的党委书记，列席中宣部的部务会议，会议精神直接就下来了。

李：现在，咱们的书记降格了。

王：对。那时跟毛的思想有关系，抓意识形态。那一段，对学生的培养应该分析，确实在实际工作中有一定的锻炼。清华大学的经验，双肩挑，蒋南翔这个想法，出了不少干部。另外一方面，运动中确实耽误了系统的理论知识学习。后来有些措施的调整是正确的。1958 级招 400 多学生，程度不同，后来系里研究商量，单独编班，从实际出发，毕业以后，确实学到一些东西，教初中也可以。到现在为止，我前两天看《中国教育报》安排教学，还这么做，它认为是条经验，它的提法我没记住，根据程度，因材施教。那一段，我的压力也很大。

李：1961年，“八字方针”出来时，您还在数学系？

王：在。像去掉计算专业。当时党委书记刘墉如就很“左”，中文系和数学系的书记参加常委会。批我两次：一次是在校党委的常委会上，点名专批我；一次在校务会议上，有七八十人，没点名，批我“小反党”，不听党的话，不听党内专家的。大反党是“右派”，推翻党的领导。说我执行的是党内专家路线。是小反党。

李：是哪一年？

王：1958年。出主意的主要是王树人、严士健、孙永生、丁尔陞、刘绍学等。学习毛主席的工作方法，六十条，在党委会上，我就检讨。毛主席说，“外行领导内行是一般规律”，举梅兰芳的例子，他只唱青衣，不唱别的戏。当然，那个时候，我也没有那个觉悟。我认为毛讲得正确，我就检讨。实际上看起来，数学系的发展，在那段有一定的成绩，还是依靠这些同志，但是也征求蒋硕民先生、张禾瑞先生的意见，他们对过去的做法提出不少宝贵意见。那一段还有不足的地方，对初等数学重视不够，错误地认为老北师大“抱残守缺”。但是有一条，后来有一点扭转。在1960年，在陆定一和童大林的倡导支持下，北师大跟中宣部办了景山学校，搞教改，这是初等数学的范围。实际上，搞教改，从咱们数学系开始，拉上中文系，外语系，中学的3个基础学科搞起来，后来一直发展到“文化大革命”后邓小平的“三个面向”，有很大关系，骨干都是咱们学校派去的。

李：当时对初等数学重视不够，是否跟傅种孙被打成“右派”有关系？

王：跟傅种孙没关系，与整个的大环境有关。他们认为北师大面向中学，“抱残守缺”，要向北大看齐。后来中宣部要搞改革，建景山学校，非常重视，开会时我们都去了，中宣部秘书长童大林具体抓，按照陆定一的旨意搞。

李：陆定一是中宣部部长？

王：是，还是政治局委员。他做了18年中宣部部长。总的指导思想“左”。批心理学就是他来北师大布置的。

## 任中文系书记

李：后来，您什么时候调到中文系？

王：是1962年暑假。

李：您还是做书记。

王：是。

李：等于是平级调动。

王：需要就去吧。一直到“四清”结束，到1965年年初，实际上我在中文系做了很少的工作。为什么那？1962年10月在北戴河会议，毛泽东提出“以阶级斗争为纲”，什么阶级斗争年年讲，月月讲，天天讲，“利用小说反党是一大发明”，这个来了以后，指定我参加市委开的扩大会上作检讨。七千人大会以后，让基层参加，学校党委去一个人，北大、清华、北师大都去一个系党总支书记，我就去了。去了以后，我讲了不少话，开始是学习，总的认为“左”是错了，“三面红旗”错了。为什么我认为是错了哪？数学系那时候 1 100 多学生，北到黑龙江，南到海南岛，都有咱们的学生。暑假寒假回来以后，我开过几次座谈会，都是农村的，找了十几个人，一讲都是他们亲身经历的，不是道听途说，讲农村的那种状况。另外，我们从书上念，理论上也认为是搞过了，认为生产关系的调整太快，不适应生产力的发展。高级社，人民公社，搞那么早干什么？大伙觉得不行。然后，10 月份就必须再去开会，清理思想，程今吾就调来了。我们两个在北京市的会议上见面，我就不行了。到了 1963 年，让我到农村锻炼，到大兴去了一年。回来就接上“四清”了，数学系把我批得一塌糊涂，后来，黄贵贤在“文化大革命”后告诉我，也是北京市委工作队的意见，让批我，因为我参加了市委扩大会，又学习过，也是北京市委组织的，都是对那一段“左”提出的意见，那时七千人大会上让说。完了以后，我又要求去山西“四清”，回来就“文化大革命”了。

## “文化大革命”受冲击

李：在“文化大革命”中，您在数学系受的冲击大，还是在中文系受的冲击大？

王：在中文系没有受到冲击，这有历史背景。1962 年，中文系赶上中央调整纠“左”，和知识分子的关系缓和了。我去走访老教授，包括一位戴着帽子的“右派”俞敏，像启功先生，住在西直门的一间小破房里，我都去过。我和中文系老先生的关系很好。

李：那您受的冲击还是在数学系。

王：是在数学系。

李：在数学系受冲击后，您是否去劳改队了？

王：一开始在全校的劳改队。

李：这个劳改队，是数学系的吴兴安和肖兴华两个人组织的吗？

王：是他们两个，这都去了。我劳改一直在学校，但我的专案组设在数学系。后来学校的劳改队解散了，然后把我放到数学系，一直到 1973 年“解放”。

李：您能否说一两件在“文化大革命”中印象深刻的事？

王：“文化大革命”是全民族的灾难，毛的“左”的思想造成的，被林彪江青反革命集团利用，还有党内整个几十年来民主制度不健全，个人专断，领袖被神化了。

李：在“文化大革命”中，数学系没死人。

王：数学系没死人也够呛。我被游斗一次，据说是两派示威，在教 8 楼，兵团示威。那是很厉害的，当时教育系的邱春等被斗死了，赵慈庚被架到数学楼 101 门口，就扔进去了。年轻人还行，老先生就不行了。法制、道德、伦理，都没有了。1968 年清理阶级队伍，宣传队进来，圈了四五百人，每天在学生食堂排队吃饭，在北饭厅前头念语录，后来就逐渐地放回家了。最后，全校就剩下十来个人，春节不让回家。到了春节，除夕不让回家的死了两个家属：地理系一位教授和图书馆一位职工的夫人上吊了。我的夫人和两个孩子，在三十晚上哭了一夜，夫人想死，结果两个孩子小，小学一年级和四年级，没舍得这两个孩子。家属认为我肯定有问题，不然的话，怎么不放我回来呢。

李：人多可能就好一点？

王：人多就无所谓了。正月十五放的我。

李：过年没有回家？

王：没有，这是 1968 年。不放我，批我是“三反”分子，反毛泽东思想，反“三面红旗”，甚至怀疑我是特务。

李：这与您在辅仁大学有关？

王：有很大关系。因为辅仁大学的背景，王光美是辅仁大学毕业的，他们认为王光美是美日特务。据说中央“文化革命”领导小组有两个专案组，都是针对辅仁的。我和王光美离得远，她1945年研究生就毕业了，我1948年才入学。但在辅仁大学，我一直是党支部委员。1952年以前，在辅仁大学抓了一个特务：物理系的一个讲师王俊文，利用实验室给特务发情报。他利用物理系搞无线电装了一个发报机，给香港发过3次报。据说是他通过亲戚到沈阳去，搞了抗美援朝后方运输的一些情报，这个案件是公安部门侦查的，跟我们没关系，对我们保密，逮着之后两年，1953年把他枪毙了。当时认为政法系统都是黑色的，肯定跟你们有关系，要不然怎么把他枪毙了，杀人灭口。还有一个，认为我跟家庭还有关系。我父亲曾任国民党军会计科长。

## 任北师大二附中书记、北京外语学院副书记

李：“文化大革命”中，您什么时候又回到学校去的？

王：1973年“解放”以后，在教改组，到郊区联系北师大搞的短训班，招生。1974年到1978年，当中有一个学黄帅，小学和中学都乱了，二附中是重点乱的，让我带工作队去。带着50个人，有学校的工人，也有“解放”了的干部。整个学校都乱了，围墙都推倒了，上课就乱了。我到教室去，就围起来用字纸筐给扣脑袋，楼道里都撒尿，很乱。我去了4年，任党支部书记，革委会主任，有4位工宣队员，后来，工宣队就不太管事了。到了1978年，又回到社会科学处当处长，管了两年文科。后来调到北京外语学院4年。

李：您在北京外语学院担任什么职务？

王：是党委副书记，在北外四年。原来的书记调整以后就退了。我主持工作。后来，那个地方派性严重，矛盾很尖锐。有人要去，我要回北师大，到了晚年，将来离休熟人多。

## 重回北师大

李：您回北师大，又做什么？

王：这边让我回来，做了一年纪委书记。我管落实政策的事，受了教育，这件事使我更深刻具体地认识“文化大革命”。我认为，当时青年学生中的骨干分子也是受害者，我看过他们的一些材料。

李：他们有些人做得是非常过火的，一个大学生，当时都过了18岁，贴大字报可以理解，像打人，怎么理解？他们跟初中生和高中生不一样。

王：我回来后，贾震是书记。他认为全校“左”的最厉害的是历史系。让我当工作组组长，我没有按照贾震的要求做。贾震认为，该系“左倾”严重有坏人，如按此处理，又伤人了。

李：我听说贾震是挺“左”的。

王：“左”，“文化大革命”前就“左”。“文化大革命”初期，他是中央党校的常务副

校长，林枫是校长，他造林枫的反。后来，康生又把贾震抓到秦城监狱关了五六年。贾震有这个基础，又坐了五六年监狱，对外面的情况也不了解，我经过几次政治运动反复，没有按照他的意见办。还是团结各种人，历史系的后遗症，在我去的半年，处理得比较好。从白寿彝、何兹全这些老教授，一直到青年教师，大都还比较满意。

做了一年纪委书记后，教育部人事司司长又找我谈话，让我做行政副校长，协助梓坤工作，让梓坤他们多搞搞业务，他们的业务活动也多。我跟王梓坤校长配合得很好，一直到 1989 年 5 月换届同时下来。

李：下来后，您还没有离休吧？

王：又待了两年，在高教研究室。

李：王先生是个大好人。

王：我们两个过去不认识。1962 年，我到了中文系，为谭得伶的事，我到南开大学去调过他。何锡麟在那负责。但他们不给王梓坤，却要把谭得伶要过来才行。

## 离休献余热

李：谭老师坚决不去，他们想调也没有办法。您离休后做什么？

王：离休以后，改革开放了，校友会就弄起来了，社团都恢复了。原来在北京上的辅仁大学，尚在大陆的有四千左右。另外，1961 年，在台湾恢复，现在 47 个系，9 个学院，在校生 2 万 5 千人，毕业生 12 万人，在私立大学里是比较好的。

李：辅仁大学是愿意两岸统一的。

王：恢复以后，1984 年，海内外，包括中央统战部，对校友会都很重视。校友会从 1990 年就让我过来了。后来没办法，就过来了。我是副会长兼总干事。还有两个副总干事，都是干事的。通过这十几年、二十几年做两岸工作，有相当的基础，这几年越来越意识到：通过和台湾合作交流，对祖国的统一，意义非常大。现在，从业务上，归统战部管，连续 6 年，每年 9 月份，叫返校联谊活动，外地人来，国外有人来，台湾辅仁大学校长亲自带着团来。台湾的传统是儒家文化影响深。他们认为，辅仁大学在大陆 27 年，他们复校 40 年，他们叫认祖归宗，在台湾复校是繁衍子孙。

李：在大陆是否恢复辅仁大学？

王：不是恢复，是新建，因为原来的辅仁是天主教会办的，现在正在全力做这件事。

李：将来校址还设在北京？

王：是。台湾辅仁大学来了两个代表，他们是子孙后代，祖宗在这，这个观念很深。而且，他们招的本科生一年五千人。他们办得成功，他们叫传承，咱们叫继承，传承了北京辅仁大学的办学理念。我们去台湾两次，辅仁大学校长带团来了 6 次，系主任和教授，经常来往，学生也经常来。蒋介石离开大陆，逃到台湾的土人校友，两年后在台组建辅仁校友会，他们统计过，台湾在大陆上的辅仁大学的校友有 600 人左右。

李：辅仁大学在北京辉煌时是在抗日战争时期。

王：抗日战争时，北京大学和清华大学内迁，燕京大学被封闭，不能离京的名教授集中在辅仁大学。北大、清华回来后，就不行了。

李：您今天来的时候还下着大雨吧？

王：下的雨比较大。为什么来哪？因为已约好须讲信用。

李：到台湾后人家不认你呀!

王：到那儿去，人家为了争着请你吃饭，安排的日程，他们就吵起来了。我去台湾外语学院，院长请我们吃饭，他把淡江大学等几个大学的教师也请去了。通过台湾辅仁大学，在台知识界，我们的影响就扩展了。比如说，历史系开会，就把原辅大历史系主任的儿子，北师大无线电系退休的，也是博导，张之善请去；还有一个，去年台辅大心理系建系 30 年，把原北京辅大教师张厚粲请去。前天，台湾的系主任带着 5 位教师，12 位学生访问这儿。这感情就不一样。前年 12 月，我们去，原来的公关室主任调到台南的一所大学，请我们去，40 分钟飞机，招待很热情。

李：已经进入实质性的关系了。

王：他们也拟授王光美名誉博士，李德伦被音乐系请做客座教授。

李：您现在还天天到这儿来上班。还有一个，您觉得双肩挑干部这种形式是否好?

王：在北师大是另外的一条路子，跟清华大学不一样。清华内部大概有争论。我们接触 20 世纪 50 年代这一批人，比如说党办主任，后来做经济管理学院的常务副院长何介人，这个人也不在乎。他后来的肝病很厉害，还上课。他说，我的棺材就摆在我的办公室里，没关系。但是我认为，这确实出来人才。数学系大概学术上也有点成就，做领导工作的，也是在那一段。

## 数学系的书记要本系出

李：还有一个，外系毕业的老师到数学系当党总支书记，您是第 1 位，后面还有一位池无量老师。您觉得这种方式怎么样?

王：池无量做的时间短。

李：两年多。

王：还应该是数学系本系出。

李：现在数学系的领导，没有一个是脱产的，这也是问题。您说，没有全脱产干部，这双肩挑干部，什么也得去，无论是党总支，还是系行政，应该有一个脱产的。

王：不一定叫全脱产，至少一段时间里面，以党政管理工作为主。那一段为什么我们这儿不行哪? 因为专业不对口，什么假期，甚至在大年初一都开会。应该有一小部分，西方国家也不是这样，在行政上专有人管，可以规定在一段时间里面，以什么为主。过了这段，给他创造条件，在业务上发展。

李：目前，数学系的领导全部是不脱产的，具体事情来了就要有人管，全要陷进去。过一段时间之后，跟他一样的人，人家上去了，他再努力也不行。

王：在政策上得有一些具体办法。

李：还有一个，现在有人当党总支书记，不乐意说我是党总支书记，怕有人对他有看法，数学系没有这问题，学校的其他系有这样的。因为申请基金的时候，你要是党总支书记，人家会说，你申请这个干什么。这话不好听，但实际上就是这样。当系主任，申请基金可以填上，当党总支书记就不填。这也是现在的特殊情况。还有一个，写数学系史的时候，我搜集新中国成立前的系主任照片，确实还真是费劲，搜集党总支书记的照片，有人跟我发了一通感慨，非常深刻。他说，我们当了党总支书记，如果系史上没有反映出来这件事情，照片反映一下，也是对我们工作的肯定。当然这不是指您了。您说，这系史里怎样反映党总支的工作，这是一个方面。“文化大革命”后党总支的作用，可以说渐渐不如以前了，但“文化大革命”前的作用是非常大的。我们不能忽略这段历史。

王：对。刚才，我讲了1958年的教改，完全是党总支领导的。

李：还有，提到“文化大革命”的开门办学，有人认为是继承了1958年的开门办学。但现在也不能认为开门办学是错的。现在开门办学也不错。

王：对。

李：但怎么开门，或开门之后怎么办学？这个东西要讨论。实际上，现在叫关门办学了。我觉得，系里面，年轻人对业务的重视程度已明显地高于以前。以前，无论是双肩挑，脱产干部也好，现在都普遍重视了。当然，这和学校的政策有关，学校有好多条条框框。再像您那个时代，全身心地投入管理工作，以后一般不会出现了，我指的是数学系。

王：这有历史背景，历史条件。

李：现在，就系所党总支来讲，是系里的作用大一些。

王：那个时候，像学校，系里也好，整个党的组织代替行政，也是左的表现。从全国来看，国务院和各部委，也要防止这方面的东西，不能过线。毛主席一句话，都给转过去了。

李：现在，数学系党总支书记不是校党委常委，作用也降低了。很多东西，你不能直接反映到上面去，是两级的关系。

王：梓坤同志那一段，叫校长负责制试点，不了了之。中组部来了一个司长，听了意见回去了，没有发表任何意见。1989年后，全部试点都停止，叫党委领导下的校长负责制。

李：北大现在理科提副教授和教授，有6年和9年的规定，这对高校的教师队伍影响很大，不过现在还没有实行，北大提职称是每年年底。闵维方肯定要试验。

王：他是从咱们这儿走的。

李：对，教育系的。

王：是在咱们这儿念的硕士，还是到美国读的博士？

李：在美国拿了两个硕士和一个博士。

王：北师大没有留住这个人。

李：现在成校友了。他还是比较敢干。北大提职的某些政策，北师大已经实行了。但北大搞些东西，影响比北师大要大。像新中国成立前，就北大跟北师大数学系的比较，北大并不比北师大强多少，两个系基本上是同一个档次，但1952年之后，差距越来越大。

王：这跟计划经济有关。现在也有关。数学系两个2级教授，蒋硕民从昆明调来，张禾瑞从北大调来。

李：现在看，对张禾瑞先生的评价，他做了两件事，一个是办代数研究生班，还有写的两本书，在师范院校影响很大。

王：还有就是王世强搞的方向，数理逻辑没有搞起来。当时傅种孙把他留下来，很有远见。

## 经验和教训

李：从现在看，傅种孙先生在当时是很有战略眼光。有人认为，王世强如果到中国科学院，会当上院士，但在北师大就受影响。

最后请您总结一下您的一生的经验和教训。

王：我已走过大半生，所剩余年不多。个人经历经过了几个阶段。学生生活的后期奠定了我一生走革命道路的基础。从新中国成立时参加工作到“文化大革命”开始，做党的工作，参加了学生当时能参加的各种运动，功过是非，荣辱得失，是随着当时的形势政策决定的。这段后期，我被下放到农村，对占当时人口总数80％的农民和国民经济基础的农业有了初步认识。“文化大革命”十年，新中国成立后“左倾”路线发展到顶点，法制无存，人道泯灭，道德沦丧，经济几近崩溃。“文化大革命”后到1991年离休，工作调动，到几个单位，做拨乱反正、恢复秩序，调整并系，稳定局面的工作，逐步使工作走上正确发展规律的轨道。在这当中做了些实际具体工作。离休到现在，借改革开放政治宽松的条件，利用校友会阵地，团结海内外校友，实际上在大陆校友大多是多年来受“左倾”政策迫害的知识分子，创造联谊条件，做些服务团结工作。一是把辅仁大学重建起来（仅是愿望）；二是为祖国统一做贡献，总算不虚度年华，以了终生。

几十年来的工作经历，使我认识及深刻的经验教训是严重“左倾”政策的教训，表现在两个方面。

对人：对知识分子和党的建设（即对待干部的政策）过“左”，否认知识分子在社会发展和经济建设中的作用；同样，对党内干部政策也是对党内知识分子过“左”，中国半封建半殖民地社会中，知识分子大多数为非工农阶级的。

对经济建设教育工作“左”的表现超越其发展的条件，违背其客观规律，导致生产力的倒退和破坏。

这些“左倾”思潮在我国泛滥，又有其社会的、历史的、经济的、国际的条件。中国是个小农经济为主的国家，以农民为主力军的战争形式取得政权，封建影响极深。中共又受共产国际、苏联斯大林的控制影响，执政取得政权后，个人专断长期影响，造成灾难后果，因此，健全法制，加强民主，改善党的领导，是长期的任务。

回忆历史，在“左倾”思想影响下，我是忠实执行者，伤害了一些同志。晚年经常反思，深感内疚。

李：非常感谢您做的总结，谢谢。

王振稼，北京师范大学原校党委常委和数学系原党总支书记，
北京师范大学第二附属中学原党支部书记和革委会主任，
北京师范大学校党委常委兼副校长

# 丁尔陞教授访谈录

李仲来（2003 年 9 月 3 日）

## 静宁寺上学

李：请先谈一下您上小学、中学的情况。

丁：我是从农村出来的，出身中农，家里比较穷。在四川省威远县镇西镇石庙子村上的初小。

李：离家有多远？

丁：3 里地。高小在镇西镇上的，离家 10 里路，上 2 年。之后，初中要到离家 20 里路的县里上，因住不起校，所以高小毕业后就辍学了，学纺纱。半年后，恰好镇上成立初中，我是第 1 届学生，春季入学，上了半年。有一次，在路上走的时候，碰见邮差，和他谈起来的时候，他说，在离我们家六七十里地的地方，有一所学校招生，在静宁寺，是一个大庙，可以公费，暑假后开学。我去考试后，被录取了。学校是从东北迁来的，叫国立东北中山中学，张学良是名誉校长。东北失守后，逃亡到北京，成立了这所学校，收留东北流亡的学生，地址就在现在的北京 22 中。七七事变，南迁到四川威远县的静宁寺。当时这里有两所学校：东北中山中学和东北中学，都在静宁寺。每所学校有一千来人，全部住校。沦陷区的学生都收，也招少量的四川当地学生。东北中学的学生闹学潮，后来解散了。

李：您一直在那儿上学？

丁：我从初一到高二，都在这个学校上，学习成绩一直领先。1946 年，学校复校，哪里来的学生回到哪里，我应该留在四川。我的同学跟学校要求，让我跟着学校回东北。学校先没有答应，快走时才答应，让我随学校复校。1946 年下半年，四川就我一个人随校回到东北，到了沈阳原南满中学校址，就是现在的 39 中，继续上课，直到 1947 年毕业。

## 推荐北师大

李：您是怎样考上大学的？

丁：当时东北一共有 9 个省，每个省可以往北师大保送一个名额，我是学校保送的一个。因为其他省没有，我们学校一共来了 9 个。当时我没有经济来源，全靠同学帮助。来北京后住在我同学的姐姐家，在东直门。参加了推荐生的考试，上了北师大。

李：内战时期，在北师大上学，学习受影响吗？

丁：1947 年下半年上学，当时学生运动比较多，反饥饿，反内战，但上课没受影响。初等微积分是董锡兰老师教的，高等微积分是赵慈庚先生教的，傅种孙先生没有直接教过我。画法几何是赵访熊先生教的，代数是王湘浩先生，秦元勋先生讲过。

李：他在咱们系待过一段。

丁：段学复先生也教过我们，还有颜道岸先生。

李：您上大学和孙永生先生是一届吧？他上了半年走了，您知道吗？

丁：是，我们同班，后来，他到解放区去，我们当时就知道。

李：他和学校是不辞而别，跟同学不是不辞而别吧？

丁：跟同学不是不辞而别，我们都知道。他在校时，数学很好，常爱做各种几何难题。1949 年后，他到石景山接管。接管完以后又回来了。

李：您为什么没毕业呢？

丁：新中国成立前，上课还比较正常，新中国成立后有好多活动，但还是上课了，有些课程耽误了，一直到 1951 年，我应该是 1951 年暑假毕业。到 3 月的时候，正好需要脱产干部，组织上把我留下做政治工作，在校党总支作保卫工作，提前毕业。留校以后，不是留在系里，留在学校党总支。

李：您是在上学时入党？

丁：刚解放时还没入党，只参加了“民联”，是党的外围组织。到了 1949 年 5 月我才入党。当时，理科是一个党支部，书记是地理系的。

李：您在学校工作了多长时间？在去苏联之前一直脱离数学系，没有教书？

丁：我一直做政治保卫工作，没有教书。1953 年成立了政治辅导处，设政治辅导员，我作政治辅导员，不是管一个系。1954 年迁校，先出来 3 个系，中文系、数学系和物理系。我们是第 1 批出来，管这 3 个系，叫政治辅导员。有胡学贽、郑玉纯和我。

李：您管几个系？

丁：管 3 个系，到物理系时间比较多，蹲点在方福康那个班，他是团支部书记。当时我是校团委副书记。一直到 1954 年。

## 留苏学教法

李：您是怎么去苏联的？

丁：在 1954 年，选留苏的。

李：您参加考试了？

丁：参加了。准备让我去留学。那时出身很重要，中农出身是不错的。给了我 1 个月时间准备，后来考上了。1955 年到北京俄专留苏预备部念了 1 年俄语，1956 年 11 月去苏联。当时系里的数学教育，需要学教材教法的人。

李：当时教法组为什么没有去人？

丁：当时选留苏好像还有好多标准。咱们教法组都是老先生，不好派出去，没什么年轻人。魏庚人先生是教研室主任，钟善基先生也岁数大了。学校让我去学这个，不是我选的，是组织分配的。

李：您在苏联的哪所学院念研究生？

丁：在列宁格勒师范学院。

李：国内还有同去的数学系的人吗？

丁：没有。教学法的研究生就我一个。

李：其他系有没有去学教法的？

丁：没有。

李：您去的学校，中国留学生多吗？

丁：有一些。我们学校教育系的厉以贤。汪兆娣，于陆琳，就是陈云的小姨子，都在这个学校。他们不是我们学校派去的，后来分到咱们学校。

李：您去苏联后的导师是谁？

丁：导师是卡斯婕娃，是一位老太太。教研室主任是李亚平，当时他已经过 70 岁了。

李：您这两年学了什么？

丁：应该说他们注重这方面的研究。去的这两年，先学了一些基础课：代数、几何、分析这几门基础课，通过了考试。

李：这几门课是研究生的课？

丁：是研究生的课，不是上课，是自学，教师来辅导，谈话，最后考试。

李：教法这方面也学了若干门课？

丁：不是学了多少门课，是跟着导师念了几本书。参加实习。

李：是中学还是小学？

丁：是中学。参加中学实习，看，指导，跟中学教师谈。实习是大学生去。

李：您去相当于大学的指导教师？

丁：对。

李：当时，导师是否布置做毕业论文？

丁：已经准备了。题目已经定了，正在搜集材料，准备做。还写过开题报告，但是，组织让回来就回来了。

李：是否可以不回来？

丁：那时都是听组织的，没办法。

赵（丁先生的夫人赵树苻女士，简称赵）：1958 年教育大革命，学校当时提出来向综合大学看齐。

李：当时，数学系取消了教法组。

赵：学校也认为这些教学法课都没有用，让他回来工作。

丁：就给叫回来了。那时，我是组织上怎么说，我就怎么做，绝对服从的。

李：党指向哪里，就打向哪里。

丁：对。学教学法也是，组织上让学就学吧。

李：您半截回来没有拿到学位对您还是有损失的。

丁：那是肯定的，接下来再有一年就拿到副博士学位了。

李：您现在想起这件事是否还是有一些遗憾？

丁：这就很难说了。

李：是否国内几个学教育的，就像您刚才说的那几个，都回来了？

丁：没有，就我一个人回来了。是系里叫回来的。

李：当时傅种孙先生说话可能已经不管用了。您当时回来有些什么想法？

丁：遗憾肯定是遗憾。

李：比如，您可以跟数学系党总支提出来，我要把论文做出来再回来，有没有这种想法？

丁：没敢提。

李：还是有这种想法？

丁：哎。

李：您这实际上是半途而废。

丁：那也没办法。

## 侧重搞教材

李：回来正好赶上1958年“大跃进”的结尾了。

丁：办厂，办学。我比较侧重在办学上，正好参加搞了九年一贯制教材。

李：您回来是直接回到数学系，没有回到学校？

丁：我留苏的时候，就等于是数学系派的。办厂也参与了一些，还搞了计算机。

李：您回来后在党总支任副书记了，我算了一下，您实际上是干了13年。

丁：“文化大革命”后还干了。

李：咱们系的双肩挑教师干过9年以上的有5个人，第1位是董延闿先生，干了18.5年，您是其中之一。后来您就在教法组了？

丁：当时还没有恢复，恢复后，我是教研室主任。1959年“反右倾”，到了下半年，提出了教育革命，到1960年3月8号，成立景山学校，从系里调去了一些人，苏式冬，游铭钧。在1959年的下半年，成立景山学校之前，就开始搞中学教材现代化，这也是上边布置的。

李：这个在1960年得奖了，就是以函数为纲的那套教材吧？

丁：对。中宣部于光远抓中学教材现代化这件事，具体抓的是罗劲柏。

李：罗劲柏是学数学出身吗？

丁：他是清华大学学理工的。他让我们提出中学教材现代化的方案，系里好多人参加。

李：编的中学教材是否以咱们系的老师为主？

丁：对。先设计一个方案，写了一个详细的报告给了中宣部。陆定一开会时（举着手）拿着这个方案，同意了，就按照这个来搞，回来就组织教师编写教材。在1960年2月份，正好中国数学会开年会，讨论了这件事。

李：这件事还是有些争议吧？

丁：那个时候，争议并不太大，实际上有看法。在数学会上有两个主题，一个是数学教育现代化的问题；还有一个，就是理论联系实际，要搞应用数学。关肇直是秘书长，他支持搞应用数学，华罗庚持保留意见。回来以后，王振稼还组织我们去反驳。我们搞的方案，以函数为纲，数形结合，也看了一些参考材料，主要是克莱因，他强调以函数为纲，式的问题，几何问题，拿函数来统。

李：后来教材出版，那一套是几年的？

丁：是九年一贯制的，从小学到高中。

李：那还是高速度的，太革命了。

丁：“大跃进”吗！高中写到微分方程，概率统计。

李：这套教材在全国小范围内试用了吗？

丁：景山学校成立了以后试用了，在外地也有一些地方试。

李：这套教材试验后有无总结？

丁：教材是在很短的时间编出来的。方案出来以后，在上海开数学会的时候，孙永生和严士健都去了。回来后，2月份就开始编，系里参加的学生很多，搞突击，昼夜干，3月8日，小学就开始上了。

赵：当时叫大兵团作战。

丁：试验没有太久，跳得太高了，试验起来有问题。

李：等于没有试验到头。

丁：1962年，“调整，巩固，充实，提高”八字方针下来了，还没有到那时候，就开始调整了，调成10年，人教社也参加了编写。后来，人教社也开始单独编教材，重新做，调成10年制，降低要求，延长时间。

李：实际上是小学5年，中学5年。

赵：那时候，1956年，苏联是十年制，向苏联学习，照抄照搬。

丁：到1962年，就没有再试验了，但景山学校还在用。“八字方针”下来后，试验就停了。我们开始搞外国教材试验。从1962年以后，在景山学校，引进了日本、法国、德国、苏联的。

赵：引进了一部分美国的。研究外国教材，这个事我觉得是挺好的。

李：这几套教材是搞成一套教材，还是用某个国家的一套？

丁：各种教材都试一下，然后再形成我们的教材。不同班级，都在景山学校试验。

李：在景山学校做这试验还挺伟大的。

赵：因为他们要把各国教材中好的东西吸收进来。

丁：几种教材平行试验。

李：一个班用一个国家的。这招是挺高明的。

丁：孙瑞清教日本的；我是弄法国的，魏荣彬教的；德国的是景山学校老师教的。

李：那一部分美国的教材，怎么理解？

丁：美国教材没有把它搬来，我们在试验的时候，实际上是搜集了各国的教材研究，里面有美国教材，我写的时候，参考了它们的。后来“文化大革命”的罪状，一个是修正主义试验田，另一个是用了美国教材的内容。

赵：因为他介绍了美国教材的一些内容成了“现行反革命”，可严重了！

李：这个试验做了几年？做完了吗？

丁：做了好长时间。做完了以后，预备搞我们自己的方案。

李：您做的是小学的，还是做中学的？

丁：我们基本上做中学的。

李：把初中和高中的都做完了？

丁：我们做的是初中，还没做到高中。1966年，开始搞我们的方案。方案还没有搞成，就“文化大革命”了。原来搞的九年一贯制的教材很草率，也没经过试验，后来吸取教训，要在试验的基础上，形成我们的方案。

李：这个方案后来没有总结？

赵：“文化大革命”开始后就吹了。

## 首招研究生

李：“文化大革命”前，您招收研究生是教育部指令性招的吗？

丁：不是教育部指令性的，还是跟这个试验有关系的。

李：他们3个研究生参加试验了吗？

丁：参加了一些，但没有去教课。实际上，他们的论文题目就是搞这个设计的。

李：他们的论文有无保存下来？

丁：有。

李：是您有，还是别处？

丁：他们的论文没有答辩，论文应该可以找到。

李：我觉得学校档案馆应该存一份。在这之前，咱们数学系没有研究生，从这个意义上，可以作为档案留下来，这肯定有保留价值。稿子您家里有没有？

丁：给了我一份。不是印的，是手写的。

李：可以把原件给档案馆，复印件给您。这比在您家保存会有价值。到学校，就变成永久保存的了，在家里不保险。

丁：我应该能找到，原来在书架上有的。

赵：他的书从来都没有丢过，一本书都不肯丢。我们家到处都是他的书。

李：他们3人都写完了，没有答辩。这实际上是数学系招收的第1批研究生。后面几个人都没有写出论文来。您找一下，找到后给我打电话。还有，“文化大革命”时，您在做什么？

## 上海学日语

赵：“文化大革命”之前，他到上海外国语学院学习去了。

李：对，您学了一年日语，是哪一年？

丁：1964年下半年，到1965年，就一年。“文化大革命”以前就回来了。那个时候，日本首相还反华，去不了。

李：当时还没有建立邦交关系。

丁：他的手下也很反华。

赵：当时在日本，咱们只有一个廖承志办事处。让他们去学习，如果建交了，他们就可以去。

李：中日建交是在1972年。

丁：后来没有去成。

李：当然，您的日语没有白学。“文化大革命”后与日本的交流很多，还是用上了。“文化大革命”时，您还在学校教育革命组待过一段。

丁：那是后来了。“文化大革命”刚一开始，就被打倒了。

李：您受冲击，与您搞的“试验田”，还与您担任系党总支副书记有关吧？也罗列了若干罪状？

丁：好多哪！然后就到集训队，每天劳动、拔草、扫厕所。我们包的数学楼的厕所，孙永生、严士健，我们仨人。

赵："文化大革命"开始时斗他斗得很厉害。后来，唯成分论出笼，"老子英雄儿好汉，老子反动儿混蛋"，抄家弄得很严重，这个唯成分论出来以后，他们就怀疑，说你是农民家庭出身，怎么能够去留苏呢，留苏的东西全都给抄走了。后来我们就赶紧给他们写一个家庭地址，让他们去四川调查。他们派人到四川老家调查，回来以后，说确实是劳动人民家庭出身。说："你是犯错误的干部。"

## 教育革命组

李：您哪年去的教育革命组，都做了哪方面的工作？

丁：1972 年。去之后准备招工农兵学员，要复课闹革命，教育革命组就有事了。

李：您是组长？

丁：当时是组长。

李：这相当于后来的教务长。咱们学校为什么招生比其他学校晚一年？全国大面积招收工农兵学员是在 1972 年。1970～1971 年是清华和北大试招，人数很少。咱们学校的"老五届"最后一批学生是 1972 年走的。

丁：我去的时候，"老五届"已经走了。

李：那时候学校关于培养工农兵学员有些什么想法？为什么提倡"开门办学"呢？

丁：早就"开门办学"了。

李："文化大革命"前就有，这等于继承了"文化大革命"前的传统了。

丁：对呀，其实，"文化大革命"中的有些东西，在 1958 年"大跃进"时就有了。

赵：教育与生产劳动相结合。

李：1974 年，几个系成立"教育革命小分队"，学校有什么考虑？

丁：主要是继续以前的"开门办学"。教育革命组主要是准备上课，招生的事。

赵：当时特别强调为工农兵服务。

丁：那时候，不是还有一个考 0 分的，是谁呀？

李：1973 年，辽宁省的张铁生，实际上张铁生的语文是 38 分，数学得 61 分，物理化学得 6 分，都未交白卷，没有考 0 分。

赵：还有黄帅。

李：1973 年入学的大学生参加了考试，1974 年取消了考试。您后来做什么？

丁：后来我下去了两年。

李：您去哪儿？

丁：到你们延庆县去了，1975 年在大柏老公社的旧县大队，1976 年在永宁公社的左所屯大队。

李：您最近几年应该去永宁看一下，延庆县在永宁镇投资 5 个亿，恢复古城原貌。您是哪年回来的？

丁：1976 年。

赵：那时候，老是讲斗争，批那些更老的同志。他们教育革命组当时好多都是副校级的干部，让他去批判这些老人，他跟工宣队说，他不会批判，也不知道怎么批判，后来就把王适安调去了当组长，让他当副组长。那时候，我和他商量，赶紧回系里搞他的专业，因为那些老同志脱离专业的时间太长了。他在那儿，行政上也没有老同志能干，所以就下去了。但是，又没有理由把他全给撤了，后来就让他当副的。

李：实际上是降了。

赵：他说，人家刚上来，我都比较熟悉，帮他一把。我说，你就应该赶紧走。回系搞专业也不容易。他这一生，最多有一半时间搞他的专业。

李：当时在数学系党总支也花了好多时间。

丁：那时系党总支是领导，各个方面的工作都管。

## 项武义教材

李：回来之后，您又搞了项武义的试验教材?

丁：对。

李：这套教材是 1978 年 11 月开始的。

丁：当时刚组织，动手是 1979 年了。

李：1979 年 9 月后，具体事情就归高存明管了，开始的一年多，乱七八糟的事情都是我管的。当时有几位教师住在学 11 楼，到天坛公园北面租被褥，我每月换一次。

丁：高存明是景山学校的老师，搞试验把他调到我们学校。

李：他后来到人教社。

丁：现在还在人教社，马上就要退休了。现在又立项，按照新课程标准，由他主编了一套教材，我是顾问。

李：项武义的试验教材反映还可以?

赵：今年反映可好了。今年外地的高考，大家都反映数学题难，凡是采用他们编的教材，成绩普遍都好。

丁：下面就看高考怎么样。

赵：这 20 多年也不容易。总结会上，有一些对比的材料。

李：那套教材，去年出版社还给了我一套高中的。初中的呢?

丁：在语文出版社出版。现在不是按照新课程标准招标吗? 我们原来试验教材那个组，又去投标，已经投上了。全国一共有 12 家，批准了 6 家，我们算 1 家。

李：编写教材的人员变化很大吧?

丁：那当然了，留下来几个人。

李：您后来有一段主要的精力都放在了项武义的试验教材上。别的试验教材您做没有? 真正具体抓的?

丁：别的没有了。后来就是前几年北京市高中的试验教材。

李：试用了吗?

丁：在很小范围内试用。那套教材叫重点中学高中里的好学生用。

赵：今年高考也沾光了，这套教材跟项武义的教材比较接近。

李：前面数学题难的是 1984 年。

丁：对，1984 年也是试验教材占了便宜。那一年的考试特别难。

李：那一年是最难的。

丁：题难，试验教材就占了大便宜。试验教材要求通式，通法，不搞小技巧，训练难一些。

李：您在培养研究生方面有什么经验？

丁：培养研究生，比较注重于数学基础，业务要搞得好一些，不要搞一些技巧性的东西，搞一些基本的东西。课程定的基础数学研究，要把数学基础打得好一些。另外，就是数学思想，数学方法，这对数学教育还是比较根本的东西。

李：咱们招教育学硕士生在数学方向，在国内还是最早的。

丁：对，1963 年还很少。

李：1978 年招生也是早的。

丁：像研究生培养方案，原来没有，都是我们订的。后来有一年，在北师大召开研究生培养方案研讨会，就是讨论我们的方案。

## 任《数学通报》主编

李：现在国内这方面主要就是靠咱们系的模式。还有一件事，就是到现在为止，《数学通报》担任主编，您是最长的。您做主编，有些什么改革的思路？

丁：原来《数学通报》是普及性的，我着重要把它办成数学教育的刊物，后来变了。

李：这方面您花的时间多吗？

丁：过去花的时间很多。每一期都要设计内容，然后根据这个去选稿，每一期的稿件都要讨论，后来做得不是太多了。

李：论文出现争议了，谁拍板？主编拍板？

丁：编委会讨论，编委会对每一期稿件都要选，定。好像别的刊物的编委会不怎么开会，《数学通报》的编委会开得很多，有的是一期开一次会，有的是两期开一次会。

李：《数学通报》发表的文章，无论是过去，还是现在，在中等数学教育类杂志，档次是最高的。

丁：《数学通报》用的稿件要求比较高。

李：编委会的人选，是主编定的还是由各个部门推荐的？

丁：推荐的。这个刊物是中国数学会和咱们系合办的。

李：以前数学会管得多吗？现在是不是管得少了？

丁：以前管得多，现在管得少了。那个时候，中国数学会下设教育工作委员会，我做了一段主任，正好掺和着管。

李：以前，现在刊物的编委会还有若干名院士。

丁：1959 年我接主编时，严敦杰、万哲先、丁石孙、李培信等人都是编委。1960 年，武汉大学“拔白旗”，批齐民友时，北大也批林建祥（北大数学系党总支书记）和丁石孙，这时，丁石孙辞去了编委。

李：《数学通报》现在国内的影响还可以，发行量不是很大，文章质量还是可以的。

丁：对。现在有些刊物搞培训的习题。

李：《数学通报》一直没有做这个，但是有几期是做这个。关于《数学通报》，您现在还有一些什么想法？

丁：要提高中等教师的业务水平和教学水平，不要搞成数学普及刊物。复刊以后，广泛征求过意见，经过讨论，确定的这个编辑方针，我认为是对的。

## 数学教育学

李：您对数学系建设方面，包括数学教育，有什么建议？我觉得，我们系在教学法方向，已经远远不如您那个时代了。我们系最近 3 年，在教法组，连续进了 3 个人，您对这些年轻教师有什么希望？

丁：要抓好学科建设。原来是教学法，后来是教材教法。

李：现在叫课程与教学论下面的学科教学论。

丁：实际上还应该是数学教育学。我们原来考虑这个框架：课程论，教学论，学习论，加上教育评价。

李：在编写数学系史时，我把数学教育与数学史教研室改成数学教育学与数学史教研室，有老师问我，为什么加了一个“学”字，谁改的？我说是我改的。看来还是应该加上一个学字。

丁：问题是现在学科的划分，没有学科教育学。原来顾明远还同意，后来就变成课程与教学论了。这不是我们定的。从学科建设角度，还是应该叫数学教育学。

李：在一级学科调整时，变成课程与教学论。现在的优势是：如果要申请博士点，就不需要申请了，现在变成非常简单的事情了。只要有导师，申请时是咱们学校批。我问过钱珮玲老师，她说不申请。这就需要后面的教师，谁提了教授后，再申请招博士了。

丁：现在华东师大的数学教育方向可以招博士。

李：导师是王建磐教授，他是搞代数的，与这方向关系不大。

丁：实际上是顾泠沅，他是搞数学教育。西南师大校长宋乃庆，可以招数学教育的博士，还有南京师大。在 1989 年年底，严士健、张奠宙和我，联合招博士，报的是数学教育学博士点，点放到我们这儿，以我们为主，准备报了，学位办同意，但是，到了学校不同意，给压下来了，结果报了一个学前教育的。后来就变成一级学科：课程与教学论了。

李：这就没有申请博士点的问题了。您还有什么要说的？

丁：系里对学科教学论不重视。

李：这不仅是系里，学校也是。

赵：咱们学校的争论从 1958 年就开始了，向综合大学看齐。一直到现在也没有看齐。

李：现在的口号更明确了。

丁：数学教育学是一个学科，应该有它客观的东西。现在还是认为：教学法有什么好的东西？

李：我们今天就谈到这，花了您这么多时间来谈，谢谢。

# 孙永生教授访谈录

李仲来（2003 年 4 月 7 日）

## 突然感兴趣

李仲来（简称李）：我今天来跟您聊一些您的主要经历，包括科研工作、行政等各方面的情况。请您先谈一下小学和中学的经历。

孙永生（简称孙）：我初小是在农村上的。上初小的时候正是“七七事变”以前，我们村里有一所公立的小学，还有一所私塾。

李：您村还是比较大的？

孙：比较大，大概有 500 户人家。我们村在沧州，叫望海寺。那时候上小学不是很正规。在公立小学念过，后来有一段时间转到私塾里。

李：您在公立小学念了几年？

孙：断断续续地念过两年。1936 年转到私塾里。为什么转私塾呢？私塾的教书先生是我爷爷辈的，跟我们家很近。

李：您指的是亲缘很近？

孙：对。那时候，农村的小学不正规，上私塾的一年里，用的课本叫作国语、常识，算术用的是中华书局的课本。同时又念《三字经》《弟子规》，还念过《孟子》。教学的内容，一些老的东西和一些新的东西，混杂在一起。现在回想起来的话，那种教育除了认点字，对小孩的教育，消极作用是比较大的。那个学校校长，是我爷爷辈的，底下有两三个年轻的给他当助手，学生是随便打骂，所有的课都得背。比如说《百家姓》《弟子规》《孟子》，每天都得背。

李：您背东西没问题。

孙：《三字经》《弟子规》，不但是一天一背，整个书念完后还得从头到尾背一遍。从小就是念书、认字、背书。放学以后，就在家里玩。七七事变以后，冬天跟我妈到我姥姥家去。一住就是好几个月，在姥姥家也是跟着念私塾，是临时的，把孩子撂在那儿，跟着认点字。

李：在我们家就是在冬天念 3 个月。

孙：对。到时候，大人走时就把孩子带走。1937 年秋天，日本人已把县城占了。1937 年冬天，我跟随父亲、母亲到了北平，在伯父家住了半年。1938 年夏天又返回乡下。1939 年年初，我们家搬到县城里，租间房子住下，我在沧县牛市街小学高小一年级插班，念了半年。1939 年夏天到 1940 年夏天，在北平住 1 年。我父亲是兄弟二人，父亲排行第二。我伯父孙震涛是北京师范大学 1928 届化学系毕业生。毕业以后，在一些地方教中学，“七七事变”以后，在北平的一所中学当中学老师，他一家都在北平住。1940 年，父亲带着我们到伯父家住了1年。我在北平念了小学五年级，插班生，这算比较正规的。回到县城又念了牛市街小学的六年级。小学毕业是在1941年夏天。毕业后，考上县城里的中学，叫作河北省立沧县简易师范，有个附属的初中班，招1个班。在1941年到1944年，念了3年初中。

李：高中呢？

孙：1944年初中毕业以后，就到北平考高中，住在伯父家。他建议我考现在的地安门中学，那时叫作市立高中，国民党的时候，是河北省立17中，是比较老的一所学校。考到这个学校念了3年，1947年暑假毕业。那时抗日战争已经胜利。念书是靠我父亲，我们家在农村有地，是地主。1947年已经土改，地没有了，经济来源没有了。考大学要考公费的，考了几所学校。我当时就是要学数学。

李：您小学和中学的数学念得不错吧？

孙：我小学一直到五年级的数学都不行。对数学发生兴趣，成绩上去是在六年级，就是在县城念最后一年。对算术突然感兴趣，是与当时一个教算术的老师有很重要的关系。除了课本上教你的以外，大量地给你讲一些课外的东西，天南海北的讲一些东西，无非是一些四则难题，整数四则，分数，比例。四则难题一讲十几类，分门别类地讲，出很多很刁钻的很难做的题目，讲一些例子后让你做。上他的课，对数学有了兴趣。小学的算术课本，就很不能满足了。市面上有一些书店卖什么《算术难题解》《300难题解》《500难题解》《1 000难题解》，这种书那时出版得挺多，想办法买这种书自己看，越弄越感觉有意思。上了初中以后，对数学课的兴趣还保持着。初一还念一年算术，初二代数，初三是平面几何，到高中，高一是平面三角、立体几何，数学门类就比较多了。到了初中以后，一年级接触到代数，把初中课本拿来一看，解一元一次方程，小学学的那些东西就全解决了。一下子兴趣就都钻到代数那里去了。初二对代数，到了三年级，对平面几何难题，除了上课以外，大量的空闲时间，弄到一些课外的书，自己来念。比如严济慈的《几何证题法》介绍了很多解题的办法，很多是初中课本里没有的，高中课本里也没有的。开始就下功夫抠、念、钻了一些东西。放假回家，也是弄这些，几乎到了入迷的劲头。从那时候，平常初中课堂上的习题，觉得非常简单。到了高中以后，3年里接触到的教师比小学、中学老师的水平高了，对数学的兴趣主要是在中学培养起来的。感觉到一条，不是靠上课听课，上课就是给你引导，靠着自己找一些课外参考书，自己念，自己钻，自己弄，遇到难题想着钻，这样就把人的自学能力，慢慢就培养起来了。

## 推荐北师大

李：大学您怎么考的数学系？

孙：河北高中学生的传统，大量的都是考工科。当时工科考的几个院校是清华工学院，北洋工学院，北大。我不愿意学工，一门心思要考数学系。当时招生的计划，新中国成立前各校各招各的，时间，考试的内容，考题，录取，各学校都是独立的。但是有几个大学是联合招生。像北大、清华，是联合招生，其他都是互相独立的。我考了4次。

李：考了12天？

孙：对。同学们都笑话我，说你应该考工学院。我说，我不想考工学院。当时压力挺大的。天津工学院录取了，清华工学院没录取，北洋大学的数学系录取了，而且是有奖学金，唯独我得了奖学金。后来，我伯父不放心经济来源，说奖学金是一年评一次，你头一年有，第二年未必有，所以上北师大。结果正赶上我毕业时，河北高中可以往北师大推荐，结果我被推荐。复试了 3 天。有几个推荐生是一块考的，其中就有丁尔陞先生。

李：您和丁尔陞先生是同学吗？

孙：不是同学。一个考场的，后来知道的。北洋大学考取了，北师大算推荐，经过复试后录取了，最后找了一个保险的地方，上北师大。

李：第一次您念了多长时间？

孙：念了一学期。1947 年，系主任傅种孙先生还在英国，他是 11 月回来的。代理系主任是王仁辅先生。在一年级上学期，一星期 6 天 40 多堂课，课的门类多得不得了，因为是师范生。数学课有初等微积分、空间解析几何、初等方程式论，还有初等数学复习、物理。

李：学生压力比较大？

孙：不是精神压力大。除了数学课外，别的课是国文、英文、中国通史、教育概论、经济概论、哲学概论、体育、汉语拼音。这些课的课时多得不得了。

## 投奔解放区

李：有无党义？

孙：没有。每天都上六七堂课，受不了。北师大的数学课，比如说初等数学复习，完全是我高中念过的范氏大代数，我们在高中时把它全念了，到这个地方来复习，是把范氏大代数再念一遍，时间极其浪费。上这学校不是太感兴趣。很多课坐在那儿听讲，上面随便地讲什么，我在下面爱看什么就看什么。弄了半年，当时国内形势是内战，已经打得很厉害了。国民党胜利以后，接收时有很多丑闻，老百姓很不满意，学生议论也很多。当时学校里进步学生的社团活动很多，各种组织我都不参加，但对政治形势，国共两党的斗争及走向比较关注，越来越感觉到环境不行，国民党支撑不了多久。在高中的时候，就受进步同学的影响。进了大学以后，老同学分散到各地，还通信交换一些意见。后来，到了 1947 年冬天，慢慢就酝酿成了一种想法，别念了，在国民党区念书，还不如上解放区去学一学，看一看。一共 3 个人。

李：一个班里的 3 个人？是北京的？

孙：两个同学是高中的同学，在唐山铁道工学院。放寒假之后，他们两个到北师大来找我一块商量过，其中有一个同学有地下的关系，我当时不知道，新中国成立后才知道，他的亲戚是做地下工作的，可以给我们联系。商量后定下来，我们 3 个人一块偷偷地走了。

李：没有和学校说？

孙：没有，也没有跟家里说。就跟现在青年人，有的十八九岁，离家出走，不辞而别，也没请假什么的。

李：走了，什么都不要了？

孙：对，也做点简单的准备。现在想起来也挺有意思的。我们先坐火车到天津，在那里的旅馆住了一夜。我们走的那天，下了两小时的大雪。第 2 天清早，走的时候雪停了，路上泥泞，冷得很。在天津八里台，有一个豁口，国民党的军警，便衣在那个地方把持着，而且有岗楼，旁边有铁丝网。一般，老百姓要出去的话，从豁口出去，直接往南。我们3人一块走，出豁口以后，3个人散了。我回头一看，其中一个同学让便衣带到岗楼里了，坏了。我也不能叫，各走各的。走了一个白天，中间有一辆大车往南走，坐这辆车，游击区差不多有一百里地，晚上住在窝棚里，用玉米秸搭的草屋，没有被子，连躺都躺不下，坐在那儿，坐了一夜。第2天大车接着往南走，中午到了解放区。走了差不多有90千米地。那地方有县政府，在一个村里办公，离那个地方还好几十里地。又走过20千米地，天黑了到县政府。接待我们住了一夜，第2天让我去沧州。

李：您的老家？到那边您就熟了。

孙：路我没走过。又走过40千米地，一整天，晚上到了。

李：路上没有碰到别的事？

孙：没有。那个地方是解放区，不是游击区，没什么危险。过游击区有危险，夜里还听到枪声。到了沧州接待站，安置好了，过了两天，他们两个人也到了。

李：去岗楼的人怎么跑出来的？

孙：我说，咱们怎么就走散了呢？其中一个同学说，过豁口时，因为他背了一个小包袱，包着一些西药，一个特务搜查，打开一看，有西药，问他，你弄这干吗？你是干什么的？把他带到炮楼里，刨根问底盘问了半天，最后，把东西都留下，把人放了。我们到沧州聚到一块儿，从北平、天津去的学生可多了。过了十几天，有专门管这事的人，找这些人开会，组织大家编成队，到正定华北大学。有一百多人，好家伙，人多了去了。

李：都是跑出来的年轻人？

孙：是。1948年，隔一个月就一大批人，到解放区去的青年学生多得不得了。到了正定，我们被编到华大二部政治班第12班，四五个月的短期训练班。学习，思想改造，学习完了以后分配工作。到了1948年11月，平津快解放的时候，政治班已经四十几届了。到1948年年底，抽了一部分华大的学生参加接管国民党的一些企业，事业单位，做接收人员。我们到了井陉煤矿。

李：在政治班您学了几个月？

孙：5个月。学社会发展史、政治经济学、党史、解放区的政策、毛主席著作，如《目前的形势和我们的任务》。一些老干部给讲课，讲形势，到解放区参观。8月底分配。最后，根据不同情况分配工作。

李：一个班有多少同学？

孙：一百四五十人。那时候去的是11，12班。

李：您工作了多长时间？

孙：没有多长时间。我们3人被分配到华北大学工学院。说全国快解放了，你们学理学工的，还去学理学工，新中国成立以后，你们能够发挥作用。我们有十几个人，在井陉煤矿那个地方，有一个华北大学工学院，办了好多班，有老干部，技术工人，补习文化的，学技术的。我们这个班是文化水平最高的，叫大学班。我原来是学数学的，还可以学数学。学数学没有老师教，就自学，有3个人是数学系过去的，自修数学。自修微积分，常微分方程。

那时候，解放军正在打太原，虽然是后方，战事还是很紧，国民党飞机老是轰炸。去了不久，矿上待不住，就到乡下去住。矿区挖了很多防空壕，一拉警报，大家就顺着防空壕跑，待了几个月。到了12月中，突然说，平津要解放了，要从这些学员里抽一部分人，到北平、天津去帮助接收国民党的企业和事业单位。我们几个人被抽上了。下午开了一个会，晚上就出发。把背包一打，吃了晚饭，就上火车，两钟头，当天晚上就拉到石家庄。从石家庄到北平就是走路。走了一个礼拜，每天走七八十里[①]地，晚上有打前站的，安排好了，住在村子的老乡家里，吃饭，第 2 天接着走。到了二十几号，到了石景山。那时，北平已经整个围起来，外面已经解放，石景山钢铁厂，长辛店，完全由解放军控制。解放以后，就参加接管工作，到 1949 年 4 月底。

李：北平是 1949 年 1 月 31 号解放的。

孙：对。我们接管人员进城是 2 月晚几天。军队是 2 月 3 号进来的，我们是 2 月 7 号进来的。事先都分配好了，谁参加那个单位，上面有老干部管着，有一个小组，底下有几个年轻人，跑跑腿，因为那时候什么也不知道，刚 20 来岁的一个青年，反正挺新鲜的。掌握政策，处理很多比较复杂的事情，都是军代表，我们在底下都是帮助抄写，联系，跑腿。干到 4 月底，接管工作告一段落。从华北大学工学院抽来的学生，上面有精神，有些人有条件的，需要的，岁数比较大的，在解放区有工作经验的，当过干部的，是党员的更好，可以参加工作；像我们年轻的，也没什么工作经验，能回去还是回去。

## 二进北师大

李：您又复学了？

孙：又复学了，不是回到北京师范大学，是回到井陉华大工学院。还是自修组，念数学，念到 8 月。学校有个阅览室，参考书非常少。我们大学课没念几门，微积分也没念全。还是念像熊庆来的《高等算学分析》，葛斯郎的《微积分》，念最基础的东西。学校在 8 月份搬到北平，跟中法大学合并，后来变成北京工业学院。到那儿以后，跟领导提出，我不愿意学工，还是愿意回去念数学。他说，这样的话，你还是回北京师范大学，从哪个学校来的，还回哪个学校。1949 年 10 月，中华人民共和国成立以后，过了十来天，我跟北京师范大学联系好了以后，又到了北京师范大学。

李：那时候联系比较容易吧？

孙：跟学校一说，学校还承认你的学籍。

李：那还不错。

孙：虽然是不辞而别，学籍还是承认。

李：当时没有办退学？

孙：什么都没有。就算是你辍学两年吧，重读，重新从一年级再念。在北京师范大学 3 年，应该 4 年毕业，1952 年毕业，提前 1 年。和严先生同一年毕业，他是应届毕业生，是 1948 年入学。3 年里，我想了一下，有一半的时间没上课。抗美援朝最紧张的时候，前线打仗，学生停课，下胡同里去宣传，很多活动都得参加。我是青年团的干部，什么事学校团委都找你，后来当了班上的团支部书记，事情非常多。比如说，1951 年春天北京镇压反革命，抓起一些国民党的残渣余孽，一贯道，反动会道门，抓起好多人，看守所里人满为患，清理不过来，抽学生帮助。把我们抽去，参加镇反，干好长时间。日常学校的活动也是很多的。到了 1952 年，“三反五反”运动，学校里要搞“三反”，打“老虎”，挖贪污犯，组织打虎队，组织学生组成一些打虎小组，我又干了两个学期。算起来，没上多

---

① 旧制。1 里＝500 m。

少课。

李：没有念多少东西？

孙：没念。很多大学的课都不知道。像实变函数、复变函数、微分方程、概率论、拓扑学，根本没听说过。念过微积分，线性代数，就是矩阵，解线性方程组，线性变换都没念过。近世代数，老师讲了一学期，讲点群论，一些最基本的东西，向量空间都不知道。你想念也没时间，活动太多。又提前毕业，毕业以后，我和物理系的一个毕业生分配到俄文专科学校当文化教员，给要去苏联留学的学生，补文化知识，干了半年。上过代数、解析几何、平面三角。后来严士健先生知道了。

李：说您在那儿打杂哩！

孙：对。他说，你这样还不如回来呢。赶紧找系里对傅先生说，把他要回来。结果，人事处马上过去联系，那边就放人。但是说，下学期还得给我们讲一学期的课。我又给他们讲一学期的解析几何。

## 三进北师大

李：严先生亲自跟我说过，您在那儿没事干，赶紧回来吧。

孙：对，严先生那天打电话我还记得，是一个晚上，说你在那干吗？我跟他说……要是这样，赶紧回来吧。

李：这应该说是您一生的一大转折点。

孙：对。

李：如果不回来的话，您以后可能是另外一种状态。

孙：对呀，是这样，我在 1953 年 1 月 31 日就回来了。北京师范大学已经跟辅仁大学合并了。傅种孙先生，张禾瑞先生都在。我才认识张先生。来了以后，傅先生跟我说，张先生接受了教育部的一个紧急任务，要抽全国师范院校数学系的一百多名应届毕业生，培训半年，到师专去教算术和初等代数课，怎么培训呢？要用两本苏联人写的课本，一本是算术，一本是代数和初等函数，是俄文的。3 月份开学，现在是 2 月，我限你一个月，先把算术书翻出来。我说，我在俄专工作了几个月，在那儿跟着突击了两礼拜俄文，俄文是不行的。他说，不行，你得把书给翻出来。所以，我那年来到北京师范大学后，先翻了一本算术。

李：这书后来出版了？

孙：我翻译之后，张先生马上拿稿去给修改，他给把关，定稿。开学之前，油印稿就出来了。那本书 300 多页，它是教学法性质的书。

李：这种书不好翻。

孙：很多的，大段的语言叙述，很难弄。我有个好处，在俄专待了几个月，认识一些俄文老师，弄不出来就去请教，那年春节没有休息，整天突击翻译这本书。当时，数学系的老师也在突击俄文，大量地背。教员有英文底子，掌握比较快。张先生上课，我辅导，我还听了近世代数基础，念了代数方面的基础知识。8 月结业。留苏，张先生推荐我。张先生说，来了任务，派青年教师留苏，咱们系要多派几个人去，当时傅先生也是这个意思。

李：当时，傅先生是系主任。

孙：对。张先生管培训班。有他们几位老先生推荐，我就去参加考试，当时还有袁兆鼎先生，考了两天。幸亏那半年跟张先生念了两门代数，近世代数基础，线性代数基础，虽然念得比较快，很多东西念的不透，但是一些基本的东西算是懂得一些。在参加考试的时候，代数卷子算是及格了。

李：您要是不念，可能及不了格，是不是这个意思？

孙：我要是不念，肯定及不了格，因为基本知识都不知道。考完后，张先生说，阅卷他参加了，分数他都知道。考完后，我都不敢想。我想，我是没戏了。因为基础知识太差，太欠缺，当时参加的还有北大送的，人家基础知识确实比我们要强。但是还是录取了，说老实话，出乎我的预料。我越念越感觉自己的底子太薄，大学的课，很多基本知识都是不知道的，大学念的就是分析类的，念了一些，《初等微积分》《高等微积分》，作为课外读物，念过哈代的《纯粹数学》（《Pure Mathematics》），还念过熊庆来的《算学分析》，那时算是比较深的，那本书我只念了一部分，没有全念。别的课，就像我刚才所说的。

李：除了代数，还考了别的分析类的课吗？

孙：分析考的比代数感觉要好一点，我感觉很没底。毕竟被录取了。

李：您是录取之后过一年才出去？

孙：那年 9 月，集中到北京俄文专科学校念俄语，政审，学政治，用两学期的时间。大批时间都是学俄语，都是苏联人教，来了很多苏联专家，教外语的都是女士，是在中国工作的苏联专家的太太。此外有一大批中国学俄语的年轻的助教，从东北来的，这些人帮助苏联教员一起教我们俄语。除了学俄语以外，政治课学中文版的联共党史，有人教，那儿有马列主义教研室，马列主义教研室讲政治课。基本上没有念业务课。去的话，要选专业。

李：是在国内选还是到了国外选？

孙：选专业在国内就报了，只是比较笼统的一个方向。到那儿以后，比较窄的方向才给定出来。我在国内报的是实变函数论，我对分析类的课学得比较多，觉得要接着学比较感兴趣。像实变函数论，测度论，可测函数，我没有念过，我感觉要弄分析，这些东西非念不可。笼笼统统对这些东西也不是很知道，就填了实变。实变的入门、测度论还没念呢。

## 留苏搞逼近

李：到苏联之后，方向又具体了吗？

孙：到苏联后，分配到莫斯科大学之后，他们有一个管外国研究生的副系主任，跟外国研究生一个一个地谈话，然后给你确定导师。我选的是实变函数论，他问我，你过去念了什么，我说主要念了初等数学，可不是吗，我就是跟张先生弄了算术，代数与初等函数，他点点头。系主任是柯尔莫果洛夫（A. N. Kolmogorov），他接见了中国派去的研究生，一个一个地谈。

李：就是王梓坤先生的导师？

孙：对，他的大导师。王梓坤有两个导师，主要是第 2 个导师。

管研究生的副系主任建议，就让我跟斯切其金（Stechkin）来学，所以柯尔莫哥洛夫就点头了，他说，你的导师就是斯切其金。斯切其金当时就 30 岁出头，在莫斯科大学是副教授，还没有得博士学位。和斯切其金见面，是刘绍学先生陪我去的。他先去一年。印象太深刻了。斯切其金跟我说，你到黑板边去，问你几个问题。问了几个分析方面的问题让我回答。有的答上来，有的没答上来。问完以后，他说，你分析的知识还可以，给我订个计划。一年半考 6 门课，大课 3 门，小课 3 门。大课正式考试：数学物理方程，泛函分析，函数论（实的与复的），需要念的书单给开出了；3 门小考的课：三角级数，函数逼近，发散级数的求和理论。我们一共 3 年，这些东西要一年半全部考试。又问要念数学物理方程，常微分方程怎么样。我说没念过。他说不行，先补常微分方程。又加了一个常微分方程。念斯切潘诺夫的那本书，400 页。数学物理方程里头还要加上变分学和积分方程论，搞了这么大的一个计划。拿着这个计划回去以后，脑袋就有点大。

李：您是听课，还是自己念？

孙：自己念。这些课都开，给大学生开。有的课是一年的课，讲得很慢，我也听过课，像常微分方程，研究生两个月就得考。去苏联的头一年，我感觉承受压力很大，我的精神是最紧张的。最近有学生问我，我说，压力最大的有两回，第 1 回是留苏的头一年压力大，第 2 回是“四人帮”倒台后，马上让我招研究生。第 1 回感到压力大，因为很多大学的课得从头补，两月就得考，考试不是笔试，是口试，指定个题目，让你在那儿用俄文讲，讲的过程有漏洞，随时提问题，随时抠你，觉得挺难应对。当时，研究生都是这种情形。袁先生；张芷芬，北大的，学常微分方程；周毓麟，学偏微分方程。周毓麟是我们里头岁数最大的，基础最好，有科研经验。回去以后，我们有什么事就凑在一块议论、商量。周毓麟给我们出主意，想办法，给我们开导，我当时跟他们一说，我的计划课程多，而且还得补常微分方程，我说，我一年半拿不下来，估计大概得两年。周毓麟说，不要两年，你还是得咬紧牙关，一年半把它拿下来。好家伙！我心里就嘀咕。我说，你老先生在新中国成立前就做过研究工作，我基础不行。后来他就开导我，鼓励我要有信心，补常微分方程，周毓麟也要从常微分方程念起，袁先生也要念，我们几个都要念。他说，有些课可以一块讨论，不懂的地方可以互相问，还可以找苏联的研究生，让系里派他们高年级的研究生，水平高的，来给我们辅导，解答问题。后来真这么办了，偏微分方程就请了一个苏联的老研究生来给我们回答问题。这样的话，心理压力慢慢得到缓解，觉得研究生集体是互相支持，特别是周毓麟，我们很信赖他，有事就去找他。我和袁兆鼎就把他叫周老师，一见面就称周老师，一直到现在。另外对苏联的一些生活不习惯，老的研究生，像刘绍学先生，北大学力学的黄敦先生，非常热情，给了我们很多的帮助。我们一去，一看计划那么重，扎到屋里就念，哪儿也不去。他们说，这样不行。你来以后要接触苏联的社会，苏联的外事处给外国研究生，留学生安排一些参观，到一些地方参加一些活动，鼓励我们去。第 1 年参加了不少活动。比如说，中华人民共和国成立 5 周年，这是挺大的事情，苏联很多厂矿都举办晚会庆祝这件事情。

李：就和中国搞庆祝活动似的？

孙：哎！在会上请中国人参加。我们就参加过一个这样的庆祝会。庆祝会完了，还举行晚宴招待我们，非常热情。还举办一些展览，约我们去。这样的话，慢慢地也适应了，生活也适应了。学习是非常紧张，还要考一门哲学。这种考试一直弄到 1955 年 5 月。

李：考完了？

孙：两门微分方程算是考了，常微考得早，偏微考得晚，算是通过了，还不错，还算满意。慢慢地，信心就建立起来了。对那套生活方式也都适应了。那一年，精神压力是非常大的。除了安排以外，周毓麟还每天带着我们出去锻炼，我们住在15楼，每天坚持到室外跑步，做操，生活有规律。现在想起来，周毓麟对我们帮助很大。头一年过去了，我就感觉到，第2年，第3年，就慢慢地进入角色了。到做论文时，有做论文的难处。但是，感觉到最不好过的是头一年。

李：您怎么觉得费劲？

孙：论文做得费劲，做得不是太顺。开始，斯切其金建议的题目比较笼统，平推一些东西，看看，觉得价值不大。最后，选择了一个难度比较大的题目，当时搞这个方向的都对这个题目感兴趣，都觉得挺难做的。做的过程里头，中间遇到一些困难，我有好几个月想不出办法，弄不动。我们阶段性的工作都要在讨论班上报告，同导师的一些研究生都听，听的过程里头，他们也帮助出出主意。这个题目，1957年搞了半年，碰到一个钉子，啃不动，急得够呛。后来整块的题目没有拿下来，等于啃下一部分。本来你想从根上切下来，你弄不动，等于能弄下来多少算多少。弄下一块后，导师听了以后还挺满意。他说，这题目挺难的，你还是克服了很大的困难，这种锲而不舍的劲头的确是挺不容易，剩下的一块以后再说吧，论文就到这儿。那个题目没有做到尾，解决了一部分，答辩通过。当时尼可里斯基教授还不是院士，是这个方向的资格比较老的，他审查了论文，评价还是比较好的，一般认为，题目是有相当难度，做到这步还是挺有意义。

李：您的论文有一部分是在苏联发表的？

孙：做的那一部分在《苏联科学院院报》（数学版）上发表，在苏联科学院报告杂志上发表过一个简短的报告。苏联莫斯科数学会上简单地通报了这个结果。后来在《数学进展》上简单地登了一下这个结果。答辩是在1958年2月份。本应该是1957年8月到期，等着答辩等了半年，又查了一些文献资料，在苏联的情况就是这样。

## “科学跃进月”

李：回国之后，您又继续做这个工作？

孙：继续做。1958年回来以后，国内的形势跟那儿完全是两回事。

李：正赶上“大跃进”？

孙：“反右”过去了，来了“大跃进”。正赶上“大跃进”，这些基础学科全受冲击，说搞这些东西都是理论脱离实际，要搞理论联系实际的东西，学生和教师要下乡下厂，1958年8月，数学系搞“科学跃进月”，把学生分成许多科研小组，教师跟学生一块编组，下到厂矿企业一些单位去找实际题目，做实际题目。当时，我作为数学系党总支委员，管过一段这个事情，后来系党总支书记王振稼管。因为我管的一段，说是出现了问题，有方向路线的错误。有一个设计院，搞刘家峡水库的应力计算，它是把一些定型的偏微分方程，用网格法把它离散化，弄成线性方程组，然后解线性方程组。这些线性方程组的未知数都是上百的，工作量很大，那时也没有计算机，组织几十个学生买了几十台手摇计算机，让学生算这个题。学生是一二年级的学生，你说怎么弄？不给学生讲这个题目的来龙去脉是不行的，把学生当机器使；你给学生讲，别说偏微分方程，一年级学生连偏导数还不知道，导数离散化，弄成差分，学生都不知道，教师也没接触过这样大的计算问题，教师自己得先了解，学一学，熟悉后，讲给学生听，学生会了以后，排出计算方案来，让学生摇计算机算。这要有个过程，挺难弄的。严士健先生也参加那个组，还有一些设计院的。第 1 步，教师先弄懂这个题目，结果，党委发现了，说数学系科研组是专家路线，把群众放在一边，这跟党的路线不合，方向路线错误。当时这个组，严先生参加，我参加，刘先生，蒋铎先生也参加了，还有设计院的技术人员，他们对计算熟悉。结果，学校党委书记刘墉如就批评王振稼，这个科研工作不能交给他们，这些人都是专家，知识分子，应该由党来领导。科研是党领导，还是专家领导？是群众路线，还是专家路线？王振稼受到批评以后，就找我，说你这有方向路线错误。

李：没专家能搞好吗？

孙：系党总支开会，我在会上检讨，不相信群众，没有政治挂帅，光抓业务，你搞的是业务不抓业务行吗？当时是不行的，非检讨不行。完了以后，让学生支部的一个书记，当面批判严先生，指着鼻子，劈头盖脸地把严先生批了一通。王振稼保护我，说老孙对错误有认识。刘家峡大坝工作还得弄啊，手足无措，下边又去批判谁呢？设计院里有一个技术人员是“右派”，结果劈头盖脸地又把那个“右派”批了一通。人家什么错都没有啊！在学生里头，把那个人当面训了一通。最后，排出计算方案来，组织学生整夜摇机器。蒋铎先生跟着学生一块摇，摇到后来都打盹，这么弄，几百个未知数的大方程，谁能保证不出错，出错就不得了，就挨剋。这种搞法是不行的，实在是不行，我当时是硬着头皮，你不干也不行。

李：后来弄完了吗？

孙：完了，最后弄出来了。有个资料，交给设计院，他们也拿去了，最后作个参考，数据起个参考作用。1958 年，基础理论根本搞不了。

## 啃掉硬骨头

李：基础理论实际上是从 1961 年开始。

孙：到了 1959 年上半年，就开始正规地上课了，恢复教学秩序，发挥教师在教学里的主导作用，扎扎实实地上了半年课。教育部部长杨秀峰亲自到北京师范大学来抓，说是 1958 年搞的有些这个那个的，有些东西搞得过点头，学生课上得少。那半年，我给四年级的学生开一门课，积分方程变分法，跟蒋铎我们两个人合着讲，我讲积分方程，他讲变分法。那半年有点时间，我就回过头来琢磨我的论文里头还没有做出来的那一块。结果，在那半年里头，把我的论文剩下的那部分整个地做出来了，而且找到了处理该问题中难点的简捷方法。原先用的方法比较笨，想出来的方法比较简练，要好，而且能够对那个问题重新得到一个全部的解决。1959 年上半年，这一块工作及时地在《北京师范大学学报》上发表了。发表以后，苏联的同行马上就有反应。

李：啃掉这块硬骨头，写成论文后是用中文发表还是用俄文发表的？

孙：中文发表的，有俄文简短摘要，我就寄给贾岱克一份。贾岱克是乌克兰的一个数学家，也在同时想另外的办法解决这个问题。他在一篇文章中说，孙的工作比我早发表 4 个月，他想出的是另外的路子。我的路子跟他不一样，但是也改进了我原来的工作得到的。当时因为在北京师范大学搞这方向就我一个人，你想组织讨论班，没有条件。到了 1959 年下半年庐山会议以后，学校又搞起“大跃进”，停课，学生组成小组搞科研，这一套做法一直延续到 1960 年的七八月。整个系的原来的机构都打乱了，分成 4 个室，我管一个室，一直到 1960 年的冬天。当时由于供应紧张，学生的体质下降，有浮肿，才停下来。

## 组织讨论班

李：1960 年年底，“八字方针”快出来了？

孙：是 1961 年春出来的，就是“调整，巩固，充实，提高”。1961 年暑假以后，“高教六十条”出来，整个这一套“左”的做法刹住了。1961 年 8 月底，在龙王庙会议上，这些被冲散了的基础学科，由中科院数学所牵头，出面组织了一些学科的座谈会，考虑怎样恢复这些学科，像代数、数论、函数论，分科进行。我去参加了函数论组，当时国内重要的函数论的专家，像熊庆来、陈建功、程民德，咱们系的范会国老先生，都参加了这个会，华罗庚先生也来报告过，到齐了有二十几个人，会开了有一个礼拜。回来以后，我感觉到，在我们系搞函数论的时机已成熟了。因为“高教六十条”要保证教师每周要有 5/6 的时间搞业务，还发了一个科学院科研“14 条”，是聂荣臻元帅作为科学院系统发的，文件也发到高等学校，我想，可以组织一个讨论班，想办法，在北京师范大学把实变函数论这个方向组织起来。找了陆善镇。

李：他是 1961 年刚来的。

孙：对。

李：他也是赶上时候了。

孙：他来了，头一个学期还没有办这个讨论班，他辅导郝先生讲的一个分析 3 选课，有些实变函数论，有些泛函分析，主要是一些基础知识，用的是苏联什洛夫写的一本很有名的课本。陆善镇那学期到科学院数学所参加一个泛函分析的讨论班。后来，我就听说有陆善镇这个人，找他，我说想组织一个实变的讨论班，咱们一起弄。他马上就答应了，他说，我这学期不行，在科学院参加科学院的一个泛函讨论班，下学期就不去了。还有一位先生，就是张阳春女士。讨论班从 1962 年开学以后开始，主要内容是傅里叶分析，函数逼近论，先从傅里叶分析念起，念苏联的实变函数论大师巴利新出版的《三角级数》，讨论班持续了 3 年半，到 1964 年 7 月暑假以后，再也没开，一直停到 1978 年。

李：当时还是打下底子了。

孙：这 3 年半扎扎实实地打下了底子。

李：要不然，1978 年开始做更困难。

孙：对。陆善镇一开始就从多元的傅里叶分析做起，我继续做 1959 年还剩下最困难的一部分，冬天把它做出来了，文章 1962 年发表在《数学学报》《中国科学》上。我在苏联做的工作基本上完了。那个工作是陈建功先生审的，他对那个工作挺感兴趣，评价是不错的，听说陈老先生还是蛮给鼓励和称赞的。陆善镇在这 3 年半讨论班里，除了辅导一些课以外，没有别的事情，念了不少书，三角级数论方面的基础都念啦，后来就念球上的黎斯（Riesz）平均。在那几年里，陆善镇表现出来的能力是非常之强的。

李：他在“文化大革命”之前，发表过几篇文章。

孙：是在“文化大革命”之前，1966 年。1964 年学校搞“四清”。我们做的这些事情在“四清”中受到冲击。因为“四清”要清理教育思想，苏联修正主义的教育思想，我们搞的“高教六十条”，以教学为主，搞基础课，讨论班，做科研，发表文章，培养人，这一套都归到修正主义教育路线这个总的纲领来批。说业务挂帅，不是政治挂帅，搞智育第一，不是政治第一，把人培养成“三脱离”的精神贵族，培养修正主义苗子，把年轻人往

“三脱离”的路上引导，不是引导大家走“三结合”的道路。这样一来，就受到批判。“四清”批判的调子，上的纲，就上到这儿，这些是修正主义教育思想的影响。我们这些人还是好同志，在苏联熏陶了几年，把苏修那一套东西搬了来，要改造数学系，要把数学系按照苏修的模式，办成莫斯科大学式的数学系，有这个野心。所以从这个角度批的。到了“文化大革命”，就升级了，升到推行刘少奇的修正主义路线的急先锋，这是一个总的帽子，具体的罪行就很多了。

## “文化大革命”受冲击

李：您“文化大革命”受冲击，是不是因为您“文化大革命”前那一年正好当副系主任？

孙：不是。当系主任是做行政事务，人家批评你总得要有事实根据。你做的这些事，说的那些话，说明是推行修正主义路线。在困难时期，对“大跃进”“三面红旗”，我说过一些批评的话。学生在搞科研时候，做不出题目来，我当时说过这种话，学生科研题目做不出来的时候，应该去查资料，念文献，学业务。可是，那时候，让他念毛主席著作，去务虚，说鸡毛能不能上天。我说，这个不行。这样念，说出来不好听，就跟念咒似的，这样弄不解决问题。这就是反对毛泽东思想，推行刘少奇的修正主义教育路线的过错。推行修正主义教育路线是其中的一条，对“三面红旗”，对毛泽东思想，对“文化大革命”，你到底是什么态度，你这些言论，都需要批判。批判上纲，就不得了，比“四清”定的罪名还要高。好的是“文化大革命”里头，像我这样的人，没有弄到劳改队，曾经在数学系的集训队。

李：劳改队的区别是不许回家，集训队是可以回家的。

孙：对。白天，到集中的地方，上午半天劳动，下午半天学习，写材料交代问题，写批判，提高认识，到时候回家吃饭，都住在家里。集训队就搞了两月，1966 年的 8 月和 9 月，后来系里的集训队就解散了。

李：劳改队的时间长？

孙：劳改队的时间长了。学校党委的，校部的一些领导，各系的主任，书记，都关起来了。我在“文化大革命”里头，运动初期受到冲击，1967 年上半年，就分配到学生里头，跟着学生的班级活动，参加二年级的，后来又调到一年级。班级活动，学生对老师不歧视，到了来事的时候，你就得赶紧主动检讨，或者有学生指着鼻子训你一通。到 1968 年“清队”，宣传队进校，又把我们这些人集中到系里，晚上可以回家，每天两段学习，交代揭发问题，检讨，批判。从 1968 年 10 月，一直到 1969 年 4 月，差不多搞了半年。后来叫“清队学习班”，一个班十来个人，教师里的造反派头头、积极分子，学生里的积极分子，清理对象。每个组里有四五个清理对象，清理对象里有问题轻的，一般的，重点的。我是重点，在学习班里检讨，批判。后来学习班结束以后，到高井参加劳动。分配到工人小组里头，跟工人学习，一块劳动，有事单把这些人集中起来开批判会。为我开过几次检讨批判会，总说是帮助，不是批判，也不是斗争，形式上比较缓和。和学生住一屋里，吃就在工人的大伙房里，一块吃饭。1969 年开中国共产党第九次全国代表大会，我们都是在工厂过的。中国共产党第九次全国代表大会以后整党，数学系是在高井整党，由军宣队，工宣队主持，工宣队最后宣布我回到人民队伍中，可以参加整党。7 月份参加整党，组织整党小组对我重点帮助，认识问题：推行刘少奇的修正主义教育路线，总的是这个，具体的一项，两项，三项，对这些问题有认识，最后认为认识得不错，整党通过，恢复党籍。

李：您恢复党籍算是早的？

孙：头一批。算是经过了反反复复的批判、帮助、检查、认识，结果认为已经回到毛主席的革命路线上来了。在全系大会上宣布，不但这个人解放，而且恢复党籍。当时王树人等人还都挂着。

李：那次，严先生还说，您恢复的早，严先生算晚的。

孙：对。当时我想，学校这种情况恐怕要延续相当一个时期。学生一再地跟我说，你恢复党籍了，参加教育革命了，是对你很大的信任，在教育革命里头，一定不要穿新鞋，走老路，还搞修正主义教育路线那一套，要警惕，脑子里修正主义的东西千万不要回潮。为什么后来搞了一段小分队，就是因为这个思想太深了。

李：搞小分队之前您去临汾劳动了吗？

孙：去了，我在临汾劳动了一年。1971 年，完了，临汾点就撤了。

李：您是在收尾时去的？

孙：一共去 3 批。在那儿干活 10 个月，劳动。和严先生，都在一起。

李：王世强先生最长，3 年。

孙：3 年放羊。那时候，脑瓜里老念叨，过去那一套不能再搞了，说下大天，我也不干了，简直是折腾得太苦了。

## 组织小分队

李：您回来之后就有小分队了，不对。先有 1973 级的学生。

孙：回来以后，招了两届培训班，曾老师参加培训班，在 1973 年。你不是搞师资培训班吗？

曾美美：对，1973 年。

孙：我没参加培训班。我们成立了一个教改组，1972 年，工宣队让我组织一个组讨论基础课微积分怎么改革。那个组，七八个人，像周美珂，都在那个组里，我做组长。讨论微积分课应该怎么改革，讨论好几个月，最后，也没有得出一个明确的想法来。后来，清华大学出来一本简明微积分的课本，用个大锉捅破窗户纸。后来编微积分教材就照着那个模式，发展成你们那个时候用典型产品来编书，带动教学，三机一泵。当时，从清华来了这种模式，大家都跟着学。1973 年，我跟沈嘉骥到了郊区分析仪器厂蹲点，写教材。以下厂的名义，在工厂里住着，跟一些技术人员接触，他们搞仪器的设计，有什么题目，需要算算，弄弄，我们也可以插手，帮助弄点。没事的话，我们两人就写微积分，写了两章微积分的教材。从 5 月去的，待到年底。

1974 年，整个上半年就在学校里搞“批林批孔”，以后，学校提出，教育改革要迈大步子，要有新思路。那年的夏天，谢宇，我，主要是我们俩，谢宇的思想比我还开放，她说，咱们组织一个下乡的“教育革命小分队”，探索教育改革怎么结合农村的三大革命运动实际，说这是一个值得摸索的课题。给工宣队的领导陈鸿钧师傅汇报，他极力支持，说这个思想非常好，要我们带个头。后来说，光两人也不行，物理系找了一个卢圣治老师，数学系找了两个熟悉农村的老师，程书肖和赵景周，7 月份弄在一起。谢宇本来想到平谷金海湖水库上去。后来，我们到了平谷考察，到了大华山人民公社教育革命组一谈，他们说，不要到那儿去，要搞就到我们这儿来，我们教育革命组支持你们，我们这儿有大华山中学，你们想搞什么试验，可以在这儿做。最后，就和大华山挂上钩了。你们去之前，我们到大华山去了两次，第 2 次住了有十来天，带着仪器：水准仪，经纬仪，搞测量。在地里，我们先实习，同时租了两间知青的房子，就在那住，9 月份弄得差不多了，回来跟系里一说，系里说可以。系里工宣队支持，大华山公社的党委书记武海亭特别“左”，他说，你们是革命化的知识分子，在学校大楼里头，培养不出无产阶级革命事业接班人来，只能是在大风大雨里，在田间地头上，只能受苦受累，在这种环境中才能磨炼出来，我是绝对地欢迎你们。我们让他们一捧，脑袋瓜子也烧乎乎的，说，咱们就在大华山扎下根去，干它 3 年。后来就搞了那一套，你们去了都知道。弄了一年以后又到了新城子，去了铸石厂。到了批邓，反击“右倾”翻案风的时候……

李：那时，我们在山沟里。

孙：我就开始反思，系里把我调回做教育革命组组长，我坚决不干。陈师傅把我从小分队调出去，我的意思让谢铁顿来做，太难做了。可是不做不行，硬逼着让我做。当时的想法没有跟任何人谈。我感觉到教育革命这么搞下去，将来非碰得头破血流不可，是不是不碰个头破血流就不回头啊。最后弄的连文化知识都不能学了，只能下去，只能参加体力劳动。难道我们办高等教育就这个弄法吗。民主革命时期，“左倾”路线，军事路线“左”，“左”到最后，碰得完全是头破血流。我感觉到，这一套东西，将来非得全面否定，改了不可。当时想来想去，1976 年夏天，就是批邓闹得最凶的时候，也是我脑子开始要转弯的时候，我感觉这路已经走绝了，走不下去了，做得太绝了，这是误人子弟，这也是误国的，国家的教育哪能这么办。那时还出现很多别的做法，比如说，工农兵学生有几个人要上西藏，结果是百分之百的学生都报名，开动员会大家上去表态，不百分之百表态，这动员会就开不完，这叫干什么，这些形式主义已经到家了。当时，我就想，这套东西改回来只是时间问题，眼下只是时机不到。邓小平的那些做法，拿来作为反面东西让大家批，我想，这东西怎么批呀，这东西发下来，看了以后，让大家了解了解，正确的东西应该是什么，应该怎么做。我就感觉，怎么路子走到这一步？

李：1975 级和 1976 级下去的时间就很少了。主要就是学军，测量，教育实习，劳动。

孙：后来就好了。否定“两个估计”，思想没有拐不过弯来。但是按照过去搞科研的那套做法来做，确实是心有余悸。1978 年，北大有一个同行沈燮昌告诉我，他要和杨乐上南方某些地方访问一些高等院校和科研院所，看看基础学科的科研怎样恢复。我说，这个事情可是冒风险的事，折腾了十几年，反反复复地批判，从 1964 年一直到 1977 年，13 年，写检查，检讨批判，翻过来调过去多少遍，不管这个东西对或错，脑子印象深刻。他后来一提起来这个事就笑话我，说你还害怕，那你还干什么，现在还得那么搞。我说，不行，批判那么多年了，我是不敢动，不敢轻动。当时的心态就是这样，不大敢，思想拿不准。过去那套做法都对？又回来？批判了十几年，都批倒批臭了，修正主义，到底怎么讲？要有个说法，是不是？从这个意义上来讲，拐这个弯子，也费了两年的工夫，慢慢地，对吧！从政治上打倒“四人帮”很容易接受，没什么阻力，但是，从学校一些具体的办法上，慢慢地再把颠倒了的历史捋顺了，每个人都得有一个重新认识重新考虑的过程。拿你当靶子来批判，批判了十几年。现在突然来了一个 180°的大转弯！

## 招收研究生

李：1978 年后，您就招研究生了？

孙：一招研究生，学校马上完全恢复了“文化大革命”前的做法，使得我措手不及，毫无准备。本科招生从 1977 年就开始了，更快。

李：那个比较好办。

孙：对呀！上课，有本科过去的教学计划可以用。研究生，“文化大革命”前我没招过，怎么弄？我的业务放了十几年了，拿什么东西来指导人家，带人家？这个压力对我来讲，就跟留苏的压力一样。可学校里已经下达指标了。

李：是指令性的。

孙：数学系的几个人要招生，学校指令委托你，非招不可。我们这几个人，王世强先生、严士健先生、刘绍学先生、我，让我们 4 个人招。“文化大革命”前，“四清”以后，我就听说了，市教委组长吴梓木就问过北京师范大学，说你们北京师范大学像孙永生这样的人，为什么不招研究生。我那个时候确实是不敢招。严先生、刘先生、王先生，他们 3 个先走了一步。

李：严先生没招。

孙：对。刘先生招了。

李：王先生招了。

孙：对。

李：范会国先生招了。丁尔陞先生招了 3 人，挂名的第 1 个人是关肇直。

孙：对。硬是把任务给你加上，当时我就跟陆先生，张阳春，一块儿商量。学校要招研究生，怎么闹啊？研究生来了以后，念什么课，给他选什么方向，研究生口试，也是我们 3 个人，王昆扬口试，我们 3 个人坐在那，让他讲，问他问题，下来以后我们 3 个人一块评，说这个人可以收。头一批招来的研究生，有些基础课，不分方向，一块组织大讨论班，比如说泛函分析，唐守正，概率的研究生，罗俊波，王昆扬，还有几个，不同方向的都要念泛函，我们几个人选一个课本，就让他们念这个东西。一章一章，大家轮流报告，合在一起来弄，那时候没办法。

李：现在已经规范了。

孙：对。那时候就这点力量，大家合在一块，要把这个事情做好，算是慢慢弄起来了。

李：当时申请博导的时候您有什么想法？

孙：申请博导，我好像事先都不知道。我的感觉，咱们系，我们这几个人，我大概没戏。反正报就报了，北京师范大学数学系跟别的系比着来，也得报。把这几个人推上去，也就推上去了。就跟当初留苏考试似的，没想到我能考上，结果也考上了。

李：这事对学校震动非常大。

孙：对。

李：学校没想到，数学系能上 4 个人。

孙：是这样。外边一些学校议论起来也是这样，说你们北京师范大学数学系确实还是有几个人，这次评上了。评上以后，压力是很大的。博士生跟硕士生不一样，怎么个弄法？1980 年，陆善镇跟张阳春都出国了，就剩我一个人了，他们都出去两年才回来。那两年的时机对我，能不能承担这个重任，是至关重要的。到了 1982 年，张禾瑞先生下来，系主任换届，董延闿先生，书记李英民，都劝我来接系主任这个位子，我是坚决辞退。我当时没跟他们说，主要一条就是说，我知道博士导师这个担子的分量，我也知道我对承担这样一个重任，在业务上，在能力上，我有多大的差距。所以我想到，这一段时间我一定得全力以赴地来弥补，使得我能够把这个事情做好。如果我要是加上一个系主任，我就感觉到：完了。一半的精力都扯到行政工作上，刚打倒“四人帮”几年，行政工作也是头绪纷繁。

李：乱乎乎的。

孙：乱乎乎的，事还挺多，很多都不规范。所以任你怎么说我也不干，集中精力做好自己的科研，趁着我当时刚 50 岁，还有点精力。黄金时代已经过去了，还想着做点事，觉得还能做点事，集中几年的时间，能够在我搞的范围里，在某一个主流方向上能够站住脚，赶上国际上前沿的东西，这样的话，招博士生就能够心中有底。陆善镇比我年轻，他出去集中精力干了两年，就在哈代空间方向上，到了前沿，站住了。回来以后，这些年的工作都是那个基础，我不可能出去进修了，只能在国内干，国内当时图书、文献、资料，什么都没有，还拿手抄，开始连复印机都没有，很多文章，王世强都是拿手抄的，我也拿手抄了很多东西。为什么这么干，要想名副其实地能够把这个担子担起来，非拼命不可。在那几年，1978 年到 1982 年，我感觉压力是很大的，付出了艰苦的劳动，由于那几年做的事情比较有成效，就给逼近论方向到 2000 年年底这十几年的工作打下了一个底。

王昆扬的工作主要是陆先生花费了很大力量，陆先生从美国回来以后，在对王昆扬的论文指导上，起了很大的作用，我当然也是帮了忙。逼近论方向，后来像房艮孙、刘永平、陈迪荣，这些研究生的科研方向出的科研成果，主要就是拼了这几年，奠定了基础，心中对这个方向比较有点底，后来我没有出去，跟俄罗斯学派，美国学派，德国学派接触得比较多，及时地吸收人家的结果，学人家的一些先进东西，我们才能把工作做得更好。那几年，要不是那样的话，我们的工作很难进行下去，就可能边缘化了，热闹几年，就让人挤到边上去了。

科研这个东西，抓住方向，抓住苗头，抓住主流，能认准了，能够集中力量赶上去，是非常重要的。我们国家这方面，与国际上有很大差距，比较落后，信息也落后。“文化大革命”里停了十好几年，跟人家不一样，人家一直在弄。由于这些条件，我们不如人家。怎么办？我们不可能开辟一个新潮流，但是作为一个博士导师，像一个打仗的指挥官，不光是一个兵，是指挥作战，每一段时间，你得抓住主流方向，让你的学生往哪个方向打，哪个地方可以打开缺口，可以出新的成果，导师得心中有数。光给这个那个名誉，那东西是白搭。作为一个博士生导师，抓住方向，对新苗头的敏感，抓住课题，抓住突破口不放，组织力量，做出新的结果来。这些工作，你既是一个指挥员，也是个战士，跟着一块做，冲锋陷阵，同时你还得往前多看几步。改革开放这些年，尽我最大努力，能够勉强的承担这样一个角色，完成国家给的使命。

李：王世强先生也提到这问题。他说，上面让你招研究生，不是我想招。

孙：对呀，就是这样。责任你非得担不可，我们这一代人就是这样的命运，加到我们身上，我们只有不停地拼命干，不停地追求，达到这个目的。年轻的老师，研究生，也应该有这种责任心，有这种使命感，要有这种敢拼，敢打，不怕困难的干劲，这样的话，我们才能够不断地前进，不然的话，我们只能是落在人家的后头。

## 培养年轻人

李：您对咱们系里的建设还有什么建议？

孙：我现在感觉到咱们系的条件，从哪方面来说，比 1978 年的时候要好多了。

李：尤其是上网。

孙：对。科研工作，那时跟现在也不能相比。这些年的科研工作，蓬蓬勃勃，年轻人也都上来了，整个的基础打好了，形势还是不错的。现在，学科发展是日新月异，就拿国内来讲，学校之间的格局，竞争的态势，跟 1978 年不一样了，严峻得多了，比较激烈。1978 年的时候，像北大、复旦，不管它过去底气有多厚，有多少名教授，“文化大革命”这十几年的停顿和破坏，它承受的和北京师范大学一样，甚至比北京师范大学还厉害，你北京师范大学教师十几年没搞科研，不懂得信息，它那儿也一样。从这一点来讲，1978 年招研究生，开始搞科研，起跑线都是一样的。那时，我们突了一下，在某些方面取得了一些优势，现在情况不一样了。另外的话，那时候，国内很多学科还都是“文化大革命”以前有基础的一些学科，恢复招生以后，先突上去，我们系也是这样，代数、逻辑、函数论，都稍微有一点基础。

经过 20 年，新学科的发展，交叉学科的形成，跟 1978 年不一样了。国外有很多新的方向，函数论就有不少。我们绝对不能够故步自封，抱着这些老的东西不放，老的东西不能丢弃，是我们前进的基础，但是，我们一定要有开拓创新的意识，而且要把开拓创新的方向和突破点找对了。新东西很多，我们的力量有限，每一个学科，要找准当今的重点在哪儿，突破点在哪儿，是非常重要的，不是全面开花。江泽民主席讲的要开拓创新，这条是灵魂。开拓创新不等于不继承，完全脱离开自己的基础和熟悉的东西，从你原来战斗的基地上，如何前进，往哪儿迈，怎么迈，在科研前线的指挥员，博士生导师，要心中有数。怎么样心中有数，搜集文献，看资料，跟外面的交流很重要，看准了，跟一些国际上一些顶尖的人物交流。交流可以是请十个八个人讲讲什么，但是，我想得到什么，想了解哪一方面的东西，千方百计地，跟国际上那方面的顶级人物进行交流，从他们那里，能够得到我们最需要的东西。这个东西得下功夫，可以采取各种办法。现在，学校钱也多了，可以请人来，但有请谁来的问题，请来后能不能起作用，请来后，怎么样让他讲的东西。不是讲完了，雨过地皮湿，而是能够生下根来，都要精心琢磨，一步一步地落实。

另外，还有一点，提拔年轻人要善于发现好苗子，花大力气做。对工作突出的年轻人要给予奖励，给予物质奖励，一篇论文可以给多少万元，这个我都不反对。但是有一条，对年轻人的培养，一个是物质上的，一个是精神上的，搞科研，物质是重要的，但是光靠物质是不行的。精神，对新鲜事物的这种求知欲，这种敏感，敢于创新是非常重要的品质。然而，创新绝不是个人逞能，科学这个东西，归根结底，是一个集体的创作。你的工作再好，你都是在前人结果的基础上取得的，不是什么东西都是你一个人的，团队的，同事之间互相支持，都是非常重要的，没有这个东西是不行的。说起这个，现在有一些消极的东西是应该抵制的。我们应该提倡什么，抵制什么，态度应该很明确。现在有一些做法，对于培养人是不利的。比如说，进 SCI 的一篇文章是三千块，五千块，甚至给 1 万块，我觉得这都是误导。

李：最开始是南京大学搞起来的。

孙：花钱买文，结果我就在我熟悉的地方多做几篇，多转几圈，你多转几圈，几万块就到手了，学校的 SCI 数就可以多个级。但从对这门科学来讲，工作是重复，在同一个水平上重复，没有意义。如果不提倡团队精神，光给钱的话，就把人的灵魂给腐蚀了，让人想事情不往大处想，远处想，科学得不到发展，可能会出现一些泡沫。

李：这也是一种腐败。

孙：腐败！泡沫学术！是不是？我这话说得也许严重。这个东西应该引起警惕，我们作为教授，博士生导师，国家给我们崇高的荣誉，我们想事情想得应该比较远，从我们国家发展科学应该怎么搞法，应多从这个角度来想，而不是短时间的，我们这个小单位，或者我个人，多得多少物质奖励，或者是进 SCI 排名上，怎么怎么样。目前这些方面确实有误导，这是非常值得注意的突出问题。尤其是对研究生，对青年学者的培养，让他能有这样一种精神和意识，是很重要的。

李：非常感谢您，花了这么长的时间来谈。好多事情是您一生的经验，而不是一时的感受。

# 严士健教授访谈录

李仲来（2004 年 4 月 1，2，4 日）

李：首先祝您生日快乐。

严：谢谢。

## 动荡年月读书难

李：我今天来跟您聊一些您的主要经历，包括工作、培养研究生各方面的情况。请您先谈一谈小学和中学的经历。

严：我小学和中学是在抗日战争时期。1937 年，卢沟桥事变以前，我是在武汉，小学读了 3 个一上。

李：3 个一上？

严：3 个一年级上学期。最早上的小学寒暑假都招生。

李：每年两次招生，有甲班和乙班。

严：对。我第 1 次在这个学校上学时不到 5 岁。印象很深的是：上学以后，第 1 天上课，上完第 1 节课，大家都出来玩，我以为没课了，放学了，就回家玩了。第一学期就留级了。又念一上，这回及格了，可以升级。可是，家里觉得我应该念一个好一点的学校。在武汉，有个实验小学。

李：实验小学离您家远吗？

严：都不远，一个在街的这头，一个在那头。于是，到实验小学再读一年级上学期。

李：那时小学是 6 年制吗？

严：是 6 年。那时候稀里糊涂，我好像还算比较认真念了。念了两年以后，我母亲去世了，是在 1936 年 5 月份，我正在读二年级下学期，全家回到老家。原来在城市，到老家去之后，觉得挺新鲜。看着小孩光着脚丫玩，我也光着脚玩。当时没什么，后来差不多十几年，年年冬天生疥疮。这可能是当时的毒气，这件事说明农村和城市的差距。1936 年暑假后，又随父亲到武昌住在武昌高级中学，继续读小学三年级，念到七七事变。期间有几件事情印象很深，一是西安事变，有一点记得很清楚，大家听说蒋介石被放出来，要抗战了，武昌高中学生非常高兴，游行，放鞭炮，折腾了一晚上。还有一个印象非常深，到处放《义勇军进行曲》，几乎所有的电台，街上的音乐都放。当时，国民的抗日情绪非常高，到处唱救亡歌曲，像《大刀进行曲》，到处唱，抗日的气氛非常浓。再一件就是七七事变以后印象非常深的事情：两湖书院（武昌高中的校址）有一座在湖边盖的楼，是一个阅览厅，它有一部分伸到湖里去了，但是靠墙根的边上没有水，我们晚上在这下面，靠着墙坐着，躲避日本飞机空袭。清清楚楚地记得：我们的高射炮，实际是高射机枪，射击日本飞机，晚上打上去的子弹有亮光，眼见一颗接一颗子弹打上去，就是打不着。当时觉得我们国家的力量不行。不久以后，回到了家乡。我的老家就在蚌埠去武汉的公路边，台儿庄大战以后，有老百姓从安徽蚌埠挑着担子、推着小车、带着老小衣衫褴褛地成批地过来，为的是逃避日本人的侵略，有一次我记得还有一位县长在其中。当时在我幼小的心灵中，深深感到国家的衰弱，会让百姓遭受多大的苦难！也不知道国家的前途会怎么样……

李：就像电影里演的似的。

严：是，真是那样。当时，难民没组织的，走到哪儿，也没有带着钱。在老家的场院，有时也有抗日宣传队演出，舞台上出现日本人的时候，下面真有人往上扔石头的。当时，国民党的军队……

李：国民党军队在抗日战争时期还是打过一些硬仗的。我们国内这方面宣传得比较少。

严：这事应实事求是地看，打过一些仗，但大多是败仗。我们那儿和河南交界，在大别山区，是从台儿庄到合肥、到武汉的要冲。日本人占领武汉，一条路线是通过我们那里。那时候国民党军队还真是跟日本人打了，而且打得很勇敢，日本人久攻不下。武汉的失守，日本人是从长江、九江那边进去的。我们那边的守军才不得不撤走。有个例子能说明战争的激烈程度。我后来上学时，使用的铜盆的铜，是通过捡打仗用过的子弹壳炼出的。

我在老家念了两年私塾，两年高小（五、六年级）。我们镇里没有中学，我就读的那所镇里的高小也是当时我的父亲他们主持组建的。教师主要是一批不愿意在日本占领区居住和工作的知识分子和高中学生。

李：现在高中多在县里办。

严：抗日战争前，我们附近的县没有高中，好像我们县也没有初中。读高中要到武汉。武汉沦陷以后，我们老家的那个战区是由湖北、安徽、河南几个省的部分地方组成的。几个地方的政府办起了高中，这些高中联合起来叫作联中。后来湖北省的部分成立了鄂东专员公署（以后改称行署），联中也分开了，在鄂东的部分称为湖北省立第二高级中学（简称二高），校址在湖北黄冈市的三里畈镇附近一个叫三解元的山沟里。只有高中，没有初中。黄冈市政府在不远处的李婆墩镇附近办了一所黄冈市立初级中学，麻城市在龟山后面也办了一所初中。当时我的父亲在鄂东行署（在三里畈附近）谋得一个职员位置，因此让我就读黄冈市中，而没有就读麻城市中。现在看来实际上是他想就近照顾我上初、高中而去鄂东行署工作的。黄冈初中冬天始业，所以我 1944 年底初中毕业。1945 年秋季上高中。1944 年冬天到 1945 年夏天，在家里又读了半年私塾。

李：您上了几年高中？

严：高中上了 3 年。高中一年级上学期是在山里（三解元）读湖北省立第二高级中学，抗日战争胜利后，1946 年春学校迁到浠水下巴河，念一下及二上。1947 年春天转学到湖北省立武昌高中，那是一个好学校，一直读到毕业。

在这一抗日战争阶段，对比现在生活来说，还是有一些磨炼。但与其他老百姓来比，我还是幸运的，不算什么。比如说，1938 年日本军队路过我们那里时，我们躲到大山里面去了。当时家里没有柴烧，我去砍过柴。

李：我们家叫割柴。

严：不是割茅草，灌木还是要砍。上初中时，学校买的柴都是锯成一段一段的湿木头，从山里搬到学校来，再把它劈开。

李：叫劈柴。

严：学校就让我们学生将这些湿木头从山里运到学校，一个星期运一次到两次。来回好几十里地，还要爬山；木头也重。当时我们还小，没办法，就用绑腿捆上，前头一根，后面一根，就两根挂在身上，也有二三十斤。吃饭没有菜，饭是糙米饭，去壳不去糠；菜是豌豆，先干炒一下，趁热倒入水，煮开了，捞起来洗一下，用盐和极少的油炒一下，几个人蹲在地下围着吃。饭不太够吃，抢着吃，开始是盛一小碗，吃第二碗时，盛尖尖的一碗。睡觉是在祠堂，睡通铺，一个人一尺一寸宽，很挤，每人只能侧着睡，这个印象太深了，晚上你要起来小便，回来就没地方了，必须硬挤进去。这种艰苦环境还是很有锻炼的。

当时学习条件不算好，但还是可以找到一些书。初中做了不少题，像《800难题解》，这方面的训练还是不少的。我们的几何是先学一学期实验几何，然后再学论证几何，开始学论证的时候不知道什么叫证明，证到什么程度。有一次，刚学完“等腰三角形底角相等”这一定理，老师让我们用它证明“等边三角形的三个内角相等”。老师大概也知道我们不会证，出完题就去祠堂大殿后面剃头了（教室就是大殿正堂）。老师一走，我们就吵开了，最后绕了一些弯，可能也算证出来了。一会儿老师来了，说：看等边三角形这两边，是一个等腰三角形，所以，根据“等腰三角形底角相等”这一定理，这两个底角相等；然后看那两边，又得知那两个底角相等；而两对底角中有一个相同，因此，三个内角相等。同学们都十分叹服，啊！证明就是这个道理。通过这个非常简单的例子，经过全班讨论，最后大家对什么是证明就懂了。

到高中，从一上开始就学三角，随老师、教材而定，有什么老师、教材就开什么课。我的三角，差不多学了3次。

李：学得非常好了。

严：最早是一本什么……

李：那时没有正式的教材？

严：就是从武汉弄到山里来翻印的。当时山里还有一个石印厂，可以拓字，书页是薄纸，一拉就破。隔了几天又有了书，我记得是从武汉买的，余介石写的三角。他在那儿讲，我就在那儿做，我做得比讲的快。后来到了武汉，还学过三角。

李：您在中学喜欢数学吗？

严：对数学比较喜欢，但是比较起来，我更喜欢物理。当时我们没有物理实验，物理就是讲一讲，化学做过两次实验，所以整个就在看书。

## 考上北师大

李：这是不是就是您考大学数学系的一个主要原因？

严：一直到高中二年级，对数学的有些东西比较熟。后来，学高中代数，《范氏大代数》是当时高中的标准课本。比起以前所学内容理论性强一些，老师很规范地讲了，但讲话很平淡，一般的学生对他的课没有认真地听，听听就完了。我还是尽可能地认真去听，而且听懂了，算题的本领也慢慢地练出来了。这对我以后学数学理论很有益处。

李：当时高考都是各个学校自己命题？

严：是。比如西南联大（实际是北大、清华、南开联合用这个名义）在武汉大学招生，还有浙江大学、广西大学等一些其他学校也在武汉招生。

李：您当时就是报的北师大？

严：我的情况是这样。我是想读清华物理系或电机系，还想过念哲学系。

李：您对哲学感兴趣吗？

严：我念私塾，对孔、孟等国学感兴趣，看过一些书。报考的是清华大学物理系、电机系，然后是浙江大学的数学系，又考了广西大学的数学系。

李：这就比较差了。

严：比较差了。我怎么到北师大来了？这件事在"文化大革命"中追了半天，其实，也很自然。当时北师大有一个保送生的名额分配给我们学校（武高）。其实我们的学校原来也不算是好学校，它不是后方前来的，也不是武汉市原有的学校，它是抗日战争后新建立的一所临时高中的基础上重建的。它采取了大量招收、大量淘汰的办法，每学期差不多要淘汰 1/2。我去的时候，已经淘汰两三次了，留下来的已经不容易了。我去的时候班上有 60 来人，最后毕业是 30 人，我所在的那个 60 个人的班实际剩下 15 人，还有 15 人是后来招收的。这 30 人后来有一半考取了国内著名大学。因为我在学校还算是学得不错的，最后一年病了，学习有些耽搁。可能是我们学校考虑到这种情况，把保送名额给了我，教导主任对我说，你还是尽力考吧。北师大是不错的学校，考得好就上，考不上就保送北师大。知道清华没有考取后，就让我上北师大。我来北京途经上海时还到杭州浙江大学，了解到数学系我没被录取。来北师大以后，得知我被广西大学录取了。

李：北师大还是比广西大学好得多。

严：我们那届上北师大数学系的有 20 多人。

李：您那届毕业生多，实际上是还有 3 年级的学生同时毕业的。

严：对，真正我们班毕业就 10 个人。

李：大学里面对您影响最大的有哪几位老师？

严：傅种孙先生的影响最大，还有袁兆鼎。

李：他比您早。

严：早 3 年。当时数学系两助教，一个是袁兆鼎，另一个是吴品三。吴品三成家早，接触较少。我们和袁兆鼎常在一块。通过他，和王世强也认识了。后来刘绍学毕业以后，与他也有接触，他还让我参加由张远达先生和他组织的环论讨论班。傅种孙先生办中学骨干教师进修班，尽量请人演讲，比如江泽涵、苏步青、陈荩民、张禾瑞先生；也尽量请一些先生在系里兼课，比如闵嗣鹤、段学复、王湘浩、胡世华、徐利治先生。在课余时间，我爱向老师提一些问题。

李：闵先生一直在咱们系兼课。

严：不是每个学期。闵先生讲过解析数论、初等数论、高等三角，段先生讲过近世代数，王先生在我们班讲了一年近世代数，江先生给研究班讲过拓扑学，徐先生给我们班讲过半年实变函数论。王先生给我印象很深的是：他说近世代数中，你要研究一个系统的话，就是要把它的结构搞清楚。我爱听课，我的实数不是在微积分里学的，是在听段先生的近世代数课中知道如何由有理数构造实数，然后又自学的。跟袁兆鼎聊天说数学，哪些是新的，他说近世代数是新发展的。什么书好？van der Waerden 的《近世代数学》，当时有翻译，但是买不着。王世强有手抄本我不知道，我是啃德文原本。

李：他手抄的那本是李恩波先生的书。

严：是吗？我很勉强读原本的《近世代数学》，是因为在这之前修过一门3个学分的德文课，然后读了朗道写的《分析基础》（德文），那是一本德文生字非常少的德文书。

微积分课学完，本来三年级要学复变函数论，当时也是要教学改革，班上同学认为它对中学数学教学作用不大，又有人看到图书室有Hobson写的一本很老的书——《高等三角》，就认为不如请闵嗣鹤先生讲高等三角（可见当时我们多么短见和幼稚），系里同意就改了。讲了几讲三角内容，闵先生认为没什么好讲，就讲Fourier级数了。我自己还是想了解复变函数论，看到系图书室有一本Knopp著的《复变函数论》非常小，能够装在口袋里。新中国刚成立时，游行特多，休息时我就拿出来看；给学生食堂师傅读报时，也把书带上。当时有的同学说我单纯业务观点，不问政治，建议开会批评、帮助。反映到党支部，支部意见说："严喜欢念书，将来还是有用的！"结果没有开会。这样，虽然做了一些社会工作，但还是抓紧时间念了一些书。

## 留校任助教

严：1952年我大学毕业，1953年张禾瑞先生办代数研究班，让我辅导。后来又请闵嗣鹤先生开了数论，于是也让我辅导，我就边学数论边辅导起来了。当时系里没有数论老师，傅先生想让我以后开数论，就请闵先生指导我念一些数论。闵先生讲课是以苏联科学院院士、劳动英雄、解析数论大师维诺格拉陀夫写的《数论基础》为主要参考书，很多著名的题都收为习题，华罗庚先生还专门在该书的翻译版序中详细介绍。闵先生开始就让我读那本书，主要是做题。那些题实在难，我跟王树人在一个办公室，他看着我常常为那些题冥思苦想、有时发呆。王树人说，你这家伙，还……不久，维氏的选集在中国发售了，闵先生就让我读其中的主要著作《数论中的三角和方法》，这篇论文完整地介绍了维氏自己创造的估计"三角和"方法，以及用它解决奇数哥德巴赫问题的证明（即三素数定理：每一充分大的奇数是三个奇素数的和）。华罗庚先生的《堆垒素数论》的主要结果就是维氏三角和方法的推广。那篇文章实在难读，我没有读下来。

1953年，数学研究所在清华大学的南门附近盖起来了。

李：这是中科院的数学研究所。

严：对。王元、许孔时、吴方、魏道政等数学所的年青成员，都搬过去了。

李：王元写的《华罗庚》的书中提到过这件事情。

严：当时数学所来了一个通知，说华先生准备为青年教师开办一个讨论班，由他主讲《数论导引》，欢迎有关院校教师参加。我报名参加，系里和闵先生都支持。后来知道，他计划写一本比较全面介绍数论的研究入门书。前6章有稿子，以后若干章有提纲。他每讲一章，就指定一个学生整理。

李：学生给他整理，课讲完，书就出来了。

严：他的一个讨论班是这样。还有一个讨论班是解析数论的专门讨论班，由所内的数论组研究人员组成。我和他们熟了以后曾经打听过这个事，当时正在精读三素数定理的证明。他们很热情，把整理过的讲义给我看，我想借过来读，华先生知道后说，你看这个干什么，他们整天在那儿念，你有时间吗？你没时间，看了还不如不看。我听了华先生的话，专心读数论导引。结果事实证明是正确的，经过这几十年，现在感到这里有一条基本的经验：要想能力有真正提高，必须有精读、精练的知识和训练。当时我差不多连辅导带讲课，一周 13 节课，不可能有时间再读其他东西。

## 华罗庚先生的研究生

李：当时辅导老师都得听课，不像现在辅导不听课。您考研究生是后来的事？先参加讨论班，后考研？

严：对。

李：您考研的录取通知书我还见到了。

严：是吗？

李：在学校的档案馆里保存的录取通知书上，写有这样的话，经本人阅后归档。

严：第 14 章讲整数矩阵。有一段讲用生成元去表达其他简单模方阵的方法，并且给出了具体的表达式。我念完之后，发现对同一生成元和模方阵有另外的表达式，向华罗庚先生报告了这一事实。他说，那好啊！如果这两个表达式本质上不一样的话，凑到一块，就是生成元之间的一个关系，能不能整理一下，找出不可约的关系。再进一步的话，对一组给定的生成元，把生成元的所有关系都找出来，这样就给出了模群的定义关系，也就是给出了模群的一个抽象定义。我按他的建议搞了几个月，好几次我都认为做出来了。

李：最后还是发现问题了。

严：有几次上午我对他说做出来了，他说，你下午报告给大家听一听，到中午发现错了。最后我发现如果三维对，那么我的方法就证明高维对了。

李：实际上您在没有考研之前就把它做出来了。

严：实际上这个问题在考研前没有做出来，做出来的是另外一个问题，即找出了可换环上线性群的自同构。后来华先生去开第 1 次全国科学规划会了，住在西郊宾馆。有一天，我又认为做出来了，就找万哲先兄讨论，他指出了我的错误，并且指出错误带有根本性（其实我想他早就看出来了，不愿说）。我向华先生报告了情况，他知道后让我立即去开会地点。我去以后，非常懊丧。先生知道我好几个月来每天都在想这件事，他安慰我说：不要紧，我们再想办法。还留我在那里和参加会议的科学家一起吃工作餐。这样让我精神负担减轻了很多，回来以后，睡了一大觉。然后，品味华先生说的“再想办法”。一天，我问万哲先他现在研究什么，他对我说：除环上的典型群自同构的问题已经解决了，典型群的自同构的进一步问题就是要考虑环上的，最简单的情形就是主理想子环环（它比欧氏环稍为广一点）上的线性群，最近他考虑并且解决了主左理想子环上线性群的自同构问题。我听了以后就想：我最近几个月一直是在做模群的生成元的各种计算，对于矩阵的生成元的计算很熟了，是不是也可以考虑做环上线性群的自同构问题呢。于是我就盯住这个问题思考，如何利用我的矩阵计算熟练的长处，首先我想到能否不用其他知识、理论，直接想办法算出在自同构下生成元的像的形式。但是这要用到域上的矩阵的性质，于是我想可以将环扩充到它的商域中去计算，这就需要假设环是无零因子的（整环）。这样接着出来的问题是如何将算出的结果回到原来的环中来。按着这个思路，我很快就得到关于整环上特殊线性群（实际上是一切平延所生成的群，比线性群小）到一般线性群中同构的具体形式。算出来以后华先生说，以后的工作都能做成这样就好了，这是平地拔葱，一下子就上来了，别人都没做过。这个结果以“环上的线性群”为名在《数学学报》1965 年上发表。在“文化大革命”中间，国外系统研究环上线性群上的自同构的O'Meara看到我的论文后，还把他的文章给我寄来交流，当时这封邮件是由党总支收，由张启峰交给我的，他说，你做这个不错啊。到“文化大革命”以后，中科院请O'Meara来访，我当时已经忙于概率论方面的活动，没见到他，他在好几个报告里说，线性群的自同构是严士健最早做的。很多参加者都向我转告过这个消息。其实，当时辛群的自同构我也做了，并在《北师大学报》上发表。

李：那时《北师大学报》是内部刊物，他见不到。

严：后来我把它复印之后，寄给了O'Meara。O'Meara看了之后说，看来环上辛群自同构也是严士健最早做的。B. R. McDonald在论文《Automorphisms of GL（n，R）》（TAMS，1970，215：145-159）及专著《Geometrical Algebra over Local Rings》（Marcel Dekker，Inc. New York，1976）中评论：“从历史上说，已经发展起来的刻画典型群自同构的主要途径或技巧有三：（a）对合法，（b）O'Meara学派或剩余空间方法，（c）矩阵方法或中国学派，见［14］（即前述Pomfert和Mcdonald文章）、严文［5］（即上述严文）……方法（c）是矩阵论的，并不用投影几何基本定理（乍一看，似乎对每一情形都在证明基本定理，然而很难看出证明中实际出现基本定理）。这一高度计算性论证的有效之处在于直接处理矩阵及其元素，它较易容纳标量环的更大机动性，即容许零因子。”此外，苏联20世纪70年代出版了一本环上的典型群的论文集，将上述严文作为中国学派的代表作收录。

1961年开龙王庙会议，华先生还对我说过，你在这上面做，就在最前面，你在概率论上要从头学。

李：您搞概率论是在哪一年？

严：是1958年。

李：您如果当时不搞概率论，代数方面可能会搞得更好一点？

严：这事就很难说了。有一件事，我跟董延闿先生说过，其实我还不光是做代数，当时心气还是挺高的。华先生在1956年订科学规划的时候，跟我说过，他觉得：模函数、模形式、二次型、数的几何、几何数论……之间有些实质关系，他希望把这几个点结合起来探讨，将来能做点什么，我也就听他这么说，也没有深想。现在经过了几十年，看来历史的发展，他是有一点预见性。后来，Fermat大定理在1993年解决了，我不记得他当时说椭圆曲线没有，实际上他关注的有类似之处。他讲课的时候好像是注意了，如果说当时他的研究没有打断的话，是否会是另一种情形。我记得“文化大革命”以后，侯振挺要见他，我跟侯还有万哲先一块去了他家。他还说了类似的事。他说，我1952年回国以后，让他们年轻人搞圆法（即解析数论中的三角和方法）。要是现在，我还会有别的方法。

华先生在20世纪60年代还是开辟了新的方向，后来重视实际应用，就去搞优选法了。

李：现在看来这是非常简单的。

严：华先生有学问，又有才，还会写诗，还能适应新潮流，不断产生新数学思想。他从20世纪40年代后期用他自己的方法开拓了多复变函数论方向。20世纪50年代，数学界由泛函分析方法开拓了广义函数研究，兴起了热潮。1956年，华先生由多复变函数理论提出：多复变函数的边界性质，就是广义函数，给广义函数指出了新的研究方向。他的多复变函数在世界上有很高评价。他在20世纪60年代还开辟了偏微分方程的新方向，带出了中山大学的两位教授。后来重视实际应用，就又去搞优选法了，做得有声有色。

李：丘成桐说，中国数学家在数学上有 3 个是世界领先的，多复变函数是其中一个。

严：他是用矩阵的办法。我们当时讨论，觉得他的多复变函数是首创的，有独到的创见。他的《堆垒素数论》当然是很突出的成果，但还是苏联那一套的推广与发展。他的代数有两条基本而简单的定理，主要还是典型群，有独到的矩阵方法，能解决别人不能解决的二维问题，人称为中国学派。他想搞环上的典型群，是他的一个想法。1958 年学生问他，搞典型群有什么用，搞解析数论有什么用。他谈了一句：你们不能那样看，解析数论的发展，对硬分析很有作用。他曾经跟我谈到环上的典型群与表示论有关系。这做起来也不容易。

## 任数学系主任

李：张先生不做系主任后，您做系主任时有些什么想法？

严：对数学系在科学研究上，应该注意一些有重要意义的发展。当时，不知道，对张先生做出的特征 $p$ 李代数成果的重要性没有认识，20 世纪 80 年代才从外面知道。我给他做助教时，他说李代数、李群的工作很重要，张先生向学生讲了邓肯写作的李代数、半单李代数的综合文章，是作为课程讲，但那些都是特征零的情形。我当时也是跟着听，我曾经建议张先生是否讲一讲他的特征 $p$（不等于 2）的李代数成果。张先生很慎重说，现在没有什么人提，作为课讲恐怕不太合适。看来，这是一次失策。在中国科学院数学研究所，议论过代数几何，我也曾经建议过注意代数几何，郝鈵新是否可以搞，朱鼎勋先生曾经提出影印苏联翻译英国的 3 本代数几何书，我也提出建议将代数和几何结合起来研究。

李：当时北大和北师大几乎是同时换了系主任。北大是丁石孙，跟您任系主任的时间差不多。

严：主要是想把科研弄起来。在原来的基础上，对代数的话，刘绍学先是想继续搞环论，当然，现在看起来他们转而研究代数表示论是正确的，对中国代数走向世界是很有作用的。对黄惟明搞代数几何我表示支持，他也做过一些硬的工作。可能是问题难，机遇也不好，虽然黄的基础好，也有见解，但终未突破，甚为可惜。这也同时说明，科研选题，也应注意时机和条件。对逻辑，建议王世强和刘绍学与计算机结合，这事看来也不一定现实，科研与本人的兴趣有关系，不像教学；几何，当时觉得就是要加强，没有太多办法。

李：现在他们也认为几何是第三世界。

严：主要是要抓住一些主要方向，有人能坚持就能搞起来。其实在中国当时的情况下，抓住一个重要的方向、看准入口、再有人就有可能发展。概率论的想法比较合适：有人、有机会。搞时间序列就不行，有想法、没人。

李：现在时间序列发展很快。

严：时间序列发展很快，当然更多是与计算机有关。

李：20 世纪 70 年代后才发展起来，以前时间序列完全是理论方面。

严：统计我不大懂。20 世纪 60 年代，我和刘秀芳进行具有连续时间平稳随机扰动的回归系数估计的渐近有效性的工作，接着，王隽骧将它推广到多维随机扰动的情形。本来我是有意思让刘接着往下做，王可以在这方面做，也可以和徐承彝搞统计。后来刘秀芳还是参加到粒子系统队伍。现在看来，有些东西是你看没看到，看到后有没有人做。看到又无人做，你自己也不做，就很难搞。无穷维反应扩散过程（粒子系统）是我综合一下三方面的情况：“文化大革命”了解到平衡态物理的相变是一个基本问题，而且人们很有兴趣地谈论非平衡相变；苏联 Dobrushin 近期用概率论证明了相变的重要定理；概率界正在兴起的（无穷）交互作用粒子系统的研究是一个新方向。陈木法、唐守正、郑小谷、丁万鼎等作为第 1 批研究生、进修教师和我们一起就搞起来了。后来陈木法和他的学生们开拓了新的方向，形成中国数学界第 1 个创新群体。

另外，我作为系主任，就想有一些年轻人出国，看来是一个大形势，我对他们留学出国，尽量跟他们谈这个问题，应该把基础放国内，出去还是要出去，经常出去走走，了解情况，在国内可以带学生，然后在国内发展起来。我认为这是正确的方式，这事陈木法这样做了，现在王凤雨还这么做，这是一个想法。周先银、郇中丹、班春生、徐长胜，我也跟他们谈过。郇中丹回来了。

李：班春生现在还在美国高校，徐长胜去公司了。

严：是吗？中国的待遇与国外相差太多，其实数学还是好一点。

李：现在差别已不太大。另外，现在国内挣钱和国外挣钱的数量不可比。

严：是，现在差距不太大，因为按平价计算，人民币更值钱。

李：国内有好多是不花钱的，或者花钱花得很少的。

严：你比如说房子，在国外买一套房子要 20 多万美元，在国内 20 万到 40 万元人民币。吃的话，一块美元和人民币差不多。在国内，个人所起的作用比在国外影响大而长远。还有一个，开始是从无到有，希望年轻人爬几个坡，下决心做一点历史上能留下来的，对学科发展起到一些作用。

## 要写好教材

李：起码过一些年，自己还非常欣赏的东西。

严：哎！还非常欣赏！说起来有用。当然，这做起来很难，大概陈木法和王凤雨都有这个想法。真正能做出来，这要看机遇，要努力。还有一个，当时系主任我是退下来了，我觉得教学要认真写出一些好的教材，王文湧提议组织写了一套教材。

李：这套教材没有一部获奖。

严：就是啊。我不太满意在哪儿？主要是太仓促。

要写好一本教材，是要下功夫的。首先自己对那门课有深入的理解，有坚实的业务功底，积累、总结经验，还应精选材料，写作要考虑读者情况，认真推敲。

像张禾瑞先生，他的一本《高等代数》，一本《近世代数基础》，就是这样写出的，真是堪称大学数学入门教材的典范。张先生对写书是非常认真的。在咱们的国家，教师教学水平参差不齐。王世强教学得益于张先生，这可以讲点故事。王世强能力很强，他原来教学，学生经常听不懂。

李：他自己没有讲清楚。

严：他说得很快，思维跳跃，两三句话就把内容讲过去了。1952 年院系调整，张先生来了以后，他采取一个办法：把王世强、郝钢新、吴品三、袁兆鼎他们 4 个人集中起来，让他们写讲稿，他说：你想让学生听得懂，就要把应该讲的东西、想法，特别是“过节”的地方，要想清楚，提问题提清楚。王世强是搞科研型的，这样搞，搞得这么死，不大愿意干。虽然不愿意这么干，但张先生让他干，他还是按照张先生说的干。这样的话，王世强后来的教学反映就不一样了，他讲课能讲他自己的想法，又加上张先生的训练，学生能听懂，得益良多；郝钢新就老老实实地按照张先生的要求做，讲课模仿张先生，所以他得益最多；吴品三也是。吴品三讲想法，郝钢新讲推理。关于这方面，我跟闵嗣鹤先生做助教，当时傅先生说了，兼课不可能老兼下去，闵先生将来要不教数论了，就让我教。实际上，闵先生教了一届还是两届，他是用的《数论基础》，写了一部分讲义，我再加了一些东西，由我执笔，闵先生修改，就写成了《初等数论》，我写的时候，张先生就说，要写得清楚。闵先生对写书也是很认真的，他认真地、逐字逐句地改我写的初稿。所以，那本书材料不多，写得比较清楚，那本书出版到“文化大革命”以后还在出，现在印了将近 40 万册，到现在每年出 1 万多册。有很多人都知道，闵先生是老先生，这里出了个笑话。1978 年，“文化大革命”以后，在上海召开高等教育改革讨论会，中山大学的邓集贤知道我和闵先生合写过书，但没见过面。那回见到我说：严先生，您是老前辈。其实我只比邓大三四岁。回来时赵桢就笑，嗨！严士健成了老前辈了。

李：您写的《初等数论》这本书是否比《概率论基础》影响大？

严：可能还是《初等数论》影响广。《概率论基础》，底稿是我和王隽骧 20 世纪 60 年代讲选课时写的，大部分是我写的，小部分是王的，写得比较详细，是刘秀芳在 20 世纪 80 年代初统一整理出版的。她是 1962 届毕业生，详细听过我们讲的选课，又和我一起（或单独）多次在师范院校概率学术会议（实际是讲习班）上讲过多遍。因为 1958 年“大跃进”以后，在大学普遍要求开设概率论。可是以前根本没有开设过，很多老师没接触过它，或者还是过去老的书中讲的古典概率。很多人都转不过来，基础不牢靠。需要写一部比较现代概率论的书，最好以测度论为基础，这样对研究生，进修教师打好基础都有帮助。我采取将测度与概率公理结合起来讲解的方法组织教材，这样就不需要先读测度论或实变函数论，书写得详细、通俗易懂，很受当时大学概率统计教师的欢迎，又是研究生基础课使用的书，头一次印了 3 000 册，脱销后重印 25 000 册，这次又重印了 3 000 册。最近几年，还有人向我打听能否买到这本书，可惜科学出版社似乎没有重印。这种水平的书，就我所知，工科的概率统计的研究生也念这本书；有些财经的研究生也念这本书，他们认为比较深，因为开了几次座谈会把我找去了，说书太深了。我觉得，在我们中国的情况下，多写一些入门容易、易懂、适用的书，对于推广一些学科，扶植年轻人走向前沿，很有益处。出版社要注意这些事情。当时我曾经提倡要认真写一些外系的教材，一个是理科的基础课教材，能够结合外系的特点和需要，既能够联系专业需要，又在数学上说清楚，下决心写一点。这个事到现在为止……

## 在外系教学要与他们的专业相结合

李：咱们系的老师跟外系的专业没有很好地结合起来。

严：刘来福“文化大革命”开始和生物系结合了一下。

李：现在我在那儿结合呢。

严：这是件好事。

李：他们的课都是我在上。

严：说老实话，他们的有些课，我们也可以给他们上。

李：我对他们说，数学生态学，我完全可以给你们上，如果双方结合可以上得更好。

严：这样对外系有用，实际上也是发展应用数学。这是发展科学的一条重要途径。

李：完全有条件可以利用。

严：20世纪80年代初，我就提倡，老师在外系教课，不要觉得是另一档次。其实，20世纪50年代就说过这件事，数学能不能够有应用。祁开智教授（当时的副教务长、物理系主任）提出，数学课应该能够结合专业。我听了几次以后，感到数学课的系统性应该保持，但是外系又需要，要能够结合，这并不是牺牲自己的系统性，特别是有些例子，应结合例子把它分析清楚。

李：而且数学任课老师要懂这个专业。要懂他们那个专业才行，否则例子也搞不好。

严：对。

李：搞成“两张皮”，别人一看就觉得这人很外行。

严：这个是很吃亏的。不仅是北师大，而且在工科院校，这个问题没有认真解决。我相信这是一个问题，因为别的专业的一个概念，用数学描述清楚，要下苦功夫。那个专业的老师常常说不清楚，这要搞数学的人，或再进一步，和懂那个专业的人，结合起来，才能搞清楚。所以，我们主张的应用，不是他用什么公式，咱们教什么公式，而是要将他们专业中有关数学的基本东西，在数学上讲清楚。我这样一讲，萧树铁就不同意，他说，你不能讲应用，要讲数学。经过详细讨论，我跟他一点也不矛盾。

李：像咱们学校，不同的系不同的处理可能更好。在清华大学，他们是统一的，不分系。

严：具体分到各个系去教，更有益处。统一处理当然不好。

李：到各个系去教，不好讲，老师也费劲。要真正结合一个领域，那个领域你要没有发到一定数量的文章，很难理解那个领域，尤其是比较前沿的东西。

严：当然最好是像你讲的这样。若不是这样，你把那些最基本的概念，像边际——经济学的概念，用数学讲清楚，我想就会很有用。

李：经济学觉得挺神，数学上就是导数。

严：当然从数学上看没什么。比如说物理上的瞬时速度，可能物理老师说不清楚，密度，浓度，说不定他也说不大清楚。应该有一批数学教师去干这件事。

李：而且最好一个人相对固定在一个系。

严：对。不要乱换。

李：乱换的效果非常差。

严：一个人，不要今年教这个系，明年教那个系。我是有这个想法，有些老师固定在某一个系，研究与它们的专业结合。但是一些人好像不愿意教，认为是低档次的。对本系的课，也要认真进行研究，比如邝荣雨想了一些想法，认为流形可以放进去，赵慈庚先生不同意，其实这个问题可以讨论，我认为完全可以讲清楚。像有些新的东西，怎么样放到基础课里，需要研究；而且要讲就要讲清楚。

李：邝老师的那4本书写得还是不错的。我自己认为，咱们系出的一套书，那4本书是最好的。

# 搞数学教育，数学修养要比较好

严：现在我觉得，北师大的学生，真正学完了数学以后，应该不光是算，对数学要有一些理解。北师大的学生，比较严格，认真，概念清楚，对数学本质的理解相对弱。中国的数学教育，很多形式的理解比较多，本质理解比较弱，这就牵涉教改。还有一个问题，数学教育，我记得曾经让曹才翰在全系介绍数学教育，关于这个问题，我当然有些想法。我总觉得，数学教育，首先是数学修养要比较好，最好是数学功底比较深，对现代数学的发展规律要有所了解，在这个基础上，谈数学教育才比较好。但是这个事，实际上存在着争论，北师大要转变这个状况。1952 年我留校的时候，傅先生成立了初等数学教研室，1953 年春季又建立了 3 个教研室：分析、代数、几何教研室。这样一来，我曾经跟傅先生说过，我那时候已经是党员，首先在党内说过，初等数学要注意让高等数学的人兼职，教高等数学的时候，注意与初等数学适当地联系；教初等数学，要注意高等数学的发展。这个事王树人也同意，本来是要说向丁浩川（当时的教务长）汇报后，再与傅先生谈。当时我经常到他家里去，有一次就和他说了。傅先生说，是你个人意见还是组织意见。我说是我个人意见，但我也与组织谈过。他当时就火了。他说，如果党要我看这个门，我就好好看着；如果党不要我看这个门，我明天就辞职。他误解了。我说，我只是跟他们谈了意见。结果闹得第 2 天他要辞职，新来的李开鼎找我谈话，说我违反党的高级知识分子政策，使劲批了几次，后来傅先生知道了，说批什么，学生跟老师说点意见。最后也就算了。这个问题最后不了了之，我觉得，傅先生的高等数学修养好，他对数理逻辑，翻译了罗素的《罗素算理哲学》，写了《几何基础》《初等数学研究》，在 20 世纪 20 年代是比较前沿的东西，他后来做了循环排列，搞些群的研究。在那个年代，他的功底，了解高等数学，做了一些研究。所以他对初等数学有一些独到见解，他的《高中平面几何》便是一个典型。我始终主张：研究数学教育的人，一定要数学功底好，包括对近代数学的理解，要结合起来研究。但是作为一个原则，他却不同意，似乎他担心初等数学被高等数学挤掉。1958 年，丁尔陞回来，他当时搞教改，主要是以丁尔陞为主，提出以函数为纲，贯彻一些数学思想，后来提出三论，数学上少了，教育上多了。

李：形式的东西多一些。

严：考虑到这方面，我把成立的所叫数学与数学教育研究所，希望开展数学教育方面的研究。数学教育，他们也办了一些讨论班……

李：当时我跟着念了，我觉得念得比较基本，程度很低。

严：当时深是不是合适？

李：当时是一直念，后来我就不知道了。当时我在教法组，但我觉得非欧几何念得挺高，别的都低，像集合论、实变函数。

严：这个事情他们要摸索一下，关肇直 1952 年曾经在我们系兼课，早期讲数学分析。20 世纪 60 年代初，“大跃进”的教改转到调整的阶段。数学教育教研室与关肇直商议，合作将数学教育推进一步，与丁尔陞联名招研究生。他大概讲了十几讲，现在我不知道还有没有讲稿。有些与数学联系紧密，我听说其中有一讲是介绍米古亲斯基的算子演算：考虑所有在零到无穷大上有定义且在任何有限区间上绝对可积的函数的集合，用卷积来定义任何两元间的乘法，加法是普通函数的加法，做成一个无零因子可换环，于是可以扩张成除环（域）。这时它就是一个算子环，函数 1 是其中的积分算子，函数 1（算子）的倒数在这个域里就是微分算子。可能他想以此作为例子：说明看起来和普通的由正数到分数很相像的过程居然能引导出研究包含微分方程的解等，从而数学教育应该帮助学生“举一反三”“触类旁通”。后来就没听说了。

我觉得有一个问题，搞一个什么东西不能太封闭。傅先生主要从工作本身的需要考虑，是不是与一些利益有关系我不敢说，他是重视高等数学，但是他觉得如果让搞高等数学的人参加初等数学研究和教学工作会被高等数学“吃掉”。说得不好听，有点划分势力范围的味道。他请一些数学家兼课，培养一些学生，但是觉得这些人不懂怎么样搞初等数学，不愿意他们来插手。院系调整，他想争取一些人来，像张先生，弄来后不愿意让他们过问初等数学。初等数学单组织一部分人搞。这么一搞，把高等数学与初等数学分离了。其实我觉得，高等数学做惯了的人，刚进来的时候，可能容易更多注意高水平、系统性。但是一旦真正踏实下心来，了解了初等数学和中学教学情况，他们会采取适用于初等数学的对策和观点，王申怀、钱珮玲、王尚志、张饴慈等一大批老师便是很好的例子。别怕他进来之后对初等数学指手画脚。他实际上进来之后，就会关注指导中学老师如何教初等数学，会带来一些新的有意义的思想。老担心这件事，老把师范与高等数学划分一个界限，这个我始终有看法。结果弄成初等数学不去了解高等数学的发展，最后是脱离现代数学，脱离现代社会的发展，弄成完全是高考的工具。而搞高等数学的人，虽然老在外面跑，并未真正了解初等数学，关门搞那些象牙之塔中的东西。回头看看像俄罗斯的那些数学家，他们热心办数学奥林匹克学校，搞奥林匹克竞赛，培养出一批又一批世界知名数学家。他们的数学应用帮助打败了德国法西斯（据华罗庚转述苏联数学家拉夫伦捷夫的话说：他们设想在极高温——比如炮弹的冲击下坦克的外层相当于流体，从而计算出炮弹能击穿坦克的撞击强度，帮助炮弹的设计），培养了帮助人造卫星上天的应用数学人才，那才是真培养人才，我们中国的数学教育，像“文化大革命”以后的奥林匹克不是真正地培养数学人才，而是一批批会解题拿奥林匹克金牌的青年。造成这种现象的要深入研究。起码我觉得从思想根源上就是互相割裂、互不通气。比如说在咱们系，搞初等数学就是初等数学教育；搞高等数学就是教本科的课；搞研究的就是写文章、投稿。各自把自己关在一个小笼子里，不相往来。当然，我也不是说，每人都要面面抓。

李：咱们系初等数学方面，在数学竞赛方面下的功夫少。

严：说起来就多了。它是这样的，不是说搞数学竞赛就是搞高等数学，我国的数学竞赛，对于青少年重视数学学习，起了一些作用。但是总的说来，已经搞偏了，从王元、杨乐以至数学界，大多数人认为太偏重于数学解题技巧。当然搞数学教育的不一定要抓数学竞赛；抓也未必抓得好。比如说订一个大纲，人教社就找丁尔陞，做出来也未必都没意见。又比如说，有时找人提意见，也找找像我，你想，我到那儿开会，他们稍微给我看看，看后直接提意见。实际上别人随便提意见，也不大解决问题。所以，这初等数学跟高等数学，比如像柯尔莫哥洛夫（А. Н. Kolmogorov），他水平高，经过思考，下了功夫，亲自领导编中学教材，自己讲课，那就不一样了。两方面结合的问题，这不仅是咱们系了，就我了解，全国的数学教育，都是这个样子。搞数学教育跟搞高等数学的人分开，这是一个大问题。

这一回搞的《数学课程标准》，反正大家议论起来都有意见，但是《义务教育标准》还是有一定好处。它说，数学要从社会需要出发，要让学生与日常生活紧密结合，当然还要培养学数学的兴趣，对于数学的发展还是很有益处的。当然写东西大家总可能有意见。另外，我觉得数学教育就事论事，就是限于中学课本是不好的。我刚才说，数学基础好，才能理解中学的教学方法与现代数学的发展之间的关系，还要理解数学的思维方式。还有一个，很多中学生不上大学，上了大学数学系的人也非常少，让中学生学数学，目标不能是数学家的后备军（当然个别的将来会成为数学家）应该从社会需求出发，就是要想培养出的中学生，他学的数学知识能够在社会上发挥作用。除了这个，还要学会数学的思考方法，这的确很重要。

中国文化跟西方文化有很大的不同，其中一点就是数学的地位不一样。中国的文化有很多优秀的地方，古代数学与当时世界各国相比也有辉煌的成就，但是对数学重视不够，数学没有融入社会。比如说，科学的发展规律与数学有关系，中国古代学问缺两个东西，一个是实验，一个是逻辑，逻辑就是数学思维。数学的思维，比如说牛顿、爱因斯坦也是这样，大的科学家都是这样，培根也曾经说过。在这里还应该加一句：数学思维不仅是逻辑，只是推理是推不出定理、更推不出数学，从建立体系到日常解题，处处都广泛应用归纳、抽象的过程。所以说数学思维方式应该是：归纳、抽象与演绎相结合的思维方式。

最近听到，中国音乐学院院长说的，中国音乐和西方的音乐也有很大的不同，中国的音乐很散，不像西方有理论，有体系、和声等。数学对西方音乐的系统化很有影响。数学是成系统的，当然这种东西不是直接的，数学的好处就是要把它成系统。当然不光是逻辑上应用，在西方的杰斐逊的《独立宣言》，他自己就说，用了逻辑、数学公理化的思想，因为他提出了一个基于人人自明的，人人应该平等的原则的《独立宣言》。

像马克思的《资本论》，用了数学思维，咱们学政治经济学，《资本论》的出发点是商品，抓住商品这样一个人们天天接触的东西，进行了深入的分析，演绎出《资本论》，这就跟我们有一条公理一样。

有一个人曾经谈到，数学思想在西方有中心地位。他说："我们讲数学不只是讲知识，讲推理，也不只是把它当成一种语言来讲授，虽然这些东西都很重要。但是，如果我们不讲数学在西方文化思想中心地位的话，我们就不可能了解自然科学、社会科学、人类的文化以及人类的所有创造。"

现在我们讲素质教育，其实数学在培养人的素质方面有根本的作用。对数学教育，我有时候说，出现战略上的错误，这句话早在50年前库朗就说过。他大概的意思是说：数学两千年来，一直在人们的教育中具有特殊的地位，可是现在出了问题，不太重视数学。他说，出现这种状况很遗憾，是数学教育工作者应该负责任的。他接着就讲，你成天只搞一些形式的计算，对能力的培养有好处，但无助于智力的开发。

所以，不能搞成数学教育就是教数学，当然更不能说就只是要培养数学人才。从这个观点来说，有很多事都值得研究。现在也有这个问题，很多学数学的人，你大概也有感觉，瞧不起应用数学。

## 搞应用数学的应该能够上升到理论

李：认为搞应用数学的是二流数学家。

严：而且对应用数学的评论，只是从纯粹数学的角度去评论，这哪儿行呢？

李：我想讲：应用数学难在什么地方？我搜集了各方面的材料，包括我自己的体会，将来给研究生做一个报告。

严：是这样，它有它的难处。这是两回事。

李：这差异非常大。

严：像你搞鼠疫，这你也可能知道，提教授的时候，人家说，你们是提数学教授，还是提鼠疫教授？从数学角度看，要求更高一点，搞应用数学的，应该能够上升到数学理论。

李：人人都希望这样。

严：这当然更高级了，这种工作讲老实话，有几个人能做到这样。不管怎么说，他实际上解决了数学问题。关于数学教育，有很多情况从实际来看就很有问题，例如在自学高考课程中讲高等代数，上来不说一说为什么要学高等代数，高等代数有什么用，开头就是：矩阵是一个数表，加法就那么确定；然后，线性方程组，就这么一套式子；就那么去算……一通无目的地硬灌。你说，准备自学高考的学生他怎么想。他学它干吗？

李：应该知道干什么用。

严：还有一点，举一个例子。你可以把数学概念和它的实际背景一起介绍。我觉得，作为非数学工作者，这个讲法不仅是帮助消化数学概念，还有实际意义。对非数学专业的人学数学，他应该真正了解数学概念与他的生活和工作的联系。到我做中国数学会副理事长 8 年，同时兼任教育工作委员会主任，我才认真考虑了这个问题。

李：您任了两届主任，现在是王昆扬。

严：教育工作委员会主任我实际上任了 3 届。

李：3 届是 12 年！

严：我觉得这件事需要宣传，我曾经在改选杨乐的那一届时做过一次 45 分钟的报告，我是讲数学的影响，在社会上的作用。讲到数学、特别是数学教育工作者应该让非数学工作者了解数学与他们的工作和生活的密切关系。这点我们实在是做得不够，现在社会上对数学还算是够客气。

李：对。去年开国际数学家大会，江泽民同志出来给发奖，还是挺给数学家面子的。

严：当然，客气也是看在世界数学家大会的面上。否则的话，拿我自己来说，农村孩子，一辈子连机械都见不着，还学数学干吗？多学点栽培、生物学不更好吗？这个事应认真思考一下。这个事不是没有出现，而是非常重要的，像我刚才说的那些话。它对中国文化，对中华民族现代化，社会现代化，中华民族的复兴，是带有根本性的，一点不假的。现代化是什么，除了那些技术以外，思想是什么？否则，光有孔夫子是不行的。中华民族的复兴靠这个，你看看西方文艺复兴，西方现在的科技发展和现代文化是文艺复兴以来迅速发展起来的，笛卡儿强调数学，达·芬奇是用数学，这样的话，科学技术和现代文化才发展起来。春节时，你没来，郑学安、保继光都来了，我发了一通议论。

李：保继光有一次跟我说过这事。

严：从这个意义上来说，北京师范大学几个基础的系，应该把这件事当成一个大事。工科学的数学是应用数学，那你数学教育也可以看成是应用数学。

## 推荐王梓坤当校长

李：问您另一件事，当时推荐您当校长，为什么您推荐王梓坤先生当校长？

严：当时有这个可能，陈静波征求各系的意见，征求数学系的意见，我和李英民一块去的，当时他就问我。由于当时我是党的十二大代表，有推荐我的呼声。我自己觉得不适合担任这个行政职务。我就推荐王梓坤，当时对王梓坤我就知道几点：是中共十大代表，留苏时任党总支部副书记，贫农出身，天津市让他当副市长。留苏是学概率论的，在一些学术会议上有过接触，我们的研究生答辩互相邀请评议，印象不错，调来可以加强我们专业。听说文学很有修养，谭得伶也希望他来北京。不能做校长，也可以请来做副校长，解决和谭的长期两地分居问题。

李：谭得伶老师是坚决不去天津。

严：哎，天津想解决也解决不了。中国科学院也要他。调他做副校长，做校长调来，解决两地问题。

李：您还是跟他有一些接触。

严：1958 年他回国跟邓肯翻译我就见过，没有打交道，1961 年起有一些接触，“文化大革命”以后接触更多。

李：陈木法老师博士论文答辩的时候，他还是评委。

严：另外，我们开会的时候也认识。

李：很多搞数学的人都不乐意当官。

严：另外一个，我还想把概率这个摊子弄起来。“文化大革命”以后，王树人提出让我当副校长，我也不愿意干。

李：我搜集研究了一下咱们系校友当头的名单，发现学校级的正头少，副头多，当然正头多的是在教育学院、师范学院系列的多一点，名牌学校正头少。得到一个结论，数学系的人不太适应于当正头，或者是自己不乐意当正头。

严：我自己倒是有另外一个看法。北师大数学系的学生，好像普遍比较“胆怯”，总有点畏畏缩缩，能退就退，不太愿意出头。北大学生就大多数自我感觉良好，其实我也觉得有些人并不太强，但他仍然觉得可以搞一家伙。北师大从傅先生以后就比较差。比如王世强做北京市政协委员，就没起多少表现。1958 年，“大跃进”当中，中国科学院数学研究所开个什么会，我跟孙永生去了，当时，田方增先生说：“噢！你们两位都来了！”语气表现出既欢迎、热情，又惊喜，孙永生本来不愿意去，当时表情冷淡。说起来话长了，科协 1958（或 1959）年要求数学会成立党的领导小组，关肇直让北师大推荐一个人，王振稼也没把这个事当事，好像没有研究，就随便跟我说，你去吧。其实，这是能够让北师大数学系在全国数学界发挥作用从而扩大影响的机会。本应认真研究究竟派谁去合适（其实按当时情况，如果这样认识，不应派我去），有些什么建议，等等。

李：您在中国科学院数学研究所当过党支部委员？

严：我当过党支部青年委员。后来中国数学会成立党的领导小组，我是成员，这在数学界大家都不知道。

李：现在有的人当党总支书记都不乐意提。

严：开过一些会，研究过一些事。后来，在上海开第 2 次数学会，数学系推荐丁尔陞做中国数学会常务理事，他一直做到 20 世纪 80 年代初。孙永生做《数学学报》编委，后来派了周美珂；“文化大革命”后，就是王隽骧。当然他们在那儿工作都是很认真的。但据我分析，还可以更多地发挥一些作用。我在中国数学会工作是什么时候搞起来的，《数学年刊》成立，不知道怎么想的，就直接聘到我；天津南开大学数学研究所成立，拉着我，是他们学术委员会的委员；后来才慢慢地参加中国数学会的工作。

我有这个感觉，我在我们数学系，怎么说呢？

李：您在数学系里的贡献还是很大的，应该说，数学系现在缺您这样一个人才。

严：我在数学系，处境也不怎么样。大概在 20 世纪 60 年代，管甲仁说，孙红严白。我有时候也不大愿意在数学系出头，只是到后来，20 世纪 80 年代初，大家选我做系主任。我也根本不想做学校的……因为也不好处事。

## 成立数学与数学教育研究所

李：当时为什么想到成立数学与数学教育研究所呢？

严：是这样，我做系主任以后，有些事你可能也知道，有人说严士健办事有一些霸道，选他做系主任，如能把系搞好，吃点亏也认了。

李：这我知道一些。

严：数学与数学教育研究所为什么要成立呢？是这样，20 世纪 80 年代初，学校直属教育部的研究机构，有低能与核物理研究所，生物系的细胞研究室，化学系的量子化学研究室，还有现代教育技术研究所，我觉得这是个问题，数学系力量相对不弱，也应该有一个研究机构，但是没有。这个和金永龄有关系，他有些片面，认为数学系没有科学研究，当时科研是论有没有仪器、设备，数学系没有设备，他不愿意让数学系搞，教育部当时也是这个思想。我和学校争这个事。他们在讨论的时候，就是这么认为。包括参加科学规划。

李：中国科学院数学研究所不也是做了十年科学规划吗？

严：王世强去了。北师大的代表团长是金永龄。当时系里采取的办法是让王世强给规划组的成员递小条，报告代数、概率、函数论……想要做什么事……比如说，函数论的，王世强去找程民德，概率论找谁谁。后来，金永龄知道了这个事，和王树人说，你们怎能这样干，这样干不算数。当时对待科研就是这样一个情况，所以我做系主任后，就坚持要成立数学与数学教育研究所。是什么时候成立的？八几年？

李：1983 年 9 月 29 日。

严：后来出现了一个情况，评博士生导师，本来校党委也认为数学系不行。

李：咱们一下上了 4 人。全校 20 人，包括两个兼职的，如果去掉，是 18 人。

严：数学系一下上了两个博士点、一个硕士点，4 个博士生导师，校领导都非常吃惊。物理系一个未上，黄祖洽算在低能与核物理研究所。他们一看吃惊了。化学系是刘若庄和陈光旭，生物系是汪堃仁，还有地理系的周廷儒。文科也是 9 人。好几个校领导都问，北师大数学系在全国究竟能排第几？这时候，北师大数学系在学校才引起了重视。后来，认为数学研究所报部里可能通不过，学校成立一个。成立的名字叫什么呢？叫数学与数学教育研究所。我的想法是：我们是北师大，数学要研究，但还是要搞数学教育的，所以应该两者兼顾。

李：您看，国内的数学研究所是三种形式：一种是有系，所是空架子；一种是系跟所分家，两家独立了，有矛盾，当然也可能有其他原因；第三种是系和所都是实的，像咱们系是属于这种状况，数学与数学教育研究所不是空架子。

严：当时想，入所应答辩，有工作计划。在所里教学少一点。开始，数学教育进所，计算方法进所，数学没人进。

李：后来基础数学也进了一些人。最开始是李旺来，他进所，后来就出国了。咱们进所的好几个人，后来都出去了，成了一个出国的跳板，包括到前一段。现在人手紧张了，谈不上进所了，取消进所了。

严：现在有一个东西，所本来是管科研。

李：现在也管。

严：办好数学与数学教育研究所，发展数学系。

李：您说咱们现在数学与数学教育研究所的这种形式是否好？北大的数学所也进去几个人，有所长，有图章，但基本是空的。像南开大学，是分开的。

严：南开大学有陈省身在那儿，他们在所里，可能也教课。我觉得这个办法还是一个办法，办所还是要把科研搞好，真正把人充实。建立所以后，可以像国外那样。

## 与国外数学系比较

李：咱们系在人手松的时候，应该建立轮换制度。现在老师上课太多。您说，咱们数学系与国外数学系比较起来，差异在什么地方？

严：我对国外数学系也不是太了解。讲老实话，我觉得差异可能还是交流得少，内部交流也少。现在我们系的学术报告……似乎太形式化、太专门了。

李：对老师，谁感兴趣谁去听；还有一个，是自己方向的就去听。

严：我觉得还是想办法弄一个茶话会之类的聚会场所。听蒋硕民先生说过，希尔伯特曾经和学生一起作“数学散步”。交流并不一定都是学术上的，希望是有学术内容的，有与学术有关的消息、见解甚至有关数学与文化、社会方面的情况。包括像 Wiles，他搞 Fermat 大定理的故事，他是在茶话会上听到解决了谷山-志村猜想，就解决了 Fermat 大定理。你要报告得太专门也不行。还有一个，就是思想不太开阔。就学术思想上，从数学研究来说，议论一些数学上的发展形势，数学上本质的东西和基本问题。不但与国外，与国内比起来，相对差。要了解一些情况。比如，早十年，大概就有人知道弦理论。

李：《数学进展》专门做过介绍。

严：介绍过，我们大概也有老师不知道，这是吃亏的。首先你要注意到世界上，或者你要知道一些重要的东西。比如说，粒子系统，有一段很热，但是国内不知道。我觉得，还有一种情况：有的单位有力量，抓住问题就能搞一通，搞了以后也不大宣传，也不大了解情况是会吃亏的。

李：不大宣传的还有王伯英老师。

严：从科研方向，外面评论，听听还是有好处的，比如说，听说环论比较老，刘绍学抓住了代数表示论，不仅在北师大带出了一个团体和一批重要成果，而且为中国带出了一个方向。比如调和分析，陆善镇知道，搞小波这个东西……

## 申请计算数学博士点

李：刘永平告诉我，孙先生意识到，在他一生的科研里，有两个没抓住，一个是小波分析，还有一个是计算数学。

严：对。

李：当时计算数学博士点申请，我都给弄好了，但是孙先生一句话，第二天全推翻了。

严：连续性计算复杂性。

李：当时上下都联系好了，弄个博士点。一晚上就拆了，弄得我丧气透了。

严：我从王新华那儿知道。我说，你搞什么呢？他说，我搞连续性计算复杂性。我说，这国内还是……他说，国内应该是你们那儿力量最强。我才知道这个事。后来听孙永生介绍过一次，我以为他们在搞。

李：孙先生觉得数学与数学教育研究所拆他的台，搞逼近论都搞成计算数学了。

严：怎么能那么说那！

李：实际就是这样。他现在已经意识到了。

严：还有几个问题，比如王世强的模型论与计算数学，计算机，人工智能联系，可能好一些。我觉得这个思想……

李：当时并不意识到这个东西，后来意识到，你要申请一个博士点非常难，当时的人员全都物色好了，而且都做通工作了。

严：现在当然也不需要了。

李：那也需要，一级学科还是需要的。

严：当然你得有一个班子。

李：对。

## 关注新的增长点

严：所以，从这个意义上说，概率，我还算比较注意，我衡量了一下，也曾经跟陈木法说过。我们的方向比较主动，我们既和马氏链有关系，又不限于马氏链，侯振挺始终没有跳出来，王梓坤开始也没有跳出来。王梓坤搞超过程是 1989 年，把邓肯请来讲超过程，当时刘文等都不知道超过程，其实陈木法还听到过超过程，他们后来才搞起来。否则的话，包括现在重要的东西，可能越走越窄。比如说王凤雨，概率与微分几何联系起来，这个东西还是变化比较快。现在搞法与 20 世纪 50 年代很不一样，我当时转到概率方向。

李：王凤雨做的方向跟陈木法老师做的差异大不大？周先银做的呢？

严：周先银做的是不一样。

李：我觉得不一样，周先银偏重于概率的哪方面？

严：周先银偏重于概率的计算问题，相对来说具体一点，工作比较深入。他有个特点，能够抓住问题深入搞，这是他的长处。他走的时候，我跟他说过，应开阔一点。到了德国以后开阔了，后来搞量子场、随机环境下的随机游动，往各方面联系。他是很可惜，有很多工作都做到了最好的情况。王凤雨的情况是这样，做的工作更宽一些，泛函型的概率不等式，把算子与微分几何联系，能抓住具体问题做出开创性的工作。他做了一些有关无穷维的工作受到重视，最近和冯水联系起来，可能搞得不错。陈木法计算不错，概括不错。当然现在五十好几了，应能进一步，为后面开拓一些门道。带人不太一样，我自己也没那么大能耐，我只是给他们指了一些方向，让他们自己闯。陈木法自己具体掌握的工具多，带人相当具体，包括对有些实际情况的掌握程度，给一些题目。这样做也有一些问题，很可能学生在老师的掌握之中，怎么样进一步开拓，缺乏劲头。周先银基本上脱离开了，自己干。

李：基本上是自己干，搞研究就应该是自己干。

严：在数学系，要抓住一些好的方向，要有人。人的问题，就我们学校，跟北大、清华比……其实清华大学数学系不如我们系（注：这是指 2003 年的情况）。

李：现在清华大学数学系有教师 81 人。

严：在我们系，不光是系，整个我们学校，吸引人才的势能不高。在我们系，方针应该是注意从量上培养，然后求质。比如说，硕士生可以多招。

李：从里面选拔出几个来。

严：现在，我们几个比较强的都是这样拔出来的，不能够希望看一步说一步，特别是在中国的情况下，对学校也应该谈清这个问题。

李：现在研究生扩招得厉害。

严：但是我们心中要有数，要选拔人才。苏老就说过，在量的基础上求质，从一般的人才中，选拔拔尖人才。而且这个非常有好处，那些人虽然不拔尖，也还是需要的。

李：还有一个，到现在为止，我们系没有一个自己培养出来的数学院士（注：陈木法已于 2003 年当选院士）。当然您培养了一个生命科学部的院士。咱们应该总结一下。

严：应该说还是朝这方面努力。比如说陈木法，他前两届，与侯振挺顶牛了，希望这一届能上去。本来陈木法可以不经过教育部，他不干，他非要经过教育部。本来马志明、严加安都愿意推荐。陈木法有些事做得过了一点，我当然不是说，现在的社会风气都好，但是有的时候，你要保险一点，他这个情况。我觉得，一个是科研方向，特别大家认为是重要的，你不是，你又不宣传，又不让人家了解，不单单是学术成果，当然也不是到处拉关系，包括为数学界服务。比如说，你这个方向，主动召开一些学术会议，可以让人家了解。我们系没有主动召开一些学术会议让人家了解（注：最近十余年，陈木法他们研究群体在这方面做得很好）。

李：就代数开了。

## 申请重点学科

严：当然这要耽误时间。北师大的科研，第一次评重点学科的时候，首先从学校开始给重点学科排名，数学系的重点学科第一是模糊数学，第二是概率论，第三是基础数学。

李：这您跟我说过。

严：基础数学排在十几名以后。这个事，学校就没有了解清楚。社会上，报出去，我跟你说过这件事，我跟刘秀芳两个人积极报，王桂筠说话了，真相差太远的话，这个事……从最后通讯评议看，就说明我们自己没信心。王世强是通讯评议组的成员，他看了那些材料说，哟！看来有些学校不如咱们学校，觉得南京大学不行……人家自我表现感觉都挺好，像王世强都觉得咱们系里还行。宣传也很重要。像老孙的关于函数逼近论的副博士论文，回来的时候，老孙自己不说，别人也不知道，我从关肇直那里听说陈建功就很称赞，我说过几次。比如说概率论，我不知道现在怎么看，在高校，实际上北师大排第一。

李：这回陈老师当理事长，等于您的那个班又接上来了。

严：这样算就不行了。我们系，我们学校怎么看，陈木法有时候怕得罪人，他们的集体是数学界唯一的创新集体。

李：后来又有别的创新集体吗？

严：数学没有。陈木法自己也不说。数理逻辑方面，在全国范围内，中国科学院的胡世华院士，还有丁石孙都很看重王世强。

有些事怎么看。中国科学院数学研究所唐稚松（后转到软件所）当了院士。在数理逻辑方向，功底并不比王世强强，与计算机联系得了国家自然科学奖一等奖，所以，我觉得还是方向问题。北师大，要不是就想冒泡，比如 1958 年，就想冒泡，就想全国第一。冒不了泡，就一下子跌下来。心态不是太什么，学术上要很坦然，很有自信心。交流交流你就知道，你和外面交流，你自己交流，你就知道自己，你就心里有数。人家都是这么说，比如南开大学的学生也好，北大的学生也好，这里头有一个武汉大学的学生，他就这么说，武汉大学在全国排第二第三，当然这也不是盲目，他有自信，没自信是不行的。一个是不爱管事，没有自信，再加上没有方向。没当上院士，有主观的东西，几个东西凑起来。比如说，逻辑跟计算机结合一下，很可能就要出院士。

李：胡世华上了院士。

严：他还有个学生，搞计算机的也上了。你联系计算复杂性问题，真正搞起来，函数逼近论就比较强了。刘绍学自己都说这件事，他说，我要不换个方向，我的学生都出不去。他就是从环论换到代数表示论，结果他的学生都出去了。这个还是非常重要的。老孙刚回来的时候，我们深谈过，怎么样看待科学研究。应该做到在学科本身，做战略主角，说得出去，站得住脚。但光有这个是不行的，特别是 21 世纪，学科的发展非常快。

李：为什么北师大数学系出了“四大金刚”？

严：因为分析这几个人，王世强呢……

李：您看这几个人的特点非常有意思，同一个年龄的有 3 个人，王世强大两岁。

严：王世强从西北师院转学来北平以后，非常用功，学习突出，毕业时清华大学请他去做助教，傅先生以实习讲师让他留校。后面的师弟妹都很崇敬他，以他为榜样。我最早是从袁兆鼎那里听说的，也听刘绍学说过。他搞数理逻辑，好像最早受到汤璪真的帮助，后来胡世华拉他，胡世华的学生也拉他一起工作，这样一拉，中国科学院、北大就都知道，丁石孙他们都知道。刘绍学是到苏联留学生中第一位学数学的副博士。孙永生的函数逼近论的副博士论文很好，陈建功老先生当时就很称赞。

李：他们有一批留苏同学也起作用。

严：也起作用。不过主要还是靠自己的工作过硬。我可能是因为在华先生那里听课。

李：您跟华先生有关系。

## 提携年轻人

严：不少老师来兼课或讲演，像段学复、程民德、王湘浩先生，我都问，见人我就向他们问问题，他们说起来，都知道我是北师大的。我还有一些师兄弟这种关系。陈木法最早跟侯振挺做研究，20世纪80年代初和概率界的中坚力量学术上有来往，大家了解。后来在一些场合，我在介绍我们的工作时常常提到他。所以，有很多人知道他。另外再一看，工作做得不错。我知道，数学界有一些人，比如说李安民，刘应明经常提到他工作不错。我觉得要提携学生，我就说我们的年轻人，你不说，人家怎么知道呢！这是很重要的一条。包括“世纪春雨”，那算3什么？

李：3代人。

严：他们说，严士健教授说起他的学生比说他自己还得意。他那3分钟的话，讲的都是学生，除了第1句话不是。包括张英伯，为什么别人了解呢？有一次数学会改选，想请一些人去做报告，我就根据刘绍学的介绍说起张定理了，后来就请她去做报告。第2次再改选时，北师大还请谁？他们说再请张英伯。

李：就请她一个人？不请别人？

严：肖杰是自己推荐的。还是要推荐年轻人。老孙跟王世强大概都不大推荐学生，老孙只跟程民德推荐过陆善镇，程知道。后来程推荐陆善镇出去访问，为什么他能做第2批博导？

李：是程民德推荐的？

严：当时有一批副教授，不是教授，学位办有那个意思，各个单位学科评审组成员可给他们推荐，要两个人推荐，我就和程民德商量，程民德说，你们北师大能摆平，咱们就推荐。还有讨论第3批博导时，讨论到汪培庄，萧树铁说，那就看老严什么意见了。

李：萧树铁当时是博士生导师？

严：讨论第3批博导时，他已经是学科评审组成员。因为对汪培庄有一些争论，萧说最后就看老严的意见，我说可以。所以有些事情，老同志出去活动的时候，要注意提携年轻人。陆善镇两下子就起来了，一个是出国访问，另一个是提博导。

李：有几个人都谈到，咱们系里的王振稼和王树人，对一些人确实采取了一些保护办法。他们说，如果不这样，咱们系的情况会非常糟糕，包括王世强。

严：其实中国科学院数学研究所对我，甚至反完“右派”之后，中国科学院和苏联有交换，想把我交换出去，他们不属于教育部公派。

李：是另外一个系列。

严：就是中国科学院可以直接派。我说我不行啊！我跟他们党委书记说，我出身不好。他们说，出身不好没有关系。

## 开门办学

李：您能不能分析一下为什么开门办学时，那么多教师下去，但后来就全又回来搞理论研究？只有杨福田继续搞下去了？

严：我们系的这些同志大都是听话的人，人家让做什么就做什么。北大就不同，有些人自我感觉良好，他就要这么搞，这是一个。还有一个，随风转，系里在这方面想的问题不多。当时搞开门办学的时候，比较多的是就问题搞问题。等到没有那种潮流时，由于搞理论教学与研究已经成习惯，所以就自然回来了。杨福田当时已经搞力学了，搞的东西就是应用型、技术型的，所以比较自然地结合上了。别人搞的东西都不是这样结合，比如徐承彝搞的统计和开门办学的内容不完全一样，也不愿继续下去。

李：搞正交设计。

严：统计的应用跟统计的理论实际上是相辅相成的。

李：陈希孺来咱们系做报告，他说，现在统计理论文章的95%是跟应用一点关系也没有，5%的文章可能跟应用有一点关系。统计都搞成这个样子，统计杂志发表的文章已经非常脱离实际了。

严：徐承彝搞统计有些逆反心理。我后来曾经动员他搞应用，他觉得，我以前什么都听领导的话，他的意思是觉得吃亏了，当然他没有说。我说，你在“文化大革命”中曾经搞应用，能否搞一个讨论班。他说，我想干这个事，但书我怎么念？我说，你可以在方法上做一些改进。后来就跟应用不沾边了。

李：他们当时搞的主要是正交设计？

严：搞过优选法。他还到大兴气象站搞过。搞法也有些问题。他数学修养是不错的，他想把正交设计，要搞成就像搞数学一样，系统地搞。我没搞过应用，搞应用，首先要解决实际问题。主要的我觉得我们系学生学习严谨，但形式化也比较厉害；基础扎实，但不灵活；思想固定、不开放。在改革开放以前，甚至以后，很长一段科研起不来，我们几个人带起来一批人，但中间一批人根本没起来。

李：他们没有进入角色。

严：进入的人，有的也是对付对付。

李：咱们系的一批教师没有进入科研角色。

严：可能有时也不大想进。觉得写点论文，也没有什么意义。也许想科学上有意义是很难的，甚至是可遇而不可求的。但是一位教师，有过科研训练而且对它有相当正确的认识，对教学、培养学生思维，提高科学素养都是很有作用的。

李：进去很困难。

严：有一些人也确实不行。老师没有一定的认识，很难进入角色；没有科研训练和对科研的相当认识，新东西不易接受。比如说，刘云英，基础是不错的。王伯英回来后开过多重线性代数，她说了一句话，线性代数是基本的，是基础，多重线性代数那么窄，不需要讲。怎么能够这样说？线性代数是考虑线性问题（例如几何的线性问题、线性微分方程等）的基础。多重线性代数比线性代数又加了张量分析，那就复杂多了，而且用处也大了。它是考虑一些进一步的微分几何和大范围分析等数学问题的工具，不过就是过去没有从代数结构上把它抽象出来。20世纪60年代我们在那弄概率，赵慈庚先生说，概率统计那么尖，还要专门组织人去弄吗？需要我们北师大搞吗？朱鼎勋先生也有类似的想法。这就是长期不了解科学发展的动态形成的。这种闭关锁国、故步自封的倾向应该说是很危险的。

## 高考出点应用题

李：您在中国数学会做副理事长8年，在教育工作委员会做了3届12年的主任。请您谈一谈这一段的想法？

严：我一直觉得，数学要让老百姓了解，在平常要注意应用。当然，这有个发展过程。从老百姓来说，光从知识上，它是有用的，利用也不是很多的。因此，后来才慢慢地体会到，数学在培养人的思维方面的作用。开始，从20世纪90年代初，觉得我们现在的数学教育，高考从做题，到深挖洞，比较厉害。当时有个机会，苏式冬在教育部，在世行贷款搞到一笔钱，请英国专家讲学，请我去，在广东开了一系列座谈会，最后商量起草关于数学教育的若干建议，这里头提到了一些问题，比如高考。

李：主要是高考？

严：也还提到了一些应用。当时主要是我们仨人，我和张奠宙、苏式冬，苏式冬与教育部有些联系，做了一些工作，可能稍微起了一点影响，不过我还是觉得不大解决问题。张奠宙建议，咱们在高考出题上面弄点建议，后来由我们仨人（严士健、张奠宙、苏式冬）写了一篇文章。

李：发表在《中国考试》与《数学通报》上。

严：对，这篇文章还起了一些作用。我们仨人还拜访了考试中心主任杨学为，觉得这是一个问题。他提出了一个看法，高考老是这样做题，叫能力的异化，他也支持。后来一年一年坚持，慢慢地出了些数学应用题。他还让我做过两三次命题组长，不过我因为事多没有具体去干。

李：我告诉您一件事，实际情况啊，1993 年出题的时候，您跟我们座谈了半天，然后，老高考卷就出了两个应用的小题。我们新高考的组长就说，我们不听严先生的，他说他的，我们做我们的，他管我们那么多事干吗？但是他又说了一句话。

严：新高考是什么？

李：新高考是当时 5 个省市高考的题，考 5 门，1 门 150 分。他说，严先生来了，我们一个题不出也不行，我们从他们那儿搬一个。您看，那年新高考有一个应用小题，老高考是两个应用小题。

严：这个事后来发现，转变观念是不容易的。我们当时想，还是出一些应用题目，希望注意应用。高考出题有些影响，但不能起根本作用。游铭钧知道这个事情。吴先生搞机器证明，他也讲了教改的看法。他指出中学数学教学不是培养数学家，提出两个尽早：方程尽早进入中学代替算术问题，解析几何尽早进入中学，代替初等几何。他说，教改写一本好教材，比写十篇文章还重要。那时候，游铭钧组织义务教学大纲最后审定的机会，他当时的意思就是说，中国这么大，光靠一个大纲是不行的，他说，沿海地区实际上是吃不饱，边远地区吃不了，当时想搞一些比较全面的东西。当时我正好是国家基金委学科评议组成员，又是中国数学会教育工作委员会主任，同时还是天元基金数学教育项目负责人，我说，我们组织开一些会，利用基金委评议会完了以后，多开了一天，还有在北大，开了两次座谈会，这个教学改革刘坚好像有记录。

李：发表在《数学通报》上。

严：对。搞了以后。当时游铭钧是教育部课程发展中心（事业单位）主任，成立了一个教改小组，让我做组长，丁尔陞、张奠宙、钟善基 4 个人。希望能够推动教改，出些主意。当时把柳斌也请去了，他明确地说支持。我说要能够做一个数学界和中学数学教育界的联络员就不错了。这个事本来可以开展，后来教育部换届之后，好像游铭钧和人教社有矛盾。李铁映上来，何东昌下去，中心撤了，让游铭钧到中央教科所去，本来让他当所长，实际上是挂名。后来，人教社又搞了一个新大纲。教改牵涉面很广，要慎重，咱们要干的事情一波三折。这一段吹台了。同时又做了一些别的工作，出了书，张奠宙跟江苏教育出版社联系，在天元基金支持下。出版了《面向 21 世纪的中国数学教育》。本来想这本书出来以后继续再约稿，约一批人写。够一本，出一本，反正各种看法都可以谈。出了一个问题，责任编辑王建军，他后来也忙了，做了江苏教育出版社的社长助理，同时又搞《中国现代数学家传》。他说，咱们这个事放一放。又想在北京找一个适当的人帮忙，本来这个事情想一册一册地出，我想让几乎数学界的人都来写，第2卷的人都约好了，这样让大家比较关心数学，而且各种看法都可以提出来，对数学教育怎么搞，想先把看法收集起来，看法不一致没关系，给行政领导做参考，这事没做完很遗憾。我们的教改缺乏一个系统的领导，教育部也是行政负责人一换，章程就改。

李：换领导，思想都变了。

## 支持数学建模竞赛

严：还干的一件事，高考，数学奥林匹克竞赛，光靠做题训练有问题，现在更有问题。数学奥林匹克是个好事，应该让学生自然地去参加，而不是强化训练出来的，像王元、杨乐、谷超豪、潘成彪、许以超等数学界的意见都是一致的。对学数学的人来说，做做题很好、有必要，但是把高考题目搞得跟奥林匹克竞赛似的，纯粹技巧性，对数学没什么好处。当时，我们接见奥林匹克金牌获得者，讲过这个问题。后来想也不能完全这么堵。从另外一个角度支持一些东西。这就是叶其孝和美国联系，在高等学校搞数学建模竞赛，他说没钱，竞赛的钱从天元基金出，但能不能给我一点钱，办数学建模竞赛培训班。我从天元基金资助一些钱给他。办了一段觉得还不错，之后觉得中学也可以办，王尚志、张贻慈、张思明积极，咱们系刘来福也比较积极，开头是杨守廉牵头，他当时是北京市数学会副理事长，当时赵桢也是副理事长，开始他就是搞奥校。天元基金给一点钱给他们，在中学办，这事还有点意见。赵桢说，你把钱都给了首都师范大学。我跟刘来福讨论过这个事，一块办，事实上，他们两人更积极。这样的话，就把中学数学应用知识竞赛搞起来，叫数学建模竞赛不好。请丁石孙、姜伯驹讲话，请一些人作关于数学的讲演。这里头有一个坚持数学应用，还有一个坚持不搞具体培训的精神，这当然不是我一个人坚持，其实是让竞赛不变味，是姜伯驹提出来的。

李：学校里还是有一些培训。

严：是，学校里有，但是北京市里没有。现在看来有一些作用，好像后来和学校名次等利益挂钩也有些变味了。这个工作真要站住脚，要有一个过程。有的孩子提的问题挺有意思，各种想法都有，良莠不齐，后来我就没怎么参加了。他们花了很大力量出题。提倡应用，解题是多方面的。现在还是数学奥林匹克影响最大。

李：主要是金牌吸引。

严：不光是金牌，还有一个非常重要的因素是保送上大学，这事本来想建议，刘坚也提建议，不保送。今年春天的时候跟王元提，他是奥林匹克竞赛委员会的头，说再考虑考虑。马志明说，有竞赛还有保送，竞赛要把保送撤掉了，没人来了。数学奥林匹克竞赛弄得太过分，包括奥林匹克数学，有一批也是聘请的，出专著，家长、校长……走歪了，这是一个大问题，高中课程标准也想扭转，有利有弊，是否行，很难说。

李：中学搞了数学应用知识竞赛，大学就是搞数学建模竞赛。现在，数学建模竞赛真是搞起来了。全国参加数学建模竞赛的数量每年递增30%，不得了啊！

严：别走偏了。

李：各个学校都有。

严：各个学校搞一点可以，但别搞成几个月都集中去搞这个东西。

李：好多学校把这当成一个指标。

严：这就坏事了！当指标就坏事。

李：还有一个指标，在省里面，你这个学校参加了多少队之后，如果都得不上奖，就给一个2等奖；如果不够一定的队数，就对不起了。

严：这种事情都不能这么干。

李：但是现在就这样干。

严：我知道，中国人行政干预教育的事太厉害了。这种东西主要是要激发学习者的兴趣，创造能力。而不是像奥林匹克竞赛的冠军就是运动的顶峰，数学奥林匹克不是数学的顶峰，只是一个开端。奥林匹克竞赛本身是一种体育比赛，给一些训练是必要的。数学奥林匹克得金牌奖并不是一个在学术上或应用上的指标。

李：您要注意到我们的方向，如果招的学生参加过建模竞赛，跟没参加过建模竞赛的比，就是两类人，完全是两回事。

严：当然有很大的不同。你将来真正要搞科学研究，还不是靠这个。这只是给了一些训练。真正去搞应用，要真正深入到实际，深入到专业，怎么样提炼出模型。

李：但有了3天的合作，对以后念研究生很有好处。

严：是有好处，所以要搞，但是不能认为搞成这样就达到目的了，同时还应该注意，我们的研究生培养、写研究论文（只以发表为标准）也开始有偏向了。数学奥林匹克竞赛现在有一个很大的问题，就是把以往历届竞赛题都找来让参赛选手做、模拟训练，或者搞一些偏题难题，认为这就是数学。这样集中搞下去，就只是训练，没有培养真正的能力和智力。数学建模的本领越来越高，题目出得越来越难，只做难题，就偏离了方向。这些东西都可以搞，但是这只是一方面。只搞或偏重这些，就变味。

## 数学计算机辅助教学没有搞起来

严：还有一个，数学教育还支持一个数学CAI，没有搞起来。数学CAI，数学教师参加不多，而且数学教师参加进去也是操作计算机，只是这个不行。操作计算机的人参加编CAI就看成是计算机的应用，一编就是黑板搬家。

李：计算机搬家还没有板书好呢！

严：问题就来了，当时也看出来啦。CAI能够起作用，它不是好写吗，有一些机械性的让它做。老师对脚本研究得不够，怎么将一些启发性的内容跟老师结合，数学就有这个问题，这个事老师参加得少。后来有一些老师参加也有一些困难，例如，表达习题解答的思路有困难，原因是软件智能化不够。这跟外语的CAI不一样，跟物理的CAI也不一样，物理的CAI可以搞一些实验演示，它非常生动，但数学演示有时不解决问题。演示得再好，只能表现比较具体的内容，抽象、思考的内容不好显示。后来就搞不下去了。

我做数学会的教育工作委员会主任时，还是教育部的普通高校数学与力学教育委员会副主任。国家教委高教司要搞高校面向21世纪的课程体系改革，具体操作是陈祖福，1994年在青岛开过一次理科各个教学指导委员会主任联席会议，谷超豪是主任，他有事让我去。我在会上发言，《数学通报》登了，强调在20世纪后半段，数学发展的特点是出现了更多的应用，出现了一门数学技术，这件事带有新时代的特点，正好结合教育部高教司的思想。我也特别强调搞好应用，不能忽视数学基础。从现在的应用看，真正带有本质性的应用，常常与基础有关系。当时讲了有一些影响，讨论还是挺感兴趣，文章后来在《教材与教学研究》上发表。关于中小学那一部分就没有要。厦门大学陈文忠看到以后，将它复印散发给校学术委员会参考。回来以后，开数学教学指导委员会，想在这个基础上推动一下，萧树铁认为可能在工科的非数学专业的高等数学方面推动要好一点，姜伯驹也同意，后来搞了一个课题。

李：这个项目我参加了，开了好几次会。

严：现在萧树铁每年还开一次会。今年还打电话告诉我，10 月份在大连准备开一次，问我能不能在会上讲讲。他在世界数学家大会上做了 45 分钟报告。我觉得他对大学数学还是有些想法。

李：开会讨论得很热烈，我去清华开了两天会，除了中间休息一段，上、下午全是讨论，是真讨论，不是假讨论。

严：你说的不是数学家大会？

李：不是，是萧树铁先生主持的非数学专业的高等数学研讨会。因为刘来福去香港，我替他参加每年一次的讨论会，先报告各组的进展情况，然后，从早到晚讨论，挺热闹，各种看法都提出来。

严：这个事当然是挺好的。高等学校的教学改革比中学难。

李：难得厉害。

## 中学数学改革

严：中学教学改革，也很难。想组织一个讨论班，四中的老教师周长生有此看法。他开始找了一些北京市的重点中学教师，这些教师讨论几次就都不来了。我认为教材有问题，意思很明确，就是要搞教材，而他们希望搞教学方法，反正各有各的理由。

李：短期行为，学了就要用。

严：其实也有些是不错的。后来这个事情就变味了，也不算变味。刘坚说，咱们一块搞，他张罗这事，中学教师越来越少，后来讨论班坚持下来了，只有搞数学教育的几个年轻人，像张丹，教育系的几个老师。本来我想动员系里的教师参加，动员过钱珮玲，她不愿意去，我也动员过刘绍学，他说，你们搞的是政府行为还是民间的。我说是民间的，他说，中国这事，民间的肯定办不好，长不了，我不去。后来数学系的老师基本上就没去。中学教师有几个人常去，这个讨论班有一些效果，但是效果不是很大。现在搞《高中课程标准》。

李：这又是个争议很大的东西。

严：是，搞得一塌糊涂。初中搞，我基本上没参加。对高中，系里说是个大事，要我来牵头，系里也不管。于福生管教学，说系里人太少，我就拉着张丹，张丹说就咱俩搞，人太少。王尚志说，咱们一起搞吧，我来替你操持。现在我觉得这个标准……

李：书出版了，是个导读。

严：那是初中生的，义务教育。正反面意见都有，还是肯定的多一点。

李：任何一个东西都有肯定的，否定的。

严：肯定的大概有一条，就是过去学得太死板，现在学生动手能力太差。反面意见就是是否真是学到真东西，别热热闹闹，什么东西都没学到。现在是一个政府行为，我的看法，有一点最基本的，改革开放，看英美教育理念，有些东西值得注意，全盘搬过来肯定不行。当然，以学生为本，连教师的主导作用也没提是不行的。教师是组织者、合作者，没有说是指导者。这个东西在美国是受杜威的教育思想影响，但是它有些东西，要强调学生和生活结合，强调主动学习，强调应用，这些方面以前数学教育实在是太不注意了。争论会长期下去，希望对数学论证少一点，但是也不是没有用，实际上在实行过程中是加强了。

高中课程标准，搞的几个人是数学出身，征求一些数学家提的意见，有意见，但不是很大。第1层次：基本知识，基本技能，不是光限制在数学内部，包括知识的来龙去脉，实际背景，证明和基本想法，这样一来才能达到掌握数学知识的目标。第2层次：要注意文理结合。第3层次：在数学思维上能够得到一些启发，数学思维还能应用到别的地方上去。有人觉得太高。还有一个，这个标准强调选择性，多样性，社会上各种专业对学生的要求，让他都学到同一个标准很难，数学对他来说，没有那么多用途。比较最低的180学时，4节课学$1\frac{1}{4}$年，这基本上是针对不上大学的，或者是针对上体育、艺术院校、职高的。文科和理科分开了，文科72学时，理科108学时。这跟现在高中的课时差不多。争论更大的是，比如萧树铁认为，还是得让他学。我说，那他学不进去。他说，强制点更好。我们还设了一个高层次：开一些选课。有一个基本观点，各行各业都要有一批数学修养好的人，常常是很起作用的。开选课开阔眼界，增强能力。标准在4月初就出来了，这是件大事。这个标准具体的有些东西，比如说，加了算法，这在全世界大概还是没有的。我们的算法基本上是讲计算机框图、伪代码。目的是要算法与数学结合，让学生理解数学对学习和运用算法的重要性和作用。让学生学过了以后，知道在计算机技术中，数学、算法是重要的。

统计当然在义务教育中也有。刘秀芳也说，有人说，你对高中课程标准非常感兴趣，恐怕跟统计课有关。什么说法都有。我觉得统计应该进去，它和数学不一样。另外，统计应用确实是很多的。高中毕业以后，再学就晚了，这大概是变动最大的。

微积分在新大纲中，主要是在处理上，原则上希望不跟大学课程打架，不直接讲极限，直接讲导数，讲差商，实质上讲导数是差商的极限（直观描述），也可以不从极限的角度讲。我觉得，按照这个标准实行好的话，可能对中学生有好处。因为在数学的基本训练上，不见得比过去差多少，也许要多，计算少一点。但是对于数学的理解，可略微加强。

对数学和生活的关系，数学的作用，包括数学思维的作用，这一点比过去要加强，对提高国民素质有好处。

还有一个非常大的问题，主要是中学教师跟不上。师范教育，教师培训怎么教，这在某种程度上，是改革成败的关键，当然写好教材是不容易的。关于师范问题，问题不少。从高校面向21世纪课程改革，重点师范大学，有一个契机，我也插了一手，马丽由基础教育司调到高教司，听说马丽思想比较开放，我曾经建议，后来她搞了一个高等师范面向21世纪课程体系改革，而且高教司还在香港捐了一笔钱。最早酝酿的时候我参加了。我的观点是把中学教学与高学术水平结合很难，当然也许她觉得是太难，当然她也成立了教学指导委员会。当然我觉得有时习惯势力很厉害。后来她让我去参加了一个会，中学老师继续教育计划讨论，课程目录讨论。就跟现在的教育硕士那样，从各个学科，排了大约1 000多门课程，至少也有1 000门。大量是教育、历史。也有一些数学课程，那都不是比较核心的课程，像数学思想方法、模糊数学、数学概观等，数学的基本东西看不见。我也跟她提过这个意见，我说，从历史上来说，也包括我们北师大，数学教育新中国成立初就是这样搞起来的，搞一些教师培训、集体备课、如何写教案等。1952年院系调整时，中学教育大发展，有很多不是中学老师的，从别的行业调到中学，这些人连怎么上课都不知道，所以当时办了一大批教师进修学校，他们干什么呢？第一步就是解决数学教学的开张问题，于是组织教师怎么样针对教学内容集体备课：写教案、组织教学等，这样很现实的内容。目标是让培训对象能马上开课，保证一定的质量。这在当时是对的、完全必要。这些学校后来发展为教师进修学校，有教研员，有的成立了教育学院。可惜，没有趁着这个转变的机会，在专业水平、学术水平（包括数学水平）上提高，提出新的培养目标和教学计划，学校或学院的教师和教学人员也没有在适应新时代要求的形势下，在提高水平（特别是专业水平）方面重新学习、提高。基本上沿袭那样一些做法，那样的培养思想和方案。用现在的话说，没有与时俱进。我认为，这样几十年沿袭下来（直到20世纪末），管教育的官员、指导教学的教研员、编教材的编写人员、具体教书的教师基本上都是按这个标准（当然中间也有些改动，但是大原则没变）培养出来的。所以，就出现了大问题，拿数学教育来说，编教材的人虽然尽心尽力，但只是照老规矩精心雕琢，教师只知道而且也只会照本本教，后来高考竞争趋向激烈，就形成应试教育，教师忙于搜集各种试题、考题，学生几乎成了模仿解题的机器。本来是为培养年青一代的分析、解决问题能力，正确思维的能力，创新、开拓能力等多方面素质的数学课变了味，甚至起了一定的反作用。师范大学培养出去的数学系学生，学了一大堆高等数学，进入这种环境，没隔几年，高等数学全部忘光。而且应该说，师范大学（或综合大学参加教育战线）的数学系学生的大学学习也有问题。

李：他们将来干什么多是急功近利。

严：哎！就是这样。他们认为你那高等数学学了没用。

李：实际上他是没用好，或者是根本就不知道怎么用。

严：不知道怎么用。这有两方面的问题，一是高等师范教这个课的时候，形式的东西多，本质的东西讲得不够，学生也体会不深，形式的东西非常容易忘。二是从继续教育和培训角度看。应该想办法，在此基础上，让新教师理解大学课程与中学课程之间的关系，学科的发展规律和基础教育之间的关系，真正地把它们联系起来。原则上他们同意，数学教育，首先是数学专业知识，数学专业水平的提高。但是实际上，有些教育学家，心理学家参加进来，他实际讲的教育理论都是和专业脱节的。这样，通过这一系列分析，实际上，基础教育中的数学教育的基本问题回到如何办好师范大学数学系的问题。

李：他们自己水平就很低。

严：数学他不懂啊！他举的例子都是他能懂一点的。

李：他举的例子是非常基本的，或说是非常初等的。

严：比如说，心理学，他就搞做题。我觉得这件事，在北师大要推动一下。一是要把本科课程（包括数学和数学教育两方面）教好，让基础知识，基本技能，业务能力扎实，还有一个是对数学的理解。过去，搞数学教育课、数学基础课、搞研究的人几乎是完全分开的。今后，应该多相互关心、支持、交流、合作，当然还是要分工，不能完全搞到一起。

李：整体上看，搞数学教育的高等数学的修养可能就比较差。

严：或者相当差。希望他们重视高等数学的修养，知识和能力训练是需要的，还有数学思维的理解，数学对社会发展的巨大作用。我觉得，对教改是要大力支持的，目标是这些东西要行得通。这种局面要改变，我是看不到了。你必须实事求是。10 年，20 年，还要认真做才能看出效果来。从教育部来说，也有些问题。"文化大革命"以后，知道老师不合格，对老师采取了一些行政措施，叫"达标"，达标的任务主要是教育学院来完成，基本要求是要在职教师把大学本科数学课补齐，这里面的情况就可想而知了。大概做的最好成绩的达标，就是把大学里的课本拿来照本宣科，把它补完。至于讲到对数学本质的理解，真正的数学训练，思维的训练，那是很难讲的。所以你说中学老师达标了，可能是90％以上，真实情况就很难说。

李：说点不客气的话，有 5％至 10％的人真正学到东西就不错了。

严：这在数学界尤其突出，文科弄弄还起作用。

李：文科还有一些提高。

## 整理自然和社会秩序需要数学

严：数学真是不好讲。我在国家自然科学基金委员会那会儿，在 1994 年前后，有一个学科前沿与国家自然科学基金优先资助领域国际研讨会，当时我是中国数学会副理事长，跟他们比较熟，他们让我讲讲数学，我想讲数学对社会发展的作用，题目是"整理自然和社会秩序需要数学"，当时讲模式科学。我在这个会上说，基本上是说，在 20 世纪后半段，数学应用所起的作用，直接应用到技术和生产上去，希望各门学科都要注意到数学的重要性问题，因为这个会各个学科的人都有。当然，我也说，对数学要支持，以便更好地开展工作。当然，我也强调，数学是基础科学，需要重视、支持，才能更好应用，支持其他学科的发展；我国纯粹数学这些年有很大进展，近期召开的世界数学家大会（瑞士）第一次有两位国内成长的数学家做 45 分钟报告。当时出现了一个情况，有很多其他学科的人，外国人，他们觉得数学搞得比较糟。后来我也没有听到太多反映，大概有些人对报告也不太感兴趣。许忠勤跟我说，咳！你的报告怎么讲这些东西，他的原意大概是想让我讲在 20 世纪数学界率先成为数学大国的设想，以争取更多基金支持，因为我没有往这方面想。后来，基金委对数学的应用比较更多的是每年按百分之多少加了，和这有没有关系我不知道，当我讲完时，基金委主任张存浩曾对我说，数学应该重视。我相信他对数学重视不是客气。当然，这也代表对我们国内数学的看法，原来的纯粹数学需要赶上去。但是，我认为数学要在中国真正生根的话，应用上要搞上去，这样的话，将数学理论和高端应用互相结合起来，互相促进真正形成我们自己的科学体系（现在看来，还需要融入文化传统，改善我们的思维方式）。现在我们多难哪，搞纯粹数学的人几乎不可能进入应用领域，讲不客气的话，搞应用理论的人进入纯粹数学都难，这简直成了两个互不相干的行业(不过在高端领域近年有进步)。不是要求所有的人都要这边穿到那边，那边穿到这边，但是起码得有一部分人做这件事，而且有一部分搞理论的人和搞应用的人可以讨论问题，形成这样的情况。我有一个基本观点，西方的科学形成体系，是自身发展起来的，应用和理论有天然的联系。像 19 世纪，没有专门的应用数学。而我们学的时候，比如说，学数学在外国找个老师，得了一个博士，老师是怎么样，多数回来以后，就怎么样。特别是新中国成立以前，老师就拿着这个课本学。新中国成立后当然会好一点。从总的情况来说，到西方留学，或者是到俄罗斯留学，回来后一代传一代，这种东西都是单线联系，线、根都在外国。所以，要形成我们自己的真正科学体系，要靠我们自觉地相互沟通、交流、学习、合作来完成这个融合过程。这只是我个人学术上的看法，当然这个事我也推广不开，但是我觉得是个大问题，愿意和人讨论。要注意推广这个事情，这样一来才有可能做到问题是我们自己提出，有自己的方法、传统；在需要数学的核心技术领域就会有数学出现；而且在思维方面，数学思维方式发挥着核心作用。

我这个人大概就是爱想，总是希望周围的事情能改善，进而希望国家能强大起来。我虽然不冒进，但是想清楚的事情，敢做。

从我们学校来说，要办好，应该是各方面的人都有。

李：对，包括一个系也应该各方面的人员都有。

严：像我们北京师范大学这样的学校，在全国是师范的排头兵，在世界上怎么样，应该有这个气概。现在有的东西弄不好，各门要有标准，没标准就出问题，比如教学是不大好分，教了多少年，到时候，就说“没有功劳也有苦劳”“教学认真”。其实这里面有很多学问，就是不大好立标准，教材，讲法，应该有个标准。在高等学校，教材也好，教法也好，教学什么算好始终也没搞太清楚。评教授在这块，好像总掌握不准，一会儿就觉得这个最高，那个就不行，一会儿又反过来了。应该认真研究，搞清楚。反正有些东西我说了，说了留下点东西，我这人爱想。这 50 年，我还是想了不少。

李：非常感谢您，花了这么多时间。

严：我个人已经到了耄耋之年，也想趁这个机会，把想过的事讲一讲。对不对要研究，仅供以后参考。

李：您给我们留下一些东西。不管结果怎样，今天就到这。

# 王梓坤教授访谈录（一）[①]

袁向东　范先信　郑玉颖

（1990 年 6 月 30 日）

1990 年 6 月 30 日，我们采访了北京师范大学王梓坤教授，作为口头数学史研究的一次尝试。王梓坤教授热情地接待了我们，回答了各种问题。对他的坦诚合作我们深表谢意。

访问者（以下简称问）：王教授，您是搞概率论的，写过很多教本和专著，比如《随机过程论》（1965）、《概率论基础及其应用》（1976）、《生灭过程与马尔可夫链》（1980）、《布朗运动与位势》（1983）等。不过，还有两本小册子在青年中影响较大，就是《科学发现纵横谈》（以下简称《纵横谈》）（1978）和《科海泛舟》（1985），内容涉及许多文史哲方面的典故，行文流畅，读起来挺有味道。所以，我们想问的第 1 个问题是，您在就学阶段的兴趣是不是很广？或者说请您谈谈您的中小学生活。

## “揩油”的穷学生

王梓坤（以下简称王）：我的老家在江西吉安，邻近井冈山山区。我家很穷，当时在农村只有读书才可能有前途，那时村里孩子失学很严重。我很幸运，家里咬着牙让我上了村里的小学。

问：小学都学些什么课？成绩怎么样？比如名次排第几？

王：小学学国文（就是现在的语文），还有数学。我都挺喜欢，数学有时得 120 分，跟现在一样，因为有附加题。有一次全县会考，老师告诉我，我的国文得了全县第一。这些都是不足道的。

问：课外有些什么爱好？

王：看书。说来凑巧。大概是二三年级时，在一谷仓里发现一本《薛仁贵征东》（蜡光纸本），开头有一首诗，过了几十年我还记得：日出遥遥一点红（喻他出身山东），飘飘四海影无踪（形容雪，谐薛音），三岁孩童千两价（暗指人贵，谐仁贵），保主跨海去征东。那时我可能八九岁。自此以后，对看小说极有兴趣，到处搜书，看的第 2 本好像是《罗通扫北》，后来有《三国演义》《聊斋志异》……前些年回老家，老人还记得，说我那时放牛、车水（将脚放在踏板上用力，使水车转动，将水从低处引向高处）、走路老在看书。我看小说慢慢看出了对文学的兴趣。

问：您家里很穷，上得起中学吗？

王：我在吉安上初中。初中一年一期（即初一第一学期），家里替我缴了学费。之后就无论如何缴不起了，那是 1942 年的事。于是我想了个办法，请求缓缴。当时的级主任

① 本文原载于《数学的实践与认识》，1990（4）：79-89.

是高克正老师，平时不苟言笑，管学生非常认真、严厉。她知道我是班上最穷的一个：晚自习学生得自带油灯，我买不起，每晚都靠近同学的灯坐，揩别人的油；当时学生的洗脸毛巾都要整齐地挂在寝室内，我用的是母亲织布裁下的布头，不好意思挂出来，结果让人当抹布用了。所以老师同意了我的请求。没有这位老师的通融，我的最高学历恐怕就是初中一年级。

问：缓缴也总得缴，怎么办呢？

王：沾了贬值的便宜。那时物价飞涨，比如开学时 100 元学费，到期末只够吃两餐便饭了。所以学校没有追着我要。以后几年都是缓缴，实则是没缴，因此初中毕业时我的文凭被扣在学校。

## “考中了！”

问：看来您的学历再要往高升就不容易了。

王：初中毕业后，哥哥要我在家种地，他是老老实实的农民，没处弄钱。可是人能碰到的偶然机会很多。一天晚上，邻居的孩子王寄萍找到我，他比我大，家里有点钱，我和他私人关系挺好。他问我去不去考高中。我说我一无文凭，二无在外面吃饭的钱，三无报名费。他答应全包，替我缴钱取回文凭，一起进城。他帮了我的大忙，家里可不赞成我考，我编了个谎话，说是去考邮局，当时能到邮局工作，这可是个铁饭碗。

问：读书心切，编了瞎话，可以理解。

王：家里给了我十来天复习功课，可以不下地；考完后我照样干活。一天收工回家已点灯了。突然有人跑来我家报喜说：“梓坤考中了”。

问：报喜的不是“衙役”吧！是什么人？

王：还真不清楚。反正拿着一张大红纸，跟范进中举似的。我只好跟家里讲了实话。不过不要紧，因为学校给了我一些奖学金，家里出钱很少。

问：考中的哪所高中？

王：是国立十三中，在吉安青原山。那是文天祥念过书的地方，欧阳修可能也到过。当时还在抗日战争时期，全国有一二十所重点中学办在非沦陷区。这所学校的老师很强，可惜没有实验设备，高中毕业时我连水分解都不会。但有三门课只要动脑、用功就行，就是英文、数学、国文。

问：您是否都喜欢？

王：是。我记得当时书很少，我把一本很厚的《Complete English Grammer》（用英文写的）抄了一大半；林语堂的《高级英文法》基本上全抄了。英文语法底子就是那时打下的。

问：抄书似乎是笨办法，对您有帮助吗？

王：你要抄，就每个字都得看，强迫你慢慢读，结果记得很清楚。高中时我还抄过《孙子兵法》，从头到尾抄了两遍。一本毕业时作礼物送给了同学，另一本原一直留着，现在找不到了。

问：读《孙子兵法》，现在在国外军界、商界很热门，您那么早就钻研过，有什么体会？

王：后来写《纵横谈》与此有关。打仗本是很复杂的，似乎没有什么规律；但看过《孙子兵法》，觉得自己也会打仗了。从那时起我就特别注意方法问题。大学毕业后我很注意读华老、苏老写的读书体会，后对科学家甚至文学家、艺术家的成功之道也感兴趣，比如盖叫天为什么能成才……越看越有兴趣，越有兴趣越看得多，形成了良性循环。

## 担心被做成人肉馒头

问：高中毕业后上大学容易吗？

王：又是靠一位湖南籍高中同学吕润林的帮助。他主动提供我从江西到湖南长沙的旅费，我们结伴而行，路上还有些终生难忘的经历。

问：能谈一两件吗？

王：那时从江西到湖南长沙，除坐一段火车外，全靠两条腿。一天我因腹泻，他先走一步，两人走失了。天黑后我见到路旁孤零零有一人家，灯光暗淡，只看到一个人，他说不便在家留宿，领我到一座荒凉古庙中独自过夜。四周无人烟，淡淡的月光下，只见庙里积尘极厚，泥胎菩萨已破旧不堪，只有一条宽厚结实的长凳还可以躺。头一次出远门，毫无经验，脑中顿生恐惧之感：那人很像《水浒传》中开野店做人肉馒头的。想想毫无办法，只好拼了。我在庙中以凳顶门，坐了一夜，直到天色微明才石头落地，原来那是好人。我因身无分文，留下一块手帕当作酬谢，不辞而别，追赶同学去了。后来走到一条河边，正愁前途渺茫，忽然出现了奇迹，又碰到了那位同学。

问：到长沙后您得自谋生路，又碰到好机会没有？

王：我找到吉安同乡会，欧阳伯康先生帮我找到一个临时教师职位，在庐陵小学教了两三个月的书。

我这个人机会碰得好，而且每次机会出现时都抓住了，只要失败一次就糟糕了。我心里一直感激那几位老师和同学。对了，初中那位女老师的儿子现也在北师大，是搞明史的顾诚教授。就上学而论，看来能进去是关键，等进了学校总能找到老师、同学帮忙。

问：从您的中学经历看，您对文学、数学、外语都感兴趣。考大学怎么选中数学呢？

王：我一辈子的理想，就是当个教师。当然能搞科研也不错。至于选考数学，完全是为了“饭碗”问题。搞文的人才挺多，报社能写文章的人就很多；学英语没后台的话也靠不住；学数学比较保险，虽不会飞黄腾达，饭碗总是有的，所以就选了数学。当然我对数学很喜欢。

## 在大学里“运动”不断

问：您考大学是1948年，当时怎么报志愿？

王：当时有5所大学在武汉招生，就是湖南大学、武汉大学、克强工学院、湘雅医学院，还有一所水利学院。各校分开报名，考试日期也错开，5所大学我都报了，全考取了。武汉大学数学系当年设了两名奖学金，给了我一名（另一名给刘志奇同学），所以进了武大；要是自费就进不去了。齐民友同志同年从四川考入，跟我同班，他天资很高，学习成绩最好。

问：一般认为，大学对一个人学术方面的成长是很关键的。您能不能谈谈是怎么钻到现代数学中去的？

王：入学的第1年还认真学了点数学，后来就不行了。武大当时的民主风气较浓厚。新中国成立前国民党在武大抓过几个地下党员，枪毙了。越高压反抗越大。武大那时是华中学生民主运动的一个中心。我因经历与出身关系，很容易就接受了革命宣传。那时读了校园里流传的毛泽东的几本小册子，如《新民主主义论》《目前的形势和我们的任务》等。

还有《通俗资本论》。文学作品有《李有才板话》。周末参加地下党外围组织的活动：唱民主歌曲，如《山那边好地方》《团结就是力量》。这些对我影响很大。

问：那时新中国快成立了吧！

王：对，新中国成立后政治运动一个接一个：迎接解放军，拒用银圆运动，“土改”，思想改造，镇压反革命，“三反”运动，还有抗美援朝，大家都报名参军。当时的运动都由学生支部领导，整个理学院十来个党员，数学系顶多三四个。对数学虽然仍很有兴趣，但完全被那些运动掩盖了。

问：对当时的政治运动，有什么印象深刻的事情可谈的吗？

王：当时校党委书记是徐懋庸，口才非常好，两个钟头的报告不用稿子没有一句重复，才子型的；他只读过小学。我后来读过他的选集，文章也写得好，鲁迅给他的文集写过序。我们这些人都还比较幼稚，大家都爱听他讲，对他很敬重。

问：您还记得学过哪些门功课？

王：一年级读 Fine 的《初等微积分》，比较认真。二年级是 Goursat 的《高等微积分》，以后学习苏联；主要抓分析这条线，代数和几何学得很少。

问：是哪些先生教你们数学？

王：曾昭安先生教复变函数，李国平、吴亲仁、张延昌先生教高等微积分，余家荣先生教实变，主要是 Titchmarsh《函数论》的前一部分，孙本旺先生、曾宪昌先生教代数，路见可先生教常微分方程和拓扑学。张远达先生讲代数，主要是矩阵论，群论讲得很少。Eisenhart 用张量方法写的微分几何讲了一点，老师是叶志，不过现在全忘了。偏微分方程没学过，也根本不知道什么是概率论。

## 到苏联当研究生攻读概率论

问：这又增加了戏剧色彩。您在大学根本没学过概率论，后来是什么风把您吹上研究概率论之路的呢？

王：大学毕业时，学校说保送我去北京大学读研究生。武大二十几个毕业生去北京，一路上真是春风得意，歌声不断，我跟一位同学去教育部报到，接待我们的女同志说，任务有变，你们这批全去学校教书。

问：那是 1952 年吧！

王：是。我们一句话没说，我被分配到南开大学，其他人东分西散，有到农业大学的，有上东北的。分到南开大学后，我在理学院当了一年党支部书记。1953 年参加办工农速成班，我和一位姓宋的年轻教师（搞化学的）负责。当年有选送苏联留学的名额，但只能去一个，宋是团员，党员让团员，他去了。1954 年又有选拔留苏考试，我考取了，到北京外国语学院俄专班学了一年生活俄语。

问：到苏联去上大学还是做研究生？

王：我是去念研究生。当然也有去上大学的，还有进修教师。

问：念研究生是不是事先要确定一个主攻方向？

王：是的，在国内定好的。那年有几个去学数学的，有人建议尽量选国内比较薄弱的，没有什么人搞的方向。最后确定 3 个方向，就是偏微分方程、计算数学和概率论。有人叫我搞概率。我无所谓，因为：在大学主要就学了点微积分。你想，到四年级李国平先生还在给我们讲戴德金分割。出国前几个月我找过关肇直先生，问什么是概率论。那时国内还未出过一本概率书。巧的是 1955 年 3 月（或 4 月）的一天，逛书店见到了丁寿田先生译的《概率论教程》，作者是苏联的 Гнеденко。出国前总算自学了 3 个月的概率论，做了详细的笔记。

问：学这本书全靠自学喽！

王：是偷偷地自学。因为俄专管得很严，不许分心搞别的。

问：您在苏联的导师是谁？

王：起先名义上是 Колмогоров，实际上是 Добрушин。这个人很有才华，只比我大一点。考试只是先问问一般情况。为了订教学计划，他问我学过概率论没有，我要是说没学过就麻烦了，那样或者就得从大学本科念起，或者回国准备好了再来。我只好说学过。他追问我学的什么书。我说 Гнеденко 的。他说那就行了。当时莫斯科大学念概率论的研究生在念大学本科时都已写过论文。我却要从头念起，非常吃力。

问：Добрушин 指导您念书了吗？

王：他帮我订学习计划，确定该念什么书；他指导很具体，很耐心，至今我仍对他满怀感激之情。开始念 Halmos 的《测度论》，还好念；后来念 Doob 的《随机过程论》，苏联人都认为那是本天书。那是全世界第一本认真撰写的随机过程的书，Doob 是大家，好多东西他都认为是平凡的，文字特别多。我没退路，只好啃，拼命向前。老师指定的章节基本上都读懂了。特别是马氏过程、平稳过程。当然也可能有一些内容还念得不很清楚，但不成为障碍了。

问：如何读这种经典之作，您用什么办法？

王：老办法。开始一天念一页就很满足了。一边读一边抄，边想、边做笔记、边做习题，一页中总有好几个问题。我尽力控制自己的思想慢慢前进。思想这个东西像一匹野马，老想奔驰冒进，这很可能忽略某些要点。读过 50 页之后，掌握了基本概念、符号、作者的写作风格，就越读越快了。写书的人各有不同：有的书很详细，生怕人家看不懂；有的人赶进度，因为东西太多；最糟糕的是作者不懂装懂，这种书根本没法念。

问：看来抄书是您的一手绝活。

（这时，王教授拿出当年在莫斯科大学读过的 Doob 的书，那是本厚书。我们翻开扉页，只见上面写着两行隽秀的小字："精诚所至，石烂海枯，王梓坤，1956 年底，莫斯科大学"。）

## "人生总得搏几回"

王：任何一门学问，不光数学，钻进去了就会有兴趣。读 Doob 这本书辛苦是辛苦，但精神上有很大乐趣。我学概率就越学越有兴趣，数学中许多结果是料想不到的。比如有名的"同生日问题"：一个 30 人的班，至少有两人生日相同的概率竟达到 70%，出乎意料。测度论也很有趣味，像叶果洛夫定理，鲁金定理……念一般过程论，理论深了，要钻进去，一是不要图快，慢慢深入，一是要十分努力，让它形成良性循环。如果急躁冒进，似懂非懂，钻不进去，就会进入恶性循环。所以，一定要想办法钻进去。我常跟同学们说：容国团讲"人生能有几回搏"，我们可以加一句"人生总得搏几回"。拼搏——钻进去——产生兴趣——再拼搏钻进去产生兴趣，以形成良性循环。

问：当时在苏联就您一个人学概率吗？

王：不。跟我同去的有江泽培同志，他是进修教师。他基础好，能力强，我好多东西请教他，他很耐心。后来又去了些大学生，如周概容、李占柄等。老江和我去时见过Колмогоров，他说你们两人，一人学平稳过程，一人学马氏过程。后来老江研究平稳随机场，是世界上最早研究多指标平稳过程预测理论的，工作做得很好。两年后胡国定同志也来苏联做进修教师，念信息论，工作也做得很出色，在那里发表了几篇文章，回国后开创了数学信息论的方向。

问：在苏联学了3年吧！除了专业，有什么其他收获？

王：交了些苏联朋友。不过当时一心想快点学成回国，我连学校组织游伏尔加河都没去。那时的思想很单纯，结业时剩下一千多卢布，我把一部分给了生活稍有困难的同学，其余全上缴了，连个小杯子也没买。现在也许有人认为我们太傻了。我觉得自己尽了最大努力、问心无愧。

1958年回来正值“大跃进”。我先到数学所为一位波兰统计学家当翻译。有人告诉我可以跟这位专家到南方转转，我无动于衷，马上回校工作了。

## “极限过渡法”

问：《中国大百科全书·数学卷》上介绍，您在1958年得到了一个研究生灭过程的“极限过渡法”，是不是在苏联得到的？

王：在苏联时已基本完成，回国后改进完善。写成详细文章的。

问：这个方法的具体实现很有创见，后来您的学生跟着又做了很好的工作。您是怎样选生灭过程作为研究课题的？

王：是Добрушин先生提供的问题，讨论中他建议用简单过程来逼近，他的提示很重要。

问：能否对这个问题的特性勾个轮廓？

王：每个生灭过程有一密度矩阵$Q$，但可能有无限多个不同的生灭过程有相同的密度矩阵。现在反过来，假定已先给出$Q$，试构造出一切以$Q$为密度矩阵的生灭过程，称这种过程为$Q$-过程。原来$Q$只决定过程在到达$\infty$以前的行为，如果过程在有限时间内不能到达$\infty$，那么$Q$-过程就唯一被$Q$决定；如果在有限时间内能到达$\infty$，那么$Q$-过程有无穷多个。每一种自$\infty$回到有限状态的方式给出一个$Q$-过程；而一种方式又由一数列$\{q_n\}$所决定，所以要找出全部$Q$-过程，就化为要刻画全体这种数列$\{q_n\}$；这一步完成后，再利用$Q$和$\{q_n\}$来构造$Q$-过程。每一可能的数列$\{q_n\}$对应于一个$Q$-过程。

用微分方程做比喻：每一种可能的边界条件确定方程的唯一解。要找到方程的全部解，就要找出全部可能的边界条件；然后再利用一切边界条件来找出方程的全部解。上面的$\infty$就相当于“边界”，$\{q_n\}$相当于边界条件。

我是用概率方法来解决这个构造问题的。先构造一列简单的$Q$-过程，它们对应于数列$\{q_n(k)\}$，然后令$k\to\infty$，$\lim q_n(k)=q$，再证明利用这样的$\{q_n\}$已穷尽了全部$Q$-过程。

这个问题前后做了一年。起初进展较慢，连“问题的意义”“要找的是什么”“怎样才算做出来了”都不清楚。后来上了路就好了，最后两三个月进展很快，连Добрушин都有些吃惊。做完了以后，自己总有些不放心，Добрушин说你怎么这样犹豫。20世纪60年代杨向群用另外的分析方法也得到了同样的结果。

利用$Q$可以引进过程的特征数$S$，$S=S(Q)$。起先对$S=\infty$与$S<\infty$两种情况分别用两种不同的逼近方法，回国后作了改进，可以用同一种逼近来对待这两种情况。这样，理论更完善了。详细的证明可在《生灭过程与马尔可夫链》一书中找到。

问：当时是否有别人也在做这个问题？

王：当时过程的构造是国际概率研究的热门问题之一。比我早一年，美国的概率专家Feller也研究了生灭过程的构造。

问：您比较过您的工作与Feller的工作吗？

王：各有特色。首先是方法不同，Feller用分析方法，我用的是概率方法。其次，要求出全部$Q$-过程，在分析上等价于求出向后方程的全部解。最后，我假定状态0是反射壁，而Feller考虑0为弹性壁，他仅限于求出同时满足向后与向前方程的全部解。

后来杨向群既掌握了分析方法，又掌握了概率方法，他把这两种方法结合起来，因而求出了全部更广泛的$Q$-过程（以生灭过程为其特例）。

问：《数学译林》上登过H. Poincaré关于数学发现的文章。您对数学中的发现或创造有些什么亲身体验吗？

王：我研究这个问题时的创造性极有限。不过可以谈谈体会，那时要证明下面这件事：$S=\infty$等价于一质点不可能沿生灭过程的轨道从$\infty$处连续流入到有限状态中来（回到$n+1$，$n$，$n-1$，…）。这话本身看起来就很伤脑筋，从有限到有限好说，但从$\infty$到有限，中间有大空缺，该怎么理解呢？后来，不知怎么的一下子想出来了，很突然。

问：跟Poincaré说的颇有相似之处。

王：现在回过头来看，真不知怎么想出来的，有点不可想象！其他大部分证明现在还能回忆；但关键的几个地方现在要看懂它，自己还得花不少时间。这些是我整个工作中得意的地方。

问：很多数学家赞成这样一种说法，数学工作有两类，一类是发掘出很深刻的问题，以及数学对象之间的深刻联系；二是按严格化的要求一步步作逻辑证明。头一种工作中当然需要刻苦思考，但似乎灵感与直觉很起作用。

王：我认为人有时会由于受激而处于高能状态。就像电子受激跳到能量更高的外层一样，全心搞一个问题，到一定的时候，人也会处于受激状态，一下子把自己的水平提高一大截。受激状态时的王某跟前一时刻的王某判若两人。

问：您是指产生一个认识上的飞跃，有质的差别。

王：过一段时间又会回到原状态，此时再看受激时的创造物，会有一种陌生感，觉得挺玄。人一辈子恐怕只能有几次处于受激状态，着了魔似的。写出好的诗往往也是这样的。《老子》的第一句话："道可道，非常道"，意思是说：永恒的道是说不出来的，能说出来的并不是永恒的道。研究工作中比较深的就是这些地方，这是神来之笔；其他的逻辑推算，有规可循，比较好办。

## 黄金时期只6年

问：我们对数学发现很感兴趣，您提供了一个实例。现在请谈谈您回国后的工作情况，好吗？

王：回国后运动很多。1960年闹饥荒，大家老实一点，没再搞出新花样。我认真做点工作是从1959年下半年起至1965年上半年，大约6年时间。那时我与爱人分居两地，带孩子全靠她。

问：您爱人在哪里？

王：她在北师大，我在南开大学。我不能调北师大，结果就得到了这样的好处，专心搞点学问，那几年我每年开两门课，就是“随机过程”和“概率论”；至少办一个讨论班，有时两个；出了十来篇论文；还带了几届研究生；大约在1960～1961年招了第1个研究生；写了3本书，就是《随机过程论》《概率论基础及其应用》《生灭过程与马尔可夫链》，后两本书到“文化大革命”后才出版。

问：效率不可谓不高。您能不能谈谈您写书的方式？

王：写作能力帮了我一点忙。写数学书是边讲边写，如《随机过程论》和《概率论基础及其应用》，讲完课稿子也就成了。一次成功，很少改和抄。讲课时把讲稿一油印，就交出版社等出版了。否则抄抄改改，工夫不得了。写非数学的书，比如《纵横谈》那可改了好几遍。

问：那几年可算是您的黄金时代了。还做社会工作吗？

王：当党总支委员，开会不少。但党总支对我们比较照顾，会后的具体事务不要我们干。将近6年时间，是拼了点命。还翻译了《马尔可夫过程论基础》，那是每天中午抽出半小时，人家午睡到两点，我睡到一点半。也是一遍成功，没再抄。现在不行了，《布朗运动和位势》就写了两三遍。

问：6年时间在人的一生中不算长，您是抓住了时机大干了一番。

王：我在同龄人中是比较幸运的一个，不过到1965年下半年又糟糕了，下乡去搞“四清”。“四清”时正好《随机过程论》的校样来了，吴荣同志在天津帮我校对稿样，后又把校样寄到我“四清”的乡下，我趁晚上在被子里用手电筒照着看，结果上了大字报。

问：听说您“文化大革命”中搞地震预报，有成绩。

王：“文化大革命”中搞了几件事，数学搞不了，但写《纵横谈》；另外，参加了两项任务，一是跟军事单位合作搞在计算机上模拟随机过程，二是研究地震统计预报，这都是无人敢批判的。

问：搞模拟随机过程有何收获？

王：林彪“一号命令”没把我赶下去，就因为做这个课题。我起先不知什么叫统计模拟，为搞任务，查到一点文献，不多，如外国人用计算机产生伪随机数的一些方法。整个搞法也是一层层逼近。为模拟平稳正态过程，需先模拟正态随机变量；最后归结到产生伪随机数的问题。伪随机数是机器根据人的指令产生的，实际上不是随机的。程序编得好，造出的数可能具有随机数的某些性质。比如随机数能通过一些统计检验，若选出的数也能通过，就说它们具有一定的随机性，能通过的检验越多，随机性就越强。然后再作变换得到正态分布的随机变量……经多次变换得到一般随机过程。

问：您也上计算机算吗？

王：我在应用概率论和算法方面动脑子。上计算机我不行，能力太差，是同学们上的。成果不能发表，写了个报告。那时出的书要联系实际，我就把有关方法写进《概率论基础及其应用》一书，作为一章，叫“随机过程的模拟”。以后没有再搞这方面的工作了。

问：后来怎么转去搞地震预报了呢？

王：学校怕我被部队拉去，1973年正好招工农兵学员，要选派“又红又专”的教师，贴了红榜，以此名义把我调回。教了一个学期就去搞地震预报了。

问：你们是用什么数学方法预报地震的，成效如何？

王：用统计和转移概率的方法。1976年全国三个大地震，我们报准一个半。何来“半”呢？因预报涉及三个要素——时间、地点、震级，只报准其中一项或两项算半个。《数学学报》和《地球物理学报》发表过我们地震预报小组的文章。可惜唐山地震漏报了。全报准的是四川松潘地震。当时认为我们的报中率算高的。1978年出版了一本《概率统计预报》的书，执笔是我和钱尚玮（他搞天气预报），参加的人还不少。后来仍有人用我们的方法预报地震。

问：您出身好，搞任务又保护了您，“文化大革命”中没受到什么冲击吧！

王：“文化大革命”开始阶段，因我算是系里的当权派，有一本批判我的材料，说是保护修正主义苗子，等等。当时南开数学系有个“三家村”。

问：那时到处都有“三家村”。不知你们是哪三家？

王：系里的胡国定、邓汉英和我。老胡敢说敢做，认准了一件事非干到底不可，他是挨整的重点对象，还关进牛棚劳改了一阵；老邓做事稳，想问题比较全面。当时批我，是因为据说我“坏主意”出得多。不过我出身好，没什么把柄，后来搞不下去也就放手了。顺便说一句，我们 3 个人关系很好，肝胆相照，没任何利害冲突。3 人中我年纪最小，有好事他们都让我。我没什么奉献，却当了 3 次天津市劳模和天津市人大代表，“文化大革命”中批劳模说是“人造劳模”。

## “你要升教授了！”

问：度过“文化大革命”10 年真不容易。“文化大革命”后是不是又能安下心来搞学问了？

王：人的一辈子，机遇太多了。那时我一个多月回北京一次。1977 年有次从北京返校，邻居告诉我说：“你要升教授了！”当时教授是个贬词。“文化大革命”前学校要提我为副教授，报到天津市正赶上取消军衔，学衔也就不搞了。这次说是天津要提两个教授，一个是我，一个是天津大学贺家李。

问：这是全国的试点吧！

王：大概是，因为全国到 1978 年才大面积铺开。这次升职隆重得很，在天津体育馆开大会，几万人参加。我坐在那里不知是升副教授还是正教授。问了别人，回答说是正教授。那时连陈景润还没升，是全国第一份，还拍了电视。香港报纸也报道了。不过香港对为什么提我说得不清楚。我是糊里糊涂升上了教授。后来我想，提升我是比较保险的，绝对不会出毛病：出身没问题，政治上没问题，当过劳模，业务上还站得住。

问：当时好像您的《纵横谈》正在分篇发表！

王：是在《南开学报》上连载的。反应很强烈。也是赶上时候了。以前都是些讲两条路线斗争的八股文章，我讲科学发现，内容新鲜活泼，文字写得还可以。

问：我们看过这本书，文笔相当不错，特别是在数学家当中比较，引经据典，内容很丰富。

王：人稍有点名气就麻烦了。来信特多。光因《纵横谈》的来信就上千封，还有寄花生、酒、人参来的。人参我都退了，酒只好留下寄钱回去。开始我是有信必回，根本没有时间搞别的。研究工作做不出来，就是这个道理。做工作必须要在谁也不知道你的时候做，最踏实，当这个代表那个代表，就不好办了。

问：写这本《纵横谈》用了多少时间？

王：主要困难是积累材料，特别是涉及非数学内容。（此时王教授拿出了一大摞笔记本，有七八本。）这是写完《纵横谈》之后做的笔记。我喜欢抄东西，从中学就开始。《纵横谈》的起草是“文化大革命”中，还真吃了点苦。那时住朝北的一间 9 平方米的房子，光线相当差，白天都要点灯。每年冬天手都要生冻疮，茶杯里的水和洗脸毛巾都结成冰块，早上起床被头上结了一层霜，因为那时不烧暖气。

问：科普书是难写好的。是哪些因素促成了这本书问世的？

王：有几本书对我影响较大。我最早看的一本科普著作是苏联人写的《物理学的未知世界》，写得很通俗、形象，使我对物理产生了兴趣。后来看贝尔纳写的《历史上的科学》，很有水平，近乎科学史。另外，还看过《科学世界图景中的自然界》和《科学研究的艺术》……“文化大革命”中没事，我又抄了不少诗词，看历史、哲学及方法论方面的作品。因此，《纵横谈》也是讲方法论的书，像《纲鉴易知录》，对我很有帮助，使我没有卷入那些派别，对“文化大革命”中的一些现象看得比较清楚。

问：搞自然科学的很少读历史著作，因为没时间。您对读文史哲好像有高见。

## 建议学理工的读点文史哲

王：我是建议大家学点文史哲的。比如《后汉书》中的“党锢列传”，讲东汉宦官与大臣之争，好多名流被害死。当时我就觉得江青这些人像是宦官，但不敢说；彭德怀像忠臣名流。别看宦官能一时得势，但绝对不要沾他们的边，沾上了总是要倒霉的。所以，“文化大革命”中我是不参加这个派那个派的。我后来对学生说，学文的要懂点理工科知识，学理工的更要学点文史哲，当然不必钻得很深。知道些历史，就能减少上当受骗、受人欺侮的机会。有些学理工的人太老实，卖很大的劲帮人干事，个别人还不幸陷入钩心斗角。何必呢！有工夫多做点实实在在的贡献就是了。

问：增加点文史哲的知识眼光能明亮些。

王：1966 年年底或 1967 年，我看到林彪在政治局会议上的讲话，他当着毛泽东同志的面，大谈特谈中国历史上阴谋夺权的故事和经验，就预感到林彪要垮台，非垮不可。先不说林彪自身的问题。他在那个位置上讲政变，就像是账房先生讲他有很多很多从柜内偷钱的办法，老板怎么能放心呢！后来毛泽东在给江青的信中，果然提到这件事，可见他对此耿耿于怀。

问：写《纵横谈》是您几方面兴趣的产物——科普、诗词、历史、哲学、方法论。几门学问一交叉，就可能出成果。

王：我是按德、识、才、学这条线展开写第 1 部分的。搞科研最好要具备这些条件。“德”，指品德，社会道德。中国走社会主义道路是很多人探索的结果。不搞社会主义，别的路走不通，做人的基本品德很重要，对名誉、钱财要有清醒的认识，见钱不要命最要不得，用损人的办法达到个人的目的，最糟糕。“识”指见识；“才”是才能；“学”就是学问。还有条线是“实践—理论—实践”。讲发现的过程，也讲了灵感这类东西，构成第 2 部分。

问：这本小册子读的人很多，我昨天到科学院图书馆想借来再翻翻，结果回条说该书已不知下落。

王：印了 40 万册，影响比较广。数学书没几个人能读懂。上了年纪要在数学前沿做出好成果比较困难。眼睛也不帮忙，看东西吃力。脑子也不如以前。以前做事都是提前完成，现在办不到了。再加上分心的事特别多，开会，审稿，再没有能静下来冥思苦想，花一年搞一两篇论文的事了。我对当前数学的发展，也有兴趣。

问：据我们所知，这几年您在担任行政职务的同时还一直在带研究生，在多指标问题方面颇有见地，我们很想知道；还有您刚谈到的学风问题和对数学发展的看法。我们以后再请教。今天因时间关系只好暂停了。谢谢您的合作。

王：以后有机会再谈，谢谢。

# 王梓坤院士访谈录（二）

李仲来（2003 年 9 月 23 日）

## 在北师大任校长的日子

李仲来（简称李）：我们接着袁向东、范先信和郑玉颖与您的访谈（《王梓坤教授访问录》，《数学的实践与认识》，1990，（4）：79-89），继续做下去。您是 1984 年到北师大任校长，在任期间，做了几件您认为印象深刻的事情？

王梓坤（简称王）：这过去很长时间了。首先到这儿来，最早的印象，北师大的师范性与学术性怎么样正确处理，这个问题一直困扰了好几代人，因为有一部分人强调学术，师范就不要管了，最好把师范这个名字取消，这是一种观点；另外一种就是说，我们是师范大学，还是要把师范搞好，把培养教师，特别是培养中学教师，作为主要任务。我认为，不要把这两个问题截然分开，不是对立的，我们两个都要搞。既要抓高的学术水平，又要面向教育，培养老师，包括中学老师，大学老师，或其他专科学校的老师。这两者是相辅相成的。如果学术水平不高的话，培养的老师水平一般不会太高，那我们就和普通师范学院一样，就不是全国最好的北京师范大学了，所以，我们必须抓学术。同时，我们的师范性也不能丢掉，因为我们是师范大学，我们的主要任务就是干这件事，何况培养师资是光荣的任务。就像军队有海陆空三军，你是陆军就是陆军，不要搞空军。一个国家的师范院校也很重要。另外，一个学校有这么多老师，有的人擅长搞科研，有的人擅长教学，各有所长，各人发挥个人的优点就是了。搞科研好的，多搞一些科研，教学搞得好的，多培养一些人才，多做一些教学工作。我就这个想法，因此，我两方面都支持。我来的时候，学校还是有一些派性的，有少数人搞得水火不相容。我们团结起来，一块把学校搞起来不更好吗。而且，这并不矛盾，你搞你的科研，他搞他的教学。我一直是这样做的。这样做，多数人是赞成的，但是也有一些人很反对，好像我不重视科研。我自己是搞科研的，我怎么不重视科研？有些人非常偏执。我现在还这样看，去年我们百年校庆，不是也提到教师教育吗，但这不是唯一的。你还要搞科研，培养老师，是和其他大学区别的一个很重要的方面，不管你是转型还是不转型，都得这样做。北京大学也培养老师，不能光培养某一方面的，更不能说歧视哪一方面的。

李：您在任时，这件事处理得比较好。

王：我在任时，对教学、科研搞得好的都要奖励，包括行政做得好的也要奖励。特别是奖励一批年轻人，在当时算是多的，好像是奖励 300 元。还给了单间的一套房子，相当于鸳鸯楼，这在当时还是不容易的。这是第 1 个问题。

第 2 个问题就是北师大穷，来之前听说给了北京大学 1 个亿，这相当现在的 10 个亿。起初有几所大学，有北大、清华、复旦等高校，我们北京师范大学是后来增加的。

李：共10所院校。

王：对。我到这儿之后，感到很有希望。但是，别的学校都落实了，北京师范大学没有。为什么没有？教育部说没钱，他们说，要问计划委员会去要；计委说问教育部要，折腾来折腾去，最后没有下落了。我的前届没有校长，聂菊孙同志是党委书记，他们说这件事没有落实。没有钱，怎么办学？后来我见到领导，每次都要钱，反正也不是为我。我也知道问他们要钱，他们不高兴。你不高兴怎么办呢？你不给我们学校钱，怎么能办得好？我当或不当校长无所谓，我也不怕你罢官，罢官就拉倒了。他们也知道，不是追他个人的债。当然，后来也没有拿到1亿，但是还是给了一些。他们通过别的渠道，听说是李鹏和万里跟霍英东提议，希望他能够支持北京师范大学，当时霍英东还不知道北京师范大学。霍英东对他们提的意见当然非常重视，答应给我们500万美元。

李：听说后来又追加了200万美元。

王：当时是两个方案，一个是700万美元，一个是500万美元。在我手上，给了500万美元。后来盖了英东教育大楼，否则，我们没有个像样的楼。当然，还买了一些设备。还有邵逸夫图书馆，邵先生给了1千万港币。

李：据说，咱们学校当时还是保守，全部赞助，学校同意，上面没有同意。

王：我没听说。他要给我们，我都会要的。另外，因陋就简，建了不少房子，包括礼堂。后来，科学文化厅还是起了作用，用到现在还在用，要不，我们学生活动连个地方都没有。后来，建了水模拟实验室、化学楼。大概在我一任期间，建了整个建筑面积的至少1/3以上，这在我离任的告别辞里面有。有好多校长，干完了之后，糊里糊涂，也不知道干了什么事，没有总结。

李：做数学的人还是注意总结。

王：我想写个总结。要不，过了一段，我也不知道干了什么事。有个告别辞，算是总结。房子，经费，奋斗目标：把北京师范大学办成为国内一流，世界上有影响的，高水平的，多贡献的重点大学。对学科的支持，都应该支持，光支持某一个学科不行。我们总是一步一步前进的，经费也是有限的，大家不可能是一样的，有先有后，但都要支持。不像有些人，对某些学科不光是不支持，还卡人家，就很不好了。像艺术系，当时系主任叫张啸虎，是一位老先生，搞一个系费了很大的精力，有一次报招生计划，有人想把人家招生全砍掉了，这太不对了。我跟人家说话时很少动情绪，但这次我说这太不对了，你不能把人家招生全去掉了，这个系怎么办下去呢？后来还是招生了，但还是受了影响。

李：现在都成立艺术与传媒学院了。

王：你不要花很多的钱，但从道义上要支持人家，这样做才行。至少要在精神上得到鼓舞，即使你没钱，你要使人家感到有奔头，受重视才行。

李：王振稼老师跟我提过这事。

王：这事真不像话，我觉得这事太奇怪了，我觉得根本不需要这样。我们大家一块共事，精诚团结，一块把事情办好。

李：没师范性，你的特色就没有了。

王：跟北京大学、南京大学都比不上，你的名次就不知道排到哪里去了。另外，我当时提出了“三高”：高水平的专业，高水平的师资，高水平的学术著作。要有几个专业办得很有特色；高水平的师资，包括科研的高水平，在教学上也要高水平；要出成果；要有优秀的毕业生，毕业生对国家的贡献，过些年就看出了，这是最要紧的。当然，我们师范大学没有工厂，不能发明机器，但是要有高学术水平的著作。

李：您觉得做校长跟做数学家的主要区别在什么地方？

王：这不是一回事。做领导工作，要团结群众，要有一个先进的办学思想，争取到一定的经费，这都是重要的。要团结人。这是一项集体工作，数学研究和其他科学不太一样，是个人行为，自己努力就行了。办个讨论班，大家在一起讨论，不需要太多的思想工作。做领导，必须做人的工作，要有前瞻性。要有优秀的毕业生，必须有好的办学思想，好的老师，有一定的经费支持。

李：您在任期间，国内的重点高校有9位数学家任校长，为什么在同一时间段，有这么多位数学家都任校长？

王：与当时的历史条件有关系。因为当时“文化大革命”后不太久，一些人认为，数学学得好的人，一般脑子比较清楚，比较有条理。

李：还有歪门邪道少。

王：对。学数学，一般都是与个人刻苦努力有关，动脑子思考比较好，做学问比较好。对工科，像物理这种实验学科，人们没有意识到它的重要性。数学家搞实验就不熟，要办什么实验室，买先进仪器。这就不是学数学的人能做到的。当时几所大学的校长是学数学的，比如说北大的丁石孙，我。

李：还有中科大谷超豪，武大齐民友，吉大武卓群，中大李岳生，东北师大黄启昌，复旦苏步青，山东大学潘承洞。

王：苏步青可能还早一点。

李：他是名誉校长。

王：还有，江西大学搞代数的戴执中。当时“文化大革命”结束不久，很多人对数学比较喜欢，跟对陈景润的宣传也有关系，但他肯定当不了校长。搞数学的人脑子比较好使，持这种想法的人比较多。但慢慢地发现，光这还不够，必须要有工科、实验室这一套，后来数学家当校长就慢慢少了，当然还是有数学家当校长。

李：重点院校还有三四个吧，中山大学的校长黄达人和党委书记都是，山东大学展涛也是。

王：要补充化学、生物或工科方面的，组成一个比较好的领导核心才好。

## 设立教师节

李：还有您提出的教师节问题。

王：这个真是不好说了。当时因为我是老师，又是校长，自然想到教师地位的提高。我们是北京师范大学，在师范系列应该是打头的，责任不光是搞好本校，对全国要起点作用才行。怎样提高教师的地位，怎样让大家更重视教育，想了不少。当然，想不出什么办法，邓小平对教育提出的“三个面向”，陈云说过，教师是太阳底下最崇高的职业，不重视教育不是好的领导。但是，当时，对“臭老九”的思想还没有彻底消除。要这些思想真正地深入民心，还有相当大的距离。欠老师的工资还很多，侮辱、打老师的现象也很多。现在领导很重视，这非常好，但还不够，要全民重视。当时我还不知道国外有教师节。

李：国内以前也有。

王：也不知道。

李：新中国成立前，孔子的生日 8 月 27 日是教师节。

王：近来见有人列了一个表才知道。当时我想，五一劳动节，还有妇女节，这都很好。要是有一个教师节，不更好吗？就这样想出来的。我后来知道，还有一些人提出建立教师节。

李：我在网上检索过“教师节”。等一会儿，我拿给您几个材料看看。

王：我在美国，看到方明老先生写的一个材料，在教育部搞这个工作的人，奋斗了好多年。

李：给您看一看我检索出的材料。

王：对。我们当时几个教师，像启功、钟敬文等有声望的老先生写的建议，也起了作用。“尊师重教”这 4 个字倒是我最先想出来的，就是改了一个字，以前叫“尊师重道”，改成“尊师重教”才比较好。

李：无论您是否知道，在国内是否先有人提出过建立教师节，这在国内还是有影响的。

王：至少在人大开会讨论时，知道有老师在建议，可以增加建议的分量。不能说一个学校某个人，或几个人说的，这是大家共同努力的结果。有了教师节，至少政府要重视教师。

## 任校长，解决两地分居

李：如果当时您不到北师大任校长，将来的两地问题怎么解决？

王：再过几年总会解决吧。

李：咱们学校在困难时期就去调过您，当时系党总支书记王振稼老师去的，何锡麟接待的，请了王老师一顿饭，说还有肉吃。他们说不行，把您夫人调过来才行。

王：起初，何锡麟其实是比较偏向师大的。后来到南开大学就偏向南开了。

李：严先生说，他找过胡国定，要把您调过来，南开大学不放。胡老师说不行，南开大学数学系的博导和北师大数学系的博导是 4∶4，把您调来就变成 3∶5 了。当时，北京是否还有其他地方调您？

王：有好几个。中科院数学所，“文化大革命”后期，华罗庚先生说过。我说，我不一定去了，我对南开大学比较熟悉了。北大程民德，至少两三次提出调我。

李：把您调到北师大工作才方便吧？

王：本来是两地分居，调到北京又在两个地方，很不方便。

李：任校长时是找您谈的还是直接任命的？

王：听说过。

李：任命时考虑了您的两地分居因素？

王：肯定有的。

## 数学系第 1 位中科院学部委员

李：您在 1991 年任中科院学部委员（现在称院士）之后，有什么想法？

王：选上，应当说是有相当大的偶然性。

李：只能说，有一定的偶然性，但毕竟是靠自己的实力。

王：其实，学问比我做得好的人确实很多。不要说别的学校，就说我们学校，王世强、孙永生、刘绍学、严士健等先生，他们都做得很好。

李：如果说做得最好，可能就是王世强先生。

王：王世强先生比我们年龄稍微大一点，他一直在老老实实地做学问。我们这些人还搞了不少政治，在大学里就搞，花的时间太多了，在武汉大学，理学院都是我们几个学生党员在干。实际上，我们念书花的功夫远远不如王世强深，他独身全心全意搞学问，对数学有兴趣。我们不仅自己搞政治，还要领导别人搞，这要花多少精力。我们本校的这些老师都很不错，为何选上我就不知道了。当时，院士的分量还不像现在，现在就不得了。别的学校还有很多好的。

## 汕头大学兼职

李：1993 年，您去汕头大学兼职，是您主动去的，还是他们主动和您联系的？

王：他们主动和我联系的。原来汕头大学让我去做兼职教授，我没去，他们系主任找过我。我先在报纸上看见的，有一次，出门过去一点，不到北太平庄，我买了一份本期的报刊文摘。我又问，有无过期的，前面的还有一张相当黄的，放在外面。没想到上面有一条消息：汕头大学招聘院士。当时，我没事了，不当校长了，我给他们系主任写了一封信，问这消息是不是真的？他们当然知道我的意图，马上向校长汇报。学校非常重视，校长林维明到家里来请我，隔一天，系主任也到我家来。当时还有一件事情，稍微晚一点。江西大学和江西工业大学合并，建立南昌大学，物色一个校长，江西省想让我到南昌来当校长。因为我已经答应去汕头大学，他们来晚一点了，我也不好再推辞。后来，清华大学潘际銮院士去了。

李：您当时能跨出这一步并不容易！

王：确实很难。当时，我想了半天。这件事在国内是非常震惊。

李：很多报纸都报道了。

王：这等于工资 1 个月一下子就长到 1 万元了。当时，我的工资是 300 多元。我知道这件事情不太好办。人家多少会有一些看法了，说你就图钱了。当时，我想，我不管那么多，我的工资不是很多，多点不是很好吗？另外，如果我开了个头，1 万元和 300 多元，相差太悬殊了。

李：现在 1 万元不算什么了。

王：我相信，我开了头之后，慢慢总会对知识分子比较重视，待遇会逐渐改善，总要有人先走第 1 步。走第 1 步就有风险，我是无所谓了，我觉得这是对的，应该迈出这一步。我到那儿去，并没有花国家的一分钱，这是李嘉诚的钱。如果我向国家要这么多钱，那就不行了。当时邓小平，加上江泽民，李鹏，3 人的工资加在一块还没有这么多，每人两千块就差不多了。我不是向国家伸手。这样一想，我心里就比较安静。后来，大家的工资不是提高了吗！我还是做了一件好事。现在看来已经正常了。

李：您对现在院士兼职怎么看？

王：兼职的院士不是很多，他应该有个主要的工作。首先要把本职工作做好。有的地方希望有一个院士带头，把一摊子搞起来，并不需要你盯在那个地方。这样一来，他有一定的号召力和凝聚力。他并不需要你来发表多少 SCI 的文章，这是一个原因。另外一个原因，就是对他们学校的声誉有提高，如果一所学校有两三位兼职院士，对请的单位有好处。另外，对院士本身，多做一点贡献也是好的，收入增加一点也不是坏事。如果为了兼职而兼职，单为了更多的收入，就不好了。

李：但是，现在确实有这种现象。

王：这就是个人的道德标准问题了。

李：据我听说，某个院士在40多个单位兼职。

王：每个单位给1 000块钱就不少了。

李：某个老师亲口告诉我，一个院士在某个系里兼职，一年都见不到一面。

王：这个单位要诚心诚意地请他，他多少要起一点作用。一个人的能力是有限的，像一个系里办学的方向比较分散，有个院士来了之后，对某个方向的建立有帮助，有一定的凝聚力，对学校的声誉有一点影响。这么去，我觉得也是可以考虑的。但不能为了人家的报酬，好几十个学校，怎么受得了，说起来也不好，这个我不赞成。

## 我的大学情结

李：您在“文化大革命”期间，搞过随机模拟和地震预报，后来，因为让您回来教课，把您调回来。如果不回来，是否一直干下去？

王：这主要是国家需要搞地震预报。因为“文化大革命”中第1批工农兵学员入学，选择又红又专的教师是非常重要的。选到我了，让我去教数学分析，后来我就没有搞军队里的事了。

李：后来您就没有再做这方面的研究？

王：没有再做。

李：又回到您的老研究方向去了。

王：应用必须和别的单位合作。后来好多好多事，人稍微有点名气就不得了。我当教授是全国最早的，成了一个新闻。来往的信很多。

李：我从网上查到，陈景润批准为研究员，比您的时间早。

王：他是哪月份？

李：1977年7月份。原因可能是这样：比如说某老师，批准为教授是1986年，但教授工资是从1985年7月开始涨的，后来就写1985年7月任教授。

王：我们俩（我和天津贺家李）提教授，在全国引起震动，当时教授还是贬词，呼叫的“叫”，野兽的“兽”。

李：您对数学，包括应用数学的发展，有什么看法？

王：数学这两方面都是重要的。因为数学本身要发展，得到比较深刻的结果是内部发展的需要，像科学的假说得到证明，会得到内推动力；另外一个方面，一个是数学架子，也就是整个人民需要的，对数学的评价，要看你有没有用，如果没有用，要这干吗？就像下棋，下得再好，只有两三个人看，对别人影响不大，下棋也很有学问哪，但你只是娱乐性的。数学也是这样的，如果找不到应用价值的话，就得不到公众的一个正确的评价。另外，应用数学确实也推动了数学的发展，它从外界来推动，会提出新问题，新的模型。应用数学要有大家来搞，要很有学问的人来做。比如，蛋白质到底是什么样的立体结构，才能影响它的功能。生物学提出了双螺旋结构，这是一个，它只能说明DNA的一种形状，但没有说明这种形状怎么影响它的功能，这些问题都是非常重要的问题，说不定还含有很多数学问题，不过我们现在还没有能力来解决它们。这需要相当有修养的人，而且不光是现在的几何所能解决的问题，还得要非常聪明的人，专心地做这些工作，才有可能解决。

李：您执笔写的《今日数学及其应用》，这也是您的一篇经典之作。

王：这花了不少时间。

李：您看过物理学科写的报告吗？非常简单，不到一页，发表在《物理通报》上。

王：那篇文章很有见解吗？

李：不像您写的内容非常丰富，很多内容都被转载了，包括《新华文摘》。您觉得国内对应用数学重视的程度是否不够？

王：那可能是。现在搞研究的差不多都是搞纯粹数学的，搞应用数学的一定要解决真正有分量的问题，虽然对数学贡献不是很大，但是确实在应用里面起了很大的作用。因为任何一种事物，都有质和量两方面，都在起作用。既然是应用，就要真正有应用，有特色，有重大的影响。

李：这是很难的。

王：这也不容易。

李：咱们国内的应用数学队伍，从整体上说，还是相当弱。这恐怕不是一天两天能起来的。

王：现在，应用数学评上博士点也不容易，因为很多都是搞纯粹数学的人，一看就水平不够。

李：您对国内 SCI，EI，ISTP 的这种评价指标如何看？

王：这只能作为一个参考，但不能作为决定性的指标，否则就糟糕了。因为 SCI 不是那么了不得的，国外不重视这个东西。

李：国外根本不重视。

王：他们都不知道。像美国大学里的人，问他 SCI，他们都不知道是怎么回事。比如说，我们写文章，找找参考文献，参考参考还可以，但作为决定性的，没有这个就不行了，什么都靠它吃饭了，这就太偏了。搞科学不能这样搞，这样搞就把人毁了。如果我专心致志搞 DNA，没有职称、工资，都没后路了，我怎么搞？

李：国内很多都跟数量联系起来，问题就比较大。

王：职称、工资都和它们有关，差不多成了一个唯一的东西了。首先问你数量是多少，这就糟糕了。

李：这是否跟我们国家的管理方式有关系？

王：我们不好说是否。这比较好管理，数量是死的，统计就行了，不用费脑子。管理是有不少问题，比如说科学基金，现在好多人都为钱，一个人就好几个基金，填表就受不了。

李：而且一些基金集中给某几个人。

王：都给他了。因为这样做，管理部门也比较保险，给他不会错，管理部门也不会犯错误。

# 情牵数学事业的发展

李：这个东西现在不太好掌握。您对咱们数学系，有 4 位教师，都生在同一年龄，又都做出了很好的工作，怎么看？

王：这与当时的成长和条件有关系。比如说，当时，刚好有一批人到苏联留学，我是从南开大学去的，他们是从北师大去的，老严和王世强没去。如果没有选拔，就没有这些事了。

李：严先生跟华罗庚先生念研究生有关系。

王：后来他就回来了，也不再搞数论了。那时候，刚好有一批人又回到北师大，我又调到北师大，碰到一块了。

李：您这一批人大多是新中国成立初期毕业的。但是新中国成立后，数学系就没有出这么多人才。

王：留苏后还是有机会的。

李：当然人才还是培养了不少，但没有出像这几位老先生这样的人才。

王：是否都分配走了？

李：跟政治运动有关。

王：我是 1955 年去苏联的。1957 年就“反右”了，这就很糟糕，有好多很好的学生都反掉了。这与当时的政治空气有关系。

李：1958 年，接着“大跃进”再一折腾。

王：学习的时间就很少了。到后来，越学得好越糟糕。

李：有几个数字：数学系在 1952 年以前培养的毕业生人数是全国第一，北师大毕业是 456 人，不包括辅仁大学和女师大，还不包括沦陷时期的北师大。北大毕业是 260 多人，清华大学毕业不到 100 人，浙江大学是 108 人。1952 年之后就不行了。

王：我们毕业的人多，但拔尖的人少。

李：这是否跟北师大的指导方针有关系。

王：可能有点关系，跟老师的研究也有关系。

李：傅种孙先生曾经请王福春，这是非常有名的人，准备调北师大时去世了。他是一位大家。

王：那当然。数学系的科研，什么时候开始做起来的？

李：院系调整后数学系的科研，从发表论文的顺序，开始是王世强，后来是刘绍学、严士健、孙永生等，慢慢地做起来。您对数学系的建设有什么建议？

王：现在讨论建院的事情怎么样了？

李：肯定会建。

王：其实大家都不建，也不是什么坏事，但现在要把数学系的事搞好。如果不建院，编制、经费，什么都少了，不建就不太好了。

李：我估计，明年 7 月换届之前，可能建院。学校现在有这个计划。

王：我们北师大数学系在学术上有个传统，做学问比较踏实，不声不响的，埋头苦干。

李：比较团结，矛盾比较少，即使有也不是厉害的。

王：这是优点，读书也比较用功。创造性是比较弱一点，比较欠缺。我们希望发挥优良传统，要更多的提倡创新。

李：对建院您有什么建议？

王：要把领导选好，这个比较重要。要选一个既肯干，又要有开创性的系主任。现在的系主任郑学安，他写的书《紧致齐性空间上的调和分析》有很高的水平。

## 教学法与数学史

李：您对数学系的教学法和数学史方向的建设有什么想法？

王：教学法是北师大要认真搞的，前一辈，像钟善基、丁尔陞等先生都是很好的，现在钱珮玲也很好，下面我就不太了解了。

李：最近刚进来 3 个人，两个博士，一个硕士。

王：要适当地扶植一下。这是一门学问，这和搞纯数学研究是不太一样，各有各的特点。它比教育学要实际一点，又有自身的特点。我看主要还是人才问题，要选几个比较能干的中青年人。胡作玄、张奠宙是很好的，要达到他们两个的水平就比较好了，还有袁向东、李文林。

李：李文林做得很好。

王：这些人的数学本事也比较强，知识比较全面，比我们哪一方面的人都全面。

李：李文林写了一本《数学史概论》，写得不错。

王：我还没有看到。

李：我把那本书放在您的信箱里。

王：好，我看看好了。我以后买一本。搞数学史，数学要有相当的水平，要有一定的深度，但他不一定搞哪一方面的研究，对数学的概况要比较全面地了解，同时对数学进展方面也有一定的知识。比如对 Fermat 定理，他们要知道不少，那他就有学问了。不能光发表一通感想。

李：李文林招的数学史方向的博士生列在基础数学学科。

王：这很好，但就怕培养的学生跑掉了。

李：这个问题比较难办，或者说非常难办。

王：要培养数学的通才，甚至比数学专才还难培养，当然他不需要写哪一方面很深的专业论文。要留两三个这样的中青年，而且他爱这个专业，给他创造一些条件，留学，提职称。不要让他们感到没有希望。还有申请博士点。

李：这比较麻烦。当时准备在咱们学校申请博士点，白尚恕先生打头，联合沈康身、李继闵、李文林，把吴文俊先生都拉上了，都搞好了，单位的意见说白先生年龄大了，白先生马上把这个点让西北大学申请，他们申请下来啦。李继闵在 1993 年去世了。他的学生后来是由李文林给带的。

王：你为数学系做了好多事情，我看你写的系史写得不错。

李：请您为系史的修改提一些意见。

王：说实在的，我没有好好看，我知道这工作量很大。

李：在百年校庆前，在数学系的系所党总支联席会上，讨论校庆活动时，郑学安建议让我负责出一本像北京大学数学系 80 周年系庆编的《北京大学数学系成立八十周年纪念册》小册子。但是，我不同意出类似小册子的宣传品。我认为，要出就应该出一部正式出版的系史。你要让我弄，我就搞出一部书出版。后来我就搞出一部系史。

王：你真是有心人，这工作量非常大。

李：就国内而言，数学系史肯定是第1部。系史出版后，我检索并且查阅了国内的系史，共有三部简史和两部史：天津大学有两部，是机械系和精密仪器系的简史；北京大学中文系有一部简史；南京大学地球科学系有一部系史；还有我们系的一部。您做校长时专门对系史提出过建议，各个系都应该搞。但搞起来还是很繁、很难，还容易得罪人。

王：对，尤其是现在。

李：要协调好关系。咱们学校百年校庆时，听说中文系和历史系有这种打算，但后来都没有出。这本书出版还是快了一点。

王：再修改后出版。

李：再出版恐怕要等数学系成立100周年的时候。

王：什么时候？

李：2015年。

王：那太后了。90周年行吗？

李：90周年马上就到了。有两种算法：从数理部算，是2005年；从数学系算，是2012年。

王：那就看你什么时候完成就什么时候出吧。

李：这里面有一个争议是否附本科生名单，原来有争议，现在看来应该附。后来，本科生名单我都整理出来了，而且和所有的年级核对了，因为名单最容易出问题。去年系史出版之后，根据大家的意见，我已经做了修改。

还有一个，就是数学系在五四运动当中的作用，咱们国内的宣传有些问题，偏北大，不重视北师大。咱们系的学生匡互生在五四运动中起的作用非常大，在各种史书中都有报道，但是，官方正式的报道少。我去年还专门跑到校长办公室给他们提建议。他们说知道，但是上面并不宣传这件事，因为宣传这件事就等于压北大，北大的校庆定在5月4日。这种事情，北师大可以自己宣传，但是，比如说，要在《光明日报》上宣传，就比较麻烦。

## 培养研究生

李：您对培养研究生有什么经验？

王：导师的作用主要是指明一个方向，研究的问题，在讨论班上大家互相启发，主要是利用讨论班，一个人的力量总是有限的，大家可以提供一些思想，最要紧的是培养他们自学和科研的能力。不要出去就不会搞了，自学，看书，看文章的能力，独立找问题，科研的能力。还有，要有比较好的学风，努力工作，作风正派。我们的学生一般的还好。要注意他们的人品，做学问要老老实实。

李：您觉得研究生培养的质量是否不如以前？有无这种感觉？

王：现在博士生还可以，硕士生我好久不带了，不知道。张梅不错，已经有6篇文章。

李：张梅非常努力，念硕士就是因为太努力生病后休学一年。她上大学时，在她们年级就是"四大金刚"之一，不过这"四大金刚"都是女的。

王：我希望把她留下来，她不会到国外跑掉了。

李：招研究生还有什么要注意的？

王：我们招研究生比较难，没有多少人愿意学。我能力也不够了，年龄大了，眼睛受不了，脑子也不太灵活。现在就靠李增沪他们了。什么事情都要想得开，不能老站在那儿，要靠后来人。培养几个比较强一点的就下来。

李：李增沪是不错的。

王：洪文明也有希望，将来可以到国外进修一段时间。张梅也很好，人比较正派，也比较努力。科学发展规律很快，老是抱住一个方向，任何人都是不行的。

李：您对现在社会上的学风问题怎么看？

王：现在，经济介入就比较麻烦，经济和职称体现在这里。

李：还有房子。

王：对。功利在里面太多了就糟糕了，好多目标都是为了功利。他为了搞那个，才搞一点科研。数学家要把名利放得比较淡薄，对数学的兴趣要远远大于名利。昨天我给《科学时报》题了几个字，跟学风有点关系，参考一下：朝观舞剑，夕临秋水。十年小成，百年大举。意思是说，白天要奋发图强，舞剑是精神振奋，到晚上，就看看庄子的书，秋水是庄子的一篇文章，对世界上乱七八糟的事，钩心斗角的事，就看得比较淡薄。二者是“入世，出世”的思想。前面这句是儒家的思想，就是积极的人生观；后面这句是道家的思想，就是达观的人生观。两个都要有。十年小成，做学问的要不断地积累，十年之后可能有点成就，百年才能大举，当然不是真正的一百年，意思就是长期坚持的追求。

李：科普这方面，您还写一些东西吗？

王：没有写了。我想开了，让后来人去做吧。

李：我看见您在今年《北京师范大学学报（社科版）》上写了一篇“大学精神”。

王：对，因为他们追着我写。

李：您在这方面是否还可以多写一些东西，还是好的。

王：需要时再说吧。

李：您是否觉得在《科学发现纵横谈》，还应该续一些内容？

王：适可而止。《孙子兵法》是很好的，你再写续编，就没意思了。

李：我说这句话就不客气了，您在天津科学技术出版社出版的《科海泛舟》的水平就明显不如《科学发现纵横谈》，后者的水平要高出一截来。

王：因为那都是应景文章。

李：非常感谢您，花了这么多时间来谈，谢谢您。